金融教材译丛

公司金融

(原书第12版·进阶篇)

[英] 理查德 A. 布雷利 (Richard A. Brealey)
伦敦商学院

[美] 斯图尔特 C. 迈尔斯 (Stewart C. Myers) 著
MIT斯隆管理学院

弗兰克林·艾伦 (Franklin Allen)
宾夕法尼亚大学沃顿商学院

赵冬青 译
清华大学

Principles of Corporate
Finance (12th Edition)

图书在版编目（CIP）数据

公司金融（原书第 12 版）（进阶篇）/（英）理查德 A. 布雷利（Richard A. Brealey），（美）斯图尔特 C. 迈尔斯（Stewart C. Myers），（美）弗兰克林·艾伦（Franklin Allen）著；赵冬青译 . —北京：机械工业出版社，2017.6（2024.6 重印）

（金融教材译丛）

书名原文：Principles of Corporate Finance

ISBN 978-7-111-57058-5

I. 公⋯ II. ①理⋯ ②斯⋯ ③弗⋯ ④赵⋯ III. 公司 – 金融学 – 教材 IV. F276.6

中国版本图书馆 CIP 数据核字（2017）第 109399 号

北京市版权局著作权合同登记　图字：01-2017-0727 号。

Richard A. Brealey, Stewart C. Myers, Franklin Allen. Principles of Corporate Finance, 12th Edition.

ISBN 978-1-259-14438-7

Copyright © 2017 by McGraw-Hill Education.

All Rights reserved. No part of this publication may be reproduced or transmitted in any form or by any means, electronic or mechanical, including without limitation photocopying, recording, taping, or any database, information or retrieval system, without the prior written permission of the publisher.

This authorized Chinese translation edition is jointly published by McGraw-Hill Education and China Machine Press. This edition is authorized for sale in the Chinese mainland (excluding Hong Kong SAR, Macao SAR and Taiwan).

Copyright © 2017 by McGraw-Hill Education and China Machine Press.

版权所有。未经出版人事先书面许可，对本出版物的任何部分不得以任何方式或途径复制或传播，包括但不限于复印、录制、录音，或通过任何数据库、信息或可检索的系统。

本授权中文简体字翻译版由麦格劳 - 希尔教育出版公司和机械工业出版社合作出版。此版本经授权仅限在中国大陆地区（不包括香港、澳门特别行政区及台湾地区）销售。

版权 © 2017 由麦格劳 - 希尔教育出版公司与机械工业出版社所有。

本书封面贴有 McGraw-Hill Education 公司防伪标签，无标签者不得销售。

本书在美国被誉为财务金融经理的必读圣经，也是欧美学界共同推崇的难得一见的权威著作！三位超级作者不但是顶级名校的知名教授，更是欧洲金融协会和美国金融协会的前主席。全书理论阐述严谨，结构简洁清晰，案例丰富有趣，非常适合高校金融、财务会计等专业的学生使用，也可供金融从业人员、企业财务经理在实际经营过程中参考备用。

出版发行：机械工业出版社（北京市西城区百万庄大街 22 号　邮政编码：100037）
责任编辑：王洪波　　　　　　　　　　　　　责任校对：李秋荣
印　　刷：北京捷迅佳彩印刷有限公司　　　　版　　次：2024 年 6 月第 1 版第 10 次印刷
开　　本：185mm×260mm　1/16　　　　　　印　　张：24
书　　号：ISBN 978-7-111-57058-5　　　　　定　　价：79.00 元

客服电话：(010) 88361066　68326294

版权所有·侵权必究
封底无防伪标均为盗版

关于作者

理查德 A. 布雷利（Richard A. Brealey）

伦敦商学院金融学教授，曾任欧洲金融协会主席和美国金融协会理事。他是英国国家科学院院士、长期担任英格兰银行行长特邀顾问，以及多家金融机构的董事。布雷利教授的其他著作包括《风险和普通股收益率导论》。

斯图尔特 C. 迈尔斯（Stewart C. Myers）

麻省理工学院斯隆管理学院金融经济学教授。他是美国金融协会前任主席、美国国家经济研究局研究员、布雷托集团（Brattle Group, Inc.）的负责人之一和安特吉公司（Entergy Corporation）的退休董事。他的研究主要涉及实物和金融资产的估值、公司融资政策和政府对企业金融方面的监管。他的论文很有影响力，涉及很多主题，包括调整现值（APV）、收益率监管、保险中的定价和资本配置、实物期权和资本结构决策中的道德风险和信息问题。

弗兰克林·艾伦（Franklin Allen）

伦敦帝国理工学院的金融学和经济学教授、宾夕法尼亚大学沃顿商学院"日本生命保险"讲席金融学教授。他曾担任美国金融协会、西部金融协会、金融研究学会、金融中介研究学会的主席。他的研究集中在金融创新、资产价格泡沫、比较金融体系和金融危机。他是帝国理工学院商学院的布勒旺·霍华德（Brevan Howard）金融分析中心的执行主任。

译者序

我第一次读到这本书,是1994~1997年在清华大学经济管理学院读硕士期间。当时,我们的"Corporate Finance"课程教材正是本书的英文第3版影印版。在此后的20余年里,我自己做了一名高校老师,并长期教授这门课程。自然地,为了教学需要,我也在不断地购买或受赠这本书的最新中英文版本,似乎从未失去与它的联系。直到2016年2月底,机械工业出版社的编辑突然找到我,希望由我来主持翻译在美国刚刚出版的最新版第12版。惊讶之余,我居然毫不犹豫地答应下来,并下定决心,要自己独立完成全书的翻译。

尽管翻译本书的难度似乎不大,但同时保证在专业上正确和在语言上流畅,则是一件不容易的事。所以,我希望能尽力做到,否则无论是我自己还是读者,会感觉难受。为此,我参考了一些翻译方面的书籍,向更专业的学者请教、学习。令人欣慰的是,从这项枯燥的工作中我获得了不少的乐趣,特别是某些语句经过再三斟酌之后,对应出符合英文原意的中文成语或者一句很满意的表达,都会令我感到莫名的得意和快乐。随着翻译的不断进展,工作量也大大超出预期,除了严格执行之前制订的计划,还要小步快跑挤出各种碎片时间,恰恰是这段与计划进度赛跑并不断实现的时期,让我既开心又充实。

8个月之后,初稿终于完成了!在短暂的喜悦之后,面对校样稿,则让我体会到满满的挫败感。因为再次读起译文,似乎感觉每一句话都可以找到更好的中文表达,每一段文字也可以更流畅一些,甚至还不停地担心哪里还藏着没纠正过来的错误……

与此同时,书名的确定也经历了一番纠结。Corporate Finance的中文翻译,在国内曾有学者译为"公司理财",还有译为"公司财务",但随着20多年现代金融学在国内的不断发展,"公司金融"似乎更符合本书的译名。经过与编辑、不同专业教师的探讨,我们再三权衡,最后确定本书书名为《公司金融》。这一译法既符合本书的内容体系,也与国内主流商学院的课程名称一致,同时希望采用本书以往版本作为教材的商学院教师们,不要产生误解。

本书是国际顶尖商学院Corporate Finance课程的经典教材,从1981年第1版开始,迄今已经连续出版到第12版,其中第1版到第7版的作者一直是前两位——理查德A.布雷利和斯图尔特C.迈尔斯,从2006年的第8版开始增加了弗兰克林·艾伦。三位作者都是金融领域的大师级人物,研究成果丰富并对现实问题极富洞察力。随着国际上公司金融实践和金融市场的演变,以及学术研究的进展,本书及时吸收了相关理论和实践的最新成果，同时也保持了其经典的框架主体不变。

作为学习金融学的入门书，本书涵盖了近乎所有的金融基本概念和基本理论，为读者打下了非常坚实的基础。与此同时，对于这些金融基本概念（如现值、期权、资本成本、资本结构、代理成本等），作者通过结合公司金融决策的具体环境，反复深入地解释，使读者能更加容易并正确理解。同样，对于重要的金融基本理论和模型的阐述，如资本组合理论、资本资产定价模型、有效市场假说、MM理论、期权定价理论，也绝不枯燥和乏味。例如，在第一部分给出了价值评估的贴现现金流分析框架之后，第二部分就很快讨论贴现率如何确定的问题，进而对资产选择理论和资本资产定价模型的介绍，也就水到渠成。另一个例子是对期权理论的阐述，在没有脱离企业追求价值最大化的背景下，有机地将期权与增长机会、战略决策联系在一起。

本书的内容涉及了公司金融决策的方方面面，从资本预算到股利政策，从代理问题到高管薪酬，从创业融资到并购重组，从财务计划到风险管理……相信对公司金融的任何问题感兴趣的读者，在领略原汁原味的金融概念和理论的同时，都可以从中得到更多的启发。在翻译的过程中，我也常常叹服于作者涉猎问题之广泛、洞察之深刻，收获颇多。另外，书后每一章都有推荐拓展阅读的文章和书目，有兴趣的读者可以继续深入探索。书中还有大量的脚注，对那些没有篇幅详述或者稍显脱离主线而不适合讨论的话题，也留下了进一步思考的线索。因此，本书不仅仅是一本教科书，还是一本提供多维度探索的优秀参考书。无论是本科生、MBA学生还是博士生，相信这本书都是他们学习金融的必读书之一。

还要说明的是，通常我们对一本教科书阐述内容的印象更多是"板上钉钉"，不容置疑，但本书却不是这样的。对于有争议的话题或者当前理论无法解释的现实，作者都态度坦诚而开放，读者也会在很多地方感受到大师们闪烁的思想火花。一个典型的例子，是关于有效市场和行为金融的讨论，与其说你在读一章内容，不如说你更在读一篇精彩的文献综述。我想这样的教科书才是高质量的，因为它不仅传授知识，更重要的是启发读者更开阔地思考。

最后，感谢机械工业出版社给我翻译此书的机会，很荣幸地从当初的读者变成现在的译者。在翻译的过程中，通过文字理解作者的思想，并用中文表达出来，在两种语言和思维方式中纠结的过程，让我学到了很多。感谢编辑王洪波，在一年多的时间里，我们之间的交流非常愉快，没有她的支持和鼓励，就不可能完成此书的翻译。

由于时间仓促、水平有限，书中一定还有不少残留错误之处，惶恐并期待读者的批评指正。

赵冬青

2017.3.13

清华园

前言

本书描述公司金融的理论和实践。我们几乎无须解释财务经理为什么要掌握他们工作需要的实务知识，但我们必须讲清楚为什么现实的管理者需要掌握理论。

管理者从经验中学习如何应对日常问题，而最优秀的管理者也能够对变化做出反应。要做到这一点，你需要懂比古老的经验法则更多的东西，必须理解公司和金融市场为什么是这样运行的。也就是说，你需要金融理论。

这听起来很吓人吗？不会。好的理论帮助你理解周围的世界所发生的一切，当时代变化和需要分析新问题时，帮助你问对问题。好的理论还告诉你哪些事情你不必担心。通过这本书，我们说明管理者如何利用金融理论解释实际问题。

当然，本书中出现的理论不完美，也不完全，没有理论是这样的。存在一些著名的争论，金融经济学家无法达成一致。我们没有掩盖这些争论。我们陈述每一方的观点，并告诉你我们的观点是什么。

本书的很多内容涉及理解财务经理做什么和为什么这么做。我们还阐述了为了增加公司价值，财务经理应该做什么。在需要理论提醒财务经理正在犯错误的地方，我们提出来，同时承认他们这么做可能存在隐藏的理由。简单来说，我们尽力做到公允而不手下留情。

本书可能是你第一次看到现代金融理论世界里的风光，如果是这样，你将第一次读到新思想，理解金融理论如何变成实务。我们希望，你可以时不时地感到愉悦。最终你将处在制定金融决策的位置上，而不只是学习。那时你可以将本书变成参考和指南。

第 12 版的变动

我们为以前版本的成功感到骄傲，尽力使第 12 版变得更好。

本书以前版本的使用者将会发现，本书在材料或主题的顺序上没有很大的变化，但我们尽力对全书进行了更新，并使之更易读。很多情况下，变动包括这儿更新一些数据，那儿增加一个新例子。这些增加的内容经常反映了金融市场或公司实践的一些最新进展。例如，你会发现对 P2P 借贷（第 14 章）、众筹（第 15 章）和税收反转（第 31

章）的简单介绍。

在其他情况下，我们去掉了连续版本更新所累积的混乱。例如，我们删掉了第 13 章中关于市场有效性的讨论，为了更简单一些，也为了反映最新的内容。行为经济学家经常强调投资者情绪对决定股票价格的重要性，因此我们拓展了对行为金融的讨论，包含了情绪的作用，我们用投资者不同水平乐观和悲观的图来说明。第 29 章和第 30 章中的短期财务计划和营运资本的讨论是另一个例子，我们重写了其中一些内容，删除了重复的部分。

有些重要的话题比以前版本强调得更多。例如，近期发生的事件强调需要有道德的行为。因此，我们对第 1 章中道德问题的讨论进行了扩展。有一个倾向是关注把公然的非法行为作为不道德行为的例子，而对大多数公司来说，困难而重要的决策发生在那些灰色区域——野蛮避税、资产剥离和卖空。我们还强调了一个重要问题：不道德的行为只是发生在少数几个公司，还是更有可能是宽容不良行为的商业文化导致的？

另一个值得强调的问题是隐藏杠杆。我们在第 14 章引入这个主题，在第 17 章通过瑞比（Reeby）体育公司的设备购置和一个新的小案例，回到这个话题。第 18 章和第 22 章，又再次回到这个话题，讨论增长期权所创造的杠杆。

在上一版中，我们通过 Beyond the Page 或我们称之为 App 的，增加了数字扩展的内容。这些额外的材料可以使我们脱离纸质出版物的限制，为有需要的读者提供更多的解释，为喜欢挖掘得更深入的读者提供额外的资料。Beyond the Page 包括额外的例子和电子表格程序，以及一些有趣的轶事。现在有超过 150 个 App，这一版还增加了很多新的。在本书的电子版中点击一下，就可以无任何障碍地获得这些 App，也可以通过 URL 快捷方式从传统的纸质教材获得。请浏览 mhhe. com/brealey12e，获得更多信息。

这些 App 包括：

- 第 2 章　你需要学习如何使用金融计算器吗？Beyond the Page 金融计算器 App 告诉你如何做。

- 第 3 章　你想计算债券的久期、了解久期如何预测小的利率变动对债券价格的影响、计算普通股的久期，或者学习如何度量凸性吗？做出图 3-2 的久期 App 使你可以做到这些。

- 第 5 章　想要更多年金估值的练习吗？一个 App 提供了例子和练习的机会。

- 第 9 章　如何度量美国股票的法玛—弗兰奇三因素模型的贝塔？Beyond the Page 贝塔估计 App 可以实现。

- 第 14 章　曾经疑惑过谷歌为什么将股票分为 A 股和 C 股吗？一个 App 提供了答案。

- 第 15 章　本章篇幅有限，无法包括真实的 IPO 招股说明书，你可以通过 Beyond the Page 看到推特（Twitter）的招股说明书。
- 第 19 章　本书简单描述了公司估值的股权现金流方法，而这个方法应用起来有些麻烦。我们提供了一个 App 指导整个过程。
- 第 20 章　布莱克—斯科尔斯公式 Beyond the Page 应用提供了一个期权计算器。还说明了如何估计期权对输入变量变动的敏感性，以及如何度量期权风险。
- 第 28 章　你想看到不同的美国公司最新的财务报表，计算它们的财务比率吗？有个 App 可以帮你做。

我们认为，有机会增加这些内容和 App，将扩大读者可以得到的资料，帮助读者决定探索某个主题的深度。

我们意识到，提出全面而精确的问题与答案，并给予指导是十分重要的。因此，新版付出很多努力来改进习题，并确保答案没有错误。我们增加了章末习题的内容，主要增加的部分在网上。

使学习更容易

本书的每一章都包括介绍性预览、总结和带评注的建议进一步阅读的文献列表。现在，有大量可能进一步阅读的候选文献，我们主要列出了文献调研类的文章或一般性书籍，而没有将所有重要的文章都列进去。我们在脚注中给出了更详细的参考。

每一章后面都有基础题、数字和概念方面的进阶题以及一些挑战题。奇数基础题的答案见本书后面的附录。

在部分必要章节中，我们加入了"网络中的金融"。这部分现在有大量网上项目和新的数据分析问题。这些练习使读者熟悉一些有用的网站，并解释了如何从网上下载和处理数据。

本书还包含了 13 个章末小案例，这些小案例包括了指导案例分析的具体问题。教师在本书的网站上可以获得小案例的答案。

像 Excel 这样的电子表格程序，是为很多金融计算量身定做的。有几章包含了专栏，介绍这些最有用的金融函数，并提供简短的练习题。我们说明如何利用 Excel 功能键来找到这些函数，然后输入数据。我们认为，这种方法比尽力记住每个函数的公式更简单。

我们以金融术语表来结束本书。

本书的 34 章分为 11 个部分：第 1 部分 ~ 第 3 部分是关于估值和资本投资决策的，包括资产组合理论、资产定价模型和资本成本；第 4 部分 ~ 第 8 部分讨论股利政策、资本结构、期权（包括实物期权）、公司负债和风险管理；第 9 部分包括财务分析、财务计划和营运资本管理；第 10 部分是并购、公司重组和世界范围的公司治理；第 11 部分是结论。

我们意识到，教师在教学中希望可以选择主题，也会偏好不同的讲解顺序。因此我们对各章节的写作使得可以按照不同的逻辑顺序来介绍各个主题。例如，在估值和资本投资之前，阅读财务分析和计划这部分内容，应该没有任何困难。

致谢

我们有很多人需要感谢，感谢他们对之前版本的批评，这非常有帮助，感谢他们帮助完成这一版。他们包括：麻省理工学院的 Faiza Arshad、Aleijda de Cazenove Balsan、Kedran Garrison、Robert Pindyck、Donna Cheung 和 Gretchen Slemmons；伦敦商学院的 Elroy Dimson、Paul Marsh、Mike Staunton 和 Stefania Uccheddu；布雷托集团的 Lynda Borucki、Marjorie Fischer、Larry Kolbe、Michael Vibert、Bente Villadsen 和 Fiona Wang。马里兰大学的 Alex Triantis；华盛顿大学的 Adam Kolasinski；杜克大学的 Simon Gervais；国际清算银行的 Michael Chui；南加州大学的 Pedro Matos；新加坡国立大学的 Yupana Wiwattanakantang；北卡罗来纳大学教堂山分校的 Mickolay Gantchev；宾夕法尼亚大学的 Tina Horowitz、Lin Shen 和 Chenying Zhang；哈佛大学的 Julie Wulf；赛克资本（SAC Capital）的 Jinghua Yan；穆迪分析公司（Moody's Analytics）的 Douglas Dwyer；EVA Dimensions 的 Bennett Stewart；韬睿咨询（Towers Perrin）的 James Matthews。

我们也想感谢那些敬业的专业人员，他们帮助更新了 Connect 和 LearnSmart 中的教师资料和网上内容。他们是 Kay Johnson、Blaise Roncagli、Deb Bauer、Mishal Rawaf、Marc-Anthony Isaacs、Frank Ryan、Peter Crabb、Victoria Mahan、Nicholas Racculia、Angela Treinen 和 Kent Ragan。

我们对以下教师表达感激之情，他们富有洞察力的评论和建议在修订过程中起到了不可估量的宝贵作用：

Ibrahim Affaneh *Indiana University of Pennsylvania*

Neyaz Ahmed *University of Maryland*

Alexander Amati *Rutgers University, New Brunswick*

Anne Anderson *Lehigh University*

Noyan Arsen *Koc University*

Anders Axvarn *Gothenburg University*

John Banko *University of Florida, Gainesville*

Michael Barry *Boston University*

Jan Bartholdy *ASB, Denmark*

Penny Belk *Loughborough University*

Omar Benkato *Ball State University*

Eric Benrud *University of Baltimore*

Ronald Benson *University of Mary Land, University College*

Peter Berman *University of New Haven*

Tom Boulton *Miami University of Ohio*

Edward Boyer *Temple University*

Alon Brav *Duke University*

Jean Canil *University of Adelaide*

Robert Carlson *Bethany College*

Chuck Chahyadi *Eastern Illinois University*

Fan Chen *University of Mississippi*

Celtin Ciner *University of North Carolina, Wilmington*

John Cooney *Texas Tech University*

Charles Cuny *Washington University, St. Louis*

John Davenport *Regent University*

Ray DeGennaro *University of Tennessee, Knoxville*

Adri DeRidder *Gotland University*

William Dimovski *Deakin University, Melbourne*

David Ding *Nanyang Technological University*

Robert Duvic *University of Texas at Austin*

Alex Edmans *London Business School*

Susan Edwards *Grand Valley State University*

Riza Emekter *Robert Morris University*

Robert Everett *Johns Hopkins University*

Dave Fehr *Southern New Hampshire University*

Donald Flagg *University of Tampa*

Frank Flanegin *Robert Morris University*

Zsuzanna Fluck *Michigan State University*

Connel Fullenkamp *Duke University*

Mark Garmaise *University of California, Los Angeles*

Sharon Garrison *University of Arizona*

Christopher Geczy *University of Pennsylvania*

George Geis *University of Virginia*

Stuart Gillan *University of Delaware*

Felix Goltz *Edhec Business School*

Ning Gong *Melbourne Business School*

Levon Goukasian *Pepperdine University*

Gary Gray *Pennsylvania State University*

C. J. Green *Loughborough University*

Mark Griffiths *Thunderbird, American School of International Management*

Re-Jin Guo *University of Illinois, Chicago*

Ann Hackert *Idaho State University*

Winfried Hallerbach *Erasmus University, Rotterdam*

Milton Harris *University of Chicago*

Mary Hartman *Bentley College*

Glenn Henderson *University of Cincinnati*

Donna Hitscherich *Columbia University*

Ronald Hoffmeister *Arizona State University*

James Howard *University of Maryland, College Park*

George Jabbour *George Washington University*

Ravi Jagannathan *Northwestern University*

Abu Jalal *Suffolk University*

Nancy Jay *Mercer University*

Thadavillil (Nathan) Jithendranathan *University of Saint Thomas*

Kathleen Kahle *University of Arizona*

Jarl Kallberg *NYU, Stern School of Business*

Ron Kaniel *Rochester University*

Steve Kaplan *University of Chicago*

Eric Kelley *University of Arizona*

Arif Khurshed *Manchester Business School*

Ken Kim *University of Wisconsin, Milwaukee*

Jiro Eduoard Kondo *Northwestern University Kellogg School of Management*

C. R. Krishnaswamy *Western Michigan University*

George Kutner *Marquette University*

Dirk Laschanzky *University of Iowa*

Scott Lee *Texas A&M University*

Bob Lightner *San Diego Christian College*

David Lins *University of Illinois, Urbana*

Brandon Lockhart *University of Nebraska, Lincoln*

David Lovatt *University of East Anglia*

Greg Lucado *University of the Sciences in Philadelphia*

Debbie Lucas *Northwestern University*

Brian Lucey *Trinity College, Dublin*

Suren Mansinghka *University of California, Irvine*

Ernst Maug *Mannheim University*

George McCabe *University of Nebraska*

Eric McLaughlin *California State University, Pomona*

Joe Messina *San Francisco State University*

Tim Michael *University of Houston, Clear Lake*

Dag Michalson *Bl. Oslo*

Franklin Michello *Middle Tennessee State University*

Peter Moles *University of Edinburgh*

Katherine Morgan *Columbia University*

James Nelson *East Carolina University*

James Owens *West Texas A&M University*

Darshana Palkar *Minnesota State University, Mankato*

Claus Parum *Copenhagen Business School*

Dilip Patro *Rutgers University*

John Percival *University of Pennsylvania*

Birsel Pirim *University of Illinois, Urbana*

Latha Ramchand *University of Houston*

Rathin Rathinasamy *Ball State University*

Raghavendra Rau *Purdue University*

Joshua Raugh *University of Chicago*

Charu Reheja *Wake Forest University*

Thomas Rhee *California State University, Long Beach*

Tom Rietz *University of Iowa*

Robert Ritchey *Texas Tech University*

Michael Roberts *University of Pennsylvania*

Mo Rodriguez *Texas Christian University*

John Rozycki *Drake University*

Frank Ryan *San Diego State University*

Marc Schauten *Eramus University*

Brad Scott *Webster University*

Nejat Seyhun *University of Michigan*

Jay Shanken *Emory University*

Chander Shekhar *University of Melbourne*

Hamid Shomali *Golden Gate University*

Richard Simonds *Michigan State University*

Bernell Stone *Brigham Young University*

John Strong *College of William & Mary*

Avanidhar Subrahmanyam *University of California, Los Angeles*

Tim Sullivan *Bentley College*

Shrinivasan Sundaram *Ball State University*

Chu-Sheng Tai *Texas Southern University*

Tom Tallerico *Dowling College*

Stephen Todd *Loyola University, Chicago*

Walter Torous *University of California, Los Angeles*

Emery Trahan *Northeastern University*

Gary Tripp *Southern New Hampshire University*

Ilias Tsiakas *University of Warwick*

Narendar V. Rao *Northeastern University*

David Vang *St. Thomas University*

Steve Venti *Dartmouth College*

Joseph Vu *DePaul University*

John Wald *Rutgers University*

Chong Wang *Naval Postgraduate School*

Faye Wang *University of Illinois, Chicago*

Kelly Welch *University of Kansas*

Jill Wetmore *Saginaw Valley State University*

Patrick Wilkie *University of Virginia*

Matt Will *University of Indianapolis*

David Williams *Texas A&M University, Commerce*

Art Wilson *George Washington University*

Shee Wong *University of Minnesota, Duluth*

Bob Wood *Tennessee Tech University*

Fei Xie *George Mason University*

Minhua Yang *University of Central Florida*

David Zalewski *Providence College*

Chenying Zhang *University of Pennsylvania*

这份名单肯定不全。我们知道，本书在很大程度上归功于我们在伦敦商学院、麻省理工学院斯隆管理学院、伦敦帝国理工学院和宾夕法尼亚大学沃顿商学院的同事们。很多情况下，本书中出现的思想属于他们的和属于我们的同样多。

我们还要感谢麦格劳－希尔教育集团帮助我们出版本书的所有工作人员，他们是品牌经理 Chuck Synovec、高级产品开发负责人 Noelle Bathurst、市场经理 Melissa Caughlin、市场专员 Dave O'Donnell、项目经理 Kathryn Wright 和 Kristin Bradley、设计师 Laurie Entringer 和数字产品分析师 Kevin Shanahan。

理查德 A. 布雷利

斯图尔特 C. 迈尔斯

弗兰克林·艾伦

常用符号

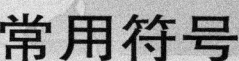

APV	调整净现值		成本)。忽略下标,认为每一时期的预期收益率相同
BV	账面价值		
C_t	t 时间的现金流	$\tilde{r}_t$	t 时期的不确定的实际收益率
CEQ_t	t 时间的确定性等值现金流	r_D	公司负债的预期收益率
DIV_t	t 时间的股利支付	r_E	公司股权的预期收益率
D	公司负债的市场价值	r_f	无风险利率
DEP_t	第 t 年的折旧	r_m	市场组合的预期收益率
DF_t	t 时期的现金流的贴现因子	$r_\$$	美元利率
e	2.718(自然对数的底)	$S_{SFr/\$}$	瑞士法郎兑美元的即期汇率
E	公司股权的市场价值	t	时间
EPS_t	第 t 年的每股盈利	T_c	公司所得税税率
EX	期权的行权价格	T_P	个人所得税税率
$f_{SFr/\$}$	瑞士法郎兑美元的远期汇率	V	公司的市场价值:$V = D + E$
g	增长率	y	到期收益率
i_t	第 t 年的预期通胀率	β	贝塔:市场风险的度量指标
IRR	内部收益率	δ	德尔塔:对冲比率
LCF_t	第 t 年的租赁现金流出	ρ_{12}	投资 1 和投资 2 的相关系数
NPV	净现值	σ	西格玛:标准差
P_t	t 时间的价格	σ_{12}	投资 1 和投资 2 的协方差
PV	现值	σ^2	西格玛平方:方差
PVGO	增长机会的现值	Σ	资本西格玛:"求和"
r_t	t 时期的预期收益率(或资本		

一些有用的公式

（括号内的数字是该公式在本书中所在的主要章节）

永续年金(2.2)

每年1美元的永续年金的价值为：

$$PV = \frac{1}{r}$$

年金(2.2)

t年期，每年1美元的价值（t年年金因子）：

$$PV = \frac{1}{r} - \frac{1}{r(1+r)^t}$$

增长的永续年金（"戈登"模型）(2.3)

如果第1期现金流是1美元，且之后现金流以固定的增长率g永续增长，则

$$PV = \frac{1}{r-g}$$

增长的年金(2.3)

如果第1期现金流是1美元，且之后现金流以固定的增长率g增长到t年，则

$$PV = \frac{1}{r-g}\left[1 - \frac{(1+g)^t}{(1+r)^t}\right]$$

连续复利(2.4)

如果r是连续复利利率，第t年得到的1美元的现值为：

$$PV = \frac{1}{e^{rt}}$$

债券的久期和波动性(3.2)

$$T\text{期债券的久期} = \frac{\sum_{t=1}^{T} t \times C_t/(1+y)^t}{\sum_{t=1}^{T} C_t/(1+y)^t}$$

波动性（修正久期）= 久期$/(1+y)$

等价年度成本(6.3)

如果资产的使用寿命是t年，等价年度成本为：

$$\frac{PV(\text{成本})}{t\text{年年金因子}}$$

风险度量(7.2~7.4)

收益率的方差 = $\sigma^2 = (\tilde{r} - r)^2$的期望值

收益率的标准差 = $\sqrt{\text{方差}} = \sigma$

股票1和股票2的收益率的协方差 = $\sigma_{12} = (\tilde{r}_1 - r_1)(\tilde{r}_2 - r_2)$的期望值

股票1和股票2的相关系数：$\rho_{12} = \dfrac{\sigma_{12}}{\sigma_1 \sigma_2}$

股票i的贝塔 = $\beta_i = \dfrac{\sigma_{im}}{\sigma_m^2}$

股票i的投资比例为x_i的资产组合的收益率方差：$\sum_{i=1}^{N}\sum_{j=1}^{N} x_i x_j \sigma_{ij}$

资本资产定价模型(8.2)

有风险投资的预期风险溢价为：

$$r - r_f = \beta(r_m - r_f)$$

MM第二定理(17.2和19.3)

股权的要求收益率（r_E）与用市场价值（D/E）度量的负债权益比成正比：

$$r_E = r + (r - r_D)D/E$$

其中r是资本机会成本。

加权平均资本成本(19.1)

$$\text{WACC} = r_D(1-T_c)D/V + r_E E/V$$

其中,

r_D 和 r_E——负债和股权的预期收益率

T_c——公司边际税率

D 和 E——负债和权益的市场价值($V = D + E$)

去杠杆贝塔(19.3)

$$\beta_{资产} = \beta_{负债}\left(\frac{D}{V}\right) + \beta_{股权}\left(\frac{E}{V}\right)$$

其中,

D 和 E——负债和权益的市场价值($V = D + E$)

认购期权和认沽期权的价值之间的关系 (20.2)

欧式认购期权和欧式认沽期权的价值之间的关系为:

认购期权的价值 + 行权价格的现值
= 认沽期权的价值 + 股票价格

二叉树估值模型的输入(21.1 和 21.2)

在风险中性的世界中价格上升的概率

$$p = \frac{r_f - d}{u - d}$$

$$1 + 上升幅度 = u = e^{\sigma\sqrt{h}}$$

$$1 + 下降幅度 = d = 1/u$$

其中,

σ——年度价格变动的标准差

h——以年为单位的期间间隔

$$期权\,\delta = \frac{可能的期权价格的价差}{可能的股价的价差}$$

认购期权的布莱克—斯科尔斯定价公式 (21.3)

认购期权的价值 = $[N(d_1) \times P]$
$- [N(d_2) \times \text{PV}(\text{EX})]$

其中,

$$d_1 = \frac{\log[P/\text{PV}(\text{EX})]}{\sigma\sqrt{t}} + \frac{\sigma\sqrt{t}}{2}$$

$$d_2 = d_1 - \sigma\sqrt{t}$$

$N(d)$——累积正态分布概率密度函数

$\text{PV}(\text{EX})$——行权价格的现值

t——距离到期日的期数

P——现在的股价

σ——每期股票收益率的标准差(连续复利)

$\log$——自然对数

租赁的价值(25.4)

如果 LCF_t 是第 t 期租赁的现金流出,成本为 INV 的资产的 N 期租赁的价值为:

$$\text{INV} - \sum_{t=0}^{N} \frac{\text{LCF}_t}{[1 + r_D(1-T_c)]^t}$$

期货价值(26.4)

第 t 期到期的金融期货的 $\text{PV} = S_0(1 + r_f - y)^t$,其中 S_0 为资产的现货价格,y 为资产的每期收益率。

第 t 期到期的商品期货的 $\text{PV} = S_0(1 + r_f + 仓储成本 - 便利收益)^t$,其中仓储成本和便利收益表示为现货价格 S_0 的比例。

利率平价关系(27.2)

$$\frac{1 + r_x}{1 + r_\$} = \frac{f_{x/\$}}{S_{x/\$}}$$

增长率(29.6)

可持续增长率(财务杠杆不变) = 再投资比率 × 股权收益率

内部增长率(无外部融资) = 留存收益/净资产 = 再投资比率 × 股权收益率 × 股权/净资产

简明目录

关于作者

译者序

前　言

常用符号

一些有用的公式

基　础　篇

第一部分　价值

第1章　公司金融概览 ……………………………………………………… 2

第2章　如何计算现值 ……………………………………………………… 18

第3章　评估债券价值 ……………………………………………………… 40

第4章　普通股的价值 ……………………………………………………… 65

第5章　净现值和其他投资准则 …………………………………………… 90

第6章　用NPV法则进行投资决策 ………………………………………… 111

第二部分　风险

第7章　风险和收益导论 …………………………………………………… 138

第8章　资产组合理论和资本资产定价模型 ……………………………… 163

第9章　风险和资本成本 …………………………………………………… 186

第三部分　资本预算的最佳实践

第10章　项目分析 …………………………………………………………… 210

第11章　投资、战略和经济租金 …………………………………………… 234

第12章　代理问题、薪酬和业绩评估 ……………………………………… 253

第四部分　融资决策和市场有效性

第 13 章　有效市场和行为金融 …………………………………………………… 276
第 14 章　公司融资综述 …………………………………………………………… 300
第 15 章　公司如何发行证券 ……………………………………………………… 321

第五部分　股利政策和资本结构

第 16 章　股利政策 ………………………………………………………………… 348
第 17 章　负债策略重要吗 ………………………………………………………… 371
第 18 章　公司应该负债多少 ……………………………………………………… 390
第 19 章　融资与估值 ……………………………………………………………… 418
附录　部分基础题的答案 ………………………………………………………… 446

进　阶　篇

第六部分　期权

第 20 章　理解期权 ………………………………………………………………… 2
第 21 章　期权估值 ………………………………………………………………… 20
第 22 章　实物期权 ………………………………………………………………… 42

第七部分　债务融资

第 23 章　信用风险和公司负债的价值 …………………………………………… 66
第 24 章　多种不同类型的负债 …………………………………………………… 83
第 25 章　租赁 ……………………………………………………………………… 113

第八部分　风险管理

第 26 章　管理风险 ………………………………………………………………… 132
第 27 章　国际风险管理 …………………………………………………………… 162

第九部分　财务计划和营运资本管理

第 28 章　财务分析 ………………………………………………………………… 184
第 29 章　财务计划 ………………………………………………………………… 206

第 30 章　营运资本管理 ·· 229

第十部分　并购、公司控制和治理

第 31 章　并购 ·· 252
第 32 章　公司重组 ·· 281
第 33 章　世界范围的公司治理和控制 ······································ 304

第十一部分　结论

第 34 章　结论:关于金融我们的已知与未知 ·································· 322
附录　部分基础题的答案 ··· 331
术语表 ·· 338

目录

关于作者
译者序
前　言
常用符号
一些有用的公式

第六部分　期权

第20章　理解期权 …………………… 2
20.1　认购期权、认沽期权和股票 … 3
20.2　期权的金融炼金术 …………… 6
20.3　期权价值由什么决定 ………… 11
本章总结 ……………………………… 15
扩展阅读 ……………………………… 16
练习题 ………………………………… 16
网络中的金融 ………………………… 19

第21章　期权估值 …………………… 20
21.1　简单的期权估值模型 ………… 20
21.2　期权估值的二项式方法 ……… 24
21.3　布莱克—斯科尔斯公式 ……… 28
21.4　应用布莱克—斯科尔斯公式 … 31
21.5　期权价值一瞥 ………………… 35
21.6　期权大观园 …………………… 36
本章总结 ……………………………… 36
扩展阅读 ……………………………… 37
练习题 ………………………………… 37
网络中的金融 ………………………… 40
微型案例　布鲁斯·汉尼拔的
　　　　　发明 ……………………… 41

第22章　实物期权 …………………… 42
22.1　后续投资机会的价值 ………… 42
22.2　时间选择期权 ………………… 46
22.3　放弃期权 ……………………… 48
22.4　弹性生产和采购 ……………… 50
22.5　药品研发的投资 ……………… 54
22.6　实物期权估值 ………………… 56
本章总结 ……………………………… 58
扩展阅读 ……………………………… 59
练习题 ………………………………… 60

第七部分　债务融资

第23章　信用风险和公司负债的
　　　　　价值 ……………………… 66
23.1　公司负债的收益率 …………… 66
23.2　违约期权 ……………………… 70
23.3　债券评级和违约概率 ………… 75
23.4　违约概率的预测 ……………… 76
23.5　风险价值 ……………………… 79
本章总结 ……………………………… 80
扩展阅读 ……………………………… 81
练习题 ………………………………… 81
网络中的金融 ………………………… 82

第24章　多种不同类型的负债 ……… 83
24.1　长期债券 ……………………… 84
24.2　可转换证券和某些特别
　　　债券 ……………………………… 94

24.3 银行贷款 ·············· 99
24.4 商业票据和中期票据 ······ 103
本章总结 ··················· 104
扩展阅读 ··················· 105
练习题 ····················· 106
微型案例 桑代克先生之死 ······ 109
附录 项目融资 ············· 110

第 25 章 租赁 ·············· 113

25.1 什么是租赁 ············ 113
25.2 为什么租赁 ············ 114
25.3 经营性租赁 ············ 118
25.4 融资租赁的估值 ········· 120
25.5 融资租赁何时支付 ······· 124
25.6 杠杆租赁 ·············· 125
本章总结 ··················· 126
扩展阅读 ··················· 127
练习题 ····················· 127

第八部分 风险管理

第 26 章 管理风险 ·············· 132

26.1 为什么管理风险 ········· 132
26.2 保险 ·················· 135
26.3 用期权减少风险 ········· 136
26.4 远期和期货合约 ········· 137
26.5 互换 ·················· 145
26.6 如何进行套期保值 ······· 149
26.7 "衍生工具"是个粗俗字眼吗 ··············· 152
本章总结 ··················· 154
扩展阅读 ··················· 155
练习题 ····················· 156
网络中的金融 ··············· 160
微型案例 伦斯勒咨询公司 ······ 160

第 27 章 国际风险管理 ········· 162

27.1 外汇市场 ·············· 162
27.2 一些基本关系 ·········· 164
27.3 对冲货币风险 ·········· 171
27.4 汇率风险和国际投资决策 ··· 172
27.5 政治风险 ·············· 175
本章总结 ··················· 177
扩展阅读 ··················· 178
练习题 ····················· 178
网络中的金融 ··············· 181
微型案例 Exacta 有限责任公司 ··················· 181

第九部分 财务计划和营运资本管理

第 28 章 财务分析 ············· 184

28.1 财务比率 ·············· 184
28.2 财务报表 ·············· 185
28.3 家得宝的财务报表 ······· 186
28.4 度量家得宝的业绩 ······· 188
28.5 度量效率 ·············· 192
28.6 分析资产收益率：杜邦分析 ················· 193
28.7 度量杠杆 ·············· 194
28.8 度量流动性 ············ 196
28.9 解释财务比率 ·········· 198
本章总结 ··················· 201
扩展阅读 ··················· 202
练习题 ····················· 202
网络中的金融 ··············· 205

第 29 章 财务计划 ············· 206

29.1 短期和长期融资决策之间的联系 ············· 206

29.2	跟踪现金的变化 …… 208		附录	企业集团并购和价值
29.3	现金预算 …… 212			可加性 …… 279
29.4	短期财务计划 …… 214		第32章	公司重组 …… 281
29.5	长期财务计划 …… 217		32.1	杠杆收购 …… 281
29.6	增长和外部融资 …… 221		32.2	公司金融中的聚变和
本章总结 …… 222				裂变 …… 285
扩展阅读 …… 223			32.3	私募股权 …… 290
练习题 …… 223			32.4	破产 …… 295
网络中的金融 …… 228			本章总结 …… 300	
			扩展阅读 …… 301	
第30章	营运资本管理 …… 229		练习题 …… 302	
30.1	存货 …… 230			
30.2	信用管理 …… 231		第33章	世界范围的公司治理和
30.3	现金 …… 236			控制 …… 304
30.4	可交易证券 …… 239		33.1	金融市场和机构 …… 304
本章总结 …… 244			33.2	所有权、控制和治理 …… 307
扩展阅读 …… 245			33.3	这些差异重要吗 …… 314
练习题 …… 245			本章总结 …… 318	
网络中的金融 …… 249			扩展阅读 …… 319	
			练习题 …… 320	

第十部分　并购、公司控制和治理

第十一部分　结论

第31章	并购 …… 252		第34章	结论：关于金融我们的
31.1	并购的合理动机 …… 253			已知与未知 …… 322
31.2	并购的一些可疑原因 …… 259		34.1	我们知道的：金融的七个
31.3	估计并购的收益和成本 …… 261			最重要的思想 …… 322
31.4	并购机制 …… 266		34.2	我们不知道的：金融的
31.5	代理权争夺、接管和公司			10个未解决问题 …… 324
	控制权市场 …… 269		34.3	结语 …… 330
31.6	并购和经济 …… 274			
本章总结 …… 276			附录	部分基础题的答案 …… 331
扩展阅读 …… 276			术语表 …… 338	
练习题 …… 277				

第六部分 PART6

期　权

第 20 章 理解期权

突击测验：以下事件的共性是什么？
- 克里格绿山咖啡公司买入期权，为未来购买咖啡豆的价格设定了上限；
- 福莱特阿荣酒店股价超过 120 美元，公司就给总裁发奖金；
- 闪电计算机公司尝试进入一个新市场；
- 麦芽鲟鱼公司延迟投资 NPV 为正的工厂；
- 惠普公司出口未完全装配好的打印机，尽管运输产成品的成本更低；
- Dominion 在 Possum Point 的发电站安装了双燃料单元，可以使用汽油或天然气作为燃料；
- 2004 年，法航收购荷兰的 KLM 航空公司，采用法航股票和认股权证的组合来支付，认股权证使 KLM 的股东可以在以后三年半的时间里，以每股 20 美元额外购买法航的股票；
- 2011 年，AIG 向股东分配了 7 500 万份认股权证。每份认股权证给予股东以 45 美元购买一股股票的权利；
- 2014 年，Twitter 发行了 18 亿美元可转换债券，每份债券可以转换为 12.9 股股票。

答案： (1) 这些事件都涉及期权；(2) 说明工业公司的财务经理为什么需要理解期权。

公司经常使用商品、货币和利率期权来降低风险。例如，肉类加工厂希望设定牛肉成本的上限，购买以固定价格购买活畜的期权。公司希望限定未来的借款利率，购买以固定价格出售长期债券的期权，等等。第 26 章，我们将解释公司如何利用期权来限制风险。

很多资本投资包含未来扩张的隐含期权。例如，公司投资了一项专利，使公司可以利用一项新技术，或者公司购买一块毗邻土地，使公司在未来可以选择增加产能。每种情况下，公司都是现在付钱获得一个在未来进一步投资的机会。也就是说，公司在购买增长机会。

以下是另一个要投资的伪装期权：你在考虑购买一块据说有金矿的荒地。遗憾的是，提炼成本比现在的金价还高。这意味着这块土地几乎没有价值吗？根本不是。你并没有被迫开采金矿，但这块土地的所有权给你这样做的期权。当然，知道金价低于开采成本，那么期权没有价值，但是如果未来金价存在不确定性，你就有机会发大财。⊖

如果扩张期权有价值，退出期权呢？设备拆掉前，项目一般会继续下去，中止项目是管理者的决定，而不是自然而然的结果。一旦项目不盈利了，公司就会执行放弃项目的期权来止损。有些项目的放弃价值比其他项目高。利用标准设备的项目会有有价值的放弃期权。其他项目的中止还会发生成本。例如，废弃远洋石油开采平台的成本非常高。

我们在基础篇第 10 章初步了解了投资中的期权，解释了如何利用决策树来分析制药公司

⊖ 基础篇第 11 章中，我们评估了金斯利·所罗门的金矿价值，先计算地下黄金的价值，再减去提炼成本的价值。只有我们知道一定会开采矿金矿的时候这才是正确的。否则，金矿的价值增加了期权的价值，就是当金价低于提炼成本时将黄金留在地下的期权。

中止新药试验的期权。第22章，我们将更进一步考察这些实物期权。

财务经理们需要理解期权的另一个原因是，期权常常附加在公司证券上，给投资者或公司改变发行条款的灵活性。例如，在第24章中，我们将说明认股权证或可转换债券给予持有者用现金或债券购买普通股的期权。

事实上，我们在第23章会看到，每当公司负债的时候，就得到一个弃债务而不顾、将资产留给债权人的期权。如果负债到期时公司资产的价值低于负债的价值，公司会选择债务违约，债权人会得到公司的资产。这样，公司负债时，债权人实际上就得到了公司，而股东得到一个偿还负债买回公司的期权。这是个极其重要的洞察，这意味着我们所学到的关于可交易期权的一切同样适用于公司债务。

本章我们利用可交易股票期权来解释期权的原理，但是我们希望这些简单的介绍使你相信，财务经理对期权的兴趣不只限于可交易股票期权。这就是为什么我们请你在此多花些时间，以便掌握几个重要的以后很有用的概念。

如果你对期权的奇妙世界不熟悉，刚开始接触似乎感到困惑。因此我们将本章分为三个小部分。第一个任务是向你介绍认购期权和认沽期权，以及告诉你这些期权的收益如何取决于标的资产的价格。然后，我们说明金融炼金术士如何利用期权产生很多有趣的投资策略。

本章最后，我们识别决定期权价值的变量。你将得到一些奇怪的反直觉的结果。例如，投资者熟悉的是风险增大则现值下降，但对期权则相反。

20.1 认购期权、认沽期权和股票

投资者通常交易股票期权。⊖例如，表20-1是谷歌股票期权的报价，可以看到有两种期权——认购期权和认沽期权。我们分别解释。

表20-1　2014年12月部分谷歌股票认沽和认购期权的价格。当时谷歌股价大约为530美元

到期日	行权价 （单位：美元）	认购期权价格 （单位：美元）	认沽期权价格 （单位：美元）
2015年3月	470	72.70	7.50
	500	45.70	13.60
	530	28.00	24.64
	560	13.10	43.60
	590	7.50	67.10
2015年6月	470	80.50	13.20
	500	56.00	20.65
	530	**36.00**	**34.55**
	560	20.00	53.70
	590	12.30	72.50
2016年1月①	470	99.10	28.70
	500	72.00	40.70
	530	54.60	52.40
	560	38.00	67.55
	590	28.30	84.30

① 长期期权称为"LEAPS"。

资料来源：Yahoo! Finance, finance.yahoo.com。

⊖ 美国两家主要的交易所是国际证券交易所（ISE）和芝加哥期权交易所（CBOE）。

20.1.1 认购期权和头寸图

认购期权（call option）给予所有者在指定的到期日或之前以指定的行权价格（exercise or strike price）购买股票的权利。如果期权只在到期日行权，传统上称为欧式认购期权（European call）；其他情况（如表 20-1 中的谷歌的期权）下，期权可以在到期日或之前行权，称为美式认购期权（American call）。

表 20-1 第三列是不同行权价格和到期时间的谷歌股票认购期权的价格。看一下 2015 年 3 月到期的期权报价。第一行是说支付 72.70 美元，你可以获得一份期权，可以在 2015 年 3 月或之前以每股 470 美元购买一股⊖谷歌股票。下一行中，你可以看到多付 30 美元（500 美元而不是 470 美元）买谷歌股票的期权价格低了 27 美元，即 45.70 美元。一般来说，随着行权价格的上升，认购期权价格下降。

现在，看一下 2015 年 6 月和 2016 年 1 月到期的期权报价。注意，随着期权到期时间的延长，期权价格上升。例如，行权价格为 530 美元的认购期权，2015 年 3 月到期的价格为 28.00 美元，2015 年 6 月到期的价格为 36.00 美元，2016 年 1 月到期的价格为 54.60 美元。

在第 13 章中，我们遇到路易斯·巴施里叶，他在 1900 年首次提出证券价格服从随机漫步。巴施里叶还设计了一种非常方便的速写工具来说明投资不同期权的效果。我们就用这种速写工具来比较谷歌股票的认购期权和认沽期权。

图 20-1a 中的头寸图（position diagram）是投资 2015 年 6 月到期、行权价格为 530 美元（表 20-1 中黑体数字）的谷歌股票认购期权的可能结果。投资谷歌认购期权的结果取决于谷歌的股票价格。如果股价在这期间低于 530 美元的行权价格，没有人会利用认购期权支付 530 美元购买股票，认购期权将到期作废。另一方面，如果股票价格超过 530 美元，你将行使期权来购买股票。期权到期时，价值等于股票市场价格与你的购买价格 530 美元之间的差额。例如，假设谷歌股价上升到 600 美元，你的认购期权价值为 600 − 530 = 70 美元。这是你的收益，当然不全是利润，表 20-1 说明你需要支付 36 美元购买认购期权。

20.1.2 认沽期权

现在，我们看一下图 20-1 中右栏的谷歌**认沽期权**（put option）。认购期权给你以确定的行权价格购买股票的权利，而认沽期权给你出售股票的权利。例如，表 20-1 中最右边一列黑体的条目显示，支付 34.55 美元，你可以获得一份在 2015 年 6 月之前的任何时候以 530 美元出售谷歌股票的权利。认沽期权盈利的条件与认购期权盈利的条件恰好相反。图 20-1b 是其头寸图。如果谷歌股票在期权到期前一刻的价格高于 530 美元，你就不会以这个价格出售股票。在市场上出售会更好，而认沽期权将一文不值。相反，如果股价低于 530 美元，以低价购买然后利用期权以 530 美元出售就可以赚钱。这种情况下，在行权日认沽期权的价值等于 530 美元的出售价格与市场价格的差额。例如，如果股价为 440 美元，期权价值就是 90 美元：

到期时认沽期权的价值 = 行权价格 − 股票市场价格 = 530 − 440 = 90（美元）

⊖ 实际上你不能购买一股股票的期权，期权交易是 100 股的倍数，最小的订单是 100 股谷歌股票的 100 份期权。

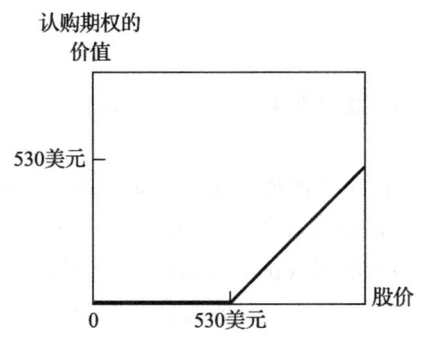 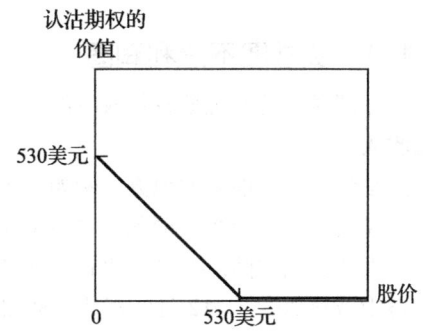

a）购买行权价格为530美元的谷歌认购期权的结果　　b）购买行权价格为530美元的谷歌认沽期权的结果

图20-1　头寸图说明了谷歌认购期权和认沽期权的所有者的
收益（图中黑色的线）与股票价格的关系

20.1.3　出售认购期权和认沽期权

现在，我们考察卖出这些期权的投资者的头寸。如果你卖出认购期权，也称"签发"认购期权，如果认购期权买方要求的话，你承诺交割股票。也就是说，买方的资产是卖方的负债。当期权到期时，如果股价低于行权价格，买方将不行使认购期权，卖方就没有责任。如果股价高于行权价格，买方将行权，卖方必须放弃这些股票。卖方损失股价与从买方得到的行权价格之间的差额。注意，买方总是拥有行使期权的权利，而期权卖方有义务这样做。

假设谷歌的股价为600美元，高于期权的行权价格530美元。这种情况下，买方将行使认购期权。卖方被迫以530美元出售价值600美元的股票，收益为-70美元。㊀当然，这70美元卖方的损失是买方的盈利。图20-2a显示了谷歌认购期权卖方的收益如何随股价而变化。注意，买方每赚一美元，卖方就亏一美元。图20-2a正好是图20-1a倒过来。

用同样的方式，将图20-1b倒过来，我们就可以画出认沽期权卖方的头寸。如果认沽期权买方要求，认沽期权卖方必须同意支付每股530美元。显然，只要股价保持在530美元以上，卖方就是安全的，但是如果股价低于530美元，卖方就会损失。最糟糕的是股票变得一文不值时，卖方被迫支付530美元购买价值为零的股票，期权的收益就是-530美元。

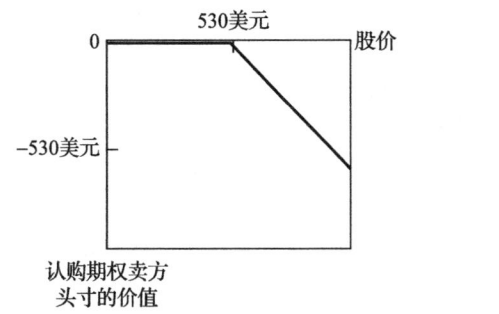 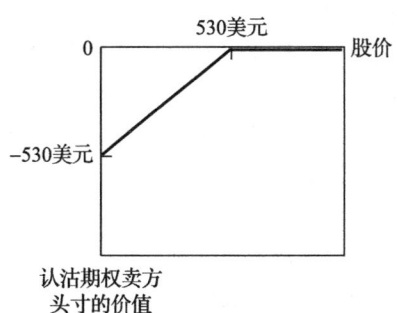

a）出售行权价格为530美元的谷歌认购期权的结果　　b）出售行权价格为530美元的谷歌认沽期权的结果

图20-2　谷歌认购期权和认沽期权的卖方的收益（图中黑色的线）取决于股价

㊀　卖方得到一些安慰，因为12月份出售认购期权时得到了36.00美元。

20.1.4　头寸图不是利润图

头寸图显示的只是期权行权时的收益，没有考虑购买期权的初始成本和出售期权的初始收入。

这是经常发生混淆的地方。例如，图20-1a中的头寸图使购买认购期权看起来像是确定的事情，因为最坏的情况下收益是零，如果谷歌股价在2015年6月高于530美元，就有很大的获利空间。但是，比较一下图20-3a的利润图（profit diagram），即从到期时的收益中减掉2014年12月购买认购期权的成本36.00美元。只要股价低于530 + 36.00 = 566.00美元，认购期权买方一直亏损。另一个例子，图20-2b中的头寸图时出售认沽期权看起来是确定的损失——最好情况下的收益是零。但是图20-3b中的利润图确认了卖方收到的34.55美元，说明卖方在股价高于530 - 34.55 = 495.45美元时是盈利的。⊖

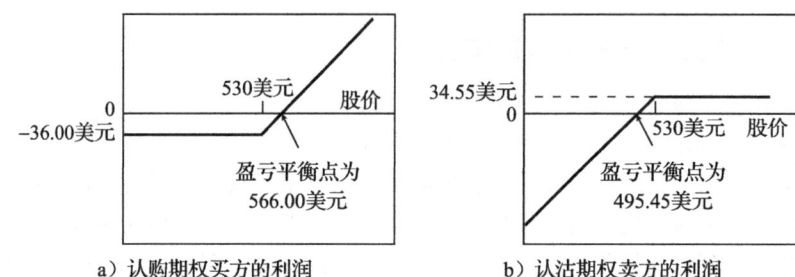

图20-3　利润图考虑了购买期权的成本和出售期权的收入。在a图中，我们从图20-1a所画的谷歌认购期权的收益中减掉了成本36.00美元。在b图中，我们从图20-2b所画的谷歌认沽期权的收益中加上了收入34.55美元

图20-3这样的利润图会对期权初学者有帮助，但期权专家很少画这样的图。⊖现在，你已经修完了第一堂期权课，我们也不再画了。我们仍使用头寸图，因为你必须集中考虑行权时的收益，以便理解期权和正确地对期权估值。

20.2　期权的金融炼金术

现在，我们来看图20-4a，该图显示了你以530美元购买了谷歌股票之后的收益。股价上涨多少，你就赚多少，股价下跌多少，你就损失多少。这太老套了，45度线，谁都可以画出来。

图20-4b是保留谷歌股票上升可能性而对下跌进行彻底保护的投资策略的收益。这种情况下，无论谷歌股价下跌到330美元、130美元还是0，你的收益保持为530美元。图20-4b的收益显然好于图20-4a。如果金融炼金术士将图20-4a变成图20-4b，你会愿意为他的服务付钱。

炼金术当然有不好的一面。图20-4c是受虐狂的投资策略。股价下跌，你有损失；股价上涨，你放弃了获利的机会。如果你喜欢损失，或者有人付足够多的钱给你来采纳这个策略，你就投资吧。

⊖ 事实是，你在期权上有利润并不一定就有理由开心，利润需要补偿你资金的时间价值和你承担的风险。

⊖ 图20-3这样的利润图从最后收益中减去了期权的初始成本，因此忽略了金融的第一个原理——"今天的一块钱比未来的一块钱更有价值。"

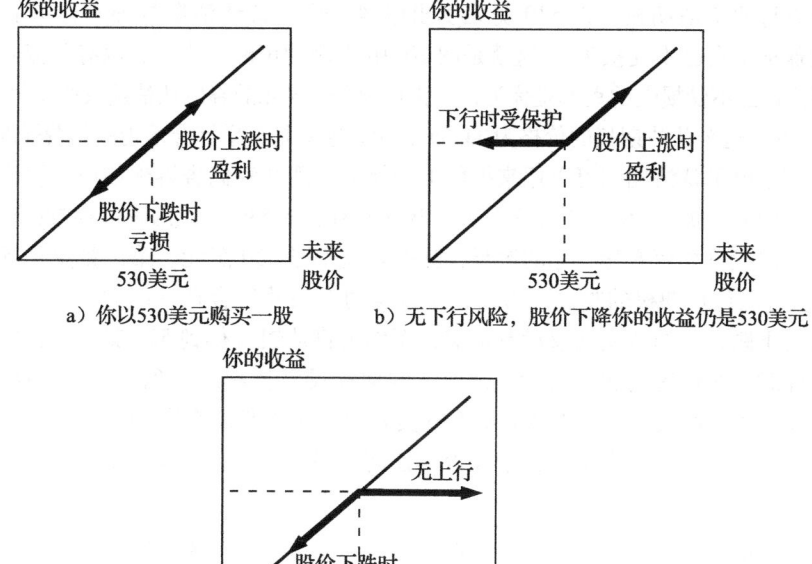

图 20-4 谷歌股票的三个投资策略六个月后的收益

现在，你可能已经产生了怀疑，所有这些金融炼金术是不是真的？你可以进行图 20-4 中的两种演变，用期权来做，我们现在就展示给你。

首先考虑受虐狂的策略。图 20-5 中第一张图是购买一股谷歌股票的收益，第二张图是出售一份行权价格为 530 美元的认购期权的收益，第三张图是将两个头寸组合在一起，结果就是图 20-4c 所画的"不赢"策略。如果股价低于 530 美元你会损失，而股价高于 530 美元，认沽期权买方要求你以 530 美元卖出股票，因此你在下行时损失而在上行时放弃了盈利的任何机会。这是个坏消息，好消息是你被支付了一笔钱来承担这个责任。2014 年 12 月，你被支付了 36.00 美元，即 6 个月认购期权的价格。

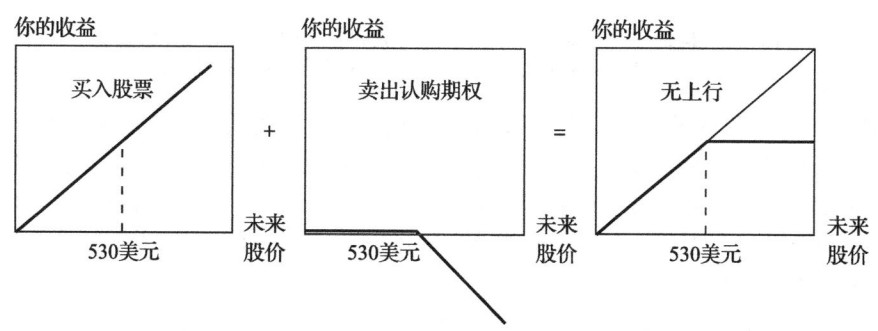

图 20-5 你可以利用期权来构造一个策略，股价价格下跌时有损失而在股价上涨时不盈利（图 20-4c 中的策略）

现在，我们要构造图 20-4b 所示的下行保护，见图 20-6 第一行。第一个图还是购买一股谷歌股票的收益，第一行中接下来那张图是购买行权价格 530 美元的一股谷歌认沽期权的收益，第三张图将这两个头寸组合在一起。可以看到，谷歌股价高于 530 美元时，你的认沽期权就没有价值了，因此你只得到股票投资的盈利，如果股价低于 530 美元，你可以行使认沽期权，以 530 美元卖出股票，这样将认沽期权加到你的股票投资上，你就保护了自己不受损失。㊀ 这就是图 20-4b 采用的策略。当然，没有不劳而获的事情。确保你自己不受损失的成本是你为行权价格为 530 美元的谷歌认沽期权所支付的价格。2014 年 12 月，这个认沽期权的价格为 34.55 美元。这就是金融炼金术士的收费标准。

我们刚了解了认沽期权可以用来提供下行保护，现在我们告诉你如何利用认购期权得到同样的结果，如图 20-6 第二行所示。第一张图是将 530 美元的现值存放在银行的收益，无论谷歌股价如何变化，你的银行存款的收益都是 530 美元。第二张图是行权价格 530 美元的谷歌认购期权的收益，第三张是将这两个头寸组合在一起的结果。注意，如果谷歌股价下跌，你的认购期权没有价值，而你仍将从银行得到 530 美元。谷歌股价高于 530 美元时，股价每增加一美元，你的认购期权投资就额外得到一美元收益。例如，如果股价上升到 600 美元，你在银行有 530 美元并且认购期权价值 70 美元，这样你完全参与股价的任何上涨，而完全保护了股价的任何下降。因此，你发现了另一个方法，同样提供了图 20-4b 的下行保护。

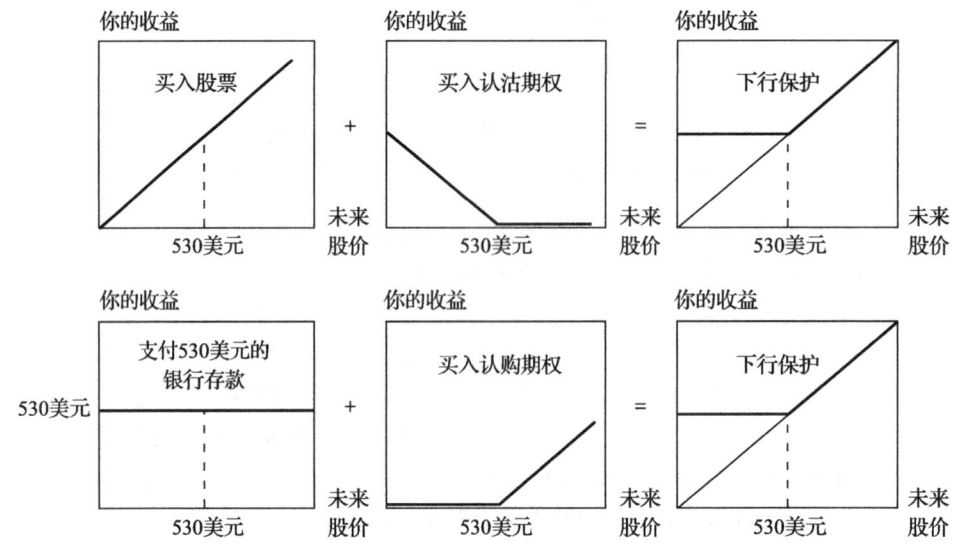

图 20-6　构造一个策略，在股价上涨时盈利而在股价下跌时受到保护（图 20-4b 的策略）。图中的每一行说明一种不同的方法

图 20-6 中的两行图告诉了我们认购期权和认沽期权的关系。不管未来的股价如何，两个投资策略的收益是一致的。换句话说，如果你购买股票和以 530 美元出售该股票的认沽期权，跟购买认购期权和将足够的钱放在一边来支付 530 美元的行权价格，两者得到的收益完全相同。因此，如果你持有这两个组合直到期权到期，这两个组合现在应该具有同样的价格。这就是欧式期权的基本关系：

认购期权的价值 + 行权价格的现值 = 认沽期权的价值 + 股票价格

重复一下，这一关系之所以成立，因为：

购买认购期权，将行权价格的现值投资于无风险资产㊁

㊀ 股票和认沽期权的这种组合称为保护性认沽期权（protective put）。

㊁ 现值按照无风险利率贴现计算，就是你现在需要投资在银行存款或国库券上的资金，以便在期权到期时得到行权价格那么多的资金。

的收益与：

购买认沽期权，购买股票

的收益完全一致。这个股票价格、认购期权和认沽期权价值以及行权价格现值的基本关系称为**认沽—认购期权平价关系**（put-call parity）。⊖

认沽—认购期权平价关系可以用几种方式来表达。每种表达都意味着两个投资策略结果一致。例如，假设你想得到认沽期权的价值，你将认沽—认购期权平价关系变形为：

认沽期权的价值 = 认购期权的价值 + 行权价格的现值 − 股票价格

从这个表达式中，你可以推断：

购买认沽期权

等同于：

购买认购期权，将行权价格的现值投资于无风险资产，出售股票

也就是说，如果得不到认沽期权，你可以通过购买认购期权、将现金存放银行和出售股票来得到完全相同的收益。

如果你认为这很难相信，看一下图20-7，该图给出了每个头寸的可能收益。左边的第一张图是行权价格530美元的谷歌认购期权的收益。第二张图是将530美元的现值存放银行的收益，不管股价如何变化，这项投资的收益始终是530美元。第三张图是出售谷歌股票的收益，出售你所没有的股票时，你有的是负债，有时候你必须买回来。正如他们在华尔街所说：

> 谁卖出自己没有的东西，
> 要么买回来，要么进监狱。

因此，最好是股价下降到零，这种情况下，买回股票就不要任何成本。未来股价每上涨一美元，你都需要多支付一美元来买股票。图20-7的最后一图显示，这三个头寸的总收益与购买一份认沽期权是相同的。例如，假设期权到期时股价为440美元，你的认购期权没有价值，你的银行存款为530美元，你花440美元购买股票，你的总收益为 0 + 530 − 440 = 90 美元，跟认沽期权的收益正好相同。

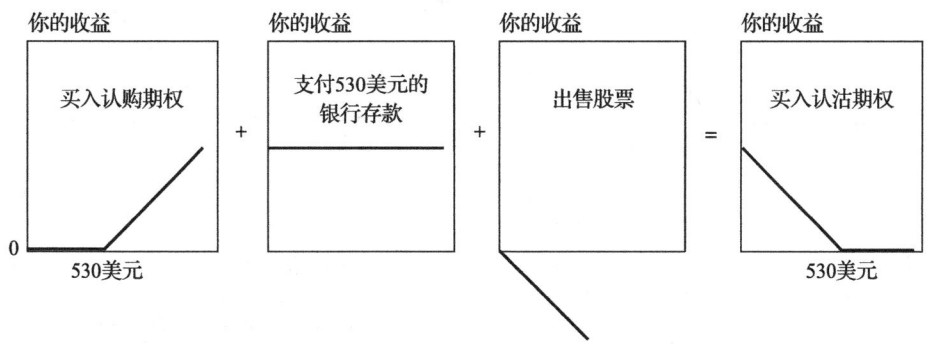

图20-7　购买认购期权、将行权价格的现值存银行、卖出股票的策略与购买认沽期权等价

⊖ 认沽—认购期权平价关系只有在持有到最后到期时才成立。因此对可以在最后到期日之前行权的美式期权来说，这个平价关系不成立。我们在第21章讨论提前行权的可能原因。另外，如果在最后到期日之前股票支付股利，你需要确认购买认购期权的投资者得不到股利。这种情况下，平价关系为：

认购期权价值 + 行权价格的现值 = 认沽期权价值 + 股票价格 − 股利的现值

如果两项投资的收益一致,那么它们现在的价格应该相同。如果违背了一价定律,你就有潜在的套利机会。我们来检查一下谷歌的认购和认沽期权中是否存在套利利润。2014 年 12 月,六个月的行权价格为 530 美元的认购期权的价格是 36.00 美元,六个月利率为 0.25%,谷歌股票价格为 530 美元。因此,自制认沽期权的价格为:

购买认购期权 + 行权价格的现值 − 股票价格 = 自制认沽期权的成本
$$36.00 + 530/1.0025 - 530 = 34.68(美元)$$

这跟你直接购买认沽期权的成本几乎完全相同。

识别期权

期权很少贴个大大的标签,通常问题中最棘手的部分是识别期权。当你不确定是否在处理认沽期权或认购期权,或者它们的复杂组合时,画头寸图是个很好的尝试。下面是个例子。

福莱特阿荣和明格尔公司为其总裁希格登女士提供了如下的激励计划:年末,公司股价超过现在的价格 120 美元,高出的每一美元,希格登女士将得到 50 000 美元奖金。但是,她能得到的最高奖金额是 200 万美元。

你可以认为希格登女士拥有 50 000 张彩票,如果股价没有达到 120 美元,每张彩票就什么都得不到,股价达到 120 美元之后,每增加一美元,每张彩票的价值就上升一美元,最多可以达到 2 000 000/50 000 =40 美元。图 20-8 是其中一张彩票的收益,这与我们在图 20-1 中所画的简单认沽期权和认购期权不同,但可以找到正好复制图 20-8 的期权组合。在继续阅读答案之前,看看你是否自己能找出来。(如果你喜欢玩"用两根火柴造出一个三角形"的智力游戏,这就是轻而易举的事情。)

答案在图 20-9 中,黑色实线代表购买行权价格为 120 美元的认购期权,虚线代表出售行权价格为 160 美元的认沽期权。灰色的线代表将两者组合在一起的收益,正好与希格登女士的彩票相同。

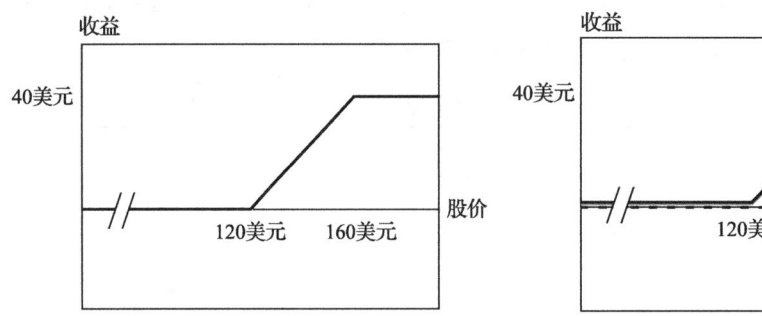

图 20-8 希格登女士的一张"彩票"的收益取决于福莱特阿荣公司的股价

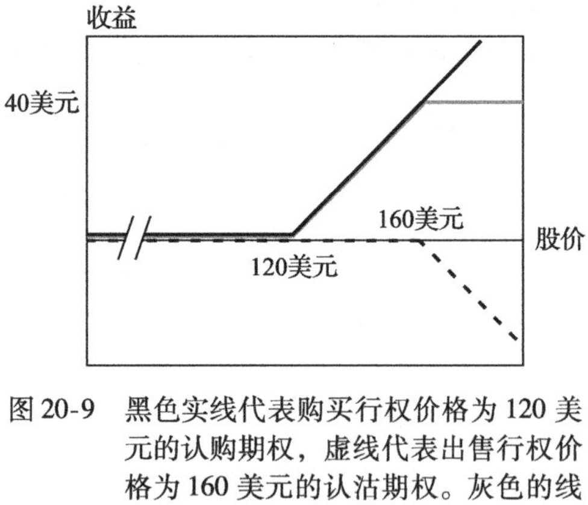

图 20-9 黑色实线代表购买行权价格为 120 美元的认购期权,虚线代表出售行权价格为 160 美元的认沽期权。灰色的线代表将两者组合在一起的收益,正好与希格登女士的彩票相同

因此,如果我们希望知道激励计划对公司的成本是多少,就需要计算 50 000 份行权价格为 120 美元的认购期权的价值与 50 000 份行权价格为 160 美元的认沽期权的价值之差。

我们本来也可以设计激励计划,股价以更复杂的方式来决定这个激励计划的价值。

例如，奖金可以达到 200 万美元，然后在股价超过 160 美元时逐步下降到零。⊖ 你仍可以将这个激励计划看作期权的组合。实际上，我们可以这样表述一般原理：

> 任何或有收益，即收益由某些其他资产的价值所决定，都可以用该资产的简单期权的组合来构造。

也就是说，你可以购买或出售不同行权价格的认沽或认购期权的组合，来构造任何头寸图——很多的上升和下降，或者峰和谷，只要你能想象得出。⊖

金融支持者经常谈论的**金融工程**（financial engineering），就是在实践中将不同的投资组合在一起创造出新的量身定做的工具。一家德国公司也许想为六个月后购买的美元设定最低和最高成本。或者，一家石油公司也许想在油价下跌时支付更低的利率。期权为金融工程师提供了"积木"，用于构建这些有趣的收益结构。

20.3 期权价值由什么决定

到目前为止，我们还没有讨论过期权的市场价值如何决定。我们只知道期权在到期时的价值。例如，考虑我们之前的例子，以 530 美元购买谷歌股票的期权。如果在行权日谷歌的股价低于 530 美元，认购期权就一文不值；如果股价高于 530 美元，认购期权的价值等于股票价值减去 530 美元。这一关系如图 20-10 中下面的那条粗线所示。

在到期之前，期权的价格不会在图 20-10 中的这条线下面。例如，如果期权价格为 10 美元，股价为 560 美元，任何投资者现在卖出股票，然后通过购买期权并以 530 美元行权，就可以得到套利利润 20 美元。寻求利用套利机会的投资者对期权的需求使期权价格迅速上升，至少上升到图中的粗线。对仍有一段时间才到期的期权来说，图中的粗线是期权市场价格的下限。期权迷们更精确地将同样的想法表示为：下限 = max(股价—行权价格, 0)。

图 20-10 中的斜线是期权价格的上限。

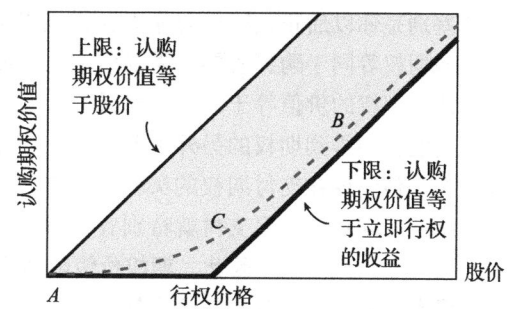

图 20-10　认购期权到期日之前的价格（虚线）。期权价值由股价决定。期权价值总是高于立即行权的价值（粗线）。期权价值不会高于股票本身的价值

为什么？因为期权不可能比股票的收益还高。如果期权到期时股价高于行权价格，期权的价值等于股价减去行权价格。如果股价低于行权价格，期权就没有价值，而股东的股票仍有价值。例如，如果期权行权价格为 530 美元，那么股东的额外货币收益如下表：

	股票收益	期权收益	持有股票而非期权的额外收益
期权被行权（股价高于 530 美元）	股价	股价 – 530 美元	530 美元
期权到期不行权（股价等于或低于 530 美元）	股价	0	股价

⊖ 这个奖励计划并不像听起来那么古怪。也许希格登女士的努力工作能够将股价提升这么多，而她希望进一步提升股价的唯一方法是承担额外的风险。使她的奖金在某个点开始下降就可以阻止她这样做。糟糕的是，一些银行 CEO 的奖励计划没有包含这样的特点。

⊖ 有些情况下，你可以通过借贷产生你想要的头寸图。借出资金提高头寸图中的收益，如图 20-6 下面那行，而借入资金降低收益线。

如果股票和期权价值相同，所有人将抢着卖出期权而买入股票。因此，期权价格一定位于图 20-10 中阴影的部分。事实上，期权价值为图中虚线所示的向上的曲线。这条线从上限和下限相交的地方（在零点）开始，然后上升，逐渐与下限的向上倾斜的部分平行。

让我们更认真地研究一下这条虚线的形状和位置。这条虚线上标出了三点 A、B 和 C。我们会解释每一点期权价格为什么像曲线预测的那样。

A 点　股票无价值时，期权也无价值。股价等于零意味着股票未来有价值的可能性为零。[○]如果这样，期权肯定到期不会行权而没有价值，现在也没有价值。

这样我们得到期权价值的重要的第一点：

如果行权价格保持不变，随着股价的提高，期权价值增加。

这应该不奇怪。认购期权的所有者显然希望股价上涨，股价真上涨的时候他们很高兴。

B 点　股价很高时，期权价值接近股价减掉行权价格的现值。注意，图 20-10 中的虚线代表期权价格，它逐渐与代表期权价格下限的粗线平行。原因如下：股价越高，期权最终被行权的可能性越大。如果股价足够高，行权变成确定事实，在期权到期前股价低于行权价格的可能性变得微不足道。

如果你有一份期权，你知道将转换为一股股票，实际上你现在就拥有一股股票。唯一的差别是你以后正式行权时才需要付钱得到股票（支付行权价格）。这种情况下，购买认购期权等同于购买股票但需要借款来购买，所需要的借款就是行权价格的现值。因此，认购期权的价值等于股票价格减去行权价格的现值。

这使我们得到期权的另外重要一点。通过认购期权获得股票的投资者在进行赊账购买股票。他们现在支付期权的买价，但知道实际行权时才支付行权价格。如果利率高，期权到期时间长，延迟支付就特别有价值。

因此，期权价值随利率和到期时间而增加。

C 点　期权价值总是高于最低价值（股价等于零除外）。如图 20-10，虚线和粗实线只在股价等于零时重合，而在其他地方都是分开的，也就是说，期权价格一定高于粗实线给出的最低价值。考查 C 点，就可以理解其中的原因。

在 C 点，股价正好等于行权价格，因此现在行权期权价值等于零。但是，假设期权三个月后才到期，我们当然不知道到期时股价是多少。假设有 50% 的可能性股价高于行权价格，50% 的可能性低于行权价格。这样，期权的可能收益如下：

结果	收益
股价上升（50% 的概率）	股价减去行权价格（期权被行权）
股价下跌（50% 的概率）	零（期权到期无价值）

如果收益为正的概率大于零，并且最坏的情况下收益为零，那么期权一定有价值。这意味着在 C 点的期权价值高于在 C 点的下限——零。一般来说，只要距离到期日还有一段时间，期权价格将高于期权下限价值。

虚线高度（即期权实际价值与下限值的差）的重要决定因素之一是股价重大变动的可能性。价格变动不太可能超过 1% 或 2% 的股票，其期权不会太有价值；价格减半或

○　如果股票未来有价值，投资者现在会付钱买股票，尽管价格会非常低。

加倍的股票，其期权非常有价值。

因为收益的不对称性，期权持有者的盈利来自波动性。如果股价低于行权价格，你的认购期权就没有价值，不管是低几美分或低很多美元。另一方面，股价高于行权价格的每一美元，你的认购期权的价值就多一美元。因此，期权持有者从上行的波动性增加中获利，而下行也不损失。

一个简单的例子可以帮助说明这一点。考虑两只股票 X 和 Y，都价值 100 美元，唯一的区别就是 Y 的前景不容易预测。50% 的可能性 Y 的价格上升到 150 美元，同样的概率下降到 70 美元。与之相比，X 的价格分别以 50% 的概率是上升到 130 美元或下降到 90 美元。

假设，给你两只股票的认购期权，行权价格都是 100 美元。这些期权可能收益的比较如右表所示。这两个期权，都是 50% 的概率股价下跌而使期权没有价值，但是如果股价上涨，股票 Y 的期权带来的收益更高。因为零收益的概率相同，股票 Y 的期权价值高于股票 X 的期权。

（单位：美元）

	股价下跌	股价上涨
股票 X 的期权的收益	0	130 − 100 = 30
股票 Y 的期权的收益	0	150 − 100 = 50

当然，实际上未来股价分布在一个范围内。图 20-11 说明了这一点，其中股票 Y 的前景更不确定，未来价格的概率分布更广。[⊖] 股票 Y 的价格变动更大，上行潜力更大，因此期权高收益的概率增加。

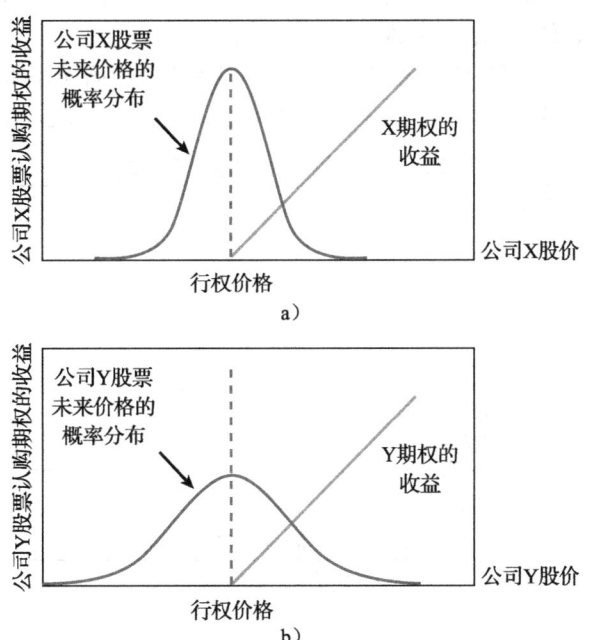

图 20-11　两只股票的认购期权：a) 公司 X 和 b) 公司 Y。每种情况下，当前股价等于行权价格，每只期权有 50% 的概率没有价值（如果股价下跌）和 50% 的概率处于"价内"（如果股价上涨）。但是，公司 Y 股票的期权更有可能获得高收益，因为 Y 的股价波动更大，上行的潜力更大

㊀ 图 20-11 继续假设两只期权的行权价格都等于当前股价。这个假设不是必须的。在画图 20-11 时，我们还假设股价的分布是对称的，这个假设也不是必须的。我们将在下一章仔细考察股价的分布。

图 20-12 说明了波动性如何影响期权价值。上面的曲线是谷歌认购期权的价值,假设谷歌的股价像股票 Y,波动剧烈。下面的曲线假设波动程度低一些(更现实)。⊖

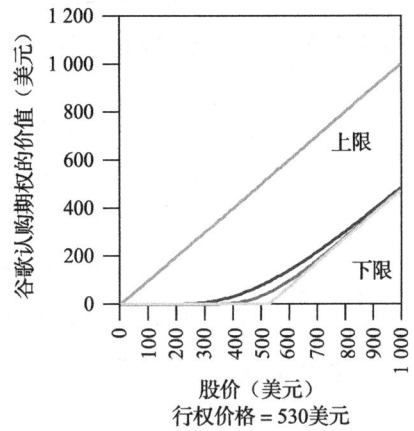

图 20-12　谷歌认购期权的价值如何随股价波动性而增加。每条曲线显示了不同的初始股价下期权的价值。唯一的不同是,上面的曲线假设谷歌的未来股价的不确定性水平更高

期权未到期之前股价发生重大变化的概率取决于两件事:(1)股价每期的方差(即波动性)和(2)距离期权到期的期数。如果还有 t 期权到期,股价每期的方差是 σ^2,期权的价值应该取决于累积的波动性 $\sigma^2 t$。⊖其他相同,你愿意持有波动股票(高 σ^2)的期权。给定波动性,你愿意持有到期时间长(t 大)的期权。

因此,期权价值随着股价的波动性和到期时间而增加。

很少有人第一次读就能记住期权的所有这些特征,因此我们总结在表 20-2 中。

表 20-2　认购期权的价值决定因素

1. 以下变量增加:	认购期权价格变动:
股价(P)	+
行权价格(EX)	−
利率(r_f)	+①
到期时间(t)	+
股价的波动性(σ)	+①
2. 认购期权的其他特征	
a. 上限。期权价格总是低于股票价格。	
b. 下限。期权价格不会低于立刻行权的收益($P - EX$ 和 0 之间的大者)。	
c. 如果股票无价值,期权也无价值。	
d. 随着股价越来越高,期权价格接近股价与行权价格的现值之差。	

① 给定股价,r_f 和 σ 的增加对期权价格的直接影响。也存在间接影响,例如,r_f 上升会减少股价 P,这也影响期权价格。

风险和期权价值

在大部分金融背景下,风险是一件坏事,承担风险要得到报酬。投资者投资高风险

⊖ 图 20-12 中的期权价值是利用布莱克-斯科尔斯期权定价模型计算出来的。我们在第 21 章会解释这个模型并用它来计算谷歌期权价值。

⊖ 下面是直观的解释:如果股价服从随机漫步(见 13.2 节),连续价格变动统计上是独立的。期权到期前累积的股价变动是 t 个随机变量之和。独立随机变量之和的方差等于这些随机变量的方差之和。这样,如果 σ^2 是日价格变动的方差,距离到期还有 t 天,累积价格变动的方差就是 $\sigma^2 t$。

（高贝塔）股票，要求得到更高的收益率。高风险的资本投资项目相应的资本成本也高，赢得正 NPV 需要打败更高的门槛利率。

而对期权来说则相反。正如我们刚看到的，高波动性资产的期权价值高于安全资产的期权的价值。如果你能够理解和记住这个关于期权的事实，你已经学了很多。

例 20-1　波动性和高管股票期权

假设你有两个职位选择：EI 公司或 DO 公司的 CFO。EI 公司的薪酬包括表 20-3 左边那列所描述的股票期权，你向 DO 公司要求相似的股票期权，它同意了。实际上 DO 公司的期权在每个方面都与 EI 公司的匹配，如表 20-3 右边那列。（两家公司现在的股价碰巧也相同。）唯一的不同是 DO 的股票比 EI 的股票波动性高 50%（年收益率标准差 DO 为 36%，EI 为 24%）。

如果你对工作的选择取决于管理者期权计划的价值，你应该接受 DO 公司所提供的工作。DO 的期权的标的资产波动性更高，因此更有价值。

我们将在下一章对这两个股票期权激励进行估值。

表 20-3　你将选择哪个高管股票期权计划？DO 提供的期权更有价值，因为公司股票的波动性更高

	EI	DO
期权份数	100 000	100 000
行权价格	25 美元	25 美元
到期时间	5 年	5 年
当前股价	22 美元	22 美元
股票波动性（收益率标准差）	24%	36%

本章总结

你已经努力到现在了，可能需要休息一下，小酌一杯。因此，我们总结一下目前所学的内容，等你休息好了（或者醉酒了），下一章再继续期权的话题。

有两种期权。美式认购期权是在特定的到期日或之前以确定的行权价格购买资产的选择权，类似，美式认沽期权是在特定的到期日或之前以确定的行权价格出售资产的选择权。欧式认购和认沽期权完全相同，除了不能在特定的到期日之前行权。认购和认沽期权是两块基本的"积木"，可以用来构建任何模式的收益。

认购期权的价值由什么决定？常识告诉我们应该由三件事情决定：

1. 行权时你需要支付行权价格。其他相同，你被迫支付的越少越好。因此，认购期权的价值随着资产价格与行权价格之比的增加而增加。

2. 你决定行权时才需要支付行权价格。因此，认购期权向你提供了免费的贷款。利率越高，到期时间越长，免费贷款越有价值。因此，认购期权的价值随利率的提高和到期时间的延长而增加。

3. 只要资产价格低于行权价格，你就不会行使认购期权。因此，不管资产价格低于行权价格多少，你都损失 100% 在期权上的投资。另一方面，资产价格高于行权价格越多，你的盈利越多。因此，如果事情变糟，期权持有者不因波动率增加而损失，而事情变好则会盈利。期权价值随着股票收益率的每期的方差与距离到期日的期数的乘积的增加而增加。

总是要记住，高风险（高方差）资产的期权价值高于安全资产的期权。这很容易忘记，因为在大部分财务环境中，风险增加降低现值。

扩展阅读

见第 21 章 "扩展阅读"。

练习题

基础题

1. **词汇** 填空：
   _____期权给持有者以特定价格（一般称为_____价格）购买股票的机会。_____期权给持有者以特定价格出售股票的机会。只能到期时行权的期权称为_____期权。

2. **期权收益** 注意下面的图 20-13，将图 a 和图 b 与以下头寸中的一个对应起来：
   - 认购期权买方；
   - 认购期权卖方；
   - 认沽期权买方；
   - 认沽期权卖方。

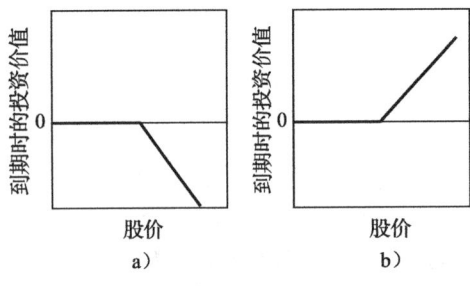

图 20-13 见问题 2

3. **期权收益** 假设你持有一股股票和该股票的一份认沽期权，期权到期时，如果（a）股价低于行权价格；（b）股价高于行权价格，你的收益分别是什么？

4. **认沽—认购期权平价关系** 什么是认沽—认购期权平价关系？它为什么成立？你可以将该平价关系用在行权价格不同的认沽和认购期权上吗？

5. **认沽—认购期权平价关系** 设计认购期权和借贷的另一个策略，实现跟问题 3 中策略同样的收益。这个策略是什么？

6. **期权收益** 利文斯顿 I·普瑞休姆博士持有 600 000 英镑东非洲黄金的股票，他很看好黄金开采，要确保六个月后有至少 500 000 英镑来资助一只探险队。向普瑞休姆博士描述两种实现这一目标的方法。东非黄金的股票有活跃的认沽和认购期权市场，年利率为 6%。

7. **期权收益** 假设你购买了袋熊股票的 1 年期欧式认购期权，行权价格为 100 美元，出售了同样行权价格的 1 年期欧式认沽期权。当前股价是 100 美元，利率为 10%。
   a. 画头寸图，说明你这些投资的收益。
   b. 这个组合头寸的成本是多少？请解释。

8. **期权收益** 再看一下图 20-13，似乎图 b 的投资者不可能输，而图 a 的投资者不可能赢，这正确吗？请解释。（提示：为每张图画出利润图。）

9. **期权收益** 如果（a）股价等于零；（b）股价相对于行权价格非常高，认购期权的价值分别是多少？

10. **期权价值** 其他相同，认购期权价格对以下变化如何反应？认购期权价格上升还是下降？
    a. 股价上升
    b. 行权价格上升
    c. 无风险利率提高
    d. 期权到期日延迟
    e. 股价波动性下降
    f. 时间流逝，期权距离到期日更近

11. **期权价值** 对以下论述进行评论。
    a. "我是个保守的投资者。我宁愿持有像埃克森美孚这样的安全股票的认购期权，而不是像谷歌这样的高波动性股票的认购期权。"
    b. "我购买了法瓦农场股票的认购期权，行权价格为 45 美元，三个月后到期。法瓦农场的股票刚从 35 美元飙升到

55 美元,而我担心它会跌到低于 45 美元。我想现在就行权锁定盈利。"

进阶题

12. **期权收益** 简单讨论以下头寸的风险和收益:
    a. 购买股票和该股票的认沽期权;
    b. 购买股票;
    c. 购买认购期权;
    d. 购买股票和卖出该股票的认购期权;
    e. 购买债券;
    f. 购买股票,购买认沽期权,出售认购期权;
    g. 出售认沽期权。

13. **期权收益** "认购期权的买方和认沽期权的卖方都希望股价上涨,因此这两个头寸是一致的。"这种说法正确吗?画头寸图来说明。

14. **期权界限** 针尾鸭股票价格现在是 200 美元,1 年期美式认购期权,行权价格 50 美元,价格为 75 美元。你如何利用这个好机会?现在,假设期权是欧式期权,你会怎么做?

15. **认沽—认购期权平价关系** 购买股票 Q 的三月期认购期权和三月期认沽期权是可能的。两只期权的行权价格都是 60 美元,价值都是 10 美元。如果年利率为 5%,Q 股价是多少?(提示:利用认沽—认购期权平价关系。)

16. **认沽—认购期权平价关系** 2014 年 12 月,亚马逊公司的股票的 13 个月期认购期权,行权价格为 305 美元,价格为 42.50 美元。亚马逊的股价为 305 美元。无风险利率为 1%。亚马逊股票的同样到期时间和行权价格的认沽期权,你愿意花多少钱购买?假设亚马逊期权是欧式期权。(注意:亚马逊不支付股利。)

17. **期权价值** FX 银行成功地聘用了一流外汇交易员露辛达·凯布尔。她的薪酬据报道包括年奖金额为公司利润超出 1 亿美元的部分的 20%。凯布尔女士拥有一份期权吗?这份期权提供了合适的激励吗?

18. **期权收益** 假设克莱奥尼先生借了 100 元的现值,购买了股票 Y 的六个月认沽期权,行权价格为 150 美元,出售了股票 Y 的六个月认沽期权,行权价格为 50 美元。
    a. 画出头寸图,说明期权到期时的收益;
    b. 推荐贷款、期权和标的股票的其他两个组合,可以使克莱奥尼先生得到同样的收益。

19. **认沽—认购期权平价关系** 下面哪一个说法是正确的?
    a. 认沽期权价值 + 行权价格的现值 = 认购期权的价值 + 股票价格
    b. 认沽期权价值 + 股票价格 = 认购期权价值 + 行权价格的现值
    c. 认沽期权价值 − 股票价格 = 行权价格的现值 − 认购期权的价值
    d. 认沽期权价值 + 认购期权的价值 = 股票价格 − 行权价格的现值

    正确的表述使两个投资策略价值相等。画出每个投资策略的收益与股价的函数关系,说明这两个投资策略的收益是一致的。

20. **期权收益** 欧式认购期权和认沽期权具有同样的到期时间,都处于平价状态,股票不支付股利,哪个期权的价格更高一些?请解释。

21. **认沽—认购期权平价关系**
    a. 如果你不能卖空股票,用期权和借贷的组合你可以得到同样的最后收益。这个组合是什么?
    b. 现在给出股票和期权的组合,使之与投资无风险贷款具有同样的最后收益。

22. **认沽—认购期权平价关系** 三角文件公司的普通股目前价格为 90 美元,三角文件公司股票的 26 周认购期权价格为 8 美元,行权价格为 100 美元。无风险年利率为 10%。
    a. 假如没有三角文件公司股票的认沽期权,但你想购买。你会如何做呢?

b. 假如存在认沽期权，行权价格为 100 美元的 26 周认沽期权的价格应该是多少？

23. **期权收益** 希格登女士得到另一个激励计划（见 20.2 节），如果年底股价达到或超过 120 美元，她将得到 500 000 美元的奖金，否则就什么也得不到。（不要问为什么有人想提供这样的安排。也许有些税收方面的考虑。）

   a. 画头寸图，说明这一计划的收益；
   b. 期权的何种组合可以提供这样的收益？（提示：你需要大量买入一个行权价格的期权，卖出数量相似的不同行权价格的期权。）

24. **期权收益** 期权交易者常常提到"跨式期权（straddles）"和"蝶式期权（butterflies）"。下面各自有个例子：

   - 跨式期权：买入一份行权价格 100 美元的认购期权，同时买入一份行权价格 100 美元的认沽期权。
   - 蝶式期权：同时买入一份行权价格 100 美元的认购期权，卖出两份行权价格 110 美元的认购期权，买入一份行权价格 120 美元的认购期权。

   画出跨式期权和蝶式期权的头寸图，说明投资者净头寸的收益。每个策略都是在赌波动性，简单解释每个赌的性质。

25. **期权价值** 考察股票认购期权的实际交易价格，验证是否像本章中的理论预测的那样。例如，

   a. 跟踪几只期权接近到期日的情况，你预期它们的价格会怎样变化？它们真的是这样吗？
   b. 比较同一只股票、同一到期时间而行权价格不同的两只认购期权。
   c. 比较同一只股票、同一行权价格而到期时间不同的两只认购期权。

26. **期权价值** 拥有买入股票组合的期权，或者拥有买入单只股票的期权的组合，哪个更有价值？请简单解释为什么。

27. **期权价值** 表 20-4 列出了一些普通股的期权价格（以最接近的美元报价）。年利率为 10%，你能发现错误定价吗？要利用错误定价你会做什么呢？

表 20-4 普通股期权价格（美元），见问题 27

股票	到期时间（月）	行权价格	股价	认沽期权价格	认购期权价格
燕卷尾公司	6	50	80	20	52
狗舌草公司	6	100	80	10	15
袋熊公司	3	40	50	7	18
袋熊公司	6	40	50	5	17
袋熊公司	6	50	50	8	10

28. **期权价值** 你刚刚完成了一个多月的能源市场研究，得到的结论是明年能源价格将比历史上任何时候波动都剧烈。假设你是对的，你应该采取何种期权策略？（注意：你可以买入或卖出石油公司股票期权或者原油、天然气、燃料油等未来交割价格的期权。）

挑战题

29. **期权收益** 图 20-14 给出了一些复杂的头寸图。找到能够产生每个头寸图的股票、债券和期权的组合。

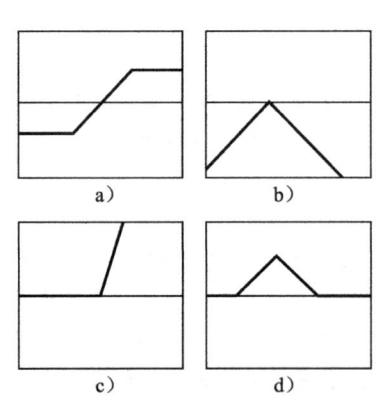

图 20-14 一些复杂的头寸图，见问题 29

30. **期权收益** 若干年前，澳大利亚公司邦德公司以1.1亿美元出售了它在罗马附近拥有的一部分土地，结果使当年的利润增加了7 400万美元。之后，一个电视节目披露，买家被给予了一份认沽期权，可以将这块地以1.1亿美元卖回给邦德公司，邦德公司支付了2 000万美元得到一份认购期权，可以以同样的价格买回这块地。

 a. 如果期权到期时，这块地价值高于1.1亿美元，会发生什么？如果价值低于1.1亿美元呢？
 b. 利用头寸图来说明出售土地和期权交易的净影响。
 c. 假设期权一年后到期，你能推导出利率吗？
 d. 这个电视节目认为，记录出售土地的利润有误导作用。你的观点是什么？

31. **期权价值** 豪格斯韦尔股票六个月期认购期权交易价格如下：

行权价格（美元）	认购期权价格（美元）
90	15
100	11
110	5

如何通过交易豪格斯韦尔股票期权来赚钱？（提示：画图，纵轴是期权价格，横轴是股价与行权价格之比。将这三只期权画在图中，这符合你所知道的期权价格与股价与行权价格之比的关系吗？）现在，查找报纸上具有同样到期时间但行权价格不同的期权，你能找到任何赚钱的机会吗？

网络中的金融

访问 finance.yahoo.com。查找不同行权价格和到期时间的谷歌股票的期权过去的报价。

a. 验证：行权价格越高，认购期权价格越低，认沽期权价格越高；
b. 验证：到期时间越长，认沽和认购期权的价格都越高；
c. 选择行权价格和到期时间都相同的一只谷歌认沽期权和一只认购期权，验证认沽—认购期权平价关系成立（近似）。（提示：你可以利用最新的无风险利率。）

第 21 章 期权估值

上一章我们介绍了认购期权和认沽期权。认购期权给予持有者以特定的行权价格购买资产的权利,认沽期权则是卖出资产的权利。我们也向着理解期权如何估值迈出了第一步。认购期权的价值由五个变量决定:

1. 资产价格越高,购买它的期权价值越高。
2. 行使认购期权所支付的价格越低,期权价值越高。
3. 期权到期才需要支付行权价格,利率很高时这种延迟特别有价值。
4. 到期时股价低于行权价格,无论股价是低 1 美元还是低 100 美元,认购期权都没有价值。但是,对于股价高出行权价格的每一美元,期权持有者都额外获利一美元。认购期权的价值随着股价波动性的增加而增加。
5. 最后,长期期权比短期期权价值更高。到期时间长,期权持有人需要支付行权价格的时间被延迟得长,期权到期前股价大幅上升的可能性提高。

本章我们将阐述,一个精确的期权估值模型,如何将这些变量都考虑进去,我们将数字输入一个公式,就得到准确的答案。首先描述称为二项式方法的简单期权估值方法。然后引入布莱克—斯科尔斯期权定价公式。最后,我们给出一个检查清单,说明如何利用这两种方法解决很多实际的期权问题。

大部分期权最有效的估值方法是利用计算机,本章中的简单例子,我们将手工解决。我们这么做,是因为只有理解了期权估值背后的基本原理,在创设期权问题上你才可能不犯错误,才知道如何理解计算机给出的答案并解释给其他人。

上一章中,我们考察了谷歌股票的认沽期权和认购期权,本章我们继续利用这个例子,说明如何对谷歌期权进行估值。要记住你为什么要理解期权估值,不是为了在期权交易所进行交易赚快钱,而是因为很多资本预算和融资决策中涉及隐含期权。我们将在后续章节中讨论这些期权。

21.1 简单的期权估值模型

21.1.1 为什么贴现现金流对期权不适用

多年以来,经济学家一直寻找期权估值的实用公式,直到费希尔·布莱克和马龙·斯科尔斯最后解决了这个问题。我们将在后面阐述他们的发现,首先我们解释找到期权公式为什么如此困难。

评估一项资产的价值的标准方法是:(1)找到预期现金流;(2)用资本机会成本贴现这些现金流。遗憾的是,这对期权不适用。第一步虽然麻烦但还算可行,但是找到资本机会成本是不可能的，因为期权的风险随股价的波动而变化。

你买入认购期权，就是在投资股票，只是你自己投资的资金比直接购买股票少，因此期权总是比标的股票的风险高，期权的贝塔更高、收益率的标准差更大。

期权的风险取决于股票价格与行权价格的相对高低。价内（in the money，股票价格高于行权价格）认购期权比价外（out of the money，股票价格低于行权价格）认购期权更安全。因此，股价上升提高认购期权的预期收益，并且降低风险。股价下跌，期权的收益下降，并且风险增加。这就是为什么投资者投资期权要求的预期收益率是变化的，每天或每小时都在变化，股价每次发生变动都会发生变化。

我们重复一下一般法则：股价相对于行权价格越高，认购期权越安全，尽管期权总是比股票风险高。股票价格每次发生变动，期权的风险随之变化。

21.1.2 用普通股和负债构造等价期权

如果你已经消化了目前我们讲过的内容，你就能体会为什么标准贴现现金流公式很难对期权进行估值，以及为什么这么多年经济学家一直找不到严谨的期权估值方法。突破性进展发生了，布莱克和斯科尔斯宣布："有了！我们找到了！"⊖窍门是将普通股投资和负债组合起来建立等价期权。购买这个等价期权的净成本一定等于期权价值。"

我们将用一个简单的数字例子说明如何做。回到2014年12月，考虑六个月后到期的行权价格为530美元的谷歌股票认购期权。我们选一天，当时谷歌股票价格正好也是530美元，这样期权处于平价（at the money）。六个月的短期无风险利率为1%，相当于年利率2.01%。（实际比这低一点儿，而1%是四舍五入的数字。）

为了使例子尽可能简单，我们假设在期权六个月的有效期内，谷歌股票只发生两件事情：价格要么下降五分之一到424美元，要么上升四分之一到662.50美元。

如果谷歌股价下降到424美元，认购期权就没有价值，如果股价上涨到662.50美元，期权价值为662.50 – 530 = 132.50美元。期权可能的收益如下：

	股价=424美元	股价=662.50美元
1份认购期权	0	132.50美元

如果你购买了0.556股谷歌股票⊜，从银行贷款235.56美元的现值，现在比较一下你从中得到的收益：

	股价=424美元	股价=662.50美元
0.556股股票	235.56美元	368.06美元
贷款本金加利息还款	−235.56美元	−235.56美元
总收益	0	132.50美元

注意，从股票的杠杆投资中得到的收益与从认购期权中得到的收益是一致的。因此，一价定律告诉我们，两项投资一定具有同样的价值：

$$\text{认购期权的价值} = 0.556 \text{股股票的价值} - \text{银行贷款的价值}$$
$$= 0.556 \times 530 - 235.56/1.01 = 61.22(\text{美元})$$

⊖ 我们不知道，布莱克和斯科尔斯是否也像阿基米德一样，当时正坐在浴缸里。
⊜ 要买的股票数的精确值是100/180 = 0.555 55…，解释见后面。用0.556来复制后面的计算，有四舍五入误差。

看！你给出了认购期权价值。

为对谷歌期权进行估值，我们借入资金购买股票，用这样一种方式正好复制了一份认购期权的收益，这称为**复制资产组合**（replicating portfolio）。复制一份认购期权所需要的股票数称为**对冲比率**（hedge ratio）或**期权 δ**（option delta）。在谷歌例子中，一份认购期权用 0.556 股的杠杆头寸来复制，期权 δ 为 0.556。

我们是如何知道谷歌的认购期权等价于 0.556 股谷歌股票的杠杆头寸的呢？我们利用了下面的简单公式：

$$期权\ \delta = \frac{可能的期权价格的价差}{可能的股价的价差} = \frac{132.50 - 0}{662.5 - 424} = 0.556$$

你不仅已经学到了简单期权的估值，还学到了用标的资产的杠杆投资来复制期权投资。因此，如果你不能买卖某资产的认购期权，你可以创造一个自制期权，利用复制策略——购买或出售 δ 股股票，并且借入或借出一笔资金。

风险中性估值 注意为什么谷歌认购期权的价格应该是 61.22 美元。如果期权价格高于 61.22 美元，你购买 0.556 股股票、出售一份认购期权和借入 235.56 美元的现值，就可以获得确定的利润。相似地，如果期权价格低于 61.22 美元，你出售 0.556 股股票、买入一份认购期权和借出 235.56 美元的现值，同样可以得到确定利润。任何情况下都有套利机会。⊖

如果可能存在套利利润，每个人都急于利用这个机会。因此，我们说期权价格是 61.22 美元，否则存在套利机会，我们不需要知道投资者对待风险的态度如何。伺机而动的投机者以及懦夫们都争先恐后地实现可能的套利利润。因此，期权价格不会取决于投资者是厌恶风险还是一点儿也不关心风险。

这提供了期权估值的另一个替代方法。我们可以假装所有的投资者对待风险的态度没有差别，在这样的世界中算出期权的预期未来价值，然后用无风险利率贴现回来，得到现在的价值。这个方法得到同样的答案，我们来验证一下。

如果投资者对待风险没有什么不同，股票的预期收益率一定等于无风险利率：

$$谷歌股票的预期收益率 = 1.0\%, 每六个月$$

我们知道，谷歌股票要么上升 25% 到 662.50 美元，要么下降 20% 到 424 美元。我们可以算出在假想的风险中性世界中价格上升的概率：

$$预期收益率 = 上升的概率 \times 25 + (1 - 上升的概率) \times (-20) = 1.0\%$$

因此，

$$上升的概率 = 0.466\ 6，即\ 46.66\%$$

注意，这不是谷歌股票价格上升的真实概率。因为投资者不喜欢风险，他们投资谷歌股票的预期收益率几乎肯定要比无风险利率高，所以实际概率一定大于 46.66%。

计算价值升高的风险中性概率的一般公式为：

$$p = \frac{利率 - 价值下降的幅度}{价值上升的幅度 - 价值下降的幅度}$$

对谷歌股票的情况，

$$p = \frac{0.01 - (-0.20)}{0.25 - (-0.20)} = 0.466\ 6$$

⊖ 当然，只交易 0.556 股股票，你不会变得富有，但是如果你的交易扩大 100 万倍，看起来就是好大一笔钱了。

我们知道，如果股价上升，认购期权价值132.50美元，如果股价下跌，认购期权没有价值，如果投资者是风险中性的，认购期权的预期价值为：

[上升的概率 × 132.50] + [(1 − 上升的概率) × 0] = (0.466 6 × 132.50) + (0.533 4 × 0)
$$= 61.83(美元)$$

认购期权的当前价值为：

$$\frac{预期未来价值}{1 + 利率} = \frac{61.83}{1.01} = 61.22(美元)$$

与之前的答案完全相同！

我们现在有两种方法计算期权价值：

1. 找出复制期权投资的股票和贷款组合。这两个策略未来的收益一致，所以现在一定价格相同。

2. 假装投资者不关心风险，股票预期收益率等于利率。在这个假想的风险中性世界中计算期权的预期未来价值，然后用无风险利率贴现。这个想法你应该熟悉，第9章中我们讨论过，评估一项投资的价值，你可以用风险调整的贴现率贴现预期现金流，或者根据风险调整预期现金流，然后用无风险利率来贴现这些确定性等值现金流。我们刚刚就是在用第二种方法来评估谷歌期权的价值。股票和期权的确定性等值现金流就是风险中性世界中的预期现金流。

21.1.3 谷歌认沽期权的估值

评估谷歌认购期权的价值似乎像从帽子里变出一只兔子，再给你一次机会看看是如何做的，我们用同样的方法来评估另一项期权——这次，六个月期的行权价格为530美元的谷歌认沽期权。⊖我们继续假设股价上升到662.50美元或者下降到424美元。

如果谷歌股价上升到662.50美元，以530美元出售股票的期权就没有价值。如果股价下降到424美元，认沽期权价值为530 − 424 = 106美元。认沽期权收益如下：

	股价=424美元	股价=662.50美元
一份认沽期权	106美元	0

我们先用前面的公式计算期权δ：⊖

$$期权\delta = \frac{可能的期权价格的价差}{可能的股价的价差} = \frac{0 - 106}{662.5 - 424} = -0.444\,4$$

注意，认沽期权的δ总是负数，你需要出售δ股股票来复制认沽期。对谷歌认沽期权，你要出售0.444 4股谷歌股票和借出294.44美元的现值，来复制一份认沽期权的收益。因为要卖空股票，在六个月后需要资金将股票买回来，而从贷款中可以得到这笔资金。你的净收益与买入认沽期权的净收益完全相同：

	股价=424美元	股价=662.50美元
出售0.444 4股股票	−188.44美元	−294.44美元
得到贷款本金加利息	+294.44美元	+294.44美元
总收益	106美元	0

⊖ 评估美式认沽期权时，你需要确认提前行权的可能性。我们在本章稍后讨论这个复杂的问题，但这对评估谷歌认购期权不重要，我们在此忽略此问题。

⊖ 认沽期权的δ总是等于相同行权价格的认购期权的δ减1，这个例子中认沽期权的δ = 0.556 − 1 = −0.444。

既然这两笔投资具有同样的收益,它们的价值一定相同:

$$认沽期权价值 = -0.4444 股股票 + 银行贷款价值$$
$$= -0.4444 \times 530 + 294.44/1.01 = 55.97(美元)$$

用风险中性方法评估认沽期权价值 用风险中性方法评估谷歌认沽期权价值是很容易的事。我们已经知道股价上升的概率是0.4666,因此在风险中性世界中认沽期权的预期价值为:

$$[上升的概率 \times 0] + [(1 - 上升的概率) \times 106] = (0.4666 \times 0) + (0.5334 \times 106)$$
$$= 56.53(美元)$$

认沽期权的当前价值为:

$$\frac{预期未来价值}{1 + 利率} = \frac{56.53}{1.01} = 55.97(美元)$$

认购期权和认沽期权价格的关系 我们早些时候提出,对欧式期权而言,认购期权和认沽期权的价值存在简单的关系:⊖

$$认沽期权的价值 = 认购期权的价值 + 行权价格的现值 - 股票价格$$

我们已经计算出谷歌认购期权的价值,我们也可以用这个关系得到认沽期权的价值:

$$认沽期权的价值 = 61.22 + \frac{530}{1.01} - 530 = 55.97(美元)$$

一切都对。

21.2 期权估值的二项式方法

期权定价的关键是建立股票和贷款的投资组合,能够正好复制期权的收益。如果我们能够对股票和贷款进行定价,也就能对期权进行定价。同样地,我们可以假装投资者风险中性,计算期权在虚拟的风险中性世界中的预期收益,用无风险利率贴现得到期权的现值。

这些概念完全是一般性的,而上一节中的例子采用了称为**二项式方法**(binomial method)的简化版本。这个方法首先将下一期股价的可能变化减少到两个,一个是向上变动,一个是向下变动。六个月后谷歌可能的股价只有两个,这个假设显然不现实。

我们可以使谷歌问题稍微现实一点儿,假设每三个月的价格有两个可能的变化。这就使六个月后的价格有更多的变化。没有理由停在三个月的时间间隔上。我们可以继续采用越来越短的时间间隔,每个期间谷歌股价都有两个可能的变化,这样六个月后的股价就有更多的选择。

我们用图21-1来说明这个做法。上面的图是我们最开始的假设:六个月后只有两个可能的股价。中间的图则是每三个月股价有两个可能的变化,期权到期时股价有三个可能。图21-1c继续将六个月分成26周,每周价格有两个变化,六个月后的价格分布现在看起来现实得多。

我们可以沿着这一思路继续下去,将这段时间分为越来越短的间隔,直到渐渐达到一种情况,就是股价的变化是连续的,可能的未来股价是连续的。我们首先用图21-1b简单的两步的例子来说明,然后我们逐步发展到股价连续变动的这种情况。不要惊慌,这并没有听起来那么糟糕。

⊖ 提醒:这个公式只适用于行权价格和行权日期都相同的两只期权。

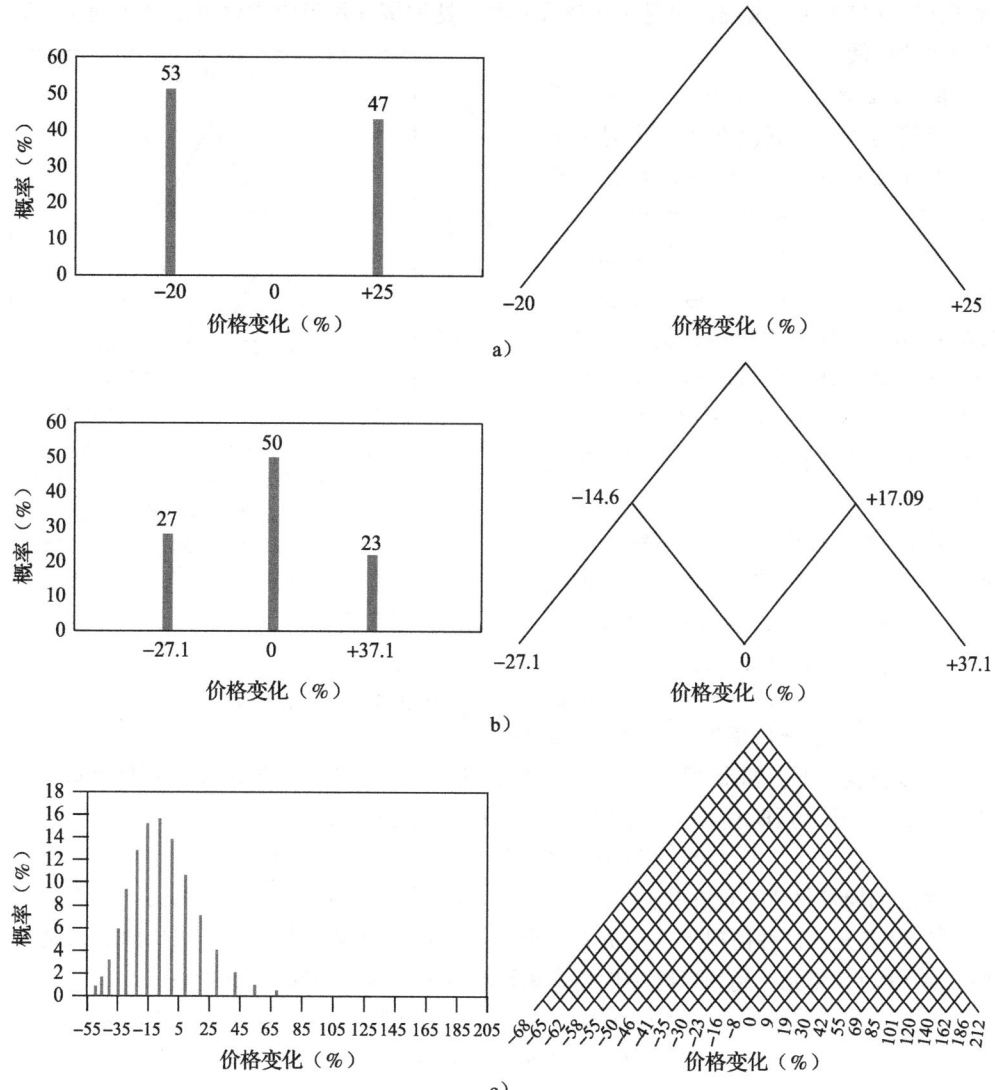

图 21-1 本图使六个月后谷歌股票的可能变化更现实,假设股票每六个月发生一次上升或下降(a),每三个月变动一次,共变动 2 次(b),或者每周变动一次,共变动 26 次(c)。除了每个树之外,我们还给出了六个月后可能股价的直方图,假设投资者风险中性

21.2.1 举例:两步二项式方法

将这段时期分为更短的间隔,并不改变认购期权估值的基本方法。在每个时间点,我们找到一个杠杆化股票投资策略,产生与期权同样的收益,期权价值一定等于这个复制资产组合的价值。另一个方法,我们可以假装投资者风险中性,所有投资的预期收益率都是无风险利率,然后在每个时间点计算预期未来期权价值,然后用无风险利率贴现。两种方法得到同样的答案。

如果我们用复制资产组合方法,在每个时间点必须重新计算股票投资,利用期权 δ 公式:

$$期权\,\delta = \frac{可能的期权价格的价差}{可能的股价的价差}$$

重新计算期权 δ 并不困难，只是工作量大一些。这种情况用风险中性方法会更简单，我们也将这样做。

图 21-2 来自图 21-1b，给出了谷歌股票可能的价格，假设在每三个月的时期，股价要么上升 17.09%，要么下降 14.60%。㊀括号中的数字是六个月后行权价格为 530 美元的认购期权到期时的价值。例如，如果六个月后谷歌股价为 386.57 美元，认购期权价值为零。另一个极端，如果股价为 726.65 美元，认购期权价值 726.65 − 530 = 196.65 美元。我们还不知道期权到期前的价值，现在就先放个问号。

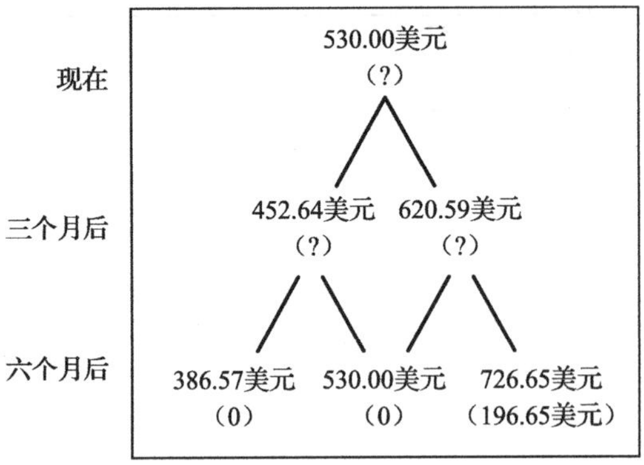

图 21-2　谷歌现在和未来可能的股价，假设在每三个月的期间内，价格要么上升 17.09%，要么下降 14.60%。括号内的数字是行权价格 530 美元的六个月认购期权的对应的价值。三个月利率为 0.5%

我们继续假设六个月利率为 1%，相当于三个月为 0.5%。现在的问题是：如果投资者三个月有 0.5% 的收益率，每个阶段股价上升的概率是多少？下面的简单公式可以给出答案：

$$p = \frac{\text{利率} - \text{价值下降的幅度}}{\text{价值上升的幅度} - \text{价值下降的幅度}} = \frac{0.005 - (-0.146\,0)}{0.170\,9 - (-0.146\,0)} = 0.476\,4$$

我们可以检验一下，如果 47.64% 的可能性股价上升 17.09%，52.36% 的可能性股价下跌 14.60%，那么预期收益率一定等于 0.5% 的无风险利率：

$$0.476\,4 \times 17.09 + 0.523\,6 \times (-14.60) = 0.5$$

三个月后的期权价值　现在我们能够找到三个月后可能的期权价值。假设三个月后股价为 620.59 美元，这种情况下，投资者知道，六个月后期权到期时，期权价值要么是 0，要么是 196.65 美元，利用风险中性概率来计算六个月后的预期期权价值：

$$\text{六个月后预期期权价值} = \text{价格上升的概率} \times 196.65 + \text{价格下降的概率} \times 0$$
$$= 0.476\,4 \times 196.65 + 0.523\,6 \times 0 = 93.69 \text{ 美元}$$

三个月后的价值为 93.69/1.005 = 93.22 美元。

如果三个月后股价下降到 452.64 美元呢？这时，期权到期时价值是零，预期价值是零，三个月后的价值也是零。

现在的期权价值　现在我们已经去掉了图 21-2 中的两个问号。图 21-3 显示，如果三个月后股价为 620.59 美元，期权价值是 93.22 美元，如果股价是 452.64 美元，期权价值是 0。只剩下计算现在的期权价格。

47.64% 的可能性期权价值 93.22 美

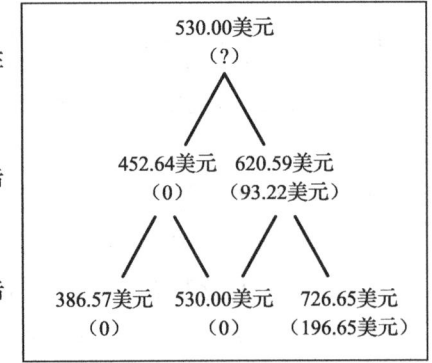

图 21-3　谷歌现在和未来可能的股价。括号中的数字是行权价格 530 美元的六个月认购期权的对应的价值

㊀ 我们简要解释为何选这些数字。

元，52.36%的可能性没有价值，因此三个月后的预期价值为：
$$0.4764 \times 93.22 + 0.5236 \times 0 = 44.41(美元)$$
现在的价值为44.41/1.005 =44.19美元。

21.2.2 一般二项式方法

用两步法来评估谷歌认购期权价值可能更加接近现实，但是没有理由到此为止。我们可以像图21-1那样继续，把期权到期前的时期切成更小的间隔。我们仍可以利用二项式方法从最后的到期日倒推到现在。当然，手工做这些计算会很乏味，用计算机来做就简单了。

既然一般来说，几乎有无穷多个未来股票价值，如果我们将整个期间划分足够多的子期间，二项式方法可以给出更现实、更精确的期权价值。我们如何选择价值上下变动的数字呢？例如，我们用两个子期间来重新评估谷歌期权价值时，为什么选择 +17.09% 和 -14.60% 呢？幸运的是，股价的上下变动与股票收益率的标准差之间存在如下简洁优雅的关系式：

$$1 + 上升幅度 = u = e^{\sigma\sqrt{h}}$$
$$1 + 下降幅度 = d = 1/u$$

其中，e = 自然对数的底 = 2.718；σ = 股票收益率的标准差（连续复利）；h = 以年为单位的期间间隔。

我们说在未来六个月（h = 0.5），谷歌股价可能上升25%或下降20%时，我们所说的这些数字与年收益率标准差31.56%是一致的：⊖

$$1 + 上升幅度(六个月) = u = e^{0.3156\sqrt{0.5}} = 1.25$$
$$1 + 下降幅度 = d = 1/u = 1/1.25 = 0.80$$

我们将六个月分为两个三个月（h = 0.25）时，要解出等价的上升和下降幅度，利用同样的公式：

$$1 + 上升幅度(三个月) = u = e^{0.3156\sqrt{0.25}} = 1.1709$$
$$1 + 下降幅度 = d = 1/u = 1/1.1709 = 0.854$$

表21-1中间两列给出了如果将这段时期分为不同的时间间隔，公司价值的等价的上升和下降幅度，最后一列给出了对估计的期权价值的影响。（我们很快解释布莱克—斯科尔斯期权价值。）

表21-1 随着步数的增加，你必须调整资产价值可能变化的范围，以保持同样的标准差。而将逐渐接近布莱克—斯科尔斯公式计算的谷歌认购期权价值

步数	每段时间间隔的变化（%）		估计的期权价值（美元）
	上升	下降	
1	+25.0	-20.0	61.22
2	+17.1	-14.6	44.19
6	+9.54	-8.71	47.62
26	+4.47	-4.28	49.08
		布莱克—斯科尔斯值 =	49.52

注：标准差 $\sigma = 0.3156$。

⊖ 给定 u，要找出标准差，我们将公式转变一下：
$$\sigma = \log(u)/\sqrt{h}$$
其中 log 为自然对数。在我们的例子中，
$$\sigma = \log(1.25)/\sqrt{0.5} = 0.2231/\sqrt{0.5} = 0.3156$$

21.2.3 二项式方法和决策树

用二项式方法计算期权价值基本上是解决决策树的过程。从某个未来日期开始，沿着树倒推到现在，未来事件和行动所产生的可能现金流逐渐贴现得到现值。

二项式方法只是你在第 10 章学到的一个分析工具——决策树的另一个应用吗？答案是否定的，至少有两个理由。首先，期权定价理论绝对是决策树中的贴现的基础，预期现金流贴现不适用于决策树，与不适用于认沽期权和认购期权的理由相同。我们在 21.1 节已经指出，因为期权的风险随时间和标的资产价格的变化而变化，不存在单一不变的贴现率。决策树中也不存在单一贴现率，因为如果决策树包含了有意义的未来决策，也就包含了期权。用决策树描述的未来现金流的市场价值必须用期权定价方法来计算。

其次，期权理论给出了描述复杂决策树的简单有力的框架。例如，假设你有放弃一项投资的期权。完整的决策树将占满最大的教室黑板，而现在你知道了期权，放弃的机会就可以总结为"一份美式认沽期权"。当然，不是所有的实物期权都有这样简单的期权类比，而我们经常能够将复杂决策树近似为资产和期权的某些简单组合。一个自己定义的决策树可能更接近现实，但时间和成本可能使这样做是不值得的。尽管量身定做的阿玛尼西装更合适，看起来更好，大多数男人还是会买西服成衣。

21.3 布莱克—斯科尔斯公式

再看一下图 21-1，随着我们将期权的到期期间分为越来越多的子期间，谷歌股票价格变化的可能分布也在变化，变得越来越平滑。

如果以这样的方式继续切细期权的到期期间，我们将逐渐得到图 21-4 所示的状态，到期时可能的股票价格变动是连续分布。图 21-4 是对数正态分布的一个例子。对数正态分布经常用来描述不同股票价格变动的概率，[⊖]有很多好的常识性的特点。例如，它能够确定股价下跌从来不会超过 100%，但有可能上升超过 100%，虽然概率很小。

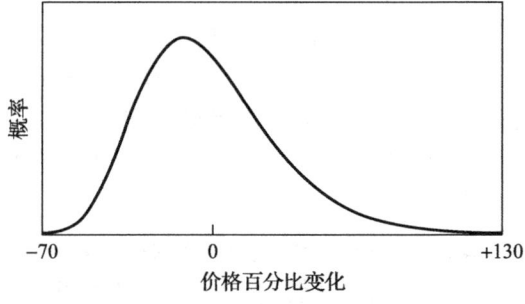

图 21-4 随着期权到期时间被分成越来越多的子期间，可能的股价变化的分布接近对数正态分布

将期权的到期时间分为无数小的子期间并不影响期权估值的原理。我们仍然可以用股票杠杆投资来复制认购期权，但随着时间推移，我们要不断地调整杠杆水平。子期间的数量无穷大的时候，完成计算期权价值的任务貌似毫无希望。幸运的是，布莱克和斯科尔斯得到了一个公式，能够解决这个问题。[⊖]这个公式看起来并不令人愉

⊖ 我们第一次看到股价变动的分布是在第 8 章，当时我们将其描述为正态分布。那时我们曾指出，在非常短的时期这种近似是可以接受的，但是在较长时期的变化的分布最好用对数正态分布来近似。

⊖ 期权估值的开创性文章：F. Black and M. Scholes, "The Pricing of Options and Corporate Liabilities," *Journal of Political Economy* 81 (May-June 1973), pp. 637-654; R. C. Merton, "Theory of Rational Option Pricing," *Bell Journal of Economic and Management Science* 4 (Spring 1973), pp. 141-183。

悦，但是熟悉了之后你会发现它非常优雅有用。公式为：

$$认购期权价值 = [\delta \times 股价] - [银行贷款]$$
$$= [N(d_1) \times P] - [N(d_2) \times PV(EX)]$$

其中，$d_1 = \dfrac{\log[P/PV(EX)]}{\sigma\sqrt{t}} + \dfrac{\sigma\sqrt{t}}{2}$；$d_2 = d_1 - \sigma\sqrt{t}$；$N(d) = $ 累积正态分布概率密度函数；⊖ EX = 期权行权价格；PV(EX)用无风险利率 r_f 贴现来计算；$t =$ 距离到期日的期数；$P =$ 现在的股价；$\sigma =$ 每期股票收益率的标准差（连续复利）。

注意，布莱克—斯科尔斯公式中的认购期权价值与前面描述的期权特征完全相同，随着股价 P 的增加而增加，随着行权价格的现值 PV(EX) 的增加而减少，而 PV(EX) 由利率和到期时间决定。认购期权价值还随着到期时间和股票的波动性（$\sigma\sqrt{t}$）的增加而增加。

要得到这个公式，布莱克和斯科尔斯假设股票价格连续变化，因此为复制期权，投资者必须连续调整所持有的股票。⊖ 当然，这实际上是不可能的，在现实世界中，股票是间歇交易的，价格的变化也不连续，尽管如此，公式仍表现非常好。布莱克—斯科尔斯模型也具有灵活性，可以利用这个公式对多种资产的期权进行估值，例如外汇、债券和商品。因此，毫不奇怪，布莱克—斯科尔斯公式非常有影响力，成为期权估值的标准模型。期权交易所的交易商每天都用这个公式进行大量交易。这些交易商中的大多数人都没有受过这个公式数学推导方面的训练，他们只是利用计算机或特殊编程的计算器来得到期权价值。

21.3.1 布莱克—斯科尔斯公式的应用

布莱克—斯科尔斯公式看起来很难，但应用起来非常直接。我们用这个公司来对谷歌认购期权进行估值。

下面是所需的数据：
- 现在的股票价格 $= P = 530$；
- 行权价格 $= EX = 530$；
- 连续复利年收益率的标准差 $= \sigma = 0.3156$；
- 到期年限 $= t = 0.5$；
- 利率 $= r_f$，六个月为 1%，一年为 2.01%。⊜

记住，认购期权价值的布莱克—斯科尔斯公式为：

$$[N(d_1) \times P] - [N(d_2) \times PV(EX)]$$

⊖ 也就是说，$N(d)$ 是正态分布随机变量 $\tilde{x}$ 小于或等于 d 的概率。布莱克—斯科尔斯公式中的 $N(d_1)$ 是期权 δ。因此，这个公式告诉我们，认购期权价值等于 $N(d_1)$ 股股票投资减去负债 $N(d_2) \times$ PV(EX) 的价值。

⊖ 布莱克—斯科尔斯公式的重要假设是：(a) 标的资产的价格服从对数正态分布；(b) 投资者能够连续无成本地调整他们的对冲头寸；(c) 无风险利率已知；(d) 标的资产不支付股利。

⊜ 我们评估期权时，更常用连续复利（见 2.4 节）。如果年复利率为 2.01%，相当于连续复利 1.98%（1.020 1 的自然对数是 0.019 8，即 $e^{0.019\,9} = 1.020\,1$。）利用连续复利，PV(EX) $= 530 \times e^{-0.019\,9 \times 0.5} = 524.75$。

两种方法得到的答案相同，我们为什么要提及这个话题呢？仅仅是因为期权估值的大部分计算机程序要求用连续复利。如果你不小心输成了年复利率，误差一般也很小，但找出这个误差却很浪费时间。

其中，$d_1 = \dfrac{\log[P/\text{PV}(\text{EX})]}{\sigma\sqrt{t}} + \dfrac{\sigma\sqrt{t}}{2}$；$d_2 = d_1 - \sigma\sqrt{t}$；$N(d)$ = 累积正态分布概率密度函数。

利用这个公式来评估谷歌认购期权的价值，分为三步：

第一步 计算 d_1 和 d_2。就是将数字代入公式（注意"log"是自然对数）：

$$d_1 = \frac{\log[P/\text{PV}(\text{EX})]}{\sigma\sqrt{t}} + \frac{\sigma\sqrt{t}}{2} = \frac{\log[530/(530/1.01)]}{0.315\,6 \times \sqrt{0.5}} + \frac{0.315\,6 \times \sqrt{0.5}}{2} = 0.156\,2$$

$$d_2 = d_1 - \sigma\sqrt{t} = 0.156\,2 - 0.315\,6 \times \sqrt{0.5} = -0.067\,0$$

第二步 找到 $N(d_1)$ 和 $N(d_2)$。$N(d_1)$ 是正态分布随机变量小于均值加 d_1 个标准差的概率。如果 d_1 很大，$N(d_1)$ 接近 1.0（就是说，你几乎确定变量一定小于均值加 d_1 个标准差）。如果 d_1 为零，$N(d_1)$ 是 0.5（就是说，正态分布变量小于均值的概率是 50%）。

找出 $N(d_1)$ 的最简单的方法是利用 Excel 函数 NORMSDIST。例如，在 Excel 表格中输入 NORMSDIST(0.156 2)，会得到 0.562 1，这就是正态分布变量小于均值加 0.156 2 个标准差的概率。

同样可以利用 Excel 函数得到 $N(d_2)$。在 Excel 表格中输入 NORMSDIST(-0.067 0)，得到 0.473 3。也就是说，正态分布变量小于均值减 0.067 0 个标准差的概率是 0.473 3。

第三步 将数字代入布莱克—斯科尔斯公式中，计算出谷歌认购期权的价值：

$$[\delta \times 股价] - [银行贷款] = [N(d_1) \times P] - [N(d_2) \times \text{PV}(\text{EX})]$$
$$= [0.562\,1 \times 530] - [0.473\,3 \times (530/1.01)]$$
$$= 297.89 - 248.36 = 49.52$$

换句话说，投资谷歌股票 297.89 美元、借款 248.36 美元就可以复制谷歌认购期权。之后，随着时间推移，股价变化，需要借款来投资股票或者出售部分股票来减少负债。

更多练习 假设对更多的股价重复计算谷歌认购期权的价值，结果如图 21-5 所示。可以看到，期权价值是一条左下方的角上开始向上倾斜的曲线。随着股价升高，期权价值增加，逐渐与期权价值下限平行。这完全就是我们在第 20 章推导出的图形（见图 20-10）。

这条曲线的高度当然由风险和到期时间决定。例如，谷歌股票风险突然增加，图 21-5 中的曲线在所有股价下都升高。例如，图 20-12 显示了谷歌股票风险加倍后这条曲线的变化。

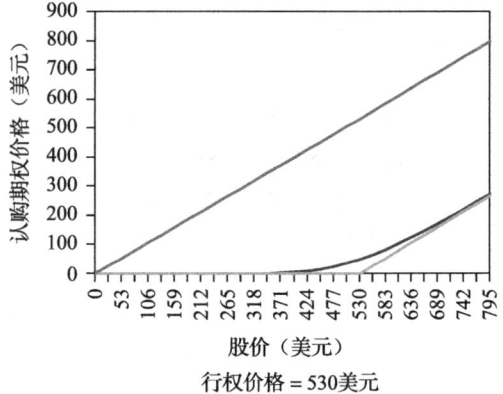

图 21-5 曲线显示了谷歌认购期权的价值如何随谷歌股票价格的变化而变化

21.3.2 期权的风险

谷歌认购期权的风险如何？我们已经知道，可以用无风险负债和股票投资的组合来复制认购期权，所以期权的风险一定与这个复制资产组合的风险相同。我们知道任何资产组合的贝塔是单个资产的贝塔的加权平均。因此，期权的风险是贷款和股票的贝塔的加权平均。

根据过去的经验，谷歌股票的贝塔 $\beta_{股票}=1.15$，无风险贷款的贝塔 $\beta_{贷款}=0$。投资了

297.89 美元股票和 -248.36 美元贷款。（注意贷款投资额为负值，是借款。）因此，期权的贝塔 $\beta_{期权}$ = (-248.36×0 + 297.89×1.15)/(-248.36 + 297.89) = 6.92。注意，期权等价于杠杆投资股票，所以总是比股票的风险高。就谷歌认购期权而言，其风险接近谷歌股票的七倍。随着时间的推移，谷歌股票价格变化，期权的风险也变化。

21.3.3 布莱克—斯科尔斯公式和二叉树方法

回头再看一下表 21-1，我们用二项式方法计算了谷歌认购期权的价值。注意，随着期间数量的增加，用二项式方法得到的期权价值接近利用布莱克—斯科尔斯公式得到的 49.52 美元。

布莱克—斯科尔斯公式承认可能结果的连续性，这一般比二项式方法假设有限数量的结果更符合现实。这个公式也比二项式方法用起来更精准快捷。那么为什么还要用二项式方法呢？答案是，在很多情况下不能用布莱克—斯科尔斯公式，而二项式方法仍可以很好地度量期权价值。我们将在 21.5 节给出几个这样的例子。

21.4 应用布莱克—斯科尔斯公式

为了说明期权估值的原理，我们集中讨论了谷歌期权的例子。而财务经理借助布莱克—斯科尔斯方法来估计多种不同期权的价值。以下是四个例子。

21.4.1 高管股票期权

2014 财年，甲骨文公司的 CEO 拉里·艾里森得到的工资是 1 美元，而以股票期权的形式得到了 6 700 万美元。

这个例子强调了高管股票期权常常是薪酬的重要组成部分。多年以来，公司可以不在年报中报告这些期权的成本，但是现在它们必须将期权作为工资一样的费用，因此公司需要估计所授予的所有新期权的价值。例如，甲骨文公司 2014 财年的财务报表显示，公司发行了价值 1.31 亿美元的期权，平均到期时间为 4.9 年，行权价格为 31.02 美元。甲骨文计算出这些期权的平均价值为 7.47 美元。它是怎么得到这个结果的？就是假设标准差为 27% 和利率为 1.3%，利用布莱克—斯科尔斯公式计算出来的。⊖

有些公司则用倒签期权授予日期的方式掩饰支付给管理者的期权价值。例如，假设公司股票价格从 20 美元上涨到 40 美元，在这一价位上公司奖励 CEO 行权价格为 20 美元的期权，这很慷慨而且合法。但是，如果公司假装这些期权实际上是在股价为 20 美元时奖励的，并以此为基础来估计期权的价值，这样就会大大低估 CEO 的薪酬。⊖专栏"金融实践：完美的付薪日"讨论了倒签丑闻。

说到高管股票期权，我们现在可以用布莱克—斯科尔斯公式来计算 20.3 节中的期权（见表 20-3）的价值。表 21-2 计算出安全而平淡无奇的 EI 公司的期权价值为 5.26 美

⊖ 很多收到这些期权的人并不认同甲骨文公司的估值。首先，如果这些期权产生大量不可分散的风险，就对所有者没那么有价值。其次，如果所有者计划随后一两年辞职，就必须放弃这些期权。对这些问题的讨论，见 J. I. Bulow and J. B. Shoven, "Accounting for Stock Options," *Journal of Economic Perspectives* 19 (Fall 2005), pp. 115-134。

⊖ 2005 年开始，公司必须将股价与所授予的期权的行权价格的差额记录为费用。因此，只要期权授予时是平价（行权价格等于股价），公司就不必显示任何费用。

元，高风险而迷人的 DO 公司的期权价值为 7.40 美元。祝贺。

表21-2　利用布莱克—斯科尔斯公式来评估 EI 公司和 DO 公司高管股票期权（见表 20-3）的价值

	EI 公司	DO 公司
股价价格（P）	22 美元	22 美元
行权价格（EX）	25 美元	25 美元
利率（r_f）	0.04	0.04
到期年限（t）	5	5
标准差（σ）	0.24	0.36
$d_1 = \log[P/\text{PV}(\text{EX})]/\sigma\sqrt{t} + \sigma\sqrt{t}/2$	0.395 5	0.487 3
$d_2 = d_1 - \sigma\sqrt{t}$	-0.141 1	-0.317 7
认购期权价值 = $[N(d_1) \times P] - [N(d_2) \times \text{PV}(\text{EX})]$	5.26 美元	7.40 美元

金融实践　完美的付薪日[①]

1999 年 10 月的一天，保险巨头联合健康集团的股价跌到当年的最低点。这对投资者来说是个糟糕的消息，而对公司的首席执行官威廉·麦圭尔来说则是个好消息，因为公司授予他未来以这么低的价格买入股票的期权。如果期权记录为一个月之后，当时股价比现在高 40%，这些期权就没有这么有价值。幸运的巧合？可能吧，而第二年麦圭尔先生也同样在当年股价最低的那天被授予期权。2001 年，期权授予发生在股价下跌接近最低点的时候。

在以后的年份里，其他公司也以非常有利的价格授予高管期权的证据开始逐渐积累。似乎这些公司是事后选择授予期权的日期。这种倒签不一定是非法的，但大部分期权的授予都需要股东同意，一般要求行权价格等于授予期权时公司股票的公允市场价值。另外，倒签会低估公司支付的薪酬，因

此误报盈利，并且少纳税。

SEC 的调查和不满的股东的起诉，使被发现存在倒签期权的主要公司的董事和高管大量辞职。威廉·麦圭尔是这些撞在枪口上的高管们之一。之后，他同意支付 3 900 万美元，并放弃了 370 万的补偿性股票期权，以此平息了加州公共雇员退休体系（Calpers）牵头的集体诉讼。

[①]"完美付薪日"是《华尔街日报》一篇文章的题目，这篇文章引起了公众对倒签的关注。见 C. Forelle and J. Bandler, "The Perfect Payday; Some CEOs Reap Millions by Landing Stock Options When They are Most Valuable; Luck-or Something Else?" *The Wall Street Journal*, March 18, 2006, p. A1. 更早的关于倒签的证据，见 D. Yermack, "Good Timing: CEO Stock Option Awards and Company News Announcements," *Journal of Finance* 52 (1997), pp. 449-476, 以及 E. Lie, "On the Timing of CEO Stock Option Awards," *Management Science* 51 (2005), pp. 802-812.

21.4.2　认股权证

康宁公司 2006 年遭遇破产时，债权人成为公司唯一的股东。但是，老股东并没有两手空空，他们得到了认股认证，在以后七年中任何时候都可以按照每股 45.25 美元的价格购买新的普通股。因为重组公司大约每股只有 30 美元，股票需要增值 50% 认股权证才能达到行权价格。但是，购买康宁公司股票的期权显然是有价值的，认股权证开始交易后不久价格就达到了每份 6 美元。可以肯定，在股东被授予该认股权证之前，各方都在不同的股票波动性假设下计算过认股权证的价值。布莱克—斯科尔斯模型就是为这

个目的而量身定做的。⊖

认股权证的价值明显偏离期权估值模型计算出的价值的情况并不常见，但也有例外。专栏"金融实践：中国认股权证泡沫"给出了一个特别的例子。

金融实践　认股权证泡沫

大部分认股权证给予持有者购买公司股票的期权。不常见的认股权证是认沽期权的权证，持有者可以将股票卖回给公司。

2006年4月，中国白酒生产商五粮液公司在深交所发行了3.13亿份认沽期权的权证。这些权证的到期时间是2008年4月2日，最后交易日是2008年3月26日，行权价格为5.63元，发行时股价为5.03元。

权证发行后，五粮液的股价稳步上升，2007年10月27日达到最高点71.56元，到这一点，股价几乎不可能在2008年4月跌到5.63元以下，因此认沽期权的权证几乎确定会到期不行权。布莱克—斯科尔斯公式显示权证实际上没有价值。但是，随着股价的上涨，权证的价格也上涨。到2007年6月，权证价格达到8.15元，之后在最后一个交易日的最后一分钟跌到1分钱。

五粮液认沽期权权证并不是错误定价的一个孤立的例子。在这段时间，其他15只中国认沽期权权证的价值都类似地被高估了。聪明的投资者为什么不卖出权证同时买入δ股股票利用错误定价进行套利呢？如果允许卖空认沽期权权证，这样的套利会非常赚钱。但是，在中国，法律禁止投资者卖空股票或权证。另外，中国限制单个交易日的股价变动不能超过10%。在最后几个交易日中，五粮液股票的价格足够高，而10%的限制意味着认沽期权权证一定到期作废。而权证的交易额非常大。

期权价格是如何严重偏离合理估计的价值的呢？以8.15元购买权证的投资者错误地相信他们得到了以5.63元购买五粮液股票的期权吗？也许不能卖空权证的聪明的投资者，决定加入购买权证的行列，稍后再高价出售给更大的傻瓜。如果是这样，认沽期权权证的这一幕，就是我们第13章讨论的泡沫的另一个例子。

资料来源： Wei Xiong and Jialin Yu, "The Chinese Warrants Bubble," *American Economic Review*, 101 (6): 2723-2753.

21.4.3　资产组合保险

你公司的养老金拥有8亿美元普通股的分散化投资组合，其变动与市场指数几乎一致。目前养老金资金充足，但你担心如果价值下跌超过20%，就会开始资金不足。假设银行向你提供针对这一可能性的保险，你愿意付多少钱购买这个保险？回想20.2节（见图20-6），我们曾说明，你可以购买保护性认沽期权来防止资产价值下跌。现在这种情况下，银行要出售给你一份一年期的美国股价的认沽期权，行权价格为现在的股价水平之下20%。你可以分两步来计算期权价值。首先，利用布莱克—斯科尔斯公式计算具有同样行权价格和到期时间的股票认购期权的价值，然后从认沽—认购期权平价关系中推出认沽期权价值。（你还需要对股利进行调整，我们将留到下一节来解决这个问题。）

⊖ 遗憾的是，康宁公司的股价从未达到过45美元，认股权证到期作废了。

21.4.4 计算隐含波动率

到目前为止，给定资产收益率的标准差，我们利用期权定价模型能够计算出期权价值。有时候，将问题颠倒过来也很有用，要问的是期权价格告诉我们资产的波动性是多少。例如，芝加哥期权交易所交易几种市场指数期权。在我们写本书的这部分时，标准普尔500指数大约是2020，而该指数的一年期平价认购期权价格130。如果布莱克—斯科尔斯公式是正确的，只有在投资者认为指数收益率的标准差为每年19%时，期权价值130才是合理的。⊖

芝加哥期权交易所定期发布标准普尔指数的隐含波动率，这称为VIX（见专栏"金融实践：恐惧指数"）。VIX存在活跃的市场。例如，假设你感觉隐含波动率低得难以置信，就可以在现在的低价下"买入"VIX，希望在隐含波动率提高后"卖出"来盈利。

金融实践　恐惧指数[①]

市场波动性指数或VIX度量近期的标准普尔500指数期权所隐含的波动性，因此是对未来30天的预期市场波动性的一个估计。芝加哥期权交易所（CBOE）从1986年1月开始计算隐含市场波动性，但现在的这种形式的VIX只能追溯到2003年。

投资者经常性地交易波动性，他们买入或卖出VIX期货和期权合约。自从CBOE引入VIX期货和期权合约以来，这两种合约的总交易量已经增长到每天超过100 000份合约，使它们成为该交易所推出的最成功的两个创新。

因为VIX度量的是投资者的不确定性，也被称为"恐惧指数"。指数期权市场是由股票投资者主导的，他们担心股市可能下跌的时候就买入指数认沽期权。之后他们的资产组合的价值的任何下跌就可以被认沽期权价值的上升所抵消。投资者对这种保险的需求越多，指数认沽期权的价格越高，因此VIX是反映投资组合保险成本的指标。

1986年1月~2014年12月期间，VIX平均为20.4%，与我们在第7章所引用的市场波动性水平几乎是一致的。这个指数的高点出现在1987年10月，VIX当月收盘于61%。[②]还出现过几个短期的尖峰，例如在伊拉克入侵科威特以及联合国多国部队干预的时候。

尽管VIX是最广泛引用的波动性度量指标，其他几个美国和海外股票市场指数（如英国的FTSE 100指数和法国的CAC 40），还有黄金、石油和欧元市场，其波动性度量指标也能够得到。

①VIX指数的综述，见R. E. Whaley, "Understanding the VIX," *Journal of Portfolio Management* 35 (Spring 2009), pp. 98-105.

②1987年10月19日（黑色星期一），VIX的收盘于150。幸运的是，市场波动性相当迅速地回到了不那么令人激动的水平。

图21-6是标准普尔指数和纳斯达克指数（VXN）过去的隐含波动率，你可能有兴趣将我们之前计算的当前隐含波动率与图21-6所示的比较一下。注意2008年信贷收缩达到顶峰时，投资者不确定性的急剧上升，这种不确定性反映在投资者购买期权愿意支付的价格中。

⊖ 在计算隐含波动率时，我们允许股票支付股利。下一节我们会解释如何考虑这个问题。

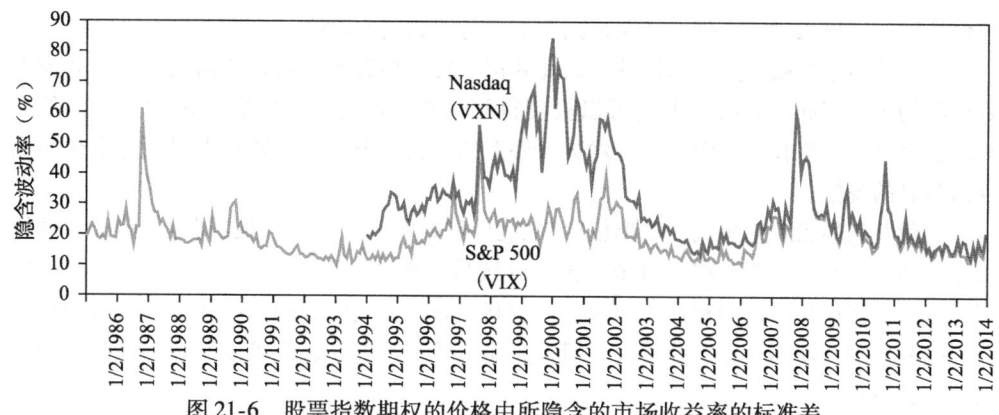

图 21-6　股票指数期权的价格中所隐含的市场收益率的标准差

资料来源：finance.yahoo.com。

21.5　期权价值一瞥

到目前为止，我们讨论期权价值时，假设投资者持有期权直到到期。欧式期权肯定是这种情况，在到期前不能行权，但美式期权任何时候都可以行权，并不属于这种情况。另外，我们评估谷歌期权的价值时，可以忽略股利，因为谷歌不支付股利。同样的估值方法适用于美式期权和支付股利的股票吗？

另一个问题与稀释有关。投资者买入期权，然后行使所交易的期权，对公司发行的股票数量没有影响。但是，有时候公司自己给予核心员工期权，或者出售期权给投资者，这些期权行权的时候，发行在外的股票数量就增加了，因此老股东的利益就被稀释了。期权估值模型需要能够处理稀释的影响。

本节我们考察提前行权的可能性和股利如何影响期权价值。

美式认购期权——无股利　与欧式期权不同，美式期权任何时候都可以行权。但是，我们知道，在无股利的情况下，认购期权的价值随着到期时间的增加而增加。因此，如果提前行使美式期权，就不必要地减少了期权价值。既然美式认购期权到期前不应该行权，那么它的价值就与欧式认购期权相同，布莱克—斯科尔斯公式对两种期权都适用。

欧式认沽期权——无股利　如果我们想评估欧式认沽期权的价值，可以利用第20章中的认沽—认购期权平价关系公式：

$$认沽期权价值 = 认购期权价值 - 股票价值 + PV(行权价格)$$

美式认沽期权——无股利　有时候为了将行权价格进行再投资，在到期前执行美式认沽期权是值得的。例如，假设你刚刚买入美式认沽期权，股价就立即下降到零，这种情况下，继续持有期权没有任何好处，因为它不可能更有价值了。最好是立即行使认沽期权，将行权得到的资金进行再投资。因此，美式认沽期权总是比欧式认沽期权价值更高。在我们这个极端的例子中，美式认沽期权和欧式认沽期权的价差等于行权价格得到的利息的现值。在所有其他情况下，价差更小。

因为布莱克—斯科尔斯公式不允许提前行权，所以不能用于精确计算美式认沽期权的价值。但是，只要在每个时点上都可以判断，期权立即行权还是继续存在更有价值，然后利用两个价值中高者，采用一步一步的二项式方法，就可以计算美式认沽期权的价值。

支付股利的股票的欧式认购和认沽期权　股票价值中部分是股利的现值。期权持有者并没有权利得到股利。因此，用布莱克—斯科尔斯模型评估支付股利的股票的欧式期权价值时,应该从股价中减去在期权到期前支付的股利的现值。

股利并不总是贴个大大的标签,因此要留心资产持有者得到好处而期权持有者没有好处的例子。例如,购买外汇后可以投资得到利息,但是如果拥有的是购买外汇的期权,就会错失这笔收入。因此,当对买入外汇的期权估值时,需要减去目前外汇价格的外币利息的现值。⊖

支付股利的股票的美式认购期权 我们已经知道,股票不支付股利时,美式认购期权总是继续持有比提前行权的价值更高。继续持有期权,不仅可以保持期权继续有效,而且还能得到行权价格的利息。即使存在股利,如果得到的股利比提前支付行权价格所失去的利息少,就不应该提前行权。但是,如果股利足够多,你可以刚好在除息日前行权而得到股利。

支付股利的股票的美式认购期权估值的唯一一般方法就是利用一步一步的二项式方法。这种情况下,你必须在每个阶段都检查,期权刚好在除息日之前行权还是继续持有一个时期,哪种情况下价值更高。

21.6 期权大观园

前面的两章我们的重点是普通的认沽和认购期权以及它们的组合。理解了这些期权以及它们是如何估值的,你就能够处理在公司金融中遇到的大多数期权问题了。但是,你偶尔会遇到一些更不寻常的期权。我们在本书中并不会考察这些期权,只是为了好玩并帮助你跟你的投资银行家朋友们聊天,下面是一些奇异期权的总结。

亚洲(平均)期权	行权价格等于期权有效期内资产价格的平均值
障碍期权	收益取决于资产价格是否达到特定的水平。敲入期权(上升敲入认购期权和下降敲入认沽期权)只有当标的资产价格达到特定水平才生效。敲出期权(下降敲出认购期权和上升敲出认沽期权)如果资产价格达到特定水平就失效。
百慕大期权	在到期前的具体日期才能行权
Caput 期权	认沽期权的认购期权
选择者(只要喜欢)期权	持有者在到期前必须选择期权是认购期权还是认沽期权
复合期权	期权的期权
数字(二元或"现金或无")期权	如果资产价格在行权价格的错误一边,收益就是零,否则就是固定金额
回望期权	期权持有者可以选择最后日期之前出现的任何资产价格作为行权价格
彩虹期权	以一揽子资产中最好的(最差的)资产作为标的资产的认购期权(认沽期权)

本章总结

本章中,我们介绍了期权估值的基本原理。通过考察股价在到期日有两个可能取值的认购期权,我们说明,无论股价上升还是下降,构造股票和贷款的组合提供与期权相

⊖ 例如,假设现在购买1英镑需要2美元,1英镑投资的利率为5%,期权持有者错失的利息为0.05 × 2 美元 = 0.10 美元。因此,在利用布莱克—斯科尔斯公式对买入英镑的期权进行估值之前,必须调整当前的英镑价格:

调整后的英镑价格 = 当前价格 − PV(利息) = 2 − 0.10/1.05 = 1.905(美元)

同的收益是可能的。因此，期权的价值一定等于这个复制资产组合的价值。

假装投资者是风险中性的，因此任何资产的预期收益率都等于利率，我们得到同样的答案。在这个假想的风险中性世界中，我们计算出期权的未来预期价值，然后用无风险利率进行贴现得到期权的现值。

一般性的二项式方法增加了现实性，将期权的有效期分为很多子期间，在每个子期间，股价都只有两个可能的变化。将有效期分为更短的间隔并不会改变认购期权估值的基本方法。我们仍然可以用股票和贷款的组合来复制认购期权，只是在每个阶段组合都要变化。

最后，我们引入了布莱克—斯科尔斯公式。股价不断变化并且可能的未来价值连续时，这个公式可以计算期权价值。

期权可以用标的资产和无风险贷款的组合来复制，因此通过计算这个资产组合的风险，就可以度量任何期权的风险。裸期权通常比资产自身的风险高得多。

评估现实条件下的期权价值时，要留心很多特点。例如，需要确认，期权持有者没有权利得到任何股利的事实会使期权价值减少。

扩展阅读

关于布莱克—斯科尔斯模型，有三篇可读的文章：

F. Black, "How We Came up with the Option Formula," *Journal of Portfolio Management* 15 (1989), pp. 4-8.

F. Black, "The Holes in Black-Scholes," *RISK Magazine* 1 (1988), pp. 27-29.

F. Black, "How to Use the Holes in Black-Scholes," *Journal of Applied Corporate Finance* 1 (Winter 1989), pp. 67-73.

关于期权估值有很多好书，包括：

J. Hull, *Options, Futures and Other Derivatives*, 9th ed. (Englewood Cliffs, NJ: Prentice-Hall, Inc., 2014).

R. L. McDonald, *Derivatives Markets*, 3rd ed. (Reading, MA: Pearson Addison Wesley, 2012).

P. Wilmott, *Paul Wilmott on Quantitative Finance*, 2nd ed. (New York: John Wiley & Sons, 2006).

练习题

基础题

1. **二项式模型** 重金属（HM）公司的股价一个月只变化一次：要么上升20%，要么下降16.7%。现在股价为40美元，月利率为1%。
    a. 一个月后到期的行权价格为40美元的认购期权的价值是多少？
    b. 期权δ是多少？
    c. 说明如何通过买入HM的股票和负债来复制这只认购期权的收益。
    d. 两个月后到期的行权价格为40美元的认购期权的价值是多少？
    e. 这只两个月的认购期权第一个月的期权δ是多少？

2. **期权δ**
    a. 认购期权的δ会比1.0大吗？请解释。
    b. 会小于零吗？
    c. 如果股价升高，认购期权的δ如何变化？
    d. 如果股票的风险增加，认购期权的δ如何变化？

3. **二项式模型** 再考察一下谷歌的两步二叉树，例如图21-2。利用复制资产组合或风险中性方法来对六个月的行权价格为450美元的认购和认沽期权进行估值。假设谷歌股价为530美元。

4. **二项式模型** 想象谷歌股票在未来六个月中要么上升33.3%，要么下降25%

（见21.1节）。重新计算认购期权（行权价格=530美元）的价值，利用（a）复制资产组合方法，和（b）风险中性方法。直观地解释为什么期权价值比21.1节中计算出来的上升了。

5. **二项式模型** 狗舌草公司的股价在未来一年中可能从目前的100美元下降到50美元，或者上升到200美元。一年期利率为10%。

   a. 狗舌草公司股票认购期权，一年期，行权价格为100美元，该期权的δ是多少？
   b. 利用复制期权组合方法对这只认购期权进行估值。
   c. 在风险中性世界中，狗舌草公司股票价格上升的概率是多少？
   d. 利用风险中性方法检验你对狗舌草公司股票期权的估值。
   e. 如果有人告诉你，实际上狗舌草公司股票价格上涨到200美元的概率是60%，你会改变对该期权的估值吗？请解释。

6. **布莱克—斯科尔斯模型** 利用布莱克—斯科尔斯公式对以下期权进行估值：

   a. 某股票的认购期权，行权价格为60美元。该股票目前的市场价格为60美元，月收益率标准差为6%。期权三个月后到期，无风险的月利率为1%。
   b. 同时期同一只股票的认沽期权，行权价格和到期时间都相同。

   现在，对每只期权，找到复制它的股票和无风险资产的组合。

7. **期权风险** "认购期权总是比其标的股票的风险更高。"对还是错？股票价格变动时，期权的风险如何变化？

8. **期权行权** 以下哪只期权可能在到期前行权是理性的？简单解释为什么。

   a. 不支付股利的股票的美式认沽期权；
   b. 美式认购期权，股利为每年5美元，行权价格为100美元，利率为10%；
   c. 美式认购期权，利率为10%，股利为未来股价的5%。（提示：股利由股价

决定，股价可能上升也可能下降。）

进阶题

9. **二叉树** 乔尼·琼斯的高中衍生工具作业要求用二项式估值方法，对越野铁路公司的普通股的12个月的认购期权进行估值。现在，股价为45美元，年标准差为24%。乔尼首先像图21-2那样构建了一个二叉树，股价每六个月上升或下降。然后，他构建了一个更现实一些的二叉树，股价每三个月变动一次，或一年变动四次。

   a. 构建这两个二叉树。
   b. 如果越野铁路公司股票的标准差是30%，这些树将如何变化？（提示：确保找出正确的上升和下降的百分比。）

10. **二项式模型** 假设一只股票明年的价格将上升15%或下降13%。你拥有这只股票的一年期认沽期权。利率为10%，目前的股价为60美元。

    a. 行权价格是多少时，继续持有该认沽期权和现在立刻行权没有差别？
    b. 如果利率上升，这个盈亏平衡的行权价格如何变化？

11. **股利** 莫利亚矿业的股价为100美元，在之后两个六个月期间内，每期股价要么上升25%，要么下降20%（等价于年标准差31.5%）。在第六个月，公司将支付股利每股20美元。六个月利率为10%。行权价格为80美元的一年期美式认购期权的价值是多少？现在重新计算期权价值，假设股利等于含股利的股价的20%。

12. **二项式模型** 巴福尔黑德股价为220美元，在六个月期间内可能减半或加倍（等价于标准差98%）。巴福尔黑德股票的一年期认购期权，行权价格为165美元。年利率为21%。

    a. 巴福尔黑德认购期权的价值是多少？
    b. 现在，计算第二个六个月的期权δ，如果：（1）股价上升到440美元；（2）股价下跌到110美元。
    c. 认购期权δ随股价如何变化？直观地

d. 假设在第六个月，巴福尔黑德股价为 110 美元，这时如何用认购期权和无风险借出资金的组合来复制股票投资？说明你的策略与股票投资确实产生同样的收益。

13. **美式认沽期权** 假设你拥有巴福尔黑德股票（见问题 12）的美式认沽期权，行权价格为 220 美元。
    a. 你想提前行使该认沽期权吗？
    b. 计算认沽期权的价值。
    c. 比较该期权的价值与同等条件的欧式认沽期权的价值。

14. **股利** 重新计算巴福尔黑德股票的认购期权的价值（见问题 12），假设期权是美式期权，在第一个六个月末公司支付了 25 美元股利。（这样，一年后的股价是六个月后的除息价的减半或加倍。）如果期权是欧式的，你的答案如何变化？

15. **二项式模型** 假设你拥有一只期权，使你可以在六个月后以 165 美元出售巴福尔黑德股票或者在 12 个月以后以 165 美元购买巴福尔黑德股票（见问题 12）。这只不寻常的期权的价格是多少？

16. **美式认沽期权** 蒙特朗布朗空气公司当前的股价是 100 加元，在每个六个月期间，股价要么上升 11.1%，要么下降 10%（等同于年标准差 14.9%）。六个月期利率为 5%。
    a. 计算蒙特朗布朗股票的一年期欧式认沽期权，行权价格为 102 加元；
    b. 重新计算蒙特朗布朗认沽期权价值，假设为美式期权。

17. **二项式和布莱克—斯科尔斯模型** 联合碳素（UC）当前股价为 200 美元，年标准差为 22.3%，年利率为 21%，UC 的一年期认购期权，行权价格为 180 美元。
    a. 利用布莱克—斯科尔斯模型对 UC 认购期权进行估值。
    b. 如果采用一时期二项式方法来对 UC 期权进行估值，利用 21.2 节中的公式，计算估值需要用到的上升和下降的幅度。利用二项式方法进行估值。
    c. 采用两时期二项式方法，重新计算上升和下降幅度，重新对期权进行估值。
    d. 利用问题（c）的答案，计算期权 δ：（1）现在；（2）下一期，如果股价上升；（3）下一期，如果股价下跌。说明在每一时点如何用公司股票的杠杆化投资来复制认购期权。

18. **期权 δ** 假设你买入 δ 股股票、卖出一份认购期权，构造一个期权对冲策略。随着股价的变化，期权 δ 在变化，你需要调整对冲。如果股价的变化对期权 δ 的影响很小，你可以最小化调整成本。构造一个例子，说明如果你用价内期权、平价期权和价外期权进行对冲，期权 δ 是否会变化。

19. **期权风险**
    a. 在 21.3 节中，我们计算了谷歌股票行权价格为 530 美元的 6 月期认购期权的风险（贝塔）。对行权价格为 450 美元的类似期权，重复该练习。行权价格降低，期权的风险上升还是下降？
    b. 计算谷歌股票行权价格为 530 美元的一年期认购期权的风险。随着期权到期时间的延长，风险上升还是下降？

20. **期权行权** 其他条件相同，下面的美式期权中，你最有可能提前行权哪一个？
    a. 高股利的股票的认沽期权，或者同一股票的认购期权；
    b. 股价低于行权价格的认沽期权，或者同一股票的认购期权；
    c. 利率比较高时的认沽期权，或者利率比较低时的同样的认沽期权。

21. **期权行权** 带息日还是除息日行使认购期权更好？认沽期权呢？请解释。

22. **认股权证** 计算 21.4 节中康宁公司的认股权证。康宁公司股票的年标准差为 41%，认股权证发行时的利率为 5%。康宁公司不支付股利。忽略稀释问题。

23. **养老金保险** 利用布莱克—斯科尔斯程序，估计你应该准备支付多少，来对你明年的养老金资产组合进行保险。对市场的波动率进行合理的假设，利用目前的利率。记住，要从目前的市场指数中减掉可能的股利支付的现值。

挑战题

24. **期权 δ** 利用认沽—认购期权平价关系（见 20.2 节）和一年期二项式模型，说明认沽期权的期权 δ 等于认购期权的期权 δ 减 1。

25. **期权 δ** 说明期权 δ 如何随股票价格相对于行权价格的上升而变化。直观地解释为什么是这样。（如果期权的行权价格等于 0，期权 δ 会如何？如果行权价格无穷大呢？）

26. **股利** 你公司刚奖励了你一份慷慨的股票期权计划。你怀疑董事会将决定提高股利，或者宣布股票回购。你会暗自希望董事会做哪个决策？请解释。（参考一下第 16 章会有帮助。）

27. **期权风险** 计算和比较以下投资的风险（贝塔）：（a）一股谷歌股票；（b）谷歌股票的一年期认购期权；（c）一年期认沽期权；（d）资产组合，包含一股谷歌股票和一份一年期认沽期权；（e）资产组合，包含一股谷歌股票、一份一年期认沽期权和卖出一份一年期认购期权。在每种情形下，都假设期权的行权价格为 530 美元，即谷歌股票目前的市场价格。

28. **期权风险** 在 21.1 节中，我们利用简单的一步模型来评估了两只行权价格为 530 美元的期权的价值。我们说明，可以通过借款 233.22 美元和投资 294.44 美元买入 0.556 股谷歌股票来复制认购期权。通过卖空 235.56 美元谷歌股票和借出 291.52 美元来复制认沽期权。

    a. 如果谷歌股票的贝塔为 1.15，根据一步模型，认购期权的贝塔是多少？
    b. 认沽期权的贝塔是多少？
    c. 假设你要买入一份认购期权，将行权价格的现值投资于银行贷款，你的资产组合的贝塔是多少？
    d. 假设你要买入一股谷歌股票和一份认沽期权，你的资产组合的贝塔是多少？
    e. 你对问题（c）和（d）的回答应该相同，请解释。

29. **期权到期时间** 有的公司发行永续认股权证。认股权证是公司发行的认购期权，允许认股权证的持有者购买公司的股票。

    a. 布莱克—斯科尔斯公式预测，不支付股利的股票的永远有效的认购期权的价值是多少？解释你得到的价值。（提示：到期时间很长的期权的行权价格的现值是多少？）
    b. 你认为这个预测符合实际吗？如果不符合实际，请认真解释为什么。（提示：如果公司支付股利会怎样？如果公司破产呢？）

网络中的金融

看表 7-3 所列出的股票。选择至少三只股票，在 finance.yahoo.com 上找到每只股票的认购期权的价格。找到每只股票的月度调整价格，根据月收益率利用 Excel 函数 STDEV.P 计算标准差，将月度标准差乘以 12 的平方根，转换为年度标准差。

a. 对每只股票，选择到期时间六个月左右的可交易期权，行权价格等于目前的股价。利用布莱克—斯科尔斯公式和你的标准差估计值计算期权价值。如果股票支付股利，记得从股价中减去股权持有者错过的股利的现值。你计算出来的期权价值与期权的交易价格有多接近？

b. 你对问题（a）的回答可能与实际的期权价格不完全一致，试着用不同的标准差来计算期权价值，直到与可交易期权的价格一致。这些隐含的波动率是多少？隐含的波动率说明投资者对未来波动率的预测是怎样的？

微型案例　布鲁斯·汉尼拔的发明

对吉伯河银行的零售服务经理布鲁斯·汉尼拔来说，又是令人失望的一年。2015年吉伯河银行的零售业务确实在赚钱，但却一点儿也没有增长。吉伯河银行有大量忠诚的储户，但却少有新储户。布鲁斯必须找到一些新产品或金融服务，一些能够让人兴奋和引起注意的东西。

一段时间以来，布鲁斯心中一直有个灵感。使吉伯河银行的客户方便而安全地进行股票市场投资怎么样？让他们的投资在股价上涨时得到好处，至少是得到部分好处，但在股价下跌时什么也不损失，这个想法怎么样？

现在，布鲁斯连广告都想好了：

如何投资澳大利亚的股票可以完全没有风险？吉伯河银行的权益连结存款可以帮你做到。你享有好年景的收益，我们来承担坏年景的损失。

是这样的。每年在我们这里存款100澳元，年底的时候，澳大利亚所有普通股指数每上升10%，你将得到5澳元和你的存款100澳元。而如果市场指数下降了，银行仍将全额返还你100澳元。

没有损失的风险。吉伯河银行是你的安全网。

布鲁斯之前就产生过这个想法，但立即遭到怀疑甚至嘲笑："正面他们赢，反面我们输，这就是你的建议吗，汉尼拔先生？"布鲁斯没有现成的答案。银行真能负担得起这样有吸引力的产品？应该怎样投资这些来自客户的资金呢？银行也不想承担新的重大风险。

过去的两周，布鲁斯对这些问题一直感到困惑，但他没能得到满意的答案。他认为，澳大利亚股票市场的估值是充分的，但他也意识到，他的一些同事比他更看涨股票价格。

幸运的是，银行刚聘用了一位聪明的MBA毕业生赛拉·刘。赛拉肯定她能够找到布鲁斯·汉尼拔的问题的答案。首先，她收集了澳大利亚市场的数据，对权益连结存款是否能够运作进行基本的判断。这些数据如表21-3所示。她刚打算进行一些快速计算的时候，收到了布鲁斯的进一步的信息：

"赛拉，我还有个想法。我们的很多客户也许跟我的观点相似，认为市场是高估的。我们为什么不向他们提供'熊市存款'，让他们也有机会赚钱呢？如果市场上涨，他们只拿回100澳元存款，如果市场下跌，他们得到100澳元加上每下跌10%得到5澳元。你可以计算一下我们是否能够这样做吗？布鲁斯"

问题

1. 布鲁斯提议的是什么期权？这些期权的价值是多少？权益连结存款和熊市存款能为吉伯河银行带来正的NPV吗？

表21-3　1995~2014年澳大利亚的利率和股权收益率

年份	利率（%）	市场收益率（%）	股利率	年份	利率（%）	市场收益率（%）	股利率
1995	8.0	20.2	4.0	2005	5.6	21.1	3.8
1996	7.4	14.6	4.1	2006	5.9	25.0	3.8
1997	5.5	12.2	3.7	2007	6.6	18.0	4.3
1998	5.0	11.6	3.6	2008	7.3	-40.4	6.8
1999	4.9	19.3	3.3	2009	3.2	39.6	5.3
2000	5.9	5.0	3.3	2010	4.3	3.3	4.2
2001	5.2	10.1	3.3	2011	4.8	-11.4	4.4
2002	4.6	-8.1	3.5	2012	3.7	18.8	5.1
2003	4.8	15.9	4.2	2013	2.8	19.7	4.5
2004	5.4	27.6	3.7	2014	0.6	5.0	4.5

第22章 实 物 期 权

用贴现现金流（DCF）对项目估值的时候，你隐含假设公司被动地拥有这个项目。也就是说，你忽略了项目所附加的实物期权——老练的经理们可以利用的期权。你可以说，DCF没有反映管理的价值。持有实物期权的经理并不被动，他们能够决定将好运气资本化，或者减少损失。项目结果不确定时，进行这样决策的机会显然增加价值。

第10章介绍了四种主要类型的实物期权：

- 投资项目成功时的扩张期权；
- 投资前的等待（和学习）期权；
- 收缩或放弃一个项目的期权；
- 改变产品组合或公司生产方法的期权。

第10章给出了几个简单实物期权的例子。我们还说明了如何利用决策树来确定可能的未来结果和决策。但是，我们没有说明如何评估实物期权的价值。这是本章的任务。我们应用在第21章所学的概念和估值原理。

本章的大部分内容都是简单的数字例子，实物期权估值的艺术和科学，用简单的计算和复杂的计算同样可以解释得很清楚。而我们还要描述几个更现实的例子，包括：

- 计算机行业的战略投资；
- 开发商业地产的期权；
- 运营或封存一艘油轮的决策；
- 飞机购买期权；
- 药物研发投资。

这些例子说明了实践中财务经理如何评估实物期权价值。我们还将说明经理如何创造实物期权，通过增加公司投资和运营的灵活性来增加价值。

开始时我们必须提出一个警告。说明公司会遇到的未来可能结果通常需要很强的判断力。因此，实物期权估值不要指望精确性。经常地，管理者并不是尽力要给实物期权一个数字，而是依赖他们的经验来决定是否值得投资额外的灵活性。因此，他们可能说："我们不知道漱口水喷枪是否会流行，但是现在额外多花200 000美元使得未来多一条额外的生产线可能是合理的。"

22.1 后续投资机会的价值

现在是1982年，你是闪电计算机公司CFO的助理。闪电计算机公司是一家成熟的计算机制造商，正觊觎快速发展的个人计算机市场，渴望从中分得一杯羹。你正在帮助

CFO 评估闪电马克 I 微型计算机项目。

马克 I 项目的预测现金流和 NPV 如表 22-1 所示。遗憾的是，马克 I 项目达不到公司通常的 20% 的门槛利率，NPV 为 -46 百万美元，这与高管认为闪电公司应该参与个人计算机市场的强烈直觉严重不符。

表 22-1 马克 I 微型计算机的现金流和财务分析总结

(单位：百万美元)

	年份					
	1982	1983	1984	1985	1986	1987
税后经营现金流（1）		+110	+159	+295	+185	0
资本投资（2）	450	0	0	0	0	0
营运资本增加（3）	0	50	100	100	-125	-125
净现金流（1）-（2）-（3）	-450	+60	+59	+195	+310	+125
在 20% 的贴现率下 NPV = -46.45，即大约 46 百万美元						

CFO 召集你来讨论这个项目。

"从财务的角度看，马克 I 项目不可行，"CFO 说，"而我们为了战略原因必须要做，我建议我们继续。"

"但是，你漏掉了非常重要的财务优势，老板。"你回答说。

"不要叫我'老板'。什么财务优势？"

"如果我们不启动马克 I 项目，将来等苹果、IBM 和其他公司地位牢固的时候，再进入微型计算机市场成本可能会非常高。如果我们继续，我们有机会进行高盈利的后续投资。马克 I 不仅带来现金流，还有一份未来继续进行马克 II 的认购期权。认购期权是战略价值的真正来源。"

"因此它是战略价值的另一个名字。这没有告诉你马克 II 价值多少，马克 II 可能是个很好的投资，也可能是个糟糕的投资——我们还没有线索。"

"就是这样认购期权才非常有价值，"你敏锐地指出，"认购期权使我们在马克 II 有价值时才投资，而在糟糕的时候放弃。"

"那么它价值多少？"

"很难精确地说，我已经快速估算过，投资马克 II 的期权价值远远能够抵消马克 I 的 46 百万美元的负 NPV。（计算如表 22-2 所示。）如果投资的期权价值 55 百万美元，马克 I 的总价值为它自己的 NPV -46 百万美元，加上它附加期权的价值 55 百万美元，共 9 百万美元。"

表 22-2 投资马克 II 微型计算机的期权的估值

假设
1. 投资马克 II 的决策必须发生在三年后，即 1985 年
2. 马克 II 投资规模是马克 I 的两倍（注意行业的预期快速增长率），投资要求 9 亿美元（行权价格），这是固定的
3. 马克 II 的预期现金流入也是马克 I 的两倍，1985 年的现值为 8.07 亿美元，1982 年的现值为 8.07/$(1.2)^3$ = 4.67 亿美元
4. 马克 II 未来现金流的价值高度不确定，这一价值是在股价的年标准差为 35% 的情况下计算出来的（很多高科技股票的标准差在 35% 以上）
5. 年利率为 10%
解释
投资马克 II 的机会是价值 4.67 亿美元的资产的三年期认购期权，行权价格为 9 亿美元

(续)

估值
PV(行权价格) $= \dfrac{900}{(1.1)^3} = 676$
认购期权 $= [N(d_1) \times P] - [N(d_2) \times PV(EX)]$
$d_1 = \log[P/PV(EX)]/\sigma\sqrt{t} + \sigma\sqrt{t}/2 = \log[0.691]/0.606 + 0.606/2 = -0.3072$
$d_2 = d_1 - \sigma\sqrt{t} = -0.3072 - 0.606 = -0.9134$
$N(d_1) = 0.3793, N(d_2) = 0.1805$
认购期权 $= [0.3793 \times 467] - [0.1805 \times 676] = 55.1$(百万美元)

"你高估了马克Ⅱ的价值,"CFO粗暴地说,"投资三年后才发生,很容易乐观。"

"不,不,"你耐心地回答,"预期马克Ⅱ并不比马克Ⅰ更盈利,只是规模是两倍,因此贴现现金流也是两倍那么糟糕。我预测它的NPV大约为负1亿美元。但是,马克Ⅱ有可能非常有价值。认购期权使闪电公司可以利用价值上升的机会赚钱,这个机会的价值为55百万美元。"

"当然,55百万美元只是个试算,可它说明后续投资机会可能有怎样的价值,特别是不确定性高、产品市场快速增长的时候。另外,马克Ⅱ将给我们带来马克Ⅲ的认购期权,而马克Ⅲ将带来马克Ⅳ的认购期权,等等。我的计算没有考虑之后的认购期权。"

"我想我开始理解一点儿公司战略了,"CFO嘟囔着。

22.1.1 关于闪电公司马克Ⅱ的问答

问题:我知道如何利用布莱克—斯科尔斯公式对可交易认购期权估值,但是这种情况似乎更困难。股票价格应该用什么?我看不到任何可交易股票。

回答:对可交易认购期权,你能够看到期权标的资产的价值,而这里,期权是购买非交易实物资产——马克Ⅱ。我们无法观察到马克Ⅱ的价值,只能计算出来。

马克Ⅱ的预测现金流如表22-3所示,1985年,项目涉及的初始投资是9亿美元。从下一年开始产生现金流入,在1985年的现值是8.07亿美元,等价于1982年的4.67亿美元。因此,投资马克Ⅱ的实物期权是标的资产价值4.67亿美元的三年期认购期权,行权价格为9亿美元。

表22-3 1982年预测的马克Ⅱ微型计算机项目的现金流

(单位:百万美元)

	年份						
	1982	1985	1986	1987	1988	1989	1990
税后经营现金流			+220	+318	+590	+370	0
营运资本增加			100	200	200	−250	−250
净现金流			+120	+118	+390	+620	+250
20%贴现率下的现值	+467	←	+807				
10%贴现率下的投资的现值	676	←	900				
	(1982年的现值)						
1985年预测的NPV		−93					

注意,实物期权分析不能代替DCF,一般情况下需要DCF来评估标的资产的价值。

问题:表22-2采用的年标准差为35%,这一数字来自哪里?

回答：我们推荐你查找可比股票，即商业风险与该投资机会相似的可交易股票。⊖ 对马克 II 来说，理想的可比股票是个人计算机行业的成长性股票，或者也许是更广泛的高科技成长股的样本。利用可比公司的股票收益率的平均标准差作为基准，来判断投资机会的风险。⊜

问题：表 22-3 用 20% 来贴现马克 II 的现金流。我理解，这个贴现率很高，是因为马克 II 的风险高。但是，为什么 9 亿美元的投资用无风险利率 10% 来贴现？表 22-3 显示，投资在 1982 年的现值为 6.76 亿美元。

回答：布莱克—斯科尔斯假设行权价格是确定的固定值，我们想遵循这个基本公式。如果行权价格不确定，你可以采用稍微复杂一些的估值方法。⊜

问题：但如果必须在 1982 年决定，一次性的，是否投资马克 II，那么我将不会投资，对吗？

回答：对。承诺投资马克 II 的 NPV 是负的：

NPV(1982) = PV(现金流入) − PV(投资) = (467 − 676) 百万美元 = −2.09(亿美元)

投资马克 II 的期权处于 "价外"，因为马克 II 的价值远低于需要的投资额。但是，期权本身价值 55 百万美元，是个非常有价值的期权，因为马克 II 是个有风险的项目，有很大的升值潜力。图 22-1 是 1985 年的可能的现值的概率分布。预测的预期结果（均值或平均值）是 807 百万美元，⑲ 但实际价值可能超过 20 亿美元。

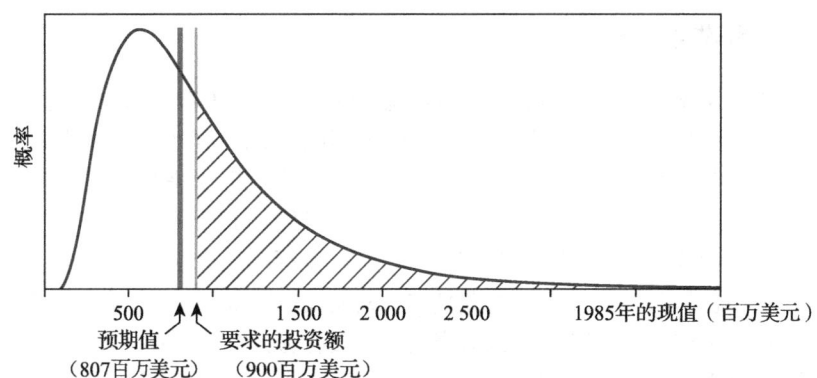

图 22-1 这一分布说明了 1985 年马克 II 项目可能的现值的范围。预期值大约是 800 百万美元，低于所需要的 900 百万美元的投资。投资期权在大于 900 百万美元的阴影部分有收益

问题：它也可能远远低于 807 百万美元，比如 500 百万美元或更低吗？

回答：下降的部分是不相关的，因为闪电公司只有在马克 II 价值高于 900 百万美元的时候才会投资，对低于 900 百万美元的所有价值，期权净收益为零。

⊖ 你也可以利用我们在第 10 章中描述的情景分析。给出 "最好" 和 "最坏" 情景下的可能的未来价值，然后找出在期权有效期内产生这样的范围的年标准差。对马克 II 来说，这个范围是从 3 亿美元到 20 亿美元，覆盖了 90% 的可能结果。这个范围显示在图 22-1 中，与 35% 的年标准差是一致的。

⊜ 确定要将标准差 "去杠杆"，从而消除负债融资带来的波动性。第 17 章和第 19 章讨论了贝塔的去杠杆化过程。同样的原理也适用于标准差：你要的是可比公司的所有负债和股权的资产组合的标准差。

⊜ 如果要求的投资额不确定，你实际上就拥有将一项风险资产（行权价格的将来值）转换成另一项资产（马克 II 的现金流的将来值）的期权，见 W. Margrable, "The Value of an Option to Exchange One Asset for Another," *Journal of Finance* 33（March 1978），pp. 177-186。

⑲ 我们按照对数正态分布来画马克 II 的将来值，这与布莱克—斯科尔斯公式的假设是一致的。对数正态分布是向右偏的，因此平均结果高于最有可能的结果，最有可能的结果是概率分布的最高点。

在 DCF 分析中，你贴现的是平均结果（807 百万美元），它是下降和上升的平均值，是好结果和坏结果的平均值。而认购期权的价值只取决于上升的部分，你可以看到用 DCF 评估未来投资的期权的危险之处。

问题：决策准则是什么？

回答：调整净现值。马克 I 最好情况下的 NPV 是 -46 百万美元，而接受马克 I 产生了马克 II 的扩展期权，这个扩张期权的价值为 55 百万美元，因此，

$$APV = -46 + 55 = +9(百万美元)$$

当然，我们没有算上其他后续投资机会。如果马克 I 和马克 II 成功了，还有投资马克 III 甚至马克 IV 等的期权。

22.1.2 其他扩张期权

你可能会想到很多其他情况，公司现在投资创造了在未来扩张的机会。矿业公司获得一座矿山，现在不值得开采，如果矿石价格上升将非常赚钱。如果一条高速公司建成，房地产开发商可能投资不能再耕种的农地，将其变成购物中心。制药公司获得专利权，使它有权利而不是义务来销售一种新药。在每种情况下，公司都获得了扩张的实物期权。

22.2 时间选择期权

项目具有正 NPV 的事实并不意味着现在就投资。可能等等看市场如何变化会更好。

假设你正在考虑开设一家生产麦芽味鲱鱼的公司，这个机会要么现在把握住，要么就永远失去了。这种情况下，你拥有一份马上就到期的工厂未来现金流现值的认购期权，如果现值超过工厂成本，认购期权的收益就是项目的 NPV。但如果 NPV 是负值，认购期权的价值等于零，因为这种情况下公司不会进行投资。

现在，假设能够延迟建设工厂，你仍拥有认购期权，但面临权衡。如果前景高度不确定，等一下看麦芽味鲱鱼市场是繁荣或者衰退还是很有诱惑力的。另一方面，如果项目确实盈利，越早得到项目的现金流越好。如果现金流足够高，你就想马上行使期权。

投资项目的现金流与股票的股利的作用是相同的。股票不支付股利时，美式认购期权继续存在总是比立刻行权更有价值，不应该提前行权。而在期权到期前支付股利降低除息价格，降低期权到期时的可能收益。考虑极端的情况：如果公司在一次丰厚的股利分配中将所有的资产都支付出去，股票价格一定为零，期权价值也为零。因此，任何价内期权都会在这次清算股利支付前行权。

股利不一定总会带来提前行权，但是如果股利足够高，认购期权持有者刚好在除息日前行权，就可以获得股利。我们看到管理者就是这样做的：项目的预测现金流足够高时，立刻进行投资，经理们就可以获得这些现金流。但是，预测现金流低的时候，即使项目的 NPV 为正，经理们也会继续持有认购期权，而不是投资。⊖这解释了为什么经理们不愿意承诺投资 NPV 为正的项目。只要等待期权有效，价值足够大，这种谨慎就是理性的。

⊖ 我们对项目预测现金流有些模糊不清，如果竞争者进入，抢走了你本来可以得到的现金流，含义还是清楚的，但是，比如像开发油井这样的决策呢？这里，延迟并不浪费地下的石油，只是推迟生产和相关的现金流。等待的成本是生产的销售收入在现在的现值的下降。如果生产所产生的现金流的现值的增长比投资本成本低，现值就下降。

22.2.1 麦芽味鲱鱼期权的估值

图22-2是麦芽味鲱鱼项目可能的现金流和年末价值。如果你承诺投资180百万美元，得到的项目价值是200百万美元。如果第一年的需求低迷，现金流只有16百万美元，项目的价值将下降到160百万美元，而如果第一年需求旺盛，现金流为25百万美元，项目价值将上升到250百万美元。项目将一直持续下去，我们假设投资延迟不能超过第一年末，因此只给出了第一年的现金流和年末的可能价值。注意，如果你立即投资该项目，你将获得第一年的现金流（16百万美元或25百万美元），如果延迟，你将失去这一现金流，但是也会有更多的关于项目未来状况的信息。

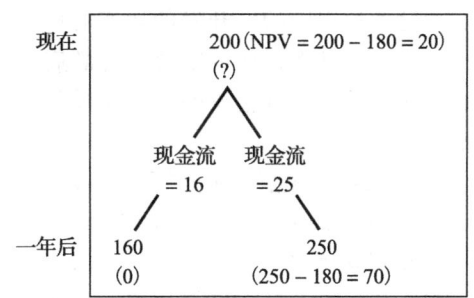

图22-2 括号外数字是麦芽味鲱鱼项目的可能现金流和年末价值（百万美元）。项目的成本为180百万美元，现在和之后都是如此。括号中数字是项目在第一年NPV为正时，等待和以后投资的期权的收益。等待意味着损失第一年的现金流。问题是确定期权现在的价值

我们可以利用二项式方法来评估该期权的价值。第一步是假设投资者风险中性，在风险中性世界中计算需求高和低的概率。如果第一年需求高，麦芽味鲱鱼工厂的现金流为25百万美元，年末价值为250百万美元，总的收益率为（25 + 250）/200 − 1 = 0.375，即37.5%。如果需求低迷，工厂的现金流为16百万美元，年末价值为160百万美元，总收益率为（16 + 160）/200 − 1 = − 0.12，即 − 12%。在风险中性世界中，预期收益率等于利率，我们假设为5%：

预期收益率 =（需求旺盛的概率）× 37.5 +（1 − 需求旺盛的概率）×（− 12）= 5%

因此，需求旺盛的风险中性概率是34.3%，这就是产生无风险收益率5%的概率。

我们想评估行权价格为180百万美元的麦芽味鲱鱼项目的认购期权的价值。按通常的做法，从最后开始向前计算。图22-2中最后一行是这只期权在年末的价值，如果项目价值为160百万美元，投资的期权就没有价值。如果项目价值为250百万美元，期权价值为250 − 180 = 70百万美元。

为了计算期权现在的价值，我们在风险中性的世界中算出预期收益，然后用5%的利率来贴现。这样，投资麦芽味鲱鱼工厂的期权的价值为：

$$\frac{(0.343 \times 70) + (0.657 \times 0)}{1.05} = 22.9(百万美元)$$

而这就是我们需要识别出立刻行权机会的地方。如果期权继续有效，其价值为22.9百万美元，如果现在行权，价值为项目的NPV(200 − 180 = 20百万美元)。因此，我们决定等待，如果明年需求旺盛就投资。

当然，我们简化了麦芽味鲱鱼项目的计算，你不会找到很多实际投资时机问题，使用一步二叉树就可以解决。但是，这个例子说明一个有重要现实意义的观点：NPV为正不足以成为投资的理由，可能等等看更好。

22.2.2 房地产开发的最佳时机

有时候，长时间等待是值得的，即使是NPV为正且金额很大的时候。假设你在郊区

拥有一小块空地。⊖ 这块地可以用于建设酒店或写字楼，但不能两者都建。酒店可以改造为写字楼，或者写字楼改造为酒店，但改造成本很高。因此你不愿意投资，即使两项投资的NPV都为正。

这种情况下，你有两份投资期权，但只能行使一份。因此，通过等待你了解到两件事情。首先，你可以了解开发的一般现金流水平，例如，通过观察这块地周围的已开发的地产的价值的变化。其次，你可以更新对酒店或写字楼的未来现金流的相对规模的估计值。

图22-3是最后决定建写字楼或酒店的条件。横轴是酒店产生的现金流，纵轴是写字楼产生的现金流。为简单起见，我们假设每项投资在现金流为100时NPV等于零。因此，如果你被迫现在投资，你将选择现金流更高的项目，假设现金流大于100。（如果两个项目的现金流相同，例如150，而不得不现在投资呢？你可以掷硬币。）

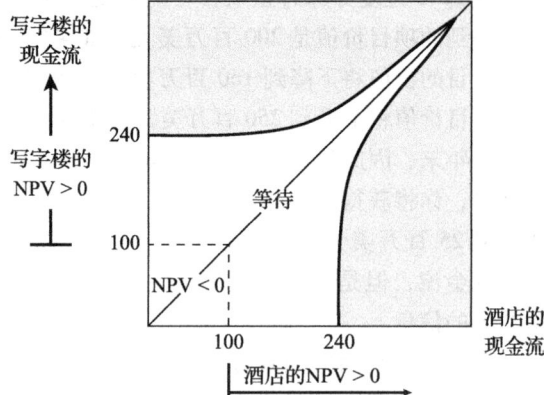

图22-3 空地的开发期权，假设有两种互斥用途，酒店或写字楼。除非酒店或写字楼的现金流落在阴影部分之一，否则开发商应该"等等看"

资料来源：根据 P. D. Childs, T. J. Riddiough, and A. J. Triantis, "Mixed Uses and the Redevelopment Option," *Real Estate Economics* 24 (Fall 1996), pp. 317-339 中的图1改编而来。经John Willey and Sons出版社的允许使用。

如果两个项目的现金流落在图22-3中右下方的阴影区域，你就建酒店。酒店的现金流落在这个区域，就超过了两个标准。首先，超过了最低水平240。其次，一定超过写字楼项目的现金流足够高的金额。如果这个情况颠倒过来，写字楼项目的现金流高于最低水平240，并且也超过酒店现金流足够高的金额，就建写字楼。这种情况下，现金流落在图中左上方的阴影区域。

注意，"等等看"区域是如何沿着图22-3中的45度线向上延伸的。酒店和写字楼的现金流几乎相同时，在选择哪个项目上变得非常谨慎。

你可能会对图22-3中的现金流多高时投资是合理的感到奇怪。有三个原因。第一，建写字楼就意味着不建酒店，相反情况也是如此。第二，图22-3背后的计算假设现金流很小，但是是增长的，因此等待投资的成本很小。第三，计算没有考虑有人会在周围建竞争性的酒店或写字楼，这种情况下，图22-3中"放松和等待"的区域将迅速缩小。

22.3 放弃期权

扩张价值很重要。投资成功时，越快越容易进行业务扩张越好。但是，投资不成功时，现金流远低于预期，这时拥有放弃项目并收回项目的工厂、设备和其他资产的价值的期权很有用。放弃期权等于于认沽期权。如果从项目的资产中收回的价值超过项目再继续至少一个时期的现值，就行使放弃期权。

⊖ 下面的例子基于：P. D. Riddiough, and A. J. Triantis, "Mixed Uses and the Redevelopment Option," *Real Estate Economics* 24 (Fall 1996), pp. 317-339.

22.3.1 永续榨汁机的坏消息

我们在第19章引入了永续榨汁机的例子,来说明加权平均资本成本(WACC)的应用。项目的成本是 1 250 万美元,每年产生的预期永续现金流为 112.5 万美元。WACC = 0.09,项目的现值 PV = 112.5/0.09 = 1 250 万美元,减去 1 250 万美元的投资额,NPV = 0。

几年以后,榨汁机项目不成功,预期现金流仍然是永续的,现在每年只有大约 450 000 美元。榨汁机现在价值 450 000/0.09 = 500 万美元,这个坏消息是项目的终结吗?

假设现在放弃榨汁机项目,出售设备和地产可以回收 550 万美元,放弃项目合理吗?放弃马上获得的收益率当然是 550 - 500 = 50 万美元。但是,如果你等一下以后再放弃呢?这种情况下,你拥有一份不必立即行权的放弃期权。

我们可以将放弃期权作为认沽期权来估值。为简单起见,假设认沽期权只持续一年(现在放弃或第一年放弃),榨汁机项目的年标准差为 30%,无风险利率为 4%。我们用布莱克—斯科尔斯公式和认沽—认购期权平价关系来对一年期放弃期权进行估值。资产价值为 500 万美元,行权价格为 550 万美元。(如需复习布莱克—斯科尔斯公式的应用,见表22-2。)

认购期权价值 = 0.480 百万美元或 480 000 美元(利用布莱克—斯科尔斯公式得到)

认沽期权价值 = 认购期权价值 + PV(行权价格) - 资产价值(认沽—认购期权平价关系)
= 0.480 + (5.5/1.04) - 5.0 = 0.768(百万美元),即 768 000 美元

因此,你决定现在不放弃。如果项目继续,包括放弃期权的价值为 500 + 76.8 = 576.8 万美元,如果立刻放弃价值只有 550 万美元。

继续保留该项目不是出于对榨汁机的固执或忠诚,而是因为现金流有机会恢复。如果榨汁机项目继续令人失望,放弃期权仍然可以对下行风险进行保护。

当然,我们进行了简化假设。例如,在等待放弃的过程中,榨汁机的回收价值可能会下降。因此,也许我们所用的行权价格太高了。另一方面,我们考虑的只是一个一年期的欧式认沽期权,实际上你拥有的是一个到期时间很长的美式期权。有效期很长的美式认沽期权的价值远远超过一年期认沽期权,因为你可以在第二年、第三年或以后你希望的时候放弃。

22.3.2 放弃价值和项目寿命

项目的经济寿命的预测与现金流的预测同样困难。而资本投资项目的 NPV 通常假设经济寿命是固定的。例如,在第6章中我们假设鸟肥项目的运营时间是七年。实物期权技术使我们可以放松项目寿命固定的假设。以下是步骤:[⊖]

1. 预测项目的预期经济寿命之后的现金流。例如,你可以预测鸟肥的生产和销售到第15年。

2. 评估包括放弃期权价值在内的项目的价值,允许而不是要求在第15年之前放弃。实际放弃的时间由项目的业绩决定。在最好的情境下,项目寿命为15年,将鸟肥项目尽可能地延长是合理的。在最差的情境下,项目的寿命将短于七年。在中间的情境下,实际现金流与最初的预期一致,第七年左右将放弃该项目。

⊖ 见 S. C. Myers and S. Majd, "Abandonment Value and Project Life," in *Advances in Futures and Options Research*, ed. F. J. Fabozzi (Greenwich, CT: JAI Press, 1990)。

这一步骤将项目寿命与项目的业绩联系在一起，没有武断地强迫项目结束，除了在遥远的未来。

22.3.3 暂时放弃

公司常常面临复杂的期权，使它们可以暂时放弃一个项目，就是说封存一个项目，直到条件改善。假设你拥有一艘油轮，在短期现货市场中运营。（也就是说，你按照航程开始时的市场短期运费费率，进行一次次的航程包租。）油轮每年需要 5 000 万美元来运营，按照目前的油轮费用，每年产生 5 250 万美元的经营收入，因此油轮虽然可以盈利，但还不值得庆祝。现在油轮费率下降了 10%，使得经营收入下降到 4 750 万美元。你会立即解雇船员、封存油轮直到运费回升吗？如果油轮的运营可以像水龙头那样开和关，答案显然是肯定的。但是，这是不现实的。封存油轮会发生固定成本，你不想下个月费率回升到之前的水平就后悔发生了这个成本。封存的成本越高，运费费率水平波动越剧烈，在就此罢休、船只封存之前你准备承担的损失越大。

假设你最后决定退出市场，你暂时封存油轮。⊖ 两年以后，你的信念得到了回报，运费费率上升，运营油轮的收入超过运营成本 5 000 万美元。你会立即恢复开工吗？如果恢复开工有成本你就不会。等到项目确定有利可图，你可以相当自信，不会后悔使油轮恢复运营所产生的成本时，才这样做会更合理。

这些选择如图 22-4 所示，灰色的线反映了一艘运营的油轮的价值随运费费率变化的情况，黑色的线是油轮封存后的价值。⊖ 值得封存的运费费率是 M 点，值得恢复运营的运费费率是 R 点。封存和恢复的成本越高，油轮运费费率波动越剧烈，这两个点之间的距离越大。你可以看到，当封存的油轮的价值一达到正在运营的油轮价值加上封存成本时，封存是有利的，当在现货市场上运营的油轮的价值刚达到封存的油轮价值加上恢复运营的成本时，恢复运营是有利的。如果费率降到 M 点以下，油轮的价值由黑线给出，费率在 R 以上，油轮的价值由灰色线给出。如果费率在 M 和 R 之间，油轮的价值取决于油轮是在封存还是运营。

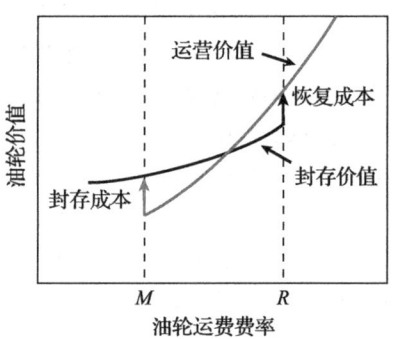

图 22-4 如果运费费率下降到 M 点，应该封存油轮，封存的油轮价值高于运营油轮价值的部分足以弥补封存成本。运费费率达到 R 点时，恢复油轮运营

22.4 弹性生产和采购

弹性生产意味着为应对需求或价格的变化，改变生产投入和产出的能力。以燃气轮机发电厂为例，燃气轮机发电是为了应对短期用电高峰而设计的。燃气轮机无法达到煤

⊖ 我们假设封存油轮是合理的，如果费率下降足够多，将油轮报废是值得的。

⊖ 迪克西特和平迪克估计了一艘中等大小的油轮的这些临界值，说明它们如何受到运营成本和费率的影响。见 A. K. Dixit and R. S. Pindyck, *Investment under Uncertainty* (Princeton, NJ: Princeton University Press, 1994)，第 7 章。布伦南和施瓦茨给出了一个矿业投资的分析，也包括了一个暂时关闭的期权，见 M. Brennan and E. Schwartz, "Evaluating Natural Resource Investments," *Journal of Business* 58 (April 1985), pp. 135-157.

电或核电的热效率，但是燃气轮机可以在很短的时间内开启或关闭。而煤电和核电只有长期在基本负荷下运行才有效率。

运营燃气轮机发电的利润取决于点火差价（spark spread），即电价与作为燃料的天然气成本之间的差价。就平均点火差价来看，燃气轮机发电是亏损的，但是差价是变化的，需求旺盛而电力紧张时，差价会达到很高的水平。因此，燃气轮机具有一系列认购期权，点火差价最高的时候，可以每天（甚至每小时）行权。认购期权一般是价外期权（燃气轮机仅在5%的时间里运行），但在高峰价格下所赚的钱使燃气轮机还是值得投资的。⊖

点火差价的波动取决于电价和作为燃料的天然气的价格之间的相关性。如果相关系数是1.0，电价和天然气价格变动完全一致，点火差价很少偏离平均值，运行燃气轮机的期权将没有价值。而实际上，相关系数小于1.0，因此期权有价值。另外，有些燃气轮机的设置还带来另一个期权，因为它们除了天然气还可以用汽油做燃料。⊖

图22-5中的上图是英国2013年1月～2015年1月电价的直方图。价格每半个小时定一次，因此画出了大约35 000个价格。价格按照每兆瓦时多少英镑（£/MWH）报价。注意直方图明显偏向右边。尽管平均价格只有53英镑/MWH，电力需求到高峰时，价格超过100英镑/MWH的情况经常会出现。最高价格为429英镑/MWH。图22-5上图中很少看到偶尔出现的高价格，而下图只画出来了高于60英镑/MWH的价格。

假设你在英国有一家燃气轮机发电厂，只有在价格高于60英镑/MWH的情况下才会盈利。当然，如果价格高于60英镑/MWH你就行使运营的期权，否则就让电厂闲置。运营的收益等于电价减去60英镑。尽管电厂接近四分之三的时间是闲置的，但在发电的时候还是会得到平均超过17英镑/MWH的利润。可能的收益画在图22-5中的下图中，收益线刚好与行权价格为60英镑的认购期权的收益图形相匹配。唯一的区别是你的电厂每年有大约17 500份期权，每半个小时就有一份期权。

图22-5的收益线假设电厂的营运成本固定为60英镑，只有在天然气成本固定时才是精确的，否则营运期权的收益取决于点火差价。天然气的成本通常由电厂和燃气供应商的合同锁定。但是如果天然气成本波动足够大，你就需要按照点火差价来重新画图22-5，而不是电价。点火差价为正的时候才营运。

在这个例子中，产出（电力）相同，期权价值来自产出变化的能力。在其他情况下，期权价值来自利用同样的生产设施转换生产不同产品的灵活性。例如，纺织厂斥巨资投资计算机控制的编织机，从而随着需求和时尚的变化，可以转换产品或设计。

采购的灵活性也有期权价值。例如，计算机制造商计划明年的产出，必须也计划大量购买零部件，例如硬盘驱动和微处理器。它应该跟零部件供应商现在就达成交易吗？这锁定数量、价格和交货日期。但是，这也会放弃灵活性，例如，明年更换供应商或者如果明年价格更低时以"现货"价格购买的能力。

例如，惠普过去常常为海外市场定制打印机，然后运输打印机产成品。如果不能正确预测需求，结果就是为德国市场设计的打印机太多，而为法国市场设计的太少。公司

⊖ 这里我们指的是简单的燃气轮机，就是巨大的燃气轮机连接上发电机。合成型的燃气轮机增加了蒸汽发电机，可以利用燃气轮机释放的蒸汽来发更多的电。合成型的比简单的燃气轮机效率高很多。

⊖ 工业蒸汽和加热系统也能够设计成可以根据燃料的相对成本转换不同的燃料。见N. Kulatilaka, "The Value of Flexibility: The Case of a Dual-Fuel Industrial Steam Boiler," *Financial Management* 22 (Autumn 1993), pp. 271-280。

的解决方法是运输只是部分装配好的打印机,然后收到确定的订单后再进行定制。这一变化虽然使制造成本提高,而这些成本足以被增加的灵活性所补偿。实际上,惠普获得了一个延迟打印机配置成本的有价值的期权。⊖

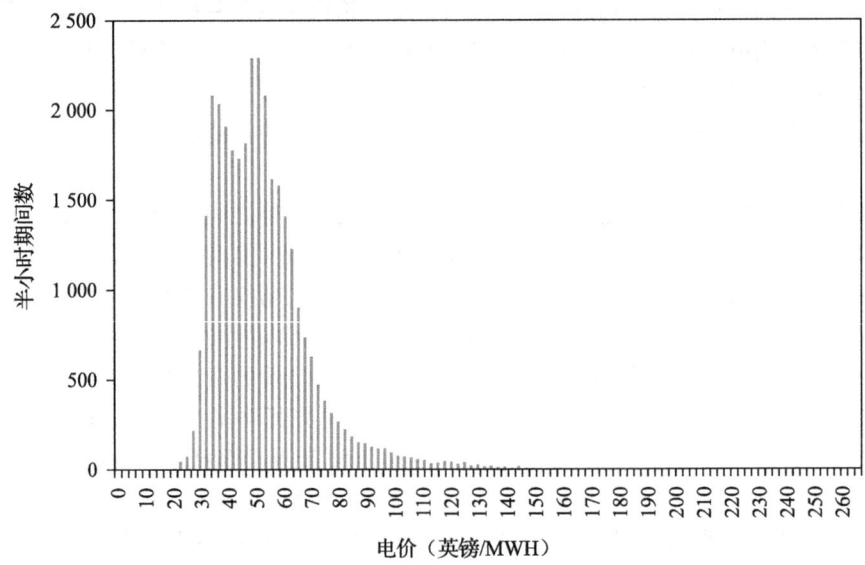

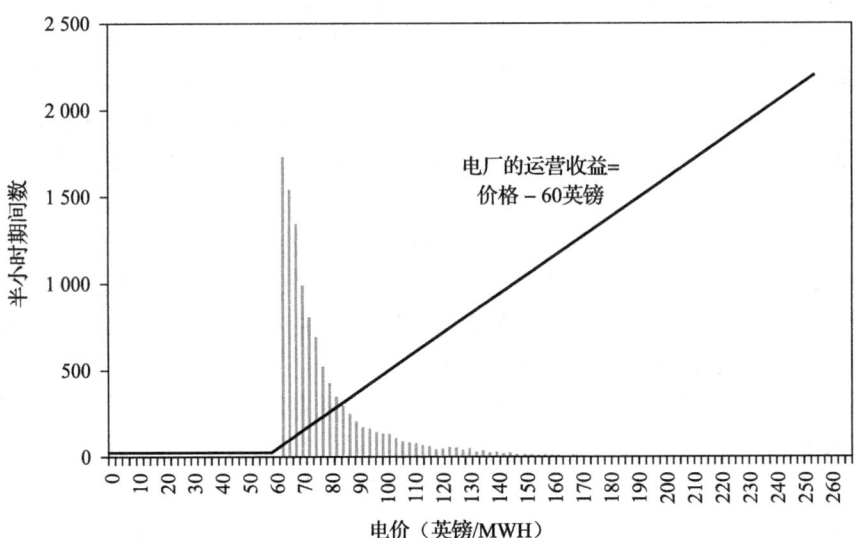

图 22-5　在英国,电价每隔半个小时设定一次。上图是 2013 年 1 月 ~ 2015 年 1 月的电价(英镑/MWH)直方图。注意,直方图是如何向右偏的。电价超过 100 英镑/MWH 的次数很多,超过 300 英镑/MWH 的次数不多(图中无法显示)。下图是电厂的收益,成本为 60 英镑/MWH,电厂的运营者拥有一个生产期权,行权价格为 60 英镑/MWH

飞机购买期权

我们的最后一个例子是航空公司在为未来的使用订购新飞机时所遇到的问题。对这

⊖ 关于惠普决策的描述,见 P. Coy, "Exploiting Uncertainty," *Business Week*, June 7 1999, pp. 118-222。

一行业来说，订购和交付使用的时间间隔长达几年。交付时间长意味着现在订购的飞机将来可能不再需要。你可以理解为什么航空公司会协商飞机购买期权。

在10.4节，我们用飞机购买期权举例说明了扩张期权。我们所说的是事实，但不是全部的事实。我们再来看一下。假设航空公司预测四年后需要一架新的空中客车A320，⊖它至少有三个选择：

- 现在承诺。公司可以现在承诺购买飞机，换取空中客车给予锁定价格和交付日期。
- 获得期权。公司可以从空中客车获得一个购买期权，公司以后决定是否购买。购买期权如果行权的话，锁定价格和交付日期。
- 等待以后决定。如果将来任何时候航空公司想买飞机，空中客车会高兴再出售一架A320。但是，航空公司可能不得不支付更高的价格，等待交付的时间也更长，特别是在航空市场火爆、飞机订货量很大的时候。

图22-6中上半部分给出了典型的空中客车A320飞机的购买期权。期权必须在第三年飞机最后开始装配的时候行权。期权将第四年的购买价格和交付日期固定下来。图的下半部分是"等待以后决定"的结果。我们假设在第三年决定，如果决定是"购买"，航空公司支付第三年时的价格，加入到第五年或以后等待交付的队伍中来。

	第0年	第三年	第四年	第五年或以后
买入期权	航空公司和制造商共同决定价格和交付日期	行权（是或否）	如果行权，飞机交付	
等待	等待以后决定	现在购买？如果是，协商价格，等待交付		如果第三年购买的话，飞机交付

图22-6 飞机购买期权，如果在第三年行权，保证在第四年以固定价格交付。没有期权，航空公司仍可以在第三年订购飞机，但价格不确定，等价交付的时间也更长

资料来源：根据 J. Stonier, "What Is an Aircraft Purchase Option Worth? Quantifying Asset Flexibility Created through Manufacturer Lead-Time Reductions and Product Commonality," *Handbook of Airline Finance*, ed. G. F. Butler and M. R. Keller 中的图17-17改编。

"等待以后决定"的收益不会比飞机购买期权的收益更好，因为航空公司愿意的话，可以放弃期权，重新与空中客车进行协商。在大多数情况下，航空公司有期权比没有期权未来会更好，至少可以保证在生产线上有自己的一席之地，还可以锁定有利的购买价格。但是，与等等看策略相比，这些优势现在价值多少呢？

图22-7以空中客车为例说明这个问题的答案。假设三年期购买期权，行权价格为A320价格4 500万美元。购买期权的现值不仅取决于以该价格购买A320的NPV，还取决于如果航空公司没有购买期权而决定在第三年下订单的预期等待交付的时间。在第三年等待的时间越长，现在拥有期权的价值越高。（记住，购买期权拥有A320生产线的一席之地，保证在第四年交付使用。）

⊖ 下面的例子基于 J. E. Stonier, "What Is an Aircraft Purchase Option Worth? Quantifying Asset Flexibility Created through Manufacture Lead-Time Reductions and Product Commonality," in *Handbook of Airline Finance*, ed. G. E. Butler and M. R. Keller, ©1999 Aviation Week Books.

如果现在购买 A320 的 NPV 非常高（图 22-7 中右边），未来的 NPV 也可能非常高，航空公司不管有没有购买期权都想购买飞机。在这种情况下，购买期权价值主要来自保证第四年交付使用的价值。[一]如果 NPV 非常低，那么期权价值比价低，因为航空公司不可能会行权。（现在的低 NPV 可能意味着第三年的 NPV 也低。）NPV 在零附近时，与等待以后决策的策略相比，购买期权价值最高。这种情况下，如果未来 NPV 高于预期水平，航空公司会行权，得到好的购买价格和比较早的交付；如果 NPV 令人失望，航空公司就可以不理会这个期权。当然，如果航空公司不理会期权，它仍然可以跟空中客车协商，要求以低于行权价格交付。

我们已经了解了空中客车购买期权的估值模型的很多技术细节，而这个例子举例说明了实物期权模型是如何设立和应用的。顺便说一下，空中客车不只提供这种普通的购买期权，还提供"滚动期权"，锁定价格，但不保证占有生产线中的一席之地。（行使滚动期权意味着航空公司排到等待交付队伍的最后。）空中客车还提供一种购买期权，这个期权包含了将交付使用的 A320 换成更小型的 A319 的权利。

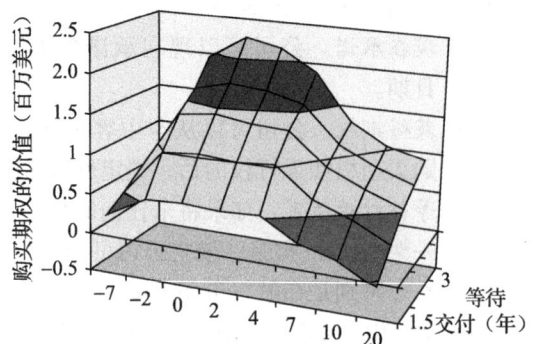

NPV（百万美元）=当前PV-购买价格

图 22-7　飞机购买期权的价值——相对于等待以后再进行可能的协商，期权额外的价值（见图 22-6）。现在购买飞机的 NPV 大约为零并且预测等待交付使用的时间比较长的时候，购买期权价值最高

资料来源：根据 J. Stonier, "What Is an Aircraft Purchase Option Worth? Quantifying Asset Flexibility Created through Manufacturer Lead-Time Reductions and Product Commonality," *Handbook of Airline Finance*, ed. G. F. Butler and M. R. Keller 中的图 17-20 改编。

22.5　药品研发的投资

研发投资实际上是实物期权投资。你的研发工程师发明了一种更好的捕鼠器，他们就给了你一个生产销售的期权。改进的新捕鼠器可能是工程意义的成功和商业意义的失败。只有在预期现金流现值大于要求的投资额时你才会投资生产和销售这种更好的捕鼠器。

制药行业进行巨额的研发投资来开发生产和销售新药的期权。我们在例 10-2 和图 10-7 中用简化的决策树描述了药品研发。回顾一下这个例子和图，之后看图 22-8，我们将这个决策树重新描绘为实物期权。

图 22-8 中的备选药物需要马上投资 1 800 万美元，这项投资购买了一个实物期权，在第二年投资 1.3 亿美元，支付第三阶段测试和投放市场前阶段所发生的成本。当然，只有第二阶段测试成功的情况下这个实物期权才会存在。失败的概率是 56%，因此评估出这个实物期权的价值后，还要乘以 44% 的成功的概率。

[一]　空中客车实物期权模型假设未来需求旺盛时，A320 价格将升高，但不会超过上限。这样，如果未来的需求和 NPV 都非常高，等待以后决定的航空公司仍拥有 NPV 为正的投资机会。图 22-7 画的是购买期权和这个等待看机会的价值差异，NPV 高，特别是预期等待时间比较短的时候，这个价值差异会缩小。

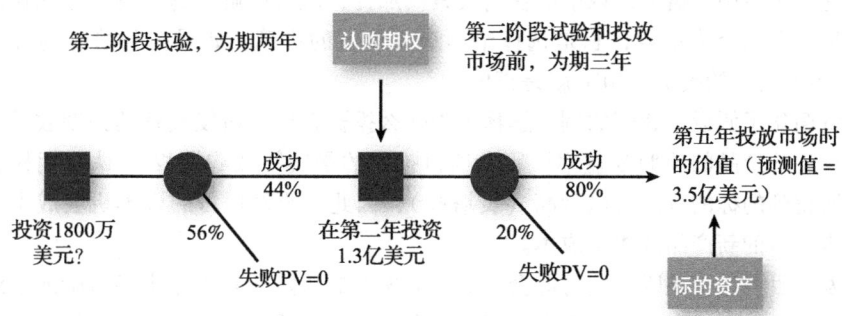

图 22-8 图 10-7 的决策树改为实物期权。如果第二阶段测试成功,公司就有一个投资 1.3 亿美元的实物期权。如果期权行权,公司有 80% 的概率发布经过批准的药品。药品的现值是这个认购期权的标的资产,预测在第五年药品的现值为 3.5 亿美元

这个实物期权的行权价格为 1.3 亿美元,标的资产是药物的现值,假设该药物成功地通过了第二阶段的测试。图 10-7 预测药品在第五年推向市场时的现值为 3.5 亿美元。我们将这个数字乘以 0.8,因为是否行权的决策发生在第二年,在公司知道第三阶段和投放市场前阶段成败之前。然后我们必须将这一价值贴现回第 0 年,因为布莱克—斯科尔斯公式需要标的资产在期权估值时的价值。资本成本是 9.6%,因此现在的现值为:

第 0 年的现值,假设第二阶段测试成功 $= 0.8 \times 3.5 / (1.096)^5 = 1.77$(亿美元)

要评估这个实物期权的价值,我们需要无风险利率(假设为 4%)和药品推出后的价值的波动性(假设为 20%),有了这些输入,布莱克—斯科尔斯公式计算出来,价值 1.77 亿美元的资产行权价格为 1.3 亿美元的两年期期权的价值为 5 840 万美元。(如果需要复习如何使用布莱克—斯科尔斯公式,请参考表 22-2。)

药品通过第二阶段测试的概率为 44%,因此公司必须比较 1 800 万美元的初始投资和 44% 的可能性得到价值 5 840 万美元的期权,第 0 年药品的 NPV 为:

$$NPV = -1\,800 + (0.44 \times 5\,840) = 770 (万美元)$$

这个 NPV 低于图 10-7 计算出来的 1 900 万美元的 NPV。⊖尽管如此,这一研发项目仍旧"可行"。

当然,图 22-8 假设在第二阶段开始到产品推出只有一个决策点和只有一个实物期权。在实践中,可能有其他的决策点,包括第三阶段之后、投放市场前的投资之前的"继续/不继续"决策。这种情况下,第二阶段结束时第一个期权的收益等于那时第二个期权的价值。这是复合认购期权(compound call)的例子。

对于连续的两个期权,你可以在期权定价手册中查阅复合认购期权的定价公式,或者为研发项目构造二叉树。假设你选择二叉树方法,一旦建立了二叉树,利用标的资产

⊖ 注意,布莱克—斯科尔斯公式将 1.3 亿美元的行权价格作为固定金额,计算其现值时用无风险利率贴现。在第 10 章,我们假设研发投资的风险与药品推出后的现金流风险相同,用公司整体资本成本 9.6% 来对投资进行贴现,使现值减小而整体 NPV 增大了。这就是布莱克—斯科尔斯公式给出的 NPV 比我们第 10 章计算出来的数值低的一个原因。当然,1.3 亿美元只是一个估计,因此用无风险利率来贴现可能不正确。当然,你可以改变估值方法,从布莱克—斯科尔斯公式变为对行权价格不确定的转换期权的估值公式(见第 45 页脚注⊜)。另一方面,研发投资大概接近固定成本,因为它不承担药品推出后的经营现金流的风险。这种情况下,适合用比较低的利率来贴现研发投资,甚至在决策树分析中也是如此。

价值变化的风险中性概率，像解决任何决策树那样，就可以解决这个树。你从树的最后向前倒推，在每个决策点，总是选择给出最大价值的决策。如果树开始时的现值高于1 800万美元的初始投资，NPV 就是正值。

尽管简化了假设，我们的例子解释了为什么投资者要求研发投资的预期收益率高于研发所产生的产品的预期收益率。研发项目投资的是实物认购期权。⊖认购期权总是比行权时所得到的标的资产的风险高（贝塔高），因此，研发项目的资本机会成本高于产品成功推出后的新产品的机会成本。⊜

研发项目有风险还因为它可能会失败，而失败的风险通常不是市场风险或宏观经济风险。药品的贝塔或资本成本不取决于药品在第二阶段或第三阶段失败的概率。如果药品失败，是因为医学或临床问题，不是因为市场低迷。我们将未来的结果乘以成功的概率，是考虑医学或临床风险，不是对贴现率增加一个修正因素。

22.6 实物期权估值

本章给出了几个重要的实物期权的例子。每个例子中，我们利用了第 21 章给出的期权定价方法，将实物期权当作可交易的认购期权或认沽期权。对实物期权估值时，将它们作为可交易期权对待正确吗？我们也没有涉及税的问题，无风险利率不应该是税后吗？实践中经理们对实物期权进行估值时面对的现实问题有哪些？现在我们来讨论这些问题。

22.6.1 概念问题

我们在第 21 章引入期权定价模型时曾指出，其中的关键是构造标的资产和贷款的组合，能够给出与期权完全相同的收益。如果两项投资的价格不同，就存在套利的可能。但是，大多数实物期权是不能自由交易的，这就意味着我们不能再将套利作为支持布莱克—斯科尔斯公式或二项式期权估值方法的理由。

而风险中性方法对实物期权有实践意义。风险中性方法实际上只是第 9 章介绍的确定性等值方法的应用。⊜到目前为止风险中性方法一直隐含的关键假设是，公司的股东可以获得的资产与公司正在评估的资本投资具有同样的风险特征（例如，同样的贝塔）。

将每个实物投资机会看作拥有一个"对应"投资——风险相同的证券或资产组合。这个对应投资的预期收益率也是这个实物投资的资本成本和投资项目 DCF 估值的贴现率。现在，投资者愿意为基于这个项目的实物期权付多少钱？与这个对应投资为标的资产的风险一致的可交易期权的价值相同。这个可交易期权不必存在，只要知道投资者如何用套利或风险中性方法对它估值就够了。当然，这两个方法给出同样的答案。

我们用风险中性方法对实物期权进行估值时，我们计算期权的价值就好像它可以交易。这与标准的资本预算正好相同。股东会一致同意接受如果交易的话市场价值超过成

⊖ 你还可以将这个研发例子的价值看作（1）假定临床试验成功，进行所有未来投资的现值，加上（2）放弃认沽期权的价值，如果临床试验成功但推向市场后的现金流的现值足够低，该放弃期权将行权。由于认沽—认购期权平价关系，NPV 是一致的。
⊜ 布莱克—斯科尔斯公式用无风险利率贴现确定性等值收益，没有揭示出研发项目的高资本成本。
⊜ 用风险中性概率将未来现金流转化为确定性等值，然后用无风险利率将其贴现为现值。

本的任何资本投资，只要他们能够购买与项目风险特征相同的交易证券。这个关键假设支持我们利用 DCF 估值方法，也支持我们利用实物期权估值方法。

22.6.2 税收问题

到目前为止，本章基本忽略税收，这只是为了简化。在评估实物期权价值时，必须对税收做出解释。以表 22-2 中的马克Ⅱ微型计算机为例。马克Ⅱ的 8.07 亿美元的预测 PV 应该用该产品产生的税后现金流来计算。9 亿美元的要求投资额也应该税后来计算。⊖

在风险中性方法中使用的无风险贴现率呢？也应该是税后的。第 19 章附录阐述了无风险现金流的正确贴现率是税后利率，请回头再看一下。这里也适用同样的逻辑，因为风险中性方法中的项目现金流像无风险现金流一样被估值。

回忆一下，实物认购期权的价值可以看作在标的资产上的头寸减去一笔贷款。这样，认购期权就像对部分由所借资金提供融资的标的资产的索取权。这笔负债没有出现在公司的资产负债表上，但确实存在。这笔隐含的负债是必须用税后利率来估值的等价债务。⊖

这种隐含的负债创造了表外财务杠杆，所产生的财务风险是实物认购期权价值波动高于标的资产的原因。（如果两者都在金融市场中交易，实物期权的贝塔高于标的资产的贝塔。）

在第 18 章中，我们指出，高盈利的成长性公司大多使用股权融资，如谷歌和亚马逊。这些公司的实物增长期权是一种解释。期权包含了隐含的负债。如果成长型公司的 CFO 认识到这种隐含负债，或者至少认识到期权带来的额外财务风险，他们应该减少普通的负债来补偿。期权杠杆因此替代普通的财务杠杆。这种替代意味着，如果你忘记了计算表内和表外的负债，成长型公司的杠杆看起来比实际上要低。

22.6.3 现实挑战

实物期权分析的应用挑战不是概念上的，而是实务上的，也并不总是很容易。我们可以解释一下其中的部分原因。

首先，实物期权可能比较复杂，其估值需要很多分析和计算能力。你是否想投入精力是一个商业判断问题。有时候，现在的近似答案比以后的"完美"答案更有用，特别是如果完美的答案来自其他管理者视为黑箱的复杂模型。简单点儿说，实物期权分析的一个好处是相对容易解释。复杂的决策树可以被描述成一个或两个简单认购或认沽期权的收益。

第二个问题是结构的缺乏。为量化实物期权的价值，你需要明确其可能的收益，这取决于标的资产价值的可能的范围、行权价格、行权时间等。本章中，我们给出了结构清晰的例子，从中很容易看出可能结果的路线图。例如，药品研发投资的结构非常清晰，因为所有的新药在得到美国食品和药品管理局的批准时都经历同样的临床试验。结果是不确定的，但是路线图很清楚。在其他情况下，你可能没有路线图。例如，读这本

⊖ 资本投资一般不是立即可以减税的支出，但会产生折旧税盾。这些税盾在计算税后经营现金流时会考虑。如果没有考虑，你应该从税前资本投资中减去这些税盾的现值，将投资转化为净税后支出。

⊖ 期权负债的利息也是隐含的，因此不能减税。实物期权的贴现率一定是税后利率的证明，见 S. C. Myers and J. A. Read, Jr.,"Real Options, Taxes and Leverage," NBER Working Paper 18148, June 2012.

书能够提升你在财务管理领域工作的个人认购期权,而我们怀疑你会发现很难写出这一期权的二叉树,用来描述这如何改变你的整个未来职业生涯。

你的竞争对手拥有实物期权时,第三个问题会产生。在产品标准化的行业中,单个竞争对手无法影响需求和价格,不会出现这个问题。但是,当你面对几个竞争对手,它们都拥有实物期权,那么,这些期权会相互影响。如果是这样,你不能只对自己的期权进行估值而不考虑竞争对手的行动。你的竞争对手也将以同样的方式考虑问题。

对竞争相互作用的分析将使我们进入经济学的其他分支,包括博弈论。但是,你会看到假设竞争对手被动是个危险的假设。考虑时间选择期权。简单的实物期权分析常常告诉你要在进入新市场前等待和学习。要小心的是,你的竞争对手已经先行动了,你就不用等待和学习了。⊖

有这些障碍,你能理解为什么实物期权的系统定量估值大多限于本章例子这样的结构清晰的问题。然而,实物期权的量化启发得到了广泛的认可。实物期权是财务经理对资本投资进行战略计划和思考的理论框架。如果你能够识别和理解实物期权,你将更老练地应用 DCF 分析,具备更好的有效投资公司资金的能力。

理解实物期权也会使你受益,你能够创造实物期权,通过增加公司投资和经营的灵活性来增加公司价值。例如,设计和建造一系列模块化的工厂,每个工厂每年有 50 000 吨镁合金产能,比建造一座巨大的年产能 150 000 吨的工厂要好。工厂规模越大,因为规模经济可能效率更高,但是工厂规模小一些,你就保留了根据需求逐步扩张的灵活性,和需求增长不尽如人意时延迟投资的灵活性。

有时候,有价值的期权可以在投资的初始阶段通过"过度建设"而得到。例如,石油生产平台一般建有多余的甲板面积,这会减少将来增加设备的成本。从平台到海岸的海底石油管道的直径和输油能力经常比平台产量所需要的要大。如果附近发现了更多的石油,就可以低成本地获得额外的输油能力。建设更大直径输油管道增加的成本大大低于以后再建设一条管道的成本。

本章总结

第 21 章你学习了期权估值的基本知识。本章我们描述了四种重要的实物期权:

1. 进行后续投资的期权。接受 NPV 为负的项目时,公司常常引证"战略"价值。仔细考察项目的收益,发现除了项目立即产生的现金流,还有后续的认购期权。现在的投资会带来明天的机会。

2. 在投资前等待的期权。这等价于拥有投资项目的认购期权。公司进行投资,认购期权行权。但是,不立刻行使认购期权,保持认购期权、有效延迟 NPV 为正的项目常常更好。不确定性很高,立即投资产生的项目现金流(等待使之损失或延迟)很小的时候,延迟非常有价值。

3. 放弃期权。放弃项目的选择权对项目失败提供了部分保险,这是个认沽期权,行权价格是出售或转变为更有价值用途时的项目资产价值。

4. 改变公司的产品或生产方法的期权。公司常常在生产设备中嵌入灵活性,因此它

⊖ 当然,先行进入新市场并不总是最优策略。有时候,后发者成功。对实物期权和产品市场竞争的调查,见 H. Smit and L. Trigeorgis, *Strategic Investment*, *Real Options and Games* (Princeton NJ: Princeton University Press, 2004)。

们能够用最便宜的原材料或生产最有价值的产品。这种情况下，他们有效地获得了将一种资产转换成另一种资产的期权。

这里，我们应该给出一个有益的警告：实践中遇到的实物期权常常很复杂。每个实物期权都有自己的问题和权衡考虑。而我们在本章和前面章节中学到的工具在实践中都可以应用。布莱克—斯科尔斯公式常常用于评估一次性的扩张和放弃期权。对更复杂的期权，有时候求助于二叉树方法更容易。

二叉树是决策树的近亲。你从二叉树的未来收益向前倒推计算出现值。需要进行未来决策时，你利用期权定价理论找出价值最大化的选择，然后将结果的价值记录在决策树的适当节点上。

不要直接得出结论：实物期权估值模型可以替代贴现现金流（DCF）。第一，DCF对无风险现金流是有效的，对"现金牛"资产也有效，就是其价值主要取决于预测现金流而不是实物期权的资产。第二，大部分实物期权分析的起点是标的资产的现值，为了对标的资产估值，你一般需要利用DCF。

实物期权很少是可交易资产。我们评估实物期权的价值时，估计期权的价值就像它可以交易一样。这是公司金融的标准方法，与DCF估值所采取的方法相同。关键假设是股东能够投资与公司所评估的实物投资风险特征相同的可交易证券或资产组合。如果能够这样做，他们会一致同意任何实物投资，只要该投资可以交易的话，其市场价值超过所需要的投资额。这个关键假设既支持DCF方法的应用，也支持实物期权估值方法的应用。

本章中所给出的几个实物期权例子中，没有专门讨论税收问题。请记住，来自实物期权的所有现金流都应该按照税后来预测。风险中性方法中的贴现率也应该是税后利率。

扩展阅读

第10章中的"扩展阅读"列出了几篇实物期权的介绍性文章。2005年和2007年春季的 *Journal of Applied Corporate Finance* 包含更多的文章。

2006年春季刊还包含两篇进一步的文章：

R. L. McDonald, "The Role of Real Options in Capital Budgeting: Theory and Practice," *Journal of Applied Corporate Finance* 18 (Spring 2006), pp. 28-39.

M. Amram, F. Li, and C. A. Perkins, "How Kimberly-Clark Uses Real Options," *Journal of Applied Corporate Finance* 18 (Spring 2006), pp. 40-47.

实物期权的标准教科书包括：

M. Amram and N. Kulatilaka, *Real Options: Managing Strategic Investments in an Uncertain World* (Boston: Harvard Business School Press, 1999).

T. Copeland and V. Antikarov, *Real Options: A Practitioner's Guide* (New York: Texere, 2001).

A. K. Dixit and R. S. Pindyck, *Investment under Uncertainty* (Princeton, NJ: Princeton University Press, 1994).

H. Smit and L. Trigeorgis, *Strategic Investment, Real Options and Games* (Princeton, NJ: Princeton University Press, 2004).

L. Trigeorgis, *Real Options* (Cambridge, MA: MIT Press, 1996).

梅森和默顿回顾了期权在公司金融中的应用：

S. P. Mason and R. C. Merton, "The Role of Contingent Claims Analysis in Corporate Finance," in E. I. Altman and M. G. Subrahmanyam (eds.), *Recent Advances in Corporate Finance* (Homewood, IL: Richard D. Irwin, Inc., 1985).

布伦南和施瓦茨解决了在自然资源投资中的有趣应用：

练习题

基础题

1. **扩张期权** 再看一下表22-2中的投资马克Ⅱ项目的期权,考虑以下每个输入的变化。输入的变化增加还是减少扩张期权的价值?
   a. 不确定性增加(更高的标准差);
   b. 1985年对马克Ⅱ的预测更乐观(更高的预期值);
   c. 1985年所要求的投资额增加。

2. **放弃期权** 一家初创企业正搬入第一个办公室,需要桌子、椅子、文件柜和其他办公用品。公司可以花25 000美元购买或每月1 500美元租用。公司创始人当然对他们的新公司很自信,但他们仍选择租用。为什么?期权是什么?

3. **放弃期权** 回到表6.2和表6.6,我们假设IM&C鸟肥工厂的经济寿命为七年。这个假设有什么问题?你如何进行更彻底的分析?

4. **时间选择期权** 你拥有一小块空地,你可以现在开发,或者等待。
   a. 等待的好处是什么?
   b. 你为什么决定立即进行开发?

5. **经营期权** 燃气轮机是效率最低的发电方式,热效率大大低于煤电和核电。为什么燃气轮机电站存在?期权是什么?

6. **实物期权** 为什么在实践中实物期权的定量估值常常很困难?简要列出原因。

7. **实物期权** 判断正误:
   a. 实物期权分析有时告诉公司,为了确保未来的投资机会要进行NPV为负的投资。
   b. 投资项目立即产生大额现金流时,利用期权定价公式来评估投资期权的价值很危险。
   c. 二叉树可以用来评估获得或放弃一项资产的期权的价值。二叉树中使用风险中性概率是可以的,甚至在资产贝塔大于等于1.0的时候。
   d. 即使期权不能交易,也可以使用布莱克—斯科尔斯公式或二叉树来评估期权价值。
   e. 实物期权估值有时说明,投资一个大工厂比投资一系列小工厂更好。

8. **实物期权** 机警的财务经理会创造实物期权。给出三到四个可能的例子。

进阶题

9. **实物期权** 用期权语言描述下面每种情况:
   a. 在北阿尔伯达未开采重油矿的开采权。石油的开发和生产的NPV为负。(假设盈亏平衡的油价为每桶90加元,而现在现货价格为80加元。)但是,可以延迟五年再做开发决定。开发成本预期每年增加5%。
   b. 一家餐馆,每年扣除成本后的净现金流为700 000美元。现金流没有上升或下降的趋势,只是像随机漫步一样波动,标准差为15%。餐馆所用的地产是它的资产,而不是租用的,如果出售价格为500万美元。忽略税收。
   c. 问题(b)的变化:假设餐馆的固定成本为每年300 000美元,只要餐馆经营就会发生。这样,

   净现金流 = 扣除可变成本后的营业收入 − 固定成本

   700 000 = 1 000 000 − 300 000

   扣除可变成本后的营业收入的预测误差的年标准差为10.5%。利率为10%。忽略税收。
   d. 造纸厂可以在需求低迷的时候关闭,在需求回升到足够的程度时重新开工。关闭和重新开张的成本是固定的。
   e. 房地产开发商利用一小块郊区的土地作为停车场,尽管在这块地上建酒店

或公寓楼是NPV为正的投资。

　　f. 法航协商购买10架波音787飞机。法航必须在2018年确认订单，否则波音公司可以把飞机出售给其他航空公司。

10. **扩张期权**　再看一下表22-2，如果：

　　a. 马克Ⅱ所需要的投资额为8亿美元（相对于9亿美元）；

　　b. 1982年马克Ⅱ的现值为5亿美元（相对于4.67亿美元）；

　　c. 马克Ⅱ现值的标准差只有20%（相对于35%）。

　　1982年投资马克Ⅱ的期权的价值如何变化？

11. **延迟期权**　再看一下22.2节中的麦芽味鲱鱼期权。公司的分析师如何估计项目的现值？他们假设需求低的概率大约为45%，然后估计出预期收益为（0.45×176）+（0.55×275）=230。用15%的公司资本成本贴现得到项目的现值230/1.15=200。

　　a. 如果需求低的概率是55%，现值如何变化？如果项目的资本成本高于公司资本成本，比如是20%，现值如何变化？

　　b. 现在，估计假设的这些变化对延迟期权价值的影响。

12. **期权估值**　你拥有一年期购买一英亩⊖洛杉矶的土地的认购期权，行权价格为200万美元。这块土地当前的评估的市场价值为170万美元，现在用作停车场，产生的现金足以支付地产税。年标准差为15%，利率为12%。这份认购期权的价值是多少？利用布莱克—斯科尔斯公式。你发现第21章中用来计算布莱克—斯科尔斯期权价值的电子表格很有帮助。

13. **期权估值**　问题12的变形：假设土地用作仓库，扣除房地产税和其他成本之后，产生150 000美元的租金。土地和仓库的现值仍为170万美元。其他情况与问题12相同。现在你拥有一个欧式认购期权，其价值是多少？

14. **放弃期权**　再次考察22.3节中的永续榨汁机的例子。构建一个敏感性分析，说明放弃认沽期权的价值如何随项目的标准差和行权价格而变化。

15. **研发**　对图22-8描述的药品研发项目的价值，构造敏感性分析。对项目的NPV最关键的输入假设是什么？检查一下评估第二年投资的实物期权的价值时的输入。

16. **二项式估值**　你有一个以25亿美元购买陆路铁路公司所有资产的期权。期权在九个月后到期。你估计陆路铁路公司目前（第0个月）的现值为27亿美元。公司每个季度末（即每三个月的最后）的税后自由现金流（FCF）为5 000万美元。如果你在季度初行权，该季度的现金流就属于你。如果你不行权，现金流将属于公司现在的股东。

在每个季度，陆路铁路公司的现值要么升高10%，要么下降9.09%。这里的现值包括每季度的FCF为5 000万美元。支付了5 000万美元后，现值下降5 000万美元。因此，第一个季度的二叉树如下：

第0个月（现在）　　　第三个月（季度末）
　　　　　　　　　支付前的PV-FCF=季度末PV
　　　　　　　　　2 970-50=2 920百万美元
　　　　　　　　　　　　（+10%）
PV=2 700
百万美元
　　　　　　　　　2 455-50=2 405百万美元
　　　　　　　　　　　　（-9.09%）

每个季度的无风险利率为2%。

　　a. 构造陆路铁路公司的二叉树，每三个月发生一次上升或下降的变化（有效期九个月的期权有三步）；

　　b. 假设你只能现在或九个月后行权（不能在第三个月或第六个月行权）。你现在会行权吗？

⊖　1英亩≈4 046.86平方米。

c. 假设你可以现在、第三、第六或第九个月行权，期权现在价值多少？你应该现在行权吗？或者现在应该等待？

17. **放弃期权** 10.4节中，我们考虑新型汪克尔引擎舷外发动机的两种生产技术。A技术效率最高，但如果项目失败没有残值。B技术效率差一些，但可以有1 700万美元的残值。

   图10-6显示，如果采用A技术，项目第一年的现值为2 400万或1 600万美元。假设这些收益在第0年的现值为1 800万美元。

   a. 采用B技术，第一年的收益为2 250万或1 500万美元，这些收益在第0年的现值是多少？（提示：采用B技术的收益是采用A技术的收益的93.75%。）

   b. 第一年放弃B技术，得到残值1 700万美元，还得到150万美元的现金流，总计为1 850万美元。假设无风险利率为7%，计算放弃期权的价值。

18. **实物期权** 对以下评论发表观点。

   a. "评估灵活性的价值，你不需要期权理论，只要利用决策树就可以。用公司资本成本来贴现决策树中的现金流。"

   b. "这些期权定价方法太疯狂了。它们说风险资产的实物期权比安全资产的期权更有价值。"

   c. "有了实物期权估值方法，就不再需要投资项目的DCF估值。"

19. **期权估值** 乔希·垦丁只读了本书第10章的一部分，决定这样来对实物期权进行估值：（1）构造决策树，预测未来的现金流和概率；（2）决定在决策树上的每个点如何做；（3）用公司资本成本来贴现所得到的预期现金流。这个过程能够给出正确的答案吗？为什么？

20. **期权估值** 在二叉树中，每条树枝上所产生的预期收益率等于无风险利率，从而得到风险中性概率。对于以下论述："获得资产的期权的价值随着无风险利率与该资产的加权平均资本成本的利差的增加而增加"，你的看法是什么？

21. **认沽—认购期权平价关系和实物期权** 重做图22-8的例子，假设实物期权是认沽期权，如果第2年商业前景不好，公司就可以放弃该药品的研发。利用认沽—认购期权平价关系。第0年药品的NPV应该还是+770万美元。

挑战题

22. **复杂实物期权** 假设你想在36个月后生产涡轮增加的encubulator，因此需要一个新工厂。如果选择A设计，必须立即开始建设新工厂。B设计的成本更高，在开工建设前还要等12个月。图22-9显示了这两个设计36个月累计的建设成本的现值。假设这两种设计的工厂，一旦建成，有同样的效率和产能。

   标准的DCF分析将A设计排在B设计前面。但是，假设对涡轮增加的encubulator的需求下降，不再需要新工厂，如图22-9所示，项目在第24个月之前放弃，B设计对公司更好。

   将这个状况描述成两个（复杂）认股期权的选择。然后，再用（复杂）放弃期权描述这个状况。给定最优行权策略，这两种描述应该隐含一致的收益。

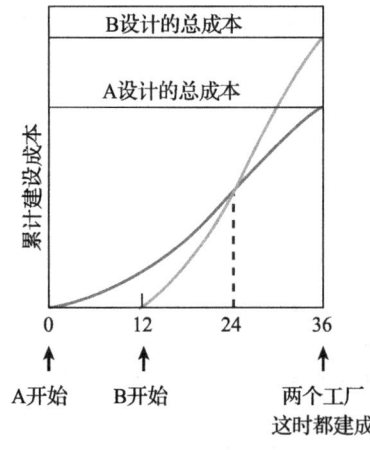

图22-9 两种工厂设计的累计建设成本。A工厂需要36个月建设。B工厂只需要24个月，但成本更高

23. **期权和成长性** 在第4章中，我们将股票价值表示为：

$$P_0 = \frac{\text{EPS}_1}{r} + \text{PVGO}$$

其中，EPS_1 是已有资产产生的每股收益，r 是投资者要求的预期收益率，PVGO 是增长机会的现值。PVGO 实际是扩张期权的资产组合。⊖

a. PVGO 增加对股票收益率标准差或贝塔有何影响？
b. 假设利用 CAPM 来计算成长型（高 PVGO）的资本成本。假设公司全股权融资。这个资本成本是公司扩张工厂和设备或引入新产品的投资的正确门槛利率吗？

⊖ 如果你对这个挑战性问题感兴趣，查阅 Eduardo Schwartz 和 Mark Moon 的两篇文章，他们利用实物期权理论对网络公司进行估值："Rational Valuation of Internet Companies," *Financial Analysts Journal* 56（May/June 2000），pp. 62-65 和 "Rational Pricing of Internet Companies Revisited," *The Financial Review* 36（November 2001），pp. 7-25。

第七部分 PART7

债务融资

第 23 章 信用风险和公司负债的价值

最早涉及债券估值是在第 3 章，在这一章中，我们解释了即期利率和到期收益率的含义，讨论了长期债券和短期债券的利率为什么会不同、为什么长期债券的价值受利率变动的影响更大。我们考察了名义利率和实际利率（通胀调整的利率）的不同，了解了利率对通胀预期的反应。

第 3 章的原理对政府债券和公司债券都适用，但政府债券和公司债券也存在本质区别。政府借钱，你非常相信负债会按时足额偿还，而公司负债则不是。例如，看图 23-1 中，金融危机之后的 2009 年，公司债务的违约金额达到了创纪录的 3 300 亿美元。债券持有者明白可能无法拿回资金的危险，因此要求更高的收益率。

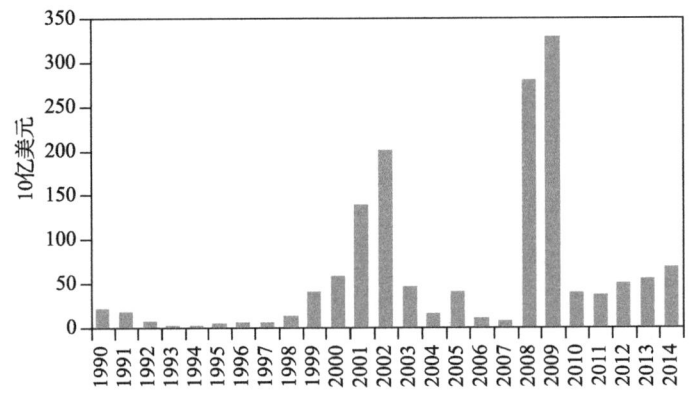

图 23-1　1990～2014 年全球违约债权的面值（单位：10 亿美元）

资料来源：Moody's Investor Service, "Annual Default Study: Corporate Default and Recovery Rate, 1920-2014".

本章从考察收益率与违约可能性的关系开始回顾公司债券，然后在 23.2 节更仔细地考察公司违约的决策。我们说明违约是一份期权，如果继续经营下去变得非常困难，公司有权利选择中止负债，将公司交给债权人。我们知道哪些因素决定期权价值，也就知道哪些基本变量一定是公司债券估值要考虑的。

下一步是考察债券评级，以及银行和债券投资者用来估计借款人不能偿还债券的概率的一些技术。随着公司前景变糟，债券投资者越来越担心风险，这反映为更低的债券价格。因此，在最后一节中，我们描述了财务经理用来度量公司债券投资损失的风险的一些方法。

23.1　公司负债的收益率

2009 年，凯撒娱乐公司发行了 37 亿美元的第二留置权债券，2018 年到期。⊖2014 年

⊖ 在发行的时候，凯撒娱乐公司的名字是哈拉运营公司。

下半年，该债权的价格只有面值的25%，到期收益率接近70%。天真的投资者把这个数字与国债0.03%的收益率进行比较，可能认为凯撒债券是很好的投资。但是，只有在公司全额偿还债券时，投资者才能够获得70%的收益率，在2014年，这越来越令人怀疑。公司仅仅在维持，它连续亏损，负债230亿美元，账面股权为负值。因为公司违约风险很高，预期收益率将大大低于70%。

像凯撒债券这样的公司债券，承诺收益率高于政府债券，但是其预期收益率一定更高吗？我们用一个简单的数字例子来回答这个问题。假设一年期无风险债券的利率为5%。巴克伍兹化学公司发行的债券利率5%，面值1 000美元，一年后到期。该债券的价格是多少？

如果债券无风险，这个问题就很简单，用5%的利率来贴现本金（1 000美元）和利息（50美元）就可以了：

$$债券的现值 = \frac{1\,000 + 50}{1.05} = 1\,000(美元)$$

但是，假如巴克伍兹违约的可能性是20%，并且违约真的发生了，债券投资者只收到债券面值的一半，即500美元。这种情况下，债券投资者可能的收益如下：

	收益（美元）	概率
不违约	1 050	0.8
违约	500	0.2

预期还款额为0.8(1 050)+0.2(500)=940美元。

像其他风险资产一样，我们对巴克伍兹债券估值时，用合适的资本机会成本对预期收益（940美元）进行贴现。如果巴克伍兹的违约完全与经济中的其他事件无关，我们就可以用无风险利率（5%）来贴现。这里违约风险是完全可分散的，债券的贝塔等于0。债券的价格为：

$$债券的现值 = \frac{940}{1.05} = 895(美元)$$

投资者以895美元的价格购买该债券，得到的承诺收益率为17.3%：

$$承诺收益率 = \frac{1\,050}{895} - 1 = 0.173$$

就是说，投资者以895美元购买该债券，如果巴克伍兹公司不违约，就得到17.3%的收益率。债券交易者说巴克伍兹债券"收益率为17.3%"。而聪明的投资者意识到债券的预期收益率只有5%，与无风险债券相同。

这里，当然的假设是这些债券的违约风险是完全可分散的，因此没有市场风险。一般来说，风险债券确实有市场风险（即贝塔为正），因为在经济萧条所有的行业都不景气时很有可能发生违约。假设投资者要求3%的风险溢价和8%的预期收益率。那么巴克伍兹债券的价格为940/1.08 = 870美元，承诺收益率为（1 050/870）-1 = 0.207，即20.7%。

收益率利差的决定因素

图23-2说明，美国公司债券的收益率利差随债券的风险而变化。穆迪评级为Aaa的债券是最高等级的债券，仅由蓝筹股公司发行。Aaa级债券的收益率平均比国债收益率高1%，Baa级债券低三个等级，与国债的收益率利差大约为2%。等级比较低的债券称为高收益债券或"垃圾"债券。垃圾债券的收益率利差差别相当大，一般

来说相对于国债的收益率利差大约为5%，而公司濒临困境时利差会非常高，正如我们在凯撒债券的例子中所看到的。

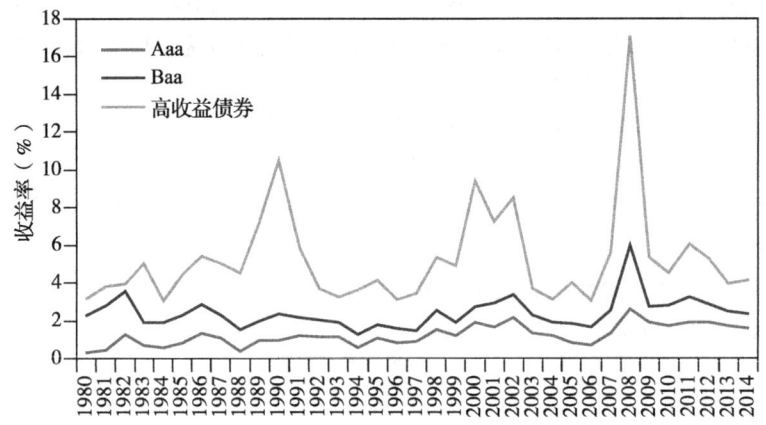

图23-2　1980~2014年公司债券与10年期国债的年末利差
资料来源：美联储 www.federalreserve.gov 和 Datastream。

记住，这些都是承诺收益率，公司并不总是履行承诺。很多高收益债券违约，而一些比较成功的公司则回赎自己的债券，使债券投资者无法继续得到高息票收入。因此，尽管垃圾债券的承诺收益率平均比国债高5%左右，但1980年以来的年收益率比国债高不到3%。

图23-2还说明，收益率利差在不同的年份差别非常大，特别是评级比较低的债券。例如，在1990~1991年、2000~2002年和2008年，利差特别高。为什么？主要的原因是，这些时期公司的利润很低，更容易违约。但是，利差波动太大了，用违约概率的变化不足以解释。似乎有时候投资者特别不愿意承担低等级债券的风险，都抢着用政府债券作为安全避难所。⊖

要准确理解收益率利差所度量的内容，比较以下两个策略：

策略一：投资1 000美元收益率为9%的浮动利率无违约风险的债券；⊜

策略二：投资1 000美元收益率为10%的可比的浮动利率公司债券，同时投保保单防止出现违约的可能性，每年的保险费率为1%，违约时债券价值的损失会得到赔偿。

两个策略的收益完全相同，对策略二来说，你的收益率高出1%，但正好被1%的保单保费抵消了。为什么保费应该等于利差？因为如果不是这样的话，一个策略就比另一个策略好，就会出现套利机会。一价定律告诉我们，两个等价的无风险投资必须具有同样的成本。

这个例子告诉我们如何解释公司债券的利差，利差等于对债券违约进行保险所需要的保费。⊜

顺便说一下，你能够对公司债券保险，可以用被称为信用违约互换（credit default

⊖ 关于风险厌恶程度的变化和债券利差，见 A. Berndt, R. Douglas, D. Duffie, M. Ferguson, and D. Schranz, "Measuring Default Risk Premium from Default Swap Rates and EDFs," BIS Working Paper NO. 173; EFA 2004 Maastricht Meeting Paper No. 5121. 文章可从 SSRN: http://ssrn.com/abstract = 556080 得到。

⊜ 浮动利率债券的利息随总体利率水平的变化而变化，因此浮动利率无违约风险的债券在息票支付日的价格接近面值。很多国家的政府发行浮动利率债券（floaters）。美国财政部不发行浮动利率债券，而有些美国政府机构会发行。

⊜ 为了举例说明，我们采用浮动利率债券的例子来阐述收益率利差与违约保险成本的等价性。而固定利率公司债券的利差实际上应该与浮动利率公司债券相同。

swap，CDS）的安排来做。如果你购买了违约互换，你承诺定期支付保费（或利差），⊖而得到的回报是，如果公司之后发生债务违约，违约互换的卖方支付给你债券的面值与市场价值的差额。例如，2011年美国航空公司违约时，公司的无担保债券的价值只有面值的23.5%，这样违约互换的卖方必须对他们所保险的每一美元美国航空的负债支付76.5美分。就美国航空的情况来说，很清楚公司发生了违约，但有些情况下违约没有这样明显，见专栏"金融实践：违约到底是什么"。

金融实践　违约到底是什么

2012年初，32亿美元希腊政府债券的持有者购买了为他们提供违约保险的信用违约互换。欧洲各国政府担心如果保险被触发，出售信用违约互换的银行将遭受重大损失。希腊政府会不违约而偿还债务吗？

政府的解决方案是要求（或者强迫）债券的私人投资者主动将他们的已有债券转换成价值大约为原有债券30%的新证券。至于这是否会触发违约互换支付的决策则是国际互换衍生品协会（ISDA）的责任。在这种情况下，ISDA安排了一个决定委员会来决定是否发生"信用事件"。一旦委员会认为发生了信用事件，就需要进行拍卖来决定违约债权的价值，支付给违约互换的所有者这个拍卖价值与债券面值的差额。

ISDA的决定委员会有15位委员，其中10位交易商委员、5位投资者委员。交易商委员必须参加决定支付额的拍卖竞标，被选中的委员很可能是持有最大头寸的交易商。投资者委员所管理的资产必须不少于10亿美元，并且CDS投资额也不少于10亿美元。这样，决定委员会的委员都不是中立的主体，这就有可能产生问题。

决定委员会开始决定，如果希腊建议的债券转换确实是自愿的，那么就可以认为是违约。但是，这个决定很快被一些事件搞乱了。希腊政府宣布，它已经使大多数私有部门债权人接受这一建议，这将触发插入债券条款和条件中的"集体行动条款"。这些条款将强迫剩下的不愿意转换的投资者接受这个交易，将原来的债券转换为新债券。在2012年3月的某一天，决定委员会正式裁定，希腊政府违约，违约互换要进行支付。

违约互换非常流行，特别是需要降低贷款风险的银行。2000年的时候违约互换几乎还不存在，而到2007年，违约互换和相关产品的名义价值迅速增长到62万亿美元，而接下来的两年又急剧下降。⊖

图23-3是在金融危机期间三家著名公司的八年期债券的保险的年度成本。注意，2009年违约互换成本急剧上升。到2009年2月底，陶氏化学公司的每100美元负债的年保险成本是5.60美元。

很多违约互换由单一险种保险公司（monoline insurers）出售，它们专门为金融市场提供服务。这些保险公司传统上集中于为相对安全的市政债券提供保险，但越来越愿意为公司债券和次级住房抵押贷款支持的很多债券提供保险。到2008年，保险公司出售了2.4万亿美元的债券保护。随着这些债券中很多出现前景恶化，投资者开始质疑保险公司是否有足够的资本来兑现其担保。

⊖ 对低等级债券的情况，当定期支付的利差不足以保护卖方避免提前违约的可能性时，违约互换的买方也会被要求提前支付一笔费用。

⊖ 国际互换交易商协会（ISDA）在 www.isda.com 发布信用衍生品的数据。

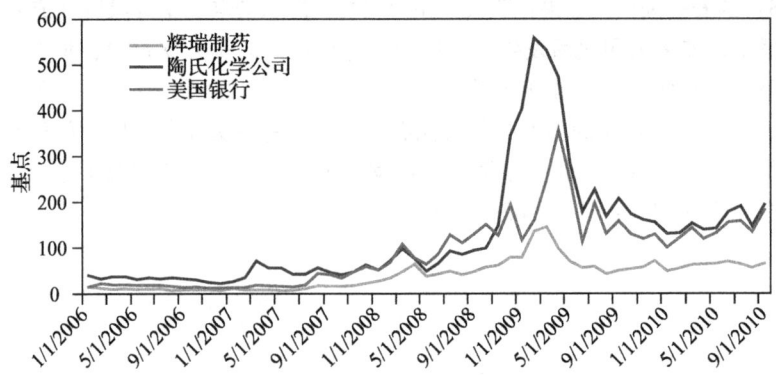

图 23-3　信用违约互换使公司债券投资者免于承担违约风险。数据说明了三家公司八年期高级债券的违约互换成本

资料来源：Datastream。

信用保护最大的提供者之一是保险巨头 AIG 的金融产品部门，该部门持有超过 4 400 亿美元的信用担保。AIG 的客户从来没有想过它无法偿付，不仅因为 AIG 是三 A 评级，而且还因为它承诺如果被保险证券价格下降或者它自身的信用评级下降，它会提供更多的抵押品。AIG 对它的策略也同样自信，其金融产品集团的负责人宣布，很难"看到在任何原因造成的情形下公司这类交易会损失一美元"。但是，2008 年 9 月，无法想到的情况发生了，信用评级机构降低了 AIG 的债务评级，它发现在接下来的 15 天内必须增加 320 亿美元的抵押品。如果 AIG 违约，从 AIG 购买 CDS 合约的所有人都会遭受合约的重大损失。为了拯救即将倒闭的 AIG，美联储介入，提供了 850 亿美元的救助。

23.2　违约期权

公司债券和可比国债的区别是，公司有违约期权而政府恐怕没有。⊖这个期权很有价值。如果你不相信我们，考虑一下，在其他条件都相同的情况下，你愿意做有限责任公司的股东还是无限责任公司的股东。你当然喜欢有还不起负债时一走了之的期权。遗憾的是，"每条银边都有乌云"，拥有违约期权的缺陷是，公司的债券持有者希望因为向你提供了这个期权而得到补偿。这就是为什么公司债券与政府债券相比，价格较低而收益率更高。

我们回到第 18 章讨论过的循环文件公司的困境，举例说明违约期权的性质。循环文件公司每股的负债为 50 美元，而当时公司状况不佳，资产的市场价值下降到每股 30 美元。公司的债券和股票的价格分别下降到 25 美元和 5 美元。公司市场价值资产负债表如下：

循环文件公司（市场价值）

资产价值	30 美元	25 美元	债券
		5 美元	股票
	30 美元	30 美元	公司价值

⊖ 但是，政府不能印其他国家的货币。因此，政府会被迫对它们的外币债务违约。例如，我们在第 3 章看到阿根廷的 950 亿美元的外币债务是如何违约的，在专栏中也看到 2012 年希腊政府的违约。偶尔会发生政府对本币债务的违约。例如，1998 年俄罗斯政府的 360 亿卢布的债务发生了违约。

如果循环文件公司的负债现在到期需要偿还，公司不能偿还原来借的 50 美元。公司会违约，留给债券投资者价值 30 美元的资产，股东什么也没有。公司股票的市场价值之所以为 5 美元，是因为债务并不是现在到期，而是一年后到期。运气好的话，公司价值增加，足以全额偿还债券持有者，还会给股东留下点什么。

当循环文件公司借款时，它获得了一个违约期权。也就是说，它并不是被迫到期偿还负债。如果资产的价值低于它所欠的 50 美元，它可以选择违约，债券持有者得到所有资产。就是说，循环文件公司借款时，债券持有者实际上得到了公司的资产，股东得到一个偿还负债将资产买回来的期权。实际上，股东购买了公司资产的认购期权。这样，循环文件公司的资产负债表可以这样表示：

循环文件公司（市场价值）

资产价值	30 美元	25 美元	债券价值 = 资产价值 − 认购期权价值
		5 美元	股票价值 = 认购期权价值
	30 美元	30 美元	公司价值 = 资产价值

图 23-4 显示了一年后债券到期时循环文件公司股东的可能收益。如果未来资产价值少于 50 美元，公司将违约，股票价值为零。如果资产价值超过 50 美元，股东将得到资产价值与支付给债券人的 50 美元的差额。图 23-4 中的收益与行权价格为 50 美元的公司资产的认购期权是一致的。

第 20 章中，我们还给出了认购期权和认沽期权的基本关系：

认购期权价值 + 行权价格的现值
= 认沽期权价值 + 股票价值

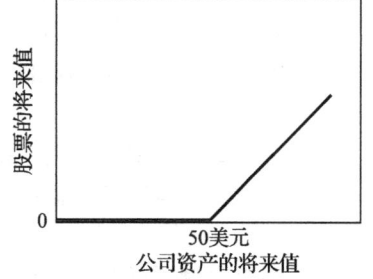

图 23-4　循环文件公司普通股的价值是行权价格为 50 美元的公司资产的认购期权的价值

将这个关系应用于循环文件公司，我们要把"股票价值"解释为"资产价值"，因为普通股是公司资产的认购期权。"行权价格的现值"是明年债权人确定收到的承诺的 50 美元的现值。因此，

认购期权价值 + 向债权人承诺还款的现值 = 认沽期权价值 + 资产价值

现在，我们可以解出循环文件公司债券的价值，它等于公司资产的价值减去股东所持有的认购期权的价值：

债券价值 = 资产价值 − 认购期权价值 = 向债权人承诺还款的现值 − 认沽期权价值

循环文件公司的债权人实际上拥有的是一只无风险债券，但同时给予股东一份以负债金额出售公司资产的认沽期权。

现在，你就理解为什么债券交易者、投资者和财务经理提到违约认沽期权（default put）。公司违约时，股东实际上在行使违约认沽期权。认沽期权的价值是有限责任的价值——股东将公司资产移交给债权人而放弃偿还公司负债的权利的价值。就循环文件公司这个例子而言，这个违约期权极其有价值，因为违约很可能发生。在另一个极端，IBM 违约期权的价值与公司的资产相比微乎其微。IBM 债券存在违约的可能，但概率非常小。期权交易者会说，对循环文件公司来说，这一认沽期权是"深度价内"期权，因为现在的资产价值（30 美元）低于行权价格（50 美元）。对 IBM 来说，该认沽期权是"价外期权"，因为 IBM 公司的资产大大超过负债。

评估公司债券价值应该有两步：

$$债券价值 = 假设不违约时的债券价值 - 资产认沽期权的价值$$

第一步很简单：假设没有违约风险，计算债券的价值。（用国债收益率来贴现承诺的利息和本金。）第二步，计算公司资产的认沽期权价值，其中认沽期权的到期时间等于债券的到期时间，行权价格为向债权人的承诺还款额。

拥有公司债券也等价于拥有公司的资产，而同时给公司股东资产的认购期权：

$$债券价值 = 资产价值 - 资产的认购期权价值$$

你也可以这样计算债券的价值：给定公司资产的价值，计算出资产的认购期权的价值，然后从资产价值中减去认购期权价值。（记住：认购期权价值就是公司普通股的价值。）因此，如果你能评估公司资产的认沽期权和认购期权的价值，就可以评估公司负债的价值。㊀

23.2.1 违约期权对债券的风险和收益率的影响

如果公司负债无风险，股东承担资产的所有风险。但是，公司是有限责任，债权人与股东共同承担这一风险。我们已经知道，有限责任公司的股权等于公司资产的认购期权。因此，如果能够计算出这份认购期权的风险，就可以知道债权人和股东是如何分担这一风险的。㊁

回到第21章，计算认购期权的风险，需要两步：

1. 找出与认购期权收益相同的标的资产和无风险负债的组合（在当前的情况下，认购期权是有杠杆的股权）；
2. 计算复制资产组合的贝塔。

图 23-5 给出了一家虚构公司的例子，公司资产的贝塔等于 1.0，该图显示了资产的贝塔如何被债权人和股东来分担。如果公司为无限责任，股东承担资产的全部风险，负

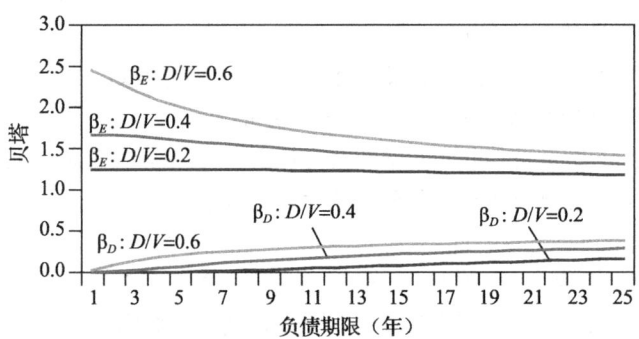

图 23-5 负债和股权的贝塔随杠杆和负债到期时间的变化而变化。利用期权定价理论来计算这些曲线，假设如下：(1) 所有到期时间下，无风险利率都是常数；(2) 公司资产收益率的标准差为 25%（年度）；(3) 资产贝塔为 1.0；(4) 负债是零息票；(5) 杠杆为 D/V 比率，其中 D 是负债的面值用无风险利率贴现的现值，V 是资产的市场价值

㊀ 但是，期权估值方法不能评估公司资产的价值。认沽期权和认购期权必须作为资产价值的一部分来估值。例如，注意布莱克—斯科尔斯公式（21.3 节）计算认购期权价值时需要知道股票价格。

㊁ 关于违约期权估值的经典文献，参考 R. Merton, "On the Pricing of Corporate Debt: The Risk Structure of Interest Rates," *Journal of Finance* 29 (May 1974), pp. 449-470。

债无风险。而在有限责任的情况下,债权人承担部分风险。杠杆越高,负债的到期时间越长,债权人承担风险的比例越高。例如,假设虚构公司有60%的资金来自25年期负债。在无限责任的情况下,负债的贝塔等于零,而股权的贝塔等于2.5。⊖而在有限责任的情况下,负债的贝塔为0.4,股权贝塔为1.4。

图23-6仍是这家虚构公司,显示的是负债的承诺利率随杠杆和负债到期时间而变化的情况。例如,如果公司的负债率为20%,所有负债都在25年后到期,为补偿违约风险负债的收益率比政府债券高0.5%。注意,风险随到期时间而增加,一般来说,承诺收益率也随到期时间而增加。这是合理的,因为等待的时间越长,事情出问题的可能性就越大。⊜

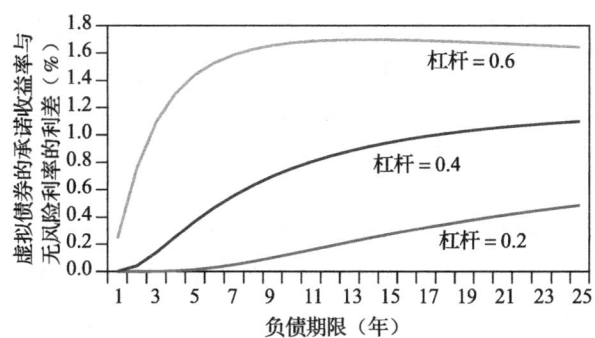

图23-6 公司有风险负债的利率如何随杠杆和到期时间而变化

注意,构造图23-6时,我们做了几个人为假设。一个假设是公司不支付股利或回购股票。如果公司定期分配部分资产给股东,有麻烦时用来保护债权人的资产就变少了,这样,市场会相应要求公司负债提供更高的收益率。

其他复杂因素使公司负债的估值比看起来要困难一些。例如,图23-6假设公司只发行一笔零息票负债。假设公司发行10年期每年支付利息的债券,我们仍然将公司的资产看作认购期权,能够通过支付承诺的付款额而行权。但是,这种情况下,存在10次付款而不是一次。为了对股票进行估值,需要对10只连续的认购期权进行估值。第一只期权在第一笔利息到期时支付而行权。行权后,股东获得第二只认购期权,在进行第二笔利息支付时行权。行权的奖励是获得第三只认购期权,以此类推。最后,在第10年,股东可以行使第十只期权。偿还了本金和最后一年的利息,公司重新得到公司资产的所有权而不再有负担。

当然,如果公司没有支付其中任何一笔到期还款,债权人就接管公司,股东什么也得不到。也就是说,只要不行使任何一只认购期权,股东就放弃了之后所有的认购期权。

公司发行10年期负债时对股权进行估值,等同于对10只认购期权中的第一只认购期

⊖ 记住,资产的贝塔是负债和股权贝塔的加权平均:

$$\beta_{资产} = (D/V)\beta_{负债} + (E/V)\beta_{股权}$$

如果 $\beta_{资产} = 1.0$ 和 $\beta_{负债} = 0$,杠杆为60%时:

$$1.0 = (0.6 \times 0) + (0.4 \times \beta_{股权})$$
$$\beta_{股权} = 2.5$$

⊜ 债券价格总是随着到期时间和杠杆的增加而下降。(记住,认沽期权的价值随着期限时间和行权价格而增加。)但是,对于特别长的到期时间和特别高的杠杆,债券的年收益率(yield per annum)将开始下降。

权进行估值。但是，不对后面九只期权估值，就无法对第一只期权估值。⊖这个例子甚至低估了实际困难，因为大公司会有很多利率和到期时间都不同的负债，在当前负债到期前，公司还会发行新的负债。因此，债券交易者评估公司债券时，不是立刻借助于期权计算器，而是更可能从找出违约风险相似的债券开始，考察这些债券所提供的收益率利差。

实践中，利率的差别比图23-6中显示的要大得多。最高信用等级的公司债券的承诺收益率一般比美国国债高出1%。违约风险非常难以解释这一差异。⊜那么，是怎么回事呢？公司可能为负债支付了过高的成本，而公司负债的高收益率的部分原因似乎是由于某些其他缺陷。一种可能是公司债券市场缺乏流动性，投资者要求额外的收益率作为补偿。⊜毫无疑问，投资者喜欢容易买卖的债券。我们看到国债市场中的收益率差异非常小，其中最新发行的债券交易量更大，收益率一般也比过去发行的债券低一点。

美国的公司债券投资者要求更高的收益率的另一个原因，是利息要纳联邦税和州税。国债利息免缴州税。例如，假如你持有息票利率6%的公司债券，州税率5%，那么需要额外 $0.05 \times 6 = 0.3\%$ 的收益率来补偿额外的税收。⊛

23.2.2 题外话：政府财务担保的估值

2011年美国航空宣布破产时，其养老金债务为185亿美元，资产只有83亿美元。而130 000名工人和退休人员并不会老无所依，他们的养老金大部分都得到了养老金福利担保公司（Pension Benefit Guaranty Corporation，PBGC）的担保。⑤

养老金承诺并不总是出现在公司的资产负债表中，但它们就像对债权人的承诺一样是公司的长期负债。PBGC提供的担保将养老金承诺从风险负债变成了安全负债。如果公司破产，没有足够的资产来弥补养老金时，PBGC来弥补差额。

政府认识到PBGC提供的担保成本比较高。承担了美国航空的负债后不久，PBGC算出来，违约和接近违约的养老金计划的支付额的现值达到了980亿美元。

遗憾的是，这些计算忽略了未来其他公司倒闭把养老金负债移交给PBGC的风险。为了计算这些担保的成本，需要考虑公司养老金承诺在没有担保时的价值：

担保的价值 = 担保养老金的价值 − 无担保养老金承诺的价值

有了担保，养老金就如同美国政府的承诺一样安全；⑥没有担保，养老金就如同公司的普通负债。我们已经知道无风险的政府债券和有风险的公司债券之间的差别，就是公司将资产移交、对负债弃之不顾的权利的价值，因此养老金担保的价值就是这一认沽期权的价值。

⊖ 公司负债的其他估值方法（从无风险负债价值中减去认沽期权的价值）并不更容易。分析师面对的不是一只简单的认沽期权，而是10只连续的认沽期权的组合。

⊜ 例如，J. Huang and M. Huang, "How Much of the Corporate-Treasury Yield Spread Is Due to Credit Risk?" *The Review of Asset Pricing Studies* 2 (2012), pp. 153-202.

⊜ 流动性高的公司债券的收益率比流动性差的低，证据见E. J. Elton, M. J. Gruber, D. Agrawal and C. Mann, "Factors Affecting the Valuation of Corporate Bonds," *Journal of Banking and Finance* 28 (November 2004), pp. 2747-2767.

⊛ 见E. J. Elton, M. J. Gruber, D. Agrawal, and C. Mann, "Explaining the Rate Spread on Corporate Bonds," *Journal of Finance* 56 (February 2001), pp. 247-277. 因为在计算联邦税时可以减掉州税，我们的计算有一点高估州税的影响。

⑤ 联合航空宣布破产时发生的倒闭成本更高，给PBGC留下了66亿美元的债务。

⑥ 养老金担保并不是绝对安全的，如果PBGC不能履行义务，政府不承诺提供额外资金，但很少有人怀疑政府会这样做。

在提交给国会预算办公室的一篇文章中，温迪·基斯卡、黛博拉·卢卡斯和玛文·鲍普阐述了期权定价模型可以帮助更好地度量 PBGC 的养老金担保的成本。[一]根据他们的估计，PBGC 担保的价值比公布的估计数字要高得多。

PBGC 并不是提供财务担保的唯一政府主体。例如，美国联邦存款保险公司（FDIC）为银行存款提供担保，联邦家庭教育贷款（FFEL）项目为学生贷款提供担保，小企业管理局（SBA）为小企业贷款提供部分担保，等等。在这些项目下的政府负债数额巨大。幸运的是，期权定价是计算这些担保成本的更好的方法。

23.3 债券评级和违约概率

银行和其他金融机构不仅想知道它们所发放的贷款的价值，还要知道这些贷款的风险。有些机构依赖专业债券评级机构的判断。其他机构则自己开发度量借款人违约概率的模型。我们首先描述债券评级，然后讨论两个违约预测模型。

大部分可交易债券的相对质量都可以根据债券评级来判断。有三个债券评级机构：穆迪（Moody's）、标准普尔（Standard & Poor's）和惠誉（Fitch）。[二]表 23-1 是这些评级的总结。例如，质量最高的债券被穆迪评为 Aaa，然后是 Aa，以此类推。评级在 Baa 和以上的债券称为**投资级债券**（investment-grade bonds）。[三]商业银行、许多养老金和其他金融机构不允许投资非投资级债券。[四]

表 23-1 关键的债券评级。质量最高的债券被评为 3A 级，Baa 级及以上的债券是投资级，达不到这一标准的债券称为"高收益债券"或"垃圾债券"

穆迪	标准普尔和惠誉	穆迪	标准普尔和惠誉
投资级债券：		垃圾债券：	
Aaa	AAA	Ba	BB
Aa	AA	B	B
A	A	Caa	CCC
Baa	BBB	Ca	CC
		C	C

Baa 级以下的债券称为**高收益债券**（high-yield bond），或**垃圾债券**（junk bond）。大部分垃圾债券过去被称为堕落天使，即在困难时期衰落的公司的债券。20 世纪 80 年代随着越来越多的公司发行大量低等级债券为并购融资，垃圾债券的新发行量是以前的十倍，结果是第一次出现小不点儿公司能够控制规模庞大的公司。

这些垃圾债券的发行人负债率经常高达 90%~95%。随着公司负债违约率在 20 世纪 90 年代初上升到 10%，很多人担心这威胁到美国公司的健康，新发行的垃圾债券的市场逐渐枯萎。从此以后，垃圾债券市场有很多起起落落，而在我们写作此书的 2015 年初，新发行的垃圾债券刚刚经历了接近记录的一年。

[一] Congressional Budget Office, "The Risk Exposure of the Pension Benefit Guaranty Corporation," Washington, DC, September 2005.

[二] SEC 担心这三家评级机构权力过大，又批准了六家新的全国认可的统计评级组织（NRSOs）：DBRS（2003）、A. M. Best（2005）、Egan-Jones 评级（2007）、晨星信用评级（之前称为 Realpoint, 2009）、Kroll Brand 评级（2010）和 HR Rating de Mexico（2012）。

[三] 评级服务公司也提供更细致的分类，这样债券可以被评为 A-1、A-2 或 A-3（最低的 A 级）。另外，评级公司可能宣布将一只债券放在关注名单中，未来评级可能上升或下降。

[四] 投资级债券按面值反映在银行和保险公司的账面上。

债券评级是对公司的财务和经营前景的判断。不存在计算评级的固定公式。尽管如此,投资银行家、债券组合经理和密切关注债券的其他人,通过考察几个关键指标,如公司的负债率、盈利与利息的倍数和资产收益率,就能够相当好地了解债券是如何评级的。表23-2给出了这些比率随债券评级的变化。

表23-2 不同债券评级的公司财务比率不同美国非金融企业根据债券评级的中位数

比率	Aaa	Aa	A	Baa	Ba	B	C
营业利润率	22.0	17.1	17.6	14.1	11.2	8.9	4.1
负债率	19.3	50.2	38.6	46.2	51.7	72.0	98.0
现金保障比率	28.9	15.1	9.7	5.9	3.5	1.7	0.6

资料来源:*Moody's Financial Metrics*:*Key Ratios by Rating and Industry for North American Non-Financial Corporations*, December 2013。

图23-7说明,债券评级确实反映违约概率。实际上,1970年以来,最初被穆迪评为3A的美国债券在发行后第一年从未发生过违约,而在发行10年后,200只债券中只有一只发生违约。(Aaa级债券的违约率没有画在图23-7中,即使画了也看不出来。)另一个极端,一半的Caa级在第10年发生违约。当然,债券质量通常不是突然恶化的。随着时间流逝,公司逐渐变得虚弱,评级机构降低债券评级来反映违约概率的增加。

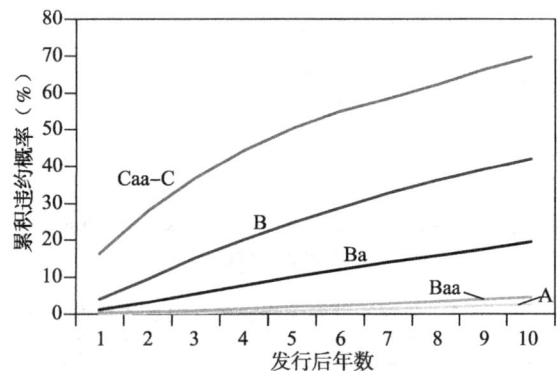

图23-7 1970~2012年根据发行时的穆迪评级的公司债券的违约率

资料来源:Moody's Investor Service, "Annual Default Study:Corporate Default and Recovery Rates:1920—2012."

评级机构并不总是对的。2001年安然倒闭时,投资者抗议说,就在两个月前公司的债务评级还是投资级。在2007~2009年的金融危机中,评级机构也没有赢得很多朋友,当时很多评级为3A级的住房抵押贷款支持的资产破产了。而当评级机构真的降低了公司债务的评级时,常常被指责为增加公司负债成本的突然行动。

23.4 违约概率的预测

23.4.1 信用评分

如果你申请信用卡或银行贷款,很可能需要填一份问卷,提供关于工作、家庭和财务状况方面的具体信息。这些信息被用于计算一个总的信用评分。㊀如果你达不到要求的评分,很可能被拒绝或需要更详细的分析。类似地,银行采用机械的信用评级体系来评价公司贷款的风险,一些公司在向消费者提供信贷时也经常采用。

假设你的任务是开发一个信用评分系统,用来帮助决定是否向企业提供信贷。首先,你比较40年期内破产公司与幸存公司的财务报表,图23-8是你的发现。图a显示,

---

㊀ 最常用的消费者信用评分是FICO评分,是由Fair Isaac & Co.利用三家征信公司——Experian、TransUnion和Equifax之一提供的数据而计算的。

破产前四年破产公司的资产收益率（ROA）大大低于幸存公司。图 b 说明它们的平均负债率也更高。图 c 显示，相对于公司的总负债，EBITDA（利息、税和折旧前盈利）也比较低。因此，破产公司的盈利性更差（低 ROA）、杠杆更高（资产负债率高），产生的现金相对少（EBITDA 与负债的比低）。在每种情况下，随着破产临近，公司的财务状况的指标都逐渐恶化。

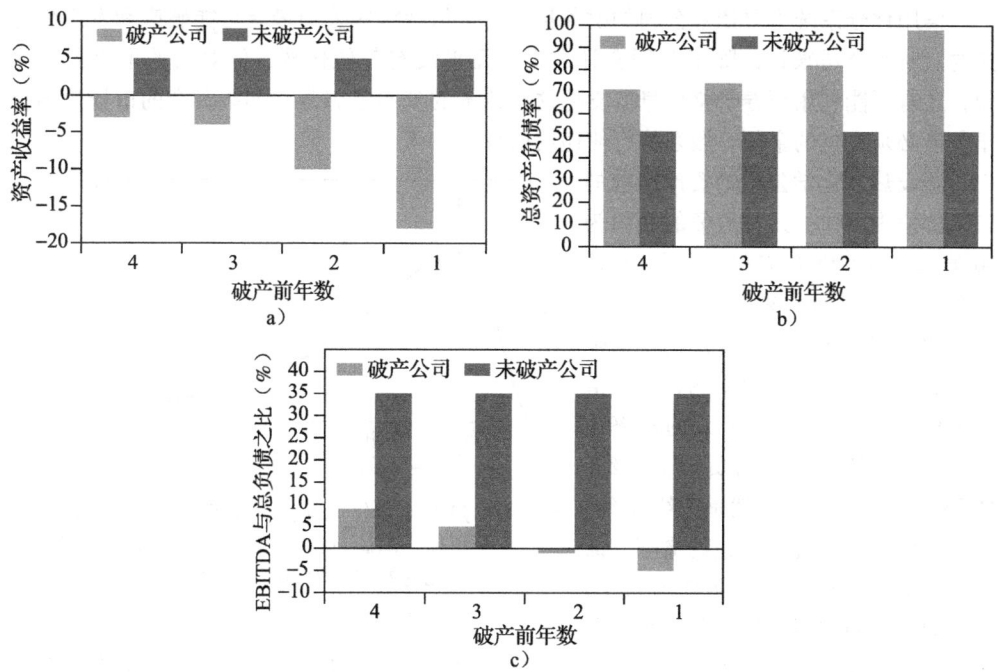

图 23-8　544 家破产公司和未破产公司的财务比率

资料来源：W. H. Beaver, M. F. McNichols, and J-W. Rhie, "Have Financial Statements Become Less Informative? Evidence from the Ability of Financial Ratios to Predict Bankruptcy," *Review of Accounting Studies* 10 (2005), pp. 93-122。

不是关注每个比率，而是将这些比率综合起来考虑到一个评分中，以此区分有信用的公司与濒临破产的公司，是更合理的做法。例如，威廉·比弗、莫琳·麦尼克和芮军武（音译）研究了这些公司，得到的结论是，下一年破产相对于不破产的概率的最佳估计公式如下：⊖

$$\log(\text{破产的相对概率}) = -6.445 - 1.192(\text{ROA}) + 2.307\left(\frac{\text{负债}}{\text{资产}}\right) - 0.346\left(\frac{\text{EBITDA}}{\text{负债}}\right)$$

对信用评分体系，有个有益的警告。构建风险指数时，很容易试验变量的很多不同组合，直到从中找出一个在过去表现最好的等式。遗憾的是，如果用这种方式"挖掘"数据，很可能发现，这个信用评分体系在未来不如过去表现好。如果你被过去的成功误导，对模型给予太多的信心，可能会拒绝向很多潜在的好客户提供信贷。拒绝这些客户而损失的利润可能超过拒绝一些不好的客户而得到的收益。结果是，比起假装无法

⊖ 见 W. H. Beaver, M. F. McNichols, and J.-W. Rhie, "Have Income Statements Become Less Informative? Evidence from the Ability of Financial Ratios to Predict Bankruptcy," *Review of Accounting Studies* 10 (2005), pp. 93-122。他们的模型采用了危害分析（hazard analysis）技术。另一个常用的模型是 Z-score 模型，采用了多元判别分析，最早是由爱德华·阿尔曼提出来的，见 E. I. Altman and E. Hotchkiss, *Corporate Financial Distress and Bankruptcy*, 3rd ed.（New York: John Wiley, 2006）。

区别借款人而向所有的借款人提供信贷，你的境况可能更差。

这意味着公司不应该使用信用评分系统吗？一点儿也不。这意味着有个好的系统还不够，还需要了解在多大程度上依赖这个系统。

23.4.2 基于市场的风险模型

信用评分系统主要依靠公司的财务报表，来估计哪些公司最有可能破产和发生债务违约。对小公司来说，除了利用会计数据，几乎没有其他代替，但对大的上市公司来说，还有可能利用证券价格信息。支持这些技术的基本思想是，如果资产的市场价值低于负债必须支付的金额，股东将行使违约期权。

假设热素化学公司的资产当前的市场价值为100美元，负债的面值为60美元（即60%的杠杆），所有负债都在五年后到期。图23-9显示了公司贷款到期时热素公司资产的价值范围。资产价值绝不是确定的，预期值为120美元，低于60美元的概率为20%，这种情况下公司负债会违约。图23-9中的阴影部分就是违约概率。

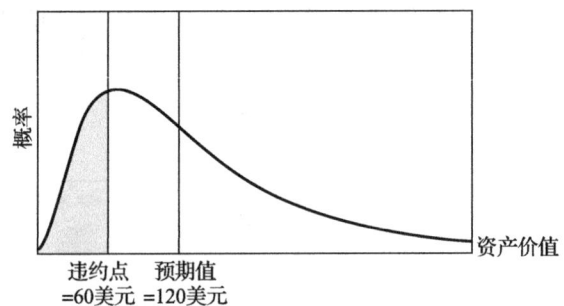

图23-9 热素化学公司发行了面值60美元的五年期负债。阴影部分是五年后公司资产低于60美元的概率，为20%，这种情况下，公司会选择违约

为计算热素公司的违约概率，需要知道资产市场价值的预期增长率、负债的面值和到期时间以及未来资产价值的波动性。现实中的情况可能比热素公司的例子更复杂。例如，公司可能存在到期时间不同的几个等级的负债，如果是这样，股东值得拿出更多的资金来偿还短期负债，这样其他负债到期前公司还有机会复苏。

银行和咨询公司现在发现，可以采用同样的思路来度量贷款的风险。例如，零售商彭尼百货（J. C. Penney）过去几年的业绩不佳。2014年，负债率攀升到了61%，过去四年连续亏损。公司虽然还没有举步维艰，但投资者已经在担心他们的债券的安全性了。公司离违约有多近？图23-10中的黑色线是彭尼百货资产的市场价值，灰色的线是公司债务违约时的资产价值，可以看出，公司资产的价值越来越接近违约点。

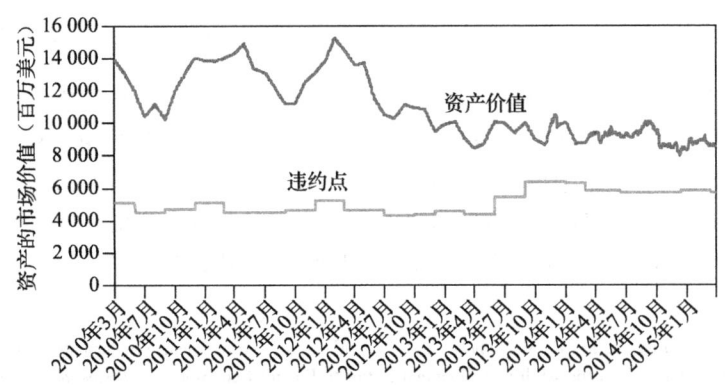

图23-10 近年来彭尼百货的资产价值逐渐接近违约点

资料来源：Moody's Analytics。

当然，没人有能够预测最终结果的水晶球，而穆迪的 CreditEdge 服务定期发布公司下一年债务违约的概率估计值。图 23-11 显示，穆迪估计彭尼百货资产的价值达到违约点的概率在不断增加。随着资产价值的下降，穆迪认为违约概率在升高，2014 年初，违约概率接近 10%，之后下降回来。

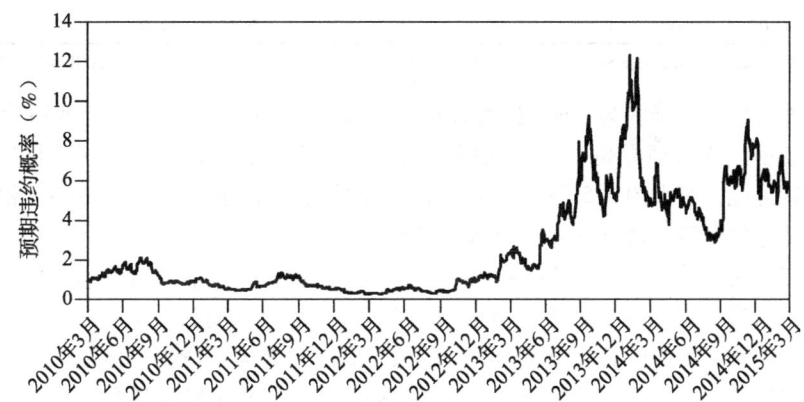

图 23-11　穆迪对下一年彭尼百货违约概率的估计

资料来源：Moody's Analytics。

23.5　风险价值

现在是 2014 年 11 月，你拥有波音公司的 7.95% 在 2024 年到期的债券。穆迪对该债券的评级为 A，当前价格为 140.9%，承诺到期收益率为 3.1%。如果你计划在接下来的 12 个月继续持有该债券，你承担的风险有多少？

你会回顾一下 A 级债券过去的违约率，认为公司债券下一年违约的可能性可以忽略，因此你的投资与美国国债一样安全。尽管波音公司在短期内不可能违约，但在一年后的前景却没有现在这么好，这种可能性却被忽略了。如果是这样，债券的评级会下降，价值会下跌。

银行和咨询公司想出了各种方法来度量信用质量恶化的风险。例如，一个最常用的方法是 CreditMetrics 系统，它考察的是债券评级的变化的可能影响。⊖表 23-3 给出了 1983～2012 年债券被重新评级的情况。因为波音公司的债券是 A 级，我们就关注表中的第三行。可以看到，过去接近 85% 的 A 级债券在下一年仍被评为 A 级，一些上升为 Aa 或更高的评级。而坏消息是，一年以后 6.5% 的 A 级债券下降到 Baa 或更低的评级。

表 23-3　1983～2012 年平均一年期转换率，即从一个评级变为另一个评级的债券的比例

年初评级	年末评级									
	Aaa	Aa	A	Baa	Ba	B	Caa	Ca–C	违约	未评级
Aaa	85.94	8.79	0.48	0.00	0.04	0.00	0.00	0.00	0.00	4.75
Aa	1.08	85.06	7.24	0.47	0.06	0.02	0.01	0.00	0.02	6.05
A	0.06	2.69	84.94	5.63	0.62	0.13	0.03	0.00	0.07	5.82
Baa	0.04	0.18	3.99	84.02	4.27	0.90	0.20	0.02	0.19	6.19
Ba	0.01	0.05	0.36	6.15	74.23	7.22	0.62	0.09	1.00	10.28

⊖ CreditMetrics 最早是由摩根大通银行提出的。

（续）

年初评级	年末评级									
	Aaa	Aa	A	Baa	Ba	B	Caa	Ca-C	违约	未评级
B	0.01	0.03	0.11	0.31	4.32	73.11	6.19	0.62	3.94	11.36
Caa	0.00	0.01	0.01	0.11	0.34	6.60	58.17	4.93	17.01	12.82
Ca-C	0.00	0.00	0.00	0.00	0.40	2.07	9.53	34.99	37.97	15.04

资料来源：Moody's Investor Service, "Annual Default Study: Corporate Default and Recovery Rates: 1920-2012."

如果波音债券被降级为 Baa，投资者肯定要求更高的收益率。例如，2014 年 Baa 级债券的收益率比 A 级债券高 1.6%。如果波音债券收益率提供同样的水平，价格将下降 11%。也就是说，有大约 6.5% 的可能性明年你的投资价值下降 11% 或更多。银行家称之为波音债券的**风险价值**（value at risk，或 VAR）。

有很多方法改善对风险价值的粗略估计。例如，我们刚刚假设公司债券的收益率利差是常数。而当投资者更不愿意承担信用风险的时候，你的投资的损失可能远远超过 11%。还要注意，我们计算波音债券投资的风险时，只考虑了债券价格受信用评级变化的影响。如果我们想更全面地度量风险价值，还要考虑未来无风险利率的变化。

银行和债券投资者不只关心单笔贷款的风险，他们还想知道整个资产组合的风险。因此，信用风险专家不得不关心结果之间的相关性。一个全部由希克斯维尔（Hicksville）郊区工厂店的贷款组成的贷款组合，肯定比各种不同借款人的贷款组成的资产组合的风险更高。

本章总结

公司具有有限责任。如果公司不能偿还负债，可以要求破产。债权人知道他们收到的可能少于被欠的，公司债券的预期收益率低于承诺收益率。

因为违约的可能性，公司债券的承诺收益率高于政府债券。你可以将多余的收益率当作为债券购买保险所支付的成本。存在活跃的保单市场，可以保护债权人免于承担违约风险。这些保险称为信用违约互换。金融市场上没有免费午餐，因此你投资公司债券所得到额外收益率被违约的保险成本抵消了。

公司的违约期权等价于认沽期权。如果公司资产价值低于负债的金额，对公司来说，违约是值得的，这就使债权人接管资产来清偿债务。这一观点告诉我们，对公司债务估值时需要考虑什么——相对于违约时的公司价值的现值、资产的波动性、负债的到期时间和无风险利率。遗憾的是，大多数公司都有在不同时间到期的几笔贷款，这就使认沽期权的估值变得相当复杂。

由于这些复杂性，债券投资者不经常采用期权模型来评估附属于公司债券的认沽期权。更常用的方法是依赖他们的经验来判断，公司债券和可比政府债券的收益率之差是否能补偿违约的可能性。随着投资者重新评价违约概率或者投资者风险厌恶程度的增减，利差可能快速地变化。

投资者想度量公司债券的风险时，经常参考穆迪、标准普尔或惠誉的债券评级。他们知道评级为三个 A 的债券的违约概率远低于垃圾债券。

银行、评级机构和咨询公司还开发了很多估计违约概率的模型。信用评分系统考虑反映公司状况的比率或其他指标，将这些指标给予不同的权重产生一个违约度量指标。穆迪的 CreditEdge 采用不同的方法，设法度量公司资产的市场价值低于公司决定违约而不是继续还债的那一点的概率。

不要认为债券不会立刻违约，所以不存在风险。如果债券的质量变差，投资者将要求更高的收益率,债券价格将下跌。计算风险价值的一种方法是考察评级变化的概率,估计这些变化对债券价值的可能影响。

扩展阅读

主要评级机构的网站包含了很多关于信用风险的很有用的报告。(特别见www.moodys.com、www.standardpoors.com 和 www.fitch.com。)

阿尔曼和霍奇基斯提供了信用评分模型的综述:

E. I. Altman and E. Hotchkiss, *Corporate Financial Distress and Bankruptcy*, 3rd ed. (New York: John Wiley, 2006).

有很多书讨论公司债券和信用风险,例如:

A. Saunders and L. Allen, *Credit Risk Measurement*, 3rd ed. (New York: John Wiley, 2010).

J. B. Caouette, E. I. Altman, P. Narayanan, and R. Nimmo, *Managing Credit Risk*, 2nd ed. (New York: John Wiley, 2008).

D. Duffie, *Measuring Corporate Default Risk* (Oxford, U.K.: Oxford University Press, 2011).

D. Duffie and K. J. Singleton, *Credit Risk: Pricing, Measurement and Management* (Princeton, NJ: Princeton University Press, 2003).

练习题

基础题

1. **预期收益率** 你拥有两年后到期的5%的债券,价格为87%。假设有10%的可能性到期时债券违约,而你将只得到承诺还款额的40%。债券承诺的到期收益率是多少?预期收益率(即根据概率加权的可能收益率)是多少?

2. **收益率利差** 其他相同,预期随着以下因素的变化,国债与公司债券的价格差异是增加还是减少?
   a. 公司的商业风险;
   b. 杠杆程度。

3. **违约期权** 国债与简单公司债券的价值之差等于一只期权的价值。这只期权是什么?其行权价格是什么?

4. **违约概率** 下表是两家公司的财务数据:

	A	B
总资产	1 552.1 美元	1 565.7 美元
EBITDA	−60	70
净利润+利息	−80	24
总负债	814.0	1 537.1

利用23.4节中的公式计算哪家公司的违约概率更高。

5. **违约概率** 利用基于市场的方法计算公司债务违约概率时,需要哪些变量?

6. **评级转换** 你有一只B级债券。根据过去的证据,明年该债券继续评为B级的概率是多少?它被降级的概率是多少?

7. **评级转换** 你有一只A级债券。评级上升比下降的可能性大吗?如果债券是B级,你的答案相同吗?

进阶题

8. **风险价值** 估计贷款组合的风险价值比估计单笔贷款要更困难,为什么?在金融危机之前,这给需要评价住房抵押贷款组合的风险的评级机构带来了一个问题,为什么?

9. **违约期权** A公司发行了一笔10年后到期的零息票债券。B公司发行了10年后到期的付息债券。为什么B公司负债的估值比A公司复杂?请解释。

10. **违约概率** X公司有今年到期的负债150美元和10年后到期的负债50美元。Y公司的200美元负债5年后到期。在两种情况下,资产价值都是140美元。

大概描述一个情境，在这一情境下，X公司不违约而Y公司违约。

11. **信用评分** 讨论开发数字信用评分模型来评价个人贷款的问题。你只能用过去得到贷款的申请数据来测试这一信用评分系统。这是潜在的问题吗？

12. **违约概率** 利用基于市场的方法来估计公司的违约概率时，可能遇到的问题是什么？

13. **违约期权** 对巴克伍兹化学公司的债券的违约进行保险的成本是多少？（见23.1节。）

14. **违约期权** DO公司发行在外的普通股有1 000万股，每股价格为25美元。公司还有大量的负债，都在一年后到期，负债的利率为8%，面值为3.5亿美元，但市场价格只有2.8亿美元。一年期无风险利率为6%。

    a. 写出DO公司的股票、负债和资产的认沽—认购期权平价关系。
    b. 公司债务违约的期权的价值是多少？

挑战题

15. **违约期权估值** 回顾23.1节中巴克伍兹化学公司的第一个例子。假设公司的账面资产负债表如下：

巴克伍兹化学公司资产负债表（账面价值）

净营运资本	400美元	1 000美元	负债
净固定资产	1 600美元	1 000美元	股权（净值）
总资产	2 000美元	2 000美元	总价值

负债一年后到期，承诺利率为9%。因此，承诺给公司债权人1 090美元。资产的市场价值为1 200美元，资产价值的年标准差为45%。无风险利率为9%。计算巴克伍兹化学公司负债和股权的价值。

16. **违约期权估值** 利用布莱克—斯科尔斯模型，重新画出图23-5和图23-6，假设公司资产收益率的标准差为每年40%。只计算杠杆为60%的情况。（提示：最简单的是假设无风险利率为零。）这告诉你，风险的变化对高信用等级债券和低信用等级公司债券的利差的影响是什么？（利用布莱克—斯科尔斯程序来计算会很有帮助。）

网络中的金融

访问finance.yahoo.com，选择经历过困难时期的三家工业公司。

a. 公司遇到的麻烦反映到财务比率中了吗？（参考图23-8会有帮助。）

b. 利用23.4节中的公式计算每家公司的违约概率。

c. 现在看一下公司的债券评级。这两种度量方法提供的信息一致吗？

第24章 多种不同类型的负债

第17章和第18章我们讨论了公司应该负债多少,公司还要考虑发行什么类型的负债。它们可以选择短期或长期负债,普通债券或可转换债券;它们可以选择在美国发行或者在国际债券市场上发行;它们可以公开发行或者向几个大投资者私募发行。

作为财务经理,你要选择对所在公司有意义的负债类型。例如,如果公司只是暂时需要资金,通常发行短期负债。而有大量海外业务的公司喜欢发行外币负债。贷款人之间的竞争有时候会在特定负债市场中创造机会,虽然可能只是收益率下降了几个基本点,但对规模很大的发行来说,就节约了几百万美元。记住这句话:"集腋成裘,积沙成塔"。⊖

图24-1是本章的路线图。我们首先关注的是长期债券市场。在24.1节我们集中比较标准的债券,考察高优先级债券和低优先级债券的不同、担保债券和无担保债券的不同,包括一种特别的担保证券——**资产支持证券**(asset-backed security)。我们还描述如何用偿债基金的方式偿还债券,借款人或贷款人如何拥有提前偿还的期权。回顾公司负债的这些不同特点,我们尽力解释为什么存在偿债基金、偿还期权等。它们不是简单的惯例问题或者中性突变,它们的使用存在一般性好理由。

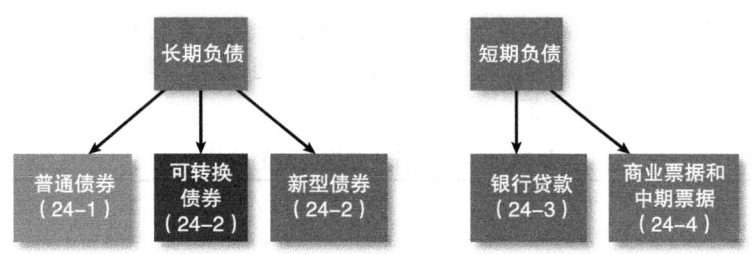

图24-1 公司负债的主要类型以及本章讨论的章节

24.2节中,我们考察了一些不那么常用的债券,首先是可转换债券及其"近亲"——债券和认股权证的组合。我们考察了几种不寻常的债券和债券市场创新的动机,也举例说明了大量多种多样的债券设计。

24.3节中,我们转向短期负债,很多短期负债由银行来提供。公司经常安排循环信用**额度**(revolving line of credit),银行允许它们需要融资的时候借款金额不超过约定的额度。循环信贷额度常常用于帮助暂时缺乏现金的公司渡过难关,几个月后就会偿还。银行也发放定期贷款,有时期限达五年或更长。有些贷款金额太大,一家银行难以提供,我们描述

⊖ 这句话"A million dollars here and a million there-pretty soon it begins to add up to real money"是已故议员埃弗里特·德克森(Everett Dirksen)说的,但他说的是billions。

了一组银行如何进行银团贷款。我们还考察了银行如何通过对借款人设置限制或用担保来保护贷款。

大型蓝筹公司有时会绕过银行体系，不从银行借款，而是向投资者发行自己的短期负债，这称为**商业票据**（commercial paper）。在市场中发行的某种程度上更长期的贷款称为**中期票据**（medium-term notes）。24.4 节对这些负债进行了讨论。

本章附录讨论另一种称为**项目融资**（project finance）的私募发行，这是债券市场中有魅力的一部分。"项目融资"这个字眼令人想到的画面是数百万美元的贷款支持在异国他乡的大型项目。你会发现，这一常见场景虽有几分道理，却并不是全部故事。

我们必须指出，很多负债没有显示在公司的资产负债表中。例如，公司偶尔会通过设立**特殊目的主体**（special-purpose entities，SPE）将负债伪装起来，SPE 通过股权和债务的混合融资来筹资，然后用现金来支持母公司。利用 SPE，安然公司将大量负债放在表外，但这并没有使公司免于破产的命运。安然丑闻以来，会计师制定了严格规则，来加强 SPE 负债的披露。

公司还有其他重要长期负债，我们在本章没有讨论。例如，长期租赁与负债很相似。设备使用者同意支付一系列的租金，如果违约，就被迫破产。我们在第 25 章讨论租赁。

退休后的医疗和养老金承诺也是巨额负债。例如，2003 年通用汽车公司养老金赤字有 190 亿美元，为了减少赤字，通用汽车发行了大量债券，将大部分发行收入投资于养老金。你会说，这样做的结果是增加了公司负债，而从经济角度上，只是用一笔长期负债（新债券）代替了另一笔（养老金负债）。养老金计划的管理不在本书的讨论范围之内，但财务经理仍需花一定的时间考虑养老金"负债"问题。

24.1 长期债券

24.1.1 债券条款

为了让你对债券合约（以及合约中所使用的某些语言）有直观的认识，我们将彭尼百货发行的债权的条款总结在表 24-1 中。该债券是普通债券，即在每个方面都相当标准化。我们将逐一考察其主要特征。

表 24-1　彭尼百货债券条款的总结

发行日期	1992 年 8 月 26 日
发行金额	2.5 亿美元
到期时间	2022 年 8 月 15 日
面额/面值/本金	1 000 美元
利息	每年 8.25%，2 月 15 日和 8 月 15 日支付
发行价格	发行价格为面值的 99.489% 加上应计利息（公司的发行收入为面值的 98.614%），通过第一波士顿公司发行
记名	全部记名
托管人	美国国民信托和储蓄协会银行
担保	无担保。公司不允许享有对没有平等地按比例用来担保该债券的财产权或资产的任何留置权
优先等级	与其他无担保、非次级债务的优先级相同
偿债基金	从 2003 年 8 月 15 日开始，每年保留足够赎回 1 250 万美元的本金，加上选择性的最多 2 500 万美元的偿债基金

(续)

可赎回性	2002 年 8 月 15 日及之后，全部或部分，公司有选择权，提前至少 30 天但不超过 60 天通知，每年的 8 月 14 日按以下价格赎回：			
	2003 103.870%	2004 103.485	2005 103.000	2006 102.709
	2007 102.322	2008 101.955	2009 101.548	2010 101.161
	2011 100.774	2012 100.387		
	之后按 100% 的面值和应计利息。			
	2003 年及之后，还可以由强制性和选择性偿债基金赎回			
发行时的穆迪评级	B			

彭尼百货债券是 1992 年发行的，到期时间为 30 年后的 2022 年。发行时面值是 1 000 美元，到期时公司偿还每份债券持有者的本金金额为 1 000 美元。

债券的年利息或息票（coupon）是 1 000 美元的 8.25%，即 82.50 美元。利息每半年支付一次，每六个月债券持有者收到利息 82.50/2 = 41.25 美元。大多数美国债券都是半年付息，而在很多其他国家通常是每年支付利息。⊖

债券的定期利息支付是公司必须不断克服的障碍。如果彭尼百货没能进行支付，投资者可以要求拿回自己的资金，而不是等事情变得更糟。⊜因此，利息支付为投资者提供了额外的保护。

有时候，息票比较低的债券的价格，在面值的基础上打了很大的折扣，投资者的收益的很大部分来自资本增值。⊜最极端的情况是零息票债券，根本不支付利息，全部收益都是资本增值。㉕

彭尼百货的利息在债券存续期内是固定的，但有些债券的利息支付随着利率的一般水平而变化。例如，利息支付设定为 1% 加上美国国库券利率，或者（更常用）加上**伦敦银行同业拆借利率**（LIBOR），即国际性银行互相借款的利率。有时候，这些浮动利率债券（floating-rate notes）规定最低利率（下限），或者规定最高利率（上限）。㉕你还会遇到同时规定利率上限和下限的"双限"。

彭尼百货债券面值为 1 000 美元，以面值的 99.489% 出售给投资者。另外，买方需要支付任何**应计利息**（accrued interest），即购买债券时所累积的未来利息。例如，购买债券的投资者 12 月 15 日收到债券，只要再等两个月就可以收到第一次利息支付。因此，四个月的应计利息为（120/360）× 8.25 = 2.75%，投资者应该支付债券的买价加上 2.75%。㉕

彭尼百货债券尽管出售给公众的价格是 99.489%，但公司只收到 98.614%，差额代

⊖ 如果半年付息，投资者通常计算债券的半年复利的到期收益率。也就是说，收益率的报价是六个月收益率的两倍。债券按年付息时，传统上到期收益率的报价是以年度复利为基础。更多的具体内容见 3.1 节。

⊜ 有一种债券，借款人只在当年的盈利超过利息时才有义务支付利息，这种债券被称为收入债券。收入债券很少见，大多作为铁路公司重组的一部分时才发行。

⊜ 发行时有折扣的债券称为原始发行折现债券（original issue discounted bond）。零息票债券经常称为"纯折现债券"。折现债券的资本增值只要不超过每年 0.25%，就不用作为收入纳税（IRS 法典第 1272 节）。

㉕ 极端的极端是作为捐赠的永续零息票。

㉕ 公司有时候不发行有下限的浮动利率贷款，而是发行没有上限的贷款，同时从银行购买一个上限。银行支付超过规定水平的利息。

㉕ 在美国公司债券市场中，应计利息按照一年 12 个月、每个月 30 天的假设来计算。在其他市场（如美国国债市场），按照日历月份的实际天数来计算。

表承销商的利差。募集的资金为 2.487 亿美元，其中公司得到 2.465 亿美元，承销商得到 220 万美元（大约 0.9%）。

在表 24-1 中向下看，会发现彭尼百货债券是记名债券，意思是公司的登记员记录每份债券的所有权，公司直接将利息和本金支付给每位所有者。几乎所有的美国债券都是以记名债券的形式发行，而在很多国家，公司发行不记名债券。这种情况下，债券凭证就是所有权的基本证据，因此债券持有者必须将凭证交给公司来获得最后偿还的本金。

彭尼百货债券公开出售给美国的投资者。在出售债券之前，公司需要提交注册说明书，获得 SEC 的批准，并准备招股说明书。公司还要与托管人签署债券协议，以**契约**（indenture）或**信托书**（trust deed）的形式。美国国民信托和储蓄协会银行是这次发行的托管人，代表债券持有者。必须要知道，契约的条款在违约时保护债券持有者。债券契约是一份浮夸的法律文件，⊖但主要的条款都体现在发行的招股说明书中了。

24.1.2 担保和优先级

有时候公司用特定资产来保护债券持有者。例如，公用事业公司的债券经常是有担保的。这样，如果公司债务违约，受托人或贷款人占有相关资产。如果这些资产不足以偿还债务，剩余的债务将和其他无担保债务一起，对公司的其他资产享有一般索取权。

10 年或更短期的无担保债券通常称为**票据**（notes），更长期的负债称为**信用债券**（debentures，而在一些国家，比如英国和澳大利亚，debenture 的意思是担保债券）。跟大部分工业公司和金融机构发行的债券一样，彭尼百货的债券是无担保的。但是，公司承诺将不再发行任何担保债券，不向其他信用债券提供同样的担保。⊜

大部分担保证券是**抵押债券**（mortgage bond）。这些债券有时提供针对特定建筑物的索取权，而更经常用公司所有的财产来担保。⊜当然，任何抵押品的价值取决于该财产用做替代性用途的能力。落伍产品的市场枯竭，生产落伍产品的定制机器的价值不会太大。

公司可以用所拥有的证券作为贷款的抵押品。例如，持股公司的主要资产是很多子公司的普通股。因此，持股公司想借款时，一般用这些投资作为抵押品。这时贷款人面临的问题是，股票排在对子公司资产的所有其他索取权之后，因此这些抵押信托债券（collateral trust bonds）通常对子公司发行负债和优先股的自由有具体限制。

第三种形式的担保负债是**设备信托凭证**（equipment trust certificate），它最常用于为铁路机车提供融资，也用于卡车、飞机和船舶的融资。这种融资安排下，受托人获得设

⊖ 例如，彭尼百货更早的一份债券契约中这样说："在任何情况下，几件事都必须由任何规定的人保证，或者被任何规定的人的观点涉及，没有必要所有的事情都被一个这样的人保证或者被一个这样的人的观点涉及，或者被一份文件保证或涉及，但是这样的一个人可以对一些事情或一个及以上的其他的人和其他事情进行保证或者给出观点，并且任何一个这样的人可以在一个或几个文件中的这样的事情进行保证或给出观点。" 尝试将语速提高三倍。

⊜ 这称为消极保证条款（negative pledge clause）。

⊜ 如果抵押被关闭，就不能再对该抵押发行更多债券。但是，对担保的债券的金额一般没有特别限制（这种情况下，说抵押是开放的）。很多用于担保的抵押不仅是已有财产，也可以是"得到以后的"财产。但是，如果公司购买的财产已经被抵押了，债券持有者就只对这个新财产拥有次级索取权。因此，得到以后购买的财产作担保的抵押债券也在一定程度上限制公司购买更多已抵押财产。

备的所有权,公司支付设备成本的首付款,余额由一组设备信托凭证来提供,它们的到期时间不同,一般为1~15年。只有所有债务最后都偿还后,公司才成为设备正式的所有者。穆迪、标普这些评级机构对设备信托凭证的评级一般高出公司正常负债一个等级。

债券可以是优先索取权,或者低于优先级债券或其他所有债权。⊖如果公司违约,优先级债券在偿还顺序上排在最前面。次级债权人排在一般债权人之后,但在优先股股东和普通股股东前面。正如图24-2所示,如果发生违约,持有优先担保债券还是有好处的。平均来看,这些债券的投资者能够期望收回50%的借款额。另一个极端,次级无担保债券的持有者只能收回债券面值的25%。

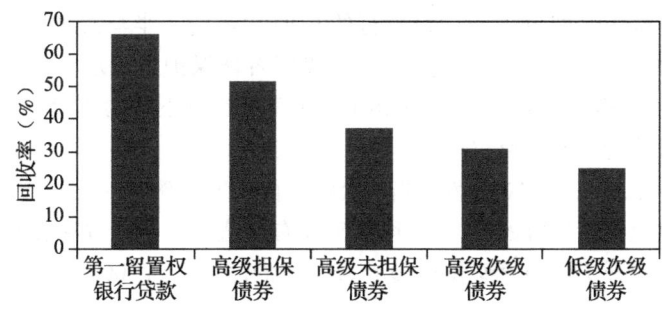

图24-2　1982~2012年按优先级和担保划分的违约债务的百分比回收率

资料来源：Moody's "Annual Default Study: Corporate Default and Recovery Rates, 1920-2012," February 2013。

24.1.3　资产支持证券

公司有时候不直接借款,而是将一组资产捆绑在一起,然后出售这些资产的现金流。这种证券称为**资产支持证券**(asset-backed security)或ABS。ABS是由标的资产担保或支持的负债。

假设你的公司向房屋或商业地产的购买者发放了大量抵押贷款,而你不想等到这些贷款到期,想现在得到现金。你可以这样做:设立一家独立的特殊目的公司,购买抵押贷款组合,出售抵押贷款支持证券(mortgage-backed securities)来为购买融资。这些债券的持有者会收到抵押贷款还款额中的一份。⊜例如,如果利率下降,抵押贷款提前偿还,这些债券的持有者也被提前偿还。债券持有者一般不欢迎这种偿还,他们不想要钱的时候却拿回了钱,这时利率较低。

不是发行同一等级的债券,一个抵押贷款池或抵押贷款支持债券池可以被捆绑在一起,然后分割成不同的部分(或等级),这称为**抵押债务债券**(collateralized debt obligation)或CDO。例如,抵押贷款的还款首先还清一个等级的债券持有者之后,再开始偿还其他等级的债券持有者。高等级债券具有现金流的第一索取权,因此对保险公司或养老金这样保守的投资者有吸引力。风险最高的等级(或权益)出售给对冲基金或专门投资低质量债券的共同基金。

房地产贷款人不是唯一想把未来收到的现金转化为现在一次性现金的人,汽车贷

⊖ 如果债券没有特别说明是非优先级的,你可以假设它是优先级债券。
⊜ 这些债券经常称为过手证券(pass-through certificates)。

款、学生贷款和信用卡应收款也常常被打包,在市场上发行资产支持证券。看起来投资银行家确实能够将任何现金流打包成贷款。1997 年,英国摇滚明星大卫·鲍伊(David Bowie)成立了一家公司,之后买下他当时所有音乐专辑的版权,为了融资公司出售了 5 500 万美元 10 年期债券。版税收入被用于支付债券的本金和利息。当被问及摇滚歌手对这个想法的反应时,他的经纪人回答说:"他斜着眼看了我一眼,说'什么'?"⊖

将很多未来现金流打包成单个证券的过程称为证券化(securitization)。你可以理解证券化的理由。只要单笔贷款的风险不完全相关,贷款组合的风险就低于任何一部分贷款的风险。另外,证券化广泛地分散贷款的风险,由于可以交易,投资者也不必持有到期。

在金融危机发生前的几年中,新发放的抵押贷款中被证券化的比例急剧增加,抵押贷款的质量却下降了。到 2007 年,新发行的 CDO 中超过一半与次级抵押贷款有关。因为抵押贷款是被打包在一起的,这些 CDO 的投资者被保护不用承担单笔抵押贷款的违约风险,但是,即使高等级的部分也承担了整个房屋市场下跌的风险。正是由于这个原因,这种负债被称为"经济巨灾债券"。⊜

2007 年夏天,经济大灾难爆发,当时投资银行贝尔斯登(Bear Stearns)披露,其旗下的两只对冲基金大量投资的 CDO 变得几乎没有价值。贝尔斯登在美联储的帮助下得到了救助,但它拉开了信用紧缩和 CDO 市场下滑的序幕。到 2009 年,CDO 的发行实际上消失了。㊂

市场下跌说明证券化存在本质缺陷吗?银行将抵押贷款打包、再次出售,分散了这些贷款的风险。但是,证券化的风险是,从证券化中获利甚丰的银行可能不太关心组合中的贷款是否是垃圾。㊃

24.1.4 偿债基金

回到彭尼百货债券的例子,到期时间是 2022 年,在到期前债券会定期偿还。为做到这一点,公司向偿债基金(sinking fund)中进行一系列的支付。如果支付是现金,托管人用彩票的方式来选择债券,以面值回赎。㊄另一种方式是,公司选择在市场中买入债券存入到基金中。对公司来说,这个期权很有价值。如果债券价格比较低,公司会在市场中买入债券,将其放入到偿债基金中;如果价格高,就用彩票的形式赎回债券。

一般来说,存在一个必须满足的强制性基金和一个由借款人选择来满足的选择性基金。例如,彭尼百货每年必须向偿债基金贡献至少 1 250 万美元,而可以选择继续贡献 2 500 万美元。彭尼百货的偿债基金在 10 年后开始运行,我们之前了解了,利息支付定期检验清偿能力。偿债基金是公司必须不断越过的额外障碍。这就是为什么低质量长期债券涉及更大量的偿债基金,高质量债券的偿债基金即使有的话一般规模较小。

⊖ 见 J. Matthews, "David Bowie Reinvests Himself, This Time as a Bond Issue," *Washington Post*, February 7, 1997。

⊜ J. D. Coval, J. Jurek, and E. Stafford, "Economic Catastrophe Bonds," *American Economic Review* 3 (June 2009), pp. 628-666.

㊂ 发行数据见 www.sifma.org。

㊃ 发起银行从 CDO 中获得的手续费大约在 1.5% ~ 1.75%,是银行承销投资级债券的三倍还多,在危机中很多银行自我安慰说标的抵押贷款不是垃圾,自己保留了很大部分的这些贷款。例如,见 V. Acharya and M. Richardson (eds.), *Restoring Financial Stability* (Hoboken, NJ: Wiley 2009)。

㊄ 每位投资者都梦想买下全部的偿债基金债券,这些债券低于面值卖出而公司却被迫用面值买回。用这种方式垄断市场,想想挺有意思,但很难做到。

遗憾的是，如果允许公司在市场上回购债券的话，偿债基金对清偿力的检验就比较弱。因为随着公司濒临财务困境，公司债务的市场价值下降，随着跨栏选手变得越来越弱，偿债基金作为跨栏也逐渐变低。

24.1.5　赎回条款

彭尼百货债券包含了一个认购期权，允许公司提前偿还负债。有时候，你会遇到给投资者还款期权的债券。可收回（或者可回售）债券给予投资者要求提前还款的权利，可延期债券给予投资者延长债券期限的权利。

对有些公司而言，可赎回债券提供了一种天然保险。例如，房利美和房地美向住房购买者提供固定利率的抵押贷款。利率下降时，住房购买者可能偿还他们的固定利率抵押贷款，以更低的利率借入新的抵押贷款。这严重减少两家机构的收入。因此，为了保护它们不受利息下降的影响，它们发行大量长期可赎回债券。利率下降时，通过赎回债券、用更低利率的新债券来代替这些债券，这两家机构可以降低融资成本。理想的情况是，债券少支付的利息正好抵消所减少的抵押贷款收入。

彭尼百货债券向投资者提供了10年的可赎回保护（call protection）。在这段时间里，不允许公司赎回债券。有时候，不允许公司在开始几年赎回债券，否则它会用利率更低的新债代替这些债券。有些债券发行中，赎回条款与不断提高的息票支付结合在一起。例如，美国银行发行了10年期"递增"债券（set-up bond），息票第一年开始设定为4.5%，逐渐上升到第10年的6.5%。这些越来越高的息票似乎很诱人，而其中的"圈套"是，每当息票提高时公司可以赎回债券。

公司怎么知道何时赎回债券？答案很简单：其他条件相同时，如果它想最大化股票价值，就必须最小化债券的价值。因此，如果债券的市场价值小于赎回价格，公司不应该赎回债券，否则就是给债券持有者送了礼物。同样，如果债券价格高于赎回价格，公司应该赎回债券。

当然，投资者在买卖债券时，会考虑赎回期权。他们知道一旦市场价格高于赎回价格，公司就会赎回债券，因此没有投资者愿意为债券所支付的价格高出赎回价格。因此，债券的市场价格最高达到赎回价格，而不会高于赎回价格。公司赎回债券将遵守以下法则：当且仅当市场价值达到赎回价格时才赎回债券。㊀

如果我们知道债券的价格如何随时间而变化，我们就可以修正第21章的期权估值模型，从而找到可赎回债券的价值，前提是投资者知道一旦市场价格达到赎回价格，公司将赎回债券。例如，图24-3给出了5年期8%普通债券和可比可赎回债券的价值之间的关系。假设普通债券的价值非常低，这种情况下，公司赎回债券的可能性非常小。（记住公司只有在债券价格等于赎回价格时才会赎回。）因此，可赎回债券的价值几乎与普通债券的价值是一致的。现在，假设普通债权的价值正好等于100，那么有可能公司会在某个时候赎回债券。因此，可赎回债券的价值将比普通债券低一点儿。如果利率继续下降，普通债权的价格会继续上升，但没人愿意以高于赎回价格的价格购买可赎回债券。

㊀ 当然，这假设债券定价正确，投资者行为理性，并且投资者预期公司的行为也是理性的。我们也忽略了一些复杂因素。第一，如果你受到不退款条款约束不能发行新债，你就不希望赎回债券。第二，赎回期权的成本对公司来说是可减税的费用，但对债券持有者来说作为资本利得纳税。第三，用低息票债券替代高息票债券，公司和投资者都面临其他可能的税收后果。第四，赎回和再发行会发生成本和延迟。

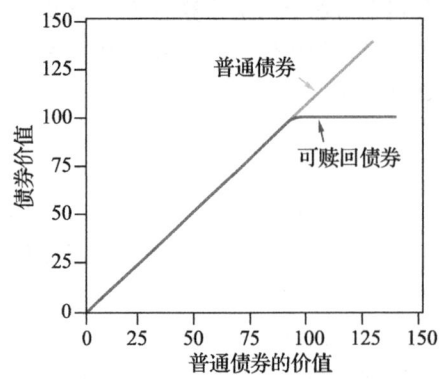

图 24-3 可赎回债券的价值与普通（不可赎回）债券的价值之间的关系。假设：（1）两只债券的息票都是 8%，到期时间都是 5 年；（2）到期前的任何时候，可赎回债券都可以按照面值赎回；（3）短期利率服从随机漫步，所有到期时间的债券的预期收益率都相等

资料来源：M. J. Brennan and E. S. Schwartz, "Savings Bonds, Retractable Bonds, and Callable Bonds," *Journal of Financial Economics* 5 (1977), pp. 67-88, 版权符号 1977.

赎回条款并不是免费的，它给了发行人一个有价值的期权，发行价格因此降低。那么，为什么公司不怕麻烦地利用赎回条款呢？一个原因是债券合约常常对公司能够做什么给予很多限制。只要公司知道如果这些限制约束力太强，就可以逃脱约束，会高兴地接受这些限制。而赎回条款提供了逃脱路径。

之前我们提到，有些债券也为投资者提供了要求提前还款的期权。可回售债券存在的主要原因是债券合约不能预测公司的每一个行动，这可能会损害债券持有者的利益。如果债券价格下降，这个认沽期权使债券持有者要求还款。

可回售贷款有时会使发行人陷入大麻烦。在 20 世纪 90 年代，很多对亚洲公司的贷款给予贷款人还款期权。结果是，1997 年亚洲金融危机爆发时，这些公司面对大量贷款人要求还款的情况。

24.1.6 债券合约

公司债券投资者知道存在违约风险，但他们仍想确保公司在公平交易，不想让公司用他们的资金赌博。因此，贷款合约一般包括很多债务约定（debt covenants），阻止公司有意增加违约期权的价值。⊖这些约定对蓝筹公司比较宽松，而对风险较高的小借款人则严格得多。

贷款人担心，他们向公司发放了贷款之后，公司可能继续借更多的负债，增加违约的可能性。他们限制公司借更多的债务，除非负债权益比低于某个特定水平，以此来保护自己避免违约风险。

不是所有的负债都是平等的。如果公司违约，高等级负债排在偿还顺序的最前面，在偿还低等级债权人之前必须全部还清。因此，公司发行高等级负债时，贷款人将限制公司进一步发行高等级负债。但是他们不会限制公司所发行的低等级负债的规模。高等级负债总是在队伍的前面，他们将低等级负债作为股权对待：他们很高兴看到公司发行低等级负债或股权。当然，相反的情况并不成立。低等级负债的债权人既关心负债的规模，也关心等级更高的负债的比例。因此低等级负债的发行常常包括对负债总额和高等

⊖ 我们在 18.3 中描述过管理者以债权人利益为代价而进行的一些游戏。

级负债的限制。

所有的债权人都担心公司发行更高等级的负债。抵押贷款债券的发行常常限制有担保债务的金额。而在发行无担保信用债券时没必要这样做。只要信用债券持有者享有同样的索取权，他们不在乎公司资产抵押了多少。因此，无担保债券通常包括所谓的消极担保条款，这个条款中，无担保债权人只是要求"我也如此"。⊖之前我们看到的彭尼百货债券包含了消极担保条款。

公司可能不通过借款来购买资产，而是签署长期协议来租用资产。对债权人来说，这跟担保负债非常相似。因此，债务合约也包括对租赁的限制。

我们已经讨论过，失德的借款人通过发行更多的负债，可以增加违约期权的价值。但这并不是公司剥削现有债权人的唯一方式。我们知道，公司支付部分资产给股东时，期权的价值减少。在极端的情况下，公司可以卖掉所有的资产，将收入作为一次丰厚的股利分配给股东。这样什么都不会给债权人留下。为避免这样的风险，负债合约会限制公司所支付的股利金额或回购股票的规模。⊜

表24-2总结了一组高等级债券发行的主要限制性条款。注意，投资级债券的限制少于高收益债券。例如，对投资级债券来说，对股利或回购的限制不常见。

表24-2 债券样本中有条款限制的比例。样本包含1993~2007年发行的4 478个高等级债券

契约类型	有契约的债券的比例	
	投资级债券	其他债券
并购限制	92%	93%
股利或其他支付限制	6	44
借款约定	74	67
违约相关事件①	52	71
控制权变化	24	74

① 例如，其他贷款的违约、评级变化或净值下降。

资料来源：S. Chava, P. Kumar, and A. Warga, "Managerial Agency and Bond Covenants," *Review of Financial Studies* 23 (2010), pp. 1120-1148，得到剑桥大学出版社的授权。

这些债务约定确实重要。阿斯奎斯和魏兹曼研究了杠杆收购对公司负债价值的影响，发现没有进一步负债、股利支付或者并购限制时，并购导致已有债券价值下降5.2%。⊜那些过度借贷受到严格限制而受到保护的债券，价格上涨了2.6%。

遗憾的是，弥补所有的漏洞不容易，正如1992年万豪集团的债权人所发现的那样。公司宣布拆分为两家独立的公司时，债权人们大怒。一家公司是万豪国际，管理万豪所有的连锁酒店，得到大部分收入，而另一家公司万豪服务则拥有公司所有的不动产，并负责偿还原公司所有负债30亿美元。结果万豪公司的债券下跌了近30%，投资者开始考虑如何保护自己避免这样的事件风险（event risk）。现在，债权人更普遍采用的做法是，坚持加入有毒认沽期权条款（poison-put clause），如果公司控制权发生变化并且债券被降级，借款人就要偿还负债。

⊖ "我也如此"不是可以接受的法律术语，而在债券合约中可能这样表达：公司"不同意对没有用于平等地按比例担保已有负债的资产的任何留置权"。

⊜ 如果股利累计超过以下之和：(1) 累计净收入，(2) 出售股票的收入或者债转股的金额和 (3) 一年的股利金额，分红限制一般会禁止公司支付股利。

⊜ P. Asquih and T. Wizman, "Event Risk, Covenants, and Bondholder Returns in Leveraged Buyouts," *Journal of Financial Economics* 27 (September 1990), pp. 195-213. 杠杆收购（leverage buyout, LBO）是通过大量负债（一般是无担保负债）融资而进行的公司收购。我们在第32章讨论LBO。

24.1.7 私募债券

彭尼百货信用债券在 SEC 注册并公开出售。公司也可以向几家金融机构私募发行债券，而私募债券的市场比公开市场要小得多。㊀

我们在 15.5 节中已经了解到，私募发行的成本低于公开债务发行，而私募债券和公开发行的债券还存在其他区别。

首先，如果你向一两家金融机构私募借贷，只需要签署一张简单的本票（promissory notes），也就是一张借据，规定借款人必须遵守的某些条件。如果公开发行债券，就要担心谁将在之后的谈判中代表债权人，偿还利息和本金时需要什么程序。因此，合同在一定程度上更复杂。

公开发行债券的第二个特征是它们在某种程度上是标准化产品，投资者在买卖时不需要检查合约中晦涩难懂的条款。而私募债券却不是这样，可以为有特别问题或机会的公司定做，借款人与贷款人的关系更密切。想想一家保险公司持有的 2 亿美元的私募债务，与同样的由 200 位匿名投资者持有的公开债务进行比较。保险公司对公司前景的调查更彻底，因此会更愿意接受特别的条款或条件。㊁

私募的这些特征使之成为公司债券市场中的特别部分，即对中小公司相对低等级的贷款。㊂这些公司公开发行的成本最高，需要最细致的调查，还需要特别的、灵活的贷款安排。

当然，私募的这些优势不是免费的，贷款人持有不流动的资产，要求更高的利率来补偿。私募与公开发行的利率差异，很难给出一般结论，典型的差别是 50 个基本点即 0.50%。

金融实践　美国鞋业公司所有者的债务变动惹恼了债权人

想象一家公司使其债券陷入技术违约，仅仅是为了在到期前赎回。一些债券分析师断言，这就是意大利陆逊惕卡集团（Luxottica Group SpA）——美国鞋业公司（U.S. Shoe Corp.）的新股东正在对美国鞋业公司的 $8\frac{5}{8}$% 债券所做的事情。

陆逊惕卡集团宣称，它的策略并不是有意伤害债券持有者，而一些分析师认为，这个策略正发展成为美国公司在到期前从投资者手中争夺高利率债券的创新方法。随着利率下降，从平常的公用事业公司到快速变化的金融公司的发行人都争先恐后地发行低息票债券，赎回高利率债券。只要这些债券是"可赎回的"，这么做通常没有问题。但是，越来越多的公司发行人利用不寻常的手段，试图赎回不可赎回的债券，即到期前不能从投资者手中夺走的证券。

债券分析师指出，美国鞋业公司今年早些时候积累了 14 亿美元的担保债务，试图使 2002 年到期的 $8\frac{5}{8}$% 债券技术违约，这是因为美国鞋业的这一债券合约中有一个几乎不被注意的条款。这一条款规定，如果公司增加担保负债，而不同时增加支持 $8\frac{5}{8}$% 债券的抵押品，使之与银行债务处于同一水平的话，这些债券就发生技术违约。

㊀ D. J. Denis 和 V. T. Mihov 估计，私募债券的价值低于总债务发行的 20%。见 D. J. Denis and V. T. Mihov, "The Choice Among Bank Debt, Non-bank Private Debt and Public Debt: Evidence from New Corporation Borrowings," *Journal of Financial Economics* 70 (2003), pp. 3-28.

㊁ 当然，同样条件的负债也可以公开发行，但需要 200 个独立的调查，这个建议成本太高。

㊂ 见 D. J. Denis and V. T. Mihov, "The Choice Among Bank Debt, Non-Bank Private Debt, and Public Debt: Evidence form New Corporation Borrowings," *Journal of Financial Economics* 70 (2003), pp. 3-28.

惹怒债券持有者的是，陆逊悌卡集团今年早些时候承担了担保负债，却不愿意担保 $8\frac{5}{8}$% 债券。现在，陆逊悌卡集团试图提前赎回债券，该公司认为，当债券发生技术违约时，根据合约它可以这样做。

"这一行为比万豪最糟糕的时候还要恶劣10倍，因为万豪没有公然违反合约。"证券分析师马克斯·霍姆斯（Max Holmes）认为。

资料来源：摘自 Anita Raghavan, "U.S. Shoe's Owners Riles Bondholders with Its Debt Moves," *The Wall Street Journal*, October 18, 1995, p. C1. Eastern Edition (Staff-produced copy only). Reprinted by permission of the *The Wall Street Journal*, copyright 版权符号 1995 Dow Jones & Company, Inc. All Rights Reserved Worldwide.

24.1.8 外国债券、欧洲债券和全球债券

彭尼百货在美国出售债券，也可以在其他国家发行债券。例如，它可以在英国出售英镑债券，或者在瑞士出售瑞士法郎债券。在另一个国家向本地投资者出售的外币债券称为外国债券（foreign bonds）。很多外国公司在美国发行债券，使之成为最大的外国债券市场。日本和瑞士也是重要的市场。外国债券有很多昵称。例如，外国公司在美国出售的债券称为扬基债券（yankee bond），外国公司在日本出售的债券称为武士债（sumurai），在瑞士出售的称为阿尔卑斯债（alpine）。

任何公司在外国从本地投资者募集资金，当然要遵守东道国的法律，受东道国金融监管当局的监督。例如，外国公司在美国公开发行债券，必须先在 SEC 注册。但是，在美国借钱的外国公司根据 SEC 的规则 144A 可以免除注册。按照规则 144A 发行的债券，只能由大金融机构买卖。⊖

公司可以不在某个国家的市场发行债券，而在国际市场上发行。以一个国家的货币计价而在这个国家之外的国际市场上出售的债券，被称为欧洲债券（eurobonds），欧洲债券通常用一种主要货币来计价，如美元、欧元或日元。例如，彭尼百货可以向全世界的投资者发行美元债券。只要发行不向美国投资者出售，它可以不用在 SEC 注册。⊜欧洲债券由国际承销商集团来出售，例如大的美国、欧洲和日本的银行和证券经纪商的伦敦分支机构。注意不要将欧洲债券（在本国监管范围之外、可以用任何币种计价的债券）与在一个欧洲国家出售的以欧元计价的债券相混淆。⊜

欧洲债券市场是20世纪60年代兴起的，因为美国政府对购买外国证券有税收要求，不鼓励美国公司输出资本。结果欧洲和美国的跨国公司被迫利用国际市场筹集资金。1974年，这一税收取消。现在，公司可以选择在纽约或伦敦发行债券，两个市场的利率通常很接近。但是，欧洲债券市场不直接受美国政府的监管，财务经理需要小心两个市场融资成本的微小差异。

现在，非常大规模的债券发行常常同时在国际市场（如欧洲债券市场）和某个国内市场发行。例如，彭尼百货可以在国际市场上出售美元债券，也在美国注册发行债券。这样的债券称为全球债券（global bonds）。

⊖ 我们在 15.5 节中讨论过规则 144A。
⊜ 但是，你不要形成欧洲债券市场不受法律约束的印象。欧洲债券合约一般要说明是适用英国还是纽约的法律。
⊜ "欧元债券（eurobond）"也用于指未来可能由欧元区政府联合发行的债券，这就更令人困惑了。

24.2 可转换证券和某些特别债券

与普通常见的债券不同,可转换证券(convertible securities)能够改变其性质。开始时是债券(或优先股),但之后可以变成普通股。例如,2014 年 3 月,美国钢铁公司(U. S. Steel)发行了 3.16 亿美元 2.75% 的高级可转换债券,2019 年到期。每份债券任何时候可以转换为 39.549 1 股普通股。因此,该可转换债券持有者拥有一个五年期的期权,可以将债券还给公司而得到 39.549 1 股普通股。每份债券可以转换的股票数称为债券的**转换比率**(conversion ratio)。美国钢铁债券的转换比率为 39.549 1。

为了得到这些股票,可转换债券的所有者必须放弃债券的 1 000 美元面值,这意味着每得到一股,所有者要放弃 1 000/39.549 1 = 25.29 美元的面值,这就是债券的**转股价格**(conversion price)。以 1 000 美元买入债券的任何投资者,将债券转换为股票,相当于支付了每股 25.29 美元,比可转换债券发行时的股价低 7%。

你可以认为可转换债券等价于普通债权加获得普通股的期权。可转换债券的持有者行使这个期权时,他们不用支付现金,放弃债券就可以换得股票。如果美国钢铁债券不能转换为股票,发行时可能价值大约 850 美元,可转换债券与等价的普通债券的价格之差代表了投资者获得转换期权的价值。例如,2014 年投资者支付了 1 000 美元购买了美国钢铁的可转换债券,支付了大约 1 000 - 850 = 150 美元得到买 39.549 1 股股票的期权。

24.2.1 可转换债券到期时的价值

美国钢铁可转换债券到期时,投资者要决定持有债券还是转股。图 24-4a 是到期时可能的债券价值。⊖注意,只要美国钢铁不违约,债券的价格就是面值。但是,如果公司资产的价值足够低,债券持有者收到的支付将低于面值,在资产价值为零的极端情况下,他们将什么也得不到。你可以将债券价值看作可转换债券价格的下限。而在公司遭遇困难时期价值下降时,债券价格价值下降,这个下限迅速下降。

图 24-4b 显示的是投资者选择转换时收到的股票的价值。如果转股时美国钢铁的资产无价值,那么转换成的股票也没有价值。但是,随着资产价值的上升,转股价值也上升。

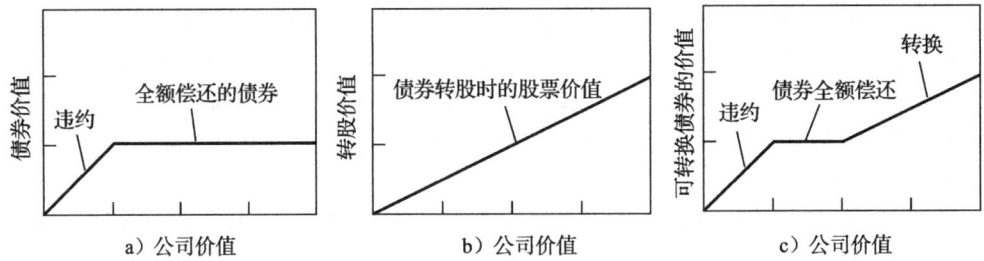

图 24-4 a) 美国钢铁可转换债券到期时的债券价值。如果公司价值至少等于美国钢铁债券的面值,债券就以面值偿付。b) 到期时的转股价值。如果转股,可转换债券的价值随公司价值而上升。c) 到期时可转换债券的持有者可以选择得到债券偿付或者转换成普通股。可转换债券的价值因此等于债券价值和转股价值中的高者

⊖ 你可能看出来了,此图就是无违约风险的债券减去行权价格为债券面值的认沽期权的头寸图。见 23.2 节。

美国钢铁可转换债券不可能低于其转股价值（conversion value）。如果低于转股价值，投资者将买入可转换债券，迅速转换成股票，然后出售股票。他们的利润等于转股价值与可转换债券价格之差。因此，可转换债券的价格有两个下限：其债券价值和其转股价值。如果可转换债券作为债的价值更高，投资者不会转股；如果到期时转股价值高于债券价值，投资者就会转股。也就是说，到期时可转换债券的价格由图 24-4a 和图 24-4b 中更高的线来代表，如图 24-4c 所示。

24.2.2 强迫转换

对很多可转换债券来说，当股票价格高于转股价格大约 30% 以上时，发行人拥有以面值买回债券的期权（认购期权）。㊀如果公司宣布赎回债券，投资者立即转股才是合理的。因此，认购期权可以强迫转股。

我们之前已经了解，赎回债券不影响公司这个"馅饼"的整体大小，但影响每部分"馅饼"的大小。如果可转换债券可赎回，通过强迫转换并终止债券持有者的期权，公司可以最小化债权人那部分"馅饼"。㊁

24.2.3 公司为什么发行可转换债券

一位投资银行家找到你，急切地建议你公司发行转股价格高于当前股价的可转换债券。她指出，投资者会愿意接受可转换债券较低的收益率，因此可转换债券比普通债券"成本更低"。㊂你发现，如果你公司的股票表现如你所希望的那样，投资者将转股。"很好！"她回答说，"这种情况下，你就以高于当前的股价出售了股票。这是个双赢的机会。"

这位投资银行家说的对吗？可转换债券是"低成本负债"吗？当然不是。它们是普通债权和期权的组合。投资者愿意为可转换债券支付的更高价格代表了他们投资的期权价值。只有价格高估了期权价值时，可转换债券才会"成本低"。

发行可转换债券代表以有吸引力的价格延迟出售股票，这个理由怎么样？可转换债券给予投资者放弃债券而购买股票的权利。㊃债券持有者可能会这样做，也可能不会。这样，发行可转换可能相当于延迟发行股票，但如果公司需要股权资金，用可转换债券来得到股权资金的方式是不可靠的。

约翰·格雷厄姆和坎贝尔·哈维认真调查了发行可转换债券的公司。58% 的被调查公司的高管考虑过，可转换债券是一种成本不高的"延迟"发行普通股的方式。42% 的公司认为可转换债券的成本低于普通债券。㊄从表面上判断，这些理由没有意义。但我

㊀ 2017 年开始，美国钢铁可转换债券可以按面值赎回。
㊁ 如果可转换债券的利息支付低于转股后多支付的股利，财务经理可能延迟赎回。这种推迟将减少对债权人的现金支付。如果财务经理赎回，也不会损失什么。注意，如果能够增加收入，投资者会主动转股。
㊂ 她甚至会告诉你，几家日本公司发行的可转换债券是负收益率，投资者为了持有债券，实际要付钱给公司。
㊃ 这与已经拥有股票加上出售股票购买可转换债券的权利完全相同。也就是说，不要将可转换债券看作债券加上认购期权，你可以将它看作股票加上认沽期权。现在，你就能够理解为什么将可转换债券看作等同于出售股票是错误的了，它应该等于出售股票和一份认沽期权。如果投资者可能想继续持有股票，这份认沽期权就有价值。
㊄ 见 J. R. Graham and C. R. Harvey, "The Theory and Practice of Finance: Evidence from the Field," *Journal of Financial Economics* 61 (2001), pp. 187-243。

们怀疑这些措辞浓缩了一些更复杂和理性的动机。

注意，可转换债券一般由规模较小和更具投机性的公司发行。这些债券几乎总是无担保债券，一般为次级债务。现在，从潜在投资者的立场考虑。一家公司拥有未经尝试的产品线，想发行低等级无担保债务，这家公司找到了你。你知道，如果一切顺利，你将拿回自己的钱，否则将什么也得不到。因为公司从事的是新业务，遇到麻烦的可能性很难估计。因此，你不知道合理的利率是多少。你也会担心，一旦发放了贷款，管理层会承担更多风险。它可能发行更多高等级负债，或者可能进行业务扩张，用你的钱孤注一掷。事实上，如果你收取更高的利率，你就是在鼓励发生这些事情。

管理层如何做才能让你不错误估计风险、向你保证它的意图是可信的？简化地说，它可以让你参与进来。只要你共享盈亏，你就不在意公司承担预期以外的风险。㊀每当评价债务风险的成本特别高时，或者每当投资者担心管理层不顾及债权人利益时，可转换债券特别有意义。㊁

对面临大量资本支出的快速成长的公司来说，可转换债券相对低的息票利率也是一种便利。㊂它们可能愿意提供转换期权，减少因偿还负债而立刻发生的现金需求。没有这个期权，投资者会要求特别高的（承诺）利息来补偿违约概率。这不仅使公司仍要募集更多的资本来偿还负债，还增加了财务困境的风险。矛盾的是，投资者试图保护自己免于违约，实际却增加了公司的还债负担，反而增加了财务困境的可能性。

24.2.4 可转换债券的估值

我们看到，可转换债券等同于债券和购买股票的期权的组合。这意味着我们在第 21 章描述的期权估值模型也可以用来评估转换期权的价值。这里我们不想重复那些材料，但我们应该提醒的是，评估可转换债券的价值时需要注意三个难点：

1. 股利。如果你持有普通股，会收到股利。持有转换为普通股的期权的投资者不会得到这些股利。事实上，每次支付股利时，可转换债券的持有者都会遭受损失，因为股利减少了股价，从而减少了转换期权的价值。如果股利足够高，在到期前转换，获取额外的收入，可能是值得的。我们在 21.5 节中说明了股利支付如何影响期权价值。

2. 稀释。因为转股增加了发行在外的股票数量，第二个复杂问题就产生了。行权意味着每位股东拥有的公司资产和利润的比例都减少了。㊃对交易性期权，从来不会产生稀释的问题。如果你通过期权交易所购买期权，然后行权，发行在外的股票数量不受影响。

3. 债券价值的变动。投资者转股时放弃债券。期权的行权价格就是他们所放弃的债

㊀ 在上面提到的调查中，44% 的被调查者报告，他们的决策中的一个重要因素是，对那些对公司风险程度不确定的投资者来说，可转换债券很有吸引力。

㊁ 公司很小或者负债信用评级低时，风险更有可能发生变化。因此，我们应该发现，这样的公司的可转换债券向持有者提供更大比例的股票所有权。实际情况确实如此，见 C. M. Lewis, R. J. Rogalski, and J. K. Seward, "Understanding the Design of Convertible Debt," *Journal of Applied Corporate Finance* 11（Spring 1998），pp. 45-53。

㊂ 当然，公司也可以发行股权而不是发行普通债券或可转换债券。但是，发行可转换债券向投资者传递的信号要好于发行普通股。正如我们在第 15 章中解释过的，股票发行的公告引起对高估的担忧，通常会使股价下跌。可转换债券混合了负债和股权，传递的信号不那么消极。如果公司可能需要股权，它发行可转换债券，并希望有机会股价上升足够多而发生转股，公司的这一意愿也传递了对未来的信心。见 J. Stein, "Convertible Bonds as Backdoor Equity Financing," *Journal of Financial Economics* 32（1992），pp. 3-21。

㊃ 公司在财务报表中说明额外发行新股对盈利的影响，来确认稀释的概率。

券的价值。但是，这个债券价值并不是常数。如果发行时债券价值低于面值（通常是这样），随着到期日临近债券价格可能会变化。债券价值也随着利率的变化和公司信用状况的变化而变化。如果存在违约的可能性，投资者甚至不能确定到期时的债券价值。第21章中，我们没有考虑行权价格不确定的问题。

24.2.5 可转换债券的变异：债券—认股权证组合

公司有时候不发行可转换债券，而是出售普通债券和认股权证的组合。认股权证是长期认购期权，给予投资者购买公司普通股的权利。例如，每份认股权证使持有者在以后5年中的任何时候以50美元购买一股股票。显然，认股权证持有者希望公司股价上涨，这样他们可以行使认股权证获利。但是，如果公司股价低于50美元，持有者选择不行权，认股权证到期作废。

可转换债券是普通债券和期权的组合，发行债券和认股权证也包括了普通债券和期权。但它们有一些不同：

1. 认股权证一般私募发行。债券与认股权证的组合在私募中更常见，而大部分可转换债券都是公开发行的。

2. 认股权证可以分离。你购买可转换债券时，债券和期权是捆绑在一起的。你不能分别出售，这可能不太方便。如果纳税要求或对风险的态度使你倾向于投资债券，你不想也持有期权。认股权证有时也不能分离，但一般情况下你可以保留债券而卖出认股权证。

3. 认股权证行权需要现金。可转换债券进行转换时，是将债券转换为普通股。而认股权证行权时，你一般要拿出额外的现金，尽管偶尔你也不得不放弃债券或者可以选择放弃债券。这意味着债券—认股权证组合和可转换债券对公司的现金流和资本结构有不同的影响。

4. 债券和认股权证的组合的纳税可能不同。认股权证和可转换债券存在税收的不同。假设你在考虑是否以面值100发行可转换债券。你可以将可转换债券看作价值90的普通债券和价值10的期权的组合。如果你分别发行债券和期权，IRS会认为债券是折价发行的，价格在存续期内上升10个点。IRS允许你作为发行人将未来的价格的增加分布在债券的存续期内，从纳税利润中扣除。IRS也将债券价格的增加看作债券投资者的可纳税收入。因此，发行债券和认股权证的组合，而不是可转换债券，可以减少发行公司的纳税，增加投资者的纳税。

5. 认股权证可以单独发行。认股权证不一定要和其他证券组合一起发行。它们经常作为投资银行承销服务的报酬。很多公司也给予高管购买股票的长期期权。这些高管股票期权一般不称为认股权证，但实际就是认股权证。公司也可以直接出售认股权证给投资者，尽管它们很少这样做。

24.2.6 债券市场的创新

国内债券和欧洲债券、固定利率和浮动利率债券、付息债券和零息票债券、可赎回债券和可回售债券、普通债券和可转换债券——你会认为这给了你所需要的选择。然而新型债券似乎每天都在发行。表24-3列出了近年来发明的一些更有趣的债券。㊀本章前

㊀ 创新产品更全面的罗列，参考 K. A. Carrow and J. J. McConnell, "A Survey of U. S. Corporate Financing Innovations：1970-1997," *Journal of Applied Corporate Finance* 12 (Spring 1999), pp. 55-69.

面我们引用了"鲍伊债券"作为资产支持证券的一个例子，第 26 章我们将讨论巨灾债券，其收益率与自然灾害的发生联系在一起。

表 24-3　债券设计创新的一些例子

资产支持证券	很多小额贷款组合在一起，再次作为债券出售
巨灾（CAT）债券	发生特定自然灾难的情况下，支付减少
或有可转换债券（coco）	公司价值下降时，自动转换为股权的债券
股权关联债券	支付与股票市场指数的表现有关
流动收益率期权票据（LYON）	可回售、可赎回、可转换的零息票债券
长寿债券	如果死亡率下降，债券的支付将增加
死亡债券	如果死亡率上升，债券的支付将减少或取消
实物偿付债券（PIK）	发行人可以选择用现金支付利息或者用等面值的债券来支付
信用敏感债券	息票利率随公司信用评级的变化而变化
反向浮动利率债券（收益率曲线票据）	浮动利率债券，息票利率随其他利率的下降而上升，随其他利率的上升而下降
递增债券	息票支付随时间而增加的债券

有些金融创新看起来很少或没有什么经济目的，可能也就是昙花一现。例如，20 世纪 90 年代末美国曾出现**浮动价格可转换债券**（floating-price convertibles），其更流行的名称是**死亡漩涡**（death-spiral）或有毒的可转换债券。死亡漩涡可转换债券发行时，转股价格设定为低于当前股价。另外，每份债券不是转换为固定数量的股票，而是固定价值的股票。因此，股价下降得越多，可转换债券持有者有权拥有的股票数量就越多。对普通可转换债券来说，公司资产价值下降，转股期权的价值也下降，因此可转换债券持有者分担了股东的部分损失。而对死亡漩涡可转换债券来说，债券持有者有权利拥有固定价值的股票，因此资产价格下降的损失全部由普通股股东承担。死亡漩涡可转换债券，主要由已经极度窘迫的公司发行，如果发行人没能复苏，它就自食其果。在美国市场经历了最初的火爆之后，死亡漩涡可转换债券现在似乎已经被扔进了不成功创新的垃圾堆。

很多其他发行似乎有更明显的目的。以下是创造新证券的一些重要动机：

1. 投资者选择。有时候，创造新的金融工具是为了增加投资者的选择。经济学家称这些证券"使市场完全"。法国保险公司 SCOR2013 年所发行的 1.8 亿美元**死亡债券**，其背后的思想就是如此。寿险公司的重大风险之一就是导致死亡率急剧上升的流行性疾病或其他灾难。SCOR 的债券因此向投资者提供更高的利率，来补偿他们所承担的部分这类风险。如果美国的死亡率连续两年特别高，债券持有者将失去全部投资。

养老金与保险公司的情况刚好相反，它们担心的是养老金计划的成员在很老的时候还继续取出养老金。投资银行家因此设计了**长寿债券**（longevity bonds），如果特别高比例的人口的寿命超过一个特定的年龄，长寿债券将支付更高的利率。持有这些债券的养老金将受到保护，防止寿命非预期增加而遭受损失。⊖

死亡债券和长寿债券拓宽了投资者的选择，使保险公司和养老金保护自己免受死亡率反向变动的影响，在市场范围内广泛地分散风险。

2. 政府监管和税收。默顿·米勒（Merton Miller）将新的政府监管和税收措施描述为"牡蛎中的沙子"，它们激发新型证券设计。例如，我们已经看到，由于美国政府对购买

⊖ 法国巴黎银行 2004 年尝试发行了 10 亿美元长寿债券，但吸引买家很困难。而现在存在非常活跃的长寿互换市场，长寿互换的买方得到针对寿命普遍提高的保险。（我们将在第 26 章讨论互换。）

外国证券征税，欧洲债券市场产生了。

资产支持债券是另一个监管激励所产生的市场的例子。为了减少破产的可能性，银行贷款组合的一部分必须用股权资本来支持。很多银行将它们的贷款或信用卡应收款打包，作为债券出售，这样就能够减少需要持有的资本。银行监管者对此很担心，他们认为银行会卖掉风险最高的贷款而保留最安全的贷款。因此，他们引入新的监管规则，将资本要求与贷款的风险联系在一起。

3. 降低代理成本。我们已经知道，可转换债券可以降低代理成本。下面是另一个例子。世纪之交时，投资者对电信公司的巨额支出计划感到担心。因此，当2000年德国电信巨头德意志电信公司（Deutsche Telecom）决定出售150亿美元债券时，它向投资者提供了一个保证条款。根据该条款，如果债券被穆迪或标普降到投资级以下，德意志电信必须将息票利率增加50个基点。德意志电信公司的信用敏感债券保护了投资者，防止公司未来可能试图负债更多来剥削已有债权人。

下面是第三个例子，说明债券设计可以帮助解决代理问题。银行家喜欢负债超过股权。问题是银行遭遇困境时，股东会拒绝投入更多的资本来救助银行。对银行的建议是发行或有可转换债券（contingent convertible bonds，简称coco）。如果银行遇到麻烦，这些债券可以自动转换为股权。例如，2011年瑞士信贷（Credit Suisse）发行了60亿瑞士法郎的coco。如果瑞士信贷的资本下跌到指定水平，coco转换为股权，降低银行的杠杆。

创造这些新金融工具只是成功的一半。另一个问题是如何有效地生产出来。想想吧，将几亿美元的贷款和应收款打包，并将现金流分配给大量投资者，这其中所遇到的问题。这需要良好的计算机系统。也需要进行交易结构设计，如果发行人破产，应收款不能作为破产财产。这还要依赖经得起争议考验的法律架构。

24.3 银行贷款

债券一般是长期贷款，多半是借款公司公开出售的。现在来考察更短期的负债。短期负债一般不公开发行，大部分由银行提供。典型债券的到期时间为10年，而银行贷款一般3年内偿还。⊖当然，这些数字有很大的差异。

在美国，银行贷款作为融资渠道的重要性不如债券市场，而对很多小一些的公司来说，银行贷款是唯一的负债渠道。银行贷款有很多种，它们在以下方面存在区别。

24.3.1 承诺

公司有时候会等到需要资金时才去申请银行贷款，但美国的银行发放的商业贷款中，大约90%是承诺贷款。公司得到一个信用额度，银行贷款不超过这一额度。这一信用额度可以是没有固定到期期限的**永久性信用**（evergreen credit），但更常见的是固定到期期限的**循环信贷**（revolving credit，或revolver）。另一个常见的安排是364天融资便利，公司可以在未来一年内，根据所需现金的变化，借款、还款和再借款。⊜

信用额度相对成本高，除了支付借款的利息，公司必须支付承诺费，大约为未使用

⊖ 见 D. J. Denis and V. T. Mihov, "The Choice Among Bank Debt, Non-Bank Private Debt, and Public Debt: Evidence from New Corporate Borrowings," *Journal of Financial Economics* 70 (2003), pp. 3-28.

⊜ 银行最早推出364天融资便利，是因为对一年以内的承诺贷款，银行不需要保留资本。

信贷额度的 0.25%。支付这些额外成本后公司得到了有价值的期权：它保证获得银行资金，成本为一般利率水平加固定的利差。

信用额度的使用不断增加，改变了银行的角色，它们不再仅仅是贷款人，还充当了为公司提供流动性保险的角色。

24.3.2 到期时间

很多银行贷款只有几个月。例如，公司需要短期**过桥贷款**（bridge loan），用于购买新设备或收购另一家公司。这种情况下，在购买完成和长期融资到位之前，贷款充当了临时性的融资。为暂时增加库存融资，经常利用短期贷款。这样的贷款被描述为**自偿性**（self-liquidating）贷款，也就是说，货物的销售提供了偿还贷款的现金流。

银行也提供较长期的贷款，称为**定期贷款**（term loans）。定期贷款的到期时间一般为四到五年。在这段时间内，贷款一般是等额还款，而有时候发生最后一笔大额"气球（balloon）"支付，或到期时一次性（bullet）支付。银行可以提供与借款人的预期现金流相匹配的精确的还款模式。例如，第一笔还款可以延迟到一年以后新工厂完工。定期贷款在到期前可以重新协商。如果借款人是老客户，信用良好，并且做出改变的商业理由充分，银行很愿意这样做。[⊖]

24.3.3 利率

大部分短期银行贷款都是固定利率，通常用折扣率来报价。例如，如果一年期贷款的利率表述为 5% 的折扣率，借款人一年后还 100 美元，现在可以收到 100 − 5 = 95 美元。这笔贷款的收益率不是 5%，而是 5/95 = 0.0526，即 5.26%。

对较长期的银行贷款，利率通常与一般利率水平挂钩。最常用的基准是 LIBOR、联邦基金利率[⊖]或者银行优惠利率。因此，如果利率为"LIBOR 加 1%"，LIBOR 为 4% 时，借款人第一个三个月支付 5%；LIBOR 为 5% 时，借款人接下来的三个月支付 6%，以此类推。专栏"金融实践：LIBOR"描述了 LIBOR 是如何确定的以及它与国库券收益率的关系。

金融实践　LIBOR

伦敦，每天上午 11：00 左右，一组主要的银行提供各自愿意从其他银行借入一定规模的资金时所支付的利率的估计值。它们提供七种不同到期时间的利率估计值，从隔夜到一年。在每种情况下，最高和最低的四分之一的估计值被去掉，剩下的平均起来，就是著名的 LIBOR。最常用的 LIBOR 利率是借美元的利率，其他四种货币——欧元、日元、英镑和瑞士法郎的一组 LIBOR 也是这样产生的。LIBOR 利率由 ICE 基准管理机构发布。[⊜]

[⊖] 一个对私人贷款协议的研究发现，超过 90% 的贷款在到期前重新协商。在大多数情况下，并不是因为财务困境。见 M. R. Roberts and A. Sufi, "Renegotiation of Financial Contracts: Evidence from Private Credit Agreements," *Journal of Financial Economics* 93 (2009), pp. 159-184。

[⊖] 联邦基金是银行互相拆借超额准备金的利率。

[⊜] 对欧元存款的情况，欧洲银行业联合会计算一个替代性指标，称为 Euribor。你可以在 http://research.stlouisfed.org/fed2/series/TEDRATE 中找到 LIBOR 的历史数据，以及在 www.euribor.org 中找到 Euribor 的历史数据。

图 24-5 画出了三月期国债利率与 LIBOR 的利差,这个利差被称为 TED 利差。多年来,TED 利差一般不超过 50 个基点 (0.5%),但是 2008 年急剧扩大,一度达到 360 个基点 (3.6%)。突然之间,银行贷款的利率基准选择开始变得非常重要了。

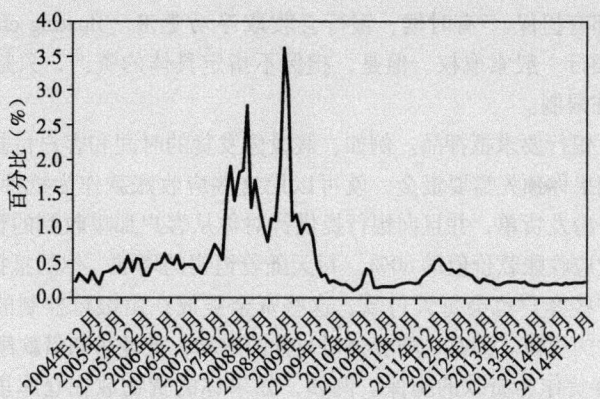

图 24-5 三月期国债利率与 LIBOR 的利差(TED 利差)的月末值(2004 年 12 月~2014 年 12 月)
资料来源:圣路易斯联邦储备银行。

24.3.4 银团贷款

有些银行贷款和信用额度对一位贷款人来说,规模太大。这些情况下,借款人支付安排费用给一家或多家牵头银行,然后牵头银行把贷款或信用额度分配给银团中的每家银行。㊀例如,2011 年克莱斯勒需要借款 75 亿美元,来偿还从美国和加拿大政府得到的贷款。它通过 32 亿美元债券、30 亿美元定期贷款和 13 亿美元循环信贷的组合来募集了资金。美银美林、花旗银行、高盛和摩根士丹利安排了这一借款组合。定期贷款的期限为 5~6 年,利率为 LIBOR 加 4.75%。另外,克莱斯勒还要支付循环信贷未借部分的 0.75% 作为承诺费。

银团贷款安排人充当贷款的承销商,对贷款进行定价,将贷款推销给其他银行,可能还要保证承担卖不掉的部分。安排人第一步要做的是准备信息备忘录(information memo),向潜在的贷款人提供贷款信息。然后在贷款最后定价和销售给感兴趣的买家之前,安排人的银团部门会尽力打探对该交易的兴趣如何。如果借款人的信用良好,或者安排银行信誉特别好,大部分的贷款可能被分配出去。在其他情况下,安排银行可能需要在自己的账户上保留很大比例的贷款,以此证明它对该交易的信心。㊁

银行贷款过去是不流动的,一旦银行发放了贷款,就要一直留着。现在不再是这样了,贷款需求过多的银行可以将部分已有贷款出售给其他机构,这个问题解决了。例如,大约 20% 的银团贷款之后都被卖掉了,《华尔街日报》每周都会报告贷款出售情况。㊂

㊀ 对蓝筹公司的标准贷款,银行贷款的安排费用可以低至 10 个基点,而一家高杠杆公司的复杂交易,可高达 250 个基点。对银团贷款市场的综述,见 S. C. Miller, "A Guide to the Syndicated Loan Market," Standard & Poor's, September 2005 (www.standardandpoors.com),以及 B. Gadanecz, "The Syndicated Loan Market: Structure, Development and Implications," *BIS Quarterly Review*, December 2004, pp. 75-89 (www.bis.org)。

㊁ 见 A. Sufi, "Information Asymmetry and Financing Arrangements: Evidence from Syndicated Loans," *Journal of Finance* 62 (April 2007), pp. 629-668。

㊂ 贷款出售一般采用以下两种方式之一:分配(assignments)和参与(participations)。前一种方式下,贷款的一部分在借款人同意的情况下被转移。第二种方式下,牵头银行维护与借款人的关系,但同意将收到的现金流的一部分支付给贷款的买方。

24.3.5 担保

如果银行关心公司的信用风险,它会要求公司给贷款提供担保。较长期的贷款非常普遍,一半以上都有担保。⊖有时候,银行会收取浮动费用(floating charge)。如果公司违约,担保给予银行一般索取权。但是,担保不指定具体的资产,只是对公司如何处置这些资产设置少许限制。

更普遍的是,银行要求抵押品。例如,假设你发货的时间和客户付款的时间之间存在长时间的延迟。如果你预先需要资金,就可以用这些应收账款作为抵押品来借款。首先,你必须要给银行一份发货单,并且向银行提供针对你从客户那里收到的资金的索取权。然后,银行最多贷款应收账款价值的80%。每天随着销售的增加,你的抵押品在增加,你可以借更多的钱。有些客户也会每天付款。这些资金被放在由银行控制的特别抵押品账户中,定期减少贷款的规模。因此,随着公司业务的波动,抵押品和借款额也在变化。

你还可以用存货作为贷款的担保。例如,如果你的货物放在仓库里,你需要找一家独立的仓储公司,让它向银行提供一份收据,说明这些货物是以银行的名义持有的。银行一般会愿意最多贷款这些存货价值的50%。贷款偿还以后,银行归还仓库收据,你就可以随意移动这些货物了。⊜

银行对接受的担保自然是挑剔的,它们要确定违约时可以识别并出售抵押品。它们很高兴对一仓库不易损坏的标准产品进行贷款,而瞧不上一仓库成熟的卡蒙贝尔奶酪。

银行还要确定抵押品是安全的,借款人不会卖掉该资产卷款而逃。以下是一桩色拉油诈骗案中所发生的。51家银行和公司向联合天然植物油精炼公司(Allied Crude Vegetable Oil Refining Corporation)贷款近2亿美元,公司同意以装满了高价值色拉油的储油罐作为担保。遗憾的是,检查草率没能发现储油罐中装的是海水和泥浆。欺诈被发现之后,联合天然植物油精炼公司的总裁进了监狱,51家贷款人被冷落一旁,寻找它们的2亿美元。

24.3.6 债务合约

我们在前面了解到,债券发行包含一些条款,限制公司采取增加债券风险的行动。对公开发行的债券,这些限制经常是温和的。对私下募集的负债,合约通常要也严格得多。因为私募债务对借款人看得相当紧,违反合约的事情时有发生。这不像听起来那样不幸,只要借款人财务状况良好,贷款人调整一下合约条款就可以了。只有在继续违反合约的情况下,贷款人才会选择采取比较激烈的措施。

银行贷款和私募债券合约主要有三种。⊜第一种也是最常见的合约,对净收入中用于支付股利的比例设置上限。第二种合约,称为清扫(sweeps),如果借款人大规模出售资产或大量发行负债,要求借款人必须偿还全部或部分贷款。第三种合约对关键财务指标设置条件,例如借款人的负债率、利息保障倍数和流动比率。

⊖ 每个季度对美国银行的商业信贷条款的调查结果,都发表在美联储公告中(见 www.federalreserve.gov/releases/F2)。

⊜ 将存货保存在仓库中并不总是可行的。例如,汽车经销商需要在展厅中展示汽车。解决方法是签署底价协议(floor-planning arrangement),财务公司或银行拥有汽车的所有权,直到汽车被售出。汽车出售以后,收入被用来偿还贷款。利息或"底价费(floor charge)"取决于汽车在展厅中放了多久。

⊜ 私募债务中的贷款合约的分析,见 M. Bradley and M. R. Roberts, "The Structure and Pricing of Corporate Debt Covenants," *Quarterly Journal of Finance* 5 (June 2015), pp. 1-37.

24.4 商业票据和中期票据

24.4.1 商业票据

银行从一组公司和个人手中借入资金,再借给另一组。它们通过向借款人收取比给贷款人的更高的利率来盈利。

有时候,有银行在中间很方便,免去了贷款人寻找借款人、评价借款人信用的麻烦,也免去了借款人寻找贷款人的麻烦。储户不关心银行贷款给谁,他们只要搞清楚银行整体上是安全的就可以了。

也有一些场合,不值得付钱给中介来行使这些功能。著名大公司发行自己的短期无担保债券,可以绕过银行体系。这些债券称为**商业票据**(commercial paper, CP)。金融机构,如银行持股公司和财务公司,⊖也发行商业票据,有时候发行规模非常大。例如,2014年通用电气资本公司(GE Capital Corporation)发行了250亿美元的商业票据。商业票据的主要发行人成立了自己的市场部门,直接出售票据给投资者,经常利用网络来销售。小一些的公司通过交易商来出售,交易商销售票据收取一定的费用。

美国的商业票据期限最长为九个月,而大部分商业票据期限在60天以内。买方一般持有到期,而出售票据的公司或交易商通常愿意提前回购。

商业票据不是无风险的。2001年加州陷入能源危机时,南加州爱迪生电力公司(Southern California Edison)和太平洋煤气与电力公司(Pacific Gas and Electric)的14亿美元商业票据发生了违约。2008年,雷曼兄弟(Lehman Brothers)申请破产时有30亿美元发行在外的商业票据。但是,这样的违约很少见。大部分商业票据是由高信用等级的全国著名公司发行的,⊜为支持它们的发行,发行人一般与银行安排备用信用额度,保证偿还票据时能够找到资金。⊜

因为投资者不愿意购买不具有最高信用评级的商业票据,公司不能总是依赖商业票据市场得到它们需要的短期资本。例如,信用评级机构降低了福特和通用汽车的商业票据的评级后,它们都被迫大量减少了票据出售。福特信用公司(Ford Credit)在2000年末有450亿美元无担保商业票据,而在2011年实际上已经没有了。

2008年9月雷曼兄弟申请破产时,商业票据市场暴跌。商业票据和国库券的利差翻倍,而市场完全对低等级发行人关闭了。很多公司发现自己被踢出了商业票据市场,争先恐后地利用它们的银行信用额度。例如,酒店巨头万豪集团的CFO报告说,公司使用了9亿美元的信用额度,因为它"决定审慎地"补充严重下降的商业票据的流动性。没有这样的替代负债来源的公司被迫削减投资计划。⑲直到美联储宣布大量购买高等级

⊖ 银行持股公司是同时拥有银行和非银行子公司的公司。
⊜ 穆迪、标普和惠誉发布商业票据的质量评级。例如,穆迪提供三个等级的评级,从P-1(即优惠1,最高等级的票据)到P-3。大多数投资者不愿意购买评级低的票据。例如,货币市场基金基本限制在持有P-1票据。
⊜ 对高等级发行人来说,信用额度一般占票据发行量的75%,而对低等级发行人为100%。如果公司不遵守银行合约,就不能利用这一信用额度。因此,低等级公司需要用不可撤销信用额度来支持它们的票据。
⑲ 关于公司对票据市场崩溃的反应,分析见 P. Gao and H. Yun, "Commercial Paper, Lines of Credit, and the Real Effects of the Financial Crisis of 2008: Firm-Level Evidence from the Manufacturing Industry," working paper, University of Notre Dame, 2010。

票据的计划，票据市场才开始恢复正常。

除了无担保商业票据，还有资产支持商业票据（asset-backed commercial paper）市场。这种情况下，公司将资产出售给特殊目的机构，由它们来发行商业票据。例如，随着汽车公司减少出售无担保商业票据，它们越来越依赖由公司的应收账款担保的资产支持票据。顾客付款后，现金转付给票据的持有者。

2007 年，资产支持票据几乎占了商业票据市场的一半，但是很多银行设立了用资产支持票据融资而投资于抵押贷款支持证券的结构化投资工具（SIV）之后，资产支持票据的弱点浮出水面。因为商业票据的买方承担信用风险，银行关注标的抵押贷款质量的动机变弱。一旦这些贷款的质量非常低的事实清楚了，很多 SIV 发现不可能为到期的票据进行再融资了，它们也就发生了违约。

24.4.2 中期票据

只要在 270 天内到期，新发行的证券就不需要在 SEC 注册。因此，通过限制商业票据的到期时间，公司可以避免注册带来的延迟和产生的费用。但是，大型蓝筹公司也定期发行无担保**中期票据**（medium-term notes，MTN）。

你可以将 MTN 看作公司债券和商业票据的混合体。像债券一样，它们是相对长期的工具，到期时间不会少于 270 天，但一般少于 10 年。⊖另一方面，它们又像商业票据，不需要承销，而是定期出售，通过交易商或者偶尔也直接出售给投资者。交易商在这些 MTN 的二级市场中提供支持，随时准备在到期前把票据买回来。

像财务公司这样的借款人，总是需要现金，特别喜欢 MTN 的灵活性。例如，公司可以告诉它的交易商本周所需募集的资金规模、到期时间的范围和愿意支付的最高利率。然后交易商负责寻找买家。投资者也可以向交易商之一提出他们自己的条件，如果这些条件被接受，交易就达成。

本章总结

现在，你应该对发行债券时所处的艰难境地有合理的认识了吧。公司与受托人之间的契约规定了具体的债券条款，但主要的条款都总结在发行的招股说明书中。债券合约说明债券是高级还是次级，有担保还是无担保。大部分债券都是无担保债券，这意味着它们是对公司的一般索取权。主要的例外是公用事业抵押债券、抵押信托债券和设备信托凭证。违约的情况下，这些债券的受托人可以获得公司资产来偿还负债。公司有时利用资产支持证券筹集资金，就是将资产打包在一起，出售这些资产的现金流。

有些长期债券有偿债基金，这意味着公司每年必须预留足够的资金来收回特定数量的债券。偿债基金降低了债券的平均期限，是对公司偿债能力的年度检验。因此，偿债基金保护债券持有者免于违约风险。

长期债券可以在到期前赎回，赎回债券的期权可能非常有价值。如果利率下降，债券价值上升，你可以赎回市场价格远远高于赎回价格的债券。当然，如果投资者知道你会赎回债券，赎回价格就充当了市场价格的上限。因此，你的最佳策略是市场价格一达到赎回价格就立即赎回债券，不可能有比这更

⊖ MTN 注册偶尔可能用来发行期限长得多的债券。例如，迪士尼公司甚至利用 MTN 项目发行了一只 100 年的债券。

好的了。

贷款人通常设法阻止借款人采取会损害贷款价值的行动。以下是债务合约的一些例子：

1. 贷款合同会限制公司额外负债；
2. 无担保贷款会包含消极担保条款，限制公司担保额外的负债而不平等地对待现有无担保债券；
3. 贷款人会限制公司的股利支付或股票回购。

在美国公开市场发行债券，必须在SEC注册。如果债券是向数量有限的投资者发行的，就是私募债券。也可以在外国债券市场或欧洲债券市场发行债券。欧洲债券是国际银行和证券交易商伦敦分部同时在多个外国出售的债券。

大部分债券从开始到结束都是债券，但可转换债券给所有者将债券转换为普通股的选择权。转换比率是每份债券可以转换成的股票的股数。你可以认为可转换债券等同于普通债权加股票的认购期权。有时候，公司不发行可转换债券，而决定发行债券和购买股票的期权（或认股权证）的组合。如果股票价格超过行权价格，投资者就会保留债券，而用现金来对认股权证行权。

存在各种不同的债券，新型债券几乎每天都会出现。通过自然选择的过程，这些新债券中有些变得很受欢迎，甚至取代了已有的品种。其他则昙花一现，仅满足了人们的好奇心。有些创新的成功是因为它们扩大了投资者选择或者降低了交易成本，其他原因则源于税法和政府监管。

很多公司，特别是较小的公司，从银行获得融资。银行贷款期限通常比债券期限短。大部分银行贷款采用承诺的形式，公司支付承诺费，保留信用额度，它们需要资金的时候随时取出。很多银行贷款都是固定利率的短期贷款，较长期的银行贷款利率一般与LIBOR或其他利率指数关联。银行贷款如果额度太大，一家银行难以提供，就常常由银团来提供。银行贷款常用的担保方式是抵押，抵押品包括应收账款、存货或证券。贷款合约一般比债券要严格。

对很多大公司来说，商业票据和中期票据是比银行贷款便宜的融资来源。它们可以直接出售或者通过交易商出售给贷款人。商业票据可以无担保，也可以用资产来支持。中期票据是债券和商业票据的混合体，它们的期限比商业票据长，也用类似的方式出售。

扩展阅读

关于债券有用的一般论述，见：

F. J. Fabozzi (ed.), *The Handbook of Fixed Income Securities*, 8th ed. (New York: McGraw-Hill, 2011).

关于可转换债券定价的非技术性的讨论以及它们的使用原因，见：

M. J. Brennan and E. S. Schwartz, "The Case for Convertibles," *Journal of Applied Corporate Finance* 1 (Summer 1988), pp. 55-64.

C. M. Lewis, R. J. Rogalski, and J. K. Seward, "Understanding the Design of Convertible Debt," *Journal of Applied Corporate Finance* 11 (Spring 1998), pp. 45-53.

项目融资的讨论，包括：

B. C. Esty, *Modern Project Finance: A Casebook* (New York: John Wiley, 2003).

B. C. Esty, "Return on Project-Financed Investments: Evolution and Managerial Implications," *Journal of Applied Corporate Finance* 15 (Spring 2002), pp. 71-86.

R. A. Brealey, I. A. Cooper, and M. Habib, "Using Project Finance to Fund Infrastructure Investments," *Journal of Applied Corporate Finance* 9 (Fall 1996), pp. 25-38.

第17章末的阅读清单包括了几篇关于金融创新的文章。

练习题

基础题

1. **债务类型** 从括号中选择最合适的术语：
   a. （高等级公用事业债券/低等级工业债券）一般只有宽松的偿债基金要求。
   b. 抵押信托债券通常是由（公用事业/工业持股公司）发行的。
   c. （公用事业债券/工业债券）通常是无担保的。
   d. 设备信托凭证通常是由（铁路公司/金融公司）发行的。
   e. 抵押贷款过手证券是（资产支持证券/项目融资）的一个例子。

2. **偿债基金** 对以下每个偿债基金，说明发行时偿债基金是增加还是降低债券的价值（或者不可能说清楚）：
   a. 选择性偿债基金，以面值回收债券。
   b. 强制性偿债基金，以面值回收债券或在市场上购买。
   c. 强制性偿债基金，以面值回收债券。

3. **优先级**
   a. 作为高级债券持有者，你希望公司发行更多低级债券来为投资项目融资，还是希望公司不要这么做，或者你不关心？
   b. 你拥有的债务由公司现有资产提供担保。你希望公司发行更多的无担保债务来为投资融资，还是希望公司不要这么做，或者你不关心？

4. **债券合约** 利用表 24-1（不是教材内容）回答以下问题：
   a. 谁是彭尼百货债券发行的主承销商？
   b. 谁是发行的托管人？
   c. 扣除承销商价差后，公司每份债券收到多少美元？
   d. 债券是不记名债券还是记名债券？
   e. 2005 年债券的赎回价格是多少？

5. **债券合约** 根据表 24-1：
   a. 假设债券 1992 年 9 月 1 日以 99.489% 发行。9 月 15 日收到的债券，你要付多少钱来购买？不要忘记包括应计利息。
   b. 该债券何时第一次支付利息？第一次支付的总额是多少？
   c. 债券最后到期日是哪一天？在这一天债券支付的本金总额是多少？
   d. 假设债券的市场价格上升到 102，之后不再变化。公司应该何时赎回债券？

6. **私募** 解释债券私募与公开发行的三个主要一般区别。

7. **债务特征** 判断正误，简要解释。
   a. 违约时持有无担保债券比担保债券好。
   b. 很多新型奇异债券的出现是由于政府政策或监管的原因。
   c. 赎回条款给了债券投资者有价值的期权。
   d. 公司用大量负债为并购融资时，限制性条款用于保护债券投资者。
   e. 私募债务发行比公开发行常常包括更严格的条款。但是，公开负债条款协商起来更困难，成本也更高。

8. **可转换债券** 梅普尔飞机制造公司发行了 2020 年到期的 $4\frac{3}{4}$% 次级无担保可转换债券。转股价格为 47.00 美元，赎回价格为面值的 102.75%。现在可转换债券的市场价格为面值的 91%，普通股价格为 41.50 美元。假设没有转股特点的债券的价值为面值的 65%。
   a. 债券的转换比率是多少？
   b. 如果转换比率为 50，转股价格是多少？
   c. 转股价值是多少？
   d. 股价是多少时，转股价值等于股票价值？
   e. 市场价格会比转股价值低吗？
   f. 可转换债券的持有者为购买一股普通股的期权所支付的价值是多少？
   g. 到 2020 年普通股价格要上升多少转股才是合理的？
   h. 梅普尔何时应该赎回债券？

9. **可转换债券** 判断正误：

a. 可转换债券通常是对公司的高级索取权。
b. 转换比率越高，可转换债券价值越大。
c. 转股价格越高，可转换债券价值越大。
d. 可转换债券不完全分担普通股的价格风险，但对价格下降提供了某些保护。

进阶题

10. **债券定价** 假设彭尼百货债券以面值发行，投资者一直要求8.25%的收益率。大致描述你认为随着接近第一次利息支付日以及之后经过该日期时，债券价格发生怎样的变化。债券价格加上应计利息呢？

11. **债券条款** 找到一只最近发行的债券的发行条款，与彭尼百货债券进行比较。

12. **债券定价** 债券价格下降，要么是因为整体利率水平的变化，要么是因为违约风险的增加。浮动利率债券和可回售债券保护投资者免于这些风险的程度如何？

13. **索取权优先级** 普罗克特能源公司的固定资产价值2亿美元，净营运资本价值1亿美元。公司部分由股权融资，部分由三只债券融资。债券包括2.5亿美元只由公司固定资产担保的第一抵押债券、1亿美元的高级信用债券和1.2亿的次级信用债券。如果负债现在到期，每只债券的持有者将有权利收到多少还款？

14. **索取权优先级** 南亚易胜公司刚刚申请破产，公司是持股公司，其资产包括价值8 000万美元的地产和两家独立子公司的100%的股权。公司部分由股权融资，部分由发行的4亿美元的高级抵押信托债券融资，债券即将到期。子公司A直接发行了3.2亿美元的信用债券和1 500万美元优先股。子公司B发行了1.8亿美元高级信用债券和6 000万美元的次级信用债券。A的资产市场价值为5亿美元，B的价值为2.2亿美元。如果资产被出售，并严格按照破产程序来分配，每只证券的持有者将收到多少？

15. **抵押贷款**
a. 住房抵押贷款可以是固定利率或浮动利率。作为借款人，出于什么考虑你会喜欢一种胜过另一种？
b. 为什么抵押贷款过手证券的持有者会希望抵押贷款是浮动利率的？

16. **赎回条款** 利率急剧变化之后，新发行的债券的收益率一般与同样到期期限的已发行债券的收益率不同。建议的解释之一是赎回条款的价值不同。解释为什么。

17. **赎回条款** 假设公司同时发行了一只零息票债券和一只付息债券，到期期限相同。两只债券都在任何时候可以按照面值赎回。其他条件都相同，哪只债券的收益率更高？为什么？

18. **赎回条款**
a. 如果利率上升，可赎回债券还是不可赎回债券价格下降更多？
b. 有时候你会遇到一种债券，经过固定的一段时间之后，发行人或债券持有者可行权要求偿还。如果每只期权的行权价格相同，发行人和债券持有者都是理性的，期权被行权时会发生什么？（忽略交易成本或发行成本这些细节。）

19. **回售条款** 可回售债券是到期前投资者拥有要求偿还的期权的债券，画出与图24-3类似的图，说明普通债券与可回售债券的价格之间的关系。

20. **合约** 阿尔法公司被禁止发行更多的高级负债，除非净有形资产超过高级负债的200%。目前公司已发行有1亿美元高级负债，净有形资产为2.5亿美元。阿尔法公司能够再发行多少高级负债？

21. **合约** 小心解释为什么债券合约对以下行为设置限制：
a. 出售公司资产；
b. 给股东支付股利；
c. 发行更多的高级负债；

22. **可转换债券** 2015年，盈余价值公司有1 000万美元（面值）的可转换债券。债券具有以下特征：

面值	1 000 美元
转股价格	25 美元
当前赎回价格	105（面值的百分比）
当前交易价格	130（面值的百分比）
到期时间	2022 年
当前股票价格	30 美元（每股）
利率	10%（息票与面值之比）

a. 债券的转股价值是多少？

b. 请你解释一下，为什么债券的价格高于转股价值？

c. 公司应该赎回债券吗？如果这样做会怎样？

23. **可转换债券** 小猪馅饼公司刚发行了一只 10 年期的零息票债券，该债券可以转换为 10 股股票。可比普通债券的收益率为 8%。小猪馅饼公司的股价为每股 50 美元。

a. 假设你必须做一个决策"要么现在，要么永不"，决定是转换还是继续持有债券。你会如何决定？

b. 如果可转换债券的价格为 550 美元，投资者获得购买股票的期权需要支付多少？

c. 如果一年以后，转换期权的价值不变。可转换债券的价格是多少？

24. **可转换债券** 洛塔微系统公司 10% 的可转换债券即将到期。转换比率是 27。

a. 转股价格是多少？

b. 股价为 47 美元，转股价值是多少？

c. 你应该转股吗？

25. **可转换债券** 1996 年，万豪国际发行了一种不寻常的债券，称为流动性收益期权票据，即 LYONS。债券 2011 年到期，为零息票债券，发行价格为 532.15 美元。它可以转换为 8.76 股股票。从 1999 年开始，该债券可以被万豪国际赎回。赎回价格为 603.71 美元，之后每年增加 4.3%。持有者有权利将债券卖回给万豪国际，在 1999 年价格为 603.71 美元，在 2006 年为 810.36 美元。发行时，普通股的价格大约为 50.50 美元。

a. 该债券的到期收益率是多少？

b. 假设可比不可转换债券的收益率为 10%，投资者为获得转股期权支付了多少？

c. 发行时该债券的转股价值是多少？

d. 该债券最初的转股价格是多少？

e. 2005 年的转股价格是多少？为什么会变化？

f. 如果该债券在 2006 年的价格低于 810.36 美元，你会将该债券回售给万豪吗？

g. 2006 年股价是多少时万豪会赎回债券？如果 2006 年债券的价格高于这个价格，万豪应该赎回吗？

26. **可转换债券** Zenco 公司由 300 万股普通股和面值 500 万美元 2026 年到期的 8% 的可转换债券提供融资。每份债券的面值为 1 000 美元，转换比率为 200。如果 Zenco 公司的净资产分别为以下数值，每份可转换债券到期时的价值分别是多少？

a. 3 000 万美元；

b. 400 万美元；

c. 2 000 万美元；

d. 500 万美元；

画出与图 24-4c 类似的图，说明到期时每份可转换债券的价值与公司净资产的关系。

挑战题

27. **税收好处** 铎尔蔻特磨坊发行有 100 万美元 3% 的抵押债券，10 年后到期。公司发行任何新债，息票利率都是 10%。公司财务总监塔利弗先生无法决定，在市场中回购现有债券，用新的 10% 债券来代替，是否存在税收好处。你怎么看？债券投资者是否要纳税重要吗？

28. **可转换债券** 这个问题说明，当公司的风险可以在一个范围内变化时，如果公司发行可转换债券，使贷款人也可以参与进来的话，他们会更愿意借钱给公司。勃拉瓦茨基女士正计划成立一家新公司，初始资产 1 000 万美元。她可以将这些资金投入两个项目之一。每个项目的预期收益都相同，但一个风险更高。相对安全的项目有40%的可能性产生1 250万美元的收益，60%的可能性产生500万美元的收益。

勃拉瓦茨基女士开始计划发行普通债券来融资，承诺还款700万美元。勃拉瓦茨基女士将得到剩下的收益。说明贷款人和勃拉瓦茨基女士各自的可能收益，如果（a）她选择安全项目；（b）她选择有风险项目。勃拉瓦茨基女士可能选择哪个项目？贷款人希望她选择哪个？假设现在勃拉瓦茨基女士发行的负债可以转换为50%的公司价值，说明这种情况下，贷款人从两个项目中得到的预期收益相同。

29. **可转换债券** 偶尔有人会说，公司股价被低估的时候，发行可转换债券比发行股票要好。假设白胡桃家具公司的财务经理确实有内部信息，公司股价太低了。事实上，白胡桃公司的未来盈利比投资者预期的高。进一步假设，内部信息不能公开，否则会泄露有价值的竞争机密。显然，以目前的低价格出售新股会损害老股东的利益。如果发行可转换债券，老股东也会损失吗？如果这种情况下他们也有损失，损失比发行普通股时多还是少呢？

现在，假设投资者准确地预测盈利，但仍低估股票，因为他们高估了公司的实际商业风险。这会改变上一段中的问题的答案吗？请解释。

微型案例　桑代克先生之死

这是摩尔斯先生碰到的非常迷惑的案例之一。那天早晨，桑代克石油公司CEO，独裁的鲁伯特·桑代克被发现倒在卧室地板的血泊中。头部被枪击中，但房间的门窗都从内锁死，也没有凶器的痕迹。

摩尔斯在桑代克的办公室和卧室中没有发现任何线索。他只得另辟蹊径，调查与桑代克死亡有关的财务状况。桑代克公司的资本结构如下：

- 5%的信用债券：面值2.5亿美元，10年后到期，收益率为12%。
- 股票：3 000万股，被杀前一天的收盘价为每股9美元。
- 10%的次级可转换债券：一年后到期，任何时候都可以转换，转换比率为110。被杀前一天，债券价格比转股价值高5%。

昨天，桑代克断然拒绝了T.斯波恩·狄更斯以每股10美元的价格购买全部普通股的要求。没有了桑代克这个障碍，看起来狄更斯的出价会被接受，对桑代克石油公司的其他股东有很大好处。⊖

桑代克的两位侄女多丽丝和帕希、侄子约翰在公司中有大量投资，他们强烈反对桑代克拒绝狄更斯的出价。他们持有的股份如下：

	5%的信用债券（面值）	股票数	10%的可转换债券（面值）
多丽丝	400万美元	120万股	0
帕希	0	50万股	500万美元
约翰	0	150万股	300万美元

如果狄更斯出价得以通过，桑代克石油公司发行的所有债券都将以面值偿还。可转换债券的持有者可以选择转换成股票，然后再转售给狄更斯。

摩尔斯一直在思考作案动机。他想知道，干掉桑代克，接受狄更斯的出价，哪位侄女或侄子受益最大？

问题

帮助摩尔斯解决这一难题。桑代克死后，哪位亲属受益最大？

⊖ 鲁伯特·桑代克的股份将移交给为支持金融工程的研究和促进其在世界和平和进步而成立的慈善基金。预期负责该基金的经理不反对并购。

附录　项目融资

项目融资贷款是与特别项目的命运尽可能密切联系的贷款，是使母公司暴露程度最小的贷款。这些贷款通常简称为**项目融资**（project finance），是国际大银行的专长。

项目融资是由项目而不是项目的发起公司支持的负债。大部分项目融资的负债率都非常高。负债率高是因为负债不仅仅由项目的资产来支持，还由顾客、供应商和当地政府以及项目的所有者提供的各种合同和担保来支持。

例 24A-1　电站的项目融资

下面是巴基斯坦利用项目融资投资 18 亿建设了一座燃油发电厂的例子。首先，独立的公司——胡布能源公司（Hubco）成立，拥有一座电站。Hubco 然后加入一个由日本公司三井物产（Mitsui & Co.）牵头的公司财团，来建设电站，而英国公司国际电力公司（International Power）负责最开始 12 年的管理和运营。Hubco 同意从巴基斯坦国家石油公司（Pakistan State Oil Company）购买燃料，将电站的产出卖给另一家政府主体——水利电力发展署（Water And Power Development Authority，WAPDA）。

Hubco 的律师起草了一系列复杂的合同，确定每个参与主体都遵守规则。例如，承包商同意按时将电厂交付使用，确保能够按照规范运行。国际电力公司作为电厂的管理者，同意维护电厂，使之有效运营。巴基斯坦国家石油公司与 Hubco 签署长期供油合同，WAPDA 同意在未来 30 年购买 Hubco 的产出。⊖因为 WAPDA 用卢比来支付电力，Hubco 担心卢比价值下降的可能性。巴基斯坦国家银行因此安排以担保汇率向 Hubco 提供外汇来偿还负债。巴基斯坦政府担保 WAPDA、巴基斯坦国家石油和国家银行会履行合同。

这些合同的作用是确保每个风险都被某个最能够度量和控制它的主体承担。例如，承包商是最有条件确保工厂按时建完的，因此要求它们来承担建设延期的风险是合理的。相似地，电厂的管理者是最适合有效运营电厂的，如果它做不好就要受到惩罚。承包商和电厂管理者愿意承担这些风险，是因为项目涉及的都是成熟技术，产生不好意外的可能性相对来说非常小。

尽管这些合同力图将每个主体的责任尽可能地规定精确，它们不可能最终覆盖所有方面，合同不可避免是不完全的。因此，为加强正式法律合同的作用，承包商和电厂管理者成为 Hubco 的主要股东。这意味着如果它们在建设和运营电厂的过程中偷工减料，它们将分担损失。

Hubco 的股权是高度杠杆化的。项目 18 亿美元的投资中超过 **75%** 是债务融资。只有不到 6 亿美元是低级债务，由世界银行和法国、意大利和日本的出口信贷机构设立的基金提供。其余的是高级债务，由 58 家本地和国际银行以七种货币提供。⊜银行被鼓励投资，因为它们知道，世界银行和几家政府处在一线，如果项目失败，它们会受到影响。但是银行仍然担心巴基斯坦政府可能阻止 Hubco 支付外币，或者可能强加特殊的税，或者阻止公司吸收所需要的专家员工。因此，为了保护 Hubco 免于这些政治风险，政府承诺如果它以这些方式介入项目的运

⊖ WAPDA 与 Hubco 签署无论提货与否均需付款（take-or-pay）的合同，如果它没有使用电力，仍需要付款。在输油管道项目的情况下，与客户的合同经常采用输送量协议，客户承诺对输油管道的最低使用量。另一种转移销售收入风险的安排是来料加工合同，客户负责提供给项目公司材料，公司加工后再返回给客户。转移销售收入风险给客户的目的是鼓励他们充分估计对项目产出的需求。

⊜ 注意，尽管 Hubco 的大部分负债都是 12 年的到期时间，项目却没有公开发行债券来融资。债权集中于银行使贷款人可以认真评估项目，在之后的过程中进行监督。如果项目公司遇到困难，这也方便进行债务的再协商。

营,它将给予赔偿。当然,无法阻止政府撕毁这个协议,如果它这样做了,Hubco可以请求世界银行和日本国际合作银行3.6亿美元的担保。这应当是电厂在建设和运营中使巴基斯坦政府保持诚信的。政府面对私人公司的愤怒时可能的放松态度令人惊讶,但一般不愿意违反合同使世界银行欠下一大笔钱。

Hubco项目的安排非常复杂,成本高,也很耗时。花在设立项目上的成本超过200人年。不是一切都一帆风顺。项目延迟了一年多,巴基斯坦法庭判决贷款利息违反伊斯兰法。开始讨论10年后,项目融资的最后协议才签署,在很短的时间里,Hubco的发电量就占了巴基斯坦全国电力的五分之一。

这并不是Hubco故事的结束。WAPDA不管是否使用电力,根据合同都被迫向Hubco定期支付,结果发现自己濒临破产。在巴基斯坦贝娜齐尔·布托(Benazir Bhutto)政府倒台之后,新政府终止了与Hubco的合同,宣布电价削减30%。经过三年痛苦的争执,由于威胁到巴基斯坦和世界银行的关系,Hubco最终同意了一个新电价。与政府的争端终于结束了,到2006年,Hubco全部偿还了高级债务。

一些共同特征

没有两个项目融资是相同的,但它们具有一些共同特征:

- 项目设为一家独立公司;
- 股权所有权由一小组投资者私有,这些投资者通常包括承包商和工厂管理者,因此它们共担项目失败的风险;
- 项目公司签署一系列复杂合同,将风险分配给承包商、工厂管理者、供应商和客户;
- 政府会保证它将提供必要的许可,允许购买外汇,等等;
- 具体的合同安排和政府的保证使得项目大约70%的资本都是银行贷款或其他私募债务。这些负债由项目的现金流来支持,如果现金流不足,贷款人没有对母公司的任何追索权。

项目融资的作用

项目融资广泛应用于发展中国家的电力、通信和交通项目的融资中,也应用于主要工业化国家。在美国,项目融资常用在电厂的融资中。例如,一家电力公司和一家工业公司联合建设一家热电联产工厂,向电力公司供电,向附近的工业公司提供废热。电力公司支持热电联产项目,保证它的收入流。银行很高兴提供项目成本的大部分资金,因为它们知道一旦项目建成投入运营,现金流不受普通企业面临的大部分风险的影响。[⊖]

项目融资的安排成本很高,[⊜]项目负债的利率一般也相对很高。因此,为什么公司不采用利用已有资产的负债来为项目融资呢?注意,大多数项目寿命有限,利用成熟技术。它们产生相当高的自由现金流,几乎没有机会进行盈利的后续投资。如果这样的投资利用项目融资,对于现金流如何使用,管理者几乎没有自主权。相反,偿还负债的要求确保现金流必须返还给投资者,而不是一点点地浪费在不盈利的未来投资中。[⊜]

我们的Hubco电站的例子说明了项目融资的另一个动机。项目的成功取决于很多不同主体的表现。例如,Hubco只有一个燃料来源和一个客户。为了防止任何一个主体在

⊖ 这个安排有一些有趣的监管启示。电力公司建设电厂,它有权利要求公平的投资收益率:监管者设定的消费者收费标准应该使电力公司的盈利达到资本成本。遗憾的是,资本成本不容易度量,在监管听证会上自然是争论焦点。但是,电力公司购买电力,资本成本就融入到合同价格中作为经营成本处理,这种情况下,传递给顾客会少些争议。

⊜ 基础设施项目的总交易成本平均为投资额的3%~5%。见M. Klein, J. So, and B. Shin, "Transaction Costs in Private Infrastructure Projects- Are They Too High?" The World Bank Group, October, 1996。

⊜ 因为项目是独立公司,如果项目出了问题,不会拖母公司的后腿。

项目开始后改变游戏规则，所有这些主体需要签署一组复杂的合同，这些合同的设计就是确保风险由最有能力控制它们的主体承担。因为项目的可行性一般依赖政府的信誉，政府也是这些合同的一个主体，融资安排要降低惩罚性政府行为的可能性。

问题

1. 请解释何时利用项目融资而不是由母公司直接借债。

2. 参考 Hubco 电厂项目。Hubco 项目由很多其他方式来融资，例如，政府机构可以投资电厂，雇用国家电力公司来运营。或者，国家电力公司直接拥有电厂，采用新债务和出售股票的混合方式来融资。你认为，设立一家独立融资的公司来承担这个项目有什么优势？

第 25 章 租 赁

我们大多数人偶尔会租用汽车、自行车或船。这样的个人租赁通常期限很短,我们可能租用汽车一天或一周。而在公司金融中,较长期的租赁很普通。一年或一年以上的、涉及一系列固定支付的租用合同称为租赁(lease)。

公司租赁替代购买资本设备。卡车和农用机械经常是租赁的,铁路车辆、飞机和轮船也是如此。每种资产都可以租赁。例如,华盛顿国家动物园的两只熊猫是从中国政府租赁论点的,每年花费50万美元。

每项租赁都涉及两方。资产的用户称为**承租人**(lessee),承租人向资产的所有者,称为**出租人**(lessor),定期付款。例如,如果你签了一份合同,租用一套公寓一年,你是承租人,公寓主人是出租人。

你经常涉及租赁业(leasing industry),这指的是出租人。(至少在很小的程度上,几乎所有的公司都是承租人。)出租人都是谁?

一些最大的出租人是设备制造商。例如,IBM 是计算机的大型出租人,迪尔公司(Deere)是农业和建筑设备的大型出租人。

其他两组主要的出租人是银行和独立租赁公司。租赁公司在航空业中发挥了巨大作用。例如,2014 年通用资本(GE Capital)的子公司——通用金融航空服务(GE Capital Aviation Services)拥有并租赁的商用飞机超过了 1 600 架。全球的航空业主要靠租赁来为飞机融资。

租赁公司提供各种不同的服务。有些作为租赁经纪人(安排租赁交易),同时也作为出租人。其他的专门进行汽车、卡车和标准化工业设备的租赁。租赁公司能够成功,是因为它们能够大量购买设备,有效地维护设备,必要的时候以好价格再次出售。

本章开始时,我们分类介绍不同的租赁以及应用这些租赁的一些理由。然后,我们说明短期或可撤销的租赁支付可以理解为等价年度成本。本章其余部分分析用来替代债务融资的长期租赁。

25.1 什么是租赁

租赁有很多形式,无论租赁采用何种形式,**承租人**(lessee)(用户)承诺向**出租人**(lessor)(所有者)进行一系列租金支付。租赁合同说明按月或按半年支付,一般合同一签订,第一笔租金通常就要支付。租金通常是等额的,而时间模式则根据用户的需要而定。例如,假设制造商租赁生产复杂新产品的机器。在批量生产之前,有一年的时间进行调试。这种情况下,有可能在租赁的第一年租金会低一些。

租赁终止时,所租赁的设备返还给出租人。但是,租赁合同经常给予用户购买设备或签署新的租赁合同的选择权。

有些租赁是短期的或在合同期内由承租人决定可以撤销。这些租赁一般称为**经营性租赁**（operating lease）。其他的租赁期限长达资产估计经济寿命的大部分，并且不可撤销，或者即使可撤销也要支付给出租人任何发生的损失，这些租赁称为**融资租赁**、**资本租赁**或**全额支付租赁**（financial, capital or full-payout lease）。

融资租赁是融资来源。签署融资租赁合同就像借款。现金流入立刻发生，因为承租人不用支付资产的价格。而承租人也要承担有约束力的责任，支付租赁合同所规定的租金。用户本来可以借入购买资产所需要的资金，接受有约束力的负债，向贷款人支付利息和本金。这样，租赁和借款的现金流是相似的。在任何一种情况下，公司现在募集资金，以后偿还。本章后面，我们将比较作为替代融资的租赁和借款。

租赁不同，出租人所提供的服务也不同。如果是**全面服务租赁**（full-service lease）或**租金租赁**（rental lease），出租人承诺对设备进行保养并支付保险金，支付到期的财产税。如果是**净租赁**（net lease），承租人承诺对资产进行维护和支付保险金，并支付任何财产税。融资租赁通常是净租赁。

大多数融资租赁都是安排租赁全新的资产。承租人确定设备，安排租赁公司从生产商那里购买，与租赁公司签署合同。这称为**直接租赁**（direct lease）。在其他情况下，公司出售已经拥有的资产，然后从买方租回。这种**售后回租**（sale and lease-back）安排常用于房地产。例如，X 公司希望通过出售办公楼或工厂厂房来筹集资金，但仍要继续使用。它就可以把该建筑出售给租赁公司，得到现金，同时签署一份长期租赁合同。例如，2009 年，HSBC 以 7.725 亿英镑，约 13 亿美元，出售了在伦敦的总部大楼，然后又租回来。⊖这样该大楼的法定所有权转移给新的所有者，而使用权仍属于 HSBC。

你还会遇到**杠杆租赁**（leveraged lease），这也是一种融资租赁，出租人借入购买被租赁资产的部分购买资金，利用租赁合同作为贷款担保。这不改变承租人的债务，但使出租人的分析变得相当复杂。

25.2 为什么租赁

公司为什么应该租赁设备而不是购买，你听到太多这方面的建议。我们考察一些合理的原因，然后再考虑另外四个可疑的理由。

25.2.1 租赁的合理原因

短期租赁很方便 假设你想用车一周。你可以买一辆，七天之后再卖掉，但这样比较傻。除了登记所有权是个麻烦事之外，你还要花时间选车、购买时讨价划价，买保险。接着一周以后，你还要讨价还价卖车，注销登记和保险。你也许还要向持怀疑态度的准买家解释你为什么这么快就把车卖掉。你需要一辆车的时间短，很清楚租车是合理的。你不用麻烦登记所有权，你知道实际费用是多少。同样地，公司租用只需要一两年

⊖ 这并不是 HSBC 第一次租用该总部大楼。2007 年，它出售了该大楼，得到 10.9 亿英镑，然后租回来。一年以后它支付了 8.38 亿英镑又将该大楼买回。

的设备也是有好处的。当然，这类租赁总是经营性租赁。○

有时候，短期租金成本似乎过高，或者你任何价格都很难租到。对使用不小心容易损坏的设备，就是这种情况。所有者知道短期用户不可能像对自己所有的设备那样小心使用。不当使用的风险变得太高时，短期租用市场就无法幸存。因此，如果钱够多，买一辆兰博基尼盖拉多就够容易，而租几乎不可能。

可撤销期权有价值　有些看起来很贵的租赁，一旦认识到撤销期权，实际上定价是公平的。我们在下一节回到这个问题。

提供保养　利用全面服务租赁，用户得到保养和其他服务。很多出租人很有能力提供有效保养维护。而要记住的是，这些好处体现为更高的租金。

标准化导致管理和交易成本低　假设你经营一家专门从事卡车融资租赁的公司，你实际上在向很多规模和风险不同的公司（承租人）借出资金。因为每种情况下的标的资产都是相同的可出售商品（卡车），你可以安全地"借出"资金（租赁卡车），不用对每家公司的业务进行具体分析。你也可以利用简单标准的租赁合同。这种标准化不产生大量的调查、管理和法律成本而使得"借出"小额资金成为可能。

由于这些原因，对没有很多有形资产支持负债的小公司来说，租赁常常是相对便宜的现金来源。○它在灵活、零碎的基础上提供了安全的融资，交易成本低于发行债券和股票。

可以利用税盾　出租人拥有所租赁的资产，从应纳税收入中减去折旧。如果出租人比用户能更充分利用折旧税盾，租赁公司拥有设备，以低租金的方式，将部分税收好处转让给承租人，就是合理的。

租赁和财务困境　融资租赁中的出租人在很多方面与担保贷款人相似，而承担人破产时出租人可能待遇更好。如果承租人租金发生违约，你可能会认为出租人会将所租赁的资产拿回去。但如果破产法庭决定，该资产是承租人业务所必需的，它会支持租赁，然后破产公司继续使用该资产。但是，破产公司必须继续支付租金。这对出租人来说是好消息，它得到支付，而其他债权人却要坐冷板凳。而即使是担保债权人，也只有等破产程序走完才能得到偿还。

如果租赁没有得到支持，出租人可以收回租赁资产。如果租赁资产的价值低于剩余租金的现值，出租人要尽力收回损失。而在这种情况下，出租人必须与无担保债权人一起排队。

遗憾的是，对出租人来说，还存在第三种可能。处于财务困境中承租人会重新协商租赁合同，迫使出租人接受更低的租金。例如，2001年美国航空（AA）收购了环球航空（TWA）的大部分资产。TWA已经破产，AA的购买合同使得AA可以决定是接受还是拒绝TWA的飞机租赁。AA与出租人协商，威胁要拒绝。出租人意识到拒绝会使它们不得

○ 二手车市场要遭受"柠檬"问题，因为对车的质量卖方了解得比准买方多。退租二手车的质量通常高于平均水平，所以租赁能够帮助减轻这一问题。伊加尔·亨德尔和阿里桑德罗·里热瑞认为，这可以帮助解释汽车租赁的流行。见 I. Hendal and A. Lizzeri, "The Role of Leasing under Adverse Selection," *Journal of Political Economy* 110 (February 2002), pp. 113-143. 托马斯·吉利根用相似的观点来分析飞机租赁市场。见 T. W. Gilligan, "Leasing in the Used Business Aircraft Market," *Journal of Political Economy* 112 (2004), pp. 1157-1180。

○ 对这些公司租赁相对更常见，证据见 J. R. Graham and M. T. Leary, "A Review of Empirical Capital Structure Research and Directions for the Future," *Annual Review of Financial Economics* 3 (2011), pp. 309-345。

不收回大约 100 架租赁飞机，可能要大减价出售或重新出租。（那时二手飞机市场不景气。）出租人最后接受了重新协商的租赁费率，大约是之前 TWA 支付的一半。㊀

规避替代性最低税　精力充沛的财务经理想为股东赚很多钱，却想向税务部门报告低利润。美国的税法允许这样做。公司可以在年报中采用直线折旧，而在税收账户中采用加速折旧（和最短的资产寿命）。通过这种方式和其他合情合理的完美方法，盈利公司偶尔可以彻底逃掉纳税。几乎所有公司的纳税额都少于它们公开利润表中报告的金额。㊁

但是，对保护了太多收入的美国公司来说，存在一个陷阱：**替代性最低税**（alternative minimum tax，AMT）。每当 AMT 高于公司按常规方式计算的纳税额时，公司必须支付 AMT。

下面说明如何运用 AMT。需要重新计算纳税收入，计算过程中加速折旧和其他减少纳税的项目㊂的部分好处要加回去，这个结果的 20% 就是 AMT。

假设雅皮士技术服务公司的纳税收入为 1 000 万美元，而计算 AMT 时，要加回 900 万美元的税收优惠：

	正常纳税（百万美元）	替代性最低税（百万美元）
收入	10	10 + 9 = 19
税率	0.35	0.20
税	3.5	3.8

雅皮士公司必须纳税 380 万美元，不是 350 万美元。㊃

如何避免这样痛苦的纳税？利用租赁怎么样？计算 AMT 时要加回去的项目中不包括租金。如果你租而不是买，税收折旧更少，AMT 也更少。如果出租人不用遵从 AMT，就会有净收益，折旧税盾就可以转变为更低的租金。

25.2.2　租赁的一些可疑原因

租赁可以避免资本支出控制　在很多公司，租赁建议和资本支出建议同样都会受到仔细审查，而在其他公司，租赁使运营经理避开购买资产所需要的审批过程。尽管这是租赁的一个可疑理由，但可能会有影响力，特别是在公共部门。例如，城市医院有时发现租用医疗设备比要求政府提供资金购买，政治上更方便一些。

租赁保存资本　租赁公司提供"100% 融资"，它们预付了租赁资产的全部成本。因此，它们常常宣称租赁保留资本，使公司节约现金干别的。

但是，公司负债也能够"保存资本"。如果格雷美巴士公司租用价值 100 000 美元的

㊀ 如果租赁被拒绝，出租人将只有对 TWA 的资产和现金流的索取权，而不是对 AA。对 TWA 租赁合同的重新协商的描述，见 E. Benmelech and N. K. Bergman, "Liquidation Values and the Credibility of Financial Contract Renegotiation: Evidence from U.S. Airlines," *Quarterly Journal of Economics* 123 (2008), pp. 1635-1677。

㊁ 报告的税收支出和实际的纳税之间的年度差异在财务报表附注中给出解释。累积的差异作为递延纳税负债反映在资产负债表中。（注意，加速折旧延迟纳税，而不是消除纳税。）

㊂ 其他项目包括免税市政债券的部分利息收入，以及采用已完成合同会计处理方法而产生的递延纳税。（已完成合同会计处理允许制造商在生产合同完成后再报告应税利润。因为合同可能跨几个年度，这种递延可以产生很大的正 NPV。）

㊃ 但是雅皮士可以将 30 万美元的差额向前结转。如果以后的年份中 AMT 低于正常纳税额，差额可以作为税收抵免。假设明年的 AMT 是 400 万美元，正常纳税为 500 万美元，那么雅皮士只要纳税 500 - 30 = 470 万美元。

大巴车，而不是购买，它的确保留了 100 000 美元现金。它也可以（1）用现金购买大巴车，同时（2）借 100 000 美元，用大巴车作为担保。不管租还是借款买，它的银行账户余额相同。在任何一种情况下，公司都拥有大巴车，在任何一种情况大，公司都发行 100 000 美元的负债。租赁有特别之处吗？

租赁可以是表外融资 在有些国家，融资租赁是表外融资，也就是说，公司获得资产，用融资租赁来融资，而资产或租赁合同都不反映在资产负债表上。

在美国，财务会计标准委员会（FASB）要求所有的资本租赁（即融资租赁）必须资本化。这意味着租金的现值要计算出来，和负债一起反映在资产负债表右边。同样的金额必须反映在左边的资产方，随着租赁期限的变化而核销。

FASB 定义的融资租赁，要满足以下要求中的任何一项：

1. 租赁到期前，租赁合同将所有权转移给承租人；
2. 租赁到期时，承租人可以以优惠价格购买资产；
3. 租期至少为资产估计经济寿命的 75%；
4. 租金的现值至少是资产价值的 90%。

所有其他租赁对会计师来说都是经营性租赁。⊖

很多财务经理已经尽量利用经营性租赁和融资租赁的这种主观界限。假设你想为一台价值 100 万美元的数控机床融资。机床的使用寿命预期为 12 年。你可以签署 8 年 11 个月的租赁合同（正好不符合要求 3），租金现值为 899 000 美元（正好不满足要求 4），你还可以确保租赁合同避开要求 1 和 2。结果呢？你实现了表外融资。这一租赁将不必资本化，尽管显然是一项长期固定负债。

现在，我们回到 64 000 美元的问题：为什么人们应该关心融资是表外还是表内？财务经理难道不应该担心本质而不是形式吗？

公司获得表外融资时，传统的财务杠杆的度量指标，如负债股权比，低估了真实的财务杠杆。有人认为，财务分析师并不总会注意到表外租赁债务（仍要参考附注），或者注意到固定租金导致的更高的盈利波动性。如果表外负债规模适中，并且隐藏在公司的所有其他行为中，他们可能是对的。但我们不能指望投资者、证券分析师和债务评级机构忽略大量的隐藏负债，除非它们被管理者系统性地误导。

租赁影响账面收入 租赁增加账面收入或减少账面资产价值，或者同时改变两者，可以使公司的资产负债表和利润表看起来更好。

有资格作为表外融资的租赁影响账面收入的唯一方式：租金是一项成本。如果公司购买资产，用负债来融资，折旧和利息支出被从收入中减掉。一般来说，租赁初期所支付的租金少于"购买—负债"替代方案中的折旧和利息。结果是，在资产使用期的早期，租赁增加账面收入，而账面收益率增加得更多，因为租赁资产不会出现在公司的资产负债表中，资产的账面价值（账面收益率计算中的分母）被低估。

租赁对账面收入的影响本身对公司价值没有影响。在有效资本市场中，投资者透过公司的会计记录，看到的是资产和为资产融资的负债的真实价值。

⊖ 2010 年，FASB 和国家会计标准委员会提出了新会计准则建议，不再区分融资租赁和一年以上的经营性租赁。这些准则将在 2015 年底最后决定，要求两种类型的租赁的现值都要反映在资产负债表中。

25.3 经营性租赁

记得我们在第6章对等价年度成本的讨论吗？比如，机器的等价年度成本，定义为足以弥补占用和运营机器的所有成本的现值的年度租金。

在第6章例子中，租金是虚拟的，只是为了将现值转化为年度成本。而在租赁业中，租金是实实在在的。假设你决定租用一台机床一年，在竞争性租赁市场中租金应该是多少？当然是出租人的等价年度成本。

25.3.1 经营租赁的例子

EI公司CEO的女儿的男朋友开一辆珍珠白色的加长豪华车，带她去参加毕业舞会。CEO印象很深，决定EI公司应该有一辆，来解决VIP的交通问题。EI公司CFO谨慎地建议还是租一年使用，并向阿克姆豪华车租赁公司询价。

表25-1是阿克姆公司的分析。假设它购买一辆新的豪华车的成本是75 000美元，打算出租七年（第0年到第六年）。表25-1给出了阿克姆公司对经营、保养和管理成本的预测，管理成本包括协商租赁的成本、记录租金付款和文书以及在EI的租赁期满后另找承租人的成本。为简化，我们假设通胀率为零，实际资本成本为7%。我们还假设在第六年豪华车的残值为零。所有的成本，部分被折旧税盾价值⊖抵消后，为98 150美元。阿克姆收取多少租金才能盈亏平衡？

表25-1 计算NPV为零时的EI公司的珍珠白加长豪华车的租金（或等价年度成本，单位：千美元）。盈亏平衡的租金使税后租金的现值等于购买和营运该豪华车的税后成本的现值98.15

	年份						
	0	1	2	3	4	5	6
初始成本	−75						
保养成本等	−12	−12	−12	−12	−12	−12	−12
成本的税盾	+4.2	+4.2	+4.2	+4.2	+4.2	+4.2	+4.2
折旧税盾①		+5.25	+8.40	+5.04	+3.02	+3.02	+1.51
总计	−82.80	−2.55	+0.60	−2.76	−4.78	−4.78	−6.29
PV(7%) = −98.15②							
盈亏平衡的租金（等额）	−26.19	−26.19	−26.19	−26.19	−26.19	−26.19	−26.19
税	+9.17	+9.17	+9.17	+9.17	+9.17	+9.17	+9.17
盈亏平衡的税后租金	−17.02	−17.02	−17.02	−17.02	−17.02	−17.02	−17.02
PV(7%) = −98.15							

注意：我们假设无通胀，实际资本成本为7%。税率为35%。
① 折旧税盾是利用表6-4中的五年期折旧计算的。
② 注意年金中的第一笔支付立刻发生。标准年金因子应该乘以 $1+r = 1.07$。

未来六年的预测租金的现金至少要98 150美元，阿克姆公司才会购买并出租豪华车。接下来的问题是计算现值98 150美元的六年年金。我们服从租赁的一般做法，假设租金提前支付。⊜

⊖ 如果税率不变，并且阿克姆公司肯定要纳税的话，折旧税盾就是无风险现金流。如果7%是表25-1中的其他现金流的合适贴现率，折旧税盾的贴现率就应该更低。更细致的分析也用税后借款或贷款利率来贴现无风险折旧税盾。见第19章附录或本章接下来的部分。

⊜ 在6.3节中，虚拟的租金是拖后支付的。

如表 25-1 所示，要求的年金为 26 190 美元，即大约 26 000 美元。㊀ 这一年金的现值（税后）正好等于拥有和运营豪华车的税后成本的现值。年金为阿克姆公司提供了竞争性的预期投资收益率（7%）。阿克姆公司可以对 EI 公司收取高于 26 000 美元的租金，但如果 CFO 很聪明地也向阿克姆的竞争对手询价的话，赢得生意的出租人应该收到这一价格。

记住，EI 公司不必强迫使用豪华车超过一年。阿克姆可以在一辆豪华车的经济寿命中找到几个新承租人。即使 EI 公司续租，它可以按照未来的市场租金水平重新协商新的租赁。因此，阿克姆公司不知道它在一年以后收取的租金是多少。如果珍珠白色的豪华车在青少年和 CEO 这里失宠，阿克姆就可能是运气不好。

在现实中，阿克姆要考虑的事情还有几件。例如，一年后还回来时，豪华车将会闲置多久？如果在找到新的承租人之前可能存在闲置时间，那么租金就要高一些作为补偿。㊁

在经营性租赁中，出租人而不是承租人承担这些风险。出租人所使用的贴现率必须包括一个溢价，足以补偿股东所承担的购买和持有租赁资产的风险。也就是说，阿克姆 7% 的实际贴现率必须补偿投资加长豪华车的风险。（正如我们在下一节看到的，融资租赁所承担的风险有本质不同。）

25.3.2 租还是买

如果你需要一辆汽车或豪华车，只需要一天或一周，你肯定会租。如果你需要用五年，你可能会买。在中间有一个灰色区域，租还是买的选择不明显。而决策法则在概念上是清楚的：因业务而需要一项资产，如果拥有和运营该资产的等价年度成本低于能从外部人得到该资产的最佳租金，就购买。也就是说，如果你从自己这里租比从其他人那里租更便宜，就购买。（我们再次强调，这一法则适用于经营性租赁。）

如果你计划延长一段时间使用该资产，拥有该资产的等价年度成本通常低于经营性租金。为了弥补租赁的协商和管理成本、资产退租而闲置所损失的收入等，出租人不得不调高租金。公司购买并租给自己，就可以节省这些成本。

存在两种情况，即使公司计划延长使用资产，经营性租赁也是有意义的。首先，出租人能够比承租人以更低的代价购买和管理资产。例如，主要的卡车租赁公司每年购买几千辆新车，这使它们与卡车制造商交易时处于特别有利的谈判地位。这些公司也非常有效地经营，在卡车磨损该卖掉的时候，知道如何榨取最大的残值。小公司或大公司的小部门不可能获得这些好处，常常发现租卡车比买要更便宜。

第二种情况，经营性租赁经常包含有用的期权。假设阿克姆向 EI 提供以下两种租赁：

1. 一年期租赁，租金 26 000 美元；
2. 六年期租赁，租金 28 000 美元，带有第一年以后随时可以取消租赁的期权。㊂

㊀ 这是等额年金，因为我们假设：（1）无通胀；（2）为六年车龄的豪华车所花费的成本与全新的车没有不同。如果旧豪华车的用户认为车太老或者过时了，或者如果新豪华车的购买成本下降，那么租金应该随车龄的增加而降低。这意味着租金是下降的年金。为补偿以后租金的下降，早期用户不得不支付更高的租金。

㊁ 如果豪华车退租后闲置 20% 的时间，租金就要比表 25-1 所示的提高 25%。

㊂ 阿克姆也可以提供一年期的租赁，租金 28 000 美元，但给承租人以同样的条件再延长租赁最多五年的期权。这当然与第二种租赁是相同的。租赁有取消的期权（认沽期权）还是有继续的期权（认购期权），并不重要。

第二种租赁显然有吸引力。假设 EI 的 CEO 喜欢豪华车并想再用一年。如果租金上涨，第二种租赁使 EI 保持原有租金不变。如果租金下降，EI 可以取消租赁，与阿克姆或它的竞争对手重新协商。

当然，第二种租赁对阿克姆来说，成本更高，事实上它给了 EI 一份保险，保护 EI 不受未来租金上涨的影响。第一种和第二种租赁的区别是年保费。但是，承租人如果没有未来资产价值或租金的特殊知识，会很高兴地支付保险费。租赁公司在经营的过程中获得了这样的知识，一般来说会出售这样的保险来盈利。

航空公司面临航空服务的需求波动，它们所需要的飞机也经常在变化。因此，大部分航空公司一部分飞机是短期租赁，并且可以撤销，它们愿意支付保险费给出租人，让出租人承担撤销风险。专业飞机出租人愿意承担这一风险，因为它们处于有利的地位，可以为还回来的任何飞机找到新的承租人。专业出租人所拥有的飞机与航空公司拥有的比起来，停泊的时间更短，花在飞行上的时间更长。⊖

确定在签署（或拒绝）经营性租赁之前检查一下期权。⊖

25.4 融资租赁的估值

对经营性租赁来说，决策集中在"租还是买"。对融资租赁来说，决策是"租还是借款"。融资租赁持续所租赁资产的大部分经济寿命。是不可撤销的。租金是固定责任，等同于偿还负债。

公司愿意承担拥有和经营租赁资产的商业风险时，融资租赁才有意义。如果 EI 公司签署加长豪华车的融资租赁合同，它就一直拥有该资产。融资租赁是借款来购买豪华车的另一种方式。

在一些情况下，融资租赁确实为有些公司提供特别的好处。而在了解如何评估融资租赁合同的价值之前，继续讨论这些好处没有意义。

25.4.1 融资租赁的例子

想象你处于格雷美巴士公司总裁托马斯·皮埃尔三世的位置。公司是你的祖父创立的，他很快将对温蒂康柏和周围的小镇之间交通增长的需求资本化。公司自创立以来一直自己购买所有的车辆，现在你在重新考虑这个政策。你的运营经理想购买价值 100 000 美元的新大巴车。大巴车在报废前只使用八年。你确信，投资更多的设备是值得的。但是，大巴车制造商的代表指出，她的公司也愿意将大巴车租给你八年，每年租金 16 900 美元。格雷美巴士公司负责所有的保养、保险和经营费用。

表 25-2 给出了签署这一租赁合同的直接现金流。（之后考虑一个重要的间接影响。）结果如下：

1. 格雷美不需要购买大巴车。这等价于 100 000 美元现金流入。
2. 格雷美不再拥有大巴车，不能计提折旧。它放弃有价值的折旧税盾。在表 25-2

⊖ A. Gavazza, "Asset Liquidity and Financial Contracts: Evidence from Aircraft Leases," *Journal of Financial Economics* 95 (January 2010), pp. 62-84.

⊖ 麦康奈尔和肖汉姆计算了关于资产风险、折旧率等的不同假设下经营性租赁中的期权价值。见 J. J. McConnell and J. S. Schallheim, "Valuation of Asset Leasing Contracts," *Journal of Financial Economics* 12 (August 1983), pp. 237-261。

中，我们假设用五年 MACRS 折旧安排来计算折旧。（见表 6-4。）

3. 格雷美必须连续八年每年支付 16 900 美元给出租人。第一笔租金马上支付。

4. 而租金可以全部减税。在 35% 的边际税率下，租金每年产生 5 920 美元的税盾。你可以认为租金的税后成本为 16 900 − 5 920 = 10 980 美元。

表 25-2 向格雷美巴士公司提供的租赁的现金流情况
（单位：千美元，由于四舍五入有的列总和数字有出入）

	年份							
	0	1	2	3	4	5	6	7
新大巴的成本	+100							
损失的折旧税盾		−7.00	−11.20	−6.72	−4.03	−4.03	−2.02	0
租金	−16.9	−16.9	−16.9	−16.9	−16.9	−16.9	−16.9	−16.9
租金的税盾	+5.92	+5.92	+5.92	+5.92	+5.92	+5.92	+5.92	+5.92
租金现金流	+89.02	−17.99	−22.19	−17.71	−15.02	−15.02	−13.00	−10.99

我们必须强调，表 25-2 假设格雷美巴士公司将支付 35% 的边际税率。如果公司确定会亏损，因此不需要纳税，第二行和第四行就是空白。例如，对不纳税的公司，折旧税盾没有价值。

表 25-2 还假设，第七年年末，大巴车报废时没有价值。否则，就丢了残值这一项。

25.4.2 谁真正拥有被租赁的资产

对律师或税务会计师而言，这是个愚蠢的问题，出租人显然是租赁资产的法定所有者。这就是为什么出租人可以从纳税收入中减掉折旧。

从经济的角度，你会说用户是实际所有者，因为在融资租赁中，用户面临风险，得到所有权的收益。格雷美不能取消融资租赁合同。如果新大巴成本高得很，不适合格雷美的交通线路，这是格雷美的问题，不是出租人的。如果取得巨大的成功，盈利也属于格雷美，而不是出租人。大巴车由租赁融资还是由其他金融公司提供融资，不决定公司经营的成败。

在很多方面，融资租赁等同于担保贷款。承租人必须要进行一系列固定金额的还款，如果承租人做不到，出租人可以重新得到资产。这样，我们可以认为资产负债表如下：

格雷美巴士公司			（单位：千美元）
大巴车	100	100	由大巴车担保的贷款
其他资产	1 000	450	其他贷款
		550	股权
总资产	1 100	1 100	总负债和股权

两份资产负债表在经济上是等价的：

格雷美巴士公司			（单位：千美元）
大巴车	100	100	融资租赁
其他资产	1 000	450	其他贷款
		550	股权
总资产	1 100	1 100	总负债和股权

话虽如此，我们必须立即说明。融资租赁到期时，法定所有权还是有很大不同，因为出租人得到资产。担保贷款一旦还清，用户明确拥有资产。

25.4.3 租赁和国内收入署

我们已经注意到,承租人损失租赁资产的纳税折旧,但可以减掉全部租金。出租人作为法定所有者利用折旧税盾,但必须将租金报告为纳税收入。

但是,国内收入署(IRS)本质上持怀疑态度,不允许承租人将全部租金减掉,除非是真正的租赁,而不是伪装起来的分期付款购买或担保贷款。⊖

有些租赁是为了税收目的设计的,不能作为真正的租赁。假设制造商认为租用新计算机很方便,但想保留折旧税盾。这很容易实现,只要给制造商在租期结束时以 1 美元购买计算机的期权就可以了。⊜IRS 将这种租赁作为分期付款销售,出于税收目的,制造商可以减掉折旧和租金的利息部分。但是,从所有其他目的看,租赁仍是租赁。

25.4.4 租赁合同估值的第一步

我们离开托马斯·皮埃尔三世时,格雷美巴士公司刚刚确定了表 25-2 中巴士制造商所建议的融资租赁的现金流。

一般假设这些现金流与承租人所发行的担保贷款的利息和本金风险程度相同。这个假设对租金来说是合理的,因为出租人实际是在借钱给承租人。而各种税盾的风险可能需要更高的贴现率。例如,格雷美可能很自信会支付租金,但不确定能够得到足够的纳税收入来利用这些税盾。在这种情况下,税盾产生的现金流的贴现率可能要高于用来贴现租金的现金流。

理论上,承租人可以对表 25-2 中的每一行采用单独的贴现率,每个贴现率与每一行的现金流的风险相匹配。而成熟的盈利公司通常发现简化是合理的,表 25-2 中的每种现金流都用一个贴现率贴现,这个贴现率根据如果公司借款而不是租赁时支付的利率而定。我们假设格雷美的借款利率是 10%。

现在我们必须回到第 19 章附录章对负债等价现金流的讨论。公司借出资金时,收到的利息要纳税。净收益率是税后利率。公司借入资金时,从纳税收入中减去利息。净借款利率是税后利率。因此,税后利率是公司将负债等价现金流从一个时期转移到另一个时期的有效利率。对租赁引起的增量现金流的估值,需要用税后利率来贴现。

因为格雷美可以用 10% 的利率借款,我们应该用 $r_D(1-T_c) = 0.10(1-0.35) = 0.065$,即 6.5% 来贴现租赁现金流。得到:

$$租赁 NPV = +89.02 - \frac{17.99}{1.065} - \frac{22.19}{(1.065)^2} - \frac{17.71}{(1.065)^3} - \frac{15.02}{(1.065)^4}$$

$$- \frac{15.02}{(1.065)^5} - \frac{13.00}{(1.065)^6} - \frac{10.99}{(1.065)^7} = -0.70, 即 -700 美元$$

因为租赁的 NPV 为负,格雷美买大巴比较好。

NPV 的正负并不是抽象概念。这种情况下,如果格雷美租用大巴,股东的财富确实减少 700 美元。现在,我们来检查一下这种情况是怎么发生的。

再看一下表 25-2,租赁现金流如下:

⊖ 例如,如果承租人拥有以很低的价格获得资产的期权,IRS 不允许这样的租赁。承租人几乎肯定会行使这样的低价购买的期权,使出租人失去未来的所有权。只有承租人使用的特殊目的资产也没有资格作为租赁,因为承租人最后会拥有这些资产。

⊜ 这样的租赁称为 1 美元回收租赁($1 out lease)。

	年份							
	0	1	2	3	4	5	6	7
租金现金流	+89.02	-17.99	-22.19	-17.71	-15.02	-15.02	-13.00	-10.99

这些租金像担保债务的本金和利息一样,是合同约定的责任。因此,你可以将第一到七年的租赁增量现金流当作租赁债务的还本付息。表25-3是与租赁的还本付息完全相同的贷款。贷款的初始金额为8.972万美元,如果这就是格雷美的借款金额,第一年需要支付利息$0.10 \times 89.72 = 8.97$,得到利息税盾$0.35 \times 8.97 = 3.14$。格雷美偿还12.15本金,使第一年的净现金流出为17.99(正好与租赁相同),第二年年初的贷款余额为77.56。

表25-3 向格雷美巴士公司提供的租赁的等价贷款的具体情况(单位:千美元,现金流出用负号表示)

	年份							
	0	1	2	3	4	5	6	7
年底借款余额	89.72	77.56	60.42	46.64	34.66	21.89	10.31	0
利息(10%利率)		-8.97	-7.76	-6.04	-4.66	-3.47	-2.19	-1.03
利息税盾(税率35%)		+3.14	+2.71	+2.11	+1.63	+1.21	+0.77	+0.36
税后利息支付		-5.83	-5.04	-3.93	-3.03	-2.25	-1.42	-0.67
本金支付		-12.15	-17.14	-13.78	-11.99	-12.76	-11.58	-10.31
等价贷款的净现金流	89.72	-17.99	-22.19	-17.71	-15.02	-15.02	-13.00	-10.99

将表25-3计算一遍,你会发现,这一笔马上发生的89.72的现金流入的还本付息成本与租赁的租金支付完全一样,只是租赁的现金流入为89.02。这就是为什么租赁的净现值为89.02-89.70=-0.7即-700美元的原因。如果格雷美租赁大巴而不是募集等价贷款,⊖其银行账户将减少700美元。

关于租赁和等价贷款,我们这个例子说明了一般性的两点。首先,如果你可以设计一个借款计划,与租赁未来每个时期的现金流都相同,但现在得到的现金流更高,那么你就不应该租赁。但是,如果等价贷款产生的未来现金流与租赁相同,但现在的现金流入更低,那么租赁是更好的选择。

第二,这个例子建议两种方法对租赁进行估值:

1. **困难方法**。构建如表25-3这样说明等价贷款的表格;
2. **容易方法**。用公司等价贷款所支付的税后利率来贴现租赁现金流。两种方法得到同样的答案,在这个例子中NPV都是-700美元。

25.4.5 目前状况

我们的结论是,提供给格雷美的租赁合同没有吸引力,因为租赁提供的融资比等价贷款少700美元。基本原理如下:如果租赁提供的融资超过等价贷款产生的融资,融资租赁就优于借款购买。

这一原理用以下公式表示:

$$租赁的净价值 = 提供的初始融资额 - \sum_{t=1}^{N} \frac{租赁现金流}{[1 + r_D(1 - T_c)]^t}$$

⊖ 你可能会遇到一些情况,用税后利率贴现不可行。例如,公司的税率不是常数。如果容易方法行不通,你总是能够借助于困难方法,构建一笔等价贷款。

其中 N 是租期，提供的初始融资额等于租赁资产的成本减去任何立即支付的租金或其他与租赁有关的现金流出。○

注意，租赁的价值是其相对于等额贷款负债的增量价值。租赁价值为正，说明如果你要获得资产，租赁融资有利，它不说明你应该获得该资产。

而有时候，有利的租赁条款会拯救一个资本投资项目。假设格雷美决定不购买新巴士，因为假设正常融资的话 100 000 美元投资的 NPV 为 − 5 000 美元。巴士制造商提供一份租赁，比如价值 8 000 美元，就可以挽救这笔投资。提供这份租赁，制造商实际上将巴士的价格降为 92 000 美元，使巴士租赁对格雷美的价值为正。更正式的表达是，我们可以将租赁的 NPV 作为有利的融资副效应加到项目的调整现值（APV）中：○

$$APV = 项目的 NPV + 租赁的 NPV = -5\,000 + 8\,000 = +3\,000 (美元)$$

注意，我们的公式适用于净融资租赁。由出租人承担的任何保险、保养和其他营运成本都可以单独评价并加到租赁价值中。如果租期结束时资产有残值，残值价值也要考虑。

例如，假设巴士制造商提供的日常保养，每年税后价值为 2 000 美元。而皮埃尔先生考虑后决定八年后巴士可能价值 10 000 美元。（前面他假设租期结束后巴士没有价值。）那么租赁价值增加节约的保养的现值，减少残值的现值：

$$\sum_{t=0}^{7} \frac{2\,000}{(1.12)^t} = 11\,100 (美元)$$

损失的残值价值 $10\,000/(1.12)^8 = 4\,000$ 美元。○ 记住，我们之前计算的租赁价值为 − 700 美元。修正后的价值为 − 700 + 11 100 − 4 000 = 6 400 美元。现在，租赁看起来是个好交易。

25.5 融资租赁何时支付

我们已经从承租人的角度考察了租赁价值，然而出租人的标准是相反的。只要出租人和承租人在同样的税收层级中，承租人的每一笔现金流出就是出租人的现金流入，反之亦然。在我们的数字例子中，巴士制造商预测的现金流与表 25-2 相似，只不过符号相反。对巴士制造商来说，租赁价值为：

$$租赁对出租人的价值 = -89.02 + \frac{17.99}{1.065} + \frac{22.19}{(1.065)^2} + \frac{17.71}{(1.065)^3} + \frac{15.02}{(1.065)^4}$$

$$+ \frac{15.02}{(1.065)^5} + \frac{13.00}{(1.065)^6} + \frac{10.98}{(1.065)^7} = +0.70, \quad 即 700 美元$$

这种情况下，对承租人和出租人的价值正好抵消（− 700 + 700 = 0）。出租人的盈利是承租人的损失。

但是，如果它们的税率不同，承租人和出租人可以双赢。假设格雷美不纳税（$T_c = 0$），那么巴士租赁的现金流为：

○ 租赁估值背后的原理最早的提出，见 S. C. Myers, D. A. Dill and A. J. Bautista, "Valuation of Financial Lease Contracts," *Journal of Finance* 31 (June 1976), pp. 799-819, 和 J. R. Franks and S. D. Hodges, "Valuation of Financial Lease Contracts: A Note," *Journal of Finance* 33 (May 1978), pp. 647-669.

○ 见第 19 章中对 APV 的一般定义和描述。

○ 为了简化，我们假设保养成本在年初支付，而残值是第八年末的价值。

	年份							
	0	1	2	3	4	5	6	7
新巴士的成本	+100							
租金现金流	-16.9	-16.9	-16.9	-16.9	-16.9	-16.9	-16.9	-16.9

这些现金流用10%来贴现，因为 $T_c=0$ 时，$r_D(1-T_c)=r_D$。租赁价值为：

$$\text{租赁价值} = +100 - \sum_{t=0}^{7} \frac{16.9}{(1.10)^t} = +100 - 99.18 = +0.82, \quad \text{即 820 美元}$$

这种情况下，出租人（税率35%）得到净收益700美元，承租人（税率为零）得到净收益820美元。双赢的代价是政府的损失。一方面政府从租赁合同中获益，因为它从租金中收税。另一方面，租赁合同使出租人利用了对承租人没有用处的折旧和利息税盾。由于折旧是加速的、利率为正，所以租赁的结果是政府在税收收入的现值上遭受净损失。

政府在租赁上的损失，就是出租人和承租人的收益，现在你应该开始理解发生这些的背景了。其他条件相同，在以下情况下，出租人和承租人的总收益最高：
- 出租人的税率比承租人的高出很多；
- 在租期的早期收到折旧税盾；
- 租期很长，租金集中在租期的后面；
- 利率 r_D 高，如果是零，以现值来衡量，延迟纳税没有任何好处。

全世界的租赁

在大多数发达国家，租赁广泛应用于工厂和设备投资的融资中。[一]但对出于税收和会计目的的长期融资租赁的态度却存在重要的区别。例如，有些国家允许出租人利用折旧税盾，如美国。其他国家承租人要进行折旧扣减。会计处理通常也是如此。

很多大额租赁是跨境交易。如果出租人处在折旧计提很宽松的国家，跨境租赁会非常有吸引力。出租人和承租人都可以进行折旧扣减时，最后会发生跨境租赁。聪明的租赁公司寻找这样的机会两头赚钱。税务部门寻找阻止它们的方法。[二]

25.6 杠杆租赁

大额租赁通常是杠杆租赁（leveraged lease），杠杆租赁的结构总结在图 25-1 中。在这个例子中，租赁公司（或几家租赁公司组成的财团）设立一家特殊目的主体（SPE），购买和租赁商用飞机。飞机80%的成本，是SPE通过借款筹集到的，一般从保险公司或其他金融机构借入资金。租赁公司投入剩下的20%的资金，作为投入租赁中的股权。

租赁一旦建立和运营起来，租金就开始支付，折旧和利息税盾就产生了。所有（或几乎所有）的租金都来还债，在还清负债之前，租赁公司得不到现金流入，但会得到所有的折旧和利息的扣减，产生的税收损失可以用来保护其他收入。

在租赁的最后，债务还清，税盾耗尽。这时，承租人拥有购买飞机的期权。如果承

[一] 例如，2013年租赁占欧洲交通工具和设备新投资的22%（www.leaseurope.org）。
[二] 现在美国的税务部门似乎赢了。2004年的《美国就业机会创造法案》（American Jobs Creation Act, JOBS）消除了跨境租赁的很多利润。

租人行使购买期权，租赁公司得到购买价格，否则要回飞机。（有些情况下，部分根据租赁合约的条款，承租人还拥有提前收购的期权。）

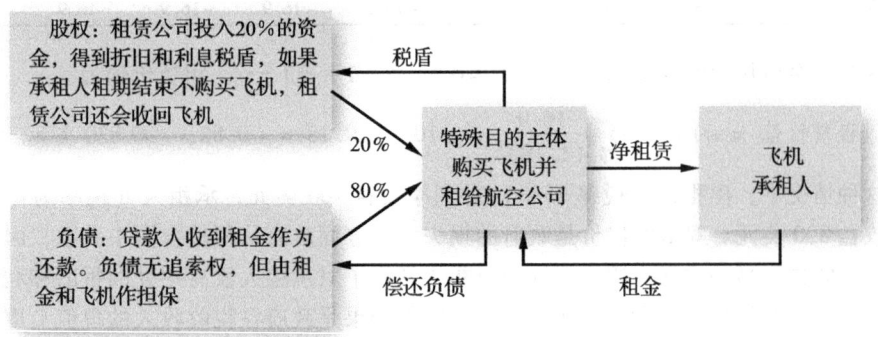

图 25-1　商用飞机的杠杆租赁结构

杠杆租赁中的债务没有追索权。如果承租人不能按时还款，贷款人对飞机的租金收入有第一索取权，但对租赁公司没有索取权。因此，贷款人只能依赖飞机租赁的信用和作为抵押品的飞机。

因此，租赁公司只投资 20% 的资金，而得到 100% 的税盾，如果租赁交易失败，也不会陷入困境。这听起来像个很好的交易吗？不要急于下结论，因为贷款人放弃追索权，将要求更高的利率。在有效的债务市场中，支付更高的利率来避免追索应该是 NPV 等于零的交易，否则交易的一方就以另一方的利益为代价搭了便车。尽管如此，无追索权的负债，作为图 25-1 所示的整体交易结构的一部分，是传统方便的融资方法。㊀

本章总结

租赁是延长的租用合约。设备的所有者（出租人）允许用户（承租人）使用该设备来换取定期租金。

可能的租赁安排多种多样。短期、可撤销的租赁称为经营性租赁。在经营性租赁中，出租人承担所有权风险。长期、不可撤销的租赁称为融资租赁、资本租赁或全额支付租赁。在融资租赁中，承租人承担风险。公司想得到资产并使用较长一段时间，融资租赁是融资来源。

理解经营性租赁的关键是等价年度成本。在竞争性的租赁市场中，年租金必须等于出租人的等价年度成本。如果租金低于用户购买设备的等价年度成本，经营性租赁对设备用户有吸引力。用户在短时间内需要设备时、出租人能够更好地承担报废风险时或者出租人能够更好地维护设备时，经营性租赁才有意义。还要记住的是，经营性租赁经常附带有价值的期权。

融资租赁持续租赁资产的大部分经济寿命，不能由承租人取消。签署融资租赁合同就像签署融资购买租赁资产的担保贷款合同。对于融资租赁，选择不是"租还是买"，而"租还是借款"。

㊀ 杠杆租赁有特殊的税收和会计要求，在此我们不赘述。杠杆租赁中的股权投资的价值评估也很棘手，因为税后现金流不止一次发生符号改变。如果你采用 NPV 法则是没有问题的，但如果想计算内部收益率（IRR），则会有困难。如果你坚持用 IRR，需要用修正的内部收益率。我们在 5.3 节中讨论过多个 IRR 和修正的 IRR。还可以参考本章的练习题第 23 题。

很多公司有合理的理由通过租赁而融资。例如，不纳税的公司通常能够与纳税的出租人达成满意的交易。签署标准的租赁合同也会比协商长期担保贷款成本低，并且节约时间。

公司借款时，支付债务的税后利率。因此，租赁融资的机会成本是公司债券的税后利率。对融资租赁进行估值时，我们要用税后利率来贴现租赁的增量现金流。

等价贷款是未来现金流与融资租赁完全相同的贷款。我们计算租赁的净现值时，我们是在度量租赁提供的融资与等价贷款所提供的融资的差额：

$$\text{租赁的价值} = \text{租赁提供的融资} - \text{等价贷款的价值}$$

我们还可以从出租人的角度来分析租赁，利用我们从承租人角度分析的相同方法。如果承租人和出租人在同样的纳税层级中，他们将得到符号相反的同样金额的现金流。因此，承租人的收益只是出租人的损失，反之亦然。但是，如果承租人的税率低于出租人，那么双方的收益就是联邦政府的损失。这就是税收的时机好处，因为出租人在租赁的早期得到利息和折旧税盾。

杠杆租赁是三方交易，除了出租人和承租人还包括贷款人。贷款人提供租赁设备最高80%的资金，出租人投资其余的作为股权投资。贷款人对租金和资产拥有第一索取权，但如果出租人不能还款，贷款人对出租人没有追索权。出租人的收益主要来自租赁早期的利息和折旧税盾以及租赁结束后的租赁资产。杠杆租赁一般是大额跨境的租赁-融资交易。

扩展阅读

关于租赁的两本一般参考书：

J. S. Schallheim, *Lease or Buy, Principles for Sound Decision Making* (Boston: Harvard Business School Press, 1994).

P. K. Nevitt and F. J. Fabozzi, *Equipment Leasing*, 4th ed. (Hoboken, NJ: John Wiley & Sons, 2008).

史密斯和威克曼讨论了租赁的经济动机：

C. W. Smith, Jr., and L. M. Wakeman, "Determinants of Corporate Leasing Policy," *Journal of Finance* 40 (July 1985), pp. 895-908.

很多经营性租赁中隐含的期权的讨论，见：

J. J. McConnell and J. S. Schallheim, "Valuation of Asset Leasing Contracts," *Journal of Financial Economics* 12 (August 1983), pp. 237-261.

S. R. Grenadier, "Valuing Lease Contracts: A Real Options Approach," *Journal of Financial Economics* 38 (July 1995), pp. 297-331.

S. R. Grenadier, "An Equilibrium Analysis of Real Estate Leases," *Journal of Business* 78 (2005), pp. 1173-1214.

练习题

基础题

1. **租赁类型** 以下术语常用于描述租赁：
   a. 直接；
   b. 全面服务；
   c. 经营性；
   d. 融资；
   e. 租金；
   f. 净；
   g. 杠杆；
   h. 售后回租；
   i. 全额支付。

   将一个或多个这些术语与以下陈述相

匹配：
A. 最初的租期比资产的经济寿命短；
B. 最初的租期足够长，足以让出租人弥补资产的成本；
C. 出租人提供维护和保险；
D. 承租人提供维护和保险；
E. 出租人从制造商处购买设备；
F. 出租人从未来的承租人处购买设备；
G. 出租人通过发行针对租赁合同的负债和股权索偿权来融资。

2. **租赁的理由** 以下租赁的理由中有些是理性的，其他的不理性或者假设资本市场不完美有效。哪些是租赁的理性理由？
   a. 承租人对租赁资产的需要只是暂时的；
   b. 专门的出租人能更好地承担报废风险；
   c. 租赁提供 100% 的融资，因此保存资本；
   d. 租赁使边际税率比较低的公司"出售"折旧税盾；
   e. 租赁增加每股收益；
   f. 租赁降低获得外部融资的交易成本；
   g. 租赁避免对资本支出的限制；
   h. 租赁能够减少替代性最低税；

3. **经营性租赁** 解释为什么以下陈述是正确的：
   a. 在竞争性租赁市场中，经营性租赁的年租金等于出租人的等价年度成本；
   b. 如果租金低于用户的等价年度成本，经营性租赁对设备用户有吸引力。

4. **租赁的特征** 判断正误：
   a. 租金通常在每期开始时支付，因此一般一签订租赁合同就要支付第一次租金；
   b. 有些融资租赁能够提供表外融资；
   c. 融资租赁的资本成本是公司银行贷款所支付的利率；
   d. 等价贷款的本金和税后利息刚好与租赁的税后现金流匹配；
   e. 如果融资租赁提供的融资高于等价贷款，就不应该接受融资租赁；
   f. 不纳税的公司从纳税的公司租赁是合理的；
   g. 其他条件相同，随着名义利率上升，租赁的净税收好处增加。

5. **破产中的租赁处理** 如果破产承租人认可租赁合同会怎样？如果租赁合同被拒绝呢？

6. **租赁的特征** 杠杆租赁与普通的长期融资租赁有何不同？列出关键不同。

7. **无追索权负债** 杠杆租赁的贷款人拥有无追索权负债。"无追索权"的意思是什么？对租赁中的股权投资者而言，无追索权负债的好处和代价分别是什么？

进阶题

8. **经营性租赁** 阿克姆公司拓展业务，向创业公司出租办公家具。考虑一张价值 3 000 美元的桌子，桌子可以使用六年，按照五年期 MACRS 折旧（见表 6-4）。一张新桌子盈亏平衡的经营性租赁的租金是多少？假设旧桌子和新桌子的租金相同，阿克姆为每张桌子每年所花费的税前管理成本为 400 美元。资本成本为 9%，税率为 35%。租金提前支付，即在每年年初支付。通胀率为零。

9. **融资租赁** 仍回到问题 8。假设一家蓝筹公司要求融资租赁一张 3 000 美元的桌子。公司刚发行了年利率 6% 的五年期债券。这种情况下，盈亏平衡的租金是多少？假设管理成本下降为每年 200 美元。解释为什么问题 8 的答案与本问题的答案不同。

10. **通胀和租赁** 在问题 8 中我们假设新旧桌子的租金一致。
    a. 如果预期年通胀率为 5%，开始的盈亏平衡租金如何变化？假设实际资本成本不变。（提示：参考第 6 章中对等价年度成本的讨论。）
    b. 如果由于磨损桌子每使用一年，阿克姆将实际租金下降 10%，问题（a）的答案如何变化？

11. **技术变化和租赁** 见表 25-1。如果豪华车制造中的快速技术变化使新豪华车的成本每年下降 5%，初始盈亏平衡的经营性租赁的租金将如何变化？（提示：

我们在第6章讨论过技术进步和等价年度成本。）

12. **融资租赁** 假设国家圆晶电子公司面对一个四年期融资租赁的建议，公司构造了与表25-2类似的表格，该表的最后一行显示租赁现金流如下：

	第0年	第1年	第2年	第3年
租赁现金流	+62 000	−26 800	−22 200	−17 600

这些现金流反映了机器的成本、折旧税盾和税后租金。忽略残值。假设公司负债成本10%，边际税率35%。

a. 等价贷款的价值是多少？

b. 租赁的价值是多少？

c. 假设正常融资下机器的 NPV 为 −5 000美元，国家圆晶电子公司应该投资吗？应该租赁吗？

以下问题都适用于融资租赁。要回答问题13～问题17，你可以借助于 Excel 电子表格。

13. **税收和租赁** 再次考察表25-2描述的巴士租赁。

a. 如果格雷美的边际税率 $T_c = 0.20$，租赁的价值是多少？

b. 如果出于税收目的，初始投资要在第一至五年等额摊销，租赁的价值是多少？

14. **税收和租赁** 在25.4节中，我们说明，如果格雷美巴士公司不纳税，它得到的租赁的 NPV 为820美元，税率为35%的出租人得到的 NPV 为700美元。在这些假设下，出租人能够接受的最低租金是多少？格雷美公司能够支付的最高租金是多少？

15. **租赁估值** 在25.5节中，我们列出了租赁存在潜在收益的四种情况。对格雷美巴士公司的租赁进行敏感性分析，假设公司不纳税，检查这四种情况。按以下顺序考察：(a) 出租人税率为50%（不是35%）；(b) 第0年立刻100%折旧（而不是5年期 MACRS）；(c) 三年期租赁，四次支付年度租金（而不是八年期租赁）；(d) 利率20%（而不是10%）。在每种情况下，找到让出租人满意的租金，并计算租赁的 NPV。

16. **租赁的估值** 在25.5节中，我们认为，如果利率等于零，延迟纳税没有好处，因此租赁没有好处。评估利率等于零时格雷美租赁的价值。假设格雷美不纳税。你能设计任何租赁条款，使承租人和出租人都高兴吗？（如果你能，我们希望收到你的来信。）

17. **租赁的估值** 租金安排变化的租赁称为结构化租赁（structured lease）。尝试将格雷美租赁结构化，使租赁的价值增加，而保留对出租人的价值。假设格雷美不纳税。（注意：在实践中，税务部门将允许租金一定程度上结构化，但可能不高兴看到你的某些设计。）

18. **租赁的估值** 诺德海德学院需要一台新计算机，它可以花250 000美元购买，或者从康皮租赁公司租用。租赁条件要求诺德海德进行六次年付，每年62 000美元。诺德海德不用纳税。康皮租赁税率为35%，出于税收目的可以将计算机五年折旧。计算机五年后无残值。利率为8%。

a. 对诺德海德学院而言，租赁的 NPV 是多少？

b. 对康皮租赁而言，租赁的 NPV 是多少？

c. 租赁的总收益是多少？

19. **租赁的估值** 安全剃刀公司有大量税收损失向前结转，预期今后10年都不会纳税。公司因此建议租赁价值100 000美元的新机器。租赁条款包括八次等额租金，按年预付。出租人可以按照表6-4给出的折旧安排七年计提折旧。机器经济寿命结束无残值。税率为35%，利率为10%。安全剃刀公司的总裁威尔伯·奥卡姆想知道自己公司愿意支付的最高租金，和出租人愿意接受的最低租金。你能帮他吗？

20. **破产时的租赁处理** 公司破产时，设备出租人和担保贷款人的处境有何不同？假设担保贷款由租赁设备做抵押品。哪个受到的保护更好，租赁还是贷款？如果租赁设备可以出售或再次租赁，你的答案取决于租赁设备的价值吗？

21. **租赁的估值** 图25-1中的承租人如何评估租赁的NPV？概述正确的估值过程。然后假设股权出租人想评估租赁的价值。再次概括正确的过程。（提示：APV。如何计算租赁对承租人和出租人的总价值？）

挑战题

22. **租赁的估值** 一家矿业公司要求马格纳包机公司为其提供海狸式丛林飞机，用于利亚德堡西部和北部的探矿。马格纳公司与矿业公司将签署严格的一年期合同，并预计合同将续签五年，进行一个探矿计划。如果矿业公司在一年后续签租赁合同，它将承诺再租用飞机四年。

    马格纳包机公司面临以下选择：
    - 花费500 000美元购置飞机；
    - 对飞机进行一年期经营性租赁，租金118 000美元，预付；
    - 签署五年期不可撤销融资租赁，每年租金75 000美元，预付。

    所有这些均为净租赁，所有营运成本均由马格纳包机公司承担。

    你对公司的CEO阿格尼丝·马格纳有什么建议？为简单起见，假设出于纳税目的，采取五年直线折旧。假设公司税率为35%，丛林飞机业务的加权平均资本成本为14%，而马格纳公司能以9%的利率借款，预期通膨率为4%。

    马格纳女士认为五年后飞机价值为300 000美元。但是如果与矿业公司的合约不续签（第一年年末这一结果发生的概率为20%），公司得到临时通知后会以400 000美元的价格卖出飞机。

    如果马格纳包机公司采取五年期的融资租赁方式，而矿业公司在第一年年末撤销合同，马格纳公司可将飞机转租，就是租给另一位用户。

    必要时增加假设。

23. **租赁和IRR** 作为杠杆租赁重现构建表25-2，假设出租人负债80 000美元，即巴士成本的80%，无追索权，利率为11%。所有的租金都用来偿还负债（利息和本金），直到贷款还清。假设租期结束巴士价值10 000美元。计算出租人20 000美元股权投资的税后现金流。股权现金流的IRR是多少？存在不止一个IRR吗？如何评估出租人股权投资的价值？

24. **租赁的估值** 假设格雷美租赁使公司在租期结束时有以1美元购买巴士的期权。这对租赁的税收有何影响？重新计算租赁对格雷美和对制造商的价值。可以调整租金使双方的NPV都为正吗？

第八部分 PART8

风险管理

第 26 章 管理风险

大部分时间，我们认为风险是天注定的。项目有其贝塔值，本来就是这样。项目的现金流受到需求、原材料成本和技术的变化以及似乎不胜枚举的其他不确定因素的影响。管理者对此无能为力。

这并不完全正确，管理者可以规避某些风险。我们已经知道规避风险的一种方法：公司利用实物期权来提供灵活性。例如，设计石油化工厂时，可以使用石油也可以使用天然气作为原料，降低了原材料价格不利变动的风险。另一个例子，公司利用标准机床而不是定制机器，就降低了产品销售不佳时脱离困境的成本。也就是说，标准机器为公司提供了有价值的放弃期权。

我们在第 22 章讨论了实物期权。本章要解释的是公司如何利用金融合约来保护自己避免各种风险。我们将讨论公司针对特定风险（如火灾、洪涝或环境破坏）而购买保险的支持和反对意见。然后我们将描述远期和期货合约，可以用来锁定石油、铜或大豆等商品的未来价格。金融远期和期货合约使公司锁定利率或汇率等金融资产的价格。我们还描述了互换，就是远期合约的组合。

本章的大部分内容描述的是如何利用金融合约减少商业风险。但是，为什么要这么做呢？为什么股东应该关心公司的未来利润是否与利率、汇率或商品价格联系在一起呢？让我们从这个问题开始吧。

26.1 为什么管理风险

在完美有效的市场中，金融交易仅仅降低风险，不增加价值。为什么不增加价值？因为两个基本原因。

- 原因一：套期保值是零和游戏。公司保险或对冲风险，并没有消除风险，只是将风险转移给了其他人。例如，假设加热油销售公司与炼油公司签订合同，购买明年冬天所有的加热油，以固定价格交割。这份合同是零和交易，因为炼油公司的收益就是销售公司的损失，反之亦然。⊖如果明年冬天，加热油的价格变得非常高，经销商因为锁定的价格低于市场价格而获利，而炼油公司被迫低于市场价格销售。相反，如果加热油价格特别低，炼油公司就赚了，因为销售公司被迫以固定的高价购买。当然，双方在签订合同时都不知道明年冬天的价

⊖ 在博弈论中"零和"意思是说，所有参与者的收益加起来为零，因此一位参与者赢的前提是其他人都输。

格，但它们会考虑可能的价格范围，在有效市场中，它们协商的条件对交易双方都是公平的（NPV 为零）。
- 原因二：投资者的 DIY 替代方案。从事投资者自己容易做的交易，公司不能增加股票的价值。加热油销售公司的股东投资时，他们大概知道这一行业的风险。如果他们不想承担能源价格的波动，他们可以用几个方法保护自己。也许他们同时投资销售公司和炼油公司的股票，而不关心明年冬天是否一家公司以另一家公司为代价赚钱。

当然，只有公司使投资者知道它们在做的交易的时候，股东才能够调整他们的投资。例如，1999 年一些欧洲国家央行宣布将限制黄金销售，黄金价格立即飙升。金矿公司股票投资者期待着盈利上涨，高兴得不知所措。但是，当他们发现有些金矿公司已经针对价格波动进行了保护，不会从价格上涨中获得好处，于是兴高采烈变成了束手无策。⊖

这些金矿公司的有些股东想打赌金价上涨，其他人则不这么认为。但是，所有的股东都给管理者传递了同样的信息。前一组人说："不要套期保值！我很高兴承担金价波动的风险，因为我认为金价将上涨。"第二组人说："不要套期保值！我宁愿自己来做。"我们之前见识过这一 DIY 原理。想想公司可以降低风险的其他方法。例如，公司可以收购一家不相关行业的公司，通过多元化来降低风险。而我们知道，投资者自己能够进行多元化，因此公司来进行多元化是多余的。⊜

公司也可以通过少负债来降低风险，而我们在第 17 章说明了，降低财务杠杆不会使股东财富增加或减少，因为他们能够通过个人账户的负债减少（或贷款增加）来降低财务风险。莫迪利亚尼和米勒（MM）证明了在完美的金融市场中，公司负债政策不相关。我们可以将他们的理论拓展一下：在完美的金融市场中，风险管理不相关。

当然，在第 18 章中我们认为负债政策是相关的，不是因为 MM 错了，而是因为其他因素，比如税收、代理问题和财务困境成本。这里同样的思路也适用。如果风险管理影响公司的价值，一定是因为"其他因素"，不是因为风险转移本身有价值。

我们来回顾一下降低风险的交易在实践中有意义的原因。⊝

26.1.1 减少现金不足或财务困境的风险

减少风险的交易使财务计划更简单，降低发生尴尬的现金不足的可能性。现金不足可能仅仅意味着要意外地去找一趟银行，而财务经理最可怕的噩梦是陷入财务困境，因为缺少资金不得不错过有价值的投资机会。在极端的情况下，无对冲的失败可能引发财务困境，甚至导致破产。

银行和债券持有者认识到这些危险，尽力了解公司的风险状况，在借出资金之前他们要求公司购买保险或采取套期保值措施。风险管理和保守融资互相替代，而不是互相

⊖ 对加纳的阿散蒂金矿公司（Ashanti Goldfields）来说，这个消息是最糟糕的。阿散蒂走到另一个极端，赌的是金价下降。1999 年的金价上涨几乎使阿散蒂破产。
⊜ 见 7.5 节，对多元化并购的讨论见第 31 章。注意，多元化降低整体风险，而不是市场风险。
⊝ 还有一些我们在此没有涉及的其他特别原因。例如，公司有利润时，政府很快就来收税了，而亏损时，减少税收却慢一些。在美国，亏损只能抵消过去两年的纳税，用这种方式不能抵消的亏损可以向前结转来保护未来的利润。因此，收入波动和更频繁亏损的公司的实际税率更高。公司通过套期保值可以降低收入的波动性。对大多数公司而言，减少风险的这个动机不重要。见 J. R. Graham and C. W. Smith, Jr., "Tax Incentives to Hedge," *Journal of Finance* 54 (December 1999), pp. 2241-2262。

补充。因此，公司可能为了能够在较高的负债率下安全运营才对冲部分风险。

聪明的财务经理们要确定，如果投资机会扩张，可以获得现金（或者可得的融资）。而现金和投资机会匹配很好时，不一定需要套期保值。让我们比较一下两个例子。

西锐石油公司有几块油田生产石油，也投资寻找、开发新油田。它应该对油价进行套期保值锁定现有油田的收入吗？也许不用，因为油价上涨时，它的投资机会扩张，而油价下跌则缩减。锁定油价会使它在油价下跌时有太多现金，而在油价上涨时，相对于投资机会来说，现金又太少。

库缪勒斯制药公司全球销售，一半的销售收入是外币。大部分研发在美国完成。它应该对冲至少一部分外汇风险吗？也许应该，因为制药研发是高成本的长期投资，不能根据某一年的收入来决定是继续还是终止研发项目，因此公司希望通过对冲汇率的波动来稳定现金流。

26.1.2 风险管理会减少代理成本

在某些情况下，对冲能够更容易地监督和激励管理者。假设你的糖果部门一年内利润增加了60%，而当时可可豆价格下降了12%。这位部门经济应该受到责备还是得到赞扬呢？多少利润是良好的管理产生的？多少是由于可可豆价格下降产生的？如果可可豆价格被对冲了，就可能是良好的管理产生的。如果没有对冲，你就要事后仔细分辨，或许要问："如果可可豆价格被对冲，利润会是多少？"

可可豆价格的波动超出了管理者的控制。但是，如果管理者的利润和奖金取决于可可豆的价格，她一定会关注这个价格。对价格进行对冲，使她的奖金与她能够控制的风险更密切地联系在一起，使她把担心可可豆价格的时间花在管理这些风险上。

对影响管理者个人的外部风险进行对冲，不一定意味着公司最后会进行对冲。有些大公司允许经营部门内部"市场"中对冲掉风险。内部市场以真实的（外部的）市场价格运行，将风险从部门转移到中央财务部门，然后财务部门决定是否对公司的整体风险进行对冲。

这种内部市场是有意义的，有两个原因。首先，部门的风险可能互相抵消。例如，你的炼油部门从加热油价格上涨中获益，同时你的销售部门则遭受损失。其次，因为运营经理不交易实际的金融合约，不存在管理者使公司进行投机性交易的危险。例如，假设在今年利润下降，得到年终奖金的希望变得渺茫。你会被诱惑在可可豆期货市场上快速赌一把来弥补利润的不足？好吧……不是你，当然，而你也许会想到某些熟人，他们就是想在市场上赌一把。

允许营运经理进行实际投机性交易的危险应该很明显。你的糖果部门的经理是可可豆期货市场的外行。如果她是熟练的专业交易员，她可能就不会管理巧克力工厂了。⊖

风险管理要求一定程度的集权。现在，很多公司任命一位首席风险官来为公司整体上设计风险管理策略。风险经理需要回答以下问题：

1. 公司面临的主要风险是什么？可能的结果是什么？有些风险几乎不值得一想，而其他风险可能导致严重的失败，甚至使公司破产。

2. 公司承担这些风险得到报酬吗？管理者得到报酬不是要规避所有风险，但是，如

⊖ 经理初始交易亏损时，业余投机的危险就加倍了。这时，经理已经陷入很大的麻烦之中了，孤注一掷并不会失去更多。"孤注一掷"常常称为"为了救赎的赌博"。

果他们降低了风险却没有相应的奖励,他们就会在机会对他们有利的时候下更大的赌注。

3. 风险应该如何控制?公司应该通过增加经营灵活性来减少风险吗?它应该改变经营杠杆或财务杠杆吗?或者它应该针对特别的风险购买保险或进行对冲吗?

26.1.3　风险管理的证据

哪些公司利用金融合约来管理风险?一定程度上,几乎所有公司都会这样做。例如,它们会签订固定价格的原材料购买合同或产品销售合同,至少在短期内。大多数公司会购买火灾、事故和盗抢等保险。另外,正如我们看到的,管理者利用各种专门的工具来对冲风险,它们统称为衍生工具(derivatives)。对世界 500 家最大公司的调查发现,它们大多数都利用衍生工具来管理风险。[⊖]83%的公司利用衍生工具控制利率风险,88%的管理货币风险,49%的管理商品价格风险。

风险管理策略不同。例如,有些自然资源公司努力对冲价格波动的风险,其他的则满不在乎,随价格任意变动。要解释为什么有的公司做套期保值而其他的不做不那么容易。彼得·图法诺对金矿业的研究发现,管理者的个人风险厌恶与此有关。高层管理者大量持有公司股票时,对金价进行套期保值似乎更普遍,高层管理者拥有大量股票期权时,则不那么普遍。(记住,标的证券风险下降时,期权价值下降。)大卫·豪沙尔特对石油和天然气生产商的研究发现,套期保值做得最多的公司负债率很高,无债务评级,股利支付少。似乎这些公司套期保值计划的设计是为了提高公司的债务融资能力,降低财务困境的可能性。[⊜]

26.2　保险

大多数公司购买保险来抵御各种危害——工厂毁于火灾的风险;轮船、飞机或交通公司发生事故的风险;公司对环境危害负有责任的风险;等等。

公司投保时,它只是在将风险转移给保险公司。保险公司在承担风险方面有一些优势。第一,它们有相当多的经验来保险类似的风险,因此它们非常有能力估计损失发生的概率,对风险进行精确的定价。第二,它们在向公司提供减少风险而采取的措施方面很有技巧,并且它们对接受建议的公司提供的保费比较低。第三,保险公司能够通过持有保单的多元化组合来分散风险。对任何单个保单的索赔可能高度不确定,但对保单组合的索赔则会非常稳定。保险公司当然不可能分散掉市场或宏观经济风险,公司一般利用保险降低可分散风险,而寻找其他方法规避宏观风险。

保险公司在承担风险方面也有一些劣势,这反映在它们收取的价格上。假设你公司拥有一座价值 10 亿美元的海上石油平台。气象学家建议,任何一年中有万分之一的可能性平台会毁于暴风雨。于是暴风雨破坏的预期损失为 10 亿美元/10 000 = 100 000 美元。

几乎可以肯定的是,暴风雨破坏的风险不是宏观经济风险,是能够分散掉的。因

⊖ International Swap Dealers Association (ISDA), "2009 Derivatives Usage Survey," www.isda.org.
⊜ 见 P. Tufano, "The Determinants of Stock Price Exposure: Financial Engineering and the Gold Mining Industry," *Journal of Finance* 53 (June 1998), pp. 1014-1052, 和 G. D. Haushalter, "Financing Policy, Basis Risk and Corporate Hedging," *Journal of Finance* 55 (February 2000), pp. 107-152。

此，你会预期，只要保费足以弥补预期损失，保险公司愿意对平台进行保险。也就是说，对平台进行保险的公允的保险费为每年100 000美元。㊀这一保费使购买保险对你公司来说NPV为零。遗憾的是，没有保险公司会提供保费为100 000美元的保单。为什么没有？

- 原因一：管理成本。保险公司于其他行业一样，安排保险，处理索赔，要发生各种成本。例如，环境破坏责任的争议会花费几百万美元的法律费用。保险公司在制定保费时要考虑这些成本。
- 原因二：逆向选择。假设保险公司提供"不需要健康检查，不问问题"的人寿保单，谁最会购买这种保险，根本就不用猜。我们的例子是逆向选择的极端情况。除非保险公司能够区分好的和不好的风险，否则后者总是最急于投保的。保险公司增加保费来补偿，或者要求保单所有者分担任何损失。
- 原因三：道德风险。两位农场主在镇上的路上遇见了。"乔治，"一位说，"听说你的谷仓着火了，很难过。""嘘，"另一位回答说，"那是明天晚上的事儿。"这个故事说明了保险公司称为道德风险的另一个问题。一旦风险被保险，所有者就不会很小心地采取预防措施来防止损害了。保险公司认识到这一点后，会在定价中予以考虑。

逆向选择和道德风险（像农场主谷仓的火灾）的极端形式在专业的公司金融领域很少遇到。但这些问题会以更微妙的方式发生。那个石油平台可能不是个"不好的风险"，但是关于平台，石油公司知道的比保险公司多。石油公司不会有意破坏平台，但一旦投保，它就会在维护或结构加固上节约资金。因此，保险公司可能会付钱进行工程研究或对维护情况进行监督。所有这些成本都会进入保险费中。

管理、逆向选择和道德风险的成本很小的时候，保险会是接近零NPV的交易。这些成本很大时，保险是防范风险的一种高成本方法。

很多保险风险是跳跃风险（jump risk），今天万里无云，明天暴风骤雨。这些风险也是巨大的。例如，2001年9月11日世界贸易中心受到的攻击，花费了保险公司360亿美元，日本海啸涉及的保险赔偿为350亿~400亿美元，卡特里娜飓风花费了保险公司创纪录的660亿美元。

如果这些灾难的损失可以分布得更广泛，这些灾难的保险成本应该降低，因此保险公司一直寻找与投资者一起分担巨灾风险的方法。对保险公司来说，一个办法是发行巨灾债券（catastrophe bonds或Cat bonds）。如果巨灾发生，巨灾债券的支付减少或取消。㊁例如，2014年州立农场保险公司发行了价值3亿美元的巨灾债券。债券期限三年，美国若发生超出特定水平的地震，债券为州立农场保险公司提供保护。

26.3 用期权减少风险

管理者经常购买货币、利率和商品期权来限制所承担的下行风险。例如，考虑墨西

㊀ 如果保费在年初支付，索赔发生在年末，那么NPV为零的保险费等于预期索赔额的贴现值 $100\,000/(1+r)$ 美元。

㊁ 对巨灾债券和其他分散保险风险的技术的讨论，见 N. A. Doherty, "Financial Innovation in the Management of Catastrophe Risk," *Journal of Applied Corporate Finance* 10（Fall 1997），pp. 84-95. 和 K. Froot, "The Market for Catastrophe Risk: A Clinical Examination," *Journal of Financial Economics* 60（2001），pp. 529-571。

哥政府所面临的问题，它 30% 的收入都来自国有石油公司——墨西哥石油公司。因此，油价下降，政府会被迫减少计划支出。

政府的解决办法是每年都对可能的油价下跌安排套期保值。例如，2014 年下半年，墨西哥政府购买了认沽期权，有权利在明年以每桶 76.40 美元的行权价格出售 2.28 亿桶石油。如果油价上涨高于这个价格，墨西哥将获得好处，而如果油价下跌低于 76.40 美元，认沽期权的收益将正好抵消收入的下降。实际上，期权为石油的价值设置了 76.40 美元的下限。当然，套期保值并不是免费的。据报道，墨西哥政府购买这些合约花费了 7.73 亿美元。

图 26-1 说明了墨西哥政府保险策略的本质。a) 是出售 2.28 亿桶石油的收入。随着油价的涨跌，政府的收入也跟着涨跌。b) 是政府以 76.40 美元出售 2.28 亿桶石油的期权的收益。这一收益正好抵消了石油收入的下降。c) 是政府购买认沽期权后的总收入。价格低于 76.40 美元时，收入固定在 228×76.40 = 174.19 亿美元。而油价高于 76.40 美元时，油价每增加一美元，收入增加 2.28 亿美元。图 c 的轮廓你应该是熟悉的，它代表了我们在 20.2 节中第一次遇到的保护性认沽期权策略。⊖

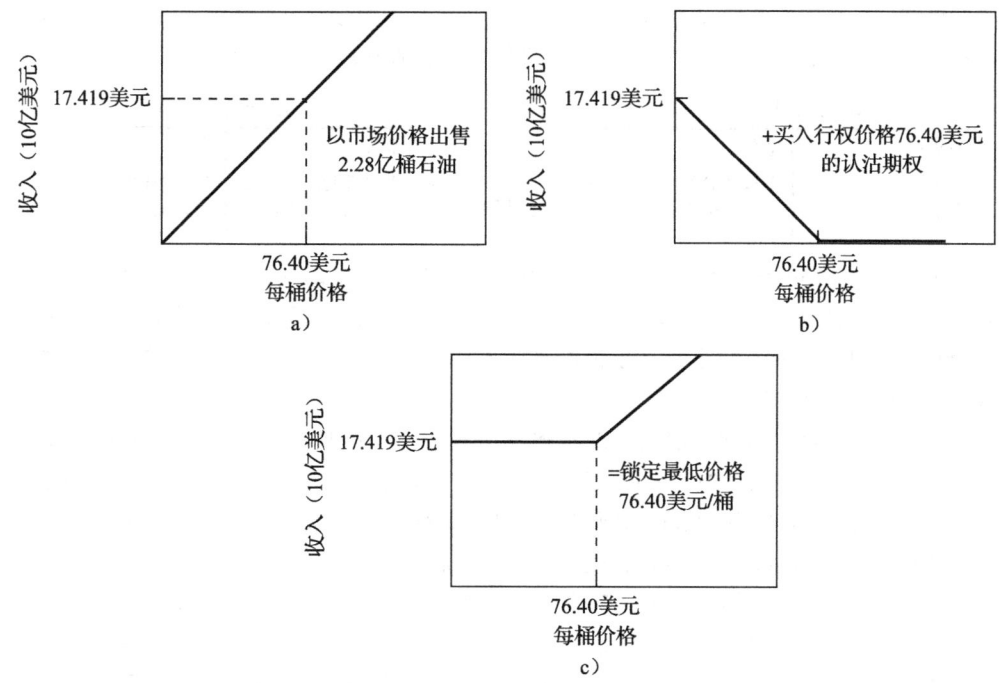

图 26-1　认沽期权保护墨西哥不受油价下降的影响

26.4　远期和期货合约

套期保值承担一种风险，抵消另一种风险，潜在地去掉了所有不确定性，既消除了好的意外，也消除了不好的意外。我们简短地解释如何进行套期保值，而在这之前，我们给出一些例子，描述专门为套期保值设计的一些工具。它们包括远期、期货和互换，

⊖ 墨西哥政府的期权投资比我们这里描述的要复杂一些。如果油价下跌到低于每桶 60 美元，部分产出会受到影响。对这部分产出，价格在 60~80 美元，政府的收入才受到保护。

与期权一起,称为衍生工具(derivative instruments or derivatives),因为它们的价值由另一项资产的价值决定。

26.4.1 简单的远期合约

我们从简单的**远期合约**(forward contract)的例子开始。北极燃油公司是一家加热油销售商,计划明年1月向零售客户提供100万加仑⊖加热油。公司担心明年冬天加热油价格上涨,想锁定购买加热油的成本。北方炼油公司正好相反,它明年冬天生产燃油,但不知道油价是多少。因此,两家公司达成交易:9月北极燃油公司同意从北方炼油公司购买100万加仑加热油,价格为每加仑2.40美元,1月交割时付款。北方炼油公司同意在1月向北极燃油公司销售并交割100万加仑加热油,价格为每加仑2.40美元。

北极公司和北方公司现在是远期合约的两个交易对手。**远期价格**(forward price)为每加仑2.40美元。价格现在固定下来,就是例子中的9月,而在以后付款和交割。(立刻交割的价格称为**现货价格**(spot price)。)同意在1月购买的北极公司,在合约上处于**多头**(long position);同意1月出售的北方公司,处于**空头**(short position)。

我们可以用资产负债表的形式来考虑每个交易对手的多头和空头,多头在资产负债表的左边(资产方),空头在资产负债表的右边(负债方)。

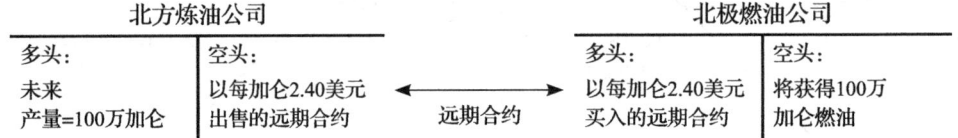

北方炼油公司开始是多头,因为它将生产加热油,北极燃油公司从空头开始,因为它需要购买加热油然后供应给客户。远期合约为北方炼油公司创造了抵消的空头,为北极燃油公司创造了抵消的多头。抵消的意思是每一方最后都锁定了2.40美元的价格,不管未来现货价格如何。

不要将远期合约与期权混淆。北极燃油公司没有认购期权,它已经做出承诺要购买,即使1月的价格比每加仑2.40美元低得多。北方炼油公司没有认沽期权,它不能放弃交易,即使1月份的现货价格远远高于每加仑2.40美元。要注意的是,双方都会担心**交易对手风险**(counterparty risk),就是另一方不履约的风险。

我们承认,这个加热油的例子掩盖了几个复杂问题。例如,我们假设双方的风险都通过锁定加热油价格而减少了。但是,假如加热油的零售价格随着批发价格的波动而波动,这种情况下,加热油销售商自然地进行了对冲,因为成本和收入一起变动。用期货合约锁定成本实际反而使销售商的利润波动得更剧烈了。专栏"金融实践:航空公司燃油成本套期保值的正方与反方"说明,套期保值决策并不总是那么简单。

金融实践　航空公司燃油成本套期保值的正方与反方

航空煤油是航空公司的主要成本。例如,2014年购买煤油的成本占德国汉莎航空经营成本的22%。航空煤油的成本波动异常剧烈,从2009年初的每加仑1.26美元上涨

⊖ 1加仑≈3.785 4立方分米。

到2012年春的3.26美元，然后回落到2015年1月的1.50美元。因此，汉莎航空像很多其他航空公司一样，利用多种市场工具，如远期合约和期权，来对冲煤油价格非预期的波动。例如，2014年初，公司对当年煤油需求量的76%和下一年需求量的30%进行了套期保值。

卡特、罗杰斯和西姆金斯研究了美国航空公司的套期保值，发现投资者鼓励航空公司对燃油成本进行套期保值。他们认为，这么做的原因是在燃油价格高涨和经营现金流比较低的时候，航空公司会被迫削减有盈利的投资，而免受油价上涨影响的航空公司能够更好地利用投资机会。

套期保值给航空公司带来好处，但也存在危险。一个问题是，如果油价下跌，签订了满足未来燃油需求的合约的航空公司会在这些合约上遭受损失。如果它们在期货交易所购买这些合约，它们需要提供抵押品来弥补这些损失。这就是很多航空公司在2008年下半年油价下跌时的情况。艾德里安·斯科菲尔德在美国《航空周刊》上撰文，他注意到，在2008年底，达美航空和美国联合航空各自有大约10亿美元的现金作为套期保值的抵押品。在美国航空业生意不好做的情况下，这可是一大笔资金。

斯科菲尔德提醒未来的套期保值者："支付更低航空煤油价格的航空公司之间的竞争，一定带来更低的机票价格。这时，较低的燃油成本被较低的收入抵消，而且套期保值合约的损失也直接影响净利润。能够转嫁给消费者的成本被自然地对冲了。"一般来说，增加的成本只有一部分被转嫁，因此自然的对冲是部分对冲。但是，公司在自然对冲中增加金融对冲时要小心，这可能会做过头而增加风险，而不是减少风险。

资料来源：D. A. Carter, D. A. Rogers, and B. J. Simkins, "Hedging and Value in the U. S. Airline Industry," *Journal of Applied Corporate Finance* 18（Fall 2006），pp. 21-33, 和 A. Schofield, "High Anxiety," *Aviation Week & Space Technology*, February 2, 2009, pp. 24-25.

26.4.2 期货交易所

我们的加热油销售公司和炼油公司不必协商一次性的双边协议。每一家都去交易所，那里交易标准化的加热油远期合约。销售公司可以购买合约，而炼油公司出售合约。

这里我们遇到一些棘手的词汇。在交易所交易的标准化远期合约，称为**期货合约**（futures contract），相同的合约，但名称不同。交易所称为**期货交易所**（futures exchange）。"期货"与"远期"的区别不在于合约内容，而在于合约的交易方式。我们很快就会讨论期货交易。

表26-1列出了一些最重要的商品期货合约和它们的交易所。⊖炼油公司和销售公司可以在纽约商品期货交易所（NYMEX）交易加热油期货。林业公司和家具公司可以在芝加哥商品期货交易所（CME）交易木材期货。生产小麦的农场主和磨坊主可以在芝加哥期货交易所（CBOT）或较小一些的区域性交易所交易小麦期货。

⊖ 你读这部分内容的时候，所列出的这些期货合约几乎肯定会过时，因为交易不活跃的合约被终止，新合约被推出。所列出的交易所可能也会过时，最近发生了大量的交易所并购。2007年，CME和CBOT合并组成CME集团，之后集团收购了管理着NYMEX和COMEX的NYMEX控股公司。也是在2007年，洲际交易所（ICM）收购了纽约期货交易所，NYSE与Euronext合并，后者拥有期货交易所LIFFE。六年后，NYSE Euronext被ICE收购，ICE保留了Euronext的期货部门，但分拆了股票交易所部分。

表 26-1　一些重要的商品期货和它们的交易所

期货	交易所	期货	交易所
玉米	CBOT, DCE	铝	LME, SHFE
小麦	CBOT	铜	COMEX, LME, MCX, SHFE
		黄金	COMEX, MCX
棕榈油	DCE	铅	LME, MCX
大豆	CBOT, DCE	镍	LME, MCX
豆粕	CBOT, DCE	银	COMEX, MCX
大豆油	CBOT, DCE	锡	LME
		锌	LME, SHFE
活畜	CME		
瘦肉猪	CME	原油	ICE, MCX, NYMEX
		柴油	ICE
可可豆	LIFFE	加热油	NYMEX
咖啡	ICE	天然气	ICE, NYMEX
棉花	ICE	无铅汽油	NYMEX
木材	CME		
橙汁	ICE	电力	NYMEX
橡胶	SHFE		
糖	ICE, ZCE		

关键缩写：

CBOT	芝加哥期货交易所 Chicago Board of Trade	LME	伦敦金属交易所 London Metal Exchange
CME	芝加哥商品期货交易所 Chicago Mercantile Exchange	MCX	多种商品交易所（印度） Muti Commodity Exchange (India)
COMEX	商品交易部 Commodity Exchange Division	NYMEX	纽约商品期货交易所 New York Mercantile Exchange
DCE	大连商品交易所 Dalian Commodity Exchange (China)	SHFE	上海期货交易所 Shanghai Futures Exchange
ICE	洲际交易所 Intercontinental Exchange	ZCE	郑州商品交易所 Zhengzhou Commodity Exchange
LIFFE	ICE LIFFE		

对很多公司来说，利率和汇率的剧烈波动至少是与商品价格变动同样重要的风险来源。金融期货与商品期货相似，但不是在未来买卖商品，而是在未来买卖金融资产。表 26-2 列出了一些重要的金融期货。像表 26-1 一样，远远不是全部。例如，你可以交易泰国股票市场指数、匈牙利币、芬兰政府债券和很多其他金融资产的期货合约。

表 26-2　一些重要的金融期货和它们的交易所

期货	交易所	期货	交易所
美国长期国债	CBOT	欧洲日元存款	CME, SGX, TFX
美国中期国债	CBOT		
德国政府债券	Eurex	标普 500 指数	CME
日本政府债券	CME, SGX, TSE	法国股票指数（CAC）	LIFFE

(续)

期货	交易所	期货	交易所
英国政府债券	LIFFE	德国股票指数（DAX）	Eurex
美国国库券	CME	日本股票指数（Nikkei）	CME, OSE, SGX
		英国股票指数（FTSE）	LIFFE
LIBOR	CME	欧元	CME
EURIBOR	LIFFE	日元	CME
欧洲美元存款	CME		

关键缩写：

CBOT	芝加哥期货交易所 Chicago Board of Trade	OSE	大阪证券交易所 Osaka Securities Exchange
CME	芝加哥商品期货交易所 Chicago Mercantile Exchange	SGX	新加坡交易所 Singapore Exchange
Eurex	欧洲期货交易所 Eurex Exchange	TFX	东京金融期货交易所 Tokyo Financial Futures Exchange
LIFFE	ICE LIFFE	TSE	东京股票交易所 Tokyo Stock Exchange

几乎每天都有新的期货合约发明出来。开始时，只有一些银行与其客户之间的私下交易，而如果这个想法很受欢迎，一家期货交易所就会想把它变成自己的业务。例如，过去几年中，芝加哥商品期货交易所提供了美国 24 个城市的天气期货合约。

26.4.3 期货交易机制

你买卖期货合约时，价格现在定好，未来再支付。但是，要求你要以现金或国库券的形式拿出**保证金**（margin），来证明你有资金来履行交易的义务。只要用作保证金的证券可以获得利息，你就没有成本。

另外，期货合约采用**盯市**（marked to market）的方式，意思是每天要计算合同的盈亏，亏损了要付款给交易所，盈利了属于你。例如，假设 9 月北极燃油公司购买了 100 万加仑 1 月燃油期货合约，期货价格为每加仑 2.40 美元。第二天，1 月合约价格上涨为每加仑 2.44 美元。北极公司现在的盈利为 0.04 × 1 000 000 = 40 000 美元，交易所的清算所向北极公司的保证金账户支付 40 000 美元。如果之后价格下降到 2.42 美元，北极公司的保证金账户向清算所支付 20 000 美元。

北方公司的头寸当然相反。我们假设北极公司和北方公司在 1 月合约上采取互相抵消的多头和空头（不是直接交易，而是分别和交易所交易）。假设在 1 月一阵严重的寒流使现货价格上涨为每加仑 2.60 美元，那么合约到期时期货价格也是每加仑 2.60 美元。⊖因此，北极公司累计利润为（2.60 − 2.40）× 1 000 000 = 200 000。它可以收到 100 万加仑，每加仑支付 2.60 美元，即 2 600 000 美元。算上期货合约的利润，它的净成本为 2 600 000 − 200 000 = 2 400 000 美元，即每加仑 2.40 美元。因此，公司将价格锁定为 9 月份最初购买期货合约时的报价每加仑 2.40 美元。你可以很容易地验证，不管 1 月时的现货价格和最后期货价格如何，北极公司的净成本总是每加仑 2.40 美元。

⊖ 回忆一下，现货价格是立刻交割的价格。期货合约 1 月到期时也要立刻交割。因此，期货或远期合约到期时的价格一定收敛于当时的现货价格。

如果1月份现货价格为2.60美元，北方炼油公司在期货合约上的累计损失2 400 000美元[⊖]，这是个坏消息。好消息是公司出售和交割加热油的价格为每加仑2.60美元。净销售收入为2 600 000 - 200 000 = 2 400 000美元，即每加仑2.40美元，就是9月的期货价格。同样，你可以很容易地验证，北方公司的净销售价格总是每加仑2.40美元。

北极公司并不直接从期货交易所收取货物，北方公司也不用交割给交易所。它们很可能在合约交易结束之前就平仓，实现盈亏，同时在现货市场上买卖。[⊜]

从交易所收货成本很高，也不方便。例如，NYMEX加热油合约要求在纽约港进行交割。北极燃油公司从北方炼油公司这样的本地渠道收货更好。北方炼油公司在本地交割加热油也比运到纽约更好。尽管如此，双方都会利用NYMEX的期货合约对冲风险。

这种套期保值的有效性取决于本地加热油价格与纽约港加热油价格的相关性。两个地点的价格正相关，因为它们都受到世界能源价格的影响。但是，它们不完全正相关。如果本地寒流袭击了北极燃油的客户而没有影响纽约呢？NYMEX期货多头不能对冲北极燃油公司本地现货价格上升带来的风险。这就是**基差风险**（basis risk）的一个例子。我们在本章稍后将继续讨论基差风险引起的问题。

26.4.4　金融期货合约的交易和定价

金融期货交易的方式与商品期货相同。假设你公司的养老金经理认为，法国股票市场未来六个月的表现将超过其他欧洲市场。她预测六个月期收益率为10%。她会如何下注呢？她当然可以购买法国股票，也可以购买法国股指CAC期货合约，在泛欧交易所（Euronext）进行交易。假设她购买15份六个月后到期的合约，价格为5 000，每份合约支付指数水平的10倍，因此她的多头为$15 \times 10 \times 5\ 000 = 750\ 000$欧元。该头寸每日盯市。如果CAC上涨，交易所将利润放入你基金的保证金账户；如果CAC下跌，保证金账户余额也减少。如果你的养老金经理对法国市场的判断正确，六个月后CAC为5 500，那么你的基金在期货合约上的累积利润为$15 \times (5\ 500 - 5\ 000) \times 10 = 75\ 000$欧元。

如果你想购买证券，你有一个选择。你支付现货价格立刻收到证券，或者你可以"买远期"，现在下订单，以期货价格在未来收到证券。任何一种方式，你最后得到同样的证券，但是有两点不同。首先，如果你买远期，你不用提前支付，这样你可以得到购买价格的利息。[⊜]其次，你会错过同期所支付的任何利息或股利。这样，即期价格和远期价格之间的关系为：

$$F_t = S_0 (1 + r_f - y)^t$$

其中，F_t是t期合约的期货价格，S_0是现在的现货价格，r_f是无风险利率，y是股利收益率或利率。[⊗]下面的例子说明这个公式如何用以及为什么成立。

⊖ 应该为200 000美元，原文有误。——译者

⊜ 有些金融期货合约禁止交割，所有头寸以合约到期时的现货价格平仓。

⊜ 第19章附录中，我们指出，公司借出资金时，实际得到税后利率，借入资金时支付税后利率。因此，评价远期合约带来的杠杆时，也应该用税后利率，而不是税前利率。你通常看到的远期合约的估值公式没有写出税率，为方便，这里我们遵从这一惯例，但对远期合约估值时，记住要用税后利率。见S. C. Myers and J. Read, "Real Options, Taxes, and Financial Leverage," NBER Working Paper No. 18148, June 2012。

⊗ 这个公式只对不盯市的远期合约是严格正确的，而期货价值与合同期内利率的变动轨迹有关。在实践中，这个条件通常不重要，期货和远期合约都可以使用这个公式。

例26-1 股指期货的估值

假设六月期CAC期货合约价格为5 000,这时CAC指数为5 045.41,年利率为1%(六个月大约为0.5%),指数的股利收益率为2.8%(六个月大约为1.4%)。这些数字非常符合公式,因为:

$$F_t = 5\,045.41(1 + 0.005 - 0.014) = 5\,000$$

可是为什么数字如此一致?

假设你现在购买CAC指数,价格5 045.41,六个月后,你拥有指数,还拥有股利0.014 × 5 045.41 = 70.64。而如果你决定购买期货合约,价格5 000,将5 045.41欧元存入银行,六个月后,银行账户获得0.5%的利息,因此有5 045.41 × 1.005 = 5 070.64,足够以5 000购买指数,其余的70.64就是你购买期货而不是现货所错过的股利。你的付出得到了回报。⊖

26.4.5 商品的现货价格和期货价格

现在购买商品和购买商品期货的区别要更复杂。首先,因为支付的延迟,期货的买方得到资金的利息。其次,不需要储存商品,因此节约了仓储、损耗等成本。另一方面,期货合约没有便利收益(convenience yield),即能够占有实物的价值。寒潮突然降临,超市的经理不能烧加热油期货,周六下午1点库存卖光,他也不能将橙汁期货摆上货架。

我们将存储成本和便利收益表示为现货价格的比例,对商品来说,t 期后到期的期货价格为:⊖

$$F_t = S_0(1 + r_f + 存储成本 - 便利收益)^t$$

将这个公式与金融期货公式进行比较一下,发现很有趣。便利收益所起的作用与所放弃的证券的股利或利率(y)相同。而金融资产不发生存储成本,存储成本不出现在金融期货的公式中。

你一般观察不到存储成本或便利收益,但你可以通过比较现货价格和期货价格推导出这两者之差。便利收益与存储成本之差称为净便利收益(net convenience yield,净便利收益 = 便利收益 - 存储成本)。

例26-2 计算净便利收益

2015年2月,原油现货价格为每桶48.97美元,六月期期货价格为每桶56.65美元。六月期利率为0.035%,因此:

$$F_t = S_0(1 + r_f + 存储成本 - 便利收益)$$
$$56.65 = 48.97(1.000\,35 - 净便利收益)$$

⊖ 我们推导公式如下。S_6 为六个月后的股指价值,现在 S_6 未知。你可以投资 S_0 到现在的股指,六个月后得到 $S_6 + yS_0$。你也可以购买期货合约,将 S_0 存入银行,用银行账户余额支付六个月后的期货价格 F_6。在第二个策略中,六个月后你得到 $S_6 - F_6 + S_0(1 + r_f)$。既然投资是相同的,任何一个策略你都得到 S_6,收益一定也相同:

$$S_6 + yS_0 = S_6 - F_6 + S_0(1 + r_f)$$
$$F_6 = S_0(1 + r_f - y)$$

这里我们假设 r_f 和 y 是六个月利率。如果它们是月利率,一般公式为 $F_6 = S_0(1 + r_f - y)^t$,其中 t 是月数。如果它们是年利率,公式为 $F_6 = S_0(1 + r_f - y)^{t/12}$。

⊖ 如果没有人愿意持有商品,也就是说,如果库存下降到零或某个最低水平,这个公式会高估期货价格。

因此净便利收益为负值,也就是说,净便利收益=便利收益-存储成本=-0.156,即六个月为-15.6%,等于年便利收益-28.8%。显然,持有原油的成本大于这些库存提供的便利收益。2015年石油供给充足,用户不担心以后的几个月会短缺。

图26-2是1990年以来原油的年化净便利收益。注意现货价格和期货价格的价差的波动范围。存在供应不足或担心断货时,交易者愿意支付高的便利溢价,拥有原油库存而不是未来交割的承诺。而在像2015年初这样存储罐满满当当的时候,则相反的情况会发生。

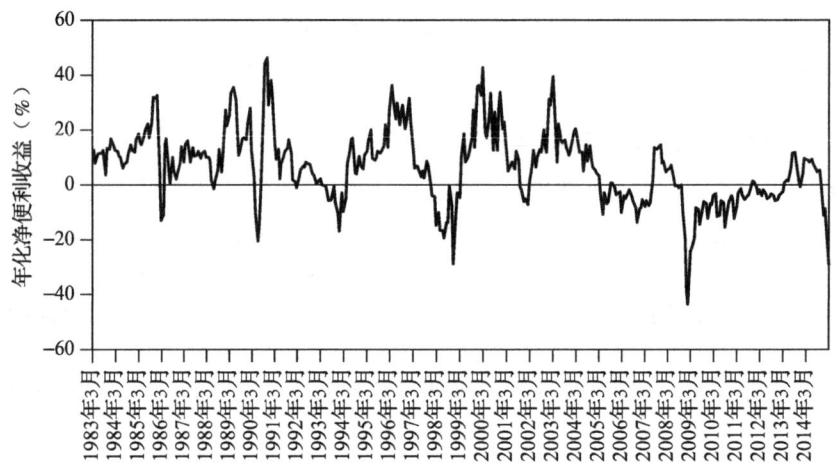

图26-2 原油的年百分比净便利收益(便利收益减去存储成本)

资料来源:www.quandi.com。

我们要注意一个更复杂的情况,有些商品根本不能储存。例如,你不能储存电力。结果是未来六个月之后的电力供应与现在就可以得到的电力是不同的商品,现在的价格与六个月后买卖的期货合约的价格之间不存在简单的联系。当然,发电厂和电力用户对于现货价格走势会有自己的观点,期货价格在一定程度上反映了这些观点。⊖

26.4.6 关于远期合约的更多内容

每天几十亿美元的期货合约被买卖,这样的流动性只是因为期货合约是标准化的,并且每年到期日数量有限。

幸运的是,解决一个金融问题,通常有不止一种办法。如果期货合约不满足你的特殊需求,你或许能买卖量身定做的远期合约。主要的远期合约市场在外汇市场中。我们下一章讨论外汇市场。

也可能签署远期利率合约。例如,假设你知道三个月后需要一笔六个月的贷款。如果你担心利率在三个月内会上升,你可以从银行购买远期利率协议(forward rate agree-

---

⊖ 期货市场的批评者和支持者有时会争论期货市场是否提供了"价格发现"。也就是说,他们争论期货价格是否揭示了交易者对期货合约到期时的现货价格的预测。如果这些爱争论的人中的一位被你碰见了,我们建议你问一个不同的问题:期货价格反映关于现货的那些没有包含在现在现货价格中的信息吗?我们的公式揭示了这个问题的答案:期货价格中存在重要信息,是关于便利收益和存储成本的信息,或者金融期货的情况下是关于股利或利率的信息。只有在商品没有储存或不能存储的时候,期货价格才揭示关于现货价格的信息。这样,现货价格和期货价格之间的联系打破了,期货价格能够帮助价格发现。

ment，FRA），锁定贷款利率。㊀例如，银行会出售给你一份三个月对九个月（或 3×9）的 FRA，利率为 7%。如果三个月后，六个月利率高于 7%，银行将补偿你差额；㊁如果利率低于 7%，你必须支付给银行差额。㊂

26.4.7 自制远期利率合约

假设你借入 90.91 美元一年，利率为 10%，同时借出 90.91 美元两年，利率 12%。这些利率是现在贷款的利率，因此是即期利率。

你的交易的现金流如下：

	第 0 年	第一年	第二年
以 10% 利率借入一年	+90.91	-100	
以 12% 利率贷出两年	-90.91		+114.04
净现金流	0	-100	+114.04

注意，你现在没有净现金流，但根据合约第一年要支付资金。这个远期承诺的利率为 14.04%。为了计算这个远期利率，我们只要解决借出两年而不是一年的额外收益率：

$$\text{远期利率} = \frac{(1+2\text{年即期利率})^2}{1+1\text{年即期利率}} - 1 = \frac{(1.12)^2}{1.10} - 1 = 0.1404, \text{即} 14.04\%$$

在我们的例子中，你通过借入短期资金而贷出长期资金制造了一个远期贷款，你也可以反向操作。如果你希望现在锁定明年借入资金的利率，你可以借入长期资金而贷出资金到明年需要的时候。

26.5 互换

有的公司的现金流是固定的，其他的则因利率、汇率、商品价格等的水平而变化。这些特点不总会产生想要的风险状况。例如，一家公司债务支付固定利率，更喜欢支付浮动利率，而另一家公司收到欧元现金流，更想收取日元。互换使公司用这样的方式交换风险。

互换市场非常大。2014 年，利率和汇率互换的全部名义金额接近 250 万亿美元。到目前为止，这一市场的主要部分是利率互换。㊃我们首先了解利率互换的原理，然后描述货币互换，最后简要介绍其他类型的互换。

26.5.1 利率互换

友谊合众银行向一个大型热电联产项目提供了一笔 5 000 万美元的五年期贷款，作为部分建设资金。贷款的固定利率为 8%，每年的利息为 400 万美元，利息按年支付，本金在第五年偿还。

㊀ 注意，从利率上升中获利的一方称为"买方"。在我们的例子中，应该说你是"购买三个月对九个月"的资金，意思是远期利率协议是三个月后的六个月贷款。

㊁ 利率通常用 LIBOR 度量。LIBOR（伦敦银行同业拆借利率）是在伦敦的主要国际银行互相借美元（或欧元、日元等）的利率。

㊂ 这些补偿的支付将在从现在开始九个月后即贷款到期时支付。

㊃ 互换的数据由国际互换和衍生工具协会（International Swaps and Derivatives Association，www.isda.org）和国际清算银行（Bank for International Settlements，www.bis.org）提供。

假设不是每年收到固定利息 400 万美元,银行更想收取浮动付息。银行可以这样做,即将 400 万美元的五年期年金转换为五年期浮动利率年金。我们首先说明友谊合众银行如何自制互换,然后描述较简单的方法。

银行(假设)以固定利率 6% 借入资金五年,⊖它收到的 400 万美元利息能够支持固定利率贷款 $400/0.06 = 6\,667$ 万美元。现在银行构建自制互换如下:以 6% 的固定利率借入 6 667 万美元五年,同时以 LIBOR 贷款同样金额。我们假设 LIBOR 开始时为 5%。⊜LIBOR 是短期利率,因此随着银行投资的滚动,未来利息收入在波动。

这一策略的净现金流显示在表 26-3 中的上半部分。注意,在第 0 年没有净现金流,在第五年短期投资的本金被用来偿还 6 667 万美元的借款。剩下了什么?现金流等于贷款的利息收入(LIBOR×66.67)与固定利率借款的 400 万美元的利息支出的差额。银行还从项目融资中每年得到 400 万美元的利息收入,因此它将固定的收入转化为了盯住 LIBOR 的浮动收入。

表 26-3　上面部分显示了自制固定—浮动利率互换的现金流,单位为百万美元。下面部分是标准互换交易的现金流

	年份					
	0	1	2	3	4	5
自制互换:						
1. 以 6% 固定利率借入 6 667 万美元	+66.67	−4	−4	−4	−4	−(4+66.67)
2. 以浮动利率 LIBOR 贷出 6 667 万美元	−66.67	+0.05 ×66.67	+$LIBOR_1$ ×66.67	+$LIBOR_2$ ×66.67	+$LIBOR_3$ ×66.67	+$LIBOR_4$ ×66.67
净现金流	0	−4 +0.05 ×66.67	−4 +$LIBOR_1$ ×66.67	−4 +$LIBOR_2$ ×66.67	−4 +$LIBOR_3$ ×66.67	−4 +$LIBOR_4$ ×66.67
标准固定—浮动利率互换:						
净现金流	0	−4 +0.05 ×66.67	−4 +$LIBOR_1$ ×66.67	−4 +$LIBOR_2$ ×66.67	−4 +$LIBOR_3$ ×66.67	−4 +$LIBOR_4$ ×66.67

当然有更简单的方法来实现这一目的,如表 26-3 下面部分所示。银行只需签署一笔五年期的互换就可以。⊜友谊合众银行自然会采取这个更简单的方法。我们来看一下如何做。

友谊合众银行给一家互换交易商打电话,互换交易商通常是大型商业银行或投资银行,它同意将 6 667 万美元固定利率贷款的支付转换为等价的浮动利率的支付。这一互换称为固定—浮动利率互换,6 667 万美元被称为互换的名义本金。友谊合众银行和交易商是互换的交易对手。

交易商报出的五年期互换利率为 6% 对 LIBOR。㉘有时,互换利率也用对国债收益率

⊖ 银行 6% 的借款利率和 8% 的贷款利率的利差是银行项目融资的利润。
⊜ 也许短期利率低于五年期利率,因为投资者预期利率上升。
⊜ 两个策略都等价于一系列的 LIBOR 远期合约。400 万美元的远期价格分别为 $LIBOR_1$ ×66.67、$LIBOR_2$ ×66.67 等。对于任何一年,单独协商的远期价格不等于 400 万美元,但远期价格"年金"的现值是一致的。
㉘ 注意,互换利率总是指互换固定利率一方的利率,一般针对 LIBOR 报价,尽管交易商也愿意针对其他短期利率报价。

的利差来报价。例如，如果五年期国债收益率为5.25%，互换利差是0.75%。

互换的第一次支付发生在第一年年末，根据开始时的LIBOR5%计算。㊀交易商（支付浮动利率）欠银行6 667万美元的5%，而银行（支付固定利率）欠交易商400万美元（66.67百万美元的6%）。因此银行要向交易商净支付400 - (0.05 × 6 667) = 67万美元：

银行	←	0.05 × 66.67 = 3.33 百万美元	←	交易对手
银行	→	4 百万美元	→	交易对手
银行	→	净支付 = 0.67 百万美元	→	交易对手

第二次支付基于第一年的LIBOR，假设它上升到6%，这时净支付等于零：

银行	←	0.06 × 66.67 = 4 百万美元	←	交易对手
银行	→	4 百万美元	→	交易对手
银行	→	净支付 = 0	→	交易对手

第三次支付基于第二年的LIBOR，以此类推。

互换的名义价值（notional value）是6 667万美元。固定和浮动利率乘以名义金额，得到固定和浮动利息的金额。但是，名义价值大大高估了互换的经济价值。在创立时，互换的经济价值为零，因为每一方的NPV都是零。随着时间的推移和利率的变动，NPV偏离零。而经济价值总是远远低于名义价值。不假思索地参考名义价值，会产生互换市场规模大得不可思议的印象，事实上，互换市场只是规模非常大而已。

互换的经济价值取决于长期利率的走势。例如，假设两年后利率不变，因此银行所发行的债务价值仍为面值。这种情况下，互换的价值仍为零。（验证一下，新的三年期自制互换的NPV为零。）但是，如果这两年中长期利率升高到7%，三年期债务的价值下降为：

$$PV = \frac{400}{1.07} + \frac{400}{(1.07)^2} + \frac{400 + 6\,667}{(1.07)^3} = 6\,492(万美元)$$

现在，银行承诺的固定支付的价值下降，互换的价值为6 667 - 6 492 = 175万美元。

我们怎么知道互换价值175万美元？考虑以下策略：

1. 银行进行一笔新的三年期互换交易，名义金额仍为6 667万美元，支付LIBOR；
2. 作为回报，银行收到新的7%的利率的固定支付，即每年0.07 × 6 667 = 467万美元。

新互换抵消了老互换的现金流，但在未来三年每年多产生了67万美元，这些多出来的现金流价值：

$$PV = \sum_{t=1}^{3} \frac{67}{(1.07)^t} = 175(万美元)$$

记住，普通利率互换的初始成本或价值为零（NPV = 0），但随着时间的推移和长期利率的变化，其价值会偏离零。交易一方盈利，另一方损失。

在我们的例子中，利率上升，互换交易商遭受损失。交易商将想办法对冲利率风险，进行一系列的期货或远期交易，或者与第三方签署一笔用来抵消的利率互换。只要友谊合众银行和其他交易对手履行承诺，交易商就完全受到保护，免于承担风险。互换

㊀ 更常见的是，利率互换基于三个月LIBOR，每个季度进行现金支付。

经理的常见噩梦是对方违约,留给交易商大量错配头寸,这是交易对手风险的另一个例子。

利率互换市场很大,流动性好。因此,财务分析师想知道利率如何随到期时间而变化时,经常参考互换利率。例如,图26-3给出了2014年11月的美元、欧元和日元的互换利率。你可以看到,尽管不同的国家互换利率不同,但每个国家的长期利率都远高于短期利率。

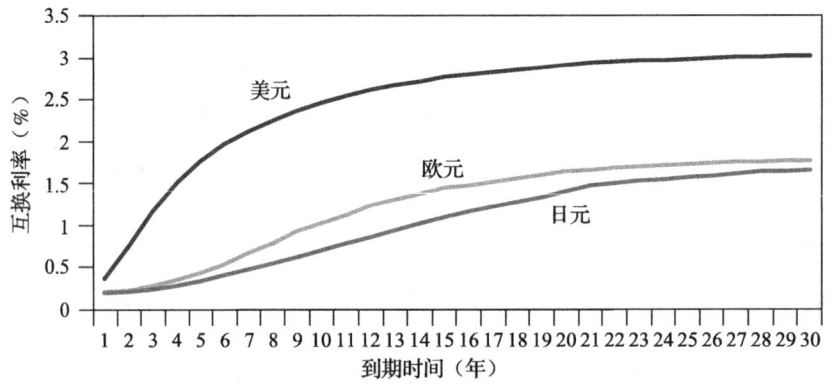

图26-3 2014年11月三种货币的互换曲线

26.5.2 货币互换

现在,我们简单了解一个货币互换的例子。

假设波瑟姆公司为帮助欧洲业务融资,需要1 100万美元。我们假设欧元利率大约为5%,而美元利率大约为6%。因为波瑟姆公司在美国更有名,财务经理决定不直接借欧元债务,而是在美国发行了1 000万美元五年期6%的债券,然后安排与交易对手进行互换,将美元债务转换为欧元债务。在互换中,交易对手同意支付波瑟姆公司足够的美元来偿还美元债务,作为交换,波瑟姆公司同意每年支付给交易对手欧元。

下面是波瑟姆公司的现金流(以百万为单位):

	第0年		第一至四年		第五年	
	美元	欧元	美元	欧元	美元	欧元
1. 发行美元债务	+10		-0.6		-10.6	
2. 将美元换为欧元	-10	+8	+0.6	-0.4	+10.6	-8.4
3. 净现金流	0	+8	0	-0.4	0	-8.4

首先看一下第0年的现金流,波瑟姆公司发行美元债务收到1 000万美元,然后将这1 000万美元支付给互换交易对手。作为回报,交易对手支付给波瑟姆公司800万欧元。(我们假设按照当前的汇率,1 000万美元价值800万欧元。)

再看第一到四年。波瑟姆公司的负债需要支付6%的利率,即0.06×1 000 = 60万美元。互换交易对手同意每年提供给波瑟姆公司足够的现金来偿还利息,回报是波瑟姆公司每年支付给交易对手800万欧元的5%,即40万欧元。最后,在第五年,互换交易对手支付给波瑟姆公司偿还最后的利息和本金的美元(1 060万美元),而波瑟姆公司支付给交易对手840万欧元。

波瑟姆公司的这两个决策的合并效果(表中第三行)是将6%的美元负债转换成了

5%的欧元负债。你可以将互换现金流（第二行）看作从第一年到第五年的一系列购买欧元的合约。第一年到第四年，波瑟姆公司以40万欧元的成本购买美元；在第五年，以840万欧元的成本购买1 060万美元。○

26.5.3 一些其他互换

利率互换和货币互换是最受欢迎的一类互换合约，但也存在很多各种其他的互换或相关合约。例如，在第23章中我们遇到过使投资者可以对公司债券的违约进行保险的信用违约互换。

通胀互换（inflation swap）保护公司不受通胀风险的影响。互换的一方收到固定支付，而另一方收到的支付与通胀率挂钩。事实上，通胀互换创造了一份用来度量通胀率的债券，可以是任何到期时间。○

你还可以签署总收益互换（total return swap），其中一方（A）支付一系列约定支付，而另一方（B）支付某一特定资产的总收益。这一资产可以是普通股、贷款、商品或市场指数。例如，假设B拥有价值1 000万美元的IBM股票，现在B进行一笔两年期的互换交易，支付给A这些股票的总收益；作为交换，A同意支付给B的利息为LIBOR +1%。B称为总收益支付方，A是总收益收取方。假设LIBOR为5%，那么A必须支付给B 1 000万美元的6%，或者每个季度1.5%。如果IBM股票收益高于1.5%，就发生从B到A的净支付，如果收益低于1.5%，A必须支付给B差额。尽管IBM股票的所有权没有发生变更，但总收益互换的效果就像B将资产卖给A、然后在约定的未来日期再买回来一样。

26.6 如何进行套期保值

对风险套期保值的方法有很多，有些套期保值不需要维护成本，一旦建立了套利保值策略，财务经理就可以走开，去关心其他事情了。其他的套期保值则是动态的，只有定期调整才有效。

26.4节中描述的北方炼油公司和北极燃油公司的远期合约，是零维护成本的，因为未来加热油价格如何变化，双方都将加热油价格锁定在每加仑2.40美元。现在我们考察一个例子，财务经理需要进行动态套期保值。

26.6.1 对冲利率风险

伯特敦租赁公司刚购买了一座仓库，将仓库租给了一家制造商，租期20年，每年固定租金200万美元。制造商不能取消租赁合约，因此伯特敦租赁拥有一项安全的等价于债券投资的资产。利率为10%，为简化忽略税收。伯特敦租金收入的现值为1 700万美元：

$$PV = \frac{200}{1.1} + \frac{200}{(1.1)^2} + \cdots + \frac{200}{(1.1)^{20}} = 1\,700(万美元)$$

该租赁合约使伯特敦租赁公司承担利率风险。如果利率上升，租金的PV下降，如

○ 一般来说，在货币互换中开始时双方互相支付（即波瑟姆公司支付给银行1 000万美元，收到800万欧元。）但这不是必须的，波瑟姆公司可能从其他银行购买800万欧元。

○ 如果通胀互换只涉及一次支付，称为零息票互换（zero-coupon swap）。如果提供一系列支付，每笔支付都与通胀挂钩，就称为年同比互换（year-on-year swap）。

果利率下降，租金的 PV 上升。伯特敦的 CFO 决定发行一笔用来抵消利率风险的负债：

PV（租赁）=1 700 万美元	PV（负债）=1 700 万美元

这样，伯特敦租赁拥有 1 700 万美元多头，也拥有 1 700 万美元空头。但是，这可能没有套期保值。以任意期限负债 1 700 万美元并不能消除利率风险。假设 CFO 借入一年期银行贷款 1 700 万美元，并计划每年进行再融资。这样，她就是在借短贷长（20 年期租赁），实际上是在打一个 1 700 万美元的赌，赌利率下降。如果利率上升了，公司会在第 2 到第 20 年支付更多的利息，而租赁现金流却不会有所补偿地提高。

为了对冲利率风险，CFO 需要设计负债，使利率的任何变化对租赁收入的 PV 和对负债的 PV 产生同样的（因此是互相抵消的）影响。有两个方法来实现：

1. 零维护成本。负债每年偿还的利息和本金正好是 200 万美元，期限 20 年。这样的负债与等额还款的房地产抵押贷款类似。这种情况下，租金收入刚好弥补每年的负债还款。无论未来利率水平如何，租金收入和用来抵消的负债的现值总是保持一致。

2. 久期匹配。负债的久期与租金收入的久期相同。这里每年负债的还款额不必与租金收入匹配。如果久期匹配，利率的微小变动，比如说从 10% 下降到 9.5% 或上升到 10.5%，对租金收入和负债的现值的影响相同。

久期匹配策略通常是更方便的，但维护成本不为零，因为随着利率的变化和时间的推移，久期的变化是非线性的。因此，CFO 要重新考虑并设计套期保值。她要采取动态策略，才能使久期匹配有作用。

我们看一下如何采取久期匹配策略。租金收入的久期为 7.5 年：

$$\text{久期} = \frac{1}{PV}\{[PV(C_1) \times 1] + [PV(C_2) \times 2] + [PV(C_3) \times 3] + \cdots\}$$

$$= \frac{1}{17.0}\left\{\left[\frac{2}{1.10} \times 1\right] + \left[\frac{2}{1.10^2} \times 2\right] + \cdots + \left[\frac{2}{1.10^{20}} \times 20\right]\right\} = 7.5(\text{年})$$

每年偿还金额刚好等于 200 万美元的 20 年期 "零维护成本" 的负债的久期，当然也是 7.5 年。

很多其他债务工具的久期也是 7.5 年。例如，你可以验证一下，12 年期息票 10% 的债券的久期也是 7.5 年。但是，假设 CFO 发行 1 700 万美元到期时间正好等于 7.5 年的零息票债券更方便。[⊖]零息票债券只在 7.5 年发生一次现金流，因此久期为 7.5 年。现在伯特敦租赁公司对冲了利率风险吗？

图 26-4 画出了作为利率函数的租金收入的现值（左图）和 7.5 年期零息票的现值（右图）。右图还画出了还款额刚刚与租金收入匹配的 "零维护成本" 的负债的现值曲线。所有的现值曲线都向下倾斜，只是凸向原点。注意，每条曲线都在利率比较低的时候陡峭，而在利率比较高时平坦一些。

现在比较一下租金收入（也是 "零维护成本" 的负债）与 7.5 年零息票债券的现值曲线的斜率。在当前 10% 的利率下，斜率是一致的，因为在该利率下久期是一致的。我们在第 4 章已经指出，（修正的）久期度量的是利率发生 1% 的变化时，债券价格的百分比变化。[⊜]如果利率下降到 9.5% 或上升到 10.5%，租金收入的现值与零息票债券的现值

⊖ 零息票债券的本金为 3 475 万美元，承诺本金支付的现值为 $34.75/(1.10)^{7.5} = 17$ 百万美元。

⊜ 斜率等于（负）修正久期，定义为 $-D/(1+y)$，其中 D = 久期，y = 当前利率。如果久期相等，修正久期一定也相等。

变动的金额相同。因此,只要利率不偏离当前利率10%太多,伯特敦租赁公司的风险得到了对冲。

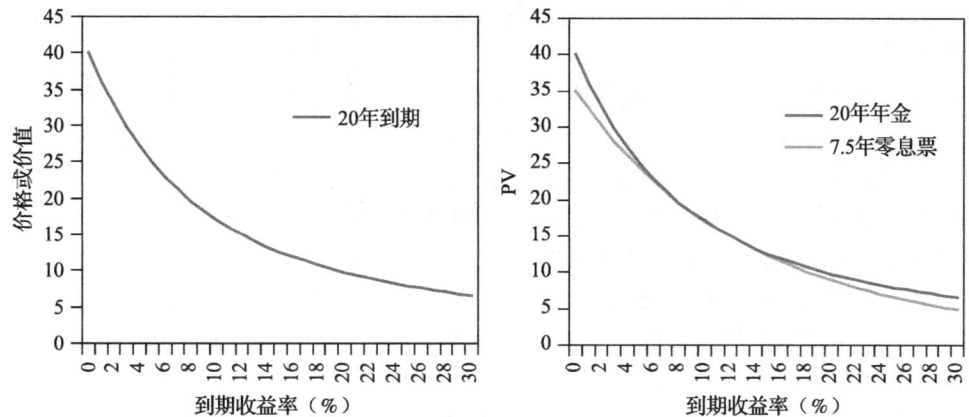

图 26-4　用匹配久期来对冲伯特敦租赁的利率风险。租赁现金流的现值如左图,负债的现值如右图。所有的久期都是 7.5 年,因此在当前利率 10% 下,所有现值曲线的斜率都相同。因此,利率发生微小变动时,伯特敦租赁的净风险为零

但是,对冲不是零维护成本的。从图 26-4 中看以看出,7.5 年零息票债券的现值曲线比租赁现值曲线的曲度小(凸度小)。在利率比较低的时候,零息票债券的久期较小(斜率较小),利率高的时候,久期较高(斜率较大)。这样,如果利率高于或低于 10%,伯特敦的 CFO 就需要重新考虑并重新设置套期保值。即使利率不发生变化,因为 7.5 年零息票债券的久期下降速度高于 20 年期租赁,她也要在之后重新设置套期保值。考虑 7.5 年之后,零息票债券到期,而租赁仍有 12.5 年才到期。

你可以理解为什么久期是度量和对冲利率风险的有用的工具。⊖本章最后的微型案例提供了应用这一概念的另一个机会。

26.6.2　套期保值比和基差风险

在伯特敦租赁公司的例子中,CFO 用价值 1 700 万美元的负债来匹配价值 1 700 万美元的租赁现金流。也就是说,伯特敦租赁的套期保值比正好等于 1。

套期保值比可以高于或低于 1。例如,假设一位农场主拥有 100 000 蒲式耳小麦,希望通过出售小麦期货来套期保值。在实践中,农场主拥有的小麦和他在期货市场中出售的小麦不可能完全一致。如果他在堪萨斯城交易所出售小麦期货,他 9 月要在堪萨斯城交割硬红冬小麦,可也许他在距离堪萨斯城很远的地方种的是北方春小麦,这种情况下,这两种小麦的价格变动不一定一致。

图 26-5 显示了这两种小麦过去价格变动的相关性。拟合直线的斜率显示,堪萨斯小麦的价格变动 1%,平均来看,农场主的小麦的价格变动 0.8%。因为农场主的小麦的价格对堪萨斯小麦价格变动相对不敏感,他需要出售 0.8 × 100 000 蒲式耳的小麦期货,这样使他承担的风险最小。

⊖ 久期不是度量全部利率风险的指标,它只度量对利率水平的风险程度,而不度量对利率期限结构的斜率变化的风险程度。久期实际上假设利率期限结构是"平坦"的。但是,久期应用很广泛,因为它是利率风险的很好的第一近似。

让我们做一个一般性总结。假设你已经拥有一项资产 A（比如小麦），你希望出售另一项资产 B（比如小麦期货）来对冲 A 的价值变动。假设 A 价值的百分比变动与 B 价值的百分比变动的关系如下：

A 价值的预期变化 = α + δ(B 价值的变化)

德尔塔（δ）度量的是 A 对 B 价值变化的敏感性，也等于套期保值比，即为了对购买的 A 进行套期保值应该卖出的 B 的数量。如果能够卖出 δ 单位的 B 而抵消在 A 上的投资，你就最小化了风险。

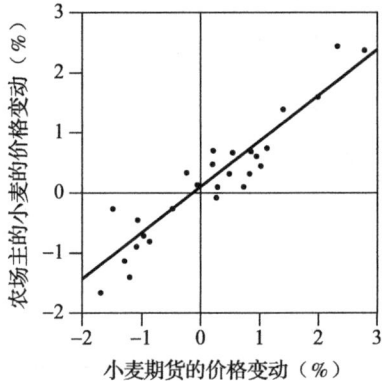

图 26-5　农场主的小麦价格与堪萨斯城小麦期货价格变动之间的关系（虚拟的历史数据）。平均来看，期货价格变动 1%，农场主的小麦价格变动 0.8%

套期保值的窍门是估计德尔塔或套期保值比。我们的农场主可以利用过去的经验来做，而经常需要的是强大的判断力。例如，假设南极空气公司想保护自己不受油价上涨的影响，作为财务经理，你需要决定油价上涨对公司价值有怎样的影响。

假设公司去年花费在燃油上的成本为 2 亿美元，其他条件都相同，油价上涨 10%，公司成本增加 0.1×20 000 = 2 000 万美元。但是也许你可以收取高一些的票价，部分抵消掉更高的成本，这样利润下降将小于 2 000 万美元。或者，油价上涨导致商业活动的放缓，旅客数量下降，这种情况下，盈利下降将超过 2 000 万美元。找出对公司价值的可能影响甚至要更棘手，因为这取决于油价的上涨是否是永久性的。也许油价上涨将引起产能提高，或者鼓励消费者节约使用能源。

每当套期保值的双方的变动不完全一致时，就存在基差风险。这不是伯特敦租赁公司的 CFO 的问题。只要利率不大幅变化，伯特敦公司租赁的价值的变化应该正好被负债价值的变化所抵消。这种情况下，不存在基差风险，伯特敦租赁公司完全对冲了利率风险。

我们的小麦农场主就没有这么幸运了，图 26-5 中的散点说明，农场主利用小麦期货不可能构建完全的对冲。因为标的商品（农场主的小麦）和对冲工具（堪萨斯城小麦期货）不完全相关，存在基差风险。

26.7　"衍生工具"是个粗俗字眼吗

我们的小麦农场主出售小麦期货来减少商业风险。但是，如果你不持有小麦而复制农场主的策略，出售小麦期货，你会增加风险，而不是减少风险。你是在投机。

追求高利润（愿意忍受高额损失）的投机者被衍生工具所提供的杠杆所吸引，我们的意思是，衍生工具不需要提前花费太多资金，盈亏是初始支出的很多倍。"投机"的名声不好，但成功的衍生工具市场需要投机者，他们愿意承担风险，向更谨慎的人们（如农场主、磨坊主）提供所需要的保护。例如，如果过多的农场主都想出售小麦期货，期货价格将下降，直到足够的投机者忍不住买入，希望从中获利。如果过多的磨坊主想买小麦期货，则发生相反的情况。小麦期货的价格将上升，直到投机者被吸引入场卖出。

繁荣的衍生工具市场需要投机，但是，投机会给公司带来大麻烦。专栏"金融实践：世界上最穷的人"描述了法国兴业银行的一位交易员，进行了未授权交易，结果损失了 72 亿美元。该银行并不孤独。2011 年，瑞士 UBS 报告一名流氓交易员创下了 23 亿美元的损失。1995 年，有着 200 年历史的英国蓝筹商人银行巴林兄弟公司破产，原因是巴林新加坡办公室的交易员尼克·里森在日本股票市场指数上投下巨额赌注，结果损失了 14 亿美元。

这些悲哀的故事对所有公司都有警示。20 世纪 70 年代和 80 年代，很多公司将其资金运营部门转变为利润中心，并骄傲地宣布从金融工具交易中所获得的利润。但是，在金融市场中赚取高额利润不可能不承担大量风险，因此这些利润应该作为警告而不是值得祝贺的事情。

一架波音 747 飞机重达 400 吨，时速接近 600 英里，本来是非常危险的。但是，我们没有禁飞波音 747，我们只是采取预防措施确保飞机小心飞行。相似地，公司应该禁止使用衍生工具的建议是愚蠢的，但是采取预防措施防止误用衍生品是有明显意义的。以下是两点常识：

- 预防措施一：不要毫无准备。我们的意思是，高层管理者需要定期监控公司衍生品头寸的价值，需要知道公司下了什么注。简单来说，可能就是问一个问题，如果利率或汇率变动 1% 会怎样。而大银行和咨询公司也开发度量衍生品头寸风险的复杂模型。
- 预防措施二：只在有某些比较优势确保有成功机会时才下注。如果银行宣布钻探出了石油，或者开发了一种新的皂粉，你有充分理由怀疑它是否取得了所宣称的成功。如果一家石油生产商或消费品公司宣布正在对利率或汇率下注，你应该同样表示怀疑。

对衍生品的鲁莽投资，毫无疑问是公司股东所关注的问题，也是更广泛被关注的问题吗？包括沃伦·巴菲特在内的一些人认为，衍生品是"金融大规模杀伤武器"。他们指的是衍生品的巨大交易量，认为投机损失会导致重大违约，这会威胁整个金融体系。这些担心导致了对衍生品市场的监管不断加强。

这里我们不讨论监管问题，但我们要警告你的是关于衍生品市场规模度量的疏忽以及可能的损失。2014 年 6 月，未平仓衍生品合约的名义价值为 691 万亿美元，⊖数额非常巨大，却没有告诉你究竟有多少资金是有风险的。例如，假设一家银行签署了一笔 1 000 万美元的利率互换合约，而交易对手第二天就破产了。银行有多少损失？没有损失，因为它并没有预先支付任何资金，双方只是承诺在未来互相支付资金。现在，交易结束。

假设另一方在银行签署互换合约一年后破产，同时利率互换对银行有利，银行从互换中得到的多于付出的。另一方对交易违约时，银行损失了应该收到的和应该支付的利息的差额，并没有损失 1 000 万美元。⊜

违约导致的潜在损失，唯一有意义的度量是有盈利的公司替代它们的互换头寸所花费的成本，这个数字大约只有互换本金金额的 1%。

⊖ 国际清算银行（Bank of International Settlements），衍生品统计（www.bis.org/statistics/derstats.htm）。
⊜ 这并不意味着公司不担心违约的可能性，有很多方法保护它们。在互换的情况下，公司不愿意与没有最高信用评级的银行交易。

金融实践　世界上最穷的人

2010年10月，法国法庭宣判杰罗姆·科维尔入狱五年，并罚金49亿欧元，科维尔成为世界上最穷的人。两年前科维尔被捕之前，他是法国兴业银行的一位交易员，但被发现从事未授权交易，导致银行破纪录地亏损了49亿欧元（72亿美元）。

科维尔2000年加入法国兴业银行的后台部门。五年后，他的梦想实现，被升职为德尔塔一（delta one）交易柜台的交易员，德尔塔一主要交易股权、期货和交易所交易基金。①在大部分银行中，德尔塔一柜台集中于套利机会，科维尔的工作是利用股权期货合约之间的小的价格差异，而不是赌市场的方向。

在承担他的新工作后不久，科维尔未经授权，赌了市场的下跌，结果成功了，赚了50万欧元。该交易没有对冲，并且超出了他的信用额度，但银行没有采取任何行动。受到这次成功的鼓励，科维尔继续进行不加对冲的对市场前景的赌博。为了隐藏他的交易是没有对冲的，他伪造了一系列虚拟的抵消性交易。

科维尔一度受到命运的眷顾，到2007年他赚了14亿欧元。但在2008年1月，一切开始变得明朗。随着股价下跌，科维尔下了越来越大的赌注，赌市场将恢复。每次损失了，他就将赌注加倍。到1月中，他有大约500亿欧元的头寸，超过银行的总市值，赌市场会好转。

1月初，兴业银行收到了欧洲期货交易所（Eurex）的几个关于异常交易模式的询问，银行开始调查科维尔的行为。1月21日，银行掌握了科维尔的交易情况，然后疯狂地将交易平仓，结果是损失了49亿欧元，损失超过银行股权价值的10%。

兴业银行没能识别出未授权交易，成为众多批评的对象。有人评论说，曾在后台工作过的交易员非常了解如何隐藏他的交易行为。银行从中得到安慰的是，这种控制失灵不会再次发生。而在2011年，瑞士联合银行（UBS）披露，从后台部门提升到德尔塔一交易柜台的交易员在未授权交易中损失了20亿美元。

① 德尔塔一交易柜台之所以如此称呼，是因为他们交易标的证券套期保值比（即德尔塔）等于1.0的股权衍生工具。德尔塔一交易柜台不交易期权。

本章总结

作为经理，你承担风险得到报酬，但不是承担任何风险。有些风险只是不好的赌博，其他风险会损害公司价值。这么做很实际的时候，对风险进行套期保值如果能够减少现金不足或财务困境的可能性，是有意义的。有些情况下，套期保值能够更容易地监督和激励运营经理，使经理们从他们不能控制的风险中解放出来，可以帮助他们集中对付他们能够控制的东西。

大多数公司对可能的风险进行保险。保险公司专门评估风险，通过持有多元化的保单而分散风险。如果保单被风险最高的公司所持有（逆向选择），或者被保险的公司疏于维护或采取安全措施（道德风险），保险就不能很好地发挥作用。

公司还可以用期权、远期和期货合约进行套期保值。远期合约是提前下订单来买卖一项资产。远期价格现在就固定下来，而在合约最后的交割日再进行支付。在有组织的期货交易所交易的远期合约称为期货合约。期货合约是标准化的，交易量很大。期货市场使公司能够锁定很多不同的商品、证券和货币的未来价格。

除了买卖标准化的期货合约，你可以与银行安排量身定做的远期合约。公司买卖远期外汇合约，可以保护自己不受汇率变动的影响。远期利率协议（FRA）提供了针对利率变动的保护。你还可以自制远期合约。例如，如果你借入两年同时贷出一年，实际上就是在借远期贷款。

公司也用互换合约进行套期保值。例如，公司可以安排一笔交易，向银行支付固定的长期利率，从银行收取浮动的短期利率。公司将固定利率换为浮动利率。如果公司借入短期资金相对容易，但不喜欢承担短期利率波动的风险，这样的互换是有意义的。

套期保值的理论很直接。你找到两项密切相关的资产，然后购买一项资产，按比例地出售另一项，使净头寸的风险最小。如果资产完全相关，净头寸就是无风险的。如果资产不是完全相关，你要承担一些基差风险。

窍门是找到套期保值比或 δ，即抵消一项资产的价值变化所需要的另一项资产的数量。有时候，最好的解决办法是考察两项资产过去价格如何一起变动。例如，假设你观察到，B 价值 1% 的变动平均伴随着 A 价值 2% 的变动。那么，δ 等于 2.0，要对冲投资于 A 的一美元，需要出售两美元 B。

在其他情况下，理论可以帮助建立对冲策略。例如，利率变动对资产价值的影响由资产的久期决定。如果两项资产久期相同，利率波动对它们有同样的影响。

本章所描述的很多套期保值都是静态的。一旦建立了套期保值策略，你就可以去度个长假啦，相信公司已经得到很好的保护。但是，有些套期保值是动态的，比如匹配久期的套期保值。随着时间流逝和价格变化，你需要重新平衡头寸，保持套期保值。

套期保值和降低风险听起来像妈妈的苹果一样健康，但请记住，套期保值只是减少风险，并不能增加价值。套期保值是零和游戏：风险没有被消除，只是转移给了其他交易对手。记住，你公司的股东也能够套期保值，他们可以调整自己资产组合的比例，或者交易期货或其他衍生品。公司做一些投资者能够为自己做得很好的事情，投资者不会奖励它的。

有些公司认为，投机比套期保值更有意思。这一观点会带来很大的麻烦。我们不认为投机对工业公司有意义，而我们对衍生品威胁金融系统的观点持谨慎态度。

扩展阅读

公司风险管理的三篇综述文章：

K. A. Froot, D. Scharfstein, and J. C. Stein, "A Framework for Risk Management," *Harvard Business Review* 72（November-December 1994），pp. 59-71.

B. W. Nocco and R. M. Stulz, "Enterprise Risk Management: Theory and Practice," *Journal of Applied Corporate Finance* 18（Fall 2006），pp. 8-20.

C. H. Smithson and B. Simkins, "Does Risk Management Add Value? A Survey of the Evidence," *Journal of Applied Corporate Finance* 17（Summer 2005），pp. 8-17.

《Journal of Applied Corporate Finance》2005 年春季和 2006 年秋季两期的主题是风险管理，《Risk》杂志中也有对当前新闻和发展现状的讨论。你还可以参考一下教材：

J. C. Hull, *Options, Futures, and other Derivatives*, 9th ed.（Englewood Cliffs, NJ: Prentice Hall, 2014）.

C. H. Smithson, *Managing Financial Risk*, 3rd ed.（New York: McGraw-Hill, 1998）.

R. M. Stulz, *Risk Management and Derivatives*（Cincinnati, OH: Thomson-Southwestern Publishing, 2003）.

关于久期如何用于固定负债的免疫，舍费尔的论文提供了非常有用的综述：

S. M. Schaefer, "Immunisation and Duration: A Review of Theory, Performance and Applications," *Midland Corporate Finance Journal* 3（Autumn 1984），pp. 41-58.

练习题

基础题

1. **词汇检查** 定义以下术语：
   a. 现货价格；
   b. 远期和期货合约；
   c. 多头和空头；
   d. 基差风险；
   e. 盯市；
   f. 净便利收益。

2. **期货合约** 判断正误：
   a. 活跃的期货市场中的套期保值交易 NPV 为零或稍负；
   b. 你购买期货合约时，现在付款，而在未来日期交割；
   c. 金融期货合约的持有者得不到标的证券的股利或利息；
   d. 商品期货合约的持有者不必支付仓储成本，但要放弃便利收益。

3. **盯市** 昨天，你出售了德国 DAX 股票市场指数的六月期期货，价格为 9 120。今天，DAX 收盘价为 9 100，DAX 期货价格收盘于 9 140。你收到经纪人的电话，提醒你期货合约是每日盯市的。她是在要求你付钱，还是要付给你钱？

4. **期货价格** 计算六个月国债期货合约的价值。你有以下信息：
   - 六个月期利率：年利率 10%，或六个月期 4.9%；
   - 债券现货价格：95；
   - 债券支付 8% 的息票利率，每六个月 4%。

5. **套期保值** "北方炼油公司出售石油期货并不规避风险，如果价格高于每加仑 2.40 美元，它以这个价格出售石油期货实际上亏损了。"这个说法公平吗？

6. **便利收益** 利用以下信息，计算镁废料的便利收益：
   - 现货价格：每吨 2 550 美元；
   - 期货价格：一年期合约每吨 2 408 美元；
   - 利率：12%；
   - 仓储成本：每年 100 美元。

7. **便利收益** 2024 年 11 月~12 月，美国东北部的居民遭遇了创纪录的低温天气。加热油现货价格上涨了 25%，超过了每加仑 7 美元。
   a. 这对净便利收益和期货与现货的价格之间的关系有怎样的影响？
   b. 2025 年晚些时期，炼油公司和销售公司意外地遇到创纪录的高温天气，这对加热油的净便利收益和现货与期货价格的关系有怎样的影响？

8. **便利收益** 破纪录的大丰收之后，谷仓堆得满满的，仓储成本可能高还是低？这对净便利收益意味着什么？

9. **利率互换** 一年前，银行签署了一笔 5 000 万美元五年期的利率互换，承诺支付给 A 公司每年固定利率 6%，收取 LIBOR。银行签署互换协议时，LIBOR 为 5%，而现在利率上升了，对四年期利率互换，银行预期支付 6.5%，收取 LIBOR。
   a. 对银行来说，利率互换盈利还是亏损？
   b. 假设现在 A 公司找到银行，要求终止互换。如果还剩下四笔年度支付，银行应该向 A 公司收取多少资金？

10. **基差风险** 什么是基差风险？以下哪种情况，你预期基差风险比较严重？
    a. 拥有大宗迪士尼普通股的经纪人，出售指数期货来套期保值；
    b. 一位艾奥瓦的种植玉米的农场主，卖出芝加哥玉米期货来对她的玉米收成的售价进行套期保值；
    c. 进口商必须在六个月内支付 9 亿欧元，他买入欧元远期来套期保值。

11. **套期保值** 你拥有 100 万美元的航天股票的资产组合，贝塔为 1.2。你非常热衷于航天业，但对整体股票市场的前景不太确定。请解释你如何通过卖空市场而对你的市场风险进行套期保值。你要卖出多少？实际上，你如何进行"卖出市场"？

12. **期货套期保值**
    a. 马歇尔艺术公司刚投资了 100 万美元长期国债。马歇尔正在考虑不断提高的利率波动性,他决定利用债券期货合约来套期保值。他应该买入还是卖出债券期货合约?
    b. 泽塔公司的财务总监计划在三个月内发行债券,她也担心利率的波动,想锁定未来公司发行 5% 付息债券的价格。她应该如何利用债券期货来进行套期保值?

进阶题

13. **保险** 大公司每年花费数百万美元购买保险,为什么?它们应该对所有风险都保险吗?或者保险对某些风险比对其他风险更有意义?

14. **巨灾债券** 有些巨灾债券,如果对发行人的索取权超过了指定金额,支付就会减少。在其他情况下,只有对这个行业的索取权超过一定金额,支付才会减少。这两种结构各有何优势和劣势?哪种涉及更多基差风险?哪种会产生道德风险问题?

15. **期货合约** 列出交易所交易的一些商品期货合约。你认为谁会买入每种合约来减少风险?你认为谁可能希望卖出每种合约?

16. **期货套期保值** 菲尼克斯汽车公司想锁定用于下个季度生产催化转化器的 10 000 盎司铂金的成本,它买入 10 000 盎司三个月期铂金期货合约,价格为每盎司 1 300 美元。
    a. 假设三个月内铂金的现货价格下降到每盎司 1 200 美元。菲尼克斯汽车公司在期货合约上盈利还是亏损?它锁定了购买所需的铂金的成本了吗?
    b. 如果三个月后铂金现货价格上涨到 1 400 美元,你对以上问题的回答如何变化?

17. **期货价格** 2014 年 12 月,六月期澳大利亚 S&P/ASX 200 指数期货价格为 5 376,现货价格为 5 442,利率为 2.5%,股利率为 4.7%。期货定价合理吗?

18. **期货价格** 如果你买入九月期短期国债期货,你在九个月后要买入 100 万美元三月期国债。假设短期国债现在的收益率如下:

到期月数	年收益率 (%)
3	6
6	6.5
9	7
12	8

    九月期短期国债期货的美元价值是多少?

19. **期货价格** 表 26-4 包含了几种商品和金融工具的现货价格和六个月期货价格。可能存在一些赚钱机会。看看你能否找到它们,并解释要利用这些赚钱机会应该如何交易。利率为 14.5%,或者六个月合约期为 7%。

表 26-4 某些商品和证券的现货价格和六个月期货价格。见问题 19

商品	现货价格	期货价格	说明
镁	每吨 2 550 美元	每吨 2 728.50 美元	月仓储成本 = 月便利收益
冷冻乳蛋饼	每磅 0.50 美元	每磅 0.514 美元	六个月仓储成本 = 每磅 0.10 美元;六个月便利收益 = 每磅 0.05 美元。
内华达水利 8s 2002	77	78.39	半年息票 4%,在期货合约到期前支付
Costaguanan Pulgas(货币)	9 300 pulgas = 1 美元	6 900 pulgas = 1 美元	Costaguana 年利率为 95%
EI 公司的普通股	95 美元	97.54 美元	EI 每季度支付 2 美元股利,下次股利两个月后支付。
廉价白酒	每 10 000 加仑一罐 12 500 美元	每 10 000 加仑一罐 14 200 美元	六个月便利收益 = 每罐 250 美元。你公司存储能力富余,能够无成本地存储 50 000 加仑。

20. **期货价格** 下表显示了2014年不同合约期限的黄金期货价格。黄金是一种主要的投资品，不是工业商品。投资者持有黄金，因为黄金使他们的资产组合多元化，还因为他们希望黄金价格上涨。他们持有黄金不是为了便利收益。

	合约期限（月数）		
	3	6	12
期货价格	1 188.5 美元	1 189.5 美元	1 190.0 美元

计算黄金期货交易者面临的利率，假设对上表所示的每种合约，便利收益都等于0。现货价格为每盎司1 188.2 美元。

21. **互换价值** 2020年9月，互换交易商报出的五年期欧元利率互换的利率为4.5%对Euribor（欧元贷款的短期利率）。当时Euribor为4.1%。假设A公司与交易商安排了一笔互换，1 000万欧元五年期固定利率互换为等额欧元浮动利率贷款。
    a. 互换合约签署时的价值是多少？
    b. 假设A公司签署互换合约后，长期利率立即上涨了1%，谁有盈利？谁有亏损？
    c. 现在互换的价值是多少？

22. **久期套期保值** 证券A、B和C的现金流如下：

	时期1（美元）	时期2（美元）	时期3（美元）
A	40	40	40
B	120	—	—
C	10	10	110

   a. 如果利率为8%，计算它们的久期；
   b. 假设投资了证券A 1 000万美元。B和C的何种组合可以对这一投资的利率变化进行套期保值？
   c. 现在假设你投资了1 000万美元证券B，你如何套期保值？

23. **套期保值比** 在套期保值的背景下，"δ"的含义是什么？给出一些例子，说明如何估计或计算δ。

24. **风险管理** 一家金矿担心收入的短期波动，黄金现在的价格为每盎司1 300美元，而价格波动异常剧烈，下个月可能低至1 220美元，或者高到1 380美元。公司下个月将销售1 000盎司。
    a. 如果公司不进行套期保值，对于黄金价格每盎司1 220、1 300和1 380美元，总销售收入分别是多少？
    b. 一个月后交割的黄金期货价格为1 310美元，如果公司买入一个月后到期的期货合约，交割1 000盎司黄金，在每个价格下，公司的总收入分别是多少？
    c. 如果公司买入一个月后到期的认沽期权，以每盎司1 300美元出售黄金，总收入分别是多少？认沽期权成本为每盎司110美元。

25. **期货套期保值** 7月15日，莱格斯·戴蒙德拥有价值100万美元的先锋指数500基金（跟踪标普500指数的指数基金）。他现在想变现，但他的会计师建议他等六个月，这样延迟大额资本利得税。请向莱格斯解释，他可以利用股票指数期货来对冲掉未来六个月的市场波动的风险。莱格斯能够不出售基金份额而"变现"吗？

26. **套期保值比** 两只金矿股的价格变化显示出很强的正相关性，它们的历史关系如下：

   A股票的平均百分比变化
   $= 0.001 + 0.75$(B股票的百分比变化)
   B的变化可以解释A的变化的60%（$R^2 = 0.6$）。
   a. 假设你拥有100 000美元A股票，你应该卖出多少B股票，使你的净头寸风险最小？
   b. 套期保值比是多少？
   c. 股票A与黄金价格的历史关系如下：
   A股票的平均百分比变化
   $= -0.002 + 1.2$(黄金价格的百分比变化)
   如果$R^2 = 0.5$，用黄金（或黄金期货）套期保值比用股票B套期保值，能使你的净头寸风险更低吗？请解释。

27. **风险管理** 石化香精（PP）公司担心重油价格可能会上升，这是它的主要原料。说明 PP 应该如何利用期权或期货保护自己不受原油价格上升的影响。如果油价分别为每桶 70 美元、80 美元和 90 美元，说明每种情况下收益有何不同。PP 利用期货降低风险比利用期权有何优势和劣势？

28. **期货价格** 考虑表 26-5 中所列的商品和金融资产。年无风险利率为 6%，利率期限结构平坦。
    a. 计算每种情况的六个月期货价格；
    b. 镁生产商如何利用期货市场锁定六个月后计划出售的 1 000 吨镁的售价，请解释。
    c. 假设生产商采纳了你在（b）中的建议，而在一个月以后，镁的价格下降为每吨 2 200 美元，这会怎样？生产商会进行更多的期货市场交易来保持套期保值头寸吗？
    d. 生物技术指数期货提供关于生物技术股票预期未来表现的有用信息吗？
    e. 假设艾伦伦奇股票突然下降为每股 10 美元，投资者认为现金股利不会减少。期货价格会怎样？
    f. 假设利率突然下降为 4%。利率期限结构保持平坦。五年期国债六个月期货价格会怎样？以（a）中计算的期货价格买入 100 份国债期货的交易者会怎样？
    g. 一位进口商必须在三个月后支付 100 万 ruple，进口商可以采用两种策略来对冲 ruple—美元汇率的不利变化，请解释。

表 26-5 某些商品和金融资产的现货价格。见问题 28

资产	现货价格	说明
镁	每吨 2 800 美元	净便利收益 = 每年 4%
燕麦麸	每蒲式耳 0.44 美元	净便利收益 = 每月 0.5%
生物技术股票指数	140.2 美元	股利 = 0
艾伦伦奇公司普通股	58.00 美元	现金股利 = 每年 2.40 美元
五年期国债	108.93 美元	息票 8%
Westonian ruple	3.1 ruple = 1 美元	ruple 利率为 12%

29. **互换** 债券的总收益率互换与信用违约互换（见 23.1 节）相同吗？为什么相同？为什么不相同？

30. **套期保值** "投机者希望期货合约错误定价，套期保值者希望期货合约正确定价。"为什么？

31. **套期保值** 你所在的投资银行投资了 1 亿美元瑞士卷公司的股票，而在法兰克福肠公司的股票上是空头。这两只股票近期历史价格如下：

月份	价格百分比变化	
	法兰克福肠	瑞士卷
1月	−10	−10
2月	−10	−5
3月	−10	0
4月	+10	0
5月	+10	+5
6月	+10	+10

根据过去六个月的数据，你应该在法兰克福肠上持有多少空头，才能尽可能地对瑞士卷的价格变化进行套期保值？

挑战题

32. **利率互换** 菲利普螺丝刀公司从银行贷款 2 000 万美元，贷款为浮动利率，三月期国库券利率再加两个百分点。现在三月期国库券利率为 5%。假设利息每季度支付一次，贷款的全部本金在五年后偿还。

菲利普想将银行贷款转换为固定利率债务，它可以发行五年期固定利率的债券，到期收益率为 9%，债券现在按面值交易。五年期国债的到期收益率为 7%。
    a. 菲利普愚蠢到想以 9% 的利率借长期负债吗？它从银行贷款的利率为 7%。

b. 解释如何通过利率互换来进行转换。互换的初始条件是什么？（忽略交易成本和互换交易商的利润。）

一年以后，短期和中期国债收益率下降为6%，因此利率期限结构是平坦的。（利率变化实际发生在第五个月。）菲利普公司的信用状况没有变化，仍能够以高于国债收益率两个百分点贷款。

c. 菲利普将支付或收取多少净互换支付？

d. 假设菲利普现在想取消互换，它要支付给互换交易商多少资金？或者交易商支付给菲利普多少资金？请解释。

网络中的金融

1. 主要的商品交易所的网站提供期货价格。计算并画出（像图26-2）你所选择的商品的年化净便利收益。（注意：你需要利用即将到期的期货价格，作为当前现货价格的估计值。）

2. 你可以在 www.ft.com 上找到美元和欧元的互换利率，画出像图26-3那样的互换曲线。

3. 你可以在 www.wsj.com 上找到多种股指的现货和期货价格。选择一个，验证它是否公平定价。你需要做一些侦探工作，找到指数的股利收益率和利率。

微型案例　伦斯勒咨询公司

你是伦斯勒咨询公司（RA）的副总裁，负责为机构投资者（主要是公司养老金计划）和富有的个人管理资产组合。2017年中，RA管理的资产大约有11亿美元，广泛投资于股票和固定收益证券。管理费平均55个基点（0.55%），因此RA2017年的总收入大约为 0.0055×11亿美元＝605万美元。

你正在试图拉拢一位新客户——麦迪逊制造厂，一家保守的生产造纸毛毡的老公司。麦迪逊为员工建立了固定收益养老计划。RA将管理麦迪逊的养老金资产，以履行对退休员工的固定收益责任。

固定收益（defined-benefit）意味着雇主承诺根据公式来支付养老收入。例如，退休年收入等于员工退休前五年的平均工资。在固定收益养老金计划中，养老收入与养老资产的业绩无关。如果养老金资产不足以支付退休收入，公司必须额外拿出现金来弥补不足。因此，承诺的养老收益的现值是公司的负债等价责任。⊖

表26-6给出了麦迪逊从2018～2036年对已退休雇员的负债，每位退休员工每月收到固定的金额。随着员工过去支付的总金额下降。在当前（2017年）5%的长期利率下，表26-6中的负债的现值大约为8900万美元。表26-6还计算出了负债的久期为7.87年。

麦迪逊拿出9 000万美元作为养老金资产来应对表26-6中的债务，因此这部分养老金全部落实资金来源。⊜养老金资产现在投资于普通股、公司债券和票据等多元化资产。

了解了麦迪逊现有的资产组合后，你安排了与麦迪逊CFO亨德里克·万·威的会面。万·威先生强调了麦迪逊的保守管理哲学和对"投机"的警惕。他抱怨之前的养老金资产管理者业绩不佳，建议你提出一个投

⊖ 在固定贡献养老金计划下，公司以雇员的名义贡献养老金。每位雇员对基金都有部分索取权，正如雇员持有共同基金份额一样。雇员的退休福利取决于他们退休时在基金中所拥有的余额。如果福利少于雇员的计划或预期，雇员对公司没有追索权。

⊜ 麦迪逊也必须为在职员工准备好养老资产。对这个小案例来说，我们只关心退休员工的福利。

资安全资产的计划,以最小化股票市场风险和利率变动的方式来投资。你答应准备一份关于如何实现这一目标的说明。

表26-6 麦迪逊制造厂的退休基金,退休雇员的预期福利

年份	日期 (t)	支付	PV (为5%)	PV × t
2018	1	10 020 000	9 542 857	9 542 857
2019	2	9 009 500	8 171 882	16 343 764
2020	3	8 522 000	7 361 624	22 084 872
2021	4	8 434 000	6 939 084	27 756 336
2022	5	7 858 500	6 157 340	30 786 702
2023	6	7 794 000	5 816 003	34 896 017
2024	7	7 729 500	5 493 211	38 452 479
2025	8	7 639 500	5 170 714	41 365 714
2026	9	6 440 500	4 151 604	37 364 434
2027	10	6 330 000	3 886 071	38 860 709
2028	11	6 242 500	3 649 860	40 148 465
2029	12	6 205 000	3 455 176	41 462 114
2030	13	5 775 500	3 062 871	39 817 322
2031	14	5 600 700	2 828 734	39 602 277
2032	15	5 432 000	2 612 885	39 193 273
2033	16	5 140 000	2 345 693	37 675 092
2034	17	4 234 900	1 847 673	31 410 438
2035	18	4 123 000	1 713 192	30 837 450
2036	19	3 890 000	1 539 405	29 248 697
2037	20	3 500 600	1 319 339	26 386 786
2038	21	3 400 500	1 220 584	25 632 254
2039	22	3 340 600	1 141 984	25 123 641
		总和 =		703 991 694
			PV =	89 436 787
			久期 =	7.87

后来,你发现对麦迪逊的投资管理业务,RA是有竞争对手的。SPX合伙人提出了一个策略,资产组合的70%(6 300万美元)投资于跟踪美国股票市场的指数基金,30%(2 700万美元)投资于美国国债。SPX认为,他们的策略是"长期安全的",因为美国股票市场提供的平均风险溢价为每年7%。另外,SPX认为其股票市场组合的增长远远超过麦迪逊养老金负债。SPX还宣称,投资在美国国债上的2 700万美元将会提供针对短期利率波动的足够保护。最后,SPX提出只收取20个基点(0.20%)的投资管理费。RA计划收取30个基点(0.30%)。

问题

1. 为万·威先生准备一份备忘录,解释RA将如何投资来最小化风险和对利率变动的暴露。给出一个能够实现这个目标的资产组合的例子。解释随着时间流逝和利率的变动,如何管理该资产组合。还要解释为什么SPX的建议对像麦迪逊这样保守的公司是不可取的。

    RA管理着几个固定收益资产组合,为简单起见,你决定建议为以下三个资产组合的组合:
    - 平均久期为14年的长期国债的组合;
    - 平均久期为7年的中期国债的组合;
    - 平均久期为1年的短期国债的组合;

2. 抱歉,你输了。SPX赢了,实施了它建议的策略。现在,2018年的衰退使美国股市下跌了20%。麦迪逊资产组合的价值,支付了2018年的福利后,从9 000万美元下降到7 800万美元。同时,随着美联储采用宽松的货币政策来对付衰退,利率从5%下降为4%。

    万·威先生又打来电话,经历了SPX的策略之后,它想采用新的建议来投资养老金资产,使股票市场风险和利率风险最小。更新你的备忘录,采用实现万·威先生目标的新例子。你可以利用问题1中同样的资产组合和资产组合久期。你需要重新计算2019年之后的PV和久期。假设利率期限结构为平坦的,所有利率都为4%。(提示:麦迪逊的养老金负债现在是资金不足的。提高养老金资产的久期可以对冲利率风险。)

第 27 章 国际风险管理

上一章对付利率变化和商品价格波动带来的风险，跨国经营的公司还面临货币波动和政治风险产生的更多风险。

为了理解货币风险，你首先要理解外汇市场如何运作以及货币汇率如何决定。我们首先讨论这些话题，特别强调汇率与不同国家的利率和通胀率的差别之间的联系。然后，我们描述公司如何评估和对冲货币风险。

我们也回顾了国际资本投资决策。比如，在德国的投资项目的现金流必须用欧元预测，要注意德国的通胀率和税。而欧元现金流需要欧元贴现率。应该如何估计该贴现率？它应该取决于投资公司位于美国、德国或者其他国家吗？这个贴现率应该根据欧元相对于其他货币下跌的风险进行调整吗？（最后一个问题的答案是否定的。前面几个问题的答案不清晰。）

我们在政治风险的讨论中结束本章。政治风险的意思是不友好外国政府可能的不利行动，例如歧视性税收或者对利润流出该国的限制。有时候，政府用最小的补偿剥削企业。我们解释了公司如何组织经营和融资来减少政治风险。

27.1 外汇市场

一家美国公司从法国进口商品，需要购买欧元来支付货款。一家美国公司向法国出口，收取欧元，需要出售欧元得到美元。这两家公司都利用外汇市场。

外汇市场不是集中的市场，交易通过电子化方式进行。主要的交易商是大银行和投资银行。公司想买卖货币，通常与一家大的商业银行交易。外汇市场的交易量非常巨大。2013 年 4 月在伦敦，一天之内 2.726 万亿美元的货币换手，相当于 995 万亿（995 000 000 000 000 美元）的年交易量。纽约、新加坡和东京一天的总交易量超过 2.259 万亿美元。⊖

表 27-1 是 2014 年 11 月的部分汇率。汇率一般用购买 1 美元（USD）所需要的外币数量来表示，这称为间接报价（indirect quote）。在表 27-1 中的第一列中，巴西雷亚尔的间接报价显示，你要花 2.5218 雷亚尔购买 1 美元，常常写为：BRL2.5218/USD1。

直接汇率报价是每单位外币需要花多少美元来购买。欧元和英镑一般采用直接报价。⊜例如，表 27-1 显示 GBP1 等于 USD1.5678，或者更简洁地表示为 USD1.5678/

⊖ 外汇交易三年一次的调查的结果，发表于 www.bis.org/forum/research.htm。
⊜ 欧元是欧洲货币联盟（European Monetary Union）的通用货币。欧洲货币联盟的 19 个成员国为：奥地利、比利时、塞浦路斯、爱沙尼亚、芬兰、法国、德国、希腊、爱尔兰、意大利、拉脱维亚、立陶宛、卢森堡、马耳他、荷兰、葡萄牙、斯洛文尼亚、斯洛伐克和西班牙。

GBP1。如果1英镑购买1.5678美元，那么1美元必定购买1/1.5678＝GBP0.6378。因此，英镑的间接报价为 GBP0.6378/USD1。○

表27-1　2014年11月的即期和远期汇率

	简称	即期汇率①	远期汇率		
			1个月	3个月	1年
欧洲：					
欧元	EUR 或 €	1.2413	1.2416	1.2421	1.2463
瑞典（克朗）	SEK	7.4567	7.4561	7.4551	7.4433
瑞士（法郎）	CHF	0.9684	0.9681	0.9673	0.9621
英国（英镑）	GBP 或 £	1.5678	1.5674	1.5667	1.5634
美洲：					
巴西（雷亚尔）	BRL	2.5218	2.5449	2.5874	2.7858
加拿大（加元）	CAD	1.1228	1.1236	1.1253	1.1327
墨西哥（比索）	MXN	13.6083	13.6375	13.6823	13.9248
太平洋/中东/非洲：					
澳大利亚（澳元）	AUD	1.1516	1.1544	1.1593	1.1297
中国香港（港元）	HKD	7.7573	7.7573	7.7573	7.7573
印度（卢比）	INR	61.8	62.215	63.025	66.3775
日本（日元）	JPR 或 ¥	117.565	117.541	117.429	116.903
南非（兰特）	ZAR	10.9308	10.9901	11.0976	11.6194
韩国（韩元）	KRW	1 113.9	1 115.5	1 118	1 123.2

① 汇率为一美元对应的外币数，欧元和英镑除外。欧元和英镑为一单位外币对应的美元数。

　　表27-1的第二列中的汇率是立即交割的货币的价格，称为**即期汇率**（spot rate of exchange）。雷亚尔的即期汇率为 BRL2.5218/USD1，英镑的即期汇率为 USD1.5678/GBP1。

　　除了即期外汇市场，还有远期市场（forward market）。在远期市场中，你买卖未来交割的货币。如果你知道未来某个日期要收到或支付外币，买卖远期可以对风险进行保险。因此，如果你三个月后需要1百万雷亚尔，你可以签订三个月远期合约（forward contract）。远期合约中的**远期汇率**（forward exchange rate）是你现在同意在三个月后交割100万雷亚尔时所支付的价格。再看一下表27-1，你会发现雷亚尔的三个月远期价格报价为 BRL2.5874/USD1。如果你购买三个月后交割的雷亚尔，同样的美元你所得到的雷亚尔多于即期购买雷亚尔的数量。这种情况下，说雷亚尔相对于美元远期贴水（discount），因为远期雷亚尔比现货雷亚尔便宜。用年率来表示，远期贴水为：○

$$4 \times \left(\frac{2.5218}{2.5874} - 1\right) = -0.101，即 -10.1\%$$

你可以说美元以远期升水（forward premium）交易。

　　远期买卖是你和银行之间的量身定做的交易，可以是任意货币、任意数量和任意交割时间。比如，只要能够找到一家银行愿意交易，你可以买入一年零一天的远期99 999越南盾或海地古德。大部分远期交易都在六个月或以内，而我们在第26章中讨论过的长期货币互换等价于一组远期交易。公司想签署长期远期合约时，它们通常采用货币互换。⑤

○ 外汇交易商通常将英镑和美元之间的汇率称为 cable（电缆），在表27-1中 cable 为1.5678。
○ 这里有一点偶尔发生的混乱。因为雷亚尔的报价是间接报价，我们计算溢价时，用即期汇率与远期汇率的比值。如果使用直接报价，需要用远期汇率与即期汇率的比值来计算。对雷亚尔来说，用直接报价计算的远期贴水为 $4 \times [(1/2.5874)/(1/2.5218) - 1] = -0.101$，即 -10.1%。
⑤ 注意，即期和短期远期交易有时一起进行。例如，一家公司需要使用巴西雷亚尔一个月，这种情况下它可以买入即期雷亚尔，同时卖出远期雷亚尔。

也存在有组织的未来交割货币的市场，称为货币期货市场。期货合约是高度标准化的，它们有特定的数量，交割日期的选择也有限制。⊖

你买入远期或期货合约时，你承诺交割货币。作为替代方案，你可以买入以现在确定的价格在未来买卖货币的期权。可以向主要的银行买量身定做的货币期权，标准化的期权在期权交易所进行交易。

27.2 一些基本关系

只有理解了汇率和利率差异的原因，你才能够制定一致的国际金融政策。我们考虑以下四个问题：

- 问题一，为什么美元利率与理想国比索（RUP）利率不同？
- 问题二，为什么比索远期汇率与即期汇率不同？
- 问题三，什么因素决定了美元和比索明年的预期即期汇率？
- 问题四，美国的通胀率和理想国的通胀率之间的关系是什么？

假设个人不用担心风险，国际资本流动没有障碍或成本。这种情况下，即期汇率、远期汇率、利率和通胀率互相之间满足以下简单关系：

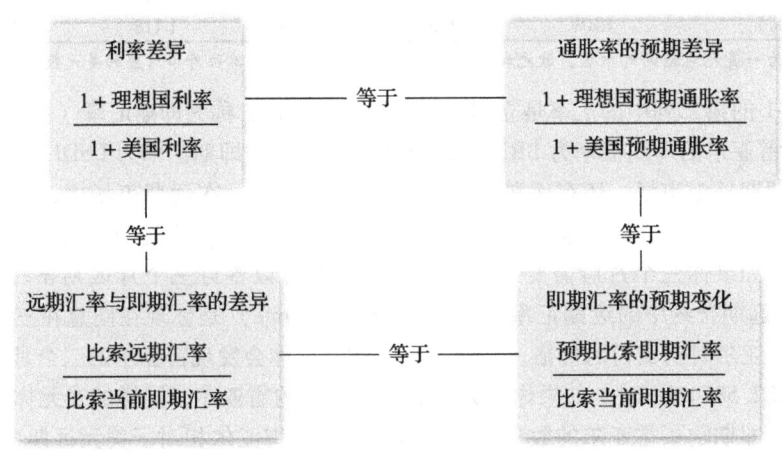

为什么应该是这样？

27.2.1 利率和汇率

假设你有1 000美元要投资一年。美元存款利率为5%，理想国比索存款利率为15.5%（有吸引力？）。你应该把钱放在哪里？答案显而易见吗？我们来验证一下：

- 美元贷款。一年期美元存款利率为5%，年底你得到 $1\,000 \times 1.05 = USD1\,050$。
- 比索贷款。当前汇率为RUP50/USD1，1 000美元可以买入 $1\,000 \times 50 = RUP50\,000$。一年期比索存款利率为15.5%，年底得到 $50\,000 \times 1.155 = RUP57\,750$。当然，你不知道一年后汇率是多少，但这没有关系，你现在能够锁定卖出比索的价格。一年期远期汇率为RUP55/USD1，因此，卖出远期，你可以确保年底收到 $57\,750/55 = 1\,050$ 美元。

⊖ 见第26章对远期和期货合约区别的深入讨论。

因此，两项投资的收益率几乎完全相同。它们必须相同——都是无风险投资。如果国内利率与抛补（covered）的外国利率不同，你就有了生钱机器。

你进行比索贷款时，你收到较高的利率，而你卖出远期比索的价格低于现在的买入价格，就产生了抵消的损失。利率差异为：

$$\frac{1 + 理想国的利率}{1 + 美国的利率}$$

远期汇率和即期汇率的差异为：

$$\frac{比索远期汇率}{当前的比索即期汇率}$$

利率平价（interest rate parity）理论认为，利率差异一定等于远期汇率和即期汇率的差异：

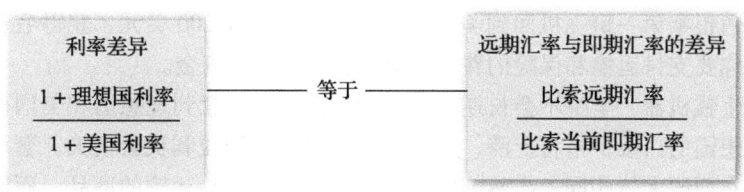

在我们的例子中，

$$\frac{1.155}{1.05} = \frac{55}{50}$$

27.2.2 远期升水和即期汇率的变化

现在，我们考虑远期升水和即期汇率的变化之间的关系。如果人们不关心风险，远期汇率将只与人们对即期利率的预期有关。例如，如果比索的一年期远期汇率为 RUP55/USD1，只因为交易者预期一年后的即期汇率为 RUP55/USD1。如果他们预期一年后的即期汇率，比如为 RUP60/USD1，那么没人愿意买入远期比索，他们等一年后再买即期比索，会得到更多的比索。

因此，汇率的预期理论（expectation theory）告诉我们，远期汇率和现在的即期汇率之间的百分比差异等于即期汇率的预期变化：

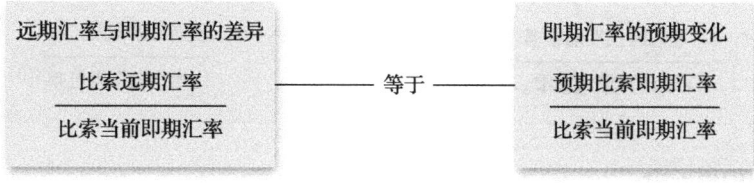

当然，这假设交易者不关心风险。如果他们关心风险，远期汇率可能比预期即期汇率高或低。例如，假设你按照合约在三个月后收取 100 万比索，你可以等到收到资金后再换成美元，但要承担比索价格在未来三个月下降的风险。你的替代方案是卖出远期比索，这样你现在就锁定了未来卖出比索的价格。因为卖出远期规避了风险，所以即使比索的远期价格比预期的即期价格稍低一些你也愿意这样做。

其他公司可能处于相反的头寸，它们按照合约要在三个月后支付比索。它们可以等到三个月后再买入比索，但要承担比索价格上升的风险。这些公司买入比索远期现在就锁定价格会更安全。因此，即使比索远期价格比预期即期价格稍高一些，它们也愿意买入远期。

这样，有些公司发现卖出远期比索更安全，其他公司发现买入远期比索更安全。第一个群体占主导时，远期比索价格可能比预期即期价格低。第二个群体占主导时，远期价格可能比预期即期价格高。平均来看，你会期望远期价格低估预期即期价格和高估预期即期价格常常是差不多的。

27.2.3 汇率变化和通胀率

现在，我们来考察第三个关系——即期汇率变化与通胀率的关系。假设你注意到，在理想国白银每盎司 1 000 比索，而在美国每盎司 30 美元。你认为你发现了一件好事。你将 20 000 美元换成 20 000 × RUP50/USD1 = 1 000 000 比索，足以买入 1 000 盎司白银，然后你带着白银乘第一班飞机回到美国，出售白银得到 30 000 美元，获得毛利 10 000 美元。当然，你要支付运输和保险的费用，但仍会剩下一些资金。

不存在生钱机器，至少不会长期存在。随着其他人注意到理想国和美国白银价格的不一致，理想国的白银价格将上涨，而美国则下降，直到盈利机会消失。套利使得白银的美元价格在两国大体相同。当然，白银是标准化而且容易运输的商品，而同样的力量应该使得其他商品的国内和国外价格也相等。在国外价格更便宜的那些商品会被进口，使国内产品的价格下降。类似地，在美国更便宜的商品将会被出口，这使得外国产品的价格下降。

这经常被称为购买力平价（purchasing power parity）。⊖就像沃尔玛商店的商品价格与塔吉特商店的一定大体相同，理想国的商品价格转换为美元计价一定与美国的价格大体相同：

$$美国商品的美元价格 = \frac{理想国商品的比索价格}{每美元的比索数量}$$

购买力平价意味着通胀率的差异会被汇率的变动抵消。例如，如果美国价格上涨 1.0%，理想国上涨 11.1%，1 美元能够购买的比索数一定上涨 1.111/1.01 − 1，即 10%。因此，购买力平价认为，为了估计即期汇率的变动，你需要估计通胀率的差异：⊜

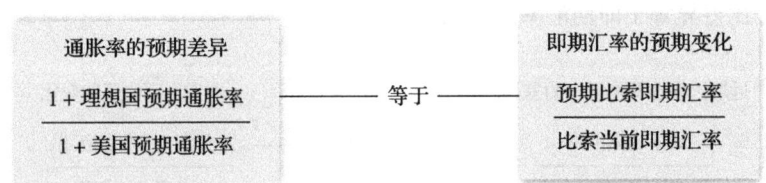

在我们的例子中，

$$当前即期汇率 \times 通胀率的预期差异 = 预期即期汇率$$
$$50 \times \frac{1.111}{1.01} = 55$$

⊖ 经济学家用购买力平价来指两个国家的一般物价水平应该相同。他们讨论单个商品的价格时，倾向于用一价定律（law of one price）。

⊜ 也就是说，通胀率的预期差异等于汇率的预期变化。严格来解释，购买力平价还意味着通胀率的实际差异总是等于汇率的实际变动。

27.2.4 利率和通胀率

现在,第四个关系!就像水总是向低处流一样,资本总是流向利润最高的地方。但是,投资者对名义收益率不感兴趣,他们关心的是他们的钱能买到什么。因此,如果投资者注意到理想国的实际利率高于美国,他们将把储蓄转移到理想国,直到这两个国家的预期实际收益率相等。如果预期实际利率相等,那么名义利率的差异一定等于预期通胀率的差异:⊖

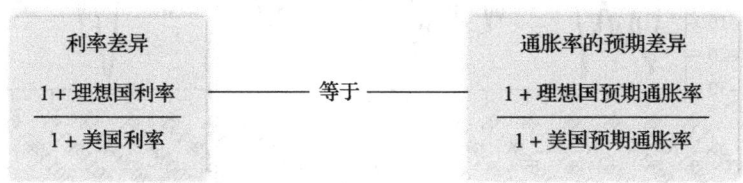

在理想国,一年期实际利率为4%:

$$理想国预期实际利率 = \frac{1 + 理想国名义利率}{1 + 理想国预期通胀率} - 1 = \frac{1.155}{1.111} - 1 = 0.040$$

在美国,也是4%:

$$美国预期实际利率 = \frac{1 + 美国名义利率}{1 + 美国预期通胀率} - 1 = \frac{1.050}{1.010} - 1 = 0.040$$

27.2.5 生活真的那么简单吗

我们已经介绍了四个理论,将利率、远期汇率、即期汇率和通胀率联系在一起。当然,这样简单的经济理论无法提供对现实的精确描述。我们要了解它们预测实际行为的能力如何。我们来验证一下。

1. **利率平价理论** 利率平价理论认为,弥补汇率风险的比索利率应该与美元利率相同。只要资金能够很容易地在不同货币的存款之间流动,利率平价关系几乎总是成立的。事实上,交易商根据美元和比索存款利率的不同来确定比索的远期价格。

2. **远期汇率的预期理论** 预期理论解释远期汇率水平的能力如何?研究汇率的学者们发现,远期汇率通常夸大了即期汇率的可能变化。远期利率看起来预测即期利率急剧上升(远期升水)时,有高估即期利率上升幅度的趋势。相反地,远期利率看起来预测货币下跌(远期贴水)时,它容易高估货币的下降幅度。⊜

这一发现与预期利率不一致。相反,看起来有时候公司愿意放弃收益买入远期货币,其他时候它们愿意放弃收益卖出远期货币。也就是说,远期汇率似乎包含了风险溢价,但这个溢价的符号来回变化。⊜你从图27-1中可以发现这一点。几乎在一半的时间里,英镑的远期汇率高估了可能的未来即期汇率,一半的时间里,它又低估了未来的即

⊖ 在3.5节中,我们讨论了欧文·费雪的理论:资金利率随时间的变化,反映预期通胀率的变化。这里,我们认为,资金利率的国际差异也反映了预期通胀率的变化。这个理论有时被称为*国际费雪效应*(international Fisher effect)。

⊜ 很多研究者甚至发现,远期汇率预测上升,而即期汇率更可能下降,反之亦然。关于这个令人迷惑的发现,可读的讨论见 K. A. Froot and R. H. Thaler, "Anomalies: Foreign Exchange," *Journal of Economic Perspective* 4 (1990), pp. 179-192。

⊜ 关于远期汇率包含时正时负的溢价的证据,例如,见 E. F. Fama, "Forward and Spot Exchange Rates," *Journal of Monetary Economics* 14 (1984), pp. 319-338。

期汇率。平均起来，远期汇率和未来即期汇率几乎是一致的。这对财务经理来说是非常重要的消息，它意味着公司总是利用远期市场来保护自己不受汇率波动的影响，而不用对这种保险支付额外的费用。

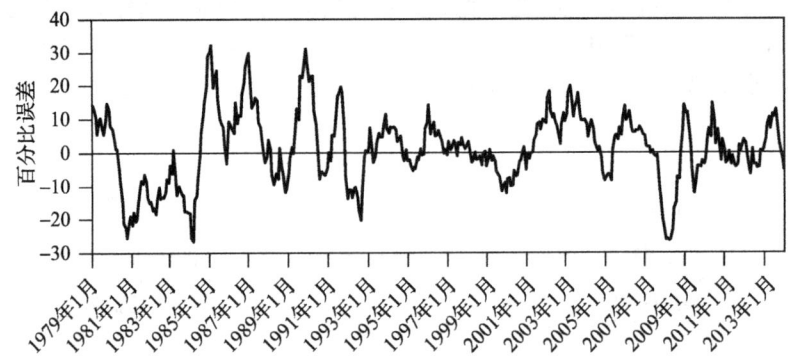

图 27-1　英镑一年期远期汇率预测下一年即期汇率的百分比误差。
注意，远期汇率高估和低估即期汇率的频率基本相等

这是个好消息。坏消息是，远期汇率在预测即期汇率方面相当糟糕。例如，在图 27-1 中，1985 年远期利率的预测比实际英镑价值高出了 34%，这个巨大误差反映了远期汇率预测即期汇率的彻底失败。

3. 购买力平价理论　第三个关系——购买力平价理论如何呢？比较了外国商店和本国商店的价格之后，没人真的相信全世界的价格是相同的。例如，表 27-2 给出了不同国家/地区麦当劳巨无霸汉堡的价格。注意，在当前的汇率下，巨无霸在瑞士的价格为 7.54 美元，而在美国只有 4.79 美元。要使巨无霸在两国的价格相等，美元购买瑞士法郎的数量需要增加 7.54/4.79 − 1 = 0.57，即 57%。

表 27-2　不同国家/地区巨无霸的价格

国家/地区	本地价格转换为美元价格（美元）	国家/地区	本地价格转换为美元价格（美元）
巴西	5.21	俄罗斯	1.36
加拿大	4.64	南非	2.33
中国	2.77	瑞士	7.54
欧元区	4.26	乌克兰	1.20
印度	1.89	英国	4.37
日本	3.14	美国	4.79
挪威	6.30		

资料来源："The Big Mac Index," The Economist, January 22, 2015. http://www.economist.com/content/big-mac-index。

这建议了一个赚快钱的可能方法。你为什么不在（比如）乌克兰花相当于 1.20 美元买一个汉堡带走，带到瑞士再卖掉，在瑞士可以卖 7.54 美元？当然，答案是收益不能弥补成本。同样的商品在不同的国家卖不同的价格，因为交通成本高而且不方便。⊖

另一方面，通胀和汇率变动之间显然存在某种关系。例如，委内瑞拉的价格水平在 2010~2014 年这段时间上升了 266%，也就是说委内瑞拉的货币购买力下降了四分之三。如果汇率不调整，委内瑞拉出口商会发现不可能出售他们的商品了。但是，汇率当然调整了。实际上，委内瑞拉博利瓦的价值相对于其他货币下降了近 60%。

⊖ 当然，甚至在一个货币区，价格差异也相当大。例如，巨无霸的价格在美国的不同地方差别很大。

在图 27-2 中，我们画出了一些国家购买力的相对变化与汇率变化的关系。委内瑞拉位于图的左下，而瑞士在右上。你可以看到，尽管这两者之间的关系远未达到精确，但通胀率的巨大差异一般伴随着汇率的抵消性变动。⊖

严格来说，购买力平价理论意味着，有差别的通胀率总是与即期汇率的变化一致。但是，我们不必到那一步，如果通胀率的预期差异等于即期汇率的预期变动，我们应该就满足了。这就是我们所写出的第三个关系。例如，看图 27-3，第一张图中的灰色线显示，2014 年 1 英镑只能购买 20 世纪初的美元的 32%，而英镑价值的下降大部分与英国较高的通胀率相匹配。图中的黑色线显示，通胀调整的或者实际汇率在世纪末和世纪初的水平大致相同。⊖第

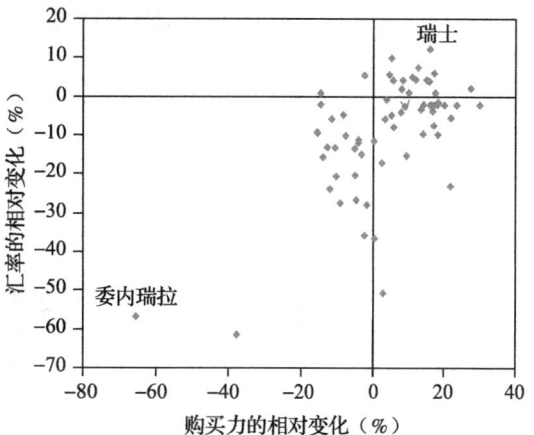

图 27-2 汇率的下降和货币购买力的下降是一致的。图中的 66 个点，每个代表 2010～2014 年这段时间的不同国家。纵轴是外币价值相对于平均水平的变化，横轴是购买力相对于平均水平的变化。左下的点是委内瑞拉，右上的点是瑞士

资料来源：IMF, International Financial Statistics。

二个图和第三个图分别显示的是法国和意大利的经验。这两个国家的名义汇率下降都大得多。调整了货币单位后，2014 年的法国法郎的等价值只能购买 1900 年初所能购买的美元的 1%。2014 年意大利里拉的等价值能够购买的美元只有大约 0.4%。这两种货币的情况，2014 年的实际汇率与 20 世纪初的实际汇率没有太大差别。当然，实际汇率也在变动，有时变动得非常剧烈。例如，2014 年欧元的实际价值下降了 13%。但是，如果你是财务经理，要对汇率进行长期预测，假定货币价值的变化会被通胀率的差异所抵消就行了，不会比这做得更好了。

图 27-3 英国、法国和意大利的名义汇率和实际汇率。1899 年 12 月 =100（价值现在为对数坐标）

⊖ 注意，图 27-2 代表的国家是高度被控制的经济体，因此它们的汇率不是那些在不受限制的市场中的汇率。对图 27-4 中的利率提出类似的警告。
⊖ 实际汇率等于名义汇率乘以通胀率的差异。例如，假设英镑汇率从 1.65 美元 = 1 英镑下降为 1.50 美元 = 1 英镑，同时英国比美国商品价格上涨快 10%。通胀率调整的或实际汇率保持不变：

$$\text{名义汇率} \times (1+i_£)/(1+i_\$) = 1.5 \times 1.1 = \$1.65/£$$

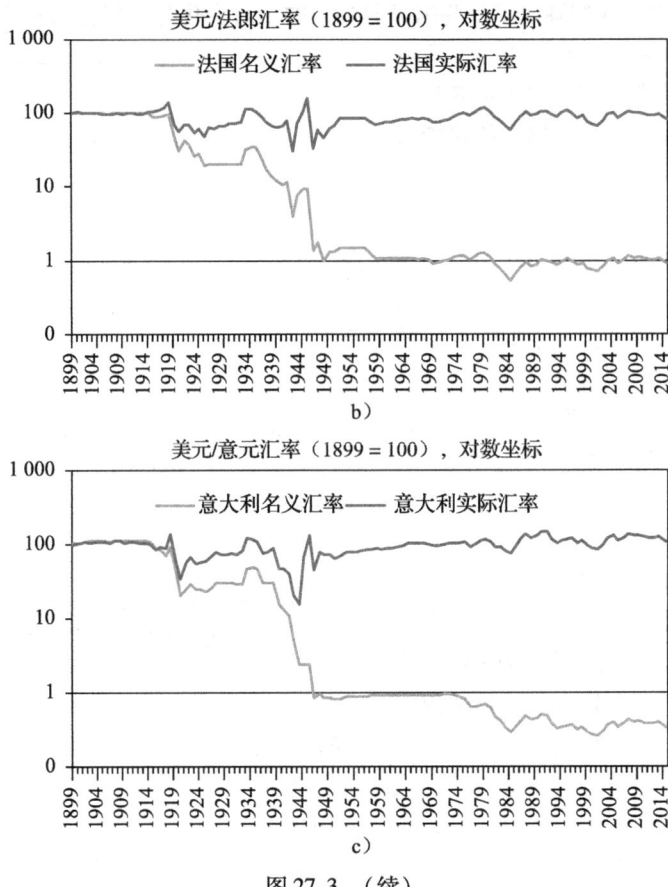

b)

c)

图 27-3 （续）

资料来源：E. Dimson, P. R. Marsh, and M. Staunton, Triumph of the Optimist: 101 years of Global Investment Returns (Princeton, NJ: Princeton University Press, 2002). 经普林斯顿大学出版社允许使用，作者提供了更新。

4. 相等的实际利率 最后我们讨论不同国家的利率之间的关系。我们有不同国家具有相同的实际利率的单一世界资本市场吗？货币利率的差异等于预期通胀率的差异吗？

这个问题不那么容易回答，因为我们无法观察到预期通胀率。而在图 27-4 中，我们画出了 60 个国家的每个国家的平均利率和平均通胀率的关系。瑞士位于图中的左下角，而右上角的点代表委内瑞拉。你可以看到，一般来说，利率最高的国家，通胀率也最高。实际利率的差异远小于名义利率的差异。

这可能是好的一点，给出了一个警告：不要天真地借入利率最低的货币。利率低可能反映了投资者预期通胀低，货币会升值。这种情况下，你从"便宜"的借款中的获利容易被偿还贷款时所需的货币的高成本所抵消。例如，近年来，超过 500 000 波兰人被瑞士的低利率诱惑，以瑞士法郎借入住房抵押贷款。2015 年 1 月，瑞士法郎对波兰货币兹罗提上涨了 23%，这

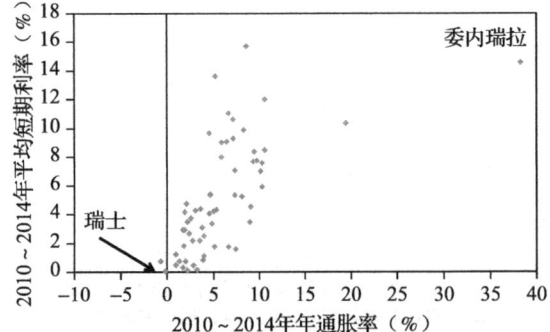

图 27-4 60 个国家的平均利率和平均通胀率

资料来源：IMF, International Financial Statistics。

些借款人很多发现自己遇到了大麻烦。

专业的外汇交易者时不时地进行利差交易（carry trade），他们在低利率国家借款，然后用现金在高利率国家买入债券，承担了货币风险。而聪明的公司管理者不会用这种方式投资，他们利用外币贷款抵消汇率波动对公司业务的影响。

27.3 对冲货币风险

汇率的急剧波动会大量降低公司利润。为了说明公司如何应对这一问题，我们考察典型的美国公司——奥特兰钢铁公司，了解其外汇交易情况。

例 27-1 奥特兰钢铁公司

奥特兰钢铁公司是一家盈利的出口企业，规模不大。其销售合同的货款支付严重延迟，而因为公司的政策总是要求客户支付美元，所以完全不受汇率变动的影响。近来公司出口部门对这一做法感到不开心，认为这使公司损失了很多有价值的出口订单，这些订单流向了愿意用客户的货币来报价的公司。

你支持这些观点，但也担心，如果用外币支付，公司应该如何对长期出口合同进行定价。如果在支付之前货币价值下降，公司会遭受重大损失。你要考虑货币风险，但也要给销售团队尽可能多的自由。

注意，奥特兰可以出售外币远期来对货币风险进行保险。这意味着公司能够将协商销售合同的问题与管理公司外汇风险的问题分开。销售团队根据远期汇率进行定价，从而可以考虑汇率风险。而你作为财务经理，可以决定公司是否应该套期保值。

套期保值的成本是什么？有时你听到管理者说，它等于远期汇率与现在的即期汇率的差额。这是错误的。如果奥特兰不套期保值，它将收到客户付款时的即期汇率，因此保险的成本是远期汇率与预期收到付款时的即期汇率的差额。

保险还是投机？我们通常支持保险。第一，它使公司的经营更简单一些，只要关注主要业务就可以了。第二，它成本不高。（实际上，如果如远期汇率的预期理论预测的那样，远期汇率等于预期即期汇率，套期保值成本平均为零。）第三，外汇市场似乎相当有效，至少对主要的货币来说。投机应该是 NPV 为零的游戏，除非财务经理拥有做市的一方所不掌握的信息。

奥特兰公司还有其他方法保护自己免于汇率损失吗？当然有。它可以对外币应收款借入外币负债，卖出即期外币，在美国投资。利率平价理论告诉我们，在自由市场中，卖出远期和卖出即期的价差应该等于你在海外支付的利率和在本国收到的利率的利差。

对奥特兰公司出口业务的讨论，对我们关于远期汇率的简单理论有四点实践启发。第一，在合同定价中你可以利用远期汇率来调整汇率风险。第二，预期理论认为值得拥有对汇率风险的保护。第三，利率平价理论提醒我们，卖出远期，或者借外币卖出即期，都可以进行套期保值。第四，远期套期保值的成本不是远期汇率与现在的即期汇率的差额，而是远期汇率与远期合约到期时的预期即期汇率的差额。

也许，我们应该加上第五点启示。仅仅买入价值升高的货币和卖出价值下降的货币，并不能赚钱。例如，假设你买入纳尼亚里奥，一年后卖出价比买入价高 2%。你应该对自己满意吗？这取决于里奥所获得的利息。如果里奥利率比美元利率低 2%，货币上的利润正好被利息收入的减少抵消了。因此，只有你能预测汇率的变化高于还是低于利率差异时，才能从货币投资中赚钱。也就是说，你必须能够预测汇率变动高于还是低于远期升水或贴水。

交易风险和经济风险

来自奥特兰钢铁公司的出口业务的汇率风险,是由于外币支付的延迟,因此称为交易风险(transaction exposure)。交易风险很容易识别和对冲。外币价值下降1%会导致奥特兰的美元收入也下降1%,因此被客户所拖欠的1欧元或1日元,它都要卖出1欧元或1日元远期。㊀

但是,即使奥特兰的客户不欠它一分钱,它仍可能受到货币波动的影响。例如,奥特兰公司可能与瑞典的钢铁生产商竞争。如果瑞典克朗的价值下降,奥特兰为了竞争会降低价格。㊁奥特兰可以卖出克朗远期,保护自己不受这种可能性的影响。这种情况下,奥特兰钢铁业务的损失会被卖出远期的利润所抵消。

注意,奥特兰对克朗的风险不限于已经达成的特定交易。财务经理经常把这种更宽泛的风险称为经济风险(economic exposure)。㊂经济风险比交易风险不容易度量。例如,奥特兰钢铁公司的价值显然与克朗的价值正相关,因此,为对冲风险,它需要借入克朗,或卖出远期克朗。但在实践中,可能难以准确判断奥特兰需要借入多少克朗。

瑞士大公司,如雀巢公司或Swatch集团,在全世界销售产品。因此,像奥特兰钢铁公司一样,它们需要管理经济风险。一个方法就是进行经营性对冲,使生产与销售保持密切平衡。例如,表27-3总结了一组著名瑞士公司的海外销售和成本。注意,像雀巢、诺华制药(Novartis)和罗氏制药(Roche)的情况,销售和成本几乎是完全匹配的。因此这些公司对汇率波动相对免疫。相比之下,Swatch集团和历峰集团(Richmont)则相当大比例的生产成本源于瑞士,因此两家公司都要承担瑞士法郎升值的风险。

表27-3 主要的瑞士公司来自不同货币区的销售和成本的比例

公司	活动	美元		欧元		其他	
		销售	成本	销售	成本	销售	成本
旅业集团(Kuoni)	旅游和休闲	25%	20%	35%	30%	40%	50%
瑞士莲(Lindt & Sprungli)	食品生产	20	15	60	50	20	35
雀巢(Nestle)	食品生产	45	40	35	35	20	25
诺华制药(Novartis)	制药	36	39	26	25	38	36
历峰集团(Richmont)	个人消费品	40	30	30	20	30	50
罗氏制药(Roche)	制药	41	38	21	17	38	45
Swatch集团(Swatch Group)	个人消费品	40	20	40	30	20	50
瑞士再保险公司(Swiss Re)	保险	58	58	27	21	15	21

除了经营性对冲,公司还可以利用金融套期保值来控制汇率风险。它们可以借入外币,卖出外币远期,或者利用外汇衍生品,如互换和期权。例如,2014年Swatch基本利用远期减少了欧元和美元的风险,年底这些远期合约总计接近15亿瑞士法郎。

27.4 汇率风险和国际投资决策

假设瑞士制药公司罗氏制药正在评估一项在美国建新厂的投资计划。为了计算项目

㊀ 也就是说,套期保值比为1.0。

㊁ 当然,如果购买力平价总是成立,克朗价值的下跌会与瑞典的高通胀匹配。奥特兰的风险是克朗的实际价值可能下降,这样用美元来衡量,瑞典的成本将低于之前的水平。遗憾的是,对名义汇率的变动进行套期保值比对实际汇率变动的套期保值要容易得多。

㊂ 财务经理也称之为外币折算风险(translation exposure),度量的是汇率变化对公司财务报表的影响。

的净现值，罗氏制药预测项目的美元现金流如下：

现金流（百万美元）					
C_0	C_1	C_2	C_3	C_4	C_5
-1 300	400	450	510	575	650

这些现金流以美元计价，因此为了计算它们的净现值，罗氏制药用美元资本成本来贴现。（记住美元需要用美元利率贴现，不是瑞士法郎利率。）假设这一资本成本为12%。这样，

$$\text{NPV} = -1300 + \frac{400}{1.12} + \frac{450}{1.12^2} + \frac{510}{1.12^3} + \frac{575}{1.12^4} + \frac{650}{1.12^5} = 513(\text{百万美元})$$

将这个净现值转化为瑞士法郎，只要将这个美元NPV乘以即期汇率就可以了。例如，如果即期汇率为SFr1.2/$，那么瑞士法郎NPV为：

用瑞士法郎计价的NPV = 用美元计价的NPV × SFr/$ = 513 × 1.2 = 616(百万瑞士法郎)

注意这个计算中一个非常重要的特点。罗氏制药不需要预测美元相对于瑞士法郎可能走强还是走弱。不需要进行货币预测，因为公司能够对冲汇率风险。在这种情况下，接受还是拒绝这个美国制药项目的决策，跟对美元前景打赌的决策是完全分开的。例如，接受一个在美国的差项目，仅仅是因为管理层对美元前景乐观，罗氏制药如果这样做就是愚蠢的。如果罗氏制药想用这种方法投机，它可以只买入远期美元。同样地，如果罗氏拒绝一个好项目仅仅因为管理层对美元悲观，也是愚蠢的做法，公司继续做这个项目同时卖出远期美元会好得多。这样，公司能够得到两方面的最佳结果。⊖

当罗氏制药忽略货币风险，用美元资本成本来贴现美元现金流时，它在暗中假设汇率风险已经被对冲了。如果罗氏制药对未来收到每一美元现金流，都卖出远期来对冲货币风险，我们来计算一下它收到的瑞士法郎的金额，从而验证一下。

我们首先需要计算美元和瑞士法郎的远期汇率，这与美国和瑞士的利率有关。例如，假设美元利率为6%，瑞士法郎利率为4%，那么利率平价理论告诉我们，一年期远期汇率为：

$$S_{\text{SFr}/\$} \times (1 + r_{\text{SFr}})/(1 + r_\$) = \frac{1.2 \times 1.04}{1.06} = 1.177$$

类似地，两年期远期汇率为

$$S_{\text{SFr}/\$} \times (1 + r_{\text{SFr}})^2/(1 + r_\$)^2 = \frac{1.2 \times 1.04^2}{1.06^2} = 1.155$$

如果罗氏制药对冲了现金流的汇率风险，它每年将收到的瑞士法郎金额等于美元现金流乘以远期汇率：

现金流（百万瑞士法郎）					
C_0	C_1	C_2	C_3	C_4	C_5
-1 300×1.2 = -1 560	400×1.177 = 471	450×1.555 = 520	510×1.133 = 578	575×1.112 = 639	650×1.091 = 709

这些现金流是瑞士法郎，因此需要用风险调整的瑞士法郎贴现率来贴现。因为瑞士法郎利率低于美元利率，风险调整的贴现率也一定对应低一些。将美元要求收益率转化

⊖ 这里有一般性的一个观点，并不限于货币套期保值。每当你面对看起来NPV为正的投资时，决定你要赌的是什么，然后想想是否有更直接的下注方式。例如，如果一座铜矿看起来很赚钱，只是因为你对铜价非常乐观，那么也许你买入铜期货，或者买入其他铜生产商的股票，会比自己开铜矿更好。

为瑞士法郎要求收益率的公式为：⊖

$$(1 + 瑞士法郎收益率) = (1 + 美元收益率) \times \frac{(1 + 瑞士法郎利率)}{(1 + 美元利率)}$$

在我们的例子中，

$$(1 + 瑞士法郎收益率) = 1.12 \times \frac{1.04}{1.06} = 1.099$$

因此，风险调整的美元贴现率为12%，而瑞士法郎贴现率只有9.9%。

剩下的所有工作就是用风险调整贴现率9.9%贴现瑞士法郎现金流：

$$NPV = -1560 + \frac{471}{1.099} + \frac{520}{1.099^2} + \frac{578}{1.099^3} + \frac{639}{1.099^4} + \frac{709}{1.099^5} = 616(百万瑞士法郎)$$

一切都对。我们这样得到的净现值完全相同：(1)忽略货币风险，用美元资本成本贴现罗氏制药的美元现金流；(2)假设罗氏制药对冲了货币风险，计算法郎现金流，然后用瑞士法郎资本成本贴现瑞士法郎现金流。

重复：决定是否进行海外投资时，将投资决策与承担汇率风险的决策分开。这意味着你对未来汇率的看法不应该考虑到投资决策中。最简单的计算海外投资NPV的方法，是预测外币现金流，然后用外币资本成本来贴现。替代方法是计算对冲了外币风险后你所收的现金流，这时需要用远期汇率将外币现金流转换为本币，然后用国内的资本成本来贴现这些本币现金流。如果两种方法得到的答案不同，一定是你犯了错误。

罗氏制药分析在美国建厂的建议时，它能够忽略美元的前景，仅仅是因为它可以自由地对冲货币风险。因为制药厂投资和美元投资并不打包在一起，公司有机会进行对冲来进行更好的投资决策。

国际投资的资本成本

罗氏制药应该用美元资本成本贴现美元现金流。但是，像罗氏制药这样的瑞士公司应该如何计算在美国的投资的美元资本成本呢？没有简单一致的方法可以回答这个问题，而我们建议从以下方法开始。

首先，你需要决定，对瑞士投资者来说，美国制药投资的风险是多少。你可以考察一组美国制药公司相对于瑞士市场指数的贝塔。

为什么相对于瑞士指数来度量贝塔，而默克公司这样的对照美国公司相对于美国指数来度量贝塔？答案在7.4节中，那里我们曾解释过，不能孤立地考虑风险，风险与投资者的资产组合中的其他证券有关。贝塔度量的是相对于投资者的资产组合的风险。如果美国投资者已经投资美国市场，在本国的额外投资只是投资了更多同样的证券。但是，如果瑞士投资者投资瑞士市场，在美国的投资就减少了他们的风险，因为瑞士市场和美国市场不完全相关。这就解释了为什么在美国的投资，带给罗氏制药股东的风险要低于带给默克股东的风险。这也解释了为什么罗氏制药的股东会愿意接受美国投资相对低的预期收益率。⊖

⊖ 下面的例子应该让你感觉到这个公式背后的思想。假设瑞士法郎即期汇率为 SFr1.2 = $1，利率平价关系告诉我们远期汇率一定是 $1.2 \times 1.04/1.06 = SFr1.177/\$$。现在，假设一股价值100美元，年底预期将支付112美元。瑞士投资者购买一股的成本为 $100 \times 1.2 = SFr120$，如果瑞士投资者卖出远期的预期收益，预期将收到 $112 \times 1.177 = SFr131.9$。瑞士法郎的预期收益率为 $131.9/120 - 1 = 0.099$，即9.9%。简单一些，瑞士法郎的收益率为 $1.12 \times 1.04/1.06 - 1 = 0.099$。

⊖ 投资者持有有效资产组合，资产组合中每只股票的预期风险回报与该股票相对于资产组合的贝塔成正比。因此，如果瑞士市场指数对瑞士投资者来说是有效资产组合，那么这些投资者将想让罗氏制药在美国投资，如果投资的预期收益率足以补偿投资相对于瑞士市场指数的贝塔。

假设你确定投资相对于瑞士市场的贝塔为0.8，瑞士的市场风险溢价为7.4%，那么项目要求的收益率估计为：

要求收益率 = 瑞士利率 + （贝塔 × 瑞士市场风险溢价）= 4% + （0.8 × 7.4%）= 9.9%

这是用瑞士法郎度量的项目的机会成本。如果罗氏制药对冲了项目的货币风险，我们用这个机会成本来贴现预期瑞士法郎现金流。我们不能用它来贴现项目的美元现金流。

为了贴现预期美元现金流，我们需要将瑞士法郎资本成本转换为美元资本成本，这意味着反向进行之前的计算：

$$（1 + 美元收益率）=（1 + 瑞士法郎收益率）\times \frac{（1 + 美元利率）}{（1 + 瑞士法郎利率）}$$

在我们的例子中，

$$（1 + 美元收益率）= 1.099 \times \frac{1.06}{1.04} = 1.12$$

我们用12%的美元资本成本来贴现项目的预期美元现金流。

像我们的例子中一样，公司度量相对于国内市场的风险时，管理者隐含地假设股东只持有国内股票。这是个不坏的近似，特别是在美国。尽管美国投资者通过持有国际多元化的股票资产组合可以降低风险，他们一般只将一小部分资金进行海外投资。他们为什么这样做是一个谜。看起来他们像是担心海外投资的成本，例如确定购买哪些股票所花费的额外成本，或者被外国公司或政府不公平对待的可能性。

世界正变得越小和"越平"，各个地方的投资者正在增加他们所持有的外国证券。养老金和其他机构投资者在国际范围内进行多元化，也为那些想投资海外的人成立了很多共同基金。如果全世界的投资者持有全世界的资产组合，资本成本将会收敛。资本成本仍由投资的风险决定，而不由投资公司的所在地决定。有证据表明对美国大公司来说，用美国还是全球贝塔没有太大区别。对小一些的国家的公司，证据不那么清晰，有时候全球贝塔可能更合适。[⊖]

27.5 政治风险

目前为止，我们集中讨论了汇率风险的管理，而管理者也担心政治风险。他们指的是政府改变游戏规则，就是在投资之后违背承诺或共识。当然，政治风险不限于海外投资。每个国家的企业都承担政府或法庭采取意外行动的风险。但是，在世界的某些地方，外国公司异常脆弱。

很多咨询服务提供政治风险和经济风险的分析，并草拟国家排名。[⊖]例如，表27-4 摘自PRS集团提供的2014年政治风险排名，每个国家按照12个独立维度打分，可以看到挪威排在全部的第一位，而索马里排在最后一位。

[⊖] 见 R. M. Stulz, "The Cost of Capital in Internationally Integrated Markets: The Case of Nestle," *European Financial Management* 1, no. 1 (1995), pp. 11-22; R. S. Harris, R. C. Marston, D. R. Mishra, and T. J. O'Brien, "Ex Ante Cost of Capital Estimates of S&P 500 Firms: The Choice Between Global and Domestic CAPM," *Financial Management* (Autumn 2003), pp. 51-66; 和 Standard & Poor's, "Domestic vs. Global CAPM," *Global Cost of Capital Report*, 4th Quarter 2003.

[⊖] 对这些服务的讨论，见 C. Erb, C. R. Harvey, and T. Viskanta, "Political Risk, Financial Risk, and Economic Risk," *Financial Analysts Journal* 52 (1996), pp. 28-46. 另外，坎贝尔·哈维的主页（http://people.duke.edu/~charvey）是政治风险有用的信息来源。

表 27-4　2014 年样本国家的政治风险得分

国家	最高分 100		国家	最高分 100	
	总分	排序		总分	排序
挪威	90.8	1	意大利	70.8	56 =
瑞士	89.5	2	法国	70.5	58 =
新加坡	87.3	3 =	俄罗斯	70.0	60 =
德国	85.3	6	巴西	68.8	67 =
瑞典	84.5	7	阿根廷	67.0	81 =
加拿大	82.3	11	印度	65.8	86
韩国	81.8	13	希腊	65.0	89 =
日本	81.0	17	土耳其	59.0	124
澳大利亚	78.0	24	委内瑞拉	54.8	132
英国	76.5	30	索马里	37.5	140
美国	75.5	31 =			

注：= 表示并列。

资料来源：International Country Risk Guide，PRS 集团公司（www.prsgroup.com）出版，2014 年。

有些管理者将政治风险看作上帝的行动而不予理会，就像飓风或地震一样。但是，最成功的跨国公司组织其业务来减少政治风险。如果没有母公司的支持就无法运作，外国政府就不可能剥夺这家本地企业。例如，如果离开了母公司的专有技术，美国计算制造商或制药公司的外国子公司相对来说价值很小。与可以作为独立企业运作的矿业公司比起来，这些公司被剥夺的可能性更小。

我们并不是建议你将银矿变成制药公司，但你要能够计划你的海外制造业务，来提升你与外国政府的谈判地位。例如，福特整合了海外业务，使得零部件的生产、局部装配和整车完成分布在很多国家的工厂。任何一家工厂单独的价值都不大，如果一个国家的政治气候恶化，福特可以在不同工厂之间切换生产。

跨国公司也设计融资安排帮助外国政府保持诚信。例如，假设你的公司正在考虑投资 5 亿美元，在科斯塔瓦那的圣多美，用现代化的机器、熔炼设备和运输工具重新开发银矿。[⊖]科斯塔瓦那政府同意投资建设公路和其他基础设施，同时拿走银矿 20% 的白银产量来代替税收。合同期为 25 年。

根据这些假设，项目的 NPV 非常有吸引力。但是，如果五年后新政府上台，对"任何从科斯塔瓦那共和国出口的贵金属"征收 50% 的税，怎么办呢？或者将政府拥有产出的份额从 20% 变为 50%？或者"由科斯塔瓦那共和国自然资源部长在适当的时候决定作为合理补偿"而简单地接管银矿？

没有任何合同能够绝对限制主权权力，但你能够安排项目融资，使这些行为让外国政府尽可能痛苦。例如，你可以把银矿创办为一个子公司，让这个子公司从主要国际银行组成的财团借款。如果你的公司为贷款担保，确定只有在科斯塔瓦那政府履行合同时担保才有效。政府将不愿意违反合同，因为这造成贷款违约，会削弱该国在国际银行体系中的信用状况。

如果可能，你应该安排世界银行来为项目提供部分融资，或者对政治风险进行担

⊖ 圣多美的早期历史，在约瑟夫·康拉德的《诺斯特罗莫》中有描述。

保。[1]很少政府有胆量得罪世界银行。同样的理念的另一种做法如下。通过科斯塔瓦那开发机构安排借款，比如4.5亿美元。也就是说，开发机构在国际资本市场上借入资金，然后再借给圣多美银矿。你的公司同意为贷款提供支持，只要政府履行承诺。如果政府履行承诺，贷款就是你公司的负债。如果政府不履约，贷款就是政府的负债。

政治风险不限于剥夺的风险。跨国公司总是受到批评，被批评从所在国吸走资金，因此政府容易限制它们向母公司遣返利润的自由。这最可能发生在汇率非常不确定的时候，这通常也是你最可能将资金抽离的时候。再次深谋远虑会有帮助。例如，对向母公司支付股利的限制经常比对债务支付利息或偿还本金的限制更多。专利费和管理费不如股利敏感，特别是如果对所有的外国业务一视同仁。公司还可以在一定范围内改变集团内部买卖商品的价格，可以要求或多或少地立即支付这些商品的货款。

政治风险很高的时候，计算投资项目的NPV变得异常困难。你必须格外小心地估计现金流和项目寿命。你会想偷窥一下贴现回收期（见第5章），理论上回收期短的项目承担的政治风险更小。但是，不要为了补偿政治风险而随意在贴现率上加修正因素。正如我们在第9章解释过的，修正因素会造成偏差和混乱。

本章总结

国际财务经理要对付不同的货币、利率和通胀率。要从混乱中理出头绪，财务经理需要这些变量之间关系的模型。我们描述了四个非常简单但有用的理论。

利率平价理论认为，两个国家的利率差异一定等于远期汇率和即期汇率的差异。在国际市场上，套利确保平价关系几乎总是成立的。有两种对冲汇率风险的方法：一是进行远期抛补，另一个海外借贷。利率平价关系告诉我们，这两种方法的成本应该相同。

汇率的预期理论告诉我们，远期汇率等于预期即期汇率。实际上，远期汇率似乎包含了风险溢价，但这个溢价是负值的可能性跟是正值的可能性大体相等。

在严格形式下，购买力平价理论认为，1美元在所有国家必须具有同样的购买力。这与事实不太相符，因为通胀率的差别与汇率的变动不完全相关。这意味着在海外做生意存在真正的汇率风险。另一方面，需要长期预测汇率的财务经理，不能比假设实际汇率不变做得更好。

最后，我们看到，在一体化的全球资本市场中，实际利率应该相同。实际上，政府管制和税收会使实际利率有差异。但是，不要简单地在利率最低的地方借款。这些国家也可能有最低的通胀率和最强势的货币。

有了这些规则，我们说明了如何利用远期市场或贷款市场来对冲交易风险，交易风险是由于外币支付和收取的延迟导致的。但是，公司的融资选择也需要反映汇率变化对整个业务的价值的影响，这就是经济风险。公司通过在金融市场中套期保值或在海外建厂，保护自己不受经济风险的影响。

因为公司能够对冲货币风险，海外投资的决策不涉及货币预测。公司有两种方法计算海外项目的NPV。第一种方法是预测外币现金流，用外币资本成本来贴现。第二种方法是将外币现金流转换为本币现金流，假设外币现金流的汇率风险被对冲了。然后，这些本币现金流用国内资本成本贴现。两种方法的结果应该是一致的。

除了货币风险，海外业务会承受额外的政治风险。但是，公司能够安排融资，减少政府改变游戏规则的可能性。

---

[1] 在第24章附录中，我们描述了世界银行如何为Hubco电站项目提供政治风险担保。

扩展阅读

有很多有用的国际金融方面的教科书。以下是一部分：

P. Sercu, *International Finance: Theory into Practice* (Princeton University Press, 2009).

D. K. Eiteman, A. I. Stonehill, and M. H. Moffett, *Multinational Business Finance*, 13th ed. (Reading, MA: Pearson Addison Wesley, 2012.

A. C. Shapiro, *Multinational Financial Management*, 10th ed. (New York: John Wiley & Sons, 2013).

关于国际投资决策和相关的汇率风险，以下是一些一般讨论：

G. Allayannis, J. Ihrig, and J. P. Weston, "Exchange-Rate Hedging: Financial versus Operational Strategies," *American Economic Review* 91 (May 2001), pp. 391-395.

D. R. Lessard, "Global Competition and Corporate Finance in the 1990s," *Journal of Applied Corporate Finance* 3 (Winter 1991), pp. 59-72.

M. D. Levi and P. Sercu, "Erroneous and Valid Reasons for Hedging Foreign Exchange Exposure," *Journal of Multinational Financial Management* 1 (1991), pp. 25-37.

以下列出的是一些关于利率、汇率和通胀率关系的文章：

远期汇率和即期汇率

M. D. Evansand K. K. Lewis, "Do Long-Term Swings in the Dollar Affect Estimates of the Risk Premium?" *Review of Financial Studies* 8 (1995), pp. 709-742.

利率平价

K. Clinton, "Transaction Costs and Covered Interest Arbitrage: Theory and Evidence," *Journal of Political Economy* 96 (April 1988), pp. 358-370.

购买力平价

K. Froot and K. Rogoff, "Perspective on PPP and Long-run Real Exchange Rate," in G. Grossman and K. Rogoff (eds.), *Handbook of International Economics* (Amsterdam: North-Holland Publishing Company, 1995).

K. Rogoff, "The Purchasing Power Parity Puzzle," *Review of Economic Literature* 34 (June 1996), pp. 667-668.

A. M. Taylor and M. P. Taylor, "The Purchasing Power Parity Debate," *Journal of Economic Perspective* 18 (Autumn 2004), pp. 135-158.

练习题

基础题

1. **汇率** 见表27-1。
   a. 一美元可以购买多少日元？
   b. 日元的一月期远期汇率是多少？
   c. 日元对美元远期升水还是贴水？
   d. 利用一年期远期汇率计算日元的年百分比升水或贴水。
   e. 如果一年期美元的年复利利率为1.5%，你认为一年期日元的利率是多少？
   f. 根据预期理论，预期三个月后日元即期利率是多少？
   g. 根据购买力平价理论，美国和日本三个月内的通胀率差异是多少？

2. **术语** 用一句话或一个简单公式定义以下各个理论：
   a. 利率平价；
   b. 远期汇率的预期理论；
   c. 购买力平价；
   d. 国际资本市场均衡（不同国家的实际利率和名义利率的关系）。

3. **购买力平价** 在1997年3月，印尼盾的汇率为R2 419 = $1，到1998年3月一年中，印尼的通胀率为30%，美国为2%。
   a. 如果购买力平价成立，1998年3月名义汇率是多少？

b. 1998 年 3 月（亚洲货币危机期间），实际汇率为 R8 325 = $1，实际汇率的变化是多少？

4. **利率平价** 下表给出了美元和小人国纳诺的利率和汇率。即期汇率为 15 纳诺 = 1 美元。填入缺失的数字。

	1 个月	3 个月	1 年
美元利率（年复利）	4.0	4.5	?
纳诺利率（年复利）	8.2	?	9.8
每美元的远期纳诺	?	?	15.6
纳诺远期折价（% 每年）	?	4.8	?

5. **货币套期保值** 美国的一家进口商将在三个月后从墨西哥进口布匹，价格固定，以墨西哥比索支付。以下哪个交易可以消除该进口商的汇率风险？
   a. 出售比索的六个月认购期权；
   b. 买入远期比索；
   c. 卖出远期比索；
   d. 借入比索，以即期汇率买入美元；
   e. 以即期汇率卖出比索，贷出美元。

6. **货币套期保值** 一家美国公司承诺一年后支付给一家瑞典公司 1 000 万克朗。买入远期克朗偿还这一负债的成本（现值）是多少？瑞典利率为 0.6%，汇率如表 27-1 所示。简要解释。

7. **货币套期保值** 一家美国公司将在八年后收到 100 万欧元，想保护自己免于欧元价值下降的损失，但发现很难买到这样长期的远期。该公司有其他方法保护自己吗？

8. **货币风险** 假设在 2023 年美国的一年和两年期利率都是 5.2%，日本都是 10%。即期汇率为 120.22 日元/美元。假设一年后两个国家的利率都是 3%，而日元升值为 115.00 日元/美元。
   a. 期初，来自纽约的本杰明·平克顿投资了两年期的美国零息票债券，一年后售出，他的收益率是多少？
   b. 来自大阪的蝴蝶夫人买了一些美元，她还投资了两年期美国零息票债券，一年后卖出，她的日元收益率是多少？
   c. 假设蝴蝶夫人正确地预测了她售出债券的价格，并且对冲了投资的货币风险，她是如何对冲的？她的日元收益率是多少？

9. **投资决策** 现在是 2021 年，猪肉桶公司正在考虑在西班牙建设一家新工厂。预测欧元现金流如下：

C_0	C_1	C_2	C_3	C_4	C_5
−80	+10	+20	+23	+27	+25

即期汇率为 1.2 美元 = 1 欧元。美国的利率为 8%，欧元利率为 6%，假设猪肉桶的生产实际上是无风险的。
   a. 计算项目欧元现金流的 NPV，美元 NPV 是多少？
   b. 如果公司对冲了汇率风险，项目的美元现金流是多少？
   c. 假设公司预期欧元一年内贬值 5%，这对项目的价值有何影响？

进阶题

10. **汇率** 表 27-1 给出了南非兰特的 90 天远期汇率。
    a. 美元对兰顿是远期贴水还是升水？
    b. 年百分比贴水率或升水率是多少？
    c. 关于这两种货币，如果你没有其他信息，对三个月后的兰顿即期汇率，你的最佳猜测是多少？
    d. 假设你预期三个月后收到 100 000 兰顿，可能价值多少美元？

11. **利率平价** 看表 27-1。如果三月期美元利率为 0.2%，你认为三月期巴西雷亚尔的利率是多少？如果利率大大高于你给出的数字会怎样？请解释。

12. **利率和汇率** 国际自行车公司的财务总监潘妮·法辛注意到，日本的利率低于大部分其他国际的利率，因此她建议公司应该发行日元债券。这有道理吗？

13. **货币套期保值** 假设你是德国汉莎航空公司的财务总监，汇率变化可能对公司的价值有何影响？为了降低汇率风险，你会采取什么措施？

14. **货币风险** 公司会受到名义汇率或实际汇率的变动的影响。解释为什么会这样。哪个变动最容易对冲?

15. **经济风险** 美国的福特汽车经销商会承担日元贬值的风险,如果日元贬值导致日本车价格下降。假设经销商估计,日元价值下跌1%,会导致经销商的利润永久性地下降5%。她应该如何对冲这一风险?她应该如何计算对冲头寸的规模?(提示:参考26.6节。)

16. **货币风险** 你参与了一项可能的出口订单的竞标,该订单将在六个月后产生100万欧元的现金流入。即期汇率为1.3549美元=1欧元,六个月远期汇率为1.3620美元=1欧元。不确定性有两个来源:(1)欧元会升值或贬值;(2)你可能会也可能不会得到出口订单。如果(a)你卖出100万欧元远期;(b)你买入行权价格为1.3620美元/欧元的卖出欧元的六月期的期权,说明每种情况下你的最后收益。

17. **货币风险** 2014年11月,一位美国投资者购买了一家墨西哥公司的1 000股股票,价格为每股500比索。股票不支付股利。一年后,她以每股550比索卖出股票。她买股票时的汇率如表27-1所示。假设出售股票时的汇率为16.5比索=1美元。

    a. 她投资了多少美元?
    b. 她的比索收益率是多少?美元呢?
    c. 你认为她在汇率上赚了还是亏了?请解释。

18. **利率平价** 表27-5给出了不同货币的年复利利率,以及对美元的汇率。存在任何套利机会吗?如果存在套利机会,如何保证现在有正的现金流,而所有的未来现金流为零?

    表27-5 利率和汇率

	利率(%)	即期汇率①	1年远期汇率①
美国(美元)	3	—	—
Costaguana(pulga)	23	10 000	11 942
Westonia(ruple)	5	2.6	2.65
Gloccanorra(pint)	8	17.1	18.2
Anglosaxophonia(wasp)	4.1	2.3	2.28

    ① 每1美元对应的外币数。

19. **货币套期保值** "去年,我们有大量英镑收入,我们通过卖出远期英镑来对冲。结果英镑升值了。因此我们卖出远期的决定花费了我们很多钱。我认为,未来我们要么应该停止对冲货币风险,要么应该在认为英镑被高估时再对冲。"作为财务经理,你对公司CEO的这个观点如何评价?

20. **投资决策** 地毯装袋机公司正在考虑在欧洲某个国家设立一家新的装袋机工厂。两个合适的候选地点是德国和瑞士。预期拟设立工厂的现金流如下:

	C_0	C_1	C_2	C_3	C_4	C_5	C_6	IRR(%)
德国(百万欧元)	−60	+10	+15	+15	+20	+20	+20	15.0
瑞士(百万瑞士法郎)	−120	+20	+30	+30	+35	+35	+35	10.7

欧元即期汇率为1.3美元/欧元,而瑞士法郎汇率为1.5瑞士法郎/美元。美国利率为5%,瑞士为4%,欧洲国家为6%。财务经理建议,如果现金流以美元计价,高于10%的收益率是可以接受的。

公司应该继续其中的一个项目吗?如果必须从中选择一个项目,该接受哪个项目呢?

挑战题

21. **货币套期保值** 阿尔法和欧米茄是美国公司。阿尔法在汉堡有一家工厂,从美国进口零部件,装配后产成品在德国销售。欧米茄则完全相反,也在汉堡有工厂,但从德国购买原材料,产品出口到美国。欧元价值下降对每家公司可能有怎样的影响?每家公司应该如何对冲汇率风险?

网络中的金融

在《华尔街日报》网络版 www.wsj.com 或金融时报网络版 www.ft.com 中找到汇率表。

1. a. 现在 1 加元值多少美元？
   b. 现在 1 美元值多少加元？
   c. 假设你现在安排 90 天后购买加元，每 1 美元可以购买多少加元？
   d. 如果远期汇率反映市场预期，90 天后加元的即期汇率可能是多少？
   e. 看一下同一期报纸的利率表。三月期美元利率是多少？
   f. 你能够推导出加元的三月期利率吗？
   g. 你也可以在金融期货市场上购买未来交割的货币。看一下期货价格表。在大约六个月后交割的加元的汇率是多少？

2. a. 1 美元可以买多少瑞士法郎？
   b. 1 美元可以买多少港元？
   c. 你认为一家瑞士银行报价多少来买入或卖出港元？如果它报出的交叉汇率大大高于你给出的数字会怎样？请解释。

微型案例　Exacta 有限责任公司

Exacta 有限责任公司，总部在法国里昂，是精密机床的主要生产商。大约三分之二的产品出口，主要销往欧盟各国。而公司的美国订单也很多，尽管遇到几家美国公司强有力的竞争。Exacta 公司一般在出口产品发货后两个月内收到付款，因此在任何时候，只有大约六分之一的对美国年出口额需要承担利率风险。

公司认为，北美的业务量很大，足以支持本地化的生产运作，因此最近决定在南卡罗莱纳州建立一家工厂。这家工厂的大部分产品将在美国销售，而公司认为，将来也有机会销往加拿大和墨西哥。

南卡罗莱纳工厂需要总投资额 3.8 亿美元，预期在 2018 年投入运营。预计工厂的年销售收入大约为 4.2 亿美元，净利润 5 200 万美元。工厂一旦开始运营，应该能够运营几年而不需要额外的重大投资。

尽管对项目有广泛的热情，但几位管理层成员表达了对可能的汇率风险的担忧。财务总监潘格劳斯先生，向他们保证，公司对货币风险并不陌生，毕竟公司已经每年向美国出口大约 3.2 亿美元的机床，并且将美元收入换成欧元而没有发生重大损失。但是，并不是每个人都对这一理由感到信服。例如公司的 CEO 巴多夫人认为，如果美元相对于欧元价值下跌，所投资的 3.8 亿美元将大大增加风险资金的金额。巴多夫人对金融事务的风险厌恶众所周知，如果可能会争取完全套期保值。

潘格劳斯先生试图打消 CEO 的疑虑。同时，他私下里分享了对汇率风险的某种程度的担忧。几乎所有来自南卡罗纳工厂的收入都是美元，3.8 亿美元投资的大部分也同样发生在美国。大约三分之二的经营成本是美元，而其余的三分之一是从里昂采购的零部件，以及总部收取的管理费和专利费。公司还要决定，美国子公司从母公司的这些采购，是用美元还是欧元付款。

潘格劳斯先生非常乐观，公司自己能够对冲货币风险。他认为有利的解决方法，是 Exacta 公司发行 3.8 亿美元的美元债券来为工厂融资。这样，美元投资正好与美元负债匹配。一个替代方法是公司在每年年初卖出远期美元，卖出金额为美国工厂的预期收入。但是，根据经验，他意识到这些简单方法可能隐藏着危险。他决定少安毋躁，更系统地思考一下美国业务所带来的额外汇率风险。

问题

1. Exacta 公司从美国新业务中所承担的真实风险是什么？与公司目前的风险相比，有什么变化？
2. 给定这些风险，最有效和成本最低的套期保值方法是什么？

第九部分 PART 9

财务计划和营运资本管理

第28章 财务分析

好的财务经理为未来规划，检查有足够的现金来纳税或支付股利。他们思考公司需要进行多少投资，如何来融资。他们思考是否能够应对需求意外下降或原料成本增加。

在第29章，我们将描述财务经理如何进行短期和长期财务计划。了解现状，才会筹划未来。因此，本章说明公司的财务报表怎样帮助你理解公司的整体业绩，以及某些关键财务比率怎样警告管理者潜在的问题。

你也许已经听说过一些专家的故事，他们能够将公司的账户分解，计算某些财务比率，预言公司的未来。这些人像讨厌的雪人一样，经常听说，但从未实际见到过。财务比率不是水晶球的替代品，它们只是一种方便的工具，用来总结大量的财务数据，比较公司的业绩。财务比率帮助你提出正确的问题，但很少回答问题。

28.1 财务比率

财务比率一般很容易计算，这是好消息，不好的是财务比率实在是太多。更糟糕的是，财务比率经常被列成一个长长的单子，似乎需要记住而不是理解。

我们可以消除这个坏消息，只要花点儿时间预览一下这些比率度量的是什么，以及它们如何与增加股东价值这个最终目标联系在一起就行了。

股东价值由好的投资决定。财务经理评价投资决策时，提出几个问题，包括：投资相对于资本成本的盈利性如何？应该如何度量盈利性？盈利性由什么决定？（我们将会看到，盈利性取决于资产的有效使用和每一美元销售收入最后的利润。）

股东价值还由好的融资决策决定。显然也存在这样一些问题：可以获得足够的融资吗？如果融资不足，公司就不能成长。融资策略谨慎吗？财务经理不应该在危险的高负债率下经营，使公司的资产和运营处于危险之中。公司有充足的流动性（现金储备或者可以随时出售变现的资产）吗？公司必须能够支付账单和应对意外挫折。

图 28-1 更详细总结了这些问题。左边的方框是投资，右边的是融资。在每个方框内，我们都放了一个问题，给出了能够帮助回答这一问题的财务比率或其他指标的例子。例如，最下面一行最左边的问题是关于资产的有效使用的，度量资产效率的三个比率是资产周转率、存货周转率和应收账款周转率。右边的最下面两个方框的问题是财务杠杆是否谨慎、公司未来一年是否有足够的流动性。跟踪财务杠杆的比率包括各种负债率，衡量流动性的比率有流动比率、速动比率和现金比率。

图 28-1 是本章的路线图，我们将说明如何计算这些以及其他常见的财务比率，解释它们与股东价值目标的关系。

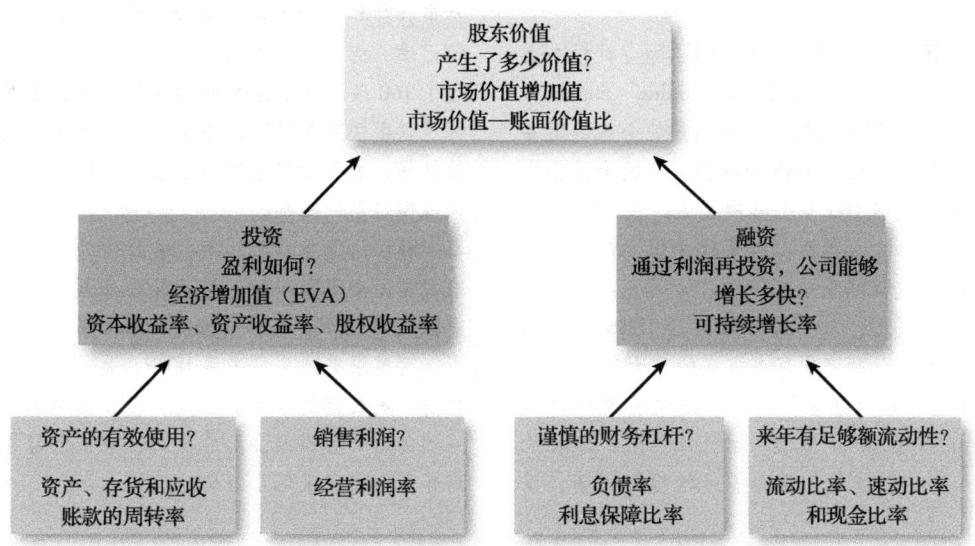

图 28-1 财务比率的组织结构图，说明常用的财务比率和其他指标与股东价值的关系

28.2 财务报表

上市公司有很多利益相关者，例如股东、债券持有者、银行、供应商、员工和管理者。所有这些利益相关者都要监督公司，确保他们的利益得到了保障。他们依靠公司的财务报表提供必需的信息。上市公司每季度、每年向股东报告。年度财务报表以表 10－K 的形式向 SEC 备案，季度报表以表 10－Q 的形式。因此，你常听到财务分析师随意地说参考公司的"10－K"或"10－Q"。

复习公司的财务报表时，记住这一点很重要，就是会计师在报告盈利和账面价值时是有一定余地的。例如，他们可以酌情选择折旧方法和公司资产的核销速度。

尽管全世界的会计师都遵循惯例工作，不同国家的会计规则仍有相当大的差异。在盎格鲁—撒克逊国家，例如美国和英国，股权市场规模大而活跃，会计规则的设计主要考虑股东。相比之下，在德国，会计准则是为了确保债权人受到了恰当的保护。

另一点区别是税收显示在利润表中的方式。例如，在德国，税是按照公布的利润支付的，折旧方法必须得到税务部门的批准。而在盎格鲁—撒克逊国家则不是这样，公布的会计账户中的数字一般不是计算公司纳税的基础。例如，用来计算报告利润的折旧方法与税务部门使用的折旧方法不同。

对投资者和跨国公司来说，这些会计规则的差别非常讨厌。会计机构于是团结起来看他们是否能够消除这些差别。这不是容易的任务，见专栏"金融实践：再见了，GAAP？"

金融实践　再见了，GAAP

美国的公司可能很快面临自 1930 年底引入公认会计准则（Generally Accepted Accounting Principles，GAAP）以来会计方法的最大变动。SEC 将很快决定美国的公司是否应该必须遵循国际财务报告标准（International Financial Reporting Standards，IFRS），而不是现在采用的 GAAP。

IFRS 是总部位于伦敦的国际会计标准委员会（International Accounting Standards Board, IASB）制定的，目的是使全球的财务报告协调一致。IFRS 是欧盟统一的会计报告基础。还有 100 多个其他国家，例如澳大利亚、加拿大、巴西、印度和中国，都采用了 IFRS，或计划采用 IFRS。

在美国，从 GAAP 转换为 IFRS 会涉及美国的会计师完成任务方式的重大变化。IFRS 是"基于原理"的，就是说没有硬性规定的法规可以遵循。相比之下，美国的 GAAP 则伴随几千页的描述性规则指南，以及审计师和会计团体的解释。例如，公司如何记录、何时记录收入方面的权威文献就超过了 160 条。这留给判断的空间很小，而具体规则很快就会过时，不择手段的公司就安排交易，表面看起来遵循了规则，但实际并未遵循规则的精神。

SEC 已经努力了几年，使公司的会计标准与国际准则更一致。为了鼓励外国公司在美国上市，SEC 允许外国发行人采用国际准则。而要求美国公司采用 IFRS，是一个成本更高、更长期的项目。但是，SEC 仍得到了一些美国大型跨国公司的支持，它们已经在海外子公司中采用了 IFRS。

28.3 家得宝的财务报表

你的任务是评价家居装饰公司——家得宝（Home Depot）的财务状况。也许你是共同基金经理，想决定是否将 2 500 万美元的资金配置在家得宝的股票上。你也许是一位正在从公司寻找商机的投资银行家，或关注其信用状况的债券持有者。你也许是家得宝的财务经理，或家得宝的竞争对手。

在任何一种情况下，第一步都是评估公司目前的状况。你面前是最新的资产负债表和利润表。

28.3.1 资产负债表

表 28-1 是家得宝 2013 财年和 2012 财年的简化资产负债表，它是一张"快照"，反映公司年末资产，以及购买这些资产的资金来源。

表 28-1　家得宝 2013 和 2012 财年的资产负债表（单位：百万美元）

资产	财年末		负债和股东权益	财年末	
	2013[①]	2012[②]		2013[①]	2012[②]
流动资产					
现金和可交易证券	1 929	2 494	流动负债		
应收账款	1 398	1 395	到期负债	33	1 321
存货	11 057	10 710	应付账款	9 379	8 871
其他流动资产	895	773	其他流动负债	1 337	1 270
总流动资产	15 279	15 372	总流动负债	10 749	11 462
固定资产			长期负债	14 691	9475
有形资产			递延所得税	514	319
土地、厂房和设备	39 064	38 491	其他长期负债	2042	2051
减：累计折旧	15 716	14 422			
有形固定资产净值	23 348	24 069	总负债	27 996	23 307
无形资产（商誉）	1 289	1 170	股东权益		
其他资产	602	473	普通股和其他实收资本	8 536	8 433

(续)

资产	财年末		负债和股东权益	财年末	
	2013①	2012②		2013①	2012②
			留存收益	23 180	20 038
			库存股	−19 194	−10 694
			股东权益总计	12 522	17 777
总资产	40 518	41 084	负债和股东权益	40 518	41 084

① 截至2014年2月2日的财年。
② 截至2013年2月3日的财年。

资产按照流动性下降的顺序排列。例如，会计师先列出那些最有可能在不久的将来变成现金的资产，它们包括现金、可交易证券和应收账款（即公司客户要支付的账单）和原材料、半成品和产成品存货。这些资产都是流动资产（current assets）。

资产负债表中的剩余资产包括长期、通常不流动的资产，例如仓库、商店、设备和机动车。资产负债表不显示这些长期资产的最新市场价值，会计师记录每项资产的原始成本，并减去建筑物、工厂和设备的固定年折旧额。资产负债表没有包括所有的资产。有些最有价值的资产是无形的，如声誉、高水平的管理和训练有素的劳动力。会计师一般不愿意将这些资产记录在资产负债表中，除非它们能够充分识别并估值。⊖

家得宝资产负债表右边显示了购买这些资产的资金的来源。会计师从考察负债开始，即公司所欠的资金。首先是不久的将来要偿还的负债，这些流动负债（current liabilities）包括明年要偿还的负债和应收账款（即公司欠供应商的钱）。

流动资产和流动负债的差称为净流动资产（net current assets）或净营运资本（net working capital），它大致度量了公司潜在的现金储备。对2013年的家得宝来说，

净营运资本 = 流动资产 − 流动负债 = 15 279 − 10 749 = 4 530 美元

资产负债表的下面部分说明了用来获取净营运资本和固定资产的现金来源。有些现金来自债券发行和长期租赁。所有长期负债还清之后，剩下的资产属于普通股股东。公司的股权等于净营运资本和固定资产减去长期负债的价值。部分股权来自向投资者出售股票，其余的来自公司留下来并以股东名义进行的投资的利润。

28.3.2 利润表

如果家得宝的资产负债表像公司在特定时点的"快照"，那么利润表就像一段"视频"，它显示了公司在过去一年中的盈利情况。

表28-2是简明利润表，可以看到，2013年家得宝销售了价值78 812百万美元的商品，购买和销售这些商品的成本为51 422 + 16 585 = 68 007百万美元。⊜除了这些现款支出，家得宝还

表28-2 2013财年家得宝的利润表
（单位：百万美元）

	百万美元
净销售收入	78 812
销货成本	51 422
销售、一般和管理费用	16 585
折旧	1 627
息税前利润（EBIT）	9 178
利息费用	711
应税收入	8 467
所得税	3 082
净利润	5 385
净利润的分配	
股利	2 243
留存收益增加	3 142

⊖ 家得宝的资产负债表中确实包括"商誉"这一项，这反映了收购一家公司所支付的价值与公司账面价值的差异。
⊜ 为了简化，我们从销售、一般和管理费用中减去了12百万美元的其他收入。

减掉了 1 627 百万美元用来生产产品的固定资产的折旧,这样家得宝的息税前利润为:

EBIT = 总销售收入 − 成本 − 折旧 = 78 812 − 68 007 − 1 627 = 9 178(百万美元)

这其中,要支付 711 百万美元短期和长期负债的利息(债务利息要从税前收入中支付),另外要以税的形式支付给政府 3 082 百万美元。剩下的 5 385 百万美元属于股东。家得宝支付了 2 243 百万美元股利,其余的进行了再投资。

28.4 度量家得宝的业绩

你想用家得宝的财务报表来评估它的财务业绩和目前的状况。从哪里开始呢?

2013 年财年结束时,家得宝的普通股价格为每股 75.58 美元,公司发行在外的股数为 1 380 百万股,因此**总市值**(market capitalization)为 1 380 × 75.58 = 104 300 百万美元。这当然是个巨大的数字,家得宝是个相当大的公司。多年来,它的股东向公司投资了几十亿美元。因此,你决定比较一下家得宝的市值和它的股权账面价值。账面价值度量的是股东累计对公司的投资。

2013 财年末,家得宝股权的账面价值为 12 522 百万美元,因此**市场增加值**(market value added)为 104 300 − 12 522 = 91 778 百万美元,即公司股票的市场价值和股东对公司投资的资金额之间的差异。也就是说,家得宝的股东只贡献了 120 亿美元多一点儿,结果股票价值约 1 040 亿美元,他们累积了 920 亿美元的市场增加值。

EVA 维度(EVA Dimensions)是一家咨询公司,它计算了很多美国公司的市场增加值。表 28-3 显示了 EVA 维度市场增加值列表中的部分公司。苹果位居榜首,为股东创造了超过 6 000 亿美元的财富。美国银行比较弱,排在最后,其股票的市值比股东投入公司的资金少 1 180 亿美元。

表 28-3 2013 年 6 月公司业绩的股票市场度量(百万美元)。公司按市场增加值排序

股票	市场增加值	市场价值−账面价值比(市净率)	股票	市场增加值	市场价值−账面价值比(市净率)
苹果(Apple)	627 589	6.41	美国铝业(Alcoa)	7 772⊖	0.93
微软(Microsoft)	242 343	2.55	达美航空(Delta Airlines)	2 850	1.41
沃尔玛(Walmart)	185 339	3.99	时代华纳(Time Warner)	75	1.62
埃克森美孚(Exxon Mobil)	171 465	2.3	Sprint	−42 682	1.32
可口可乐(Coca-Cola)	150 102	5.95	美国银行(Bank of America)	−118 151	0.6

资料来源:我们感谢 EVA 维度提供这些统计数据。

这两家公司都很大,它们的管理者需要管理很多资产。小一些的公司不会指望像埃克森美孚或沃尔玛这样的公司那样,创造如此多的额外价值,或者像美国银行那样失去那么多价值。因此,财务经理和分析师想计算股东投入公司的每一美元所增加的价值,他们用市场价值与账面价值的比率来计算。例如,家得宝的**市场价值−账面价值比**(或市净率,market-to-book)为:⊖

$$\text{市场价值−账面价值比} = \frac{\text{股权的市场价值}}{\text{股权的账面价值}} = \frac{104\ 300}{12\ 522} = 8.3$$

⊖ 怀疑原文有误,应分别为 −7 772 和 42 682。——译者注
⊖ 市场价值—账面价值比也可以用股票价格除以每股账面价值来计算。

也就是说，家得宝将股东的投资变成了8.3倍。

表28-3还给出了这些美国公司的市场价值—账面价值比。注意，可口可乐的市场价值—账面价值比高于埃克森美孚，而埃克森美孚的市场增加值更高，因为它的规模更大。

表28-3中的市场价值业绩度量有三个缺陷。第一，公司股票的市场价值反映了投资者对未来业绩的预期。投资者当然注意到现在的利润和投资，而用市场价值度量当前业绩是有噪音的。

第二，很多超出管理者控制的因素会导致市场价值的波动。因此，用市场价值度量公司的绩效也是有噪音的。

第三，你无法查到股票不交易的私人企业的市场价值。你也无法观察到作为大公司的一部分的部门或工厂的市场价值。你可以利用市场价值确定家得宝作为一个整体业绩良好，但不能用市场价值深入探讨它的海外店铺或某一家美国店铺的业绩。要做到这一点，你需要盈利性的会计度量指标。我们从经济增加值（EVA，economic value added）开始。

28.4.1 经济增加值

会计师在准备利润表时，从销售收入开始，然后减去经营成本和其他成本，但不包括一项重要成本：公司从投资者处筹集的资本的成本。因此，要了解公司是否真正创造价值，我们需要度量公司在扣除了包括资本成本在内的所有成本后是否有利润。

资本成本是资本投资的最低可接受收益率，它是资本的机会成本，因为它等于资本市场投资者能够获得的投资机会的预期收益率。只有公司盈利超过资本成本，也就是超过投资者自己投资的盈利时，才会为投资者创造价值。

扣除了包括资本成本在内的所有成本后的利润，称为公司的**经济增加值**（economic value added，或EVA）。我们在第12章中遇到过EVA，那里我们考察公司如何经常将高管薪酬与业绩的会计度量指标挂钩。我们来计算家得宝的EVA。

总的长期资本，有时称为总资本（total capitalization），是长期负债和所有者权益之和。家得宝2013财年开始时的总资本为27 252百万美元，由9 475百万美元长期负债和17 777百万美元股东权益组成，这是过去债权人和股东累计的投资额。家得宝的加权平均资本成本大约为9.5%，因此提供27 252百万美元的投资者，要求公司至少为债权人和股东创造 $0.095 \times 27\,252 = 2\,589$ 百万美元的盈利。

2013财年，家得宝的税后利息和净利润总和为 $(1-0.35) \times 711 + 5\,385 = 5\,847$ 百万美元（假设税率35%）。如果你从这个数字中减去公司的总资本成本，发现公司比投资者要求的多盈利 $5\,847 - 2\,589 = 3\,258$ 百万美元，这就是家得宝的剩余收入，或EVA：

EVA =（税后利息 + 净利润）-（资本成本 × 资本）= 5 847 - 2 589 = 3 258（百万美元）

有时，以下面的方式重新表达EVA很有帮助：

$$\text{EVA} = \left(\frac{\text{税后利息} + \text{净利润}}{\text{总资本}} - \text{资本成本}\right) \times \text{总资本} = (\text{资本收益率} - \text{资本成本}) \times \text{总资本}$$

资本收益率（return on capital，ROC）等于公司为债权人和股东赚取的总利润除以他们贡献的全部资金。如果公司赚取的资本收益率高于投资者所要求的，EVA就是正值。

对家得宝的情况，资本收益率为：

$$\frac{税后利息 + 净利润}{总资本} = \frac{(1-0.35)\times 711 + 5\ 385}{27\ 252} = 0.214\ 6,即\ 21.46\%$$

家得宝的资本成本大约 9.5%，因此，

EVA =（资本收益率 - 资本成本）× 总资本 =（0.214 6 - 0.095）× 27 252 = 3 258 百万美元

表 28-4 前四列显示了美国样本公司的 EVA 计算过程。苹果再次位居榜首，它比令投资者满意的利润多赚了 303 亿美元。相比之下，美国银行落后了，尽管它的会计利润有 137 亿美元，这个数字是扣除所需资本的成本之前的数字。扣除资本成本后，美国银行的 EVA 损失了 75 亿美元。

表 28-4　2013 年 6 月公司业绩的会计度量（百万美元）。公司按照 EVA 排序

	1. 税后利息 + 净利润	2. 资本成本 (WACC,%)	3. 总长期资本	4. EVA = 1 -（2 × 3）	5. 资本收益率（ROC,%）(1 ÷ 3)
苹果（Apple）	43 337	9.1	142 657	30 303	30.4
微软（Microsoft）	22 738	8.7	48 992	18 495	46.4
沃尔玛（Walmart）	17 194	5.3	154 846	9 050	11.1
埃克森美孚（Exxon Mobil）	39 467	6.8	301 902	19 031	13.1
可口可乐（Coca-Cola）	8 671	5.3	59 742	5 519	14.5
美国铝业（Alcoa）	1 340	8.4	30 463	-1 208	4.4
达美航空（Delta Airlines）	1 509	7.4	49 253	-2 129	3.1
时代华纳（Time Warner）	4 313	6.8	112 137	-3 265	3.8
Sprint	1 269	6.5	122 304	-6 729	1.0
美国银行（Bank of America）	13 692	7.5	283 138	-7 529	4.8

注：由于第二列的四舍五入，EVA 的计算不是很精确。
资料来源：我们感谢 EVA 维度提供这些统计数据。

28.4.2　会计收益率

EVA 度量扣除了资本成本后的公司盈利。其他条件相同，管理者需要管理的资产越多，产生高 EVA 的机会越大。小部门的管理者可能能力很强，但如果部门的资产很少，她不大可能排在 EVA 奖金的前面。因此，比较管理者时，度量公司每一美元投资的收益率也会有帮助。

三个常用的收益率度量指标是资本收益率（ROC）、股权收益率（ROE）和资产收益率（ROA），它们都是基于会计信息，因此称为账面收益率（book rates of return）。

资本收益率（ROC） ⊖　我们已经计算出家得宝 2013 财年的资本收益率：

$$ROC = \frac{税后利息 + 净利润}{总资本} = \frac{(1-0.35)\times 711 + 5\ 385}{27\ 252} = 0.214\ 6,即\ 21.46\%$$

公司的资本成本（WACC）大约为 9.5%，因此我们可以说公司比股东要求的多盈利 12%。

注意，我们计算家得宝的资本收益率时，将公司税后利息和净利润加在一起。⊖减

⊖ 计算整个公司的盈利性时通常采用资本收益率（return on capital）这个说法。而度量单独一家工厂的盈利性时，同样的度量指标一般称为投资收益率（return on investment, ROI）。

⊖ 这个数字称为公司税后经营净利润（Net Operating Profit After Tax）或 NOPAT：

NOPAT = 税后利息 + 净利润

对家得宝来说，

NOPAT =（1 - 0.35）× 711 + 5 385 = 5 847（百万美元）

掉债务利息税盾的原因是，我们希望计算公司全股权融资时的利润。债务融资的税收好处在比较公司的资本收益率和加权平均资本成本时要考虑。㊀ WACC 已经包括了对利息税盾的调整。㊁ 财务分析师常常忽略这样的细微之处，用全部利息来计算 ROC，将这样计算出来的 ROC 与加权平均资本成本来比较，只是近似正确。

表 28-4 最后一列是这些著名样本公司的资本收益率。注意，微软的资本收益率为 46.4%，比资本成本高出近 38 个百分点。尽管微软的收益率高于埃克森美孚，但 EVA 却稍低于埃克森美孚，部分原因是微软比埃克森美孚风险高，因此资本成本更高，还因为它的投资额低于埃克森美孚。

股权收益率（ROE） 我们用**股权收益率**（return on equity，ROE）度量股东每单位美元投资的利润。家得宝 2013 财年的净利润为 5 385 百万美元，年初的股东权益为 17 777 百万美元，因此股权收益率为：

$$\text{ROE} = \frac{\text{净利润}}{\text{股权}} = \frac{5\,385}{17\,777} = 0.303，即 30.3\%$$

公司为股东提供了足够的收益吗？为了回答这个问题，我们需要把 ROE 与公司的股权成本进行比较。家得宝 2013 年的股权资本成本大约为 10.2%，因此股权收益率高出股权成本 20 个百分点。

资产收益率（ROA） **资产收益率**（return on assets）度量对每一美元的公司资产，债务和股权投资者可以获得的所有利润。总资产（等于总负债和股东权益之和）大于总资本，因为总资本不包括流动负债。㊂ 对家得宝而言，资产收益率为：

$$\text{ROA} = \frac{\text{税后利息} + \text{净利润}}{\text{总资产}} = \frac{(1 - 0.35) \times 711 + 5\,385}{41\,084} = 0.142，即 14.2\%$$

我们扣除家得宝的利息税盾时，我们在回答如果全股权融资公司的净利润是多少。比较资本结构非常不同的公司的盈利性时，这样的调整非常有帮助。同样，这样的细微之处常常被忽略，计算 ROA 时用的是全部利息。分析师有时根本不考虑利息，用分给股东的净利润除以总资产来计算 ROA，这就完全忽略了资产为债权人带来的收入。

我们很快会看到，家得宝的资产收益率是如何由资产产生的销售和公司的销售利润率决定的。

28.4.3 EVA 和会计收益率的问题

收益率和经济增加值作为度量业绩的指标，显然有某些吸引力。与基于市场价值的度量指标不同，它们度量的是现在的业绩，不受对未来预期的影响，而预期会反映在现在的股价中。还可以计算整个公司或特定的工厂或部门的收益率和经济增加值。但是，记住，这两个指标都基于资产的账面价值（资产负债表），负债和股权也是账面价值。会计师没有将每一项资产都显示在资产负债表中，而我们的计算用了账面价值的会计数据。例如，我们忽略了这样的事实，就是家得宝在市场营销上投资了大量资金，来建设自己的品牌。品牌是一项重要的资产，但它的价值没有显示在资产负债表中。如果显示了，资产、资本和股权的账面价值会增加，家得宝的收益率就不会看起来像现在这么

㊀ 出于同样的原因，我们在计算家得宝的 EVA 时也采用税后利息。
㊁ 记住 WACC 是税后利率和股权成本的加权平均。
㊂ 尽管有时就是这么做了，但将资产收益率与 WACC 比较是不正确的，因为计算 WACC 时忽略了流动负债。

高了。

给出表 28-3 和表 28-4 数据的 EVE 维度公司，确实对会计数据进行了很多调整，但不可能包括所有资产的价值，或者判断资产的折旧速度如何。例如，微软真的获得了 46% 的收益率和增加了 180 亿美元的经济价值吗？很难说，因为它多年来对 Windows 和其他软件的投资没有显示在资产负债表上，也不可能精确地度量这些投资。

还要记住，资产负债表不说明公司资产现在的市场价值。公司账面上的资产价值是原始成本扣除折旧。用现在的市场条件和价格来衡量，较老的资产的价值大概会被低估，因此高资产收益率说明公司经营得不错，过去的投资盈利了，但不一定意味着你能够以所报告的账面价值买到同样的资产。相反，收益率低说明过去做了不好的决策，但不总是意味着现在该资产用在其他地方会更好。

28.5 度量效率

我们开始分析家得宝时，计算了公司为股东增加的价值，和扣除了所利用的资本的成本后的盈利。我们考察了公司的资本、股权和总资产收益率，发现收益率高于资本成本。我们的下一个任务要探究得更深入一些，理解公司成功的原因。哪些因素对公司的整体盈利性有贡献？显然，一个因素是公司利用各种资产的效率。

资产周转率 资产周转率或者销售资产比，说明每一美元的总资产所产生的销售额，度量的是公司资产的利用程度。对家得宝来说，每一美元资产产生 1.92 美元的销售额：

$$\text{资产周转率} = \frac{\text{销售收入}}{\text{年初总资产}} = \frac{78\,812}{41\,084} = 1.92$$

技术说明：像其他许多财务比率一样，销售资产比把一个流量指标（全年的销售收入）与一个存量指标（某个时间点的资产）进行比较。但是，应该用哪个时间点的数据呢？我们计算家得宝的销售资产比时，用的是年初的总资产，但是，分析师经常使用公司年初和年末总资产的平均值。这种想法是认为这更好地度量了这一年中的平均资产。对家得宝来说，这两个比率实际上是一致的：⊖

$$\text{资产周转率} = \frac{\text{销售收入}}{\text{平均总资产}} = \frac{78\,812}{(41\,084 + 40\,518)/2} = 1.93$$

不存在明显最好的度量指标。如果资产周转很慢，用年初的价值会更好，如果周转很快（经常是这种情况），用平均值会更好。但是，可能不值得为此事大动肝火。毕竟两个指标都建立错误的假设之上，就是每个财年结束时的资产水平也代表了这一年的其他时候的资产水平。像很多零售商一样，家得宝在繁忙的假期结束之后的 1 月或 2 月结束一个财年，这时库存和应收账款都非常低。

资产周转率度量公司利用全部资产的效率，也可以解释为特定的某类资产投资的使用效率。下面是两个例子。

存货周转率 有效率的公司不在原材料和产成品上占用不必要的资本。它们只持有相对较少的原材料和产成品存货，并且快速地周转这些存货。资产负债表显示的是存货成本，而不是最终销售的产成品的数量。因此，通常将存货水平与销货成本进行比较，

⊖ 有时用年末数据更方便，虽然严格来说不合适。

而不是与销售额比较。对家得宝而言，

$$存货周转率 = \frac{销货成本}{年初存货} = \frac{51\,422}{10\,710} = 4.8$$

这个指标的另一种表达方式是看存货代表多少天的产出，这等于存货水平除以每天的销货成本：

$$存货周转天数 = \frac{年初存货水平}{每日销售成本} = \frac{10\,710}{51\,422/365} = 76(天)$$

应收账款周转率 应收账款是公司还没有收到付款的销售额。应收账款周转率度量的是公司的销售量与应收账款的比值。对家得宝来说，

$$应收账款周转率 = \frac{销售收入}{年初应收账款} = \frac{78\,812}{1\,395} = 56.5$$

如果顾客付款速度很快，未付账单占销售收入的比例将相对比较小，应收账款周转率将比较高。因此，该比率相对较高，说明公司的信用管理部门效率高，快速跟进晚付款的人。但是，该比率高有时候说明公司的信用政策过于严格，常常只向能够快速付款的顾客提供信用。⊖

度量信用运营效率的另一个方法是计算顾客支付货款的平均时间。公司应收账款周转越快，收款期越短。家得宝的顾客在大约6.5天内支付账单：

$$应收账款周转天数 = \frac{年初的应收账款}{平均日销售额} = \frac{1\,395}{78\,812/365} = 6.5(天)$$

应收账款周转率和存货周转率强调特定领域的效率，但它们不是唯一可能的指标。例如，家得宝会与竞争对手比较每平方英尺的销售额，钢铁生产商会计算每吨钢的成本，航空公司会考察每位乘客每英里带来的销售收入，律师事务所公司会计算每位合伙人的收入。粗略思考和常识帮助你发现哪些指标可能对深入了解你公司的效率最有帮助。

28.6 分析资产收益率：杜邦分析

我们已经知道，家得宝每一美元的资产产生1.93美元的销售额。但是，公司的成功不仅取决于销售量，还取决于销售的盈利性。这用销售利润率来度量。

销售利润率 销售利润率度量多大比例的销售收入变成利润，有时候定义为：

$$销售利润率 = \frac{净利润}{销售收入} = \frac{5\,385}{78\,812} = 0.068\,3，即6.83\%$$

这个定义会产生误导。公司部分由负债融资时，从销售得到的利润的一部分必须作为利息支付给公司的贷款人。我们不会说一家公司不如竞争对手盈利能力强，仅仅因为它利用了债务融资，支付了部分利润作为利息。因此，我们计算销售利润率时，将债务的利息加回净利润中非常有用，这就是销售利润率的一个替代指标，称为**经营利润率**（operating profit margin）：⊖

$$经营利润率 = \frac{税后利息 + 净利润}{销售收入} = \frac{(1-0.35) \times 711 + 5\,385}{78\,812} = 0.074\,2，即7.42\%$$

⊖ 如果可能，只考察信用销售是有意义的，否则该比率高可能仅仅说明只有一小部分是信用销售。
⊖ 如果公司支付了大部分利润作为利息，它将支付更少的税，其经营利润率将高于全股权融资的公司。为了得到不受公司财务结构影响的销售利润率指标，我们需要将利息节约的纳税减掉。

杜邦分析

我们前面计算过，家得宝的资产收益率为14.2%，下面的等式说明资产收益率取决于两个因素——公司利用资产得到的销售收入（资产周转率）和每美元销售收入所赚取的利润（经营利润率）：

$$\text{资产收益率} = \frac{\text{税后利息} + \text{净利润}}{\text{资产}} = \underbrace{\frac{\text{销售收入}}{\text{资产}}}_{\text{资产周转率}} \times \underbrace{\frac{\text{税后利息} + \text{净利润}}{\text{销售收入}}}_{\text{经营利润率}}$$

ROA 分解为周转率和利润率的乘积，常常称为**杜邦公式**（Du Pont formula），以普及该公式的化学公司来命名。对家得宝来说，利用公式得到的 ROA 的分解如下：

$$\text{ROA} = \text{资产周转率} \times \text{经营利润率} = 1.92 \times 0.074\,2 = 0.142$$

所有公司都想获得更高的资产收益率，而它们这样做的能力受到竞争的限制。杜邦公式帮助识别公司面临的限制。快餐连锁公司资产周转率高，但利润率低。高级酒店的资产周转率相对较低，但有更高的利润率做补偿。

公司经常收购供应商来寻求改善利润率，想法是除了自己的利润外，要获取供应商的利润。遗憾的是，除非它们有某些特别技能来管理一个新企业，利润率上的任何收获会被资产周转率的下降所抵消。其他条件相同，纵向一体化带来的是更高的利润率和更低的资产周转率。

几个数字可以说明这一点。表28-5是阿德米拉尔汽车公司和它的零部件供应商狄安娜公司的销售额、利润和资产的情况。两家公司的资产收益率都是10%，而阿德米拉尔的经营利润率更低一些（20%和25%）。既然狄安娜的产品都卖给了阿德米拉尔，阿德米拉尔的管理层推断，将两家公司合并会更好。这样，合并后的公司将既获得汽车零部件的利润，也获得装配的利润。

表28-5 与供应商或客户合并一般提高利润率，但利润率的提高被资产周转率的下降所抵消

	销售收入（百万美元）	利润（百万美元）	资产（百万美元）	资产周转率	利润率（%）	ROA（%）
阿德米拉尔汽车	20	4	40	0.50	20	10
狄安娜公司	8	2	20	0.40	25	10
狄安娜汽车（合并公司）	20	6	60	0.33	30	10

表28-5的最后一行说明了合并的效果。合并公司确实获得了合并在一起的利润，而总销售收入不变，仍为20百万美元，因为狄安娜所生产的全部零部件都在公司内部使用。利润更高，而销售额不变，经营利润率提高了。遗憾的是，资产周转率由于合并而下降，因为合并后的公司资产更多。这正好抵消了更高的利润率带来的好处，资产收益率没有变化。

28.7 度量杠杆

公司借款时，承诺支付一系列利息，然后偿还所借本金。如果利润增加，债权人继续只收取固定利息，股东得到所有的收益。当然，利润下降则相反，股东承担更大部分

的损失。如果情况很糟糕,负债很多的公司可能无法偿还负债,然后公司破产,股东失去大部分甚至全部的投资。

形势好时负债增加股东收益率,形势不好时降低股东收益率,所以说债务创造了财务杠杆(financial leverage)。杠杆比率度量公司所承担的财务杠杆。CFO密切关注杠杆比率,确保贷款人愿意继续接受公司的负债。

负债率 财务杠杆常常用长期负债与长期资本的比率来度量。(这里,"长期负债"应该不仅包括债权或其他借款,还包括长期租赁融资。)⊖对家得宝来说,

$$长期负债率 = \frac{长期负债}{长期负债 + 股权} = \frac{14\ 691}{14\ 691 + 12\ 522} = 0.54,即54\%$$

这说明,每一美元的长期资本中,有54美分是负债。

财务杠杆还可以用负债—权益比来度量。对家得宝,

$$长期负债 - 权益比 = \frac{长期负债}{股权} = \frac{14\ 691}{12\ 522} = 1.17,即117\%$$

家得宝的长期负债率在美国非金融公司中是比较高的,有些公司有意在更高的负债水平下经营。例如,在第32章中我们将考察杠杆收购(LBO),在杠杆收购中被并购的公司通常发行大量债务。20世纪90年代LBO刚开始盛行的时候,这些公司的负债率在90%左右。很多公司经营得很好,全额偿还了负债,其他公司则没有这么幸运。

注意,负债率的计算利用账面(会计)价值,而不是市场价值。⇐公司的市场价值最终决定债权人是否能够收回资金,所以你希望分析师将负债的面值看作负债和股权的总市场价值的一部分。另一方面,市场价值包括研发、广告、员工培训等所产生的无形资产的价值,这些无形资产不适合销售,如果公司在困难时期倒闭,它们的价值也一起消失。出于某些目的,听从会计师的意见,忽略这些无形资产也不错。贷款人就是这样做的,他们坚持借款人的账面负债率不能高于给定的上限。

还要注意,这些杠杆度量指标忽略了短期负债。如果短期负债是暂时性的,或者与持有的现金相匹配,忽略短期负债可能有道理。但是,如果公司经常借短期负债,放宽负债的定义,包含所有的负债可能更好。这样,

$$总负债率 = \frac{总负债}{总资产} = \frac{27\ 996}{40\ 518} = 0.69,即69\%$$

这样,家得宝的融资中,69%来自长期和短期负债,31%来自股权。⊜我们还可以说总负债权益比为27 996/12 522 = 2.24。

管理者提到公司的负债率时有时比较随意,我们要知道负债率有几种不同的度量方式。例如,家得宝的负债率可以是0.54(长期负债率),也可以是0.69(总负债率)。这不是第一次我们遇到几种方式来定义一个财务比率了。比率如何定义没有一定之规。因此要小心,不要使用你不了解如何计算的比率。

收入利息倍数 财务杠杆的另一个度量指标是收入弥补利息的程度。银行更喜欢向那些盈利弥补了利息支出还有剩余的公司贷款。利息保障比率(interest coverage)用息

⊖ 融资租赁是长期租赁合约,公司承诺进行定期支付。这种承诺就像贷款的偿还责任一样,见第25章。

⇐ 对于租赁资产,会计师估计租赁承诺的价值。对于长期负债,会计师只给出账面价值,这可能与市场价值很不同。例如,息票比较低的债券的现值可能只是面值的一部分。股权账面价值与市场价值的差异更大。

⊜ 这种情况下,负债由所有债务组成,包括短期债务。

税前利润与利息支出的比来衡量。对家得宝来说，

$$\text{收入利息倍数} = \frac{\text{EBIT}}{\text{利息支出}} = \frac{9\ 178}{711} = 12.9$$

公司喜欢比较适中的利息保障比率或收入利息倍数，有时贷款人对低到 2~3 的利息保障比率也感到满意。

如果要避免违约，经常性的利息支付是公司必须不断跨越的栏杆。收入利息倍数度量栏杆和跨栏者之间的空间有多大。而这个比率只是故事的一部分，例如，它没有告诉我们家得宝是否有足够的现金来偿还到期负债。

现金保障比率 在前面章节中，我们指出，计算公司的盈利时要减掉折旧，尽管折旧并不占用现金。假设我们将折旧加回 EBIT 中，来计算经营现金流。然后，我们可以计算现金保障比率。对家得宝而言，

$$\text{现金保障比率} = \frac{\text{EBIT} + \text{折旧}}{\text{利息支出}} = \frac{9\ 178 + 1\ 627}{711} = 15.2$$

杠杆和股权收益率

公司通过借款筹集现金时，要向贷款人支付利息，这降低了净利润。另一方面，如果公司用负债代替股票，分享剩余利润的股东人数更少。哪种影响占上风？杜邦公式的扩展版本帮助我们回答这一问题。股权收益率（ROE）可以分解为以下四个部分：

$$\text{ROE} = \frac{\text{净利润}}{\text{股权}} = \underbrace{\frac{\text{资产}}{\text{股权}}}_{\text{杠杆比率}} \times \underbrace{\frac{\text{销售收入}}{\text{资产}}}_{\text{资产周转率}} \times \underbrace{\frac{\text{税后利息} + \text{净利润}}{\text{销售收入}}}_{\text{经营利润率}} \times \underbrace{\frac{\text{净利润}}{\text{税后利息} + \text{净利润}}}_{\text{"债务负担"}}$$

注意，中间两项的乘积是资产收益率，它取决于公司的产能和营销能力，与公司的融资结构无关。但是，第一和第四项取决于公司的负债—股权的构成。第一项，资产/股权，我们称为杠杆比率（leverage ratio），可以表达为（股权 + 债务）/股权，等于 1 + 总负债/权益。最后一项，我们称为"债务负担"，度量利息支出使净利润减少的比例。

假设公司全部由股权融资，这样杠杆比率和债务负担都等于 1，股权收益率等于资产收益率。如果公司负债，杠杆比率高于 1（资产大于股权），债务负担小于 1（部分利润被利息吸收），这样杠杆可能增加或减少股权收益率。而你通常会发现，公司业绩良好和 ROA 高于负债利率时，杠杆提高 ROE。

28.8 度量流动性

如果你向客户提供信用或者进行短期银行贷款，你感兴趣的就不只是公司的杠杆。你想知道公司是否能够得到现金来偿还短期债务。这就是信用分析师和银行家考察几个**流动性**

⊖ 收入利息倍数的分子可以用几个方式来定义。有时候不包括折旧，有时候是净利润加利息，也就是息前税后利润。后一个定义我们感觉有些古怪，因为收入利息倍数的重点是评价公司没有足够资金支付利息的风险。如果 EBIT 低于利息费用，公司就不用担心纳税，利息是公司纳税前支付的。

⊖ 利息、税、折旧和摊销前的利润一般称为 EBITDA。

(liquidity)度量指标的原因。流动资产可以低成本、快速地转换为现金。

例如，考虑一下，你会如何应对一大笔意外支出。你可能有银行存款，或很容易出售的投资，但你会发现将一件旧毛衣变成现金可不那么容易。公司也同样拥有不同流动性的资产。例如，应收账款和产成品存货通常流动性很好，随着存货被出售，顾客付款，公司得到现金。另一个极端，房地产流动性非常差，在短期内找到买家、协商好公平的价格并完成交易，是非常困难的。

管理者关注流动资产还有另一个原因：它们的账面（资产负债表）价值常常是可靠的。催化裂化器的账面价值可能对了解其真实价值没什么帮助，至少你知道银行里的现金价值是多少。流动性比率也有一些不那么令人满意的特点，因为短期资产和负债很容易变化，流动性指标很快就会过时。你可能不知道催化裂化器的价值是多少，但你可以非常确定，它不会在一夜间消失。而银行里的现金在几秒钟之内就会消失。

还有，看似流动的资产有时有一个不好的习惯，就是变得不流动。在2007年次贷危机期间就发生了这样的事情。有些金融机构设立了称为结构化投资工具（structured investment vehicles, SIV）的基金，发行由住房抵押贷款支持的短期债券。随着住房抵押贷款违约率开始攀升，这一债务市场枯竭了，交易商不愿意报价。投资者被迫卖出，发现他们收到的价格还不到债券估计价值的一半。

银行家和其他短期贷款人喜欢拥有大量流动资产的公司借款人，他们知道，债务到期要偿还时，公司能够得到现金。但流动性太好不一定总是好事。例如，效率高的公司在银行账户上不会留多余的现金，它们不允许顾客延迟付款，也不会将原材料和产成品存货堆满仓库。也就是说，流动性太高说明对资本的使用太草率。这里，EVA会有帮助，因为它惩罚那些保留超过实际需要的流动资产的管理者。

净营运资本/总资产 流动资产包括现金、可交易证券、存货和应收账款。流动资产的流动性最高。流动资产与流动负债之差称为净营运资本（net working capital）。因为流动资产超过流动负债，净营运资本一般为正。对家得宝来说，

$$净营运资本 = 15\,279 - 10\,749 = 4\,530（百万美元）$$

净营运资本占总资产的11.2%：

$$\frac{净营运资本}{总资产} = \frac{4\,530}{40\,518} = 0.112，即11.2\%$$

流动比率 流动比率就是流动资产与流动负债的比：

$$流动比率 = \frac{流动资产}{流动负债} = \frac{15\,279}{10\,749} = 1.42$$

对每一美元流动负债，家得宝有1.42美元流动资产。

流动比率的变化可能有误导作用。例如，假设公司从银行借入大量资金，投资于可交易证券，流动负债增加，同时流动资产也增加。如果其他不变，净营运资本不受影响，但流动比率变化。由于这个原因，有时候在计算流动比率时，将短期投资与短期借款抵消掉会更好。

速动比率/酸性测试比率 有些流动资产比其他资产更接近现金。如果麻烦来了，库存可能就大甩卖了。（一般情况下，之所以有麻烦，是因为公司无法以高于生产成本的价格销售产成品。）这样，在比较流动资产和流动负债时，管理者经常将流动资产中库存和其他流动性差一些的资产排除在外，而关注现金、可交易证券和客户的未付帐单，这就产生了速动比率：

$$速动比率 = \frac{现金 + 可交易证券 + 应收账款}{流动负债}$$

$$= \frac{1\,929 + 1\,398}{10\,749}$$

$$= 0.310$$

现金比率 公司流动性最高的资产就是它持有的现金和可交易证券,因此分析师也考察现金比率:

$$现金比率 = \frac{现金 + 可交易证券}{流动负债} = \frac{1\,929}{10\,749} = 0.179$$

如果公司能够在短时间内借到资金,现金比率低可能没关系,谁会关心公司是实际从银行借到资金,还是公司有担保信用额度、需要时随时能够从银行贷款呢?没有任何一种标准的流动性度量指标考虑公司的"储备负债能力"。

28.9 解释财务比率

我们已经说明了如何计算反映家得宝的业绩和财务状况的一些常用概括性指标,现在你需要一些方法来判断它们是高还是低。有些情况下,存在自然基准。例如,如果公司经济增加值为负,或者资本收益率低于资本成本,它就没有为股东创造财富。

但是,我们的其他指标如何呢?不存在合适水平的资产周转率或利润率,如果存在,几乎确定,不同行业、不同公司也会有很大的不同。例如,你不会指望一家软饮料生产商与一家珠宝商有同样的销售利润率,或者与一家金融公司有同样的杠杆。

替代方案是将你的比较限制在业务相似的公司之间。每家公司准备同比财务报表(common-size financial statements)是好的开始,资产负债表中的所有科目都表示为总资产的百分比,利润表中的所有科目都表示为销售收入的百分比。

我们没有计算家得宝的同比报表,但表28-6和表28-7是美国一些行业的同比报表。注意它们之间的巨大差异。例如,零售商存货投资比较多,电信公司和专业服务公司几乎没有存货。造纸业和电信公司主要投资固定资产,专业服务公司主要是流动资产。

表28-8列出了这些公司的一些财务比率。很多比率也显示出行业差异。差异部分是偶然原因引起的,有时候某些行业比其他行业运气好。但是,差异也反映了某些基本行业因素。例如,注意电信公司和造纸公司的高负债率。我们之前指出,有些行业能够利用相对少的资产产生较高的销售收入。比如,你看到,零售商的资产周转率几乎是制药公司的六倍。但是,竞争使得零售商的销售利润率相对比较低。

比较家得宝的财务状况时,合理的做法是只跟公司的主要竞争对手比。表28-9列出了家得宝和劳氏的一些关键业绩指标。大多数指标都说明家得宝的业绩更好。例如,它的市场价值-账面价值比更高,资产收益率也更高。家得宝更高的资产收益率说明它单位美元资产产生的销售收入更高,销售收入的利润率也更高。家得宝的融资不如劳氏保守,而流动资产更多。

比较家得宝2013年和以前的财务比率也有帮助,如图28-2。你可以发现,2007年和2008年家得宝的盈利性受到住房市场衰退的打击。2009年换了新的管理层后发生了转变,利润率急剧提升。在之后的每一年,公司的资产周转率和利润率都在提高。

表 28-6 2014 年 6 月美国公司总同比资产负债表。项目为总资产的百分比

	食品	饮料和烟草	服装	造纸	化学	药品	机床	计算机和电子	电力	汽车	零售	电信	专业和技术服务
资产:													
现金和证券	4.0	3.1	6.0	3.2	4.8	5.8	6.5	6.4	4.2	10.9	6.5	4.3	11.6
应收账款	8.1	3.2	11.2	10.3	6.7	5.3	10.3	4.5	6.8	8.9	4.7	4.7	11.7
存货	10.4	4.9	18.4	9.9	5.9	4.6	12.2	1.9	8.4	8.4	20.8	0.5	1.4
其他流动资产	4.7	3.6	5.1	4.0	5.4	5.1	5.6	6.0	4.3	6.1	3.4	2.1	8.5
总流动资产	27.3	14.9	40.7	27.3	22.8	20.8	34.6	18.9	23.7	34.3	35.3	11.6	33.2
固定资产	37.8	21.4	28.8	82.4	27.3	15.1	28.0	12.1	19.7	33.3	63.3	78.1	15.6
折旧	20.7	10.4	18.1	47.9	14.7	8.1	16.7	6.9	11.4	17.7	28.6	44.7	9.1
固定资产净值	17.1	11.0	10.7	34.5	12.6	7.1	11.2	5.2	8.2	15.6	34.7	33.4	6.5
其他长期资产	55.6	74.1	48.6	38.2	64.6	72.2	54.2	75.9	68.1	50.1	30.0	55.0	60.3
总资产	100.0	100.0	100.0	100.0	100.0	100.0	100.0	100.0	100.0	100.0	100.0	100.0	100.0
负债和股东权益:													
短期负债	4.7	7.5	2.4	3.8	5.3	4.5	3.2	2.1	3.5	2.5	3.6	2.3	3.4
应付账款	6.7	2.2	6.5	7.9	4.7	3.4	6.6	4.9	6.2	13.1	14.0	4.6	7.9
其他流动负债	5.3	5.5	7.7	6.6	8.8	9.1	13.1	9.6	10.6	13.6	10.3	5.4	15.2
总流动负债	16.7	15.3	16.7	18.3	18.8	17.0	22.9	16.6	20.3	29.1	27.9	12.3	26.6
长期负债	26.7	30.2	19.5	31.5	27.7	28.0	18.4	16.5	13.0	14.5	23.3	38.6	23.2
其他长期负债	12.7	14.2	12.6	15.3	11.7	11.6	15.3	13.3	10.2	22.6	9.2	25.8	11.6
总负债	56.1	59.7	48.8	65.0	58.2	56.6	56.6	46.3	43.5	66.3	60.4	76.8	61.4
股东权益	43.9	40.3	51.2	35.0	41.8	43.4	43.4	53.7	56.5	33.7	39.6	23.2	38.6
总负债和股权	100.0	100.0	100.0	100.0	100.0	100.0	100.0	100.0	100.0	100.0	100.0	100.0	100.0

注：由于四舍五入的原因，有些列不能加总。
资料来源：美国商业部（U. S. Department of Commerce），Quarterly Financial Report for Manufacturing, Mining and Trade Corporations, 2014 年 9 月。

表 28-7 2013 年 9 月到 2014 年 6 月美国公司总同比利润表。项目为销售收入的百分比

	食品	饮料和烟草	服装	造纸	化学	药品	机床	计算机和电子	电力	汽车	零售	电信	专业和技术服务
销售收入	100.0	100.0	100.0	100.0	100.0	100.0	100.0	100.0	100.0	100.0	100.0	100.0	100.0
成本	91.4	77.5	89.7	90.1	84.6	81.9	88.3	85.9	89.5	94.1	93.3	69.0	92.3
折旧	2.0	2.8	2.0	4.0	3.1	2.7	2.5	3.4	2.0	1.8	1.9	14.0	2.5
EBIT	6.6	19.7	8.3	6.0	12.3	15.4	9.3	10.6	8.5	4.1	4.8	17.1	5.1
利息	1.4	5.3	1.2	2.1	3.2	4.4	1.4	1.9	1.6	0.9	0.6	4.6	2.1
其他收入	1.2	10.6	4.1	2.6	7.4	10.2	3.7	14.6	7.3	1.8	0.6	-0.5	4.1
税前收入	6.5	25.1	11.1	6.5	16.5	21.2	11.5	23.3	14.1	5.1	4.7	12.0	7.2
税	1.3	4.9	2.3	1.0	3.0	2.5	2.1	4.4	1.5	0.7	1.6	4.5	1.6
净利润	5.2	20.3	8.8	5.6	13.5	18.7	9.4	18.9	12.7	4.4	3.1	7.6	5.5

注：由于四舍五入的原因，有些利润不能加总。
资料来源：美国商业部（U. S. Department of Commerce），Quarterly Financial Report for Manufacturing, Mining and Trade Corporations, 2014 年 9 月。

表 28-8 2014 年 6 月美国公司的某些财务指标

	食品	饮料和烟草	服装	造纸	化学	药品	机床	计算机和电子	电力	汽车	零售	电信	专业和技术服务
ROA（%）	7.05	10.79	11.11	6.57	7.60	7.67	8.18	10.04	6.97	6.27	7.41	5.36	4.92
ROE（%）	14.67	23.51	19.31	15.79	16.02	15.60	18.31	16.68	11.90	18.19	16.38	16.28	10.05
资产周转率	1.16	0.46	1.16	0.95	0.49	0.36	0.79	0.50	0.51	1.27	2.12	0.51	0.71
经营利润率（%）	6.09	23.68	9.56	6.90	15.55	21.56	10.32	20.16	13.73	4.92	3.49	10.53	6.88
应收账款周转率	12.96	14.45	9.99	9.46	7.49	7.42	7.48	10.58	7.85	14.59	45.51	10.60	5.74
存货周转率	9.22	7.45	5.54	9.02	6.98	6.34	5.53	18.57	5.67	15.01	9.47	64.51	41.33
长期负债率	0.38	0.43	0.28	0.56	0.40	0.39	0.30	0.25	0.19	0.30	0.37	0.62	0.38
收入利息倍数	4.81	3.75	6.74	2.90	3.86	3.49	6.64	5.53	5.14	4.79	7.36	3.75	2.49
流动比率	1.63	0.98	2.44	1.50	1.21	1.22	1.51	1.57	1.17	1.18	1.27	0.94	1.25
速动比率	0.73	0.41	1.03	0.74	0.61	0.65	0.73	0.97	0.54	0.68	0.40	0.73	0.88
股利支付率	0.32	0.57	0.40	0.55	0.55	0.53	0.30	0.33	0.56	0.33	0.34	0.50	0.47

资料来源：美国商业部（U. S. Department of Commerce），Quarterly Financial Report for Manufacturing, Mining and Trade Corporations, 2014 年 9 月。

表28-9 2013年家得宝和劳氏的某些财务比率

		2013财年	
		家得宝	劳氏
业绩指标：			
市场增加值（百万美元）	股权市场价值—股权账面价值	91 778	35 208
市场价值—账面价值比	股权市场价值/股权账面价值	8.3	4.0
EVA（百万美元）	（税后利息+净利润）-（资本成本×资本）	3 258	310
资本收益率（ROC,%）	（税后利息+净利润）/总资本	21.5	11.3
股权收益率（ROE,%）	净利润/股权	30.3	16.5
资产收益率（ROA,%）	（税后利息+净利润）/总资产	14.2	8.0
效率指标：			
资产周转率	销售收入/年初总资产	1.92	1.64
存货周转率	销货成本/年初存货	4.8	4.1
存货周转天数	年初存货/每日销货成本	76	90
应收账款周转率①	销售收入/年初应收账款	56.5	246.2
平均收款期（天）	年初应收账款/每日销售收入	6.5	1.5
销售利润率（%）	净利润/销售收入	6.83	4.28
经营利润率（%）	（税后利息+净利润）/销售收入	7.42	4.86
杠杆指标：			
长期负债率	长期负债/(长期负债+股权)	0.54	0.46
总负债率	总负债/总资产	0.69	0.64
收入利息倍数	EBIT/利息支出	12.9	8.7
现金保障比率	(EBIT+折旧)/利息支出	15.2	11.8
流动性指标：			
净营运资本/总资产	净营运资本/总资产	0.112	0.043
流动比率	流动资产/流动负债	1.42	1.16
速动比率	（现金+可交易证券+应收账款）/流动负债	0.310	0.093
现金比率	（现金+可交易证券）/流动负债	0.179	0.065

① 两家公司都将应收账款出售给第三方。

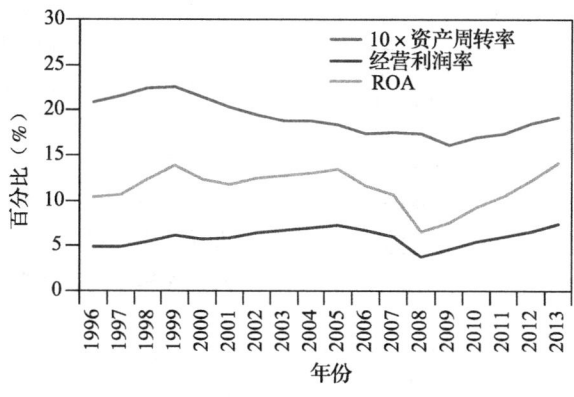

图28-2 家得宝的财务比率（1996～2013年）

本章总结

管理者利用财务报表监控公司的业绩，帮助了解竞争者的策略，检查客户的财务状况。但是，存在被公司年报中的大量数据迷惑的危险，㊀因此，管理者用一些重要比率来

㊀ 汇丰银行（HSBC）2007年的年报总计454页。《金融时报》报告说，英国的邮政服务必须限制邮递员递送的数量，以防止背部受伤。

总结公司的市场估值、盈利性、效率、资本结构和流动性。我们描述了一些比较流行的财务比率。

我们对这些比率的使用者提供以下一般建议：

1. 财务比率很少提供答案，只是帮助你提出正确的问题。

2. 不存在财务比率的国际标准。多加思考和常识比盲目应用公式更有价值。

3. 评价公司的财务状况时需要有基准。一般来说，将公司当前的财务比率与过去进行比较，和同行业的其他公司进行比较，会很有帮助。

扩展阅读

有些很好的财务报表分析的一般教科书，例如：

K. G. Palepu, V. L. Bernard, and P. M. Healy, *Business Analysis and Valuation*, 5th ed. (Cincinnati, OH: South-Western Publishing, 2013).

L. Revsine, D. Collins, B. Johnson, and F. Mittelstaedt, *Financial Reporting and Analysis*, 6th ed. (New York: McGraw-Hill/Irwin, 2014).

S. Penman, *Financial Statement Analysis and Security Valuation*, 5th ed. (New York: McGraw-Hill/Irwin, 2012).

练习题

基础题

1. **资产负债表** 根据银河企业的以下数据，构造该公司的资产负债表：

现金余额	25 000 美元
存货	30 000 美元
工厂和设备净值	140 000 美元
应收账款	35 000 美元
应付账款	24 000 美元
长期负债	130 000 美元

    股东权益是多少？

2. **财务比率** 表 28-10 给出了星巴克简化的资产负债表和利润表。利用年初的资产负债表数据，计算以下财务比率：
    a. 资产收益率；
    b. 经营利润率；
    c. 资产周转率；
    d. 存货周转率；
    e. 负债—权益比；
    f. 流动比率；
    g. 速动比率。

3. **同比财务报表** 再次利用表 28-10。计算星巴克的同比资产负债表和同比利润表。

4. **业绩度量** 再次利用表 28-10。在 2014 财年末，星巴克发行在外的股票数量为 748 百万股，股价为 81.25 美元。公司加权平均资本成本大约为 9%。计算：
    a. 市场增加值；
    b. 账面价值—市场价值比；
    c. 经济增加值；
    d. 年初资本收益率。

5. **财务比率** 不存在普遍接受的财务比率，而下面比率中有五个显然是不正确的，改为正确的定义。
    a. 负债权益比 =（长期负债 + 租赁的价值）/（长期负债 + 租赁的价值 + 权益）；
    b. 股权收益率 =（EBIT − 税）/平均股权；
    c. 销售利润率 = 净利润/销售收入；
    d. 存货周转天数 = 销售收入/（存货/365）；
    e. 流动比率 = 流动负债/流动资产；
    f. 净营运资本周转率 = 平均销售收入/平均净营运资本；
    g. 速动比率 =（流动资产 − 存货）/流动负债；

h. 收入利息倍数 = 利率 × 长期负债。

表 28-10 2014 财年星巴克的资产负债表和利润表
（单位：百万美元）

	年末	年初
资产负债表		
资产		
流动资产：		
现金和可交易证券	1 844	3 234
应收账款	948	839
存货	1 091	1 111
其他流动资产	285	288
流动资产总计	4 169	5 471
固定资产：		
净固定资产	3 519	3 201
其他长期资产	3 064	2 845
总资产	10 752	11 517
负债和股东权益		
流动负债：		
应付账款	2 244	1 940
其他流动负债	795	3 438
流动负债总计	3 039	5 378
长期负债	2 048	1 299
其他长期负债	394	360
总负债	5 481	7 037
总股东权益	5 272	4 480
总负债和股东权益	10 752	11 517
利润表		
净销售收入	16 448	
销货成本	6 859	
销售、一般和管理费用	5 655	
折旧	710	
利税前收入（EBIT）	3 224	
利息支出	64	
应税收入	3 160	
税	1 092	
净利润	2 068	
股利	783	
留存收益增加	1 285	

6. **财务比率**　判断正误：

a. 公司的负债权益比总是小于 1；

b. 速动比率总是小于流动比率；

c. 股权收益率总是小于资产收益率。

7. **账面收益率**　凯勒化妆品公司保持经营利润率 8% 和资产周转率 3。其总资产为 500 000 美元，股权为 300 000 美元。利息支出为 30 000 美元，税率为 35%。

a. 资产收益率是多少？

b. 股权收益率是多少？

8. **负债率**　公司的长期负债权益比为 0.4，股东权益为 1 百万美元，流动资产为 200 000 美元，总资产为 1.5 百万美元。如果流动比率为 2.0，负债与长期资本的比率是多少？

9. **财务比率**　魔笛公司的总应收账款为 3 000 美元，代表 20 天的销售收入，总资产为 75 000 美元，公司经营利润率为 5%。找出公司的资产周转率和资产收益率。

10. **财务比率**　G 贸易公司的简化资产负债表如下（单位：美元）：

流动资产	100	60	流动负债
长期资产	500	280	长期负债
		70	其他负债
		190	股权
	600	600	

a. 计算负债权益比。

b. 公司的净营运资本和总长期资本分别是多少？计算负债与长期资本的比。

11. **杠杆和流动性**　再次利用问题 10 中 G 贸易公司的资产负债表。假设年末公司有 30 美元现金和可交易证券。年末之后公司立即利用信用额度借款 20 美元，为期一年，投资于更多的可交易证券。公司看起来（a）流动性更高还是更低？（b）杠杆变高还是变低？必要时进行更多的假设。

12. **流动资产**　AA 公司有流动资产 300 百万美元，流动负债 200 百万美元，现金比率为 0.05，公司持有多少现金和可交易证券？

13. **应收账款**　M 公司的客户平均付款期为 60 天，如果 M 公司年销售收入为 500 百万美元，应收账款的平均价值是多少？

进阶题

14. **比率的解释**　本问题回顾解释会计数字时遇到的一些困难。

a. 有些重要的资产、负债或交易可能没有显示在公司的账簿中，请给出四个例子。

b. 无形资产的投资，如研发，如何扭曲会计比率？请给出至少两个例子。

15. **业绩度量** 给出一些度量公司整体业绩的替代性指标，它们的优缺点各是什么？在每种情况下，讨论你用什么基准来判断业绩是否令人满意。

16. **杠杆比率** 讨论财务杠杆的替代性度量指标。应该用股权的市场价值还是账面价值？用负债的市场价值还是账面价值更好？应该如何处理表外负债，如养老金负债？如何处理优先股？

17. **杠杆比率** 假设公司有固定利率和浮动利率债务。利率下降对公司的收入利息倍数有何影响？对负债的市场价值与股权的市场价值之比有何影响？你判断杠杆提高了还是降低了？

18. **流动比率** 以下行为如何影响公司的流动比率？
    a. 库存售出；
    b. 公司用银行贷款偿还拖欠供应商的货款；
    c. 公司与银行安排信用额度，使得可以在任何时候贷款来偿还供应商；
    d. 客户支付拖欠的货款；
    e. 公司用现金购买更多的库存。

19. **资产收益率** 萨拉制服公司将其所有产品都卖给联邦商店，下表是两家公司的部分财务数据（单位：百万美元）：

	销售收入	利息	净利润	年初资产
联邦商店	100	4	10	50
萨拉制服	20	1	4	20

    计算两家公司的资产周转率、经营利润率和资产收益率。现在假设两家公司合并了。如果联邦商店的销售收入仍为100百万美元，这三个比率将如何变化？

20. **财务比率** 你看到，有人用墨水涂掉了特兰西瓦尼亚铁路公司资产负债表和利润表中的部分条目（见表28-11）。你能利用以下信息将丢失的条目补全吗？（注意：对这个问题，用以下定义：库存周转率 = 销货成本/平均库存；应收账款周转天数 = 平均应收账款/（销售收入/365）。）

- 长期负债率：0.4；
- 收入利息倍数：8.0；
- 流动比率：1.4；
- 速动比率：1.0；
- 现金比率：0.2；
- 存货周转率：5.0；
- 应收账款周转天数：73天；
- 税率 = 0.4。

表28-11 特兰西瓦尼亚铁路公司资产负债表和利润表

（单位：百万美元）

	2015年12月	2014年12月
资产负债表		
现金	▓	20
应收账款	▓	34
存货	▓	26
总流动资产	▓	80
固定资产（净值）	▓	25
总计	▓	105
应付票据	25	20
应付账款	30	35
总流动负债	▓	55
长期负债	▓	20
股权	▓	30
总计	115	105
利润表		
销售收入	▓	
销货成本	▓	
销售、一般和管理费用	10	
折旧	20	
EBIT	▓	
利息	▓	
税前利润	▓	
税	▓	
普通股可得利润	▓	

21. **行业比率** 下表是同一行业五家公司的部分数据：

	公司代号				
	A	B	C	D	E
EBIT	10	30	100	-3	80
利息支出	5	15	50	2	1

要求你计算行业的收入利息倍数，讨论计算这一指标的可能方法。计算方法的变化会对最后的结果有重大影响吗？

22. **通胀** 快速的通胀如何影响制造业公司资产负债表和利润表的精确性和相关性？对这个问题的回答与公司发行了多少债务有关吗？

23. **风险的账面度量** 假设你想用财务比率来估计公司股票的风险，本章中描述的哪个比率可能有帮助？你能想出风险的其他会计度量指标吗？

24. **度量财务困境** 查阅陷入困境的一些公司，画出过去几年主要财务比率的变化。存在什么模式吗？

挑战题

25. **计算 EVA** 我们注意到，计算 EVA 时，应该将收入计算为税后利息和净利润之和。为什么需要扣除税盾？资本成本有不同的替代指标吗？如果只从净利润中扣除股权成本（正如经常做的那样），会得到同样的答案吗？

26. **资本收益率** 分析师有时候利用年初和年末资本的平均值来计算资本收益率。给出一些例子，说明何时这样做合理，何时不合理。（提示：假设资本增加仅仅是留存收益增加的结果。）

27. **杠杆比率** 再次利用问题 10 中 G 贸易公司的资产负债表，考虑以下的额外信息（单位：美元）：

流动资产		流动负债		其他负债	
现金	15	应付账款	35	递延税款	32
存货	35	应付所得税	10	退休金缺口	22
应收账款	50	银行贷款	15	R&R 储备	16
	100		60		70

"R&R 储备"用于弥补将来移走一条输油管道以及管道路线的环境恢复所需的成本。

有很多方法计算 G 公司的负债率。假设你在评估 G 公司负债的安全性，想要可以与同行业其他公司进行比较的一个负债率。计算这个比率时用总负债还是总资本？你将在负债中包括哪些科目——银行贷款、递延税款、R&R 储备和退休金缺口？请解释这些选择的支持和反对意见。

网络中的金融

利用 Yahoo! Finance（finance.yahoo.com）中的数据，回答以下问题：

1. 选择两家在相似行业中的公司，找到它们简化的资产负债表和利润表。草拟每家公司的同比报表，计算主要财务比率。基于这些数据对两家公司进行比较。

2. 选择一家公司，查阅其最近的财务报表，计算最近一年的以下比率：
   a. 资本收益率；
   b. 股权收益率；
   c. 经营利润率；
   d. 存货周转天数；
   e. 负债率；
   f. 收入利息倍数；
   g. 流动比率；
   h. 速动比率。

3. 选择五家公司，利用它们的财务报表，比较存货周转天数和平均应收账款周转天数。你能解释这些公司之间的不同吗？

第29章 财务计划

本章关注财务计划。我们首先考察短期融资计划，重点是确保公司不会用光现金。短期计划常常称为现金预算（cash budgeting）。本章的后半部分，我们考察公司如何采用财务计划模型制定连续的长期策略。

主要的短期资产为存货、应收账款、现金和可交易证券。关于这些资产的决策不可能是孤立的。例如，假设市场营销经理希望给客户的付款时间长一些，这减少了公司的未来现金余额。或者也许市场经理采用即时生产系统（just-in-time system）从供应商订货，这使得公司依靠更少的存货，释放了现金。

关心短期融资决策的经理们能够避免本书其他章节遇到的很多困难的概念问题，从这个角度讲，短期决策比长期决策更容易，但不是更不重要。公司能够识别非常有价值的资本投资机会，找到精确的最优负债率，遵循完美的股利政策，但仍会倒闭，因为没人费心筹集现金来支付今年的账单。因此，需要短期计划。

短期计划很少考虑12个月以后的事情，它努力确保公司有足够的现金支付账单，进行合理的短期借款和投资。但是，财务经理也需要考虑满足公司的长期目标所需要的投资和必须安排的融资。长期财务计划关注不同财务策略的影响，使经理们避免一些意外情况，并且考虑应该如何应对无法避免的意外情况。长期财务计划还帮助建立公司目标，提供度量业绩的标准。

29.1 短期和长期融资决策之间的联系

与诸如购买厂房和设备或者选择资本结构这样的长期决策相比，短期融资决策在两个方面不同。首先，它们一般涉及短期资产和负债，其次，它们一般容易被逆转。例如，比较一笔60天的银行贷款和20年期债券。银行贷款显然是短期决策。公司在两个月后偿还，就回到开始时的状态。公司可以1月份发行20年期债券，而在3月份收回，这可以想象，但做起来非常不方便，而且成本很高。实际上，债券发行是长期决策，不仅因为债券20年的到期时间，还因为发行债券的决策不可能很快逆转。

所有企业都需要资本，即需要资金投资厂房、设备、存货、应收账款和所有经营企业需要的其他资产。这些资产可以通过长期或短期来源的资本进行融资。我们称所有的投资为公司的累积资本需求（cumulative capital requirement）。对大部分公司，累积资本需求的增长是不规律的，如图29-1中的波浪线所示。随着公司业务的增长这条线呈现出清晰的向上趋势，而围绕这一上升趋势也显示出季节性变化，在每年的下半年出现资本需求峰值。另外，存在不可预测的周波动和月波动，但我们在图29-1中没能显示出来。

长期融资不能满足累积资本需求时，公司必须筹集短期资本弥补差额。长期融资超过累积资本需求时,公司有多余的现金。因此,给定资本需求,所筹集的长期融资金额决定了公司是短期借款人还是贷款人。

图 29-1 中的线 A、B 和 C 说明了这一点。每条线代表一种不同的长期融资策略。策略 A 意味着永久性的现金富余,可以投资短期证券。策略 C 意味着永久性的短期借款需要。策略 B 是最常见的策略,一年之中的部分时间里公司是短期贷款人,其余时间里是短期借款人。

相对于累积资本需求,长期融资的最佳水平是什么?很难说,对这个问题没有令人信服的理论分析,但我们可以观察实践中是怎么做的。首先,大多数财务经理试图对资产和负债进行"期限匹配"。⊖也就是说,他们主要利用长期负债和股权为厂房和设备这样的长期资产融资。其次,大多数公司在净营运资本(流动资产减流动负债)上进行永久性投资,这部分投资来自长期资本。

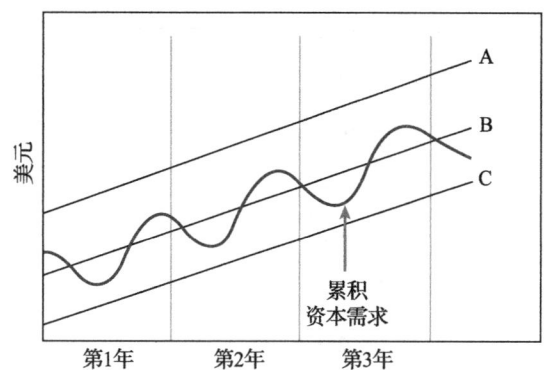

图 29-1　公司的累积资本需求(波浪线)是在公司所需要的所有资产上的累积投资。本图说明,资本要求逐年增长,而在一年之内存在某些季节性波动。短期融资需求是长期融资(线 A、B 和 C)和累积资本需求的差额。如果长期融资服从线 C,公司总是需要短期融资。如果是线 B,短期需求是季节性的。如果是线 A,公司从来不需要短期融资,总是有多余的现金进行投资

流动资产比长期资产更容易转化为现金,因此持有大量流动资产的公司享有更高的流动性。当然,有些资产比其他资产更快地转化为现金。只有当商品生产、销售和付款后,存货才能转化为现金。应收账款流动性更好,随着客户支付未清偿账单,应收账款就变为现金。只要公司需要现金,短期证券一般很快就可以出售,其流动性更好。

不管动机如何,保持流动性现在似乎比过去更重要。从图 29-2 中可以看出,特别是在金融危机前的宽松货币时期,美国的公司增加了所持有的现金和可交易证券。

有些公司选择持有比其他公司更多的流动性。例如,很多高科技公司,如英特尔和思科,持有巨额的短期证券。另一方面,老牌制造业(如化工、造纸或钢铁)公司流动性储备较少。为什么是这样?一个原因是,利润快速增长的公司,产生现金的速度快于将现金重新配置在 NPV 为正的投资上的速度,这就产生了现金盈余,可以投资于短期证券。当然,公司面对巨额增长的现金,最终会做出反应,调整其股利政策。在第 16 章中,我们看到苹果公司支付了特别股利和进行股票回购,从而减少了所持有的现金。

包括苹果在内的很多公司在公司税税率比较低的国家有业务,利润不返回美国的话,不用在美国纳税,因此存在很强的动机让现金在国外积累。有些现金特别多的公司

⊖ 格雷厄姆和哈维的调查发现,经理们认为,将负债的到期期限与资产进行匹配的想法是影响短期和长期负债选择的唯一重要的因素。见 J. R. Graham and C. R. Harvey, "The Theory and Practice of Finance: Evidence from the Field," *Journal of Financial Economics* 61 (May 2001), pp. 187-243。司杜思和莫尔证实,短期资产占多数的公司确实易于发行短期负债,见 M. H. Stohs and D. C. Mauer, "The Determinants of Corporate Debt Maturity Structure," *Journal of Business* 69 (July 1996), pp. 279-312。

在避税天堂持有现金。如我们在第一章所指出的,对这种税务倒置(tax inversion)的做法有相当多的批评。

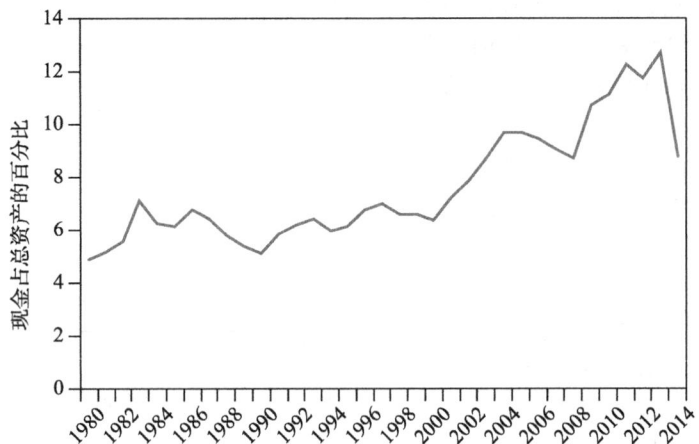

图 29-2　1980~2014 年美国非金融公司现金占总资产比率的中位数
资料来源:Compustat。

持有大量现金储备有些好处,特别是短期内筹集到资金的成本相对较高的小公司来说。例如,生物技术公司需要大量现金来开发新药,一般需要大量现金来支持研发项目。如果持有流动资产的预防性理由很重要,我们应该发现在相对高风险行业中的小公司更有可能持有大量现金盈余。蒂姆·奥普勒和其他人证实,实际上就是这样。⊖

有长期融资盈余和银行现金的公司,其财务经理不用担心找钱来支付下个月的账单。现金可以帮助保护公司度过困难时期,给公司喘息的空间来改变经营。但是,多余现金也有缺陷。持有可交易证券对纳税公司来说最多是 NPV 等于零的投资。⊜公司有大量现金盈余,管理者会管理起来没那么严格,会使得现金流失在一系列经营损失中。例如,2007 年末,通用汽车持有 270 亿美元现金和短期投资,而股东对 GM 股票的估值却不到 140 亿美元。似乎股东(正确地)意识到现金将被用于支持不断发生的亏损和偿还巨额债务。

平克维茨和威廉姆森研究了投资者对公司现金的估值,发现平均来看,股东对 1 美元现金给出了 1.20 美元的估值。⊜对有大量增长机会的公司,股东对流动性给出了特别高的估值。另一个极端,他们发现,公司可能面临财务困境时,公司内部的 1 美元对股东来说价值常常低于 1 美元。⑭

29.2　跟踪现金的变化

表 29-1 是动力学床垫公司 2015 年的利润表,表 29-2 比较了 2014 年和 2015 年的资

⊖ T. Opler, L. Pinkowitz, R. Stulz, and R. Williamson, "The Determinants and Implications of Corporate Cash Holdings," *Journal of Financial Economics* 52 (April 1999), pp3-46.
⊜ 如果像大多数人认为的,借款有税收优势,贷款一定相应地有税收劣势,因为公司必须对收到的国债利率支付公司所得税。这样,国债投资的 NPV 就是负的。见 18.1 节。
⊜ L. Pinkowitz and R. Williamson, "The Market Value of Cash," *Journal of Applied Corporate Finance* 19 (2007), pp. 74-81.
⑭ 启发显然是公司应该将现金分配给投资者,但是,债权人可能对支付给股东的股利有限制。

产负债表。可以看到，公司的现金余额从 20 百万美元增加到了 2015 年的 25 百万美元。

什么引起了这一增长？公司额外增加的现金，来自发行长期负债、利润再投资、存货减少释放的现金，还是公司供应商额外提供的信用？（注意应付账款的增加。）答案在表 29-3 公司的现金流量表中。

现金流量表将现金流分为经营活动、投资活动和融资活动产生的现金流。现金来源用正数表示，现金使用用负数表示。动力学床垫公司的现金流量表显示，公司的现金来源如下：

1. 它赚了 60 百万美元的净利润（经营活动）；

2. 它计提了 20 百万美元的折旧。记住折旧不是现金支出，所以要得到公司现金流，它必须加回去（经营活动）；

表 29-1 动力学床垫公司 2015 年利润表
（单位：百万美元）

1	销售收入	2 200
2	销货成本	1 644
3	其他费用	411
4	折旧	20
5	EBIT（1－2－3－4）	125
6	利息	5
7	税前收入（5－6）	120
8	税（为50%）	60
9	净利润（7－8）	60
	股利	30
	公司留存利润	30

3. 公司减少了存货，释放了 5 百万美元现金（经营活动）；

4. 公司增加了应付账款，实际上从供应商那里额外借款 25 百万美元（经营活动）；

5. 公司发行了 30 百万美元长期负债（融资活动）。

表 29-2 动力学床垫公司 2015 年和 2014 年年末的资产负债表
（单位：百万美元）

	2015	2014
流动资产：		
现金	25	20
可交易证券	25	0
应收账款	150	125
存货	125	130
流动资产总计	325	275
固定资产：		
总投资	350	320
减：折旧	100	80
固定资产净值	250	240
总资产	575	515
流动负债：		
银行贷款	0	25
应付账款	135	110
流动负债总计	135	135
长期负债	90	60
净值（股权和留存收益）	350	320
总负债和净值	575	515

表 29-3 动力学床垫公司 2015 年现金流量表
（单位：百万美元）

经营活动产生的现金流：	
净利润	60
折旧	20
应收账款的减少（增加）	－25
存货的减少（增加）	5
应付账款的增加（减少）	25
经营活动产生的净现金流	85
投资活动产生的现金流：	
固定资产投资	－30
融资活动产生的现金流：	
股利	－30
卖出（买入）可交易证券	－25
长期负债的增加（减少）	30
短期负债的增加（减少）	－25
融资活动产生的净现金流	－50
现金余额的增加（减少）	5

动力学床垫公司的现金流量表说明，它将现金用于以下目的：

1. 它使应收账款增加了 25 百万美元（经营活动）。实际上，它向客户额外借出了这部分资金；

2. 它投资了 30 百万美元（投资活动），这显示为表 29-2 中的总固定资产增加；

3. 它支付了 30 百万美元的股利（融资活动）；（注意：表 29-2 中股权增加了 30 百万美元是由于留存收益的增加：60 百万美元的净收入，减去 30 百万美元的股利。）

4. 它购买了 25 百万美元的可交易证券（融资活动）；

5. 它偿还了 25 百万美元的短期银行债务（融资活动）。⊖

再看一下表 29-3，注意，为了计算经营活动产生的现金流，我们从净利润开始进行了两次调整。首先，因为折旧是非现金支出，必须将其加回净利润。⊖其次，我们需要认可这一事实，即在销售和支出发生时利润表就显示出来，而不是等现金转手时才显示。例如，考虑动力学床垫公司信用销售的情况。公司在销售时记录利润，但直到付款时才发生现金流入。因为不发生现金流入，公司的现金余额不发生变化，而应收账款增加引起营运资本增加。表 29-3 这样的现金流量表中现金并不增加，经营现金流的增加被应收账款的增加抵消了。之后当货款被支付时，现金余额增加。但是，这时利润没有增加，营运资本也没有增加，现金余额的增加正好与应收账款的减少相匹配。

表 29-3 将经营活动产生的现金流向下调整了 25 百万美元，以此反映公司向客户提供的额外信用。另一方面，2015 年动力学床垫公司减少了存货和增加了供应商欠款，为反映这些变化，经营活动产生的现金流向上调整。

如果在这个过程开始时拟出一份资产负债表，你看到的是现金。如果延迟一小会儿，你发现现金被原材料存货取代，再过一会儿，原材料存货被产成品存货取代。商品销售出去，存货变成应收账款，最后客户付款后，公司得到利润，重新补充现金余额。

这个过程中只有一个常数，就是营运资本。这是（净）营运资本作为流动资产和流动负债的很有用的总结指标的一个原因。营运资本的优点是它不受不同的流动资产和流动负债的季节性或其他暂时性变动的影响，而这个优点也是它的缺点，因为营运资本数字隐藏了很多有趣的信息。在我们的例子中，现金转化为存货，然后转化为应收账款，最后又回到现金。而这些资产的风险和流动性不同，你不能用应收账款来支付存货的账单，必须用现金才行。

现金周期

考虑一下动力学床垫公司维持正常经营所需要的经常性融资。公司的业务非常简单，用现金购买原材料，加工成产成品，然后信用销售这些产品。整个经营周期如下：

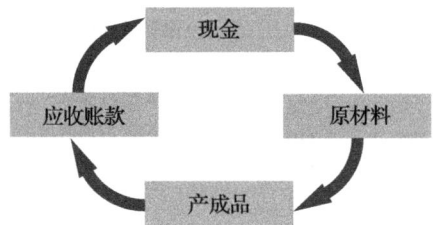

⊖ 这是偿还本金，不是利息。有时候，利息明确确认为资金的使用。如果是这样，经营活动产生的现金流应该定义为息前净利润，即净利润加利息加折旧。

⊖ 这里有一点复杂，因为公司报告给股东的折旧数字很少与计算税收的折旧数字相同。原因是，公司计算应纳税收入时，采用加速折旧的方法，可以使当前的纳税最小。结果是股东账户（一般采用直线折旧）高估了公司当前的税收责任。加速折旧并不减少纳税，而是延迟了纳税。由于最终的纳税责任必须要确认，将来需要缴纳的税收作为递延纳税负债显示在资产负债表中。在现金流量表中，递延税款的增加作为资金来源。在动力学床垫的案例中，我们忽略了递延税款。

动力学公司的存货初始投资与最后销售日期之间的延迟称为存货周转期（inventory period，你在第 28 章熟悉的度量指标）。产品销售的时间和客户最后付款的时间之间的延迟是应收账款收款期（accounts receivable period，另一个你熟悉的指标）。从购买原材料到客户最后付款的总时间称为经营周期（operating cycle）：

$$经营周期 = 存货周转期 + 应收账款收款期$$

动力学床垫公司并不是整个经营周期中都需要现金。尽管公司从购买原材料开始，但并不需要立刻支付原材料货款。它延迟支付的时间越长，公司需要现金的时间越短。公司原材料付款的时间和从客户收款的时间之间的时间称为现金周期（cash cycle）或现金转换期（cash conversion period）：

$$现金周期 = 经营周期 - 应付账款付款期$$
$$= （存货周转期 + 应收账款收款期）- 应付账款付款期$$

这可以用图 29-3 说明。

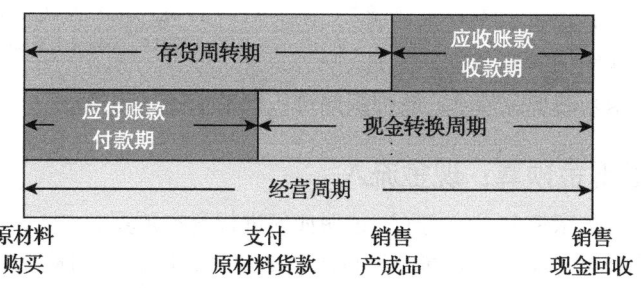

图 29-3　经营周期和现金周期

我们可以计算动力学床垫公司的现金周期。假设公司在第 0 天购买材料，而直到第 24 天才付款（应付账款支付期 = 24 天）。到第 29 天，公司将原材料转化为成品床垫，然后售出（存货周转期 = 29 天）。21 天后在第 50 天，公司的客户付款（应收账款收款期 = 21 天）。这样，现金在第 24 天支付出去，而在第 50 天收回来。对动力学床垫公司而言，

$$现金周期 = 存货周转期 + 应收账款收款期 - 应付账款付款期$$
$$26 = 29 + 21 - 24$$

比较动力学床垫公司和其他美国公司的现金周期很有意思。表 29-4 提供了用来估计美国制造业公司平均现金周期的必要信息：㊀

平均存货周转期 = 年初存货／每日销货成本 = 773/(6 181/365) = 45.6（天）
平均应收账款收款期 = 年初应收账款／每日销售收入 = 718/(6 896/365) = 38.0（天）
平均应付账款付款期 = 年初应付账款／每日销货成本 = 557/(6 181/365) = 32.9（天）

因此，现金周期为：

存货周转期 + 应收账款收款期 - 应付账款付款期 = 45.6 + 38.0 - 32.9 = 50.7（天）

也就是说，美国制造业公司从存货付款到向客户收款大约需要六周㊁的时间。这反映为公司需要维持的营运资本。

㊀ 因为存货按成本估值，我们计算存货周转期时，将存货除以销货成本而不是销售收入。这样，分子和分母都用成本来度量。同样的推理也适用于应付账款支付期的计算。另一方面，因为应收账款按照产品价格来估值，计算应收账款回收期时，我们用平均应收账款除以每日销售收入。

㊁ "七周"似乎更合适。——译者

当然，有些公司的现金周期比其他公司短。例如，航天企业一般持有大量存货，应收账款收款期很长。它们的现金周期接近六个月，需要进行大量净营运资本投资。相比之下，在应收账款上投资较少的零售企业，现金周期与动力学床垫公司差不多，这些公司的净营运资本经常为负。

表 29-4 用于计算美国制造业公司 2014 年现金周期的数据

（单位：10 亿美元）

利润表	
销售收入	6 896
销货成本	6 181
年初资产负债表	
存货	773
应收账款	718
应付账款	557

注：销货成本包括销售、一般和管理费用。

资料来源：U. S. Department of Commerce, *Quarterly Financial Report for Manufacturing, Mining, and Trade Corporations*, December 2014, Tables 1.0 and 1.1.

29.3 现金预算

前事不忘，后事之师。财务经理的问题是预测未来的现金来源和使用。预测有两个目的，一是提供一个标准或者预算，作为之后业绩的判断依据，二是提醒管理者注意未来的现金需求。我们都知道，现金很容易跑掉。

29.3.1 准备现金预算：现金流入

我们继续动力学床垫公司的例子，说明如何进行资本预算。

动力学床垫公司的现金流大部分来自床垫的销售，因此我们从 2016 年季度销售预测开始：⊖

	第一季度	第二季度	第三季度	第四季度
销售收入（百万美元）	560	502	742	836

但是，销售收入在变成现金之前先变为应收账款，现金来自应收账款的收款。

大多数公司跟踪客户付款的平均时间，从中可以预测多大比例的季度销售收入在本季度转化为现金，多大比例变成应收账款进入下个季度。假设 70% 的销售收入在当季度"变现"，30% 在下个季度变现。表 29-5 给出在这个假设下的收款情况。例如，第一个季度从当前销售收入 560 百万美元中收款 70%，即 392 百万美元，而公司也从上个季度的销售收入中收款 30%，即 0.3×397 = 119 百万美元。因此，总收款为 392+119 = 511 百万美元。

表 29-5 为了预测动力学床垫公司的应收账款收款，你需要预测 2016 年的销售额和收款率

（单位：百万美元）

		第一季度	第二季度	第三季度	第四季度
1	期初应收账款	150	199	181.6	253.6
2	销售收入	560	502	742	836
	收款：				
	当期销售收入（70%）	392	351.4	519.4	585.2
	上期销售收入（30%）	119①	168	150.6	222.6
3	总收款额	511	519.4	670	807.8
4	期末应收账款 1+2-3	199	181.6	253.6	281.8

① 我们假设上一年最后一个季度的销售收入为 397 百万美元。

⊖ 大多数公司按月而不是按季度进行预测，有时候甚至按周或天来预测。但是，按月预测会使表 29-5 以及之后的表格的输入数据变成现在的三倍。我们想使例子尽可能简单。

动力学床垫公司第一个季度开始时，应收账款为 150 百万美元，第一个季度的 560 百万美元销售收入加到应收账款中，而收回的 511 百万美元要减掉，表 29-5 显示第一个季度末，公司的应收账款为 150 + 560 − 511 = 199 百万美元。一般公式为：

$$期末应收账款 = 期初应收账款 + 销售额 - 收款额$$

表 29-6 的上面部分显示的是动力学床垫公司的现金来源的预测。应收账款的收款是主要来源，但不是唯一的来源。也许公司计划处置一些土地，或者指望有税收返还，或者保险索赔，这些都包括在"其他"来源中。也有可能你借款或出售股票来筹集额外的资本，但我们不想预判这个问题。目前，我们假设动力学床垫公司没有进一步筹集长期资本。

表 29-6 动力学床垫公司 2016 年现金预算 （单位：百万美元）

	第一季度	第二季度	第三季度	第四季度
现金来源：				
应收账款的收款	511	519.4	670	807.8
其他	0	0	77	0
来源总计	511	519.4	747	807.8
现金使用：				
应付账款还款	250	250	267	261
增加存货	150	150	170	180
劳动力和其他成本	136	136	136	136
资本支出	70	10	8	14.5
税、利息和股利	46	46	46	46
使用总计	652	592	627	637.5
来源减使用	−141	−72.6	120	170.3
短期借款需求的计算：				
期初现金	25	−116	−188.6	−68.6
现金余额的变化	−141	−72.6	120	170.3
期末现金	−116	−188.6	−68.6	101.7
最低经营现金余额	25	25	25	25
累积融资需求	141	213.6	93.6	−76.7

29.3.2 准备现金预算：现金流出

流入的现金就这么多，现在看一下现金流出。现金的使用似乎总是多于现金的来源。为了简化起见，我们将现金的使用提炼成五类，如表 29-6 所示。

1. 应付账款还款。公司需要支付原材料、零部件、电力等，现金流预测假设所有这些账单都要按时支付，尽管动力学床垫公司可能会有一定程度的延迟。延迟支付有时候称为应付账款展期（stretching payables）。展期是一种短期融资来源，而对大多数公司来说，展期是成本很高的资金来源，因为展期使它们失去给予及时付款公司的折扣。

2. 增加存货。2016 年销售收入的预期增长需要额外的存货投资。

3. 劳动力和其他成本。这一类现金使用包括所有其他经常性的经营成本。

4. 资本支出。注意，动力学床垫公司计划第一季度进行主要的资本支出。

5. 税、利息和股利。这包括目前长期负债的利息，但不包括 2016 年为了满足现金需求而发生的额外负债的利息。在现阶段的分析中，动力学床垫公司还不知道需要借多少负债,或者是否需要借款。

预测净现金流入(来源减使用)如表 29-6 中的有阴影的那行所示。注意第一季度绝对值很大的负值:预测发生 141 百万美元的现金流出。第二季度的预测现金流出要小一些,之后第三和第四季度发生大量的现金流入。

表 29-6 的下面部分计算的是动力学床垫公司需要的融资额,如果之前的现金流预测正确的话。从年初的 25 百万美元的现金开始,第一季度发生现金流出 141 百万美元,因此公司要至少额外融资 141 − 25 = 116 百万美元,这会使公司在第二季度之处的预测现金余额刚好为零。

大多数财务经理认为计划现金余额为零太危险了,他们设立了最低经营现金余额 (minimum operating cash balance)来吸收意外的现金流入和流出。我们假设动力学床垫公司的最低现金余额为 25 百万美元,这意味着它要在第一季度融资全部的 141 百万美元,第二季度再融资 72.6 百万美元,这样到第二季度末累积融资需求为 213.6 百万美元。幸运的是,这是最高点,第三季度累积融资需求为 93.6 百万美元,下降了 120 百万美元。最后一个季度,公司摆脱困境,现金余额为 101.7 百万美元,远超最低经营现金余额。

下一步是制定以最经济的方式满足预测需求的短期融资计划,了解两点一般性观察之后,我们继续该话题:

1. 前两个季度的大额现金流出不一定为动力学床垫公司带来麻烦。这部分反映了第一季度公司进行的资本投资花费了 70 百万美元,它应该要购买价值这么多或更多的资产。现金流出部分反映了上半年的销售收入低,下半年销售收入回升。⊖如果这是可以预测的季节模式,公司借款度过销售增长慢的月份应该不会有麻烦。

2. 表 29-6 只是对未来现金流的最好的猜测。估计的时候考虑一下不确定性是个好主意。例如,你可以做一下敏感性分析,考察一下销售收入下降或延迟收款对公司现金需求的影响。敏感性分析的问题是你每次只能改变一个项目,而事实上,经济衰退既影响销售水平,也影响收款率。一个替代的但也更复杂的解决办法是建立现金预算模型,然后模拟可能的各种现金需求。如果现金需求很难预测,你会希望持有多余的现金和可交易证券来应对可能的意外现金流出。

29.4 短期财务计划

动力学床垫公司的现金预算明确了它的问题:公司的财务经理必须找到短期资金,弥补预测的现金需求。短期融资来源有很多,为简单起见,我们假设动力学床垫公司只有两个选择。

29.4.1 短期融资选择

1. 银行贷款。动力学床垫公司已经与银行有协议,最多可以借 100 百万美元,年利息成本为 10%,即每季度 2.5%。公司需要时可以随时借款和偿还,只要不超过信用上限。

2. 应付账款展期。动力学床垫公司还可以通过推迟付款来筹集资本。财务经理认为,动力学床垫公司每个季度可以推迟支付应付款最多达 100 百万美元。这样,第一季

⊖ 也许人们在夜晚变长的下半年购买更多床垫。

度公司可以不支付应付款而节约 100 百万美元。(注意,表 29-6 中的现金流预测假设这些应付款应该在第一季度支付。)如果推迟支付,这些应付款必须在第二季度支付,但第二季度的 100 百万美元的应付款可以推迟到第三季度支付,以此类推。

应付账款展期即使不产生任何问题,也经常成本很高。原因是供应商对及时付款给予一定的折扣。动力学床垫公司如果晚付款会失去折扣。在这个例子中,我们假设失去的折扣是推迟付款额的 5%。也就是说,如果推迟支付 100 美元,公司在下个季度必须支付 105 美元。

29.4.2 动力学床垫公司的融资计划

显而易见,短期融资策略只有这两个选择。首先利用银行贷款,必要的话要用到 100 百万美元的上限,如果现金仍不足,进行应付账款展期。

表 29-7 显示了融资计划结果。第一季度,计划需要利用全部的银行贷款(100 百万美元),并展期应付账款 16 百万美元(见表中第 1 行和第 2 行)。另外,公司需要出售 2015 年末所持有的 25 百万美元可交易证券(第 8 行)。这样,第一季度共募集了 100 + 16 + 25 = 141 百万美元现金(第 10 行)。

表 29-7　动力学床垫公司的融资计划　　(单位:百万美元)

		第一季度	第二季度	第三季度	第四季度
	新增负债:				
1	银行贷款	100.0	0.0	0.0	0.0
2	应付账款展期	16.0	92.4	0.0	0.0
3	总计	116.0	92.4	0.0	0.0
	偿还:				
4	银行贷款	0.0	0.0	20.0	80.0
5	应付账款展期	0.0	16.0	92.4	0.0
6	总计	0.0	16.0	112.4	80.0
7	净新增负债	116.0	76.4	-112.4	-80.0
8	加:出售证券	25.0	0.0	0.0	0.0
9	减:购买证券	0.0	0.0	0.0	87.8
10	筹集现金合计	141.0	76.4	-112.4	-167.8
	注:累积负债和出售证券				
	银行贷款	100.0	100.0	80.0	0.0
	应付账款展期	16.0	92.4	0.0	0.0
	净出售证券	25.0	25.0	25.0	-62.8
	支付利息:				
11	银行贷款	0.0	2.5	2.5	2.0
12	应付账款展期	0.0	0.8	4.6	0.0
13	所出售证券的利息	0.0	0.5	0.5	0.5
14	净支付的利息	0.0	3.8	7.6	2.5
15	经营所需现金	141.0	72.6	-120	-170.3
16	总现金需求	141.0	76.4	-112.4	-167.8

在第二季度,融资计划需要公司继续保留银行贷款 100 百万美元,并展期 92.4 百万美元应付账款,还清了 16 百万美元第一季度推迟支付的应收账款后,募集了 76.4 百万美元。

为什么公司经营只额外需要 72.6 百万美元，而募集了 76.4 百万美元？答案是公司必须要支付在第一季度融资的利息，并且公司放弃了所出售证券的利息。⊖

在第三和第四季度，融资计划需要公司还清负债和购买可交易证券。

29.4.3 计划的评价

表 29-7 所示的融资计划解决了动力学床垫公司的短期融资问题了吗？没有，这个计划可行，但公司可能能够做得更好。最惹眼的缺点是该计划依赖应付账款展期这种特别高成本的融资方式。记住，延期支付应付款，公司每季度的成本为 5%，有效年利率超过 20%。这第一个计划只是激励财务经理寻找成本更低的短期借款来源。

财务经理还要回答其他几个问题，例如：

1. 这个计划产生的流动比率和速动比率令人满意吗？⊖如果这些比率恶化了，公司的银行会担心的。⊜

2. 应付账款展期存在无形成本吗？供应商会怀疑公司的信用吗？

3. 2016 的这个计划会使公司在 2017 年处于良好的财务状况吗？（对这个问题，答案是肯定的，因为动力学床垫公司年底会还清所有的短期负债。）

4. 公司应该为第一季度的主要资本支出安排长期融资吗？根据长期资产需要长期融资的经验，这似乎是合理的，这也会大大减少短期融资需求。相反的观点是，公司只是暂时用短期负债为资本支出融资，到年底经营现金流就可以支持投资。这样，动力学床垫公司不立即进行长期融资的最初决定反映了公司偏好用留存收益为投资提供融资。

5. 有可能调整公司的经营和投资计划，使得短期融资问题更容易吗？也许存在推迟第一季度大量现金流出的方法？例如，假设第一季度的大额资本投资是购买新的床垫填充机器，机器在下半年才会送货和安装，计划在 8 月份全面投入使用。也许可以劝说机器制造商接受在送货时支付 60% 的机器买价，机器安装好并运行满意时再支付其余的 40%。

6. 动力学床垫公司应该减少其他流动资产来释放现金吗？例如，它可以对晚付款的客户严厉一些，减少应收账款（代价是将来这些客户会跟别的公司做生意去了），或者减少床垫的库存（这样做的代价是，如果有大量订单蜂拥而至，公司无法供货，会失去很多业务）。

短期融资计划可以用试错法来制定。你设计一个计划，思考一下，然后用不同的融资和投资替代方案假设再次进行尝试，直到认为不需进一步的完善为止。

试错法非常重要，帮助你理解公司面对的问题的本质。这里，我们将计划的过程与第 10 章的"项目分析"做一个有用的类比。在第 10 章，我们描述了敏感性分析和其他工具，公司可以找到哪些因素对资本投资项目很重要，什么因素会使项目出问题。动力学床垫公司在这里也面临同样类型的任务：不仅仅是选择一个计划，而是理解如果情况发生意外变化，什么会出问题，什么会完成得很好。⑳

⊖ 银行贷款需要支付一个季度的利息 $0.025 \times 100 = 2.5$ 百万美元，应付账款损失的折扣为 $0.05 \times 16 = 0.8$ 百万美元，可交易证券失去的利息为 $0.02 \times 25 = 0.5$ 百万美元。

⊜ 第 28 章讨论过这些比率。

⊜ 我们没有明确给出这些比率，而你从表 29-7 中可以推断，这些指标在年末还好，只是在年中公司负债较高时相对比较低。

㉔ 这一观点对长期融资计划更重要。

29.4.4 短期融资计划模型的说明

制定一份一致的短期计划需要大量计算。㊀幸运的是，大部分的数学计算可以交给计算机完成。很多大公司建立了短期融资计划模型来完成这个工作。小一些的公司不会面临如此多的具体细节和复杂性，用个人计算机中的电子表格程序更容易完成。在任何一种情况下，财务经理输入预测的现金需求或盈余、利率、信用额度等，模型就会输出一个像表 29-7 那样的计划。

计算机也可以产生资产负债表、利润表和财务经理想要的任何特殊报告。小一些的公司不想定制模型的话，可以租用银行、会计公司、管理咨询公司或专业计算机软件公司提供的一般目的模型。

大多数模型仅仅根据财务经理设定的假设和策略，给出最后的结果。也可以得到短期融资计划的最优化模型，这些模型一般是线性规划模型，从公司财务经理所确定的很多替代性策略中寻找出最优计划。公司面对复杂问题，而试错法无法识别出最好的替代方案的组合时，最优化会有帮助。

当然，如果假设错误，根据一组假设做出的最优计划会是灾难性的，因此财务经理必须研究关于未来现金流、利率等的替代性假设的影响。

29.5 长期财务计划

据说，委员会设计的骆驼，看起来像马。如果公司进行零零碎碎的决策，最后就变成了财务"骆驼"。这就是为什么聪明的财务经理还要进行长期计划，考虑支持公司长期增长所需要的财务措施。这就是财务和战略相结合之处。协调一致的长期计划，需要理解公司如何通过选择行业以及在行业中的定位产生超额收益。

长期计划涉及大规模的资本预算，关注按照业务范围进行的投资，避免陷入细节泥潭。当然，个别项目规模很大，会产生单独影响。例如，电信巨头威瑞森（Verizon）正花费数十亿美元的资金，向住宅用户推广基于光导纤维的宽带技术。你可以打赌，这个项目显然是作为长期财务计划的一部分来分析的。但是，一般的计划制定者不会逐个项目进行分析，而是满足于经验法则，将固定资产和短期资产的平均水平与年销售额联系在一起，不会太担心它们之间的关系的季节性变化。假日季销售上涨引起应收账款增加的可能性，就是不必要的细节，会分散更重要的战略决策的注意力。

29.5.1 为什么制定财务计划

公司在长期计划上花费相当多的时间和资源，它们从这些投资中得到了什么？

应急计划 计划不仅仅是预测。预测关注最可能的结果，而计划者关心可能的结果，也关心不太可能发生的事件。如果你提前想到会出什么问题，那么就不容易忽略危险信号，面对麻烦也会更快采取措施。

公司想出很多方法问"如果—怎样"问题，既在单个项目层面，也在公司整体层

㊀ 如果你怀疑这一点，再看一下表 29-7。注意，每个季度的现金需求由上个季度的负债决定，因为负债产生支付利息的责任。另外，如果我们没有按照季度预测来简化问题，而是按月来预测，问题的复杂性会变为原来的三倍。

面。例如,管理者经常考察在不同情境下他们的决策的结果。一个情境设想高利率导致世界经济增速放缓和更低的商品价格。第二个情境可能涉及国内经济繁荣、通胀率提高和本国货币走弱。想法是针对这些不可避免的意外制定措施。例如,如果第一年的销售收入比预期低10%,你会做什么?好的财务计划应该帮助你去适应所发生的事件。

考虑期权 计划者需要考虑公司是否有机会利用现有优势进入一个全新领域。他们经常推荐出于"战略原因"进入一个市场,也就是说,不是因为立即投资产生正的NPV,而是因为立即在一个新市场投资设立公司,为后续可能有价值的投资创造期权。

例如,威瑞森(Verizon)高投入的光导纤维计划使公司拥有了实物期权,可以提供在未来价格比较高的额外服务,例如快速提供大量家庭娱乐服务。高额投资的理由就在于这些潜在成长机会。

保持一致性 财务计划引出公司的增长计划与融资需求的联系。例如,25%的预测增长率要求公司发行证券来支付必要的资本投资,而5%的增长率只需要公司利用再投资的利润就能够为资本支出融资了。

财务计划会帮助确保公司的目标互相一致。例如,首席执行官说,她设定的目标是10%的销售利润率和20%的销售增长率,而财务计划制定者要思考一下,较高的销售增长率是否需要降价,从而降低销售利润率。

另外,用会计比率表达的目标不容易操作,需要转换为具体的管理决策。例如,更高的销售利润率是更高的价格、更低的成本还是进入新的高利润率的产品市场产生的。那么,为什么管理者用会计比率的方式定义目标?部分原因是,这是交流真正关心的东西的一个暗号。例如,目标销售利润率可能是说,为了追求销售增长率,公司允许成本不受约束。危险是每个人都会忘了暗号,会计目标自身被看作目标。较低级别的管理者关注奖励目标时,没人感到奇怪。例如,大众汽车设立了6.5%的销售利润率目标,有些团队的反应是开发和推广昂贵的高利润率车型,更少关注销售利润率低而销量大的便宜车型。公司发现后立即宣布不再强调销售利润率目标,而是关注投资收益率。公司希望这鼓励管理者从所投资的每一美元的资本中得到最高的利润。

29.5.2 动力学床垫公司的长期财务计划模型

财务计划者经常利用财务计划模型来帮助他们探究替代性策略的后果。我们将再次拜访动力学床垫公司的财务经理,了解他如何利用简单的电子表格程序来制定公司的长期财务计划。

长期计划关心的是大局。因此,构建长期计划模型时,广泛接受的做法是将所有的流动资产和流动负债压缩为净营运资本一个数字。表29-8是动力学床垫公司最新压缩版的资产负债表,只报告了净营运资本,而没有报告各项流动资产或流动负债。

假设动力学床垫公司通过行业分析预测,今后五年公司的年销售增长率和年利润增长率为20%。实际上,公

表29-8 动力学床垫公司2015年和2014年年末的简化资产负债表

(单位:百万美元)

	2015	2014
净营运资本	190	140
固定资产:		
总投资	350	320
减:折旧	100	80
固定资产净值	250	240
净资产总计	440	380
长期负债	90	60
净值(股权加留存收益)	350	320
长期负债和净值①	440	380

① 只有净营运资本出现在公司的资本负债表中时,这个数字(长期负债和净值之和)经常称为总资本。

司指望用留存收益和负债为增长融资,还是应该计划发行股权?电子表格程序是专门解决这类问题的。我们来看一下。

资金的基本来源和使用之间的关系告诉我们:

需要的外部资本 = 净营运资本投资 + 固定资产投资 + 股利 – 经营现金流

动力学床垫公司要找到所需多少额外资本,以及对负债率的影响,需要三步。

第一步 预测明年的净利润加折旧,假设销售收入增长率为计划的20%。表29-9的第一列是动力学床垫公司最近一年(2015年)的数字,来自表29-1。其余各列是之后五年预测值。

表29-9 动力学床垫公司的实际(2015年)和预测经营现金流

(单位:百万美元)

		2015	2016	2017	2018	2019	2020
1	销售收入	2 200.0	2 640.0	3 168.0	3 801.6	4 561.9	5 474.3
2	成本(销售收入的92%)	2 055.0	2 428.8	2 914.6	3 497.5	4 197.0	5 036.4
3	折旧(年初固定资产净值的9%)	20.0	22.5	29.7	35.6	42.8	51.3
4	EBIT(1 – 2 – 3)	125.0	188.7	223.7	268.5	322.2	386.6
5	利息(年初长期负债的10%)	5.0	9.0	23.4	31.8	42.0	54.3
6	税(50%税率)	60.0	89.8	100.1	118.3	140.1	166.2
7	净利润(4 – 5 – 6)	60.0	89.8	100.1	118.3	140.1	166.2
8	经营现金流(3 + 7)	80.0	112.4	129.8	154.0	182.9	217.5

第二步 预测支持销售收入增长所需的净营运资本和固定资产的额外投资额,以及支付股利的净利润。这些支出额是总的资本使用,如果总的资本使用超出了经营产生的现金流,动力学床垫公司将需要另外筹集长期资本。表29-10第一列显示,2015年公司需要筹集30百万美元的新资本,其余各列预测了之后五年的资本需求。例如,如果动力学床垫公司按计划的速度扩张,同时不销售更多的股票,2016年它需要募集144.5百万美元的负债。

表29-10 动力学床垫公司的实际(2015年)和预测的外部资本需求

(单位:百万美元)

		2015	2016	2017	2018	2019	2020
	资本来源:						
1	净利润加折旧	80.0	112.4	129.8	154.0	182.9	217.5
	资本使用:						
2	增加净营运资本(NWC),假设NWC=销售收入的11%	50.0	100.4	58.1	69.7	83.6	100.4
3	固定资产(FA)投资,假设净FA=销售收入的12.5%	30.0	102.5	95.7	114.8	137.8	165.4
4	股利(净利润的60%)	30.0	53.9	60.1	71.0	84.1	99.7
5	总的资金使用(2 + 3 + 4)	110.0	256.8	213.9	255.5	305.5	365.4
6	外部融资需求(5 – 1)	30.0	144.5	84.0	101.6	122.6	147.9

第三步 最后,构建包含额外的资产以及新的负债和股权预测的预测资产负债表。例如,表29-11第一列是动力学床垫公司最近的简明资产负债表,其余各列显示,公司的股权增加额为留存收益增加值(净利润减股利),而长期负债逐渐增加到691百万美元。

表 29-11　动力学床垫公司的实际（2015 年）和预测资产负债表

（单位：百万美元）

	2015	2016	2017	2018	2019	2020
净营运资本	190	290.4	348.5	418.2	501.8	602.2
固定资产净值	250	330.0	396.0	475.2	570.2	684.3
净资产总计	440	620.4	744.5	893.4	1072.1	1286.5
长期负债	90	234.5	318.5	420.0	542.7	690.6
股权	350	385.9	426.0	473.3	529.4	595.8
总长期负债和股权	440	620.4	744.5	893.4	1072.1	1286.5

在五年中，动力学床垫公司预测要多负债 601 百万美元，到 2020 年，负债率将从 20% 上升到 54%。仍能够容易地从利润中支出利息，大多数财务经理愿意接受这一负债水平。但是，五年后公司不能够再继续这样的负债率，负债率可能接近公司的银行和债券持有者所设定的上限。

对动力学床垫公司来说，融资的一个明显的替代方案是混合发行负债和股权，存在财务经理想探索的其他可能性。一个选择是在快速增长期控制股利。一个选择是研究公司是否可以削减净营运资本。例如，公司可以节约存货，或加快应收账款收款。模型很容易考察这些选择。

我们之前说过，财务计划不仅探索如何应对最可能发生的结果，还要确保公司为不太可能发生的或意外的结果做好准备。例如，管理层肯定希望确定公司能够对付销售额和利润率的周期性下降。敏感性分析或情境分析可以帮助做这些。

29.5.3　模型设计的缺陷

对实际应用而言，我们为动力学床垫公司建立的模型太简单。你可能已经想到了几个改进方法，例如跟踪发行在外的股票数、输出每股盈利和每股股利。或者，你想将短期负债和短期投资机会区分开来，现在它们都被淹没在营运资本中了。

我们为动力学床垫公司所建立的模型称为销售百分比模型（percentage of sales model）。公司几乎所有的预测都与预测的销售水平成正比。但是，实际上很多变量并不与销售收入成正比。例如，营运资本的重要组成部分，如存货和现金余额，增速一般低于销售的增长。另外，随着销售收入的增加，厂房和设备这些固定资产通常不会小额增加。动力学床垫公司可能没有用尽全部产能，因此开始时增加产出而不需要增加产能。但是，如果销售收入继续增加，公司需要在厂房和设备上进行新的大额投资。

但是，谨防增加太多的复杂性：总是存在使模型变得更大、更具体的趋势。结果是模型特别详尽，日常用起来太笨重。如果你过多地关注细节，就会分散对股票发行和股利政策这些关键决策的注意力。

29.5.4　选择计划

财务计划模型帮助管理者建立关键财务变量的一致预测。例如，如果你想评估动力学床垫公司的价值，你需要未来自由现金流的预测值，这很容易在计划制定的末期从财务计划模型中得到。[⊖] 但是，财务计划模型没有告诉你这个计划是否最优。它也没有告

⊖ 再看一下基础篇第 19 章表 19-1，表中列出了里约公司的自由现金流。财务计划模型是获得这些数据的天然工具。

诉你哪些替代方案值得考察。例如，我们看到动力学床垫公司正在计划销售收入和每股利润的快速增长，但这对股东是好消息吗？嗯，不一定，这取决于动力学床垫公司需要投资的资本的机会成本。如果新投资的盈利超过机会成本，NPV为正，股东财富增加。如果投资的盈利低于机会成本，即使预期盈利稳定增长，股东财富也会减少。

动力学床垫公司需要筹集的资本与它决定支付60%的利润作为股利有关。财务计划模型没有告诉我们这么多股利是否合理，或者公司应该发行多少股权或负债，这最后由管理者决定。我们想告诉你如何进行选择，但我们不能。财务计划和决策中遇到的所有复杂问题不可能包含到一个模型中。

事实是，不存在这样的模型。这个大胆的论断基于布雷利、迈尔斯和艾伦（简称"BMA"）的第三定理：[一]

公理：未解决问题的数目是无穷的。

公理：任何时候人类大脑能够记得住的未解决问题最多为10个。

定理：因此，在任何领域，总是存在10个能够处理但没有正式答案的问题。

BMA第三定理意味着没有模型能够找到最好的财务决策。[二]

29.6 增长和外部融资

本章开始时，我们注意到财务计划使管理者的增长、投资和融资目标保持一致。在结束财务计划这个话题之前，我们应该了解公司的增长目标和融资需求之间的一般关系。

回想一下，动力学床垫公司2015年年末的固定资产和净营运资本总计为440百万美元。2016年，它计划留存收益再投资35.9百万美元，因此净资产将增加35.9/440 = 8.16%，这样公司将不需要额外筹集资本而实现8.16%的增长。公司不需要外部资金而能够实现的最高增长率称为**内部增长率**（internal growth rate）。对动力学床垫公司来说，

$$\text{内部增长率} = \frac{\text{留存收益}}{\text{净资产}} = 8.16\%$$

如下所示，将内部增长率的分子和分母同时乘以净利润和股权，我们能够得到关于内部收益率的决定因素的更多启发：

$$\text{内部增长率} = \frac{\text{留存收益}}{\text{净利润}} \times \frac{\text{净利润}}{\text{股权}} \times \frac{\text{股权}}{\text{净资产}}$$

2016年，动力学床垫公司期望再投资净利润的40%，期望年初股权的收益率达到25.66%，年初股权融资占公司净资产的79.55%。因此，

$$\text{内部增长率} = 0.40 \times 0.2566 \times 0.7955$$
$$= 0.0816，即8.16\%$$

注意，如果动力学床垫公司希望不筹集外部股权资本而增速更高，它需要（1）将更多

[一] 第二定理见基础篇第10章10.1节。

[二] 建立线性规划模型，帮助找到满足特定假设条件的最优策略，是可能的。这些模型在筛选替代性财务策略方面更有效。

的净利润用于再投资,(2)股权收益率(ROE)更高,或者(3)负债权益比更低。⊖

除了关注公司没有外部融资的时候能够以多高的速度增长,动力学床垫公司的财务经理可能还对没有外部股权融资的可持续的增长率感兴趣。当然,如果公司能够借到足够的债务,实际上任何增长率都能够获得资助。更合理的假设是,随着留存收益增加股权,公司要保持最优资本结构。这样,公司为了保持负债权益比为常数,公司只能有限地增加负债。**可持续增长率**(sustainable growth rate)是公司不提高财务杠杆所能够保持的最高增长率。可持续增长率只由再投资比率和股权收益率决定:

$$可持续增长率 = 再投资比率 \times 股权收益率$$

对动力学床垫公司来说,

$$可持续增长率 = 0.40 \times 0.2566 = 0.1026,即 10.26\%$$

我们第一次遇到这个公司是在第4章,我们用这个公式来评估普通股的价值。

这些简单的公式提醒我们,公司在短期内依靠债务融资会迅速增长,但这种增长很少能够维持下去,而不导致负债水平过高。

本章总结

短期财务计划关注公司短期的流动资产和流动负债的管理。最重要的流动资产是现金、可交易证券、应收账款和存货。最重要的流动负债是短期贷款和应付账款。流动资产和流动负债的差额称为净营运资本。

公司短期财务计划问题的本质由公司所筹集的长期资本量决定。公司发行大量长期负债或普通股,或者保留大量利润,会发现自己永久性多余现金。在这样的情况下,支付账单不存在任何问题,短期融资计划包括管理公司的可交易证券组合。持有现金储备的公司能够为自己赢得应对短期危机的时间,这对短期内融资困难的成长性公司很重要。但是,持有大量现金会产生自满情绪。我们建议永久性现金富余的公司应该考虑将多余的现金还给股东。

其他公司筹集的长期资本相对少,是永久性的短期借款人。大多数公司用股权和长期负债为所有固定资产和部分流动资产提供融资,试图找到最优平衡点。这些公司在一年的部分时间里投资多余的现金,其他时间里则进行短期借款。

短期财务计划的起点是理解现金的来源和使用。公司通过估计应收账款的收款,加上其他现金流入,减掉所有现金支出,来预测净现金需求。如果预测的现金余额不足以满足日常经营的需要,为应对突发事件提供缓冲,公司需要找到另外的融资。寻找最优短期融资计划不可避免地是个试错过程。财务经理必须研究关于现金需求、利率、融资来源等的不同假设的后果。这个过程中,公司借助计算机财务模型的帮助。这些模型有最简单的帮助完成计算的电子表格程序,也有寻找最优财务计划的线性规划模型。

短期财务计划集中于公司下一年的现金流。但是,财务经理还需要考虑为支持公司未来五年或十年的增长计划所需要采取的财务举措。因此,大多数公司准备了长期财务计划,描述公司的战略,对财务后果进行规划。长期财务计划设立财务目标,是评价之后业绩的基准。

产生这个计划的过程本身就有价值。首先,计划使财务经理考虑公司所有投资和融资决策的综合效果。这很重要,因为这些决策相互作用,不应该独立进行。其次,计划要求管理者考虑影响进展的事件,设计预防

⊖ 但是请注意,如果资产增长率只有8.16%,必须提高资产周转率或销售利润率以保持25.66%的股权收益率。

策略，应对不好的意外事件。

不存在什么理论或模型，可以直接得到最优的财务策略。在短期计划的情况下，很多不同的策略都是有关未来的假设在一定范围下的预测。需要进行的很多独立预测产生了很大的计算量。我们说明了如何利用电子表格来分析动力学床垫公司的长期策略。

扩展阅读

下面的教科书是关于流动性管理和短期计划的：

J. G. Kallberg and K. Parkinson, *Corporate Liquidity Management and Measurement* (Burr Ridge, IL: Irwin/McGraw-Hill, 1996).

长期财务模型的讨论，见：

J. R. Morris and J. P Daley, *Introduction to Financial Models for Management and Planning* (Boca Raton, FL: Chapman & Hall/CRC Finance Series, 2009).

练习题

基础题

1. **现金周期** 2012 和 2013 财年，卡特彼勒（Caterpillar）的财务报表包括以下科目：

   （单位：百万美元）

	2012	2013
存货	15 547	12 625
应收账款	20 113	18 729
应付账款	14 969	14 417
销售收入	65 875	55 656
销货成本	47 852	41 454

   卡特皮勒的现金周期是多少？

2. **现金周期** 以下各个事件对现金周期有什么影响？
   a. 存货周转期从 80 天下降到 60 天；
   b. 客户现金交易的折扣增大；
   c. 公司采取措施减少应付账款；
   d. 公司根据客户的订单开始生产，而不是在需求到来之前开始生产；
   e. 商品市场上暂时的供过于求，使公司在价格低的时候储存原材料。

3. **现金和营运资本** 下面列出了动力学床垫公司进行的六笔交易，说明每笔交易对（1）现金和（2）营运资本的影响：
   a. 多支付 1 000 万美元现金股利；
   b. 收到之前销售的客户的付款 2 500 美元；
   c. 支付了欠一家供应商的 50 000 美元；
   d. 长期借款 1 000 万美元，所得收入进行存货投资；
   e. 短期借款 1 000 万美元，所得收入进行存货投资；
   f. 出售 5 百万美元可交易证券，得到现金。

4. **现金的来源和使用** 说明以下每项事件如何影响公司资产负债表，说明是现金的来源还是使用。
   a. 汽车制造公司预测需求会增加，因此增加了产量。遗憾的是，需求没有增加；
   b. 竞争使公司给客户更多的付款时间；
   c. 商品价格升高使原材料存货价值增加了 20%；
   d. 公司以 100 000 美元出售了一块地。这块地是五年前以 200 000 美元买的；
   e. 公司回购自己的普通股；
   f. 公司季度股利加倍；
   g. 公司发行长期负债 100 万美元，利用发行收入偿还短期银行贷款。

5. **应收账款收款** 以下是国家溴化物公司 2016 年前四个月的预测销售收入（单位：千美元）：

	第一个月	第二个月	第三个月	第四个月
现金销售	15	24	18	14
信用销售	100	120	90	70

平均来看，信用销售的 50% 是当月付款的，30% 下个月付款，其余的再下个月付款。第三个月和第四个月的预期经营现金流入是多少？

6. **应付账款的预测** 动力学榻榻米公司预测从供应商的采购如下：

	1月	2月	3月	4月	5月	6月
货物价值（百万美元）	32	28	25	22	20	20

a. 40% 的货物是货到付款，其余的平均延迟一个月付款。如果动力学榻榻米公司年初应付账款为 22 百万美元，每个月份预测应付账款是多少？

b. 假设从年初开始公司将 40% 的应付账款延期到一个月后付款，20% 延长到两个月后付款。（其余的继续货到付款。）假设对延期付款没有现金罚款，重新计算每个月的应付账款。

7. **动力学床垫公司的短期计划** 以下每个事件影响 29.2 节和 29.3 节中的一个或多个表格。调整括号中的表格，说明每个事件的影响。

a. 动力学床垫公司 2015 年仅偿还了 10 百万美元的短期负债（表 29-2 和 29-3）；

b. 动力学床垫公司 2015 年增加了 40 百万美元的长期负债，在一座新仓库上投资 25 百万美元（表 29-1 和表 29-3）；

c. 2015 年，动力学床垫公司减少了每个床垫的填充物。顾客没有注意到，而经营成本减少了 10%（表 29-1 和 29-3）；

d. 从 2016 年第三季度开始，动力学床垫公司聘用的新员工非常高效地说服顾客更多立刻付款。结果是 90% 的销售是立即付款的，而 10% 在下个季度进行了付款（表 29-5 和表 29-6）；

e. 从 2016 年第一季度开始，动力学床垫公司每个季度减少薪酬 20 百万美元（表 29-6）；

f. 2016 年第二季度，一座废弃不用的仓库失火，动力学床垫公司从保险公司收到 50 百万美元赔偿（表 29-6）；

g. 动力学床垫公司的财务主管决定，他能够勉强用 10 百万美元作为经营现金余额（表 29-6）。

8. **财务计划** 判断正误：
   a. 财务计划应该尽力使风险最小化；
   b. 财务计划的基本目的是更好地预测未来现金流和利润；
   c. 财务计划是必要的，因为融资和投资决策互相影响，不应单独决策；
   d. 公司的计划期很少超过三年；
   e. 财务计划需要精确的预测；
   f. 财务计划模型应该包括尽可能多的具体细节。

9. **长期计划** 表 29-12 总结了德拉克保龄球道公司的 2017 年的利润表和年末资产负债表。德拉克的财务经理预测，2018 年销售和成本增长 10%。销售收入与平均资本的比率预期保持在 0.40，年初负债利率预测为 5%。

   a. 2018 年年末的资产预期是多少？
   b. 如果公司支付 50% 的净利润作为股利，2018 年德拉克在资本市场上需要筹集多少现金？
   c. 如果德拉克不愿意发行股权，2018 年末的负债率是多少？

表 29-12 德拉克保龄球道公司 2017 年财务报表（单位：千美元）。见问题 9

利润表		
销售收入	1 000	（平均资产的 40%）①
销售成本	750	（销售收入的 75%）
利息	25	（年初负债的 5%）②
税前利润	225	
税	90	（税前利率的 40%）
净利润	135	

资产负债表			
净资产	2 600	负债	500
		股权	2 100
总计	2 600	总计	2 600

① 2016 年年末的资产为 2 400 000 美元；
② 2016 年年末的负债为 500 000 美元。

10. **长期计划** 阿基米德杠杆公司的简化财务报表如表 29-13。如果 2017 年销售收入增加 10%，包括负债在内的所有其他科目都相应增加，用来进行平衡的项目是什么？其价值是多少？

表29-13 2016年阿基米德杠杆公司的财务报表（单位：美元）。见问题10和问题11

利润表	
销售收入	4 000
成本（包括利息）	3 500
净利润	500

年末资产负债表					
	2016	2015		2016	2015
净资产	3 200	2 700	负债	1 200	1 033
			股权	2 000	1 667
总计	3 200	2 700	总计	3 200	2 700

11. **预测增长率** 如果股利支付率为50%，在以下两种情况下：（a）不发行外部负债或股权；（b）公司保持固定负债率，但不发行股权，阿基米德杠杆公司（见问题10）最高可能的增长率是多少？

12. **现金周期** 公司正在考虑做一些改变来增加销售。公司计划增加库存商品的种类，但这会增加100 000美元存货。公司将提供更宽松的销售条件，但这将使应收账款增加650 000美元。预测这些措施使销售收入一年增加800万美元。销货成本为销售收入的80%。因为公司增加了自身生产所需的采购量，应付账款将增加350 000美元。这些变化对公司的现金周期有何影响？

进阶题

13. **现金预算** 表29-14列出了里特威尔出版公司的预算数据，公司一半的销售收入是现金销售，另一半一个月后付款。公司的所有信用采购都是一个月后付款。1月份的信用采购为30百万美元，1月份的总销售额为180百万美元。完成表29-15所示的现金预算。

表29-14 里特威尔出版公司的部分预算信息（单位：百万美元）。见问题13

	2月	3月	4月
总销售收入	200	220	180
原材料采购			

（续）

	2月	3月	4月
现金	70	80	60
信用	40	30	40
其他支出	30	30	30
税、利息和股利	10	10	10
资本投资	100	0	0

表29-15 里特威尔出版公司的现金预算（单位：百万美元）。见问题13

	2月	3月	4月
现金来源：			
现金销售收款			
应收账款收款			
现金来源总计			
现金使用：			
支付应付账款			
原材料现金采购			
其他支出			
资本支出			
税、利息和股利			
现金使用总计			
净现金流入			
期初现金	100		
＋净现金流入			
＝期末现金			
＋经营所需最低现金余额	100	100	100
＝累积短期融资需求			

14. **应收账款的收款** 如果公司账单有30天的延迟期，采购额中有多大比例本季度要付款？下个季度付款？如果延迟期为60天呢？

15. **动力学床垫公司的短期计划** 以下事件影响表29-7中的哪些项目？
    a. 利率上升；
    b. 供应商要求延期付款支付利息；
    c. 动力学床垫公司在第三个季度意外地收到了国内收入署的账单，要求支付去年少纳的税。

16. **现金的来源和使用** 表29-16是动力学床垫公司2013年年末的资产负债表，表29-17是2014年的利润表。请拟出2014年的现金流量表，将所有项目按照现金的来源和使用分组。

表29-16 动力学床垫公司2013年年末的资产负债表（单位：百万美元）。见问题16

流动资产：		流动负债：	
现金	20	银行贷款	20
可交易证券	10	应收账款	75
应收账款	110	流动负债合计	95
存货	100		
流动资产总计	240	长期负债	25
		净值（股权和留存收益）	300
固定资产：			
总投资	250		
减：折旧	70		
固定资产净值	180		
总资产	420	总负债和净值	420

表29-17 动力学床垫公司2014年利润表（单位：百万美元）。见问题16

销售收入	1 500
经营成本	1 405
	95
折旧	10
	85
利息	5
税前收入	80
税（50%）	40
净利润	40

注：股利=30美元，留存收益=10美元。

17. **动力学床垫公司的短期计划** 假设信用额度从100百万美元增加到120百万美元，其他假设与表29-7相同，请拟出动力学床垫公司的短期融资计划。

18. **动力学床垫公司的短期计划** 动力学床垫公司决定租用新的床垫填充机，而不是购买。结果第一季度的资本支出减少了50百万美元，而公司必须四个季度每个季度支付租金2.5百万美元。假设租金直到第四个季度以后才会对税收有影响。构造表29-6和表29-7那样的表格，说明动力学床垫公司的累积融资需求和新融资计划。利用动力学床垫公司的电子表格检查你的答案。

19. **动力学床垫公司的长期计划** 动力学床垫公司的长期计划模型是一个自上而下计划的例子。有些公司采用自下而上的财务计划模型，包含了特定产品的销售收入和成本、广告计划、重大投资项目等的预测。哪种类型的公司会使用每种财务计划？它们的使用目的是什么？

20. **业绩度量** 公司财务计划常用作判断之后业绩的基础。你认为从这样的对比中能够学到什么？可能会产生什么问题？你如何应对这些问题？

21. **长期计划模型** 动力学床垫公司长期计划模型的平衡项目是借款。平衡项目的意思是什么？如果股利作为平衡项目，模型会如何变化？这种情况下，你认为计划负债是如何决定的？

22. **动力学床垫公司的长期计划** 根据你对问题21的回答为动力学床垫公司构建一个新模型。你的这个模型能够产生一份2016年的可行计划吗？（提示：如果不能，你可能需要允许公司发行股票。）

23. **动力学床垫公司的长期计划**
    a. 利用动力学床垫公司的模型（见表29-9至表29-11）和电子表格产生2016年和2017年的预计利润表、

资产负债表和现金流量表。假设业务照常进行，除了现在销售和成本按计划每年增长30%，固定资产和净营运资本也是如此。预测利率保持为10%，不发行股票。动力学床垫公司仍保持60%的股利支付率。

b. 在这个计划下，公司的负债率和利息保障比率是多少？

c. 公司能够继续通过负债为扩张融资吗？

24. **长期计划** 雄鹰运动用品公司的财务报表如表29-18所示，为简化，"成本"包括利息。假设公司资产与销售收入成正比。

a. 如果公司保持股利支付率为60%，计划2018年的增长率为15%，公司需要多少外部融资？

b. 如果公司不发行新股，哪个变量必须作为平衡项目？其金额是多少？

c. 现在，假设公司计划长期负债只增加到1 100美元，并且不发行新股。为什么现在股利必须作为平衡项目？其金额是多少？

表29-18 雄鹰体育用品公司2017年财务报表（单位：美元）。见问题24

利润表				
销售收入	950			
成本	250			
税前利润	700			
税（28.6%）	200			
净利润	500			

年末资产负债表					
	2017	2016		2017	2016
净资产	3 000	2 700	负债	1 000	900
			股权	2 000	1 800
总计	3 000	2 700	总计	3 000	2 700

25. **预测增长率**

a. 如果股利支付率固定为60%，股权资产比固定为三分之二，雄鹰运动用品公司（见问题24）的内部增长率是多少？

b. 可持续增长率是多少？

26. **预测增长率** 生物原生质公司的年增长率为30%，公司为全股权融资，总资产100万美元，股权收益率为20%，再投资比率为40%。

a. 内部增长率是多少？

b. 公司今年的外部融资需求是多少？

c. 如果股利支付率减少到零，公司的内部增长率将增加多少？

d. 这个变化将使外部融资需求减少多少？对于股利政策与外部融资需求的关系，你的结论是什么？

挑战题

27. **长期计划** 表29-19显示了高管奶酪（Executive Cheese）公司2016年的财务报表。年折旧额为年初固定资产的10%，加上新增投资的10%。公司计划在以后的五年中每年再投资200 000美元固定资产，净营运资本与固定资产的比值保持为常数。公司预测，销售收入与年初资产的比值保持为1.75。固定成本保持为53千美元，可变成本为销售收入的80%。公司的政策是支付三分之二的净利润作为股利，保持20%的账面负债率。

a. 为高管奶酪公司构建表29-9至表29-11那样的模型；

b. 利用你的模型得到2017年的财务报表。

表 29-19　高管奶酪公司 2016 年的财务报表　　（单位：千美元）

利润表	
销售收入	1 785
固定成本	53
可变成本（销售收入的 80%）	1 428
折旧	80
利息（11.8%）	24
税（40%）	80
净利润	120

年末资产负债表		
	2016	2015
资产：		
净营运资本	400	340
固定资产	800	680
总资产	1 200	1 020
债务：		
负债	240	204
账面股权	960	816
总债务	1 200	1 020

资金的来源和使用	
来源：	
净利润	120
折旧	80
借款	36
股票发行	104
总来源	340
使用：	
净营运资本的增加	60
投资	200
股利	80
总使用	340

网络中的金融

在 finance.yahoo.com 查找任何一家公司的财务报告，对未来的增长以及支持增长所需要的资产做一些可行的假设，然后利用电子表格程序建立五年财务计划。为支持计划的增长，需要多少融资？公司多大程度上受到你预测误差的影响？

第30章 营运资本管理

本书的大部分内容是关于长期财务决策的,如资本预算和资本结构的选择。现在来了解公司短期资产和负债的管理。短期或者说流动资产和负债,总称为**营运资本**。表30-1给出了美国制造业公司2014年营运资本的构成。注意,流动资产多于流动负债。净营运资本(流动资产减流动负债)为正。

再看图30-1。图30-1显示的是不同行业营运资本的相对重要性。例如,流动资产占电信业总资产的一半以上,而在铁路业不到10%。对有些公司来说,"流动资产"主要就是存货,而对其他公司则意味着应收账款或现金和可交易证券。例如,你会看到,存货是零售公司的流动资产的绝大部分,而应收账款对石油公司更重要,现金和短期可交易证券是软件公司流动资产的主要部分。

本章我们关注四种主要的流动资产。首先是存货的管理。为了做业务,公司需要储备原材料、半成品和产成品。但是,这些存货仓储成本比较高,并且占用资本,因此存货管理涉及权衡持有大量存

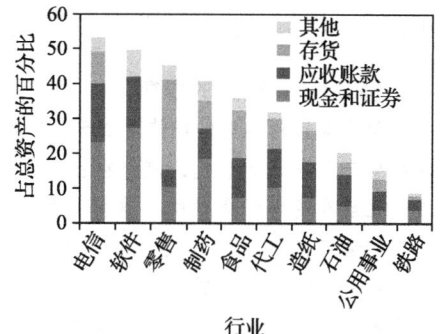

图30-1 不同行业的流动资产与总资产比。2013年S&P综合指数中的公司的中位数百分比

资料来源:Compustat。

货的好处和成本。在制造业公司中,生产经理最适合做这个判断,财务经理并不经常直接参与存货管理。因此,我们在存货上花的时间比其他流动资产少。

第二个任务是考察应收账款。公司经常进行信用销售,因此几个星期甚至几个月后才会得到付款。未付账单反映为应收账款。我们解释公司的信用经理如何设定付款条件,决定哪些顾客可以得到信用,并且确保顾客及时付款。表30-1说明,美国的公司在应收账款和存货上的投资大体相同。

表30-1 美国制造业公司2014年第三季度的流动资产和流动负债

(单位:10亿美元)

流动资产		流动负债	
现金	345	231	短期贷款
其他短期金融投资	173	570	应付账款
应收账款	735	37	应计所得税
存货	790	143	即将到期的长期负债
其他流动资产	429	834	其他流动负债
总计	2 472	1 815	总计

资料来源:U. S. Census Bureau, Quarterly Financial Report for U. S. Manufacturing, Mining, and Trade Corporations, www. census. gov/econ/index. html。

下一个主题是公司的现金余额。现金管理者面临两个主要问题。第一个问题是决定公司需要保留多少现金，因此可以投资多少生息证券。第二个问题是保证高效地处理现金付款。你不会想把收到的支票塞进书桌抽屉里，直到你能够抽出时间来去银行。你想的是尽快把钱存到银行账户里。我们会描述公司用来高效移动资金的一些技术。

不马上需要的现金一般投资于各种短期证券。有些实际上第二天就到期了，其他的几个月内到期。本章最后一节，我们描述这些证券的不同特点，并说明如何比较它们的收益率。

30.1 存货

大多数公司保有原材料、半成品和等待销售和发货的产成品存货，但是它们不是必须这么做。例如，它们可以每天根据需要购进原材料。但是，小规模订货将支付更高的价格，如果原材料没有按时送货的话，则要承担耽搁生产的风险。公司避免这一风险的做法就是订购的比马上需要的多一些。类似地，公司可以去掉产成品存货，只生产明天要出售的。但是，这同样也是危险的做法。产成品的低存货意味着生产时间更短，而成本更高，并且可能不足以满足需求的意外增长。

例 30-1　存货的权衡

阿克隆线材公司每年使用 255 000 吨线材。假设它每次从生产厂家订货 Q 吨，刚好在货到之前用光所有存货。货到之后存货刚好是 Q 吨。这样，阿克隆公司的线材存货严格遵循图 30-2 所示的锯齿模式。

这一存货有两项成本。首先，每次订货都发生处理和送货成本，第二，存在存储成本，例如仓储成本和存货投资的机会成本。阿克隆下少量大额订单，可以减少订货成本。另一方面，大额订单增加了平均存货量，因此存储成本增加。好的存货管理需要权衡这两类成本。

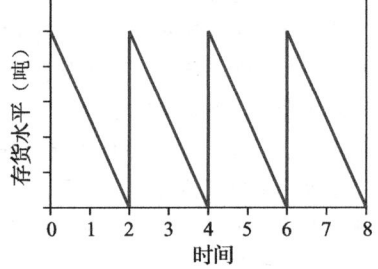

图 30-2　一个简单的存货规则。公司等到原材料存货快用尽时再订购相同的数量

如图 30-3 所示，假阿克隆每次下订单，都发生固定的订单成本 450 美元，存货的年存储成本约每吨 55 美元。你可以看到，订单规模越大，订单成本越低，但存储成本越高。每份订单为 $Q = 2\,043$ 吨的时候，这两项成本之和最小。最优

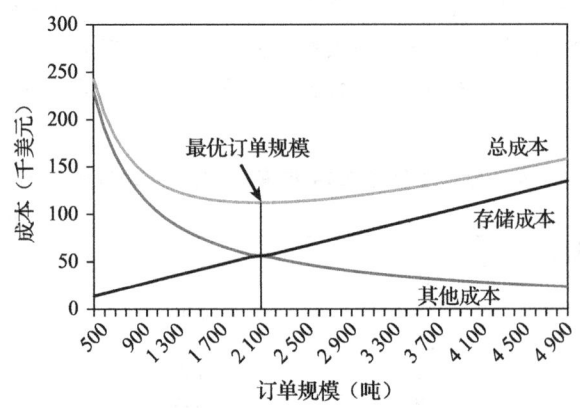

图 30-3　随着存货订单规模增加，订单成本下降，存货存储成本上升。节约的存货成本等于增加的存储成本时，总成本最小

订单规模（本例中为 2 043 吨）称为经济订单量（economic order quantity，EOQ）。

这个例子并不完全符合实际。例如，大多数公司消耗原材料存货的速度并不是常数，它们不会等到存货用完再进行补充。但是，这个简单的例子的确说明了存货管理的一些基本特征：

- 最优存货水平涉及存储成本和订单成本的权衡；
- 存储成本包括保存货物的成本，也包括与存货占用的资本的成本；
- 公司管理存货时，等到存货达到某个最低水平，然后订购事先定好的数量来补充存货；
- 存储成本高、订单成本低的时候，更频繁地下订单并保持较高的存货水平是合理的；
- 存货水平的上升并不与销售量直接成正比。随着销售量的增加，最优存货水平上升，但低于成正比地上升。

存储成本似乎在下降，公司现在比过去的存货水平低。公司减少存货水平的一种方法是转变为即时生产（just-in-time）方法，即时生产的先驱是日本的丰田汽车公司。丰田保持最低水平的汽车配件存货，只在需要时才向供应商订货。这样，零部件送到公司的时间在一天之内，间隔以小时计。丰田汽车能够在如此低存货水平下成功地经营，仅仅因为它有一整套计划，保证罢工、交通拥堵或其他风险不会中断零件的输送和生产的中断。

公司发现，它们根据订单来生产，也能够减少产成品存货。例如，戴尔计算机公司发现它没有必要保有大量成品计算机。顾客能够利用互联网来详细说明想要的 PC 的性能，计算机可以根据订单来组装并发货给顾客。

30.2 信用管理

我们继续讨论流动资产中的应收账款。一家公司出售商品给另一家公司时，一般不指望对方立即付款。这些未付的账单，或**贸易信贷**（trade credit），组成了应收账款的绝大部分，其余的是**消费信贷**（consumer credit），即等待最终顾客付款的账单。

贸易信贷的管理要回答以下五组问题：

1. 你给顾客多长时间付款？你愿意为及时付款提供现金折扣吗？
2. 你要从买方那里得到某种正式的借据吗？还是只要求对方签署收据？
3. 你如何决定哪些顾客可能支付账单？
4. 你愿意向每位顾客提供多少信用？你会谨慎行事，拒绝前景可疑的顾客吗？或者你接受小部分坏账，作为建立大量常规客户群的部分成本？
5. 应收账款到期时你如何收款？你如何对付犹豫的付款人或者赖账不还的人？

我们依次讨论每个话题。

⊖ 像例子中那样，公司消耗原材料的速度是常数时，计算经济订货量有个简单公式。最优订货规模 = $Q = \sqrt{2 \times 销售量 \times 单位订单成本 / 存储成本}$。例子中，$Q = \sqrt{2 \times 255\,000 \times 450/55} = 2\,043$（吨）。

⊖ 这称为再订货点制度（reorder point or two-bin system，或双箱制度）。有些公司采用定期盘点制度（periodic review system），公司定期盘点存货，并将存货补充到理想数量。

⊜ 这些即时生产和按订单生产的例子来自 T. Murphy, "JIT When ASAP Isn't Good Enough", *Ward's Auto World* (May 1999), pp. 67-73; R. Schreffler, "Alive and Well," *Ward's Auto World* (May 1999), pp. 73-77; "A Long March: Mass Customization," *The Economist*, July 14, 2001, pp. 63-65.

30.2.1 销售条件

不是所有的销售都是信用销售。例如，如果你向大量不定期购买的顾客提供商品，你要求货到付款（cash on delivery，COD）。如果你的产品是定制的，要求货到前付款（cash before delivery，CBD）或者按加工进度付款是合理的。

我们考察信用交易时，发现每个行业似乎都有自己特殊的做法。⊖这些规范逻辑粗糙。例如，出售耐用消费品的公司允许买家一个月以内付款，而出售如奶酪、鲜果等易腐坏商品的公司一般要求一周内付款。类似地，如果客户在低风险行业，如果订货量很大，如果需要时间来检查商品的质量，或者商品没那么快再销售出去，卖方会延长付款期。

为了鼓励顾客在最后日期前支付，提供及时结清欠款的现金折扣是常用的做法。例如，制药公司一般要求在30天内付款，而对10天以内付款的顾客给予2%的折扣。这些条件记作"2/10，净30"。

如果周期性地购买商品，要求每次送货分别付款就会不方便，一般的解决方法是一个月的所有销售都"假装"发生在月底（end of the month，EOM）。这样，商品可以按照"8/10 EOM，净60"的条件来销售。这一安排使得顾客在月底之后的10天之内付款可以得到8%的现金折扣，而在发票日期的60天内付款要全额支付。

现金折扣额常常很大。例如，按照"2/10，净30"的条件采购的顾客决定放弃现金折扣，在第30天付款。这意味着这位顾客获得额外20天的信用，但要多支付大约2%的货款。这相当于以年利率44.6%借款。⊜当然，推迟到到期日之后付款的公司获得了更便宜的贷款，但损失了信誉。

30.2.2 付款承诺

向国内客户多次销售商品，几乎总是要建立往来账户（open account），客户所欠货款的唯一证据是卖方的账户记录和顾客签字的收据。

如果你想在发货前从买方得到一份清楚的付款承诺，可以安排采用**商业汇票**（commercial draft）。⊜其原理如下：你签发一张要求顾客付款的汇票，连同发货单一起交给顾客的银行。如果要求立即付款，汇票就称为即期汇票（sight draft），否则称为定期汇票（time draft）。取决于是即期汇票还是定期汇票，顾客立刻付款或者签名并加上"承兑"字样，表示对债务的认可。然后，银行将发货单交给顾客，将资金或**商业承兑汇票**（trade acceptance）交给你这位卖方。

如果你的顾客信用不好，你可以要求顾客安排银行来承兑定期汇票，以此担保顾客的负债。这些**银行承兑汇票**（bankers' acceptance）常常用于海外贸易。银行担保使得

⊖ 不同行业的标准信用条件的报告，见 C. K. Ng, J. K. Smith and R. L. Smith, "Evidence on the Determinants of Credit Terms Used in Interfirm Trade," *Journal of Finance* 54 (June 1999), pp. 1109-1129。

⊜ 现金折扣使你支付98美元而不是100美元，如果你不要这个折扣，你得到20天的贷款，但要多支付所购商品价值的2/98 = 2.04%。一年有365/20 = 18.25个20天。1美元投资18.25期，每期收益率2.04%，将增长为 $(1.0204)^{18.25} = 1.446$ 美元，即投资收益率44.6%。如果顾客高兴以这个利率借款，很有可能是他（她）特别需要现金（或者没算清楚复利是多少）。对这个问题的讨论，见 J. K. Smith, "Trade Credit and Information Asymmetry," *Journal of Finance* 42 (September 1987), pp. 863-872。

⊜ 商业汇票（commercial draft）有时用另一个更一般性的术语 *bill of exchange*。

这些债务很容易交易。如果你不想等，可以将银行承兑汇票卖给银行或有闲置资金投资的其他公司。

30.2.3 信用分析

有多种方法可以发现顾客是否可能偿还负债。对老顾客来说，最明显的特征是他们之前是否及时付款。对新顾客来说，可以利用公司的财务报表来进行评估，或者看投资者对公司的估值有多高。⊖但是，最简单的评估顾客信用状况的方法是看信用评价专业人士的观点。例如，在第23章中，我们描述了债券评级机构（如穆迪和标普）提供公司债券风险的有帮助的指导。

一般来说，只有相对比较大的公司才有债券评级。但是，你可以从信用机构那里获得很多小一些的公司的信息。目前最大的信用机构是邓白氏（Dun and Bradstreet），它的数据库包含全世界几百万家公司的信用信息。征信机构是顾客信用状况数据的另一个来源，除了提供小公司的信息外，它们也提供个人的信用分数。⊖

最后，公司还可以要求它们的银行帮助进行信用检查，银行会联系顾客的银行，要求提供顾客的平均账户余额、银行贷款情况和信誉方面的信息。

你当然不想对每笔订单都进行同样的信用分析，注意力集中在有问题的大订单上，才是合理的做法。

30.2.4 信用决策

我们假设你已经向着有效的信用管理前进了最开始的三步。也就是说，你已经设定了销售条件，已经决定了顾客必须签署的合同，已经建立了估计顾客付款概率的方法。下一步是决定应该向哪些顾客提供信用。

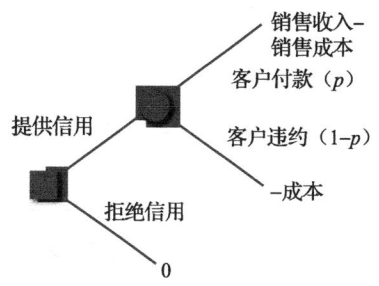

如果不存在重复订货的可能性，决策就相对简单。图30-4归纳了你的各种选择。一方面，你可以拒绝提供信用，这样你不赚也不亏。替代方案是提供信用。假设顾客付款的概率为 p，如果顾客付款，你收到销售收入（REV），发生销售成本（COST），净利润是 REV − COST 的现值。遗憾的是，你不确定顾客会付款，违约

图30-4 如果你拒绝提供信用，你不赚也不亏。如果你提供信用，顾客付款的概率为 p，你的利润为 REV − COST，顾客违约的概率为 $1 − p$，这时你损失 COST

的概率为 $1 − p$。违约意味着你发生了成本，却什么也得不到。每一步的预期利润如下：

	预期利润
拒绝提供信用	0
提供信用	$p\text{PV}(\text{REV} − \text{COST}) − (1 − p)\text{PV}(\text{COST})$

如果提供信用的预期利润为正，你就应该这样做。

例如，考虑铸铁公司的情况。在每次正常销售中，公司销售收入的现值为1 200美

⊖ 我们在23.4节中讨论过如何利用信息来源。
⊖ 我们在23.4节中讨论过信用评分。征信机构的信用评分一般称为"FICO评分（FICO scores）"，因为大多数征信机构利用费埃哲公司（Fair Isaac and Company）开发的信用评分模型。三家主要的征信机构提供FICO评分，它们是Equifax、Experian和TransUnion。

元，成本的现值为1 000美元。因此如果公司提供信用的话，预期利润为：

$$pPV(REV - COST) - (1-p)PV(COST) = p \times 200 - (1-p) \times 1000$$

如果收回货款的概率为5/6，铸铁公司预期能够实现盈亏平衡：

$$预期利润 = \frac{5}{6} \times 200 - \left(1 - \frac{5}{6}\right) \times 1000 = 0$$

因此，铸铁公司的策略应该是，如果收回货款的概率超过5/6，就提供信用销售。

到目前为止，我们忽略了重复订单的可能性。但是，现在提供信用的原因之一帮助得到一个好的经常性客户。图30-5 说明了这个问题。铸铁公司被要求向新客户提供信用。关于这个客户能得到的信息很少，而你认为付款的概率不会超过0.8。如果你提供信用，该客户的订单的预期利润为：

$$初始订单的预期利润 = p_1 PV(REV - COST) - (1-p_1)PV(COST)$$
$$= (0.8 \times 200) - (0.2 \times 1000) = -40(美元)$$

你决定拒绝提供信用。

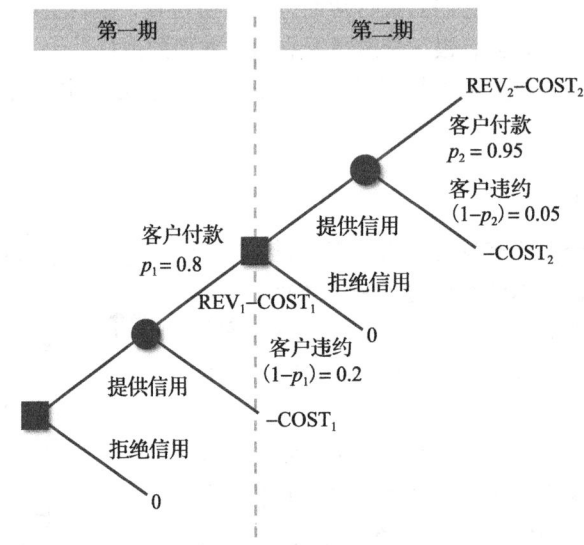

图30-5 这个例子中，客户在第一期付款的概率为0.8，但是如果付款，第二期就有另一个订单，客户第二个订单付款的概率为0.95。这种好的重复订单的概率超额补偿了第一期的预期损失

如果没有重复订单的可能，这个决策是正确的。但是，再看一下图30-5 的决策树，如果客户进行了付款，下一年就有重复订单。因为客户支付了一次，你有95%的把握他（她）将再次付款。由于这个原因，重复订单利润比较高：

$$重复订单下一年的预期利润 = p_2 PV(REV - COST) - (1-p_2)PV(COST)$$
$$= (0.95 \times 200) - (0.05 \times 1000) = 140(美元)$$

现在你重新考察现在的信用决策。如果现在提供信用，收到初始订单的预期利润加上下一年提供信用的可能机会：

$$总预期利润 = 初始订单的预期利润 + 付款和重复订单的概率$$
$$\times PV(重复订单下一年的预期利润)$$
$$= -40 + 0.8 \times PV(140)$$

在任何合理的贴现率下，你都应该提供信用。注意，即使初始订单预期会承担损失也应该这样做。你得到一个可靠的经常性客户的可能性超过预期损失。铸铁公司不承诺继续向这个客户销售，但是现在提供信用使得它获得了这样做的一份有价值的期权。只有客户表现出及时付款的信用时，它才会行使这个期权。

当然，现实情况一般比铸铁公司的简单例子要复杂得多。客户不都是好客户或坏客户，很多客户经常晚付款，你收到现金，但要花成本来收款，还损失几个月的利息。然后，重复销售存在不确定性。存在客户将继续跟你做生意的机会，但你不确定，也不知道她还将继续从你这里购买多久。

像几乎所有的财务决策一样，信用配置需要有很强的判断力。这些例子提醒有关的问题，而非提供解决方案。需要记住的基本要点如下：

1. **最大化利润**。作为信用经理，你不应该将重点放在最小化坏账的数量上，而是应该最大化预期利润。你必须大胆面对以下事实：发生的最好情况是客户及时付款，最坏的情况是违约。在最好的情况下，公司从销售中得到额外的销售收入减去额外的销售成本；在最坏的情况下，什么也得不到，而损失成本。你必须权衡这些结果的可能性。如果销售利润率很高，你有理由采取宽松的信用政策，如果销售利润率很低，你无法承担太多的坏账。⊖

2. **关注危险的账户**。你不应该花费同样的精力分析所有的信用申请。如果信用申请金额小或者很清楚，决策大体是常规决策。如果金额很大或者令人怀疑，直接进行具体的信用评估会比较好。大多数信用经理并不对订单逐一进行决策，而是对每个客户设定信用限额。只有客户超过限额时，才要求销售代表提交订单审批。

3. **眼光放长远，不只看当前的订单**。信用决策是个动态问题，不能只看当前。有时候，只要客户成为可靠的经常性买家的可能性比较高，值得接受相对高一些的风险。因此，新业务必须比成熟业务愿意承担更多坏账，这是建立好客户名单的部分成本。

30.2.5　收款政策

信用管理的最后一步是收款。客户拖欠货款时，一般做法是寄送一份对账单，然后间隔一段时间继续坚持发信或打电话。如果这些都没有效果，大多数公司将债务移交给讨债公司或走司法程序。

大公司在销售簿记、账单结算等方面有规模经济，而小公司没有能力进行完全成熟的信用管理。但是，小公司可以将部分工作委托给**保理商**（factor），来获得部分规模效应。

保理的一般流程如下。保理商和委托人同意为每家客户设定一个信用限额。委托人告诉客户，保理商已经购买了其负债。因此，当委托人向这些客户销售时，将发票副本寄送给保理商，客户直接向保理商付款。最常见的做法是，如果客户没有付款，保理商对委托人无追索权，而有时候委托人承担坏账风险。当然，应收账款保理是有成本的，保理商一般收取1%～2%的管理费，以及差不多同样多的承担坏账风险的费用。除了接管讨债的任务，大多数保理协议还提供应收账款融资，公司也能以应收账款为质押进行负债融资。

保理业务在欧洲很盛行，而在美国只占债务回收的一小部分。在一些行业，比如服

⊖ 回头看铸铁公司的例子，我们的结论是收款的概率超过5/6公司提供信用是合理的。铸铁公司的销售利润率为200/1 200 = 1/6，也就是说，如果付款的概率超过1 − 销售利润率，公司提供信用就是合理的。

装和玩具业，保理很流行。这些行业的特点是有大量小生产商和零售商，互相之间没有长期关系。因为一家保理商会被很多制造商雇用，它比一家公司了解更多的交易，因此更适合判断每个客户的信用。⊖

收款管理和销售部门总是存在潜在的利益冲突。销售代表们一般抱怨说，他们刚赢得新客户，就被收款部门用威胁信件吓跑了。另一方面，收款经理感到惋惜的是，销售团队只关心赢得订单，而不关心之后是否付款。

也有销售团队和收款部门合作的例子。例如，一家大型制药公司的特殊化学药品部门向一家重要客户继续提供了商业贷款，因为该客户突然被银行切断了资金来源。制药公司认为它比银行更了解该客户。信任得到了回报。客户公司获得了另外的银行贷款，偿还了制药公司的贷款，并成为更加忠诚的客户。这是很好的例子，说明了财务管理对销售的支持。

供应商用这种方式来提供商业贷款并不常见，它们允许延期付款是提供间接贷款。贸易信贷对不能获得银行贷款的穷客户来说是重要的资金来源。这提出了一个重要的问题：如果银行不愿意贷款，你作为供应商继续提供贸易信贷，这说得通吗？两个可能的理由，说明为什么这么做是合理的。首先，如同制药公司那个例子一样，对于客户的业务，你比银行了解更多信息。其次，你需要看得更远，不要只关注眼前的交易，要认识到，如果客户倒闭你将损失有利可图的部分未来销售。⊖

30.3 现金

2014年末，亚马逊持有42亿美元现金和137亿美元短期证券。短期证券有利息收入，而现金没有。为什么像亚马逊这样的公司持有如此大量的现金？为什么它们不安排银行每天结束的时候将现金"扫进"一个产生利息的投资中，比如货币市场共同基金？

至少有两个原因。首先，现金留在非生息账户中，是为了补偿银行所提供的服务。其次，大公司可能在几十家不同的银行有几百个账户，将闲置的资金留在这些账户中，比起为了每天在不同账户中转移资金而每天监督每个账户，常常会更好。

设立这么多银行账户的一个重要原因是分散化的管理。你不可能给一家子公司经营自主权，而不给它的管理者花钱和收钱的权利。而好的现金管理需要一定程度的集中化。如果集团中所有的子公司都只为自己的"小金库"负责，就不可能维持理想的现金水平。你肯定也想避免这样的情况，一家子公司投资多余现金的收益率为5%，而另一家子公司以8%的利率借钱。因此，这并不奇怪，即使管理高度分散的公司，一般也集中控制现金余额和银行关系。

30.3.1 采购如何支付

大多数小额的面对面的采购都采用现金支付，但你可能不会用现金购买一辆新车，你也不能用现金在网上买东西。对金额更高的采购或者向不同地点的付款，有多种不同

⊖ 如果你不想得到收款方面的帮助，只想保护自己不受坏账的影响，你可以购买信用保险。例如，在大多数国家，政府都设立了提供出口业务保险的机构。在美国，这种保险由进出口银行（Export-Import Bank）提供，它与一组称为外国信用保险协会（Foreign Credit Insurance Association，FCIA）的保险公司有联系。出口获得了保险时，银行更愿意提供贷款。

⊖ 贸易信贷的供给和需求决定的一些证据，见 M. A. Petersen and R. G. Rajan, "Trade Credit: Theories and Evidence," *Review of Financial Studies* 10 (Fall 1997), pp. 661-692.

的支付方式，表 30-2 给出了一些重要的支付方式。

表 30-2　小额面对面的采购一般用现金支付，其他不同的付款方式如表中所示

支票（check）　开支票，就是命令你的银行支付指定的金额给支票上的特定公司或个人

信用卡（credit card）　信用卡，比如维萨卡或万事达卡，给你一定的信用额度，允许你在这个指定的额度内购买。每个月结束，你要么向信用卡公司全额还款，要么偿还指定的最低额度，对账户未偿余额支付利息

赊账卡（charge card）　赊账卡看起来像信用卡，你可以用赊账卡付款，像用信用卡付款一样。但是，用赊账卡，算账的日子在每个月月末，这时你必须付清所有的购物款，也就是说，每个月都要还清全部账户余额

借记卡（debit card）　你用借记卡在商店购物，直接从银行账户支付，金额通常直接采用电子化方式立即从账户中扣除。借记卡一般也可用于在自动取款机（ATM）上取现

信用转账（credit transfer）　采用信用转账，你要求银行建立定期支付命令，定期对供应商支付。例如，定期支付命令一般用于住房抵押贷款的固定还款

直接支付（direct payment）　直接支付是指示银行，允许公司从你的银行账户上提取不同的金额，只要提前通知你具体金额和支付日期。例如，电力公司要求你安排自动从你的银行账户上支付电费

现在看图 30-6。你会看到全世界人们支付方式的巨大差别。例如，在德国、荷兰和瑞典，人们几乎没有听说过支票，⊖这些国家的大部分支付都采用借记卡或信用转账。相比之下，美国人喜欢开支票，美国每年个人和公司开出大约 130 亿张支票。

但是，全世界的支票使用正在下降，对一次性购买，支票被信用卡或借记卡取代。另外，手机技术和网络正在鼓励新的处于萌芽中的支付体系的开发。例如：

- 电子账单提交和支付（EBPP）系统，使公司向顾客开出账单并通过网络支付。预测 EBPP 将快速增长；
- 储值卡（或电子货币）将现金转移到卡里，用于购买各种商品和服务。例如，香港的八达通卡，原本是支付交通费的，现在成为在全香港广泛应用的电子现金系统。

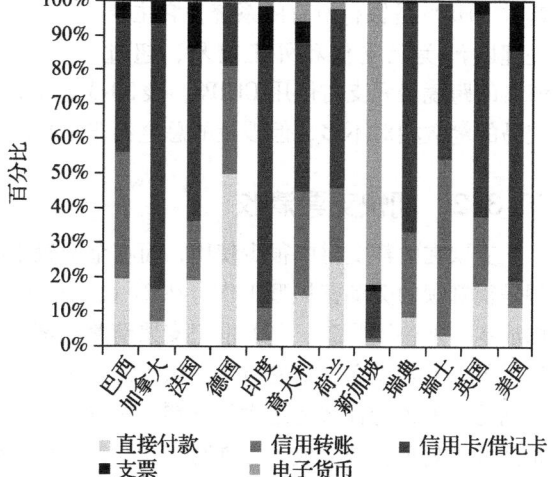

图 30-6　如何进行支付。2013 年无现金交易总额所占的比例

资料来源：Bank for International Settlements, "Statistics on Payment, Clearing, and Settlement Systems in the CPSS Countries—Figures for 2013," December 2014, www.bis.org/。

公司进行电子化的资金收取和支付，主要有三种方法：直接支付、直接存款和电子转账。

重复发生的费用，如公共设施账单、抵押贷款还款和保险费等，通过直接支付（也称自动扣款或直接扣款）。这样，公司的客户只要授权公司从他们的银行账户中扣除所欠的金额，公司向银行提供文件，说明每位顾客的具体情况、扣款金额和日期。然后，

⊖ 支付方法变化模式的分析，见 "Innovations in Retail Payments," Committee on Payment and Settlement Systems, Bank for International Settlements, Basel, Switzerland, May 2012。

付款命令用电子化的方式通过**自动清算所**（Automated Clearing House，ACH）。公司确切知道现金什么时候流入，避免手工处理大量支票的劳动密集型工作。

ACH 系统也允许现金反向流动，于是在直接支付交易提供自动扣款的同时，直接存款则生成自动存款。直接存款用于批量支付，比如工资或股利。公司向银行提供指令，银行减记公司账户，通过 ACH 将资金转移到公司的员工或股东的银行账户中。

直接支付和存款的规模快速增长，你从表 30-3 可以看到，这些交易的总规模超过支票交易的两倍。㊀

公司之间的大额支付一般是电子化的，通过联邦资金转账系统或 CHIPS 进行。联邦资金转账系统由联邦储备体系运营，将近 9 000 家金融机构与美联储连接起来，从而相互之间也联系在一起。㊁ CHIPS 是银行所有的系统，它主要处理欧洲美元支付和外汇交易，超过 95% 的跨境美元支付使用 CHIPS。表 30-3 显示，通过联邦资金转账系统和 CHIPS 进行的交易的笔数相对不多，但涉及的总金额非常高。

表 30-3　2013 年美国支付体系的使用情况

	规模 （百万笔）	价值 （万亿美元）
支票	13 000	17
ACH 直接支付和存款	17 000	39
联邦资金转账系统资金服务	134	713
CHIPS	103	380

资料来源：Bank for International Settlements, "Statistics on Payment, Clearing and Settlement Systems in the CPSS Countries—Figures for 2013," December 2014。

30.3.2　加快支票清收

支票在大额支付中很少使用，而在金额较小的非重复交易中继续广泛使用。支票处理是很麻烦的劳动密集型工作。在 21 世纪初美国发生的法律变化帮助降低了支票处理的成本，加快了收款。《21 世纪支票清算法案》，一般称为"支票 21（Check 21）"，使银行可以互相发送支票的数字图像，而不用再寄送支票。就不再需要用运输机从一家银行到另一家银行往来运送大量支票。一项称为支票转换（check conversion）的技术创新也降低了处理支票的成本。你写一张支票，你的银行账户信息和支付金额就自动被 POS 机获得，支票还给你，而你的银行账户立即被减记。

公司收到大量支票，设计了很多方法确保尽快收到现金。例如，零售连锁公司安排每家子公司将收入存在当地银行收款账户中，多余的资金定期电子转账到公司的一家主要开户银行的**集中账户**（concentration account）中。两个原因使集中银行制度让公司能够更快地利用资金。首先，因为商店离银行更近，移送支票的时间减少。其次，因为顾客的支票一般是开给当地银行的，清算支票所花的时间也减少了。

集中银行制度常常和**加锁信箱体系**（lockbox system）结合在一起，指导公司的顾客将他们的付款送到区域邮局的信箱里，然后当地银行承担清空信箱、将支票存入公司当地存款账户的管理工作。

30.3.3　国际现金管理

大型跨国公司运营涉及几十个国家，每个国家有自己的货币、银行体系和法律体

㊀ 自动清算所也处理支票转换交易和通过电话或网络进行的非重复性交易。
㊁ 联邦资金转账系统（Fedwire）是实时全额结算系统，通过联邦资金转账系统的每一笔交易都立刻逐笔结算。净额结算系统下，所有交易放在一起，定期进行净额结算。CHIPS 是间隔频繁的净额结算的一个例子。

系。比起来，国内公司的现金管理形同儿戏。

对这些大型跨国公司来说，集中化的现金管理体系是无法实现的理想，尽管它们在向这个目标努力。例如，假设你是一家在整个欧洲经营的大型跨国公司的财务主管，你可以允许每个独立的分支机构自己管理现金，但这样做成本高，几乎肯定会导致每家分支机构建立自己的小金库。解决的办法是建立一个区域系统，公司在每个国家的一家银行建立一个本地集中账户，任何多余的现金每天都被放入在伦敦或另一个欧洲银行中心的中央多币种账户中。然后这些现金被投资于可交易证券，或用于向现金短缺的分支机构提供融资。

也可以对区域中心之外支付。例如，为了向每个欧洲国家的员工支付工资，公司只需要给开户银行一个关于支付的计算机文件，然后银行找到成本最低的方式，将现金从公司的中心账户转移出去，在适当的日期支付给每个国家的员工。

公司不用在本地银行账户和区域集中账户之间实际转移资金，可以利用在每个国家都有分支机构的跨国银行，然后安排银行将所有的现金盈余和不足集中起来。这样，不用在账户之间转移资金。银行只要将所有的贷方和借方余额加总起来，如果有现金盈余就按照存款利率向公司支付利息。

公司的国际分支机构互相交易时，跨境交易的数量将成倍增加。公司可以建立一个净额结算系统，而不用进行所有方向的支付。每家分支机构计算自己的净头寸，然后与净额结算中心进行一笔交易。几个行业已经为成员建立了净额结算系统。例如，超过 200 家航空公司联合起来建立了一个净额结算系统，方便它们互相之间必须进行的外汇支付。

30.3.4 购买银行服务

现金管理的大部分工作都是由银行完成的，如处理支票、转移资金、管理加锁信箱和公司账户的跟踪。银行提供的很多其他服务与现金管理没有直接关系，如外汇收支，或证券托管。

所有这些服务都要付费，一般是按月付费，只要公司保持无息存款的最低平均余额，银行就同意免除这些费用。银行愿意这么做，因为这些资金除了一部分作为准备金保留在联储的账户上之外，其他的可以贷出去获得利息收入。指定用来支付银行服务的活期存款余额称为**补偿性余额**（compensating balances）。活期存款过去常用于支付银行服务，但随着允许银行对活期存款支付利息，银行逐渐放弃使用补偿性余额而采用直接付费。

30.4 可交易证券

2014 年 9 月，苹果公司拥有 1 553 亿美元的巨额现金和固定收益投资，占公司总资产的三分之二，其中 102 亿美元是现金，其余的则进行了以下投资，见右表。

大多数公司没有这么巨额的现金盈余，但也会将不马上需要的现金进行短期投资。这些投资的市场称为**货币市场**（money market）。货币市场没有看得见的场所，是银行和交易商通过电话或网络的松散联系。但是，货币市场中

固定收益投资	成本价值（百万美元）
货币市场和共同基金	4 077
美国国债和机构证券	30 513
非美国政府债券	6 925
大额存单和定期存单	3 832
商业票据	475
公司证券	85 431
市政债券	940
抵押贷款和资产支持证券	12 907
总计	145 100

的证券交易量非常大，竞争也很激烈。

大多数大公司自己管理货币市场投资，而小公司有时觉得聘用专业投资管理或者或将现金投资于货币市场基金更方便。㊀尽管现金盈余很多，苹果公司只投资了现金的小部分到货币市场基金。

货币市场基金相对比较安全，在面临金融压力的时期特别受欢迎。在2008年信贷紧缩时期，随着投资者逃离下跌的股票市场，货币市场基金资产急剧膨胀。然后，消息披露出来，一家名为储备基础基金（Reserve Primary Fund）的基金所持有的雷曼兄弟的商业票据遭受了重大损失。该基金成为历史上第二只跌破面值的基金，向赎回基金的投资者1美元只支付97美分。那一个星期中，投资者从货币市场中抽走了近2 000亿美元，促使政府向投资者提供紧急保险。

30.4.1　计算货币市场投资收益率

很多货币市场投资是纯折现证券（discount securities），就是说这些证券不支付利息，收益就是你购买时所支付的价格和到期时得到的金额的差额。遗憾的是，用差额代表资本利得来劝说国内收入署（IRS）是没有用的，IRS很聪明，将按照普通收入对你的收益收税。

货币市场投资的利率常常以贴现率进行报价。例如，假设3月期国债发行时贴现率为5%，这就是说，3月期国债的价格是$100 - (3/12) \times 5 = 98.75$。因此，现在每投资98.75美元，3个月后将收到100美元。3个月收益率为$1.25/98.75 = 0.012\ 7$，即1.27%，相当于年收益率5.16%。注意，收益率总是高于贴现率。当你看到一项投资的价格是贴现率5%，很容易犯这样的错误，认为这是收益率。㊁

30.4.2　货币市场投资收益率

我们对长期负债进行估值的时候，考虑违约风险是很重要的。30年中，几乎任何事情都会发生，甚至现在最受尊敬的公司最后也会有麻烦。因此，公司债券的收益率高于国债。

短期负债也不是无风险的，而一般来说，公司发行的货币市场证券，违约风险要小于公司债券，有两个原因。首先，短期投资的可能结果范围更小，即使短期前景堪忧，一般来说你有信心公司下个月还是会存在的。其次，在很大程度上只有成熟的公司才能在货币市场中借款。如果你借出资金的时间只有短短几天，你花不起太多时间来评估贷款，因此你将只考虑蓝筹公司借款人。

尽管货币市场投资的质量很高，公司证券和美国政府证券的收益率也常常存在显著差异。为什么会这样？一个原因是违约风险，另一个原因是投资的流动性或可变现性不同。投资者喜欢国库券，因为它们容易在短期内变现。不能快速低成本变现的证券需要提供相对更高的收益率。在市场波动的时期，投资者特别看重及时变现的能力，这种情况下，流动性不高的证券的收益率急剧上升。

30.4.3　国际货币市场

我们在第24章中指出，美元债券有两个主要的市场，一个是美国的国内市场，一

㊀ 基础篇第17章17.3节讨论过货币市场基金。
㊁ 混淆得更严重的是，货币市场交易商经常按一年只有360天来报价。因此，贴现率为5%的91天到期的国债，价格为$100 - 5 \times (91/360) = 98.74\%$。

个是以伦敦为中心的欧洲债券市场。相似地，短期美元投资除了国内市场，还存在一个称为欧洲美元市场的国际市场。欧洲美元与欧洲货币联盟的统一货币——欧元没有任何关系，是在欧洲银行的美元存款。

正如既存在美国国内货币市场，又存在欧洲美元市场，日元也既存在国内货币市场，也存在位于伦敦的欧洲日元市场。因此，如果美国公司想进行短期日元投资，它可以在东京的银行存入日元，也可以在伦敦存入欧洲日元。类似地，欧元也有在欧元区的货币市场，也存在位于伦敦的货币市场。⊖以此类推。

伦敦的主要国际银行以美元的伦敦银行同业拆借利率（LIBOR）互相拆借美元，以日元 LIBOR 互相拆借日元，以欧元银行同业拆借利率（Euribor）互相拆借欧元。这些利率是美国和其他国家很多种类的短期贷款的定价基准。例如，美国公司可以发行利率与美元 LIBOR 挂钩的浮动利率债券。

如果我们生活在没有管制和税的世界中，欧洲美元贷款的利率一定与同样的国内贷款的利率相同。而正是由于政府对国内银行借贷的管制，才使国际债务市场发展起来。当美国政府限制美国的银行向国内存款支付的利率时，公司将美元存在欧洲可以获得更高的利率。随着这些限制的取消，利率的差异基本消失了。

在 20 世纪 70 年代末，美国政府担心管制会使业务流向海外的外国银行和美国银行的海外分支机构。为了将业务吸引回美国，1981 年政府允许美国和外国银行建立国际银行子公司（international banking facilities，IBF）。一家 IBF 相当于一个金融自由贸易区，物理网点位于美国，但没有美联储的准备金要求，储户也不用在美国纳税。⊜但是，对 IBF 所从事的业务有严格的限制，特别是它不能从美国国内的公司吸收存款或者向它们发放贷款。

30.4.4 货币市场工具

主要的货币市场工具如表 30-4 所示。我们依次进行描述。

美国国库券 表 30-4 中的第一个是美国国库券，通常每周发行，到期时间分别为四周、三个月、六个月和一年。⊜国库券通过单一价格拍卖出售，就是说竞标成功者按照相同的价格分配国库券。⊗你不必通过投标来投资国库券，国库券也存在非常好的二级市场，每周的买卖金额达数十亿美元。

联邦机构债券 "机构证券（agency securities）"是政府机构和政府发起企业（government sponsored enterprise，GSE）所发行的证券的总称。尽管这些负债大部分都不由美国政府担保，㊄投资者通常假定政府会介入阻止违约的发生。这一观点在 2008 年得到了强化，当时两家巨大的抵押贷款公司——联邦国民抵押贷款协会（房利美）和联邦住房贷款抵押公司（房地美）遇到麻烦，所有权被政府获得。

政府机构和 GSE 既进行短期借款，也进行长期借款。短期借款包括与国库券相似的贴现债券，交易活跃，一般由公司持有。这些债券传统上收益率高于美国国库券，一个

⊖ 偶尔（仅仅是偶尔）也称为"欧洲欧元（euroeuros）"。
⊜ 由于这些原因，IBF 中的美元存款归类为欧洲美元。
⊜ 三月期国库券通常 91 天到期，六月期国库券 182 天到期，1 年期国库券的到期时间通常为 364 天。国库券拍卖信息，见 www.publicdebt.treas.gov。
⊗ 国库券的很小一部分出售给非竞争性投标者，非竞争性投标与竞争性投标的成功者价格相同。
㊄ 美国政府国民抵押贷款协会（吉利美）、美国小企业管理局、美国联邦总务管理局（GSA）、农业信贷金融支持公司、国际发展署、退伍军人事务部（维尼美）和私人出口基金公司除外，这些机构的债务由美国政府提供信用担保。

原因是机构债券不如国债的流动性好。另外，除非债券有明确的政府担保，否则投资者要求额外的收益率来补偿政府让其违约的可能性（这个可能性很小？）。

表30-4 美国的货币市场投资

投资	借款人	发行时的到期时间	流动性	计算利息的基准	说明
国库券	美国政府	4周、3个月、6个月、1年	二级市场非常好	贴现	每周拍卖
政府机构和GSE基准债券和贴现债券	吉利美、房利美、房地美等	隔夜到360天	二级市场很好	贴现	定期拍卖基准债券；通过交易商发行贴现债券
免税市政债券	市政府、州政府、学区等	3个月到1年	二级市场好	通常到期时支付利息	税收预期债券（TAN）、收入预期债券（RANs）、责任预期债券（BANs）等
可变利率活期免税债券（VRDN）	市政府、州政府、州立大学等	10~40年	二级市场好	利率可变	长期债券，附带即期偿还的认沽期权
不可转让的定期存单和可转让存单（CD）	商业银行、储蓄和贷款公司	通常1~3个月；也有更长期的可变利率的CD	可转让CD存在二级市场	到期时支付利息	定期存单的收据
商业票据（CP）	工业公司、金融公司和银行持股公司；也有市政府	最长270天；通常60天或更短	交易商或发行人会回购商业票据	通常是贴现	无担保借据；可以通过交易商募集或者直接出售给投资者
中期票据（MTN）	主要是金融公司和银行；也有工业公司	最短270天；通常少于10年	交易商会回购中期票据	支付利息；通常是固定利率	通过交易商的无担保借据
银行承兑汇票（BA）	主要是商业银行	1~6个月	存在二级市场	贴现	按要求支付银行承兑的金额
回购协议（repo）	美国政府证券交易商	隔夜到大约3个月；也有开放式回购（持续合同）	没有二级市场	回购价格高于市场价格；差额作为回购利率	交易商出售政府证券，同时承诺回购

短期免税证券 各州、市政府和机构（如州立大学和学区）也发行短期债券。⊖这些债券有特别的吸引力——利息免缴联邦税。⊜当然，市政债券的这一税收优势通常会反映在价格中。多年来，AAA级市政债券的收益率比同期限国债的收益率低10%~30%。

大部分免税债券风险相对比较低，经常由保单提供支持，如果市政府违约由保险承诺支付。⊜但是，在2008年动荡的市场中，即使保险公司的支持也不能使投资者信服，

⊖ 其中一些债券是一般责任债券（general obligation）；其他的则是收入证券（revenue securities），用发行人的租金收入或其他收费来偿还负债。

⊜ 国债利息免缴州和地方税，部分抵消了这些债券的优势。

⊜ 免税债券的违约很少见，大部分是非盈利的医院。但是，也发生过一些免税债券的重大违约事件。1983年，华盛顿公共能源供应系统（倒霉地简称为WPPSS，或"WOOPS"）22.5亿美元债券违约。1994年，加州橘县的投资组合损了17亿美元后，也发生了违约。2011年，亚拉巴马州的杰斐逊县宣布破产，债务规模达42亿美元。底特律拥有政府破产的记录，2013年申请破产时，债务达到180亿~200亿美元。

投资者担心保险公司可能有麻烦。市政债券的免税优势不再重要，它们的收益率上升到高于国债收益率。

可变利率活期票据 没有法律禁止公司对长期证券进行短期投资。如果公司有 100 万美元的资金用于支付所得税，它可以在 1 月 1 日购买长期债券，在 4 月 15 日必须要缴税时卖掉这些债券。但是，这个策略的危险也很明显。如果 1～4 月债券价格下降了 10% 怎么办？你欠国内收入署 100 万美元，而债券只值 90 万美元，这太尴尬了。当然，债券价格也会上升，但为什么要冒这个风险？受委托将多余资金进行短期投资的公司财务总监，自然厌恶长期债券价格的波动性。

一个解决办法是购买可变利率的活期市政票据（VRDN），它们是长期证券，利息与短期利率水平挂钩。每当重新设定利率的时候，投资者有权利将债券按照面值出售给发行人。㊀ 这保证了在重新设定利率的日期，票据的价格不低于面值。因此，尽管 VRDN 是长期贷款，但它们的价格是非常稳定的。另外，市政债券的利息有免税的好处。因此，可变利率市政活期票据为你的 100 万现金提供了相对安全、免税的短期投资机会。

银行定期存款和存单 如果你在银行存定期存款，你是在借出固定期限的资金。如果你在到期前需要资金，银行一般允许你提款，但要降低利率作为惩罚。

在 20 世纪 60 年代，银行为 100 万美元及以上的定期存款引入了可转让存单（CD），银行想借钱就可以发行存单，即在该银行的定期存款凭证。如果储户在到期前需要资金，可以将 CD 出售给另一位投资者。存单到期，新的存单所有者将存单交给银行，得到支付。㊁

商业票据和中期票据 在第 24 章详细讨论过，包括公司定期发行的无担保、短期和中期债务。

银行承兑汇票 在本章前面我们了解了如何用银行承兑汇票（BA）为进出口融资。开始时，承兑汇票是要求银行在未来日期支付固定金额的书面文件。银行一旦做出承诺，承兑汇票就成为可以被货币市场交易商买卖的可交易证券。美国大银行承兑的汇票一般一至六个月到期，信用风险非常低。

回购协议 回购协议（或者 repo）实际上是向政府证券交易商的担保贷款。原理如下：投资者购买交易商所持有的部分国债，同时安排在未来某个日子按照确定的高一些的价格再卖回给交易商。㊂ 我们说借款人（交易商）签署了一份回购协议（repo），投资者（购买证券的人）签署了一份反向回购（reverse repo）。

回购协议有时候持续几个月，更常见的是隔夜（24 小时）回购，没有其他国内货币市场投资可以提供这样的流动性。公司几乎可以将隔夜回购当作支付利息的活期存款。

假设你决定将现金投资于回购协议，几天或几周。你不想每天都重新协商回购协议，一个解决方法是与证券交易商签订开放式回购协议（open repo），这样协议没有固定的到期时间，任何一方都可以提前一天通知后退出交易。替代性的方法是，可以与银行协商，将多余的资金自动转账为回购。

拍卖利率优先股 普通股和优先股对公司来说具有税收优势，因为公司得到的股利，只有 30% 需要纳税。因此，对每 1 美元股利收入，公司得到 $1-(0.30 \times 0.35)=0.895$ 美元，有效税率只有 10.5%。这比市政债券的零税率高，但远远低于公司其他债

㊀ 发行人借款时，一般会跟银行安排支持性信贷额度，确保能够得到资金偿还负债。
㊁ 有些存单不可转让，只是定期存款。例如，银行可以向个人出售小额不可转让存单。
㊂ 为了减少回购的风险，证券的估值一般低于市场价值，这一差额称为折扣（haircut）。

券投资利息收入的税率。

假设你考虑将公司的闲置资金投资于其他公司的优先股，10.5%的税率非常有诱惑力。另一方面，你担心如果长期利率变化，优先股的价格会变化，而投资于股利与一般利率水平挂钩的优先股会减少你的担心。⊖

改变股利的支付方式不太有用，如果风险增加，优先股的价格仍会下降。因此，一些公司对浮动利率优先股进行了创新，股利不是严格与利率挂钩，而是定期向所有投资者拍卖来决定股利水平。投资者可以报出他们愿意在什么收益率水平下购买股票，想要更高收益率的老股东可以将股票以面值卖给新的投资者。

拍卖利率优先股与可变利率活期票据相似，除了发行人没有责任买回优先股。如果拍卖时没有出现新的投资者，老股东继续持股。这就是2008年发生的情况。股东们无法卖出他们的股票很生气，抱怨说银行说这些股票等价于现金是虚假营销，起初承销这些发行的很多银行最后同意进行回购。看起来，拍卖利率优先股不再是现金的避风港。

本章总结

四种主要的流动资产是存货、应收账款、现金和短期证券。存货包括原材料、半成品和产成品的库存。存货有好处。例如，原材料库存使公司减少了因原材料意外短缺而停工的风险。但是，存货占用资本，存储成本高。生产经理的任务是合理地平衡存货的好处和成本。近年来，很多公司的存货水平已经比过去下降了。例如，有的公司采取了即时生产体系，每天收到零部件和原材料的供货，从而保持最低的存货水平。

信用管理（管理应收账款）包括五个步骤：

1. 建立付款期和为及时付款的客户设定现金折扣；

2. 决定与客户的合同的形式。例如，如果客户的信用不稳定，可以要求客户安排银行承兑，这样客户的银行对付款进行担保；

3. 评估客户的信用。你可以自己做，也可以依靠信用机构或征信机构，它们专门收集公司或个人的信用信息；

4. 设定合理的信用上限。记住，你的目标不是最小化坏账数量，而是最大化利润。还要记住，在估算预期利润时不要太短视。接受处于边缘状态的客户的信用申请还是值得的，如果它们有机会成为可靠的经常性客户的话；

5. 收款。对确实拖欠不付款的客户必须要果断，而对因为支票寄送延迟的好客户，不要写要求付款的信件而冒犯到他们。

好的现金管理使现金高效周转。例如，如果公司收到大量小额支票，要保证它们没有被丢在一边不管。我们描述了如何利用集中银行账户和加锁信箱系统来加快收款。大部分大额支付通过电汇进行电子化支付，这使得公司可以将资金从当地银行账户转移到公司的主要集中银行，从而节约现金的使用。电子资金转移还加快了支付，提高了现金管理过程的自动化程度。

如果你拥有的现金比现在需要的多，可以在货币市场中投资，货币市场投资有很多选择，其流动性和风险不同。记住，这些投资的利率经常用贴现率报价，复利收益率总是高于贴现率。美国主要的货币市场投资有美国国库券、联邦机构债券、短期免税债券、定期存款和单、回购协议、商业票据和银行承兑汇票。

⊖ 发行优先股的公司必须从税后利润中支付股利，因此大部分要纳税的公司更喜欢发行债券，而不是浮动利率优先股。但是，有很多公司不纳税，不能利用利息税盾。另外，它们能够发行利率比负债更低的浮动利率优先股。购买优先股的公司对低一些的利率也满意，因为70%的股利不用纳税。

扩展阅读

下面是营运资本管理的一些常用教科书：

J. Sagner, *Working Capital Management: Applications and Case Studies*, 4th ed. (New York: John Wiley & Sons, 2014).

J. Zietlow, M. Hill, and T. Maness, *Short-Term Financial Management*, Revised 4th ed. (San Diego, CA: Cognella Publishing, 2014).

信用管理的实践和制度背景的标准教科书：

R. H. Cole and L. Mishler, *Consumer and Business Credit Management*, 11th ed. (New York: McGraw-Hill, 1998).

对信用政策更具分析性的讨论，见：

S. Mian and C. W. Smith, "Extending Trade Credit and Financing," *Journal of Applied Corporate Finance* 7 (Spring 1994), pp. 75-84.

M. A. Petersen and R. G. Rajan, "Trade Credit: Theories and Evidence," *Review of Financial Studies* 10 (Fall 1997), pp. 661-692.

两本有用的现金管理方面的书：

M. Allman-Ward and J. Sagner, *Essentials of Managing Corporate Cash* (New York: Wiley, 2003).

R. Bort, *Corporate Cash Management Handbook* (New York: Warren Gorham and Lamont, 2004).

关于为什么有的公司比其他公司保留更多的流动性，两篇值得读的文章：

A. Dittmar, "Corporate Cash Policy and How to Manage It with Stock Repurchases," *Journal of Applied Corporate Finance* 20 (Summer 2008), pp. 22-34.

L. Pinkowitz and R. Williamson, "What Is the Market Value of a Dollar of Corporate Cash?" *Journal of Applied Corporate Finance* 19 (Summer 2007), pp. 74-81.

货币市场和短期投资机会的描述，见：

F. J. Fabozzi, *The Handbook of Fixed Income Securities*, 8th ed. (New York: McGraw-Hill, 2012).

F. J. Fabozzi, S. V. Mann, and M. Choudhry, *The Global Money Markets* (New York: John Wiley, 2002).

U. S. Policy and Financial Markets, 第4章，见纽约联储网站 www.ny.frb.org.

练习题

基础题

1. **存货** 关于公司应该保留多少存货，决策要权衡什么？

2. **信用政策** X公司的销售条件是"1/30，净60"。Y公司从X公司采购，发票价格为1 000美元。
   a. 如果Y公司在第30天付款，可以少付多少？
   b. 如果Y公司在最后到期日付款而不是在第30天付款，有效年利率是多少？
   c. 在以下条件下，你认为付款条件会如何变化？
      i. 商品易腐烂时；
      ii. 商品无法快速再销售出去时；
      iii. 商品销售给高风险公司时。

3. **信用政策** 付款到期日距离采购日的间隔时间称为条件延期（terms lag），买方实际付款日距离到期日的间隔时间称为到期延期（due lag），实际付款日距离采购日的间隔称为付款延期（pay lag），因此：

   付款延期 = 条件延期 + 到期延期

   说明以下事件如何影响各个延期：
   a. 公司对付款迟的客户收取服务费；
   b. 经济衰退使客户现金不足；
   c. 公司将付款条件从"净10"改为"净20"。

4. **信用政策** 烙铁公司批发出售烙铁，每个 50 美元，生产成本为每个 40 美元。批发商 Q 明年破产的概率为 25%。Q 订购了 1 000 个烙铁，要求六个月的信用。你应该接受这个订单吗？假设年贴现率为 10%，没有重复订购的可能，Q 要么全额付款，要么什么也不付。

5. **信用政策** 再回过去看 30.2 节，铸铁公司的成本从 1 000 美元提高到 1 050 美元，没有重复订购的可能性，回答以下问题：
   a. 铸铁公司何时应该提供或拒绝向客户提供信用？
   b. 如果确定客户过去是及时付款还是延迟付款的成本为 12 美元，铸铁公司应该何时进行这样的验证？

6. **信用政策** 再看一下 30.2 节中关于重复订货的信用决策的讨论。如果 $p_1 = 0.8$，如果铸铁公司有理由提供信用，那么 p_2 最小是多少？

7. **信用管理** 判断正误：
   a. 出口商要求更高的付款确定性，安排客户签署海运提单，来换取即期汇票；
   b. 根据坏账比例监督信用经理的业绩是合理的；
   c. 如果多次提醒客户仍拒绝付款，公司通常将这笔债务移交给保理商或律师；

8. **信用政策** （a）净利润率、（b）利率和（c）重复订货的可能性的差异对你的授信意愿有何影响？在每种情况下，用一个简单的例子对你的答案进行说明。

9. **现金管理** 选择合适的术语，填入下面这段文字中：加锁信箱银行业务、联邦资金转账系统、CHIPS、集中银行
   公司通过加快收款来增加现金资源。一种方法是安排向区域办公室付款，然后再将支票交到本地银行，这称为_____。然后多余的资金从当地银行转移到公司的一家主要开户行。资金转移可以采用电子化的_____或_____系统。另一项技术是安排当地银行直接从邮局信箱中收取支票，这称为_____。

10. **计算收益率** 2008 年 10 月，6 月期（182 天）国库券发行价格为贴现率 1.4%，该国库券投资的年收益率是多少？

11. **短期证券** 对下面每个项目，选择最适合该描述的投资：
    a. 到期时间一般是隔夜（回购协议/银行承兑汇票）；
    b. 到期时间不超过 270 天（免税债券/商业票据）；
    c. 美国财政部发行（免税债券/3 月期国库券）；
    d. 以贴现率报价（存单/国库券）；
    e. 通过拍卖出售（免税债券/国库券）。

12. **短期证券** 考虑以下三只证券：
    a. 浮动利率债券；
    b. 支付固定股利的优先股；
    c. 浮动利率优先股。
    如果你负责对公司多余的现金进行短期投资，你可能喜欢持有哪种证券？公司的税率对你的回答有影响吗？请简单解释一下。

进阶题

13. **信用条件** 下面列出了一些常用的销售条件，请解释每一项的含义。
    a. 2/30，净 60；
    b. 2/5，EOM，净 30；
    c. COD。

14. **现金折扣** 上一个问题中有些销售条件涉及现金折扣，对每个项目，计算客户到期才付款而没有得到现金折扣的利率。

15. **信用条件** 菲尼克斯兰伯特公司现在采用货到付款方式销售，而公司财务经理认为，采用 "2/10，净 30" 的信用条件会使销售额增加 4%，不会带来成本的显著增加。如果利率为 6%，利润率为 5%，你建议信用销售吗？首先假设所有的客户都获得现金折扣，然后假设都在第 30 天付款。

16. **信用政策** 亚里士多德·普洛克路斯特斯是环球床具公司的财务总监，很担心坏账率的问题，公司目前的坏账率为 6%。他认为采取更严格的信用政策会

使销售额下降5%，而坏账率会减少到4%。如果销货成本是销售价格的80%，普洛克路斯忒斯先生应该采取更严格的政策吗？

17. **信用政策** 吉姆·卡纳是维可牢车座公司的信用经理，他正在重新评估公司的信用政策。维可牢公司的销售条件为"净30"，销售成本是销售收入的80%，固定成本又占了销售收入的5%。维可牢公司将客户划分为1~4级。过去5年，收款情况如下：

分类	违约占销售收入的比例	非违约账户的平均账期天数
1	0	45
2	2.0	42
3	10.0	40
4	20.0	80

平均利率为15%。

对于维可牢公司的信用政策，你的结论（如果有的话）是什么？在改变这一政策之前，还应该考虑哪些其他因素？

18. **信用政策** 再回到上个问题。假设（a）对每个新的信用申请人进行分类的成本为95美元和（b）新申请人为四类之一的概率大体相等。在什么情况下，卡纳先生应该不必麻烦进行信用审核？

19. **信用条件** 直到最近，奥革阿斯清洁产品公司销售产品的条件都是"净60"，平均账期为75天。为了使客户更及时地付款，公司将销售条件改变为"2/10，EOM，净60"。改变销售条件后最初的影响如下：

现金折扣的销售百分比	平均账期	
	现金折扣	净额付款
60	30①	80

① 有些客户在规定的日期后付款也得到了现金折扣。

计算改变销售条件的影响。假设：
- 销售额不变；
- 利率为12%；
- 无违约；
- 销货成本为销售额的80%。

20. **信用条件** 见前一个问题。假设信用条件的变化导致销售额增加了2%。重新计算信用条件变化的影响。

21. **现金管理** 旋钮股份有限公司是个全国性的家具五金销售商，公司现在采用一套中央账单系统进行信用销售，年销售额1.8亿美元。第一国民银行是旋钮公司的开户银行，提议为公司建立集中银行系统，每年收费100 000美元。银行估计，邮寄和收账的时间将减少三天。在新系统下，旋钮公司的现金余额将增加多少？如果多余的资金用于减少公司在第一国民银行的借款，新系统将带来多少额外的利息收入？假设借款利率为12%。最后，如果在老系统下的收款成本为每年40 000美元，旋钮公司应该接受第一国民银行的建议吗？

22. **加锁信箱** 安妮·提克是一家家具制造商的财务经理，她正在考虑运营加锁信箱系统。预测每天信箱将收到300笔付款，平均付款额为1 500美元。银行运营加锁信箱系统的收费为每张支票0.40美元，或者要求800 000美元的补偿性存款余额。

a. 如果利率为9%，哪种付款方式更便宜？

b. 收款和处理每张支票的时间减少多少，才会支持使用这个加锁信箱系统？

23. **支付体系** 母公司每周对子公司的收款账户进行一次清算。（也就是说，母公司每周将账户余额转移到中央账户。）电汇成本为每次10美元，支票为0.80美元，现金通过电汇当天就可以得到，而母公司必须等三天才能完成支票清算。现金投资收益率为每年12%。收款账户至少有多少资金，采用电汇才值得？

24. **加锁信箱** JAC化妆品公司的财务经理正在考虑在匹兹堡开一个加锁信箱。通过加锁信箱的支票清算量将达到每天10 000美元。加锁信箱将使公司获得现金的时间比现在提前三天。

a. 假设银行提出，运营加锁信箱需要 20 000 美元的补偿性存款余额，使用加锁信箱值得吗？

b. 假设银行提出，运营加锁信箱的费用不是补偿性存款余额，而是清算每张支票 0.10 美元，如果这个费用方案成本更低，平均的支票量是多少？假设年利率为 6%。

25. **货币市场收益率** 3 月期国库券和 6 月期国库券的价格都是贴现率为 10%，哪个年收益率更高？

26. **货币市场收益率** 30.4 节中，我们描述了一只 3 月期国库券发行时的年复利收益率为 5.16%。假设一个月过去了，该债券的复利收益率不变，百分比贴现率是多少？过去一个月的收益率是多少？

27. **货币市场收益率** 再回到前面的问题。如果又一个月过去了，现在国库券还剩一个月到期。现在的价格为贴现率 3%，国库券的收益率是多少？过去两个月实现的收益率是多少？

28. **短期证券** 查阅现在各种短期投资所提供的利率。假设你公司有 100 万美元多余的现金，可以在以后两个月投资，你如何投资呢？如果多余的现金为 5 000 美元、20 000 美元、100 000 美元或 1 亿美元呢？

29. **免税** 2006 年机构债券的收益率为 5.32%，而到期时间可比的高等级免税债券的年收益率为 3.7%。如果投资者投资公司债券的税后收益率与免税债券相同，投资者的边际税率是多少？其他哪些因素可能影响投资者在这两种证券之间的选择？

30. **免税** IRS 禁止公司借款购买免税债券和从应税收入中扣除借款的利息费用。IRS 应该禁止这一行为吗？如果没有禁止，你建议公司借款购买免税债券吗？

31. **税后收益率** 假设你是富人，税率 35%，以下投资的预期税后收益率分别是多少？
a. 市政债券，税前收益率 7.0%；
b. 国库券，税前收益率 10%；
c. 浮动利率优先股，税前收益率 7.5%。

如果投资者是税率 35% 的公司，你的答案如何变化？决定如何投资公司的多余现金时，还要考虑其他哪些因素？

挑战题

32. **信用政策** 瑞莱恩特伞业公司找到内华达普兰普顿杂货店。普兰普顿表示有兴趣第一次购买 5 000 把伞，单价 10 美元，按照瑞莱恩特的标准销售条件 "2/30，净 60" 购买。普兰普顿打算，如果伞受到顾客的欢迎，将每年采购 30 000 把。扣除可变成本之后，这一订单将为瑞莱恩特每年增加 47 000 美元的利润。

瑞莱恩特一直以来很想打入有利可图的内华达市场，而信用经理对普兰普顿有些疑虑。在过去五年中，普兰普顿曾开始一个激进的开设新店的计划，而在 2013 年，情况急转直下。经济衰退，加上激烈的价格竞争，导致现金不足。普兰普顿辞退员工，关掉了一家店，延迟了新店的开设。公司的邓白氏评级仅为一般。通过与普兰普顿的其他供应商核实，发现尽管普兰普顿过去得到过现金折扣，但最近付款慢了 30 天。向普兰普顿的银行了解情况后，发现普兰普顿有未用信用额度 350 000 美元，但已经与银行讨论安排将 1 500 000 美元定期存款展期到年底。表 30-5 总结了普兰普顿的最新的财务报表。

作为瑞莱恩特的信用经理，你认为应该如何向普兰普顿提供信用？

表 30-5 普兰普顿杂货店：财务报表总结 （单位：百万美元）

	2016	2015		2016	2015
现金	1.0	1.2	应付账款	2.3	2.5
应收账款	1.5	1.6	短期贷款	3.9	1.9
存货	10.9	11.6	长期负债	1.8	2.6

	2016	2015		2016	2015
固定资产	5.1	4.3	股权	10.5	11.7
总资产	18.5	18.7	总负债和权益	18.5	18.7

	2016	2015
销售收入	55.0	59.0
销货成本	32.6	35.9
销售、一般和管理费用	20.8	20.2
利息	0.5	0.3
所得税	0.5	1.3
净利润	0.6	1.3

33. **信用政策** 婕若琳股份有限公司是一家药品批发商。扣除坏账损失之前，公司的利润率为5%。很长时间以来，公司采用基于少量关键比率的数字化信用评分系统，结果使坏账率在1%左右。

婕若琳公司委托专业机构对过去八年客户的付款情况进行了统计研究，经过相当多的实验后，确定了五个变量，可以作为新的信用评分系统的基础。根据过去的经验，婕若琳公司计算出，每10 000个账户的违约率如下：

	账户数		
建议的信用评分系统	违约	支付	总计
大于80分	60	9 100	9 160
小于80分	40	800	840
合计	100	9 900	10 000

婕若琳公司计算出，拒绝向低信用评分（低于80分）的公司提供信用，坏账率将减少到60/9 160，即低于0.7%。尽管这看起来没什么大不了，但公司的信用经理辩解说，这等于减少了三分之一的坏账率，会大大提升利润率。

a. 公司目前扣除了坏账后的利润率是多少？

b. 假设公司对违约率的估计是正确的，新的信用评分系统对利润有何影响？

c. 你怀疑婕若琳公司的坏账率估计实际是不现实的，为什么？高估这样一个信用评分模型的精确度，可能带来哪些后果？

d. 假设建议的信用评分模型的变量之一，是客户是否已经在婕若琳公司拥有账户（新客户违约的可能性更大），这如何影响你对这个建议的评价？

网络中的金融

1. 三家主要的征信机构维护的网站上，提供了一些有用的商业和消费报告。登录www.equifax.com，阅读一家小企业的报告样本。如果你考虑向这家公司提供信用，你认为哪些信息最有用？

2. 登录美联储网站www.federalreserve.gov，查阅目前的货币市场利率。假设你公司有700万美元资金，三个月以后才支出。现在你如何投资？如果有可能提前需要这些资金，你的决策会有何不同？

第十部分
PART 10

并购、公司控制和治理

第31章 并　　购

美国并购活动的规模和速度都非常引人瞩目。表31-1列出了近年来发生的并购，注意不同国家的公司之间的跨国并购所占的比例很高。图31-1显示了1962~2013年每年发生的美国公司的并购数量。2006年，是并购破纪录的一年，涉及了近12 000起美国公司并购交易，总金额接近1.5万亿美元。在这段并购活动频繁的时期，管理层的大量时间都用于寻找并购对象或担心成为并购对象。

表31-1　近期宣布的重要并购

行业	并购方公司	出售方公司	支付（10亿美元）
电信	威瑞森（Verizon）	沃达丰（Vodafone）所持有的威瑞森无线公司（Verizon Wireless，英国）	130
电信	特许通讯（Charter Communication）	时代华纳有线电视公司（Time Warner Cable）	79
付费电视	AT&T	DirectTV	67
制药	阿特维斯（Actavis，爱尔兰）	爱力根（Allergan）	66
采矿	嘉能可（Glencore，瑞士/英国）	超达（Xstrata，瑞士/英国）	49
医疗设备	美敦力公司（Medtronic）	柯惠医疗（Covidien，爱尔兰）	47
水泥	霍尔希姆（Holcim，瑞士）	拉法基集团（Lafarge，法国）	47
食品	亨氏食品公司（Heinz）	卡夫食品公司（Kraft）	40
油田服务	哈利伯顿（Halliburton）	贝克休斯公司（Baker Hughes）	35
烟草	雷诺烟草公司（Reynolds American）	罗瑞拉德烟草公司（Lorillard）	27
制药	阿特维斯（Actavis，爱尔兰）	森林实验室公司（Forest Laboratories）	25
电信	阿尔蒂斯（Altice，法国）	SFR（法国）	24
社交媒体	Facebook	WhatsApp	22
电气设备	通用电气（GE）	阿尔斯通（Alstom，法国）	17
广告	阳狮集团（Publicis Groupe，法国）	宏盟集团（Omnicom Group）	17
饮料	三得利公司（Suntory，日本）	Beam Inc.	16
医疗保健	赛默飞世尔科技（Thermo Fisher Scientific）	生命技术公司（Life Technologies）	13
制药	默克公司（Merck，德国）	西格玛-奥德里奇（Sigma-Aldrich）	13
汽车	ZF（德国）	天合汽车（TRW）	12

注：有几项并购还未结束，有待于监管部门的批准。

只有两家公司合在一起比单独的价值大，并购才能增加价值。本章讨论为什么两家公司合在一起的价值更大，以及应该如何完成并购交易。很多公司之间的联姻是友好的，但有时候一方是不情愿地被拉上圣坛的。因此，我们还要了解敌意并购的情况。

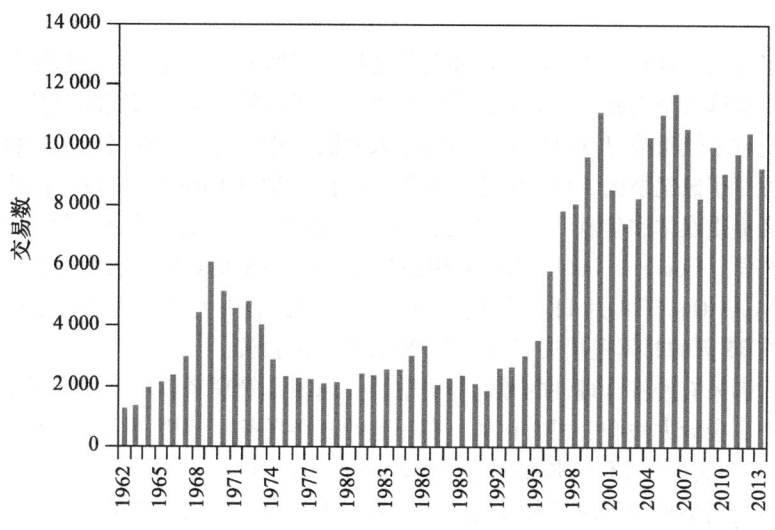

图31-1 1962～2013年美国的并购数量

资料来源：Mergerstat，www.mergerstat.com。

我们将讨论如下问题：
- 动机。价值增加值的源泉；
- 可疑的动机。不要被诱惑；
- 收益和成本。重要的估计要一致；
- 机制。法律、税收和会计问题；
- 并购争夺和技术。考察并购技术，说明推动并购行为的经济因素；
- 并购和经济。如何解释并购浪潮？并购的结果是谁获利、谁损失？

并购一定程度上与两家公司合并的经济效果有关，也与谁将管理公司有关。选一桩并购案，几乎总是会发现一家公司是主角，另一家是目标。目标公司的高管在并购后通常会离开。

金融经济学家现在将并购看作更广泛的公司控制权市场的一部分，这个市场中的活动超出了普通并购的范围，包括杠杆收购（LBOs）、分拆（spin-offs）和剥离（divestiture），也包括政府收购或出售企业，即国有化和私有化，这些是下一章的话题。

31.1 并购的合理动机

并购可以是横向并购、纵向并购或混合并购。**横向并购**（horizontal merger）发生在同行业中两家公司之间，表31-1中列出的所有并购都是横向并购。

纵向并购（vertical merger）发生在不同生产阶段的公司之间。收购方向上游原材料来源扩展，或者向下游最终的消费者扩张。2011年谷歌收购摩托罗拉移动业务就是一个例子。收购使谷歌控制了其智能手机安卓操作系统的一个主要用户。

混合并购（conglomerate merger）涉及不同行业的公司。例如，印度塔塔集团（Tata Group）是一家大型多元化公司。几年来，它的收购活动多种多样，比如收购了八点咖啡（Eight O'Clock Coffee）、克鲁斯钢铁公司（Corus Steel）、捷豹路虎（Jaguar Land Rover）、丽思卡尔顿酒店（the Ritz Carlton，波士顿）和英国盐业公司（British Salt）。没有任何一家美国公司像塔塔集团这样多元化，而在20世纪60年代和70年代，不相关行业的并购在美国也很普遍。80年代和90年代的很多并购使10～20年前所形成的这种企业集团解体。

了解了并购的区别，我们将讨论并购的动机，即两家公司合并在一起比分开价值更大的原因。继续这个话题，我们感到有些惶恐。动机尽管常常带来实际收益，但有时只是幻想，诱惑不慎重或过度自信的管理者陷入并购灾难。美国在线（AOL）就是这样的例子，它支付了破纪录的 1 560 亿美元收购了时代华纳（Time Warner），目标是创造一家向消费者提供媒体和信息综合产品的公司，但没有成功。更令人尴尬（程度小一些）的是匡威公司（Converse Inc.）对体育用品公司 Apex One 的收购。收购发生在 1995 年 5 月 18 日，Apex One 于 8 月 11 日倒闭，因为匡威无法很快生产出新款产品让零售商满意。匡威在 85 天的时间里损失了超过 4 000 万美元的投资。[1]

很多看起来有经济合理性的并购却失败了，原因是管理者不能完成将两家公司不同的产品生产、会计方法和公司文化整合在一起的复杂任务。专栏"金融实践：难以捉摸的协同效应"讲述了三家日本银行的并购如何受到这些困难的困扰。

大多数公司的价值取决于人力资产——管理者、技术工人、科学家和工程师。如果他们对自己在合并后的公司中的新职位不满意，他们中最优秀的人就会离开。要小心的是，不要为人力资产支付太多，他们下班后可能就不再回来了。

想想戴姆勒—奔驰（Daimler-Benz）和克莱斯勒（Chrysler）的 380 亿美元的合并，尽管被认为是汽车业整合的典范，但在合并初期却充斥着两种完全不同的文化之间的冲突：

> 德国高管董事有行政助理，就很多问题都会准备好详细的工作文件。而美国人则没有指定的助手，他们直接跟工程师或其他专业人士交谈就形成决策。德国人的决策要通过官僚机构得到高层的批准，然后就板上钉钉了。而美国人允许中层员工主动进行决策，有时甚至不用得到管理层的批准……
>
> 文化整合也是一件不好处理的事情。薪酬范围的天壤之别引起了潜在压力，美国人的收入是同级别德国人收入的两倍、三倍，有时甚至四倍，而与德国的体系相比，美国工人的成本则受到严格控制。戴姆勒方面的员工认为，飞到巴黎或纽约参加一个为期半天的会议，然后顺便吃一顿精致的晚餐、在豪华酒店住一晚，根本不算什么。而美国人则对这样的浪费表示惊讶。[2]

收购克莱斯勒 9 年后，戴姆勒认输了，宣布将克莱斯勒 80% 的权益出售给杠杆收购公司——博龙资产管理（Cerberus Capital Management）。戴姆勒为将克莱斯勒脱手，实际支付给了博龙 6.77 亿美元，作为回报，博龙承担了大约 180 亿美元的养老金和员工医疗保健方面的债务，并同意对克莱斯勒及其金融子公司投资 60 亿美元。

也有这样的情况，合并确实带来了收益，但买方却损失了，因为它支付的价格太高。例如，买方可能高估了陈旧的存货的价值，或者低估了修复、更新老厂房和设备的成本，或者忽略了有缺陷产品的保修。买方还要对环境方面的负债格外小心，如果卖方的生产中存在污染，或者资产产生有毒废物，清理的成本可能会由买方承担。

现在，我们来讨论并购协同效应的可能来源，即价值增加的可能来源。

---

[1] Mark Maremont, "How Converse Got Its Laces All Tangled," *BusinessWeek*, September 4, 1995, p. 37.

[2] Bill Vlasic and Bradley A. Stertz, "Taken for a Ride," *BusinessWeek*, June 5, 2000，经麦格劳希尔集团特别允许重印。

> **金融实践　难以捉摸的协同效应**
>
> 三家最大的日本银行合并,组成了瑞穗银行(Mizuho Bank),总资产达 1.5 万亿美元,比全球最大的德意志银行的两倍还多。名字"瑞穗"含义是"稻谷丰收",银行的管理者预测,合并将产生充足的协同效应。在给股东的信中,银行董事长宣布,合并将创造"一家在 21 世纪爆发式成长的综合金融服务集团。"他预测,银行将"最大程度地利用以强大的客户基础、先进的金融和信息技术为支持的集团能力,提供先进的综合金融服务,开创一个新时代。"将这三家银行整合在一起的成本,预计达 1 300 亿日元,而管理者预测,未来年收益可达到 4 660 亿日元。
>
> 在宣布合并几个月后,三个合作者之间开始出现争执。有问题的一个领域是 IT。每家合并银行的计算机系统供应商都不同。开始时,提出只能采用其中一个系统,但之后,银行决定将三个不同的系统用"中继"计算机连接在一起。
>
> 2002 年 4 月 1 日,最初宣布合并三年后,新公司开始营业。五天后,计算机故障导致极大的混乱,大约 7 000 台自动取款机出现故障,60 000 个账户一笔交易被借记两次,几百万个付款不能支付。《经济学家》报道,两周以后,最大的燃气公司——东京燃气公司仍有 22 亿日元的付款没有找回来;忙着寻找 127 亿日元的电话公司 NTT,给顾客的收据在数字一栏中被迫打上星号,因为不知道 760 000 份账单中哪些已经付过款。
>
> 成立瑞穗银行的目标之一是利用 IT 系统的经济效应,启动失败清楚说明,预测合并协同效应比实现协同效应容易多了。
>
> 资料来源:瑞穗银行的创立和启动中的问题,见"Undispensable: A Fine Merger Yields One Fine Mess," The *Economist*, April 27, 2002, p. 72; "Big, Bold, but...", *Euromoney*, December 2000, pp. 30-35;以及"Godzilla Bank," Forbes, March 20, 2000, pp. 132-133.

31.1.1　规模经济

很多兼并意在降低成本和获得规模效应。例如,杜克能源公司(Duke Energy)和进步能源公司(Progress Energy)宣布合并计划时,估计未来五年节约的成本高达 16 亿美元。管理层预测,合并将使两家公司降低燃油成本,改善电力的分配。节约的成本还来自减少近 2 000 名员工。(部分节约的成本与高管有关。例如,在合并前有两位首席财务官,之后只有一位。)

获得这样的规模经济是横向并购的自然目标,而混合并购宣称也存在这样的经济效应。混合并购的缔造者认为,混合并购的规模经济来自共享中心化的服务,例如办公室管理和会计、财务控制、高管发展和高层管理。㊀

31.1.2　纵向一体化的经济效用

纵向并购追求对生产过程的控制,向后扩张到原材料的产出,向前扩张到最后的消费者。实现这个目标的一种方法是与供应商合并或者与客户合并。

纵向一体化有助于合作和管理。我们通过一个极端的例子说明。考虑一家不拥有飞机的航空公司,如果它要安排从波士顿到旧金山的一个航班,它要售票,然后从一家独

㊀ 随着产量增加,单位生产成本下降,就享受到规模经济。获得规模经济的一种方法是通过更大的产量来分散固定成本。

立的公司租赁飞机来飞这个航班。小规模时这个策略是有效的，但是对一家大型承运公司来说，这样做的话每天需要协调几百个租赁合同，这就是个管理噩梦。考虑到这些困难，就不奇怪了，所有的主要航空公司都进行了后向一体化，购买和运营飞机，而不是光顾飞机租赁公司的生意。

经济学家在解释一体化的差异时，经常强调两个商业行为密不可分地联系在一起时所产生的问题。例如，零部件的生产需要大量投资高度专业化的设备，或者冶炼厂要建在矿山旁边，以减少矿石的运输成本。这些情况下，用长期合同将两家独立经营的公司的业务组织在一起也是可能的。但是，这样的合同不允许业务相互影响的方式发生任何可能的变化。因此，当经营的两个部分互相高度独立时，将它们整合到同一个纵向一体化的公司，由公司控制资产应该如何使用，经常是有意义的。⊖

现在，纵向一体化的浪潮似乎正在退去，公司发现将很多服务和多种生产外包更有效率。例如，回到20世纪50年代和60年代，通用汽车被认为比其主要竞争对手福特和克莱斯勒有成本优势，因为通用汽车所用的配件更多是自己生产的。到90年代，福特和克莱斯勒有优势了，它们可以从外部供应商那里买到更便宜的配件，部分原因是外部供应商常常以更低的工资雇佣非工会会员工人。与公司集团内部的生产子公司相比，看起来制造商对独立供应商有更强的谈判能力。1998年，通用汽车决定将它的汽车配件部门——德尔福（Delphi）作为独立公司分拆掉。分拆之后，通用汽车继续从德尔福公司大量采购配件，但在谈判采购时保持独立。

31.1.3 资源互补

很多小公司被大公司收购，大公司能够提供小公司成功所缺少的必要要素。小公司可能有独特的产品，但缺少大规模生产和销售的工程和销售团队。公司可以从头开始组建工程和销售团队，但与已经有充足能力的公司进行合并，可以更快、成本更低。两家公司有互补资源，每家公司都有另一家公司需要的东西，因此它们合并在一起才有意义。另外，合并会创造机会，不合并的话两家公司都不会追求的机会。

近年来，很多大型制药公司的利润较高的产品面临专利保护失效，却没有相应的有前景的新药来源，这使得对生物技术公司的并购增加。例如，2014年强生公司以17.5亿美元收购了阿利奥生物制药（Alios BioPharm），认为阿利奥开发的呼吸系统抗病毒新药将会拓宽公司传染性疾病药物的产品线。同时，阿利奥获得了将产品推向市场的资源。

制药行业和生物技术行业的并购在2015年达到高潮，1~5月所宣布的并购交易超过了4 500亿美元。

31.1.4 利用富余资金

并购的另一个理由：假设你的公司在成熟行业，产生了大量现金，但没有好的投资机会。理想的状况是，这样的公司应该将多余的现金分配给股东，增加股利或者回购股票。遗憾的是，精力旺盛的管理者常常不愿意采取这种缩减公司规模的政策。如果公司

⊖ 纵向一体化控制的好处，有大量文献，例如，见 O. Williamson, "The New Institutional Economics: Taking Stock, Looking Ahead," *Journal of Economic Literature* 38 (2000), pp. 595-613; 和 O. Hart, *Firms, Contracts, and Financial Structure* (Oxford: Clarendon Press), 1995.

不愿意回购股票，它可以购买另一家公司的股票。有富裕现金而缺少好的投资机会的公司，经常将现金并购作为重新投资资本的方式。

有些公司有多余的现金，却既没有分配给股东，也没有用来进行明智的并购。这些公司常常成为想利用它们的现金的其他公司的并购目标。20世纪80年代初石油价格低迷的时期，很多现金充裕的石油公司发现自己受到收购的威胁，不是因为它们的现金是独特的资产，而是因为并购者想获得它们的现金流，使得这些现金流不会被一点点地浪费在NPV为负的油田开发项目上。本章后面我们将继续讨论并购的自由现金流动机。

31.1.5 消除低效

现金不是管理不善所浪费的唯一资产。总是存在一些公司，没有充分利用降低成本和增加销售和利润的机会。这些公司很自然地成为其他管理得更好的公司的并购候选目标。有时，"更好的管理"可能只是意味着果断地削减成本或重组公司业务。注意，这一并购动机与两家公司合并后的收益没有任何关系，并购只是一种新管理团队替代原来的管理团队的机制。

并购不是改进管理的唯一方法，而有时却是唯一简单可行的方法。管理者自然不愿意解雇自己或降级，而大型上市公司的股东，对公司如何管理、谁来管理经常没有太大的直接影响力。㊀

如果这种并购的动机很重要，我们期望观察到并购常常带来目标公司管理层的变更。事实似乎就是如此。例如，马丁和麦康内尔发现，在并购后一年中首席执行官被替换的可能性是之前年份的四倍。㊁他们研究的公司一般来说业绩都很差，在并购前的四年中股价比同行业的其他公司低15%。显然，这些公司在困难时期衰弱下来，然后通过并购被救助或被改革。

31.1.6 行业整合

提高效率的最大机会似乎存在于那些公司太多和产能太大的行业。这些条件能够触发并购的浪潮，然后迫使公司减少产能和雇佣人数，释放资本，投资到经济的其他地方。例如，美国的国防预算在冷战结束后减少，随后在国防行业发生了一轮整合并购。整合是不可避免的，并购加快了整合速度。

另一个例子是银行业。在金融危机期间，很多银行并购是规模更大更健康的竞争对手救助要倒闭的银行。但是，大多数早些时候的银行并购是成功的银行寻求规模经济。美国20世纪80年代初期有太多银行，主要是过时的对跨州银行业限制的结果。随着限制的取消、通讯和技术的提高，几百家小银行被吸收进区域性的或"超区域"的银行。例如，图31-2显示了美国银行及其前身的并购。（美国银行的完整家谱将会显示出过去40多年中发生的400多起并购。）这些并购的主要动机是降低成本。㊂

㊀ 股东很难集中到足够多的股票来有效挑战管理层和现任董事会。但是，股东有巨大的间接影响力。他们的不开心会显示在股价上，股价低会鼓励另一家公司并购。

㊁ K. J. Martin and J. J. McConnell, "Corporate Performance, Corporate Takeovers, and Management Turnover," *Journal of Finance* 46 (June 1991), pp. 671-687.

㊂ 对41起大型银行并购的研究估计，节约的成本平均为合并双方的总市场价值的12%，见J. F. Houston, C. M. James, and M. D. Ryngaert, "Where Do Merger Gains Come From? Bank Mergers from the Perspective of Insiders and Outsiders," *Journal of Financial Economics* 60 (May/June 2001), pp. 285-331.

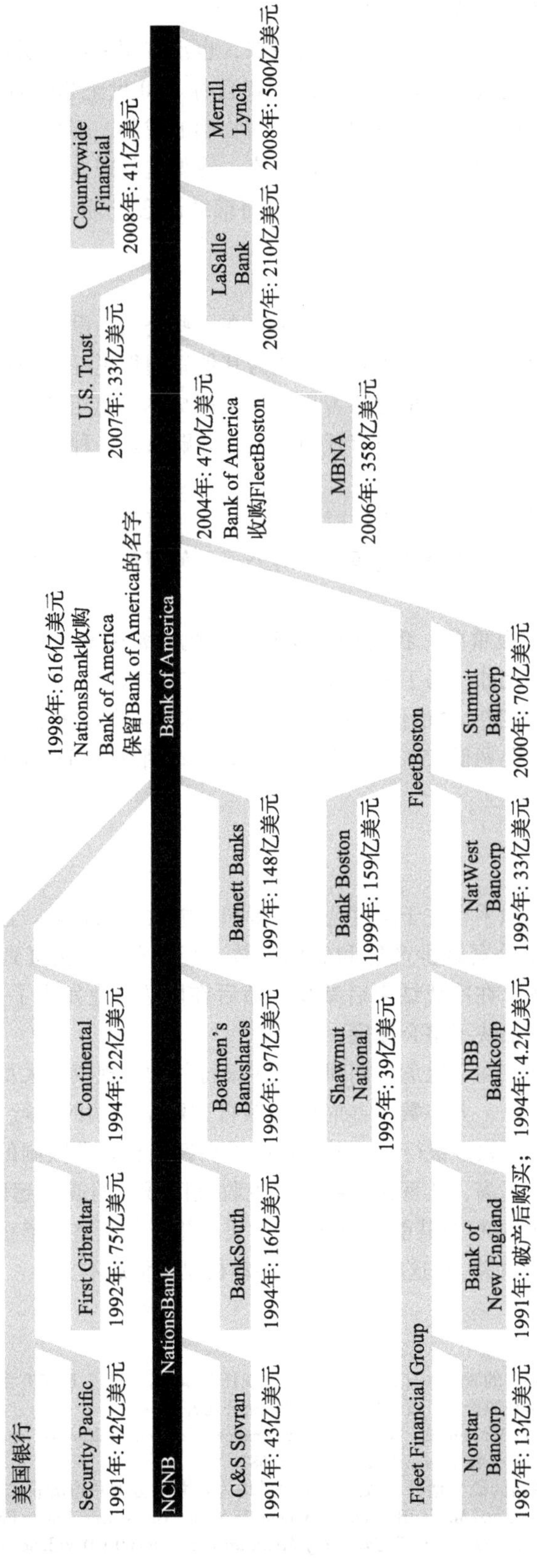

图31-2 美国银行的部分家谱

资料来源：Thomson Financial SDC M&A Database and Bank of America annual reports。

美国银行

- Security Pacific 1991年：42亿美元
- First Gibraltar 1992年：75亿美元
- Continental 1994年：22亿美元
- U.S. Trust 2007年：33亿美元
- Countrywide Financial 2008年：41亿美元

NCNB → NationsBank

1998年：616亿美元 NationsBank收购Bank of America 保留Bank of America的名字

- C&S Sovran 1991年：43亿美元
- BankSouth 1994年：16亿美元
- Boatmen's Bancshares 1996年：97亿美元
- Shawmut National 1995年：39亿美元
- Barnett Banks 1997年：148亿美元
- Bank Boston 1999年：159亿美元

Bank of America

2004年：470亿美元 Bank of America 收购FleetBoston

- MBNA 2006年：358亿美元
- LaSalle Bank 2007年：210亿美元
- Merrill Lynch 2008年：500亿美元

Fleet Financial Group → FleetBoston

- Norstar Bancorp 1987年：13亿美元
- Bank of New England 1991年：破产后购买；成交额不详
- NBB Bancorp 1994年：4.2亿美元
- NatWest Bancorp 1995年：33亿美元
- Summit Bancorp 2000年：70亿美元

银行寻求获得财务实力,在全欧洲范围的银行市场中竞争,所以欧洲也经历了银行并购浪潮。这包括瑞士 UBS 与瑞士银行的合并(1997 年)、法国 BNP 与巴黎银行的合并(1998 年)、德国巴登—符滕堡州立银行和巴伐利亚州立银行的合并(1998 年)、西班牙桑坦德银行和中央西班牙银行的合并(1999 年)、意大利裕信银行和卡普塔里亚银行的合并(2007 年)以及德国商业银行和德累斯顿银行的合并(2009 年)。

31.2 并购的一些可疑原因

我们目前所描述的好处都有经济意义,有时给出的其他并购理由是可疑的,下面是一些可疑理由。

31.2.1 多元化

我们已经讨论过,现金富裕的公司的管理者喜欢公司将现金用于收购,而不是支付额外的股利。这就是我们看到夕阳行业中现金富裕的公司通过并购进入新领域的原因。

多元化本身作为目标呢?显然,多元化降低风险,这难道不是并购的好处吗?

这个理由的麻烦是,股东进行多元化比公司容易,成本也更低。几乎没有证据证明投资者为多元化公司支付溢价,事实上,我们将在第 32 章解释,抑价反而更常见。本章附录给出了一个简单的证明,在完美的市场中,只要不限制投资者的多元化机会,公司多元化不增加公司价值。这就是基础篇第 7 章中介绍的价值可加性原理。

31.2.2 提高每股盈利:靴带游戏

有些并购没有明显的经济收益,却提高了之后几年的每股收益。我们考察著名的企业集团世界企业(World Enterprises)对莫克—思拉瑞公司(Muck and Slurry)的收购,来了解这是如何发生的。

并购前的情况如表 31-2 前两列所示,因为莫克—思拉瑞公司的增长前景相对比较差,其股票市盈率低于世界企业的市盈率(第三行)。我们假设合并不产生经济收益,因此公司的价值应该等于各自的独立价值,合并后的世界企业公司的市场价值应该等于两家公司独立时的价值之和(第六行)。

表 31-2 合并对世界企业的市场价值和每股盈利的影响 (单位:美元)

	合并前的世界企业	莫克—思拉瑞	合并后的世界企业
1. 每股盈利	2.00	2.00	2.67
2. 每股价格	40	20	40
3. 市盈率	20	10	15
4. 股票数	100 000	100 000	150 000
5. 总盈利	200 000	200 000	400 000
6. 总市场价值	4 000 000	2 000 000	6 000 000
7. 每美元股票投资的目前盈利(第一行÷第二行)	0.05	0.10	0.067

注:世界企业购买莫克—思拉瑞时,没有任何收益。因此,总盈利和总市场价值不受合并的影响。但是,每股盈利增加。世界企业只发行了 50 000 股股票(每股 40 美元)来收购莫克—思拉瑞的 100 000 股股票(每股 20 美元)。

因为世界企业公司的股票价格是莫克—思拉瑞股价的两倍(第二行),它可以用

50 000 股自己的股票收购 100 000 股莫克—思拉瑞的股票，这样合并后公司共有 150 000 股股票。

合并的结果是总利润加倍（第五行），但是股数只增加了 50%，每股盈利从 2.00 美元升高到 2.67 美元。我们称之为靴带效应（bootstrap effect），因为合并没有创造任何实际收益，两家公司合在一起的价值没有增加。因为股价不变，市盈率下降（第三行）。

图 31-3 显示了所发生的一切。合并前，对世界企业的 1 美元投资得到 5 美分的当前利润和快速增长的前景。另一方面，对莫克—思拉瑞 1 美元的投资得到 10 美分的当前利润和较慢的增长前景。如果合并不改变总市场价值，那么对新公司的 1 美元投资得到 6.7 美分的利润而增长低于原来独立时的世界企业。莫克—思拉瑞的老股东得到的当前盈利变少，但增长变快。如果每个人都理解这笔交易，双方都既不亏也不赚。

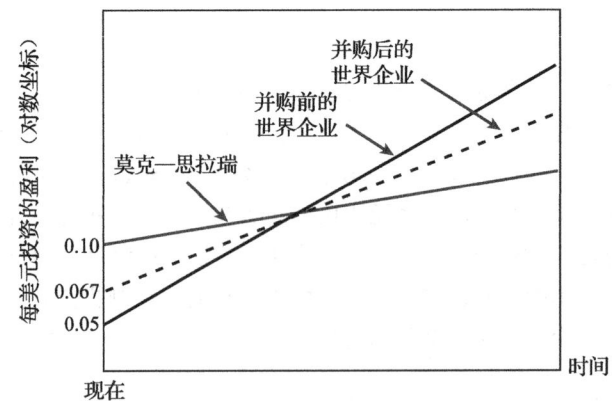

图 31-3　合并对盈利增长的影响。通过收购莫克—思拉瑞，世界企业提高了当前盈利，但未来增长速度下降。其股东的境遇应该没有变好也没有变坏，除非投资者被靴带效应所愚弄

资料来源：S. C. Myers, "A Framework for Evaluating Mergers," in *Modern Developments in Financial Management*, ed. S. C. Myers (New York: Frederick A. Praeger, Inc., 1976), Figure 1, p. 639. Copyright © 1976 Praeger.

财务操纵者有时尽力使市场不理解这一交易。假设投资者被世界企业董事长的慷慨激昂和在新的地球科学部（原来的莫克—思拉瑞）引入现代管理技术的计划所愚弄，他们就容易错误地将合并后每股盈利的 33% 的增长当作实际增长。如果真是这样，世界企业的股价将升高，两家公司的股东都不劳而获。

这就是"靴带"或"连环信"游戏，它所产生的盈利增长不是来自资本投资或盈利能力提高，而是来自收购低市盈率的缓慢增长的公司。如果这愚弄了投资者，财务经理就能够人为地抬高股价。但是，为了一直愚弄投资者，公司不得不继续通过并购以同样的复合增长率扩张。显然，这是不可能持续的，总会有一天扩张一定会慢下来，或者停下来。这时，盈利增长将急剧下降，纸牌屋坍塌。

现在这个游戏不经常玩了，而你仍会遇到喜欢收购低市盈率公司的管理者，小心那些伪装的预言家，他们建议你评估并购时只看对每股盈利的影响。

31.2.3　降低融资成本

你经常听到的一个说法是，合并公司比单独任一家公司的负债成本低，一定程度这是正确的。因为，我们已经知道（15.4 节中），新证券发行存在规模效应。因此，如果

合并后公司发行证券的次数减少而发行规模变大，确实会节约成本。

但是，人们说合并后的公司债务融资成本更低的时候，他们通常指的不是更低的发行成本。他们的意思是，两家公司合并后的新公司的借款利率低于单独的任何一家公司。当然，这也是在完善的债券市场中我们应该希望的。两家公司各自独立时，它们不互相为对方的债务担保，如果一家公司倒闭，债券投资者不能向另一家公司要钱。但是，合并后每家公司实际上都为另一家的负债提供担保，如果公司的一部分倒闭，债权人仍可以从另一部分中拿回自己的钱。因为相互的担保降低了负债的风险，所以投资者要求的利率降低。

较低的利率是合并的净收益吗？不一定。比较以下两种情况：
- 独立发行。A 公司和 B 公司分别发行 5 000 万美元债券；
- 一笔发行。A 公司和 B 公司合并，新公司 AB 发行一笔 1 亿美元的债券。

其他条件相同的情况下，AB 支付的利率当然更低。但是，A 和 B 合并只是为了得到更低的负债利率，是没有意义的。虽然 AB 的股东确实受益于更低的利率，但他们也因为要互相担保债务而损失。也就是说，他们通过给债权人更好的保护而得到了更低的负债利率，不存在净收益。

在 23.2 节中，我们说明，

债券价值 = 假设无违约时的债券价值 - 股东违约（认沽）期权的价值

A 公司和 B 公司的合并提高了债券价值（或者减少了支持给定的债券价值而必需的利息支付），只是因为减少了股东的违约期权价值。也就是说，AB 公司 100 百万美元债券的违约期权的价值，低于 A 公司和 B 公司单独发行的 50 百万美元债券的违约期权的价值之和。

现在假设 A 公司和 B 公司分别负债 50 百万美元，然后合并。如果合并是个意外，对债权人来说是个惊喜。他们购买的债券本来是由两家公司之一来担保的，结果变成了由两家公司共同担保。这种情况下，股东遭受了损失，因为他们给了债权人更好的保护，但却没有得到任何回报。

在一种情况下，合并使负债更安全，从而能够创造价值。考虑一家公司想要利息税盾，但因为担心财务困境而不愿意负债。（这是第 18 章讨论过的权衡理论。）其他条件相同的情况下，合并减少了财务困境的概率。如果它可以增加负债，就增加了来自利息税盾的价值，合并就存在净收益。㊀

31.3 估计并购的收益和成本

假设你是 A 公司的财务经理，你想要分析收购 B 公司的可能性。㊁ 要考虑的第一件事情是并购是否存在经济收益（economic gain）。只有两家公司合在一起比单独的价值更

㊀ 这一并购的基本原理的提出，见 W. G. Lewellen, "A Pure Financial Rationale for the Conglomerate Merger," *Journal of Finance* 26 (May 1971), pp. 521-537. 如果你想看到这个想法产生的一些争论和讨论，见 R. C. Higgins and L. D. Schall, "Corporate Bankruptcy and Conglomerate Merger," *Journal of Finance* 30 (March 1975), pp. 93-114 和 D. Galai and R. W. Masulis, "The Option Pricing Model and the Risk Factor of Stock," *Journal of Financial Economics* 3 (January-March 1976), 特别是 pp. 66-69。

㊁ 本章对并购收益和成本的定义和解释，出自 S. C. Myers, "A Framework for Evaluating Mergers," in *Modern Developments in Financial Management*, ed. S. C. Myers (New York: Praeger, 1976).

大时，才存在经济收益。例如，如果两家公司合在一起的价值为 P_{AB}，独立公司的价值分别是 PV_A 和 PV_B，那么

$$收益 = PV_{AB} - (PV_A + PV_B) = \Delta PV_{AB}$$

如果收益为正，并购就具有了经济合理性。但是，还要考虑收购 B 公司的成本。考虑用现金支付的简单情形。收购 B 公司的成本等于支付的现金减掉 B 公司作为独立公司的价值。因此，

$$成本 = 支付的现金 - PV_B$$

A 公司收购 B 公司的净现值用收益和成本的差来衡量。因此，并购的 NPV：

$$NPV = 收益 - 成本 = \Delta PV_{AB} - (支付的现金 - PV_B)$$

如果 NPV 为正，就应该进行并购。

我们喜欢用这种方式作为并购标准，因为它关注两个不同的问题。你估计收益时，关注并购是否带来收益，估计成本时，关注收益在两个公司之间的分配。

用一个例子来说明。A 公司价值 200 百万美元，B 公司价值 50 百万美元。两家公司合并节约成本的现值为 25 百万美元，这是并购的收益。因此，

$$PV_A = 200(百万美元)$$
$$PV_B = 50(百万美元)$$
$$收益 = \Delta PV_{AB} = +25(百万美元)$$
$$PV_{AB} = 275(百万美元)$$

假设用现金收购 B 公司，需要 65 百万美元，并购的成本是：

$$成本 = 支付的现金 - PV_B = 65 - 50 = 15(百万美元)$$

注意，交易另一方的人们——B 公司的股东赚了 15 百万美元，他们的收益是你的成本。他们得到了 25 百万美元并购收益中的 15 百万美元。因此，当我们从 A 公司的角度考虑并购的 NPV 时，我们实际在计算 A 公司股东得到的那部分收益。A 公司股东的 NPV 等于并购总的 NPV 减去 B 公司股东得到那部分收益：

$$NPV = 25 - 15 = +10(百万美元)$$

现在来检查一下，确认 A 公司股东是否赚了 10 百万美元。开始时，公司价值 $PV_A = 200$ 百万美元，最后公司价值 275 百万美元，他们支付了 65 百万美元给 B 公司股东，⊖因此他们的净收益：

$$NPV = 并购的财富 - 不并购的财富 = (PV_{AB} - 现金) - PV_A$$
$$= (275 - 65) - 200 = +10(百万美元)$$

假设投资者没有预期到 A 公司和 B 公司的合并，宣布这一消息将使 B 公司股票价值从 50 百万美元增加到 65 百万美元，增加了 30%。如果投资者与管理层对并购收益的评价相同，A 公司股票的市场价值将上涨 10 百万美元，即只有 5%。

关注投资者认为的并购收益是有意义的。如果宣布并购时，A 股票价格下降，投资者传递的信息是对并购好处表示怀疑，或者认为 A 公司付的价格太高了。

31.3.1 估计并购好处的正确和错误方法

有些公司开始并购分析时，先预测目标公司的未来现金流，并购带来的任何销售收

⊖ 我们假设 PV_A 包括足够的现金来为并购交易融资，或者可以按市场利率借到现金。注意，并购完成并支付后，对 A 公司股东的价值为 275－65＝210 百万美元，收益为 10 百万美元。

入的增加或成本的减少都包括在预测中,然后将未来现金流贴现到现在,与购买价格进行比较:

估计净收益 = 包含并购好处的目标公司 DCF 估值 – 并购需要的现金

这个步骤很危险。即使是最聪明的受过最好训练的分析师在对企业进行估值是也会出现很大的误差。估计的净收益可能是正的,不是因为并购合理,而是因为分析师的现金流预测太乐观。另一方面,如果分析师没能识别出目标公司作为一家独立企业的潜力,好的并购反而会被放弃。

我们的分析从目标公司单独的市场价值(PV_B)开始,集中在并购产生的现金流变化上。问自己一个问题,为什么两家公司合在一起的价值高于各自独立的价值。

考虑出售公司的一部分时,同样的建议也适用。对自己说"这个公司不赚钱,应该卖掉",是毫无意义的。除非购买者能够比你更好地经营这个公司,否则你收到的价格将反映其黯淡的前景。

有时候,你会遇到一些管理者,他们相信存在识别好并购的简单法则。例如,他们会说,他们总是买入成长行业的公司,或者收购价格低于账面价值的公司。但是,我们在第 11 章中关于好的投资决策的特征的结论,对于购买整个公司,也是成立的。只要能够产生额外的经济租金——其他公司比不上的竞争优势并且目标公司的管理者无法自己获得,就能增加价值。

最后一点常识:两家公司常常互相竞购同一家目标公司。事实上,目标公司是自己拍卖自己。这种情况下,问自己一个问题,目标公司对你的价值是否高于对其他竞购者的价值。如果答案是否定的,你应该小心不要卷入竞购,在竞购中获胜比输了要付出更高的代价。如果你输了,只是浪费了一些时间,如果赢了,你很可能支付了太多。

31.3.2 更多关于估计成本的内容:如果目标公司的股价预测到了并购会怎样

并购的成本是买方对卖方单独的价值所支付的溢价。这个溢价是如何决定的?如果目标公司是上市公司,你可以从市场价值开始,观察每股的市场价值是多少,然后乘以发行在外的总股数。但是谨记,如果投资者预期 A 收购 B,或者预期有人收购 B,B 的市场价值会高估它的单独价值。

这是在本书为数不多的地方,我们指出市场价值(MV)和公司作为独立主体的真实或"内在"价值(PV)之间的重要区别。这里的问题不是 B 的市场价值是错的,而是它可能不是公司 B 作为一个独立主体的价值。B 股票的潜在投资者将看到两个可能的结果和两个可能的价值:

结果	股票 B 的市场价值
1. 不并购	PV_B:B 作为独立公司的价值
2. 并购	PV_B 加上并购的部分好处

如果第二个结果有可能发生,我们观察到的公司 B 股票的市场价值 MV_B 将高估 PV_B。这是在竞争性资本市场中应该发生的。遗憾的是,它使得评估并购的财务经理的任务变得复杂。

下面是一个例子。假设在 A 和 B 的并购宣布之前,我们观察到:

	A 公司	B 公司
每股市场价值	200 美元	100 美元
股数	1 000 000	500 000
公司的市场价值	200 百万美元	50 百万美元

A 公司想支付 65 百万美元购买 B，如果 B 的市场价格只反映了它作为独立公司的价值，那么

$$成本 = 支付的现金 - PV_B = 65 - 50 = 15(百万美元)$$

但是，假设由于传言说 B 公司可能得到有利的并购出价，B 公司的股价已经上升了 12 美元。这就意味着其内在价值被高估了 $12 \times 500\,000 = 6$ 百万美元，其真实价值 PV_B 只有 44 百万美元。因此，

$$成本 = 65 - 44 = 21(百万美元)$$

因为并购收益为 25 百万美元，并购交易仍使 A 公司股东受益，但 B 公司股东现在得到了大部分收益。

注意，如果市场犯了错误，B 公司的市场价值低于 B 公司作为独立公司的实际价值，成本可能是负值。也就是说，B 公司太便宜了，从 A 公司的角度看，即使两家公司合在一起的价值不比单独价值大，并购也是值得的。当然，B 公司的市场价值低于它的实际价值，A 公司股东的收益就是 B 公司股东的损失。

公司进行并购只是因为它们的管理者认为找到了一个公司，其内涵价值没有被股票市场充分承认。但是，我们根据市场有效性的证据了解到，"便宜"的股票经常变成很贵的股票。对外部人来说，无论是投资者还是管理者，找到真正被市场低估的股票并不容易。另外，如果股票真被低估了，A 公司不需要通过并购来利用特殊知识获利，只要在公开市场上买入 B 股票，然后被动地持有，等待其他投资者觉醒，发现 B 股票的真实价值。

如果 A 公司明智的话，并购的成本超过收益时就不会进行并购。如果 A 公司的收益很大，而 B 公司损失，B 公司一定不同意。这就给出了并购能够发生的可能的现金支付范围。而支付是在这个范围靠上还是靠下的位置，则取决于双方的谈判能力。

31.3.3 股票融资时并购成本的估计

很多并购全部或部分利用并购方的股票进行支付。并购由股票融资时，成本取决于被并购方股东收到的新公司的股票的价值。如果被并购方收到了 N 股，每股价值 P_{AB}，成本为：

$$成本 = N \times P_{AB} - PV_B$$

要确保利用并购宣布后的每股价格，并且投资者领会并购的好处。

假设 A 公司提供 325 000（0.325 百万）股股票，而不是 65 百万美元现金。并购宣布前 A 的股票价格为 200 美元。如果 B 单独的价值为 50 百万美元，[⊖]并购的成本似乎是：

$$表面上的成本 = 0.325 \times 200 - 50 = 15(百万美元)$$

而表面上的成本不是实际成本。A 股票价格在并购宣布前为 200 美元，宣布后一定

⊖ 这里，我们假设 B 的股票价格没有因并购传言而上涨，准确地反映了 B 单独的价值。

会上涨。

给定收益和并购交易的条件，我们可以计算并购之后的股票价格和市场价值。新公司将有 1.325 百万股股票，价值 275 百万美元。⊖新的股价为 275/1.325 = 207.55 美元。实际成本为：

$$实际成本 = 0.325 \times 207.55 - 50 = 17.45（百万美元）$$

这一成本也可以通过计算 B 公司股东的收益得到。B 公司股东得到 0.325 百万股，占新公司 AB 股权的 24.5%，他们的收益为：

$$0.245 \times 275 - 50 = 17.45（百万美元）$$

一般来说，如果给予 B 公司股东合并后公司股份的比例为 x，

$$成本 = xPV_{AB} - PV_B$$

现在，我们可以理解现金和股票分别作为融资工具的第一个关键差别。如果现金交易，并购的成本不受并购收益的影响。如果股票交易，成本取决于收益，因为收益显示在并购后的股价中。

股票融资还减少了任何一家公司价值高估或低估的影响。例如，假设 A 高估了 B 单独的价值，也许是因为它忽略了一些隐藏的债务。这样，A 的报价太慷慨了。其他条件相同，如果采用股票收购而不是现金收购，对 A 公司股东会更好一些。采用股票收购，关于 B 的价值的不可避免的坏消息，会由 B 的股东承担一部分。

31.3.4 不对称信息

现金并购和股票并购还存在第二个重要区别。A 的管理者通常知道更多的关于 A 的前景的信息，这是外部人不能得到的信息。经济学家称之为**不对称信息**（asymmetric information）。

假设 A 的管理者比外部投资者更乐观。他们认为 A 股票并购后实际价值 215 美元，比我们刚计算的 207.55 美元的市场价值高 7.45 美元。如果他们是对的，股票融资并购 B 的实际成本为：

$$成本 = 0.325 \times 215 - 50 = 19.88（百万美元）$$

对于收到的每股 A 股票，B 公司股东都得到了 7.45 美元的"免费礼物"，额外收益为 $7.45 \times 0.325 = 2.42$ 百万美元。

当然，如果 A 公司的管理者确实这么乐观的话，他们将会非常喜欢采用现金并购。认为他们公司的股票被高估的悲观的管理者会喜欢用股票融资。

高估时用股票，否则用现金，这听起来对 A 公司是"双赢"的事情吗？不，没有这么简单，因为 B 公司的股东和外部投资者一般会理解是怎么回事儿。假设你代表 B 公司谈判，你发现 A 公司的管理者不断建议股票并购，而不是现金并购。你快速推断，A 的管理者是悲观的，你会调低所认为的股价，进行讨价还价。

这一非对称信息理论，解释了为什么当宣布股票并购后收购方的股价一般会下降。⊜安德雷德、米切尔和斯塔福德发现，1973~1998 年，股票并购宣布后，市场风险

⊖ 这里，公司没有支付现金来为并购融资。在现金支付的例子中，65 百万美元现金要支付给 B 的股东，使公司的最后价值变为 275 - 65 = 210 百万美元。只有 1 百万股股票，因此股价为 210 美元。在这个例子中，现金交易对 A 公司股东是更好的。

⊜ 同样的推理适用于股票发行，见基础篇 15.4 节和 18.4 节。

调整后的股票收益率平均下降1.5%,而一组现金并购交易的样本则小幅上涨(0.4%)。①

31.4 并购机制

买公司比买机器要复杂得多,因此,我们应该了解安排并购时遇到的一些问题。实际上,并购的安排经常极其复杂,必须要咨询专家。我们不是要取代这些专家,只是想提醒你注意相关的法律、税收和会计问题。

31.4.1 并购、反垄断法和普遍反对

并购会陷入联邦反垄断法的泥潭。这里最重要的法律是1914年的《克莱顿法案》,该法案规定,"在任何行业或国家的任何地方",一旦并购的影响是"严重降低竞争,或容易创造垄断",该并购就应该被禁止。

联邦政府采用两种方法来加强反垄断法:司法部发起的国内诉讼或者联邦贸易委员会(FTC)发起的诉讼。②1976年的《哈特—斯科特—罗迪诺反垄断法案》要求所有超过7 500万美元的并购案都要告知这些机构。因此,几乎所有的大型并购案在早期都要进行审核。③司法部和FTC都有权利寻求禁令拖延并购案。禁令经常足以使公司的并购计划搁浅。例如,2011年AT&T提出以390亿美元收购T-Mobile,司法部提起诉讼阻止该并购。之后很快AT&T就认输放弃了收购。2015年,康卡斯特(Comcast)计划以700亿美元收购时代华纳有线(Time Warner Cable),因为司法部和联邦通讯委员会的反对也放弃了。

在美国之外经营的公司也要担心外国的反垄断法。例如,通用电气以460亿美元收购霍尼韦尔(Honeywell)的计划,被欧洲委员会阻止了,认为合并后的公司在飞机制造业中的力量太大了。

有时候,反垄断者反对并购,但如果公司同意放弃一定的资产和业务,他们的态度会变缓和。美国航空公司(American Airlines)和全美航空公司(U.S. Airways)宣布合并计划时,司法部要求两家公司将在重要机场的着陆点、登机门和地面设施卖给低成本航空公司。

即使没有正式的反垄断问题,政治压力和公众不满也会妨碍并购的发生。近年来,欧洲国家的政府几乎干预了所有引人瞩目的跨国并购,很可能也将积极干预所有的敌意并购。例如,2005年百事可乐收购达能集团的消息传出后,在法国激起了相当大的敌意。法国总理也支持反对并购的一方,宣布法国政府拟定了一个受保护不被外国股权收购的战略行业的名单。不清楚酸奶业是否属于名单中的战略行业之一。

经济民族主义不限于欧洲。2006年,国会提出反对迪拜公司DP世界并购英国的P&Q公司,只有P&Q在美国的港口被排除在交易之外,收购才能继续。在这波担心网

---

① 见G. Andrade, M. Mitchell, and E. Stafford, "New Evidence and Perspectives on Mergers," *Journal of Economic Perspectives* 15 (Spring 2001), pp. 103-120. 这一结果证实了之前的工作,包括N. Travlos, "Corporate Takeover Bids, Methods of Payment, and Bidding Firms' Stock Returns," *Journal of Finance* 42 (September 1987), pp. 943-963 和 J. R. Franks, R. S. Harris, and S. Titman, "The Postmerger Share-Price Performance of Acquiring Firms," *Journal of Financial Economics* 29 (March 1991), pp. 81-96。

② 竞争对手或第三方认为他们会受到并购的伤害,也可以发起反垄断诉讼。

③ 也要通知目标公司,目标公司通知投资者。这样,《哈特—斯科特—罗迪诺法案》实际上强迫收购方"上市"竞标。

络间谍的浪潮中，2012 年一个美国众议院的委员会建议，联邦政府应该阻止美国公司与中国电信公司的并购。

31.4.2 并购的形式

假设你相信收购 B 公司不会受到反垄断的挑战，下面你将要考虑并购的形式。

一种可能是合并两家公司，就是一家公司自动承担另一家公司的所有资产和负债，这样的合并必须得到各自公司的 50% 以上的股东的同意。⊖

另一种形式是用现金、股票或者其他证券购买卖方的股票。这样，买方可以单独与卖方的股东交易。卖方的管理者可以根本不涉及其中。一般需要他们同意并配合，但如果他们拒绝，买方仍可以获得多数发行在外的股票。如果成功了，买方获得控制权，完成并购，如果必要，可以辞掉现任管理层。

第三种方法是购买卖方的部分或全部资产。这样，需要转移资产的所有权，向卖方公司支付买资产的资金，而不是直接向股东付款。

31.4.3 并购会计

一家公司收购另一家公司，管理层关心如何将收购显示在财务报表中。2001 年前，公司可以选择会计方法，但在 2001 年，财务会计准则委员会（FASB）引入新规则，要求买方采用并购会计的购买方法（purchase method）。表 31-3 是这种方法的说明，显示了 A 公司购买 B 公司产生 AB 公司的过程。两家公司开始时的资产负债表显示在表的上半部分，下半部分是两家公司合并后的资产负债表。我们假设 B 公司以 18 百万美元的价格被收购，即账面价值的 180%。

表 31-3　A 公司和 B 公司并购的会计处理，假设 A 公司支付了 18 百万美元购买 B 公司。

（单位：百万美元）

	A 公司资产负债表				B 公司资产负债表		
NWC	20	30	D	NWC	1	0	D
FA	80	70	E	FA	9	10	E
	100	100			10	10	
			AB 公司资产负债表				
		NWC	21	30	D		
		FA	89	88	E		
		商誉	8				
			118	118			

说明：NWC = 净营运资本；FA = 固定资产的净账面价值；D = 负债；E = 股权的账面价值。

为什么 A 公司对 B 公司的账面价值支付 8 百万美元的溢价？有两个可能的原因。首先，B 公司有形资产（营运资本、厂房和设备）的实际价值可能高于 10 百万美元。我们假设这不是原因，也就是说，我们假设资产负债表中列示的资产是正确估值的。⊜其次，A 公司可能支付了没有列示在 B 公司资产负债表中的无形资产。例如，无形资产可能是很有前景的产品或技术。或者只是 B 公司从并购中得到的那部分预期经济收益。

⊖ 公司章程和州法律有时设定更高的比例。
⊜ 如果 B 公司的有形资产价值高于它们之前的账面价值，它们将被重新评估，按照它们的当前价值计入 AB 的资产负债表。

公司购买的资产价值18百万美元,问题是要把资产显示在AB公司资产负债表的左边。B公司的有形资产只有10百万美元,就剩下了8百万美元。按照购买方法,会计师为了处理这一情况,创造出一种新的资产类型,称为商誉,然后将8百万美元分配给它。㊀只要商誉持续不低于8百万美元的价值,它就待在资产负债表中,公司的盈利不受影响。㊁但是,公司必须每年估计商誉的公允价值。如果估计价值低于8百万美元,商誉将"受损",显示在资产负债表中的价值必须向下调整,并且从当年的利润中扣除减记的部分。有的公司发现,这会大大减少利润。例如,这一新会计规则刚引入时,美国在线(AOL)不得不将资产价值减少了540亿美元。

31.4.4 一些税收考虑

并购要么纳税,要么免税。如果用现金的形式支付,并购要纳税。这种情况下,被并购方股东被视为出售股票,他们必须就任何资本利得纳税。如果支付基本是以股票的形式,并购是免税的,股东被视为用老股票换新股票,不确认任何资本利得或损失。

并购的纳税状况也影响之后被并购公司所纳的税。免税的并购结束之后,被收购的公司的纳税,就如同两家公司一直合在一起一样。在纳税的并购中,出售方公司的资产被重新评估,提高或降低的价值被视为应税收入或损失,税收折旧根据重新确定的资产价值重新计算。

一个非常简单的例子可以说明这些区别。2005年,B船长创立了海洋公司,公司购买了一条渔船,价值300 000美元。为简单起见,假设出于税收目的,渔船按照20年的寿命进行直线折旧(无残值)。因此每年折旧额为300 000/20 = 15 000美元,2015年渔船的账面价值为150 000美元。而B船长发现,由于保养认真、通胀以及当时渔业市场繁荣,渔船的实际价值为280 000美元。另外,海洋公司还持有50 000美元可交易证券。

假设B船长以330 000万美元将公司出售给海湾公司,表31-4给出了收购可能的税收结果。这种情况下,B船长会要求进行免税交易,从而延迟资本利得的纳税。而在纳税并购中,海湾公司可以支付更高的价格,因为折旧税盾更大。

表31-4 海湾公司以330 000美元收购海洋公司时可能的税收结果。B船长对海洋公司的初始投资为300 000美元。并购前,海洋公司的资产有50 000美元的可交易证券和一条账面价值为150 000美元、市场价值为280 000美元的渔船

	纳税并购	免税并购
对B船长的影响	B船长必须确定130 000美元的资本利得	资本利得可以延迟到B船长卖出海湾公司的股票再纳税
对海湾公司的影响	渔船的重估价值为280 000美元,税收折旧增加到每年280 000/10 = 28 000美元(假设渔船的使用寿命还剩10年)	渔船的价值仍为150 000美元,税收折旧每年仍为15 000美元

31.4.5 跨境并购和税务倒置

2013年,美国制药公司阿特维斯(Actavis)收购了爱尔兰的Warner-Chilcott。公司宣布,作为交易的一部分,公司将在爱尔兰重组,那里的公司税率只有12.5%,比美国

㊀ 如果这8百万美元中包含了支付的可识别的无形资产,例如专利,会计师就将这部分单独计入另一个独立的资产类型。可识别的无形资产期限是有限的,需要随时间而减记。

㊁ 但是,商誉可以出于税收的目的进行摊销。

联邦税和州税的合计税率还低得多。一年以后，收购森林实验室（Forest Labs）的公司也是因为这个原因将总部换到爱尔兰。

两笔交易都是税务倒置（tax inversion）的例子。即使利润是海外获得的，美国也要求这部分公司利润要纳税。[⊖,⊖]其他国家只对在本国获得的利润收税。一家美国公司因为并购搬到海外，仍然要对在美国的利润向美国政府纳税，但是在其他地方获得的利润不再向美国纳税。既然美国税率远高于其他发达国家的税率，公司有很强的动力将它们的注册地搬到国外。

2013年和2014年发生了大量的大型税务倒置交易，这使得人们担心损失税收收入和谴责不爱国的公司行为。因此，辉瑞制药宣布计划收购英国公司 Astra Zeneca、并将公司总部搬到英国时，政府颁布了几条法令，对税务倒置进行限制。之前的税务倒置交易不受这些新法规的影响。

新法规没有改变奇怪的不合逻辑的税收状况。假设美国公司 A 收购瑞典公司 B，A 早晚都要就 B 在瑞典的利润向美国纳税。（我们假设这些利润不可能永远留在国外。）但是，假设 B 收购 A，A 的利润像以前一样按照美国的税率纳税，而 B 在瑞典的收入则不必向美国纳税，而瑞典的公司税率为 22%。因此，外国公司有税收动机来购买美国的公司，而不是相反。

31.5 代理权争夺、接管和公司控制权市场

股东是公司的所有者，而大多数股东并不感觉像老板，而且有很好的理由。尝试买一股 IBM 股票，进入董事会议室跟你的员工 CEO 先生聊一聊吧。（但是，如果你拥有 50 百万股 IBM，CEO 先生将跑来看你。）

大公司的所有权和管理权是分离的。股东选举董事会，但对大部分管理决策都没有直接发言权。管理者或董事受诱惑做出不符合股东利益的决策时，就产生代理成本。

正如我们在第 1 章所指出的，为保持管理者和股东的利益一致，有很多方法和限制。但是，如何确保董事会任命最有能力的管理者？如果管理者能力不足怎么办？如果董事会在监督管理者方面玩忽职守怎么办？或者，公司的管理者很好，而与另一家公司合并后，如何更有效地利用公司资源？我们能够使管理者采取可能使他们自己失业的政策吗？

这些问题都与公司控制权市场有关，通过公司控制权市场这一机制，公司与所有者和能够充分利用公司资源的管理者得以匹配。你不应该将公司的现有所有权和管理层看作是当然的事情，如果更换管理层或者重组所有权可能增加公司价值，有人会有动力来做这样的改变。

更换公司管理层有三种方法：(1) 成功的代理权争夺，一组股东投票产生新的董事会，然后由董事会任命新管理团队；(2) 被另一家公司接管；(3) 一组私人投资者对

⊖ 例如，假设美国公司在爱尔兰盈利 100 美元，需要在爱尔兰纳税 12.50 美元，如果它将利润遣返回美国，就从在美国的纳税额中扣除 12.50 美元。假设美国的边际税率为 35%，那么在美国还要纳税 $0.35 \times 100 - 12.50 = 22.50$ 美元。

⊖ 但是，除非在外国得到的利润回到美国国内，否则不用在美国纳税。在爱尔兰或其他国家投资，可以延迟纳税。很多美国大公司因此在海外累积了"现金山"。现金至少产生利息收入，可以用来进行外国的资本投资，或者机会来了进行收购。

公司进行杠杆收购。本章我们讨论前两种方法，将杠杆收购留到下一章讨论。

31.5.1 代理权之争

股东选举董事会来监督管理层和替换不满意的管理者。如果董事会疏于职责，股东可以自由地选举新的董事会。

一群投资者认为应该替换董事会和管理层时，他们可以在下一次股东年会上发起代理权之争。代理权（proxy）是替另一位股东的股权投票的权利。在代理权争夺中，持反对意见的股东想获得足够的代理权来选举代表他们利益的董事会。一旦新董事会获得了控制权，管理层会被替换，公司政策发生变化。代理权之争因而是对公司控制权的直接争夺。很多代理权战斗都是由认为公司管理不善的大股东发起的。其他情况下，代理权争夺是两家公司合并的前奏。并购的支持者认为，新董事会会更好地领会两家公司合并的优势。

代理权之争成本高，很难赢。持不同意见者进行代理权争夺，必须利用自己的资金，而管理层可以利用公司的资金以及与股东的沟通来抵御。为了公平，SEC 引入了新规则，使代理权争夺更容易一些。同时，股东发现在重新选举现任董事时"仅说不"的策略可以传递很强的信号。迪士尼的股东重新选举 CEO 迈克尔·艾斯纳时投出了 43% 的反对票，他听到这个消息后第二天就辞职了。

代理权争夺的威胁还鼓励管理层改变公司政策。例如，2008 年激进分子股东卡尔·伊坎提出，他有意争取获得摩托罗拉董事会董事提名。但是，伊坎只控制了不到 7% 的投票权，没能阻止现任董事会的重新当选。然而伊坎带来的压力产生了效果：摩托罗拉同意提名两位新董事，同时，在伊坎的督促下，分拆了手机部门，成立了摩托罗拉移动公司。⊖

31.5.2 接管

代理权争夺的一个替代方法是，准收购方直接向股东发起要约收购（tender offer）。如果收购成功，新股东随时更换管理层。目标公司的管理层可能会建议股东接受要约，或者可能发起反击，希望收购方要么提高出价，要么认输放弃。

在美国，要约收购的规则主要是 1968 年的《威廉姆斯法案》和各州的法律。法庭作为裁判，判断争夺是否公平。制定这些规则的过程中，存在的问题是不清楚谁需要保护。目标公司的管理层应该被赋予更多的武器来抵御不受欢迎的掠夺者吗？或者应该鼓励管理层只要袖手旁观？或者应该进行拍卖来为股东得到最高的价格？⊜准并购者呢？他们应该在早期就要披露自己的意图吗？或者这会使其他公司利用他们的好主意也加入争夺吗？⊜在我们回顾一桩近期发生的接管案例时，请记住这些问题。

31.5.3 甲骨文收购仁科公司

在高科技行业中，敌意并购不太常见，激烈的接管争夺会使很多目标公司最有价值的员工离职。因此，2003 年 6 月，当软件巨头公司甲骨文宣布向其竞争对手仁科公司发

⊖ 本章前面我们已经看到之后摩托罗拉移动如何被谷歌收购。
⊜ 1986 年，露华浓的董事被认为违反忠诚责任，当时他们没有接受对公司股票的最高出价。特拉华州最高法院认为，公司不可避免要被出售或被解散的时候，"董事职责从公司堡垒的防御者，变为负责为股东获得最好价格的拍卖者。"
⊜ 《威廉姆斯法案》要求公司拥有另一家公司 5% 以上的股权时要举牌，在向 SEC 报案的附件 13（d）中要报告所持有的股份。

起 51 亿美元现金要约收购的时候，投资者惊得目瞪口呆。每股 16 美元的出价只比最近仁科的股价高出 6%。仁科公司的 CEO 愤怒地拒绝了，认为严重低估了公司价值，并指责甲骨文试图干扰公司经营，破坏公司最近宣布的与小型竞争对手 J. D. Edwards 公司的合并计划。仁科公司立即提起了诉讼，宣称甲骨文公司的管理层采取"不公平贸易实践行动"，并且"干扰仁科公司的客户关系。"在另一起诉讼中，J. D. Edwards 公司宣称甲骨文错误地"介入它与仁科公司计划的合并"，并要求补偿性赔偿 17 亿美元。

甲骨文的出价拉开了持续 18 个月的并购大战的序幕。表 31-5 罗列了这次并购大战中的部分关键日期。仁科公司进行了几次防御。第一，它拥有"**毒丸**（poison pill）"，如果"掠夺者"获得了 20% 的股票，公司就会让额外的股票涌入市场。第二，仁科公司发起了一个客户保证计划，如果收购方减少对消费者的支持，该计划提供消费者退款保证。在并购大战的某个时间，该计划的潜在负债达到近 16 亿美元。第三，仁科董事会选举交错进行，在不同的年份中重新选举不同的董事。这意味着要开两次股东年会才能替换掉大部分董事会成员。

表 31-5　甲骨文/仁科并购之战中的一些关键日期

日期	事件
2003 年 6 月 6 日	甲骨文提出现金收购仁科，每股 16 美元，溢价 6%。
2003 年 6 月 18 日	甲骨文提高出价到 19.50 美元。
2004 年 2 月 4 日	甲骨文提高出价到 26 美元。
2004 年 2 月 26 日	司法部提起诉讼阻止并购，甲骨文宣布上诉计划。
2004 年 5 月 16 日	甲骨文降低出价到 21 美元。
2004 年 9 月 9 日	在联邦法庭对司法部反垄断法的上诉中，甲骨文获胜。
2004 年 9 月 27 日	甲骨文要求推翻仁科的"毒丸"计划，在特拉华法庭的听证会开始。
2004 年 11 月 1 日	甲骨文提高出价到 24 美元。仁科 61% 的股票表示接受。
2004 年 11 月 23 日	甲骨文宣布计划发起代理权争夺，提名四位仁科董事会成员。
2004 年 12 月 13 日	甲骨文提高出价到 26.50 美元，仁科董事会接受。

甲骨文不仅要抵挡仁科的防御，还要排除可能的反垄断障碍。康涅狄格州的大法官发起了一项反垄断行动来阻止甲骨文的并购，一部分原因是为了保护他所在州对仁科公司的大量投资。之后，美国司法部对交易的调查裁定交易是反竞争的。一般来说，这样的反对足以扼杀交易，但甲骨文很执着，成功地向联邦法庭提起了上诉。

尽管这些争端是以斗争解决的，但是甲骨文还是修改了四次出价。将出价从开始的每股 19.50 美元提高到每股 26 美元。然后，为了向仁科公司的股东施压，甲骨文将出价降低到每股 21 美元，引起仁科股价下跌了 28%。六个月后，它又将出价提高到每股 24 美元，警告投资者，如果仁科董事会或大多数仁科股东不接受的话，它就会放弃。

仁科百分之六十的股东表示他们希望接受最后的出价，但甲骨文获得仁科控制权之前，它仍需要仁科去掉"毒丸"和客户保证计划。这意味着向继续反对任何一种方案的仁科管理层施压。甲骨文尝试了两个策略。首先，它发起了代理权之争，改变了仁科的董事会构成。第二，它向特拉华州法院提起诉讼，宣称仁科管理层拒绝甲骨文的出价，没有对出价给予"充分考虑"，是违背了信托责任。诉讼请求法庭要求仁科公司撤销并购防御措施，包括毒丸计划和客户保证计划。

仁科公司的 CEO 曾说他"从未想象在任何价格下或价格与其他条件的组合下，推荐接受收购"。但是，随着仁科的股东中 60% 支持接受甲骨文的最后出价，公司再继续说"不"变得不那么容易了，很多观察者开始质疑仁科的管理层的行为是否符合股东利益。如果管理层变现得无视股东利益，法庭的裁决可能有利于甲骨文，或者股东不满意，可能投票改变仁科董事会的构成。因此，仁科董事们决定不那么固执了，在特拉华法庭中表示，如果甲骨文的出价达到每股 26.50 美元或 27 美元，他们会考虑与甲骨文协商。这就是甲骨文一直在寻求的突破，它立即将出价提高到每股 26.50 美元，仁科公司放弃防御，在一个月内，97% 的仁科股东同意接受并购。⊖经过 18 个月的拳来脚去，对仁科公司的战斗结束了。

31.5.4 抵御接管

仁科并购大战的教训是什么？首先，这个例子说明了现代并购战所采用的策略。像仁科这样担心被接管的公司通常会提前准备防御措施。它们常常劝告股东同意修改公司章程，增加反收购措施。例如，可能修改章程，要求任何并购必须得到 80% 的绝对多数同意票，而不是一般的 50%。尽管股东一般愿意同意管理层的提议，但这些反收购防御措施是否真正符合他们的利益，是值得怀疑的。受到保护免于公司被收购的管理者似乎享受到更高的薪酬，为股东创造的财富却更少。⊜

很多公司遵循了仁科的做法，通过设计毒丸使公司不那么引起食欲来阻止潜在的收购者。例如，一旦收购者获得了超过 15% 的股票，毒丸给现有股东以半价购买公司股票的权利，而收购者没有获得折扣的权利。这样，收购者就像坦塔罗斯⊝——一旦收购了 15% 的股票，控制权就超出它能控制的范围。表 31-6 总结了这些和其他的防御措施。

表 31-6 接管防御措施总结

接管出价之前的防御	描述
反收购章程修改：	
交错（分级）董事会	董事会董事分为相等的三组，每年只选举一组董事。因此，收购者不能立即获得目标公司的控制权。
绝对多数	批准并购，需要高比例的赞成票，一般是 80%。
公平价格	并购受到限制，除非支付公平价格（由公式或批准决定）。
限制投票权	获得目标公司超过指定比例股票的股东没有投票权，除非得到目标公司董事会的同意。
等待期	不受欢迎的并购者必须等待规定的年数，才能够完成并购。
其他：	
毒丸	给予老股东权利，如果收购者购买了相当比例的股份，老股东可以用这些权利以便宜的价格购买公司额外的股票。
有毒的认沽期权	如果敌意并购的结果是发生控制权变更，现有债权人可以要求偿还债务。
接管出价后的防御：	
诉讼	目标公司提起诉讼，诉收购者违反反垄断法或证券法。
资产重组	目标公司购买收购者不想要的或者制造反垄断问题的资产。
债务重组	目标公司向友好的第三方发行股票，增加股东数量，或者溢价从现有股东处回购股票。

⊖ 要约收购很少使得每位股东都接受，而特拉华州的公司法要求，已经收购了 90% 的发行在外股票的公司，必须购买剩下的股票。其他州也有类似的要求。

⊜ A. Agrawal and C. R. Knoeber, "Managerial Compensation and the Threat of Takeover," *Journal of Financial Economics* 47 (February 1998), pp. 219-239；和 P. A. Gompers, J. L. Ishii, and A. Metrick, "Corporate Governance and Equity Prices," *Quarterly Journal of Economics* 118 (2003), pp. 107-155.

⊝ 希腊神话中的吕狄亚王，因犯有罪孽被罚站在冥界齐颈的水中，头上有果树，但他却不能喝到水、吃到果子。——译者注为什么仁科的管理者反对并购？一个可能的原因是为了获得更高的报价，因为甲骨文最后被迫支付的价格高于最初出价66%。而仁科CEO的评论说他无法想象在任何一个价格下欢迎并购，说明防御策略的目的可能是击退收购，保护管理者在公司的地位。

公司有时为了减少这些利益冲突，向公司的管理者提供"金降落伞（golden parachutes）"，也就是说，如果并购的结果是管理者丢了工作，管理者会得到丰厚的报酬。奖励被接管公司的管理者，这似乎有些奇怪。但是，如果软着陆能够使他们不再反对并购，几百万美元可能只是个小代价。

任何管理团队，想开发改良武器抵御并购，一定会在法庭上受到挑战。在20世纪80年代早期，法庭倾向于假定管理者是无辜的，而且尊敬他们关于是否拒绝并购的商业判断。但是，法庭对并购争夺战的态度在变化。例如，1993年法庭阻止了维亚康姆（Viacom）达成的对派拉蒙（Paramount）的并购，原因是派拉蒙的董事没有仔细研究就拒绝了QVC更高的出价。派拉蒙被迫放弃了毒丸防御和提供给维亚康姆的股票期权。这一裁定使得管理者在反对并购时变得特别小心，他们不再盲目地投入任何白衣骑士的怀抱。

同时，政府提供了一些新的防御武器。1987年，高级法院支持了州法律，只要投资者在公司的股份超过一定的水平，就允许公司剥夺他的投票权。从那时开始，各州的反并购法律纷纷出台。很多州允许董事会阻止敌意并购者的并购，时间可以长达几年，在决定是否阻止敌意并购时，董事会要考虑员工、顾客、供应商和所在社区的利益。

盎格鲁-撒克逊国家过去几乎垄断了敌意并购，这种情况已不再发生。欧洲的并购活跃程度经常超过美国，近年来，一些最激烈的并购争夺发生在欧洲公司之间。例如，米塔尔钢铁公司（Mittal）270亿美元收购阿赛洛（Arcelor）经历了一场高度政治化的为期五个月的激烈争夺。阿赛洛公司利用了本书所讲的每一种防御措施，包括邀请一家俄罗斯公司成为大股东。

米塔尔公司现在总部在欧洲，而它是从印度尼西亚起家的。这说明了并购市场的另一个变化：收购方不再限于主要工业化国家的公司。现在，它们包括巴西、俄罗斯、印度和中国的公司。例如，英国泰特莱茶叶公司（Tetley Tea）、英荷集团钢铁制造商康力斯公司（Corus）以及捷豹和路虎都被印度的企业集团塔塔集团收购了。在中国，联想集团收购了IBM的个人计算机业务，吉利集团从福特手中买下了沃尔沃，南京三胞集团收购了英国百货连锁店House of Fraser。在巴西，Vale收购了加拿大镍生产商Inco，Cutrale-Safra收购了美国香蕉公司Chiquita Brands。

31.5.5 并购中谁获益最多

正如并购简史所说明的，在并购中卖方收益好于买方。安德雷德、米切尔和斯塔福德发现，并购宣布之后，被收购方股东的正常收益率平均为16%。⊖买方和卖方合在一起的并购公司的总价值平均增加大约2%。因此，并购公司的总体价值大于独立价值之和。但是，似乎平均来看，收购方公司的股价下降了。⊖当然，这些是平均情况。例如，被收购方有时获得高得多的收益率。2014年当Bristol-Myers Squibb收购生物技术公司In-

---

⊖ G. Andrade, M. Mitchell, and E. Stafford, "New Evidence and Perspectives on Mergers," *Journal of Economic Perspectives* 15 (Spring 2001), pp. 103-120.

⊖ 例如，近期的一项研究发现，在经过激烈的竞购之后，失败的竞购者的业绩显著好于胜利者，在之后的三年平均超出50%左右。见U. Malmendier, E. Moretti, and F. Peters, "Winning by Losing: Evidence on the Long-Run Effects of Mergers," NBER Working Paper No. 18024, April 2012。

hibitex 的时候，它为 Inhibitex 的股票支付了 163% 的溢价。

为什么这么多公司进行看起来破坏价值的并购？一种解释与行为特征有关，并购方公司的管理者可能很自负或过度自信，认为自己有能力比目标公司的现任管理者做得更好。这可能很有道理，但我们不应该不考虑其他更好心的解释。例如，麦卡多和维斯瓦纳坦认为，公司要进入一个市场，可以通过设立新工厂，也可以购买已有公司。如果市场在萎缩，公司通过收购扩张更合理。因此，公司宣布并购的消息时，市场价值下降，只是因为投资者认为市场不再增长。这种情况下，并购没有破坏价值，只是反映了市场的不景气。⊖

为什么被并购方收益率更高？有两个原因。首先，买方公司规模一般大于卖方公司。在很多并购中，买方公司太大了，甚至重大的净收益都不会明显地反映在买方的股价中。例如，假设 A 公司购买了 B 公司，B 公司只有 A 公司规模的十分之一。假设 A 和 B 平分并购净收益的美元价值。⊜每家公司的股东都得到同样多的美元利润，而 B 的百分比收益率是 A 的十倍。

第二个也是更重要的原因是潜在竞购者之间的竞争。只要第一家竞购者将目标公司"拉下水"，经常会有一家或更多家其他公司加入竞争，有时还有作为目标公司管理层邀请的白衣骑士。每次一家竞购者压过另一家的出价，更多的并购收益就流向目标公司。同时，目标公司的管理层还进行各种法律和财务方面的反击，保证一旦投降也要得到可能得到的最高价格。

找出有吸引力的并购对象并进行收购是高成本的活动，因此，如果其他竞购者后来可能会跳出来并抬高并购溢价，为什么有人应该支付这一成本呢？如果公司可以首先积累目标公司的股权，进行并购就更值得。《威廉姆斯法案》允许公司收购目标公司股票的 5% 之后再披露持股数量和并购计划。这样，即使并购最终没有成功，公司也可能卖掉所持有的目标公司的股份，而获得丰厚的利润。

竞购者和目标公司不是唯一的赢家，其他赢家还包括投资银行、律师、会计师，有些情况下还有套利者，例如对冲基金，它们在并购可能成功上进行投机。⊜"投机"有负面的意思，却是有用的社会服务。要约收购使股东面对困难的选择，他们应该接受，或者应该等等看是否其他公司给出更好的价格，还是应该在市场上出售股票？这些两难给了对冲基金机会，它们专门回答这些问题。也就是说，它们从目标公司股东手中购买股票，承担交易没有完成的风险。

31.6 并购和经济

31.6.1 并购浪潮

回头看图 31-1 中所显示的 1962 年以来每年美国的并购数。注意并购浪潮的出现。1967~1969 年出现了并购浪潮，之后 80 年代末期和 90 年代末期再次并购浪潮。另一个并购繁荣期在 2003 年开始，信贷危机开始后消失。

我们不太理解为什么并购活动波动如此之大，为什么看起来并购与股价水平联系在

⊖ K. F. McCardle and S. Viswanathan, "The Direct Entry versus Takeover Decision and Stock Price Performance around Takeovers," *Journal of Business* 67 (January 1994), pp. 1-43.

⊜ 也就是说，对 A 来说，并购的成本等于收益 ΔPV_{AB} 的一半。

⊜ 严格说，套利者是进行了完全对冲的投资者，不承担风险。但是，并购争夺战中的套利者实际上常常承担了非常大的风险。他们的行为称为"风险套利（risk arbitrage）"。

一起。如果并购者受到经济动机的刺激,至少动机之一应该是行踪不定的,一定程度上一定与高股价有关。但是,本章中我们讨论的任何并购动机都与股票市场的一般水平没有关系。没有任何一个动机在60年代出现、70年代消失、80年代的大部分时间再次出现、90年代中期和21世纪早期又一次出现。

有些并购可能源于部分股票市场的估值错误,也就是说,买方可能认为投资者低估了卖方的价值,希望投资者将高估合并公司的价值。但是我们(事后)看到,在熊市中和在牛市中都会犯错误。为什么在股票市场低迷的时候,我们没有看到同样多的公司寻找便宜的并购交易?可能"每分钟都会产生傻瓜",很难相信他们只在牛市中才产生。

并购活动容易集中在相对少数的行业,常常受到放松管制和技术或需求模式的变化的影响。例如,90年代电信业和银行业的放松管制导致这两个行业的大量并购。德雷德、米切尔和斯塔福德发现,1988~1998年的所有美国并购的总价值的一半发生在放松管制的行业。㊀

31.6.2 并购产生净收益吗

毫无疑问,有好的并购,也有不好的并购,而经济学家发现,总的来说并购是否有收益,在这个问题上很难达成一致意见。实际上,因为并购似乎存在短暂的时尚潮流,如果经济学家得到了简单的一般结论,才会令人感到惊讶。

我们知道,并购为被收购公司的股东立即带来大量收益,也增加了两家合并公司的总价值。但是,不是所有人都相信。有人认为,投资者对并购的反应是短期热情,并没有对长期前景给予足够的重视。

我们无法观察到在不发生并购的情况下公司会怎样,因此很难度量对盈利性的长期影响。拉文斯考夫特和谢勒研究了60年代和70年代初的并购,发现并购之后的年份生产力下降。㊁而对之后的并购活动的研究发现,并购确实看起来提高了实际生产力。例如,保罗·希利、克里希那·帕利普和理查德·鲁拜克研究了1979~1983年的50起并购,发现公司的税前收益率平均提高了2.4个百分点。㊂他们认为,收益来自同样的资产产生的更高的销售收入。没有证据显示,公司通过削减长期投资而抵押上了长期前途,它们的资本设备支出和研发水平与行业平均水平相当。㊃

㊀ 见第273页脚注㊀。还有 J. Hartford, "What Drives Merger Waves?" *Journal of Financial Economics* 77 (September 2005), pp. 529-560。

㊁ 见 D. J. Ravenscraft and F. M. Scherer, "Mergers and Managerial Performance," in *Knight, Raiders, and Targets: The Impact of the Hostile Takeover*, ed. J. C. Coffee, Jr. L. Lowenstein, and S. Rose-Ackerman (New York: Oxford University Press, 1988)。

㊂ 见 P. Healy, K. Palepu, and R. Ruback, "Does Corporate Performance Improve after Merger?" *Journal of Financial Economics* 31 (April, 1992), pp. 135-175。该研究考察了并购公司相对于行业平均水平的税前收益率。利希滕贝格和西格尔的一项研究得到类似的结论。在并购之前,被收购公司的生产力水平低于同行业中的其他公司,而在控制权变化几年后,三分之二的生产力差异被消除了。见 F. Lichtenberge and D. Siegel, "The Effect of Control Changes on the Productivity of U. S. Manufacturing Plants," *Journal of Applied Corporate Finance* 2 (Summer 1989), pp. 60-67。

㊃ 利希滕贝格和西格尔的研究也观察到,公司保持了资本支出和研发,见 "The Effect of Control Change on the Productivity of U. S. Manufacturing Plants," *Journal of Applied Corporate Finance* 2 (Summer 1989), pp. 60-67 和 B. H. Hall, "The Effect of Takeover Activity on Corporate Research and Development," in *Corporate Takeovers: Causes and Consequences*, ed. A. J. Auerbach (Chicago: University of Chicago Press, 1988)。

并购最重要的影响，可能只有没有被并购的公司的管理者才能体会到。也许并购的威胁促使所有的公司都更努力。遗憾的是，总的来说，我们不知道并购的威胁是导致了白天积极工作，还是夜晚无法入眠。

接管的威胁导致管理的低效率，成本也很高，花费了大量管理者的时间和精力。另外，公司需要为投资银行家、律师和会计师提供的服务付费。这些费用一般在10百万美元以上，与交易的规模有关。

本章总结

如果两家公司合在一起价值更大，并购产生协同效应，即增加价值。假设A公司和B公司合并，组成新公司AB，合并的收益为：

$$收益 = PV_{AB} - (PV_A + PV_B) = \Delta PV_{AB}$$

并购的收益反映了规模经济、纵向一体化的经济效应、效率提高、互补资源的组合或者重新利用多余资金。在有些情况下，并购的目标是任命更有效率的管理团队，或者强迫有多余产能或太多低效率小公司的行业进行收缩或整合。并购也存在可疑的理由。只是为了分散风险、降低借款成本或提高每股盈利的并购，并不增加价值。

如果收益超过成本就应该进行并购。成本是买方收购卖方公司时在它的单独价值之外所支付的溢价。并购采用现金交易时，很容易估计成本。这种情况下，

$$成本 = 支付的现金 - PV_B$$

并购用股票支付时，成本自然取决于并购完成后这些股票价值是多少。如果并购成功，B公司股东将分享并购收益。

购买公司的过程比购买机器要复杂得多。第一，你要确定购买不会违反反垄断法。第二，你要选择并购方法：可以将卖方公司的所有资产和负债合并到你自己的公司中；可以购买卖方公司的股票而不是公司本身；或者可以买卖方公司的某些资产。第三，要考虑并购的税收状况。

并购常常由两家公司的管理层和董事会友好协商，而如果卖方不愿意，准买方可以选择要约收购。我们简要介绍了并购大战中的一些进攻和防御策略。我们还观察到，目标公司防御失败而被收购，其股东一般会赢：卖方股东得到了大量超额收益，而并购方的股东大致盈亏平衡。典型的并购似乎为投资者带来正的净收益，但竞购者之间的竞争，加上目标公司管理层的主动防御，使得大部分的净收益都被卖方公司的股东得到了。

并购像潮水般涌来又退去。在经济繁荣和股价上扬的时期并购活动很活跃。面临变化的行业中，并购是最频繁的，例如，技术的变化或者监管的变化。银行业和电信业的并购浪潮，可以追溯到20世纪90年代这些行业放松管制时。

扩展阅读

并购方面的一般性著作：

R. Bruner, *Applied Mergers and Acquisitions* (Hoboken, NJ: John Wiley & Sons, 2004).

J. F. Weston, M. L. Mitchell, and J. H. Mulherin, *Takeovers, Restructuring and Corporate Governance*, 4th ed. (Upper Saddle River, NJ: Prentice-Hall 2000).

S. Betton, B. E. Eckbo, and K. S. Thorburn, "Corporate Takeovers," in B. E. Eckbo (ed.), *Handbook of Empirical Corporate Finance* (Amsterdam: Elsevier/North-Holland, 2007), chapter 15.

并购的历史信息的回顾，见：

G. Andrade, M. Mitchell, and E. Stafford, "New Evidence and Perspectives on Mergers," *Journal of Economic Perspectives* 15 (Spring 2001), pp. 103-120.

S. J. Everett, "The Cross-Border Mergers and Acquisitions Wave of the Late 1990s," in R. E. Baldwin and L. A. Winters (eds.) *Challenges to Globalization* (Chicago: University of Chicago Press, 2004).

J. Harford, "What Drives Merger Waves?" *Journal of Financial Economics* 77 (September 2005), pp. 529-560.

B. Holmstrom and S. N. Kaplan, "Corporate Governance and Merger Activity in the U.S.: Making Sense of the 1980s and 1990s," *Journal of Economic Perspectives* 15 (Spring 2001), pp. 121-144.

最后，提供大量信息的一些案例研究：

S. N. Kaplan (ed.), *Mergers and Productivity* (Chicago: University of Chicago Press, 2000). 这是一本案例集。

R. Bruner, "An Analysis of Value Destruction and Recovery in the Alliance and Proposed Merger of Volvo and Renault," *Journal of Financial Economics* 51 (1999), pp. 125-166.

练习题

基础题

1. **并购类型** 以下虚构的并购，是横向并购、纵向并购还是混合并购？
   a. IBM 收购戴尔计算机公司；
   b. 戴尔计算机公司收购沃尔玛；
   c. 沃尔玛收购泰森食品公司；
   d. 泰森食品公司收购 IBM。

2. **并购动机** 以下哪些并购动机有经济意义：
   a. 并购获得规模经济；
   b. 并购通过分散化降低风险；
   c. 并购重新利用有利润很多而增长机会有限的公司所产生的现金；
   d. 并购利用互补资源；
   e. 并购只是为了增加每股收益。

3. **并购的收益和成本** Velcro Saddles 公司正在考虑收购 Pogo Ski Sticks 有限公司，两家公司各自独立的价值分别为 20 百万美元和 10 百万美元。Velcro Saddles 估计，两家公司合并后，每年可以减少市场营销和管理成本 500 000 美元，并且是永久性的。Velcro Saddles 可以用 14 百万美元现金收购 Pogo，或者支付 Pogo 股东 50% 的 Velcro Saddles 股票。资本机会成本为 10%。
   a. 并购的收益是多少？
   b. 现金收购的成本是多少？
   c. 股票收购的成本是多少？
   d. 现金收购下，并购的 NPV 是多少？
   e. 股票收购下，并购的 NPV 是多少？

4. **税收** 以下哪个交易不可能归类为免税交易？
   a. 现金收购资产；
   b. 全部用有投票权股票支付的并购。

5. **并购** 判断正误：
   a. 并购中，卖方几乎总是盈利的；
   b. 并购中，买方的收益一般高于卖方；
   c. 经营得特别好的公司容易成为并购对象；
   d. 美国的并购活动每年变化都很大；
   e. 平均来看，并购产生很大的经济收益；
   f. 要约收购需要得到卖方公司管理层的批准；
   g. 并购对买方的成本等于卖方实现的收益。

6. **术语** 简要定义以下术语：
   a. 购买会计；
   b. 要约收购；
   c. 毒丸；
   d. 金降落伞；
   e. 协同效应。

进阶题

7. **并购动机** 考察几起最近发生的并购案例，解释每起案例中的主要并购动机。

8. **并购的收益和成本** 考察最近的至少部分

采用股票支付的一起并购案例。利用股票的市场价格，估计并购的收益和成本。

9. **并购动机** 对以下说法进行评论。
   a. "负债成本太高了，只要我们还在波动性很大的小机械贸易市场中，银行就不会降低利率。我们要收购一家收入更稳定一些的其他行业的公司。"
   b. "与雄鹰电子公司合并？不可能！它们的市盈率太高，这笔交易将使我们的每股盈利下降20%。"
   c. "我们的股票现在是历史最高点。是时候收购DO公司了。我们可能要支付给DO的股东很高的溢价，但我们不用付现金，我们给他们公司股票。"

10. **并购收益和成本** 有时候，因为预测到并购，可能的目标公司的股价上升。请解释这如何使得收购方评估目标公司的价值变得复杂的。

11. **并购动机** 假设你得到特别信息——投资者无法得到的信息，了解到黑森林公司的股价被低估了40%，这是对该公司发起并购的一个原因吗？请认真解释。

12. **并购收益和成本** 作为休闲用品公司的财务总监，你正在研究是否有可能收购塑料玩具公司。你有以下这些基本信息（单位：美元）：

	休闲用品公司	塑料玩具公司
每股盈利	5.00	1.50
每股股利	3.00	0.80
股票股数	1 000 000	600 000
股票价格	90	20

    你估计，投资者目前预测塑料玩具公司的每股盈利和每股股利以大约6%的速度稳定增长。在新的管理层管理下，不用增加任何额外的资本投资，这一增长速度将提高到每年8%。
    a. 并购的收益是多少？
    b. 如果休闲用品公司支付每股25美元收购塑料玩具公司，并购的成本是多少？
    c. 如果休闲用品公司用一股自己的股票收购塑料玩具公司三股股票，并购的成本是多少？
    d. 如果塑料玩具公司的预期增长率不受并购的影响，现金收购和股票收购的成本将如何变化？

13. **靴带游戏** 对莫克—思拉瑞的并购失败（见31.2节）。而世界企业决心一定要将每股盈利提高到2.67美元，因此它收购了Wheelrim and Alex公司。以下是一些事实：

    并购再次不存在收益。为了交换Wheelrim and Alex公司的股票，世界企业发行了刚刚好的股票，确保每股盈利2.67美元的目标。
    a. 完成上表中合并公司的数据。
    b. 世界企业的多少股股票交换一股Wheelrim and Alex公司的股票？
    c. 对世界企业来说，并购成本是多少？
    d. 并购前世界企业发行在外的股票的总市值有什么变化？

	世界企业	Wheelrim and Alex公司	合并后的公司
每股盈利	2.00美元	2.50美元	2.67美元
每股价格	40美元	25美元	?
市盈率	20	10	?
股票数量	100 000	200 000	?
总盈利	200 000美元	500 000美元	?
总市场价值	4 000 000美元	5 000 000美元	?

14. **税收** 解释免税并购和纳税并购的不同。在什么情况下，你期望买方和卖方同意进行纳税并购？

15. **并购会计** 再看表31-3。假设B公司的固定资产经过重新评估，发现价值12百万美元，而不是9百万美元。在购买会计方法下，这对AB公司的资产负债表有怎样的影响？AB公司的价值如何变化？

你的答案与并购是否纳税有关系吗?

挑战题

16. **并购策略** 考察一起敌意并购,讨论"掠夺者"和目标公司各自采用的策略。你认为目标公司的管理层是在尽力击退并购,还是为股东争取最高价格?每一方所发布的公告对它们的股价有何影响?

17. **并购管制** 你认为应该如何对并购进行管制?例如,应该允许目标公司采取什么防御措施?目标公司的管理者应该必须寻求最高的出价吗?他们应该仅仅是被动地在场外观看吗?

附录 企业集团并购和价值可加性

纯粹的企业集团并购对双方公司的经营或盈利性都没有影响。如果公司多元化符合股东利益,企业集团并购会明显地展示出并购的好处。但是,如果现值可以累加,企业集团并购不会改变股东的福利,股东既不变好,也不变坏。

在这个附录中,我们更仔细地考察现值可加这个论断。价值确实是可加的,只要资本市场是完美的,投资者的多元化机会不受任何限制。

并购公司分别记为 A 和 B,价值可加意味着:

$$PV_{AB} = PV_A + PV_B$$

其中,

PV_{AB} = 并购后合并公司的市场价值;

PV_A、PV_B = 并购前 A 和 B 各自的市场价值。

例如,我们可能有

PV_A = 100 百万美元(每股 200 美元 × 500 000 股)

和

PV_B = 200 百万美元(每股 200 美元 × 1 000 000 股)

假设 A 和 B 合并组成一个新公司 AB,A 和 B 的每一股股票都换成 AB 的一股股票。这样共发行 1 500 000 股 AB 股票。如果价值可加成立,那么 PV_{AB} 一定等于并购前 A 和 B 各自的价值之和,即 300 百万美元,这意味着 AB 股每股价格为 200 美元。

但是注意 AB 股代表资产 A 和 B 组成的资产组合。并购前,投资者可能买了一股 A 和两股 B,花费 600 美元。并购之后,他们买三股 AB 可以获得完全相同的实物资产的索取权。

假设刚完成并购后 AB 的开盘价为 200 美元,因此 $PV_{AB} = PV_A + PV_B$。我们的问题是决定这是否是均衡价格,在这个价格下我们是否能够排除额外的需求或供给。

要存在额外的需求,必须有投资者愿意因为并购而持有更多的 A 和 B 股票。他们会是谁?并购唯一创造的新东西是多元化,而这些想持有 A 和 B 的资产的投资者在并购前就会买 A 和 B 的股票。多元化是多余的,并不能吸引新的投资需求。

存在额外供给的可能性吗?答案是肯定的。例如,有些 A 公司的股东没有投资 B。并购后,他们不能只投资 A,而是只能投资 A 和 B 的固定组合。他们的 AB 股对他们的吸引力不如纯粹的 A 股,因此他们将出售部分或全部他们拥有的 AB 股。事实上,唯一不希望出售股票的 AB 股东,是这样的投资者,并购前他们的资产组合中,碰巧刚好按照 1:2 的比例持有 A 和 B。

既然有不存在有额外需求的可能性,而确实存在额外供给的可能性,我们似乎得到:

$$PV_{AB} \leq PV_A + PV_B$$

也就是说,公司多元化没什么帮助,却可能伤害投资者,限制了他们能够持有的资产组合的类型。但是,这还不全面,如果 PV_{AB} 小于 $PV_A + PV_B$,对 AB 的投资需求可能会被从其他来源吸引过来。举例说明一下。假设有另外两家公司 A* 和 B*,投资者判断它们的风险特征分别与 A 和 B 完全相同。并购前,

$$r_A = r_{A*} \text{ 和 } r_B = r_{B*}$$

其中 r 是投资者预期收益率。我们假设 $r_A = r_{A*} = 0.08$ 和 $r_B = r_{B*} = 0.20$。

考虑一个资产组合，三分之一投资于 $A*$ 和三分之二投资于 $B*$，这个资产组合的预期收益率为 16%：

$$r = x_{A*} r_{A*} + x_{B*} r_{B*}$$
$$= \frac{1}{3}(0.08) + \frac{2}{3}(0.20)$$
$$= 0.16$$

并购前 A 和 B 相似的资产组合也提供同样 16% 的预期收益率。

我们已经注意到，新公司 AB 实际上是 A 和 B 的资产组合，资产组合权重分别是 $\frac{1}{3}$ 和 $\frac{2}{3}$。因此，在风险上等价于 $A*$ 和 $B*$ 的资产组合，AB 股的价格必须调整到同样也提供 16% 的预期收益率。

如果 AB 股价低于 200 美元，PV_{AB} 小于 $PV_A + PV_B$ 会怎么样？因为公司 A 和 B 的资产和盈利是相同的，价格下降意味着 AB 的预期收益率高于 $A*$ 和 $B*$ 的组合的预期收益率。如果 r_{AB} 超过 $\frac{1}{3}r_A + \frac{2}{3}r_B$，那么 r_{AB} 一定也超过 $\frac{1}{3}r_{A*} + \frac{2}{3}r_{B*}$。但这是站不住脚的：投资 $A*$ 和 $B*$ 的投资者可以卖出部分投资（按 1:2 的比例），买入 AB，然后获得更高的预期收益率，却没有增加风险。

另一方面，如果 PV_{AB} 高于 $PV_A + PV_B$，AB 的预期收益率将低于 $A*$ 和 $B*$ 的组合的预期收益率，投资者将卖出 AB，迫使其价格下降。

只有 AB 的价格坚守在 200 美元，稳定的结果才会发生。在完美的市场均衡中，如果资产 A 和 B 有大量替代品，价值可加性就正好成立。但是，如果 A 和 B 具有独特的风险特征，PV_{AB} 可以低于 $PV_A + PV_B$。原因是并购剥夺了投资者根据自己的需要和偏好个性化自己的投资组合的机会。这使投资者福利下降，减少了持有 AB 公司股票的吸引力。

一般来说，价值可加性的条件是投资者机会集合——投资者通过资产组合选择所能获得的风险特征范围——独立于公司所拥有的实物资产组合。证券市场完美的情况下，多元化本身不能扩大机会集合。但是只在公司持有的实物资产缺少可交易的证券或资产组合的替代品时，公司多元化还可能缩小投资者的机会集合。

在很少见的情况下，公司能够扩大机会集合。如果公司发现了一个独特的投资机会，即很少或没有其他金融资产能够拥有该实物资产的风险特征。但是，在这种很幸运的情况下，公司不应该多元化，应该将独特的资产成立一家独立的公司，尽可能最大程度地扩大投资者的机会集合。如果高卢偶然发现了自己的葡萄园里有一小块葡萄所产的葡萄酒可以与玛歌酒庄媲美，他不会将此酒倒进装勃艮第葡萄酒的桶中。

第32章 公司重组

在上一章中，我们讨论了并购如何使公司的所有权和管理团队发生变化，并购也常常使公司战略发生重大变化。而这不是公司结构发生变化的唯一途径。本章我们考察改变所有权和控制权的其他多种机制，包括杠杆收购（LBO）、分拆和剥离、国有化和私有化、和解和破产。

第一节从一起著名的并购大战开始，这就是 RJR 纳贝斯克的杠杆收购。32.1 节的其他部分和 32.2 节全面回顾了 LBO、分拆和私有化。这些交易的重点不仅仅是改变控制权（尽管现任管理层经常被解雇），还改变对管理者的激励和改善财务业绩。

RJR 纳贝斯克是早期**私募股权**（private-equity）交易的一个例子。32.3 节更仔细地考察私募股权基金的组织结构以及 20 世纪 80 年代以后私募股权市场的发展。

私募股权基金一般持有不同行业公司的股权组合，从这个角度看，它们像在 60 年代的并购活动中占据主导地位的企业集团。现在这些企业集团大部分已经不存在了，看起来私募股权是一种高级金融技术，起到了企业集团过去所起的作用。对企业集团弱点的综述帮助我们理解私募股权的优点。

有些公司选择重组，有些公司则被迫接受重组，那些在困境中倒下和无法偿还负债的公司更是如此。本章最后考察这些困境中的公司，它们要么想办法与债权人和解，要么进入正式的破产程序。

32.1 杠杆收购

杠杆收购（leverage buyout，LBO）有两点与普通并购明显不同。首先，支付的收购价格大部分由负债融资，部分负债（如果不是全部的话）是垃圾债券，即投资级以下的债券。其次，收购后公司私有化，股票不再在公开市场交易。LBO 的大部分股权融资来自私募股权投资合伙人，本章稍后将进行介绍。如果收购由现任管理层领导，就称为**管理层收购**（management buyout，MBO）。

20 世纪 70 年代和 80 年代，多元化大企业对不想要的部门安排了很多 MBO。不属于公司主要业务的小部门，有时候无法引起管理层的兴趣和承诺，部门管理者受到公司官僚体制的挤压。这些部门 MBO 分拆后都发展起来，它们的管理者受到产生现金还债的压力和相当比例的公司股权的激励，想尽办法降低成本，更有效地参与竞争。

接下来，LBO 积极参与到包括成熟大型上市公司在内的整个公司的并购中。表 32-1 列出了近年来发生的 LBO。2007 年金融危机袭来前不久，完成了一些大额交易。而到 2009 年，交易数量从最高峰下降了近 90%。2010 年，LBO 市场又开始复苏，而与早些年相比，目标公司首先是处于蹒跚起步的小公司。

表 32-1　近年来的杠杆收购。注意金融危机前交易的规模巨大（价值以 10 亿美元计）

行业	收购方	目标公司	年份	价值（10 亿美元）
公用事业	TPG、KKR	TXU	2007	45.0
房地产	黑石集团（Blackstone Gp）	Equity Office Properties	2007	38.9
信用卡处理	KKR	第一数据（First Data）	2007	29.0
酒店	黑石集团	希尔顿酒店（Hilton Hotels）	2007	26.9
管道运输	管理层、几家私募股权集团	金德摩根（Kinder Morgan）	2007	21.6
无线电	托马斯·李（Thomas Lee）、贝恩资本（Bain Capital）	清晰频道通讯公司（Clear Channel Communication）	2007	19.4
娱乐	阿波罗管理公司（Apollo Management）、德克萨斯太平洋集团（Texas Pacific Group）	哈拉斯娱乐公司（Harrah's Entertainment）	2008	31.3
医疗数据	TPG 资本（TPG Capital）	IMS 保健公司（IMS Health）	2009	5.1
快餐	3G	汉堡王（Berger King）	2010	3.3
食品	KKR	德尔蒙食品公司	2012	5.3
计算机	Co. Management 和银湖集团（Silverlake）	戴尔计算机公司（Dell）	2013	24.9
食品	3G 和伯克希尔·哈撒韦公司（Berkshire Hathaway）	亨氏食品公司（Heinz）	2013	27.5

32.1.1　RJR 纳贝斯克 LBO

20 世纪 80 年代的 LBO 中，规模最大、最有戏剧性并且记载得最详细的是 KKR 公司收购 RJR 纳贝斯克。在这个案例中，参与者、策略和关于 LBO 的争议显而易见。

对 RJR 的争夺始于 1988 年 10 月，当时 RJR 纳贝斯克的董事会披露，公司的首席执行官罗斯·约翰逊成立了一个投资者团队，计划以每股 75 美元收购 RJR 的所有股票，并将其私有化。RJR 的股票价格立刻飙升到大约 75 美元，在前一天的 56 美元的基础上投资者收益率达 36%。同时，RJR 的债券价格下降，因为显然现有债权人很快会有更多的同伴。⊖

约翰逊的出价将 RJR 放到了拍卖台上。公司一旦卷入这场游戏，董事会就有义务考虑其他出价，它们很快就来了。四天后，KKR 出价每股 90 美元，包含 79 美元现金和 11 美元的 PIK 优先股。（PIK 是 pay-in-kind，意思是实物支付，公司选择支付更多的优先股作为优先股股利，而不是现金。）

并购争夺就像狄更斯的小说一样跌宕起伏。最后的争夺在约翰逊的团队与 KKR 之间展开。KKR 在最后一个小时每股加价 1 美元（大约共 2.3 亿美元），最后出价每股 109 美元。⊖KKR 的出价包括 81 美元现金、大约价值 10 美元的可转换次级债券和大约价值 18 美元的 PIK 优先股。约翰逊团队的出价为 112 美元的现金和证券。

虽然约翰逊团队的出价高出 3 美元，但 RJR 的董事会最终选择了 KKR，因为约翰逊的证券估值被认为"较软"并且可能高估。约翰逊团队的建议还包括了一份看起来极其

⊖ 对 RJR 证券超额收益率的跟踪研究，见 N. Mohan and C. R. Chen, "A Review of the RJR Nabisco Buyouts," *Journal of Applied Corporate Finance* 3（Summer 1990），pp. 102-108.

⊖ 整个故事见 Burrough and J. Helyar, *Barbarians at the Gate: The Fall of RJR Nabisco*（New York: Harper & Row 1990），特别是第 18 章。也可参考同名电影。

慷慨的管理层薪酬方案，这引起了雪崩般的负面报道。

并购的好处来自哪里？33天之前公司股价为每股56美元，现在出价每股109美元、总计大约250亿美元，这么做的理由是什么？KKR和其他竞购者在赌两件事情。首先，他们预期通过利息税盾、减少资本支出和出售RJR核心业务不太需要的资产获得额外的现金。只资产出售一项预计就可以产生50亿美元。其次，他们预期使核心业务的盈利性显著提高，主要是削减费用和官僚机构。显然有很多需要削减的费用，包括曾一度有10家商务飞机的RJR"空军"。

KKR接管公司之后，新的管理层开始出售资产、削减经营成本和资本支出。也有人被解雇。如预期的那样，第一年高利息费用带来近10亿美元的净损失，尽管出售了大量资产，税前经营收入实际还是增加了。

在公司内部，一切进展顺利。但外部一片混乱，垃圾债券市场价格迅速下降，意味着RJR未来再融资的条件更苛刻，要支付更高的利息。1990年，KKR又进行了额外的股权投资，公司偿还了部分垃圾债券。RJR的首席财务官认为这一措施是"在公司去杠杆化的路上又迈出了一步"。[一]对世界上最大的LBO实施者RJR来说，看起来高负债只是暂时的、不是永久的美德。

像很多其他通过LBO私有化的公司一样，RJR作为私人企业只存在了较短的时间。1991年它重新上市，出售了价值11亿美元的股票。KKR逐渐卖掉了投资，1995年卖掉最后一部分股权，价格与当初的买入价格差不多。

32.1.2 门口的野蛮人

RJR纳贝斯克的LBO具体反映了人们对LBO、垃圾债券市场和并购业务的看法。对很多人来说，它体现了80年代末的金融中存在的所有问题，尤其是"袭击者"的意愿所存在的问题。"袭击者"为了自己快速致富分拆已有公司，给它们留下巨额债务。[二]

LBO业务中存在大量的混乱、愚蠢和贪婪。不是所有涉及其中的人都很好。另一方面，LBO使市场价值大幅提升，大部分收益都属于卖方股东，而不是袭击者。例如，RJR纳贝斯克LBO的最大受益人是公司的股东。

价值增加值最重要的来源是使RJR纳贝斯克提高了效率。公司新管理层被迫支付大量现金偿还LBO债务。他们在公司中有股权，因此有很强的激励卖掉不需要的资产、削减成本和提高经营利润。

LBO几乎可以定义为"瘦身交易（diet deal）"。然而LBO也存在其他动机，下面就是部分动机。

垃圾债券市场 LBO和债务融资的并购的发展，可能受到垃圾债券市场的人为低成本资金的推动。事后看，投资者似乎低估了垃圾债券的违约风险。违约率急剧上升，1991年达到了10.3%。[三]1990年垃圾债券的主要做市商、投资银行德崇证券（Drexel

---

[一] C. Anders, "RJR Swallows Hard, Offers $5-a-Share Stock," *The Wall Street Journal*, December 18, 1990, pp. C1-C2.

[二] 在一定程度上，这种观点还存在：2005年4月，德国社会民主党主席弗朗茨·慕特费宁（Franz Muntefering）称私募股权投资者为吞食德国工业的"蝗虫"。试试在互联网上搜索"私募股权"和"蝗虫"。

[三] 见 E. I. Altman and G. Fanjul, "Defaults and Returns in the High Yield Bond Market: The Year 2003 in Review and Market Outlook," Monogragh, Salomon Center, Leonard N. Stern School of Business, New York University, 2004.

Burnham)破产之后,垃圾债券市场也暂时变得缺乏流动性。

杠杆和税收 我们在第18章已经解释过,负债节约纳税。但是,税收不是LBO的主要推动力。利息税盾的价值太少,不足以解释所看到的市场价值的提高。[一]例如,理查德·鲁贝克估计,RJR纳贝斯克的利息税盾的现值为18亿美元,[二]而RJR纳贝斯克的股东市场价值上的收益大约为80亿美元。

当然,如果利息税盾是LBO高负债的主要动机,那么LBO管理者就不会这么惦记着减少债务。我们知道,这是RJR纳贝斯克的新管理层面对的首要任务之一。

其他利益相关者 我们应该考察LBO所有投资者的总收益,而不只是出售股票的股东的收益。有可能,后者的收益率只是其他人的损失,总体上并没有产生价值。

债券持有者显然是受损失的人。经过LBO后,他们认为安全的债务最后变成了垃圾债券。我们注意到,罗斯·约翰逊的第一个LBO出价公布后,RJR的债券的市场价格急剧下降。但是,LBO中债权人的损失也不足以解释股东的收益。例如,莫汉和陈估计RJR债权人的损失最多为575百万美元[三]——对债权人来说是痛苦的损失,但却远远低于股东的收益。

杠杆和动机 LBO公司的管理者和员工工作更努力,常常也更聪明。他们必须产生现金来偿还债务。另外,管理者的个人命运寄托在LBO的成功上。他们是在组织中工作的人,更是所有者。

很难度量更好的激励带来的收益,而有证据证明杠杆收购后经营效率改善了。卡普兰研究了20世纪80年代的48起MBO,发现并购三年后经营利润平均提高了24%。经营利润和净现金流与资产和销售收入的比率大幅提高。他观察到资本支出削减了,但没有解雇员工。卡普兰得到结论,"经营的变化是由于激励的改善,而非裁员。"[四]

我们综述了LBO的几个动机。我们不是说所有的LBO都是好的。相反,LBO存在很多错误,甚至动机健康的LBO也有风险,大量高杠杆交易的公司的破产就是证明。但是,我们仍不赞同那些人的观点,他们将LBO看作是打破美国企业传统优势的华尔街野蛮人的行径。

32.1.3 杠杆重组

杠杆收购的本质当然是杠杆,因此为什么不只承担杠杆而省去收购?下面是一个详细记载的杠杠重组(leveraged restructuring)的成功案例。[五]

1989年,希悦尔公司(Sealed Air)是一家非常盈利的公司。问题是,它的利润来得太容易了,因为它的主要产品受到专利的保护。专利保护到期后,激烈的竞争不可避

[一] LBO存在某些税收成本。例如,卖出股票的股东实现资本收益,要纳税,否则可以延迟纳税。见 L. Stiglin, S. N. Kaplan, and M. C. Jensen, "Effects of LBOs on Tax Revenues of the U. S. Treasury," *Tax Notes* 42 (February 6, 1989), pp. 727-733.

[二] R. J. Ruback, "RJR Nabisco," case study, Harvard Business School, Cambridge, MA. 1989.

[三] N. Mohan and C. R. Chen, "A Review of the RJR Nabisco Buyouts," *Journal of Applied Corporate Finance* 3, no. 2 (1990), pp. 102-108.

[四] S. Kaplan, "The Effects of Management Buyouts on Operating Performance and Value," *Journal of Financial Economics* 24 (October 1989), pp. 217-254. 就业方面的变化,更多近期的证据,见 S. J. Davis, J. Haltiwanger, R. S. Jarmin, J. Lerner, and J. Miranda, "Private Equity and Employment," U. S. Census Bureau Center for Economic Studies Paper No. CES-WP-08-07, January 2009.

[五] K. H. Wruck, "Financial Policy as a Catalyst for Organizational Change: Sealed Air's Leveraged Special Dividend," *Journal of Applied Corporate Finance* 7 (Winter 1995), pp. 20-37.

免，公司还没有做好准备。相对容易赚取利润的时期导致公司经营太松懈：

> 我们的生产不需要太有效率，我们不需要担心现金。在希悦尔公司，资本的附加价值很有限，现金被认为是自由的、充裕的。

公司的解决方法是借钱支付了3.28亿美元的特别现金股利。公司的负债一下增加了10倍。账面的股权从1.62亿美元变为负的1.61亿美元。负债从账面总资产的13%增加到136%。公司希望杠杆重组能够"打破现状、促进内部变革"，激发"希悦尔公司面对竞争更激烈的未来的压力"。新的业绩评价机制和包括增加员工持股在内的激励机制，进一步强化了激励。

杠杆重组起作用了。在没有重大资本投资的情况下，销售和经营利润稳步增加，净营运资本下降了一半，释放了现金来偿还公司债务。重组后的五年中股票价格变为原来的四倍。

希悦尔公司的重组不太典型，是事后选择的样板。也是成功公司在没有外部压力的情况下进行的。但是，这个案例清楚地说明了大部分杠杆重组的动机。杠杆重组用来迫使成熟的、成功的但臃肿的公司吐出现金，降低经营成本，更有效地利用资产。

32.1.4 LBO和杠杆重组

LBO的财务特征和杠杆重组很相似。LBO的三个主要特征如下：

1. 高负债。负债并不是永久性的，将有计划地偿还。需要产生现金流来偿还债务是为了控制投资浪费，提高经营效率。当然，这种方法只对现金很多但投资机会比较少的公司有意义。

2. 动机。管理者被授予股票期权或直接给予股权，获得更多公司利益。

3. 所有权私有。LBO公司私有化退市。公司被一伙私人投资者所有，他们监督公司业绩，发现有问题立即采取措施。但是，私人所有权并不会长久。最成功的LBO，一旦债务降到足够低的水平、经营业绩的提高显示出来，就会再次上市。

杠杆重组有同样的前两个特征，但仍保持为上市公司。

32.2 公司金融中的聚变和裂变

图32-1是AT&T的部分并购和剥离。1984年以前，AT&T控制了美国的大部分本地和几乎所有长途电话服务。（客户过去常常提到无所不在的"贝尔大妈"。）后来在1984年公司接受了反垄断和解，将本地电话服务分拆为七家独立的新公司。AT&T留下了长途电话业务和贝尔实验室、西部电气（电信制造商）以及其他资产。随着通信行业竞争日益激烈，AT&T收购了几家其他公司，特别是计算机、移动电话服务和有线电视。图32-1中下面的箭头显示了其中的部分并购。

AT&T是个异常活跃的收购者，是尽力对快速变化的技术和市场做出反应的大公司。但是，AT&T同时剥离了几十个其他业务。例如，它的信用卡业务（AT&T全球卡）卖给了花旗公司。AT&T还通过分拆部分业务创造了几家新公司。例如，1996年，它分拆了朗讯公司（合并了贝尔实验室和西部电气）和计算机业务（NCR）。而仅在六年前，AT&T支付了75亿美元收购了NCR。这些和其他几个重要的业务剥离在图32-1中用下面的箭头显示。

图32-1并不是AT&T故事的结束。2004年，AT&T被新格勒无线（Cingular Wireless）收购，后者保留了 AT&T 的名字。2005 年，该公司与前身为西南贝尔（Southwestern Bell）的 SBC 通讯合并。2006 年，公司与南方贝尔（BellSouth）合并。最初的 AT&T 没有太多留下来的了，但名字保留下来。⊖

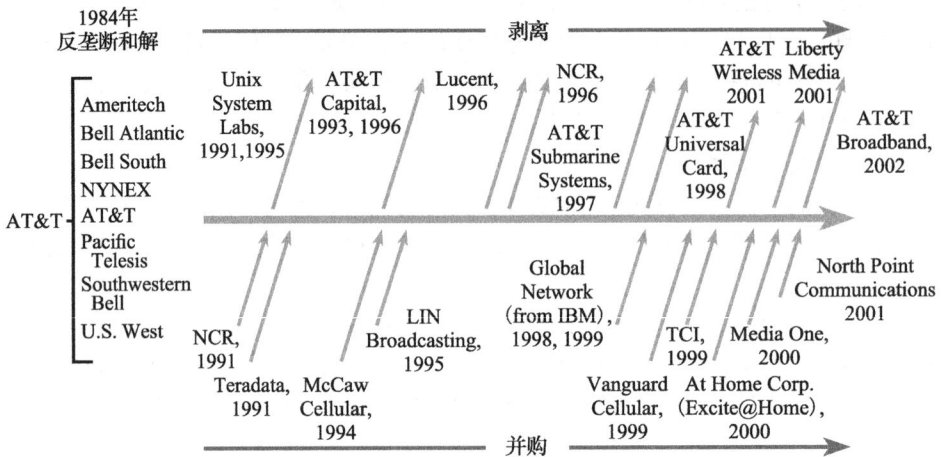

图 32-1 1984 年 AT&T 反垄断和解的影响，1991～2003 年 AT&T 的一些并购和剥离。剥离用上面的箭头表示。若给出了两个年份，是因为交易是分两步完成的

在公司控制权市场中，聚变——就是并购，获得了大部分的注意和宣传，而裂变——即出售或分配公司的资产或业务，可以同样重要，如图 32-1 上半部分所示。很多情况下，业务在 LBO 或 MBO 中被出售。而其他交易则很常见，包括分拆、股权切割、剥离、资产出售和私有化。我们从分拆开始。

32.2.1 分拆

分拆（spin-off 或 split-up）是从母公司的资产和业务中分离出一部分，成立独立的新公司。新公司的股份被分配给母公司的股东。⊖我们在上一章遇到过一个最近的例子，我们了解了摩托罗拉是如何受到卡尔·伊坎的压力而分拆摩托罗拉（Motorola Mobility）移动的。摩托罗拉的股东收到摩托罗拉移动的股票，他们可以像交易精简后的摩托罗拉系统公司（Motorola Solution）的股票一样交易摩托罗拉移动的股票。

摩托罗拉并不是唯一想要分拆的公司，最近的分拆包括雅培（Abbott Laboratories）、辉瑞制药（Pfizer）、二十一世纪福克斯（21 Century Fox）、百特国际（Baxter International）、切萨皮克能源公司（Chesapeake Energy）、富美实公司（FMC Corporation）和自由媒体（Liberty Media）。⊜分拆扩大了投资者的选择，使投资者可以只投资公司的一部分。更重要的是，分拆能够提高对管理者的激励。公司有时候认为某些部门或业务与公司整体"配合不佳"，通过分拆这些业务，母公司的管理层可以集中精力在主要业务上。如

⊖ 与南方贝尔的合并不是并购的结束。之后，AT&T 继续活跃在并购市场中，包括并购德国电信（T-Mobile）失败以及以 485 亿美元收购直播电视公司（DirectTV）。

⊜ 股东收到的股票的价值要作为股利纳税，除非新公司至少 80% 的股票分配给股东。

⊜ 有些公司不是进行分拆，而是给予它们的股东与特定部门的业绩挂钩的追踪股（tracking stock）。例如，2000 年，AT&T 分配了与其无线业务部门的业绩挂钩的特殊股票。但跟踪股不太受投资者欢迎。AT&T 的跟踪股几乎是最后一只发行的这类股票，一年以后，公司干脆彻底将 AT&T 无线分拆为一家独立公司。

果这些业务独立了，更容易看到每项业务的价值和业绩，更容易奖励管理者，可以给予他们所在公司的股票或股票期权。另外，分拆消除了投资者的担心，他们担心一项业务的资金被用来支持另一项业务不盈利的资本投资。

AT&T 宣布其分拆朗讯和 NCR 的计划时，董事会主席这样说：

> 三家公司作为独立公司，比作为大公司的一部分，将能够更快地追逐所在行业的爆炸式的机会。三家新公司……将自由地追求客户的最大利益，在市场中不必互相碰撞。它们的目的就是快速和专注，资本结构适合各自的行业。

投资者显然是信服的，分拆的消息宣布后，一夜之间，股票价值增加了 100 亿美元。

AT&T 分拆朗讯和 NCR 在很多方面都不寻常。而研究了该案例的学者发现，投资者一般将宣布分拆解读为好消息，⊖他们的热情似乎是合理的，因为分拆看起来使得每家公司资本投资决策都更有效，并且提升经营业绩。⊜

32.2.2 剥离

剥离（carve-outs）与分拆差不多，但新公司的股票不是给原股东，而是公开发行。例如，2013 年辉瑞制药将其重命名为硕腾公司（Zoetis）的动物保健部门部分上市，募集了 22 亿美元。

大部分剥离留给母公司对子公司大部分的控制权，通常约 80%。⊜虽然这可能不会确保解决投资者担心的不聚焦或配合不佳的问题，但确实使母公司根据子公司的股价表现设定管理者的薪酬。有时候，公司剥离一小部分股权为子公司的股票建立一个市场，之后分拆其余的股票。例如，2014 年菲亚特－克莱斯勒（Fiat-Chrysler）宣布计划在股票市场上出售法拉利 10% 的股权，然后将剩余的股票分拆给股东。专栏"金融实践：Palm 公司如何被剥离分拆"描述了计算机公司 Palm 公司首先被剥离然后被分拆的过程。

也许 20 世纪 80 年代和 90 年代最有热情的剥离者是热电集团（Thermo Electron），其业务遍布保健、发电设备、仪器仪表、环保茶品和其他很多领域。到 1997 年，热电集团已经剥离了 7 家上市子公司，这些子公司又剥离了 15 家上市公司。这 15 家公司是最终的母公司热电集团的孙公司。公司的管理层认为，剥离使每家公司的管理者对自己的决策负责，使他们的行为受到资本市场的监督。在一段时间内，这一策略似乎很有效，热电集团的股价表现很耀眼。但是，复杂的结构开始导致效率低下，2000 年热电集团反其道而行之，收购了很多几年前刚剥离出去的子公司，分拆了几家子公司，其中有伟亚医疗（Viasys Health Care）和凯登公司（Kadant, Inc.），后者是一家造纸和纸循环设备的制造商。之后在 2006 年 11 月，热电集团与飞世尔科技（Fisher Scientific）合并。

⊖ 例如，见 P. J. Cusatis, J. A. Miles, and J. R. Woolridge, "Restructuring Through Spin-offs: The Stock-Market Evidence," *Journal of Financial Economics* 33 (Summer 1994), pp. 293-311。

⊜ 见 R. Gertner, E. Powers, and D. Scharfstein, "Learning about Internal Capital Markets from Corporate Spin-offs," *Journal of Finance* 57 (December 2003), pp. 2479-2506; L. V. Daley, V. Mehrotra, and R. Sivakumar, "Corporate Focus and Value Creation: Evidence from Spin-offs," *Journal of Financial Economics* 45 (August 1997), pp. 257-281; T. R. Burch and V. Nanda, "Divisional Diversity and the Conglomerate Discount: Evidence form Spin-offs," *Journal of Financial Economics* 70 (October 2003), pp. 69-78; 和 A. K. Dittmar and A. Shivdasani, "Divestitures and Divisional Investment Policies," *Journal of Finance* 58 (December 2003), pp. 2711-2744。但是，G. Colak 和 T. M. Whited 认为，价值的明显增加是由于计量问题，而不是投资效率的实际提高，见 "Spin-offs, Divestiture and Conglomerate Investment," *Review of Economic Studies* 20 (May 2007), pp. 557-595。

⊜ 母公司要将子公司合并纳税的话必须保持 80% 的股权，否则子公司将作为独立公司纳税。

金融实践　　Palm 公司如何被剥离分拆

3Com 公司 1997 年收购美国机器人技术公司（U. S. Robotics）时，它也成为 Palm 公司的所有者，Palm 是一家开发掌上电脑的初创公司。这是一次幸运的收购，之后三年的时间里，Palm Pilot 主导了掌上电脑市场。而随着 Palm 开始花费越来越多的管理时间，3Com 决定需要回到自己原来的事情上，专注于销售计算机网络系统的基本业务。2000 年，3Com 宣布将通过首次公开发行剥离 Palm 公司 5% 的股权，然后分拆剩下的 95% 的 Palm 股票，3Com 股东每持有一股 3Com 股票，将得到大约 1.5 股 Palm 股票。

Palm 公司的剥离发生在接近高科技泡沫的顶点的时候，从开始就令人眼花缭乱。IPO 时股票发行价格为每股 38 美元。第一个交易日，股价最高达到 165 美元，以 95 美元收盘。因此，任何人拥有一股 3Com 股票，可以期望在年内得到 1.5 股 Palm 股票，价值 $1.5 \times 95 = 142.50$ 美元。但是，显然 3Com 的股东并不完全相信他们新得到的财富是真的，因为同一天 3Com 股票收盘价为 82 美元，比他们将要收到的 Palm 股票的市场价值低了超过 60 美元。①

3Com 公司分拆了 Palm 之后，Palm 自己也开始进行分拆，将负责开发和许可 Palm™ 操作系统的子公司 PalmSource 的股票分配给股东，剩下的业务重新命名为 palmOne，专注于制造移动小设备。公司给出了分拆为两个公司的三个原因。第一，像 3Com 的管理层一样，Palm 的管理层认为聚焦和使命的清晰会让公司受益。第二，它认为股东价值"将增加，如果投资者能够单独评价和选择两项业务，以此吸引新的不同的投资者。"最后，看起来 Palm 的竞争对手，不喜欢从掌上电脑业务跟它们有竞争关系的公司那里购买软件。

① 这一差异似乎是一个套利机会。投资者买入 1 股 3Com 股票、卖空 1.5 股 Palm 股票，将获得 60 美元的利润而免费拥有 3Com 的其他资产。利用这个套利机会有困难，具体分析见 O. A. Lamont and R. H. Thaler, "Can the Market Add and Subtract? Mispricing in Tech Stock Carve-outs," *Journal of Political Economy* 111（April 2003），pp. 227-268。

32.2.3　资产出售

剥离资产最简单的方法是把它卖掉。资产出售（asset sale）或撤销投资（divestiture）就是将公司的一部分卖给另一家公司。这可能包括出售多余的工厂或仓库，而有时是整个部门。资产出售是去除"配合不佳"的另一种方式。这样的出售频繁发生。例如，研究发现，一组敌意收购样本中，所收购的 30% 的资产后来都出售了。⊖

马克西莫维奇和菲利普斯考察了美国 50 000 家制造业工厂从 1974 年到 1992 年每年的情况，发现大约 35 000 家工厂在这期间都换过手。一半的所有权变动是由于整个公司的并购，而其余的一半则是资产出售引起的，也就是出售部分或整个部门。⊖资产出售有时候会得到大量资金。例如，2014 年施乐公司宣布以 10.5 亿美元将它的信息技术业务出售给法国亚托公司。施乐认为它的 IT 业务规模太小，无法有效地参与竞争。

对出售公司的投资者来说，资产出售是个好消息，平均来看出售后公司的资产利用

⊖ 见 S. Bhagat, A. Shleifer, and R. Vishny, "Hostile Takeover in the 1980s: The Return to Corporate Specialization," *Brookings Papers on Economic Activity*: *Microeconomics*, 1990, pp. 1-12。

⊖ V. Maksimovic and G. Phillips, "The Market for Corporate Assets: Who Engages in Mergers and Asset Sales and Are There Efficiency Gains?" *Journal of Finance* 56（December 2001）, Table 1, p. 2000。

得更有成效。⊖资产出售似乎将业务单元转移到了能更有效地管理它的公司中。

32.2.4 私有化和国有化

私有化（privatization）是将政府所有的公司出售给私人投资者。近年来，几乎每个国家的政府似乎都进行过私有化。下面是一些近期私有化的新闻：
- 日本出售西日本铁路公司（2004年3月）；
- 印度出售石油勘探和生产公司ONGC的股权（2004年3月）；
- 乌克兰出售克里活罗格钢铁公司（2004年6月）；
- 德国将本国最大的零售银行邮政银行私有化（2004年6月）；
- 法国出售法国电力公司（EDF）30%的股权（2005年12月）；
- 中国出售中国工商银行（2006年10月）；
- 波兰出售电力公司Tauron Polska Energia（2011年3月）；
- 英国出售皇家邮政公司（2013年10月）；
- 希腊同意出售14个机场（2015年8月）。

大部分私有化更像剥离，而不是分拆，因为股票被现金出售，而不是分配给最后的"股东"，即出售国的公民。但是，几个前社会主义国家（包括俄罗斯、波兰和捷克）通过给公民分配代金券的形式进行私有化。代金券可以用来购买私有化公司的股票。因此，公司不是现金出售，而是代金券出售。⊜

私有化为政府带来巨额资金。中国从中国工商银行的私有化中募集到220亿美元。日本政府连续出售所持有的日本电报电话公司（NTT）的股权获得了1 000亿美元。

在很多情况下，政府只是出售部分所有权。例如，巴西政府仍拥有国家石油公司（Petrobas）50%的股权，而俄罗斯政府控制了俄罗斯天然气公司（Gazprom）50%以上的股权。这些国有企业背后的想法是政府能够代表更广泛的社会利益。但是，你可以看到，当公司受到政治因素干涉时，可能发生危险。

私有化的动机似乎可以归结为以下三点：

1. 提高效率。通过私有化，企业受到竞争的约束，隔绝政治因素对投资和经营的影响。
2. 分享所有权。私有化鼓励分享所有权。很多私有化给员工或小投资者特殊的条件和分配方式。
3. 为政府带来收入。最后一点，但同样重要。

人们对私有化心存恐惧，认为私有化会带来大规模裁员和失业，而实际情况不是如此。尽管私有化后公司经营更有效率，因而会减少雇员，但是作为私有企业它们会增长更快，这会增加就业。在很多情况下，对就业的净影响是积极的。

从其他角度看，私有化的影响几乎总是正面的。对私有化研究的综述发现，公司"几乎总会变得更效率、更盈利……财务上更健康，并且增加资本投资支出。"⊜

私有化的过程并不是单向的，有时候可以逆转，公众公司可以被政府接管。例如，

⊖ 同上页脚注⊖。
⊜ 对代金券私有化有广泛的研究，例如见M. Boycko, A. Shleifer, and R. Vishny, "Voucher Privatizations," *Journal of Financial Economics* 35（April 1994），pp. 249-266；和R. Aggarwal and J. T. Harper, "Equity Valuation in the Czech Voucher Privatization Auctions," *Financial Management* 29（Winter 2000），pp. 77-100.
⊜ W. L. Megginson and J. M. Netter, "From State to Market: A Survey of Empirical Studies on Privatization," *Journal of Economic Literature* 39（June 2001），p. 381.

作为其建设社会主义共和国目标的一部分，委内瑞拉总统乌戈·查韦斯（Hugo Chavez）将银行、石油、电力、电信、钢铁和水泥等行业的公司国有化。

在其他一些国家，国有化是政府实用主义的最后一招，而不是长期策略的一部分。例如，2008年房利美和房地美面临破产时，美国政府接管了这两家抵押贷款巨头。㊀2012年，日本政府同意提供1万亿日元，换取福岛核电厂的运营商——东京电力公司（Tepco）的多数股权。

32.3 私募股权

2006年和2007年私募股权交易规模异常大。例如，2007年4月，最大的私募股权公司之一的黑石集团（Blackstone），在对美国最大的写字楼所有者办公物业投资公司（Equity Office Properties）的竞购中获胜，得到了390亿美元的交易。7月，它对医疗设备制造商巴奥米特（Biomet）投资了近120亿美元。三个月后，黑石集团宣布270亿美元购买酒店运营商希尔顿集团。

也许2007年最有趣的新闻，是戴姆勒—克莱斯勒（DaimlerChrysler）宣布将80%的克莱斯勒股权出售给博龙资产管理公司（Cerberus Capital Management）。克莱斯勒是底特律最早的三大汽车公司之一，1998年并入戴姆勒—克莱斯勒，但克莱斯勒和梅赛德斯—奔驰之间预期的协同效应很难实现，克莱斯勒部门有过盈利的年份，但2006年损失了15亿美元，前景看起来很黯淡。戴姆勒—克莱斯勒（现在为戴姆勒）为了将克莱斯勒脱手，支付给博龙6.77亿美元，而博龙承担了180亿美元的养老金和员工健康保障债务，并且同意向克莱斯勒及其金融子公司投资60亿美元。㊁两年后，克莱斯勒申请破产，博龙的投资血本无归。之后，克莱斯勒被菲亚特收购。

随着信贷危机的发生，2007年的LBO繁荣快速褪色。尽管进入2008年并购公司的股权规模仍然很大，但杠杆收购的债券市场枯竭了，交易规模下降了70%以上，之后才慢慢复苏。

32.3.1 私募股权合伙企业

图32-2是私募股权投资基金的组织架构。基金是合伙制企业，不是公司。一般合伙人（general partner）建立基金并管理基金。有限合伙人（limited partner）几乎出了所有的资金。有限合伙人一般是机构投资者，例如养老金、捐赠基金和保险公司。富有的个人也会参与。有限合伙人承担有限责任，像公司的股东一样，但不参与管理。

合伙企业一旦成立，一般合伙人就要寻找要投资的公司。风险投资合伙企业寻找高科技初创公司或者需要资本成长的未成熟公司。LBO基金寻找有大量自由现金流的需要重组的成熟公司。有些基金专门投资特殊行业，例如生物技术、房地产或能源。而像黑石或博龙这样的并购基金则寻找几乎各种机会。

合伙协议是有期限的，典型的是10年。资产组合公司到时候必须卖掉，将收入分配出去。因此，一般合伙人不能将有限合伙人的资金进行再投资。当然，一旦基金证明

㊀ 信用危机使全世界的多家公司被国有化，例如英国的北岩银行（North Rock）、德国的裕宝地产银行（Hypo Real Estate）、冰岛国民银行（Landsbanki）和爱尔兰的盎格鲁—爱尔兰银行（Anglo-Irish Bank）。

㊁ 博龙之前曾买下通用汽车金融子公司——GMAC的控股权。

是成功的,一般合伙人可以再回头去找有限合伙人,或者其他机构投资者,再成立另一个基金。(我们在本节前面提到过黑石2007年的三笔交易,这些收购交易都是由黑石的现有投资基金支持的。同时,黑石在筹集200亿美元的新并购基金和100亿美元的新房地产基金。)

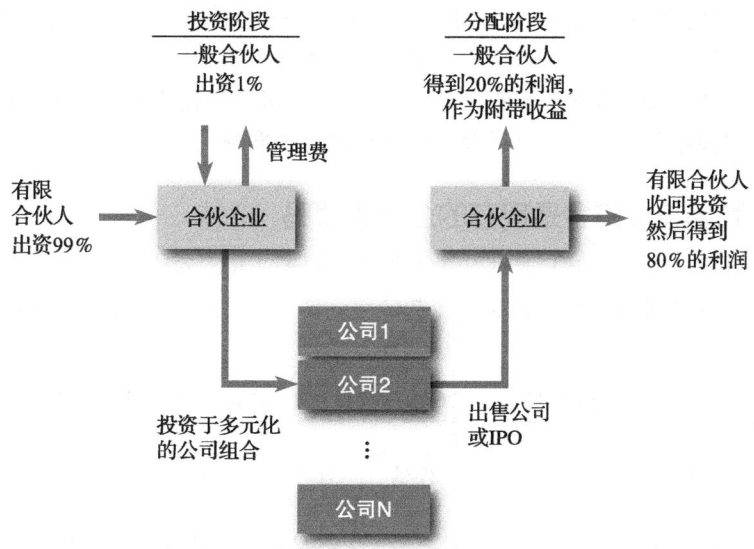

图32-2 典型的私募股权合伙企业的组织。有限合伙人几乎出了全部的投资,所投资的公司出售或IPO的收入首先由有限合伙人获得,投资全部收回后,他们得到利润的80%。组织和管理基金的一般合伙人得到利润的20%作为附带收益

一般合伙人得到管理费,通常是承诺资本的1%或2%,㊀加上净利润的20%的附带收益(carried interest)。也就是说,有限合伙人先得到偿还的投资,然后得到80%的回报。一般合伙人因此拥有的是20%的总未来收益的认购期权,行权价格设定为有限合伙人的投资。㊁

你可以发现私募股权合伙企业的一些优势:
- 附带收益使一般合伙人向上的空间很大,他们有很大的动力赚回有限合伙人的投资并获得利润。
- 附带收益因为是认购期权,使一般合伙人有动机承担风险。风险投资基金承担初创公司的风险。并购基金通过财务杠杆放大商业风险。
- 不存在所有权和控制权的分离。在公司业绩落后或策略需要变化的时候,一般合伙人可以随时干预所投资的公司。
- 不存在自由现金流问题:有限合伙人不用担心第一轮投资所得到的现金在以后的投资中逐渐消失,第一轮投资得到的现金必须分配给投资者。

前面所述是私募股权成长的好理由,但一些持反对意见的人认为,私募股权的快速成长还与非理性繁荣与投机过度有关。这些持反对意见的投资者待在边线处,闷闷不乐(但充满希望)地等待崩溃。

㊀ LBO和收购基金也通过为并购交易融资获得费用。
㊁ 私募股权合伙企业的结构和薪酬的描述,见 A. Metrick and A. Yasuda, "The Economics of Private Equity Funds," *Review of Financial Studies* 23 (2010), pp. 2303-2341.

私募股权投资受到欢迎，也与公开股权的成本和分散有关，包括对付《萨班斯—奥克斯利法案》和其他法律和监管要求的成本。很多CEO和CFO感到满足短期盈利目标有压力。也许，他们花了太多时间担心这些目标以及股价的日常变化了。也许私有化避免了公开投资者的"短期主义"，使长期投资更容易一些。但是，回想一下私募股权的期限，长期就是合伙企业的寿命，最长8~10年。一般合伙人必须找到将所投资的公司变现的方法。只有两种方法可以变现：IPO或者股权转让（trade sale）给另一家公司。很多现在的私募股权交易就是未来的IPO。因此，私募股权投资者需要公开市场。追求与公开股东"离婚"的公司，以后会不得不与他们"再婚"。

32.3.2　私募股权基金是现在的企业集团吗

企业集团（conglomerate）是在几个不相关行业多元化的公司。黑石集团是企业集团吗？表32-2列出了黑石基金所持有的一些公司，这说明它是企业集团。黑石基金投资了几十个行业。

表32-2　黑石集团投资了很多不同行业。这是2014年其81个资产组合中的一部分

公司	行业	公司	行业
汽车联盟集团（Alliance Automotive Group，法国/英国）	汽车配件供应商	迈克尔斯连锁店（Michaels Stores，美国）	艺术品工艺品店
中央公园（Center Parcs，英国）	度假村	品尼高食品集团（Pinnacle Foods，美国）	食品
Emdeon（美国）	医疗保健IT	海洋世界娱乐公司（Seaworld Parks and Entertainment，美国）	主题公园
狼爪公司（Jack Wolfskin，美国）	服装	全球电力公司（Sithe Global，美国）	发电
莱卡公司（Leica，德国）	相机	Vivint（美国）	家庭自动化
默林娱乐集团（Merlin Entertainments，英国）	主题公园	欣荣博尔特医疗器械有限公司（中国）	骨科植入

资料来源：The Blackstone Group, www.blackstone.com.

本章开始的时候，我们提出私募股权现在做的一些事情是上市企业集团曾经做的。我们简单考察一下美国企业集团的历史。

20世纪60年代并购的繁荣造就了十几家大企业集团。表32-3显示70年代这些企业集团有些已经广泛参与了很多业务，最大的企业集团ITT涉及38个不同行业，销售收入在美国公司中排名第八位。

表32-3　1979年最大的企业集团，按照美国工业公司的销售收入排名。这些公司大部分都已经破产

销售收入排名	公司	行业数
8	国际电话电报公司（ITT）	38
15	天纳克（Tenneco）	28
42	海湾与西方工业公司（Gulf & Western Industries）	4
51	立顿工业公司（Litton Industries）	19
66	LTV	18

资料来源：A. Chandler and R. S. Tetlow (eds.), *The Coming of Managerial Capitalism*, p. 772. © 1985 The McGraw-Hill Companies, Inc. 经授权使用。也见J. Baskin and P. J. Miranti, Jr., *A History of Corporate Finance* (Cambridge, U. K.: Cambridge University Press, 1997), ch. 7。

这些企业集团大部分在80年代和90年代都破产了。ITT已经出售和分拆了几个公

司，1995年将剩下的业务分拆为三家独立的公司。一家获得了ITT的酒店和博彩业务，第二家接管了ITT的汽车配件、国防和电子业务，第三家专注于保险和金融服务。

60年代和70年代的企业集团有什么优势？首先，跨行业的多元化应该会稳定收入和降低风险，这不太有说服力，因为股东自己可以更有效地进行多元化。

其次，广泛多元化的公司可以运作内部资本市场（internal capital market）。成熟行业的部门（现金牛）所产生的现金流可以从公司内部输送给那些有很多有盈利的增长机会的部门（明星）。这样，快速成长的行业就不需要从外部投资者那里融资了。

关于内部资本市场，有一些好的理由。公司的管理者会比外部投资者知道更多关于投资机会的信息，可以避免发行证券的交易成本。尽管如此，企业集团尝试在很多不相关行业配置资本投资，看起来更可能是减少价值，而不是增加价值。其中的麻烦是，内部资本市场不是真正的市场，只是综合了（企业集团的高层和财务人员制定的）中央计划和公司内部谈判能力。部门资本预算，不仅取决于纯粹的经济学，还取决于政治。有很多自由现金流的盈利的、规模大的部门具有最强的谈判能力，它们会得到慷慨的资本预算，而小一些的有好的成长机会的部门会受到控制。

石油公司的内部资本市场　并不是只有纯粹的企业集团的内部资本市场才会不合理地配置资源。例如，拉蒙特发现，1986年石油价格下跌了一半，多元化的石油公司削减了非石油部门的资本投资，非石油部门被迫"分担痛苦"，即使石油价格的下降并没有使它们的投资机会消失。《华尔街日报》报道了一个例子：⊖

> 雪佛龙公司（Chevron Corp.）削减了大约30%的1986年的资本预算和勘探预算，原因是油价下跌……雪佛龙公司发言人说，削减支出是全面的，没有哪项业务首当其冲。
>
> 35亿美元的预算中，大约65%将用于石油和天然气的开发和生产，与预算更改前的比例大致相同。
>
> 雪佛龙公司还计划减少炼油和市场营销、石油和天然气管道运输、采矿、化工和运输业务的支出。

为什么要削减采矿、化工的资本支出？油价低迷对化学制品的生产一般是好消息，因为石油蒸馏物是重要的原料。

另外，在拉蒙特的样本中，大多数石油公司都是大的蓝筹公司，它们能够从投资者那里募集到额外的资本，从而维持其非石油部门的支出。它们没有这么做。我们不理解其中的原因。

所有大公司都必须在不同部门或业务之间分配资本。因此，它们都有内部资本市场，都要担心错误和配置不当的问题。但是，随着公司将注意力从一个或几个相关行业转移到不相关的企业集团多元化，危险可能会增加。再看表32-3，ITT的高管如何能够精确地跟踪38个不同行业的投资机会？

企业集团还面临更深层次的问题。无法独立地观察到各部门的市场价值，很难设定

⊖ O. Lamont, "Cash Flow and Investment: Evidence from Internal Capital Markets," *Journal of Finance* 52 (March 1997), pp. 83-109.《华尔街日报》的引用出现在第89-90页，ⓒ 1997道琼斯公司。更近期的例子，是2015年1月，皇家荷兰壳牌（Royal Dutch Shell）和卡塔尔石油公司（Qatar Petroleum）决定放弃建设65亿美元的石油化工厂，因为在能源市场的现状下，投资"商业上不可行"。这样做可能存在合理的理由，但不是因为2015年油价便宜。较低的石油价格可能会使得石油化工的生产成本更低、需求增加，因此工厂的盈利能力更高。

部门经理的激励。在要求经理们对风险投资做出承诺时，这是个特别严重的问题。例如，一家生物技术初创企业，如果作为一家传统企业集团的一个部门，该如何管理？企业集团会像股票市场的投资者那样有耐心和容忍风险吗？如果成功了，从事生物技术研发的科学家和临床医生应该得到怎样的奖励？我们的意思不是说在上市企业集团中创新和承担风险是不可能的，但是困难是显然的。

支持传统企业集团的第三个理由来自这样的想法，就是好的管理者是可以取代的，也就是说，认为现代管理对汽车配件的生产和连锁酒店的经营都同样起作用。因此，如果将守旧的管理者赶走，取而代之经过管理科学训练的管理者，企业集团就应该增加价值。

这种论点有一部分是真理。最好的企业集团盯住需要修复的公司，确实增加价值，这些公司管理松散、资产冗余或者有多余的现金没有投资于 NPV 为正的项目。这些企业集团的目标与后来的 LBO 和私募股权基金的目标是同一类公司。不同之处是，企业集团购买这些公司，进行改进，然后长期管理这些公司，而长期管理是这个游戏中最困难的部分。企业集团购买、修复和持有，私募股权基金购买、修复和出售。通过出售（变现），私募股权基金规避了管理这些公司和运营内部资本市场的问题。⊖你可以说私募股权合伙企业是临时企业集团（temporary conglomerates）。

表 32-4 总结了贝克和蒙哥马利对私募股权基金和典型上市企业集团的财务结构所做的比较。两者都是多元化的，但基金的有限合伙人不用担心自由现金流会再投资于不盈利的投资。基金没有内部资本市场。监督和管理者薪酬也不同。基金中，每家公司作为独立业务经营，管理者直接向所有者——基金的合伙人报告。每家公司的管理者拥有该公司的股票或股票期权，而不是基金的股权，他们的薪酬取决于股权转让或 IPO 时公司的市场价值。

表 32-4　私募股权基金和上市企业集团。都多元化、投资不相关行业，它们的财务结构却有根本不同

私募股权基金	上市企业集团
广泛多元化，投资不相关行业	广泛多元化，投资不相关行业
有限存续期的合伙制，必须要出售所投资的公司	上市公司，要长期管理各个部门
所投资的公司之间没有财务联系或资金转移	内部资本市场
一般合伙人"做交易"，然后监督；借款人也监督	不同层级的公司职员评价部门的计划和业绩
管理者的薪酬取决于公司的退出价值	部门经理的薪酬主要取决于盈利——"更小幅的上升，更温和的下降"

资料来源：G. Baker and C. Montgomery, "Conglomerates and LBO Associations: A Comparison of Organizational Forms," working paper, Harvard Business School, Cambridge, MA, July 1996. 作者授权使用。

在上市企业集团中，这些业务属于公司的各个部门，不是独立的公司。企业集团的所有权分散而不集中。各部门无法被股票市场投资者单独估值，而只由企业集团的公司

⊖ 经济学家试图度量公司多元化增加还是减少价值。贝格尔和奥菲克估计，企业集团的平均折价为 12% 到 15%。也就是说，整个集团的市场价值估计值比每部分的价值总和低 12% 到 15%。折价的主要原因似乎是过度投资和资源配置不当。见 P. Berger and E. Ofek, "Diversification's Effect on Firm Value," *Journal of Financial Economics* 37（January 1995），pp. 39-65。但是，不是所有人都相信企业集团折价是真实的。其他研究者发现折价更小，或者指出使折价难以度量的统计问题。例如，见 J. M. Campa and S. Kedia, "Explaining the Diversification Discount," *Journal of Finance* 57（August 2002），pp. 1731-1762 和 B. Villalonga, "Diversification Discount or Premium? Evidence from the Business Information Tracking Service," *Journal of Finance* 59（April 2004），pp. 479-506。

职员评价，正是这些人运营内部资本市场。管理者的薪酬与部门的市场价值无关，因为部门没有可交易的股票，企业集团也不承诺将各部门出售或者分拆。

你可以看到支持单一化经营和反对公司多元化的理由。但是我们必须小心不要走极端。例如，通用电气（GE）非常成功，它在很多不相关行业经营。另外，下一章我们会发现，尽管企业集团在美国不常见，但在世界很多国家很流行，显然也是成功的。

32.4 破产

有些公司遇到财务困境时被迫重组，这时它们要同意债权人的重组计划，或者申请破产。我们在表32-5中列出了美国最大的非金融公司破产案。信用紧缩还使很多大金融机构破产，雷曼兄弟公司（Lehman Brothers）列在第一位，它在2008年9月倒闭时总资产有6 911亿美元。两周以后，华盛顿互助银行（Washington Mutual）也倒闭了，资产有3 279亿美元。

表32-5 最大的非金融公司破产案

公司	破产日期	破产前的总资产（10亿美元）
世通公司（WorldCom）	2002年7月	103.9
通用汽车（General Motors）	2009年7月	91.0
安然公司（Enron）	2001年12月	65.5
康塞可公司（Conseco）	2002年12月	61.4
能源未来控股公司（Energy Future Holdings）	2014年4月	41.0
克莱斯勒（Chrysler）	2009年4月	39.3
太平洋燃气电力公司（Pacific Gas and Electric）	2001年4月	36.2
德士古公司（Texaco）	1987年4月	34.9
环球电讯（Global Crossing）	2002年1月	30.2
普增房产（General Growth Properties）	2009年4月	29.6
莱昂德尔化学公司（Lyondell Chemical Company）	2009年1月	27.4
卡尔派恩（Calpine）	2005年12月	27.2
联合航空公司（UAL）	2002年12月	25.2

资料来源：New Generation Research, Inc., www.bankruptcydata.com.

在美国，破产程序由债权人启动，而对于上市公司，一般公司自己决定申请破产。公司可以选择两种破产程序之一，就是1978年《破产改革法案》中第7章和第11章所规定的破产程序。**第7章**的目的是监督公司的死亡和解体，而**第11章**则追求公司恢复正常。

大多数小公司利用第7章，这种情况下破产法官指定受托人，由受托人关闭公司并将资产拍卖。拍卖收入用于偿还债权人。担保债权人可以用抵押物的价值弥补损失，之后剩下的属于无担保债权人，无担保债权人按顺序分配。法庭和受托人排在第一位，接下来是工资、联邦和州所得税以及对一些政府机构（如养老金福利担保公司）的负债。其余的无担保债权人扫荡剩下的"残羹冷炙"。⊖受托人还要时不时地防止一些债权人试图提前收回自己的负债，有时候会截获债权人最近抢走的财产。

陷入困境的小公司的管理者知道，第7章破产意味着结束，因此只要有可能就尽量

⊖ 平均来看，留下的不多。见 M. J. White, "Survey Evidence on Business Bankruptcy," in *Corporate Bankruptcy*, ed. J. S. Bhandari and L. A. Weiss (Cambridge, U.K.: Cambridge University Press, 1996).

延迟申请破产。由于这个原因，第 7 章破产程序的启动，经常不是由公司发起，而是由债权人发起。

大型上市公司无法偿还债务时，通常试图进行重整，这符合股东利益，如果事情恶化，他们不会损失更多，如果公司恢复正常，他们就获得一切好处。第 11 章规定了重整程序。大多数公司因为无法偿还负债而适用第 11 章。有时候公司申请第 11 章破产，不是因为缺少现金，而是为了处理沉重的劳动合同或诉讼。例如，汽车部件生产商德尔福公司 2005 年申请破产。德尔福的北美业务亏损，部分由于与全美汽车工人联合会（United Auto Workers，UAW）的高成本劳动合同，部分由于其最大的客户 GM 的供货合约的条件。德尔福寻求第 11 章保护，是想重组业务，与 UAW 和 GM 谈判更好的条件。

第 11 章的目的是保持公司继续生存和经营，同时制定重组计划。[一]在这期间，针对公司的其他程序停止，公司通常仍由现任管理层管理。[二]制定重组计划的责任由作为债务人的公司承担，而如果公司不能设计出可以接受的重组计划，法庭会邀请任何人来做，例如，债权人委员会。

如果计划被债权人接受，同时得到法庭的确认，就可以实施了。每个等级的债权人单独对计划表决，每个等级的债权人投票都要半数以上赞成，并且赞成票代表三分之二以上的公司总债权，计划才被接受。重组计划还要得到三分之二以上的股东同意。一旦债权人和股东接受了重组计划，法庭就正常批准，条件是每个等级的债权人都赞成，在现在的计划下，债权人的境遇不会比公司资产被清算、收入进行分配更坏。在某些情况下，即使一个或多个等级的债权人投票的结果是反对，法庭也会认可重组计划，[三]但这个"强迫接受"（cramdown）规则很复杂，我们不打算在这里讨论。

重组计划基本上是一份"谁得到什么"的声明，各个等级的债权人都放弃索取权，换得新证券或新证券和现金的组合。问题是，为公司设计的新资本结构要（1）使债权人满意和（2）使公司解决当初让公司陷入困境的经营问题。[四]有时候，满足这两个条件要求计划非常复杂，要创造出很多新证券。

证券交易委员会（SEC）在很多公司重组中发挥作用，特别是大型上市公司。SEC 关注的是，在债权人对建议的重组计划投票前，所有相关和重要的信息都披露给他们。

第 11 章破产程序经常是成功的，破产公司逐渐恢复正常。但是，在其他情况下，重整是不可能的，这时资产按照第 7 章进行清算。有时候，公司按照第 11 章进行了重组，过了短暂的一段时间，又被灾难打回破产法庭。例如，环球航空公司（TWA）在 1993 年末走出第 11 章破产，不到两年后又回来了，之后 2001 年再次回到破产法庭，从而产生了关于"第 22 章"和"第 33 章"的笑话。[五]

[一] 保持公司生存，就需要继续使用作为抵押品的资产，这就使担保债权人无法得到他们的抵押品。为了解决这个问题，《破产改革法案》使得按第 11 章继续经营的公司可以保留这些资产，条件是对这些资产有索取权的债权人就这些资产价值下降的部分得到补偿。这时，公司可以向担保债权人进行现金支付，以弥补这些资产的经济折旧。

[二] 法庭偶尔指定受托人来管理公司。

[三] 但是，至少一个等级的债权人必须投票支持，否则法庭不会批准。

[四] 尽管第 11 章的目的是为了使公司继续经营，但重组计划经常涉及出售或关闭大部分的业务。

[五] 一项研究发现，走出第 11 章破产后，大约三分之一的公司重新申请破产或私下里重组债务。见 E. S. Hotchkiss, "Postbankruptcy Reform and Management Turnover," *Journal of Finance* 50 (March 1995), pp. 3-21.

32.4.1 第11章有效吗

对破产决策的一个简单观点是，每当到期支付给债权人资金时，管理层检查一下股权的价值。如果价值为正，公司就支付（如有必要，发行股票来筹集资金）。如果股权没有价值，公司就对债务违约，并申请破产。如果破产公司的资产用在其他地方更好，公司被清算，收入用于偿还债权人，否则债权人成为新股东，公司继续经营下去。㊀

实际上，情况很少这么简单。例如，我们观察到，公司经常在股权价值为正的时候要求破产。公司经常在资产用在其他地方更有效率的时候继续经营。偿还债权人的目标与保持公司持续经营的目标冲突的时候，第11章的问题通常就出现了。我们在第18章描述了美国东方航空公司的资产在破产过程中的损失。公司申请第11章破产时，资产足以全额偿还37亿美元的债务。但是破产法官坚决让东方航空公司继续运营。最后公司必须终结的命运清晰了，资产却被卖光了，债权人只得到了不到9亿美元。如果东方航空公司当时立即清算的话，显然对债权人更好，试图复苏却不成功花掉了债权人28亿美元。㊁

第11章破产程序并不总是能够有效解决问题，以下是一些更深入的原因：

1. 尽管重组后的公司从法律上讲是一家新公司，但仍拥有老公司的税收损失，可以向前结转。如果公司被清算，而不是重组，税收损失向前结转就消失了。即使资产被出售，用在其他地方会更好，由于税收动机公司也会继续经营。

2. 如果公司资产被出售，很容易决定付给债权人什么。而公司重组时，需要保存现金。因此，索取权要求人经常被支付现金和证券的组合，这就不那么容易判断他们是否受到了公平的待遇。

3. 高等级债权人知道在重组中他们可能受到不公平的待遇，会迫切要求清算。股东和低等级债权人更喜欢重组。他们希望破产法庭不会太严格地遵循债权人的优先顺序，如果公司剩下的价值被瓜分，他们将得到安慰奖。

4. 股东和低等级债权人排在优先顺序的最后面，但他们有秘密武器——他们可以拖延时间。他们采用拖延战术时，低等级债权人是在赌一次意外的好运，可以将他们的投资挽救回来。另一方面，高等级债权人知道时间是他们的敌人，所以他们愿意接受低一些的偿还额，作为计划被接受的部分代价。另外，我们在第18章中已经提出，破产案件拖延的成本很高。高等级债权人也许看到他们的钱正流进律师的钱包，因此决定快速解决。

但是，破产实践在变化，近年来第11章破产程序变得对债权人更友好了。㊂例如，股东和低等级债权人过去常常发现，管理者在拖延解决方面很愿意做他们的同盟，而现在破产公司的管理者经常接受保留核心雇员的计划，如果重组进展快他们就得到大额奖金，如果公司停滞在第11章破产程序中，他们就得到较少的奖金。这帮助减少了花在

㊀ 在这个过于简单的例子中，如果存在几个不同等级的债权人，低等级债权人最先成为公司的所有者，负责偿还高等级债务。他们现在面临与最初的所有者同样的决策。如果新的股权没有价值，他们也将违约，将所有权转移给高一等级的债权人。

㊁ 这些对债权人损失的估计，来自 L. A. Weiss and K. H. Wruck, "Information Problems, Conflicts of Interest, and Asset Stripping: Chapter 11's Failure in the Case of Eastern Airlines," *Journal of Financial Economics* 48 (April 1998), pp. 55-97.

㊂ 关于这些变化的讨论，见 S. T. Bharath, V. Panchapagesan, and I. Werner, "The Changing Nature of Chapter 11," working paper, Ohio State University, November 2010.

破产上的时间,从 1990 年之前的接近两年减少到最近的大约 16 个月。

在重组计划制定的过程中,公司可能需要更多的营运资本,因此日益常见的做法是允许公司赊账购买货物和借款(称为破产重整中的债务人债务,debtor in possession debt/DIP debt)。贷款人经常包含公司已有的债权人,有责任坚持严格的借款条件,因此对破产程序的结果有相当大的影响。

随着债权人获得更大的影响力,破产公司的股东得到的越来越少。近年来,破产法庭观察到,大约 90% 的破产方案都遵循了优先顺序。

2009 年 GM 和克莱斯勒都申请了破产。它们不仅是史上最大的破产案,还是不同寻常的法律事件。在美国财政部数十亿美元资金的帮助下,与第 11 章破产正常平稳的步伐相比,它们进出破产法庭的速度令人眩目。美国政府对新 GM 和新克莱斯勒的救助和融资,介入程度很深。专栏"金融实践:引起争议的克莱斯勒破产案"讨论了克莱斯勒破产所引发的部分金融议题。GM 破产也提出类似的议题。

金融实践　引起争议的克莱斯勒破产案

克莱斯勒是三大美国汽车制造商中最弱的一家。我们已经注意到,2007 年它被博龙资产管理公司收购。2009 年,在金融危机和经济衰退期间,要不是得到美国政府的救助,克莱斯勒就一文不值了。克莱斯勒破产后得到救助,博龙的股权彻底损失。

克莱斯勒在 2009 年 4 月 30 日申请破产。它欠担保债权人 69 亿美元,欠应付账款债权人(如零件供应商)53 亿美元,欠为退休雇员的医疗和其他福利所设立的自愿雇员福利协会(Voluntary Employees' Beneficiary Association, VEBA)信托 100 亿美元。它还有未提供资金的养老金负债、对经销商的负债和对顾客的保修责任。

只六个星期之后,6 月 11 日,破产就解决了,当时克莱斯勒的所有资产和业务以 20 亿美元出售给一家新公司。20 亿美元使担保债权人每一美元债权得到了 29 美分。菲亚特同意接管新克莱斯勒的管理,得到 35% 的股权。除了之前所借的 95 亿美元之外,新克莱斯勒从美国财政部和加拿大政府又得到了 60 亿美元的新贷款。美国财政部和加拿大政府分别获得 8% 和 2% 的股权。

担保债权人当然不高兴。破产法庭和政府没有仔细考虑克莱斯勒是否真的只值 20 亿美元,或者是否将公司分拆可得到更高的价值。但是,未担保债权人一定也不高兴,对吗?以 20 亿美元出售,什么也没有留给他们。

错!应付账款债权人得到对新克莱斯勒的 53 亿美元的索取权,每一美元得到 100 美分。未提供资金的养老金负债、供应商和保修责任,类似地,都被新克莱斯勒全额接管。VEBA 信托得到 46 亿美元的索取权和 55% 的股权。

我们注意到,低等级债权人和股东有时得到走出破产的重组公司的很小的部分。这些安慰奖被看作违背了绝对优先权,因为绝对优先权要求在低等级债权人或股东得到任何支付之前,高等级债权人要全额得到偿付。但是,克莱斯勒破产却是用相反的优先权解决的:低等级索取权得到支持,而高等级索取权几乎全部损失。

这对美国破产法和实践意味着什么,还不清楚。也许克莱斯勒 42 天的破产,是除了 GM 之外的不再重复的一次性交易。但是,现在担保投资者担心,"如果事情不解决,低等级债权人就会绕过他们。"[①]

① 出自乔治 J. 舒尔茨(George J. Schultze),引自 M. Roe and D. Skeel, "Assessing the Chrysler Bankruptcy," *Michigan Law Review* 108(March 2010), pp. 728-772。这篇文章回顾了向新克莱斯勒出售中的反向优先权所带来的法律问题。

32.4.2 和解

如果第 11 章破产重组无效,为什么公司不绕过破产法庭,与它们的债权人一起制定解决办法呢?很多处于困境的公司确实首先寻求协商解决,即和解(workout)。例如,它们可以寻求延迟偿还负债,或者协商暂停支付利息。但是,股东和低等级债权人知道,高等级债权人急于避免正式的破产程序,因此他们可能要做强硬的谈判方,高等级债权人一般需要让步才能达成一致。㊀公司越大,资本结构越复杂,越不可能所有人都同意任何提议。

有时公司同意与债权人非正式和解,然后再申请第 11 章破产,获得破产法庭的批准。这种预先包装好的或预先协商好的破产(prepackaged or prenegotiated bankruptcy)减少了之后发生诉讼的可能性,并且使公司可以获得第 11 章的特别税收好处。㊁例如,2014 年,电力公用事业公司能源未来控股(Energy Future Holdings)与债权人达成一致后安排了"预先包装(prepack)"。1980 年以来,25%的美国破产案采用预先包装或预先协商。㊂

32.4.3 替代性破产程序

美国破产体系经常被认为是债务人友好的体系,其主要关注点放在救助困境公司上。但是,这是有代价的,很多例子说明公司的资产用在其他地方更好。迈克尔·詹森是第 11 章的批评者,他认为"美国破产法典有基本缺陷。它成本很高,加剧了不同等级的债权人之间的利益冲突,一桩破产案常常花费数年才能解决。"詹森提出的建议是,将任何破产公司立即拍卖,拍卖收入按照优先顺序分给索取权所有者。㊃

在一些国家,破产体系对债务人更友好。例如,在法国,破产法庭的基本职责是保持公司继续经营和维持就业。只有这些职责完成了,法庭才有对债权人的责任。债权人对破产程序的控制力最小,法庭决定公司应该清算还是继续维持。如果法庭选择清算,它可以选择出价比较低而对员工比较好的出价人。

英国大概偏向另一个极端。英国公司无法还债时,控制权转移给债权人。最常见的做法是,指定的担保债权人任命接收者(receiver),由他负责公司的经营方向,出售足够多的资产偿还担保债权人,确保多余的资金根据优先顺序偿还其他债权人。

达维登科和弗兰克斯考察了其他破产体系,发现银行通过调整其贷款实践来适应破产法律的这些差异。正如你预期的那样,在那些破产体系对债务人友好的国家中,贷款人能够收回的资金的比例比较低。例如,在法国,银行平均只收回破产公司所欠资金的

㊀ 弗兰克斯和托洛斯发现,比起第 11 章破产,在非正式的和解中债权人甚至要对低等级债权人做更大的让步。见 J. R. Franks and W. N. Torous, "A Comparison of Financial Recontracting in Distressed Exchanges and Chapter 11 Reorganizations," *Journal of Financial Economics* 35 (May 1994), pp. 349-370.
㊁ 在预先包装好的破产中,债权人在申请破产前同意重组计划。在预先协商好的破产中,债务人只与主要债权人协商破产计划的条件。
㊂ 数据来自 http://lopucki.law.ucla.edu 的 Lynn Lopucki's Bankruptcy Research Database。
㊃ M. C. Jensen, "Corporate Control and the Politics of Finance," *Journal of Applied Corporate Finance* 4 (Summer 1991), pp. 13-33. 一个有独创性的替代破产程序,见 L. Bebchuk, "A New Approach to Corporate Reorganizations," *Harvard Law Review* 101 (1988), pp. 775-804 和 P. Aghion, O. Hart, and J. Moore, "The Economics of Bankruptcy Reform," *Journal of Law, Economics and Organization* 8 (1992), pp. 523-546.

47%，而在英国对应的数字为69%。[1]

当然，"别人家的草地总是更绿"。在美国和法国，批评者抱怨，尽力挽救不再能活的公司成本太高。与此形成鲜明对比的是，在一些国家，如英国，人们指责破产法使健康的公司死亡了，反而将第11章破产作为有效破产体系的模范。

本章总结

公司的结构并不是不可改变的。公司经常重组，增加新业务，放弃老业务。它们会改变资本结构，改变所有权和控制权。本章讨论公司自我变革的一些机制。

我们从杠杆收购（LBO）开始。LBO是主要由债务融资支持的、对整个公司或一个部门的接管或收购。债务融资不是大部分LBO的目的，是达到目的的手段。大多数LBO是瘦身交易。还债的现金要求迫使管理者出售不需要的资产，提高经营效率，放弃浪费的支出。管理者和员工得到公司的大量股权，他们有很强的动力进行这些改进。

杠杆重组在很多方面与LBO相似，是公司自己主动"节食"。公司增加大量负债，发债的收入支付给股东。公司被迫产生现金来偿还负债，而控制权不发生变化，公司仍是上市公司。

对LBO的大部分投资来自私募股权合伙企业。有限合伙人投资绝大部分，它们主要是机构投资者，包括退休金、捐赠基金和保险公司。一般合伙人组织和管理基金，收取管理费，并从基金利润中得到附带收益。我们称这些合伙企业为"临时企业集团。"它们是企业集团，因为它们创造了不相关行业公司的资产组合。它们是临时的，因为合伙企业存续期是有限的，一般约为10年。存续期结束时，合伙投资必须出售或再次IPO并上市。私募股权基金不是购买和持有，它们购买、修复和出售。基金投资者不用担心自由现金流用于浪费的再投资。

私募股权市场一直稳定增长。与这些临时企业集团相比，美国的上市企业集团一直在减少。在上市公司中，多元化似乎减少价值，整体价值低于各部分价值之和。这存在两个可能的原因。首先，因为部分的价值无法独立观察到，对部门经理设定激励更困难。其次，企业集团的内部资本市场是无效的。管理层很难了解很多不同行业的投资机会，内部资本市场容易过度投资和交叉补贴。

当然，公司可以收购资产，也可以处置资产。资产可以分拆、剥离或出售。分拆时，母公司将部分业务分离出去，成立一家独立的上市公司，把股票分给母公司的股东。剥离时，母公司将部分业务分离出去，通过IPO出售股票，以此募集资本。这些资产出售对投资者一般是好消息，看起来这些部门换到更好的地方，可以管理得更好，更有盈利。私有化，也就是政府所有的业务被分拆或剥离，也观察到同样的效率和盈利能力的改善。

困境中的公司，通过与债权人一起进行和解，可以实现重组。例如，它们可以同意延迟还款。如果和解证明是不可能的，公司需要申请破产。大多数大型上市公司都采用的《破产法》第11章寻求重组公司，让公司恢复正常经营。但是，偿还公司债权人的目标常常与保持公司持续经营的目标相冲

---

[1] S. A. Davydenko and J. R. Franks, "Do Bankruptcy Codes Matter? A Study of Defaults in France, Germany and the U. K.," *Journal of Finance* 63（2008），pp. 565-608. 关于瑞典和芬兰的破产的讨论，见 P. Stromberg, "Conflicts of Interest and Market Illiquidity in Bankruptcy Auctions: Theory and Tests," *Journal of Finance* 55（December 2000），pp. 2641-2692 和 S. A. Ravid and S. Sundgren, "The Comparative Efficiency of Small-Firm Bankruptcies: A Study of the U. S. and Finnish Bankruptcy Codes," *Financial Management* 27（Winter 1998），pp. 28-40.

突。结果第11章有时候使公司继续经营，即使它的资产可以更好地用在其他地方、收入用来偿还债权人。

第11章容易对债务人有利。但是，在一些其他国家，几乎破产体系唯一的目的是让债权人尽可能多地拿回现金。在美国，第11章的批评者抱怨救助不值得救助的公司成本太高时，其他地方的评论者们在哀叹，他们的破产法正导致本来健康的公司分崩离析。

扩展阅读

以下论文对公司重组进行一般性的综述：

B. E. Eckbo and K. S. Thorburn, "Corporate Restructuring: Breakups and LBOs," in B. E. Eckbo (ed.), *Handbook of Empirical Corporate Finance* (Amsterdam: Elsevier/North-Holland, 2007), chapter 16.

卡普兰和施泰因、卡普兰和斯特龙伯格的论文给出了LBO的演变和表现。詹森，并购的自由现金流理论的主要提出者，对LBO的捍卫激烈而富有争议：

S. N. Kaplan and J. C. Stein, "The Evolution of Buyout Pricing and Financial Structure (Or What Went Wrong) in the 1980s," *Journal of Applied Corporate Finance* 6 (Spring 1993), pp. 72-88.

S. N. Kaplan and P. Stromberg, "Leveraged Buyouts and Private Equity," *Journal of Economic Perspectives* 23 (2009), pp. 121-146.

M. C. Jensen, "The Eclipse of the Public Corporation," *Harvard Business Review* 67 (September/October 1989), pp. 61-74.

Journal of Applied Corporate Finance 2006年夏季刊包括关于私募股票的专题讨论和几篇文章。关于私有化的讨论，见：

W. L. Megginson, *The Financial Economics of Privatization* (Oxford: Oxford University Press, 2005).

下面的书籍和文章是关于破产过程的调研。布里斯、韦尔奇和朱对破产公司在第7章和第11章的经历进行了详细的比较：

E. I. Altman, *Corporate Financial Distress and Bankruptcy: A Complete Guide to Prediction and Avoiding Distress and Profiting from Bankruptcy*, 3rd ed. (New York: John Wiley & Sons, 2005).

E. S. Hotchkiss, K. John, R. M. Mooradian, and K. S. Thorburn, "Bankruptcy and the Resolution of Financial Distress," in B. E. Eckbo (ed.), *Handbook of Empirical Corporate Finance* (Amsterdam: Elsevier/North-Holland, 2007), chapter 14.

L. Senbet and J. Seward, "Financial Distress, Bankruptcy and Reorganization," in R. A. Jarrow, V. Maksimovic, and W. T. Ziemba (eds.), *North-Holland Handbooks of Operations Research and Management Science: Finance*, vol. 9 (New York: Elsevier, 1995), pp. 921-961.

J. S. Bhandari, L. A. Weiss, and B. E. Adler (eds.), *Corporate Bankruptcy: Economic and Legal Perspectives* (Cambridge, U.K.: Cambridge University Press, 1996).

A. Bris, I. Welch, and N. Zhu, "The Costs of Bankruptcy: Chapter 7 Liquidation versus Chapter 11 Reorganization," *Journal of Finance* 61 (June 2006), pp. 1253-1303.

本章讨论的主题，有几篇不错的案例研究：

B. Burrough and J. Helyar, *Barbarians at the Gate: The Fall of RJR Nabisco* (New York: Harper & Row, 1990).

G. P. Baker, "Beatrice: A Study in the Creation and Destruction of Value," *Journal of Finance* 47 (July 1992), pp. 1081-1120.

K. H. Wruck, "Financial Policy as a Catalyst for Organization Change: Sealed Air's Leveraged Special Dividend," *Journal of Applied Corporate Finance* 7 (Winter 1995), pp. 20-37.

J. Allen, "Reinvesting the Corporation: The Satellite Structure of Thermo Electron," *Journal of Appled Corporate Finance* 11 (Summer 1998), pp. 38-47.

R. Parrino, "Spinoffs and Wealth Transfers: The Marriott Case," *Journal of Financial Economics* 43 (February 1997), pp. 241-274.

C. Eckel, D. Eckel, and V. Singal, "Privatization and Efficiency: Industry Effects of the Sale of British Airways," *Journal of Financial Economics* 43 (February 1997), pp. 275-298.

L. A. Weiss and K. H. Wruck, "Information Problems, Conflicts of Interest, and Asset Stripping: Chapter 11's Failure in the Case of Eastern Airlines," *Journal of Financial Economics* 48 (April 1998), pp. 55-97.

W. Megginson and D. Scannapieco, "The Financial and Economic Lessons of Italy's Privatization Program," *Journal of Applied Corporate Finance* 18 (Summer 2006), pp. 56-65.

练习题

基础题

1. **词汇** 定义以下术语：
   a. LBO；
   b. MBO；
   c. 分拆；
   d. 剥离；
   e. 资产出售；
   f. 私有化；
   g. 杠杆重组。

2. **重组** 判断正误：
   a. LBO公司的财务经理的首要任务之一是偿还债务；
   b. 一旦LBO或MBO公司私有化，它几乎总是一直保持私有化；
   c. 80年代的LBO的目标倾向于成熟行业中的盈利公司；
   d. "附带收益"指的是LBO债务延迟的利息支付；
   e. 到2008年新LBO和私募股权交易极其少见；
   f. 宣布分拆后，公司股票价格一般急剧下跌；
   g. 私有化一般紧跟着大量裁员；
   h. 平均看，私有化似乎提高效率和增加价值。

3. **私有化** 政府私有化的动机是什么？

4. **企业集团** 上市企业集团有什么优势？

5. **企业集团** 列出美国传统企业集团的劣势。

6. **私募股权** 私募股权合伙企业存续期是有限的。这种安排有什么好处？

7. **破产** 第7章破产和第11章破产的区别是什么？

8. **破产** 判断正误：
   a. 公司濒临破产时，通常符合股东利益的做法是寻求清算而不是重组；
   b. 在第11章破产程序中，重组计划必须得到每个等级的债权人的同意；
   c. 在重组中，债权人可以被偿还现金和证券的组合；
   d. 公司被清算时，被出售的最有价值的资产之一是税收损失向前结转。

9. **破产** 公司申请破产时，为什么股权有时有正的价值，请解释。

进阶题

10. **重组** 正确、错误还是"这取决于……"？
    a. 部门的剥离或分拆提升对部门管理者的激励；
    b. 私募股权合伙企业存续期有限，主要目的是迫使一般合伙人快速收回投资；
    c. 私募股权合伙企业的管理者有动力进行有风险投资。

11. **杠杆收购** 对哪类公司来说，LBO或MBO交易没有成效？

12. **杠杆收购** 希悦尔公司的杠杆重组在基础篇第18章中有描述。简要概括RJR

纳贝斯克 LBO 和希悦尔公司重组的相似点和不同点。它们的经济动机相同吗？结果相同吗？你认为希悦尔公司保持为上市公司是个优势吗？

13. **资产剥离** 考察近期发生的资产剥离的例子。你认为它们这么做的根本原因是什么？投资者对这些消息如何反应？

14. **杠杆收购** 阅读《门口的野蛮人》（进一步阅读中提到）。你可以识别出哪些代理成本？（提示：参考基础篇第 12 章。）你认为 LBO 可以很好地降低代理成本吗？

15. **私募股权** 解释私募股权合伙企业的结构。特别注意动机和薪酬。这些合伙企业一般进行什么类型的投资？

16. **私募股权** 我们描述了附带收益可以看作期权，是什么类型的期权？这个期权是如何改变私募股权合伙企业的激励的？你能够想出一些情况，激励的变化是反向的，也就是减少价值吗？请解释。

17. **私有化** "私有化看起来提高效率，因为上市公司能更好地减少代理成本。"你认为这正确还是不正确？为什么？

18. **破产** 我们描述了第 11 章破产的几个问题。哪些问题可以通过协商预先包装的破产来消除掉？

第 33 章　世界范围的公司治理和控制

公司金融的很多内容（本书的很多内容）都是在假设特定的财务结构下讨论的：公司是上市公司，股票交易活跃，相对容易进入金融市场融资。也存在其他方式组织企业并对其融资。世界各国的所有权、控制和融资方面的安排有很大的不同。本章我们来讨论这些差异。

公司从资本市场筹集资金，也从金融机构筹集资金。在美国、英国和其他"盎格鲁-撒克逊"国家，市场相对更重要。在包括德国和日本在内的很多其他国家，金融机构，特别是银行相对更重要。在基于银行的金融体系中，个人投资者直接持有公司债券和股权的可能性较小，而银行、保险公司和其他金融中介机构持有公司的所有权。

本章从对金融市场、金融机构和融资渠道的综述开始。我们将欧洲、日本、其他亚洲国家与美国和英国进行对比。然后，33.2 节更集中地讨论所有权、控制和治理问题，这一节从美国和英国开始，然后转向日本、德国和其他国家。33.3 节讨论的是这些差异是否重要。例如，完善的金融市场和机构有助于经济发展和增长吗？基于市场的金融体系和基于银行的金融体系各有什么优势和劣势？

在开始这次世界之旅之前，记住将财务管理的原理应用在整个旅程中。这个行当中的概念和基本工具没有不同。例如，所有国家的所有公司都应该承认资本机会成本（尽管在股票市场很小和不稳定的国家，资本成本更难以度量）。贴现现金流方法一直有意义。实物期权随处可以遇到。甚至在以银行为基础的金融体系中，公司也参与世界金融市场，例如，在期货市场中交易外汇或对冲风险。

33.1　金融市场和机构

在本书中，我们一直假设很大部分的债务融资来自公开的债券市场。公司从银行贷款时，原理没有任何变化。而在一些国家，债券市场受到抑制，银行融资更重要。图 33-1 是 2013 年不同国家的银行贷款、私人（非政府）债券和股票市场的总价值。为了进行比较，这些金融索取权的价值都用国内生产总值的比例表示。⊖

美国公司的融资与大多数其他国家不同。美国不仅有大量的银行贷款余额，股票市场和债券市场的规模也很大。因此说美国是以市场为基础的金融体系。英国股票市场价值也很高，但银行贷款比债券市场重要得多，这是因为英国是国际银行业的中心，银行

⊖ 本节中所用资料的更详细的数据和讨论，见 F. Allen, M. Chui, and A. Maddaloni, "Financial Structure and Corporate Governance in Europe, the USA and Asia," in *Handbook of European Financial Markets and Institutions*, ed. X. Freixas, P. Hartmann, and C. Mayer（Oxford：Oxford University Press, 2008），pp. 31-67.

贷款包含了欧洲货币贷款,这个数字不仅仅表示国内贷款。在欧洲、日本和新兴的亚洲国家(地区)⊖,银行贷款也超过债券市场,而股票市场相对较小。欧洲的大部分国家,包括德国、法国、意大利和西班牙,都拥有基于银行的金融体系,包括日本在内的很多亚洲国家也是如此。

我们从不同的角度考察这些地区,图33-2给出了家庭的金融投资,也用占GDP的百分比表示。⊖("家庭"的意思是个人投资者。)家庭资产分为四类:银行存款;保险保单、共同基金和养老金;股票;"其他"。注意图33-2中金融资产总量的差异。将每个国家和地区的各列数据加总,美国的金融资产是GDP的334%,英国是281%,日本为288%,欧洲为186%。这并不是说欧洲投资者穷,只是他们持有的金融资产较少。图33-2没有包含其他重要的投资种类,如房地产或私有企业,也没有包括政府提供的养老金。

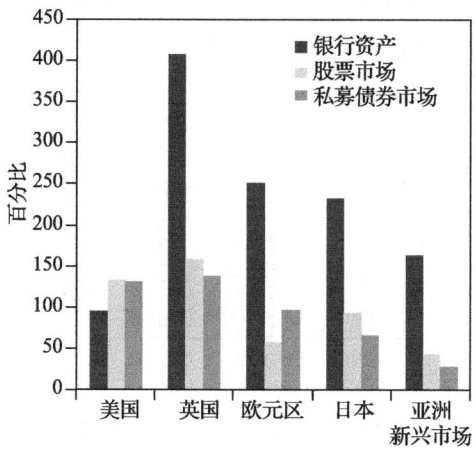

图33-1 2013年金融索取权的价值(GDP的百分比)

资料来源:数据来自 Global Financial Stability Report, October 2014, IMF. 我们感谢迈尔克·崔提供的图表。

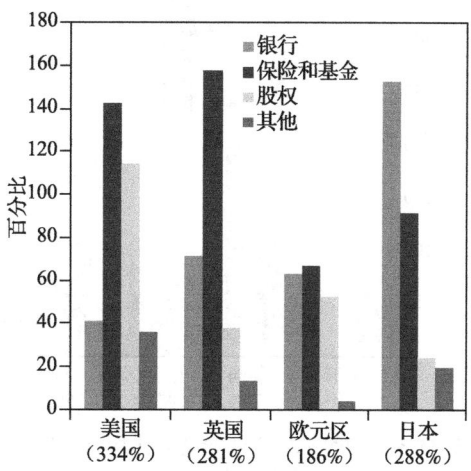

图33-2 1995～2012年的家庭资产配置(GDP的百分比)

资料来源:Bank of Japan, EUROSTAT, Federal Reserve Board, and the U.K. Office for National Statistics. 我们感谢迈尔克·崔提供的图表。

在美国,大量的家庭资产组合是直接投资的股票,大部分是普通股。因此,个人投资者在公司治理中起到潜在的重要作用。在日本,家庭的直接股权投资最少,日本个人投资者在公司治理中没有重要的直接作用,即使他们想这么做,没有股票,他们没法投票。

直接股权投资较少的国家和地区,在银行存款、保险保单、共同基金和退休金上的家庭投资相对较多。在英国,保险保单和基金这一类是主导,银行存款排第二位。在欧洲,银行存款和保险、基金稍微领先排在第一位。在日本,银行存款排第一位,将排第二位的保险和基金远远甩在后面,股权投资在更后面,排第三位。

图33-2说明,在世界很多地方,个人股东相对很少。大多数个人不直接投资股票市场,而是通过保险公司、共同基金、银行和其他金融中介机构间接投资股票市场。当

⊖ 这里的新兴亚洲国家和地区包括中国内地、中国香港特别行政区、印度、印度尼西亚、韩国、马来西亚、菲律宾、新加坡、中国台湾和泰国。
⊖ 亚洲的数据无法获得,以下数字总结了资产组合的配置。

然，通过这些中介机构所有权会追溯到个人投资者那里。所有资产的最终所有者都是个人，据我们所知，不存在火星人或天外来客投资者。⊖

现在，我们考察金融机构。图33-3是金融机构持有的金融资产，包括银行、共同基金、保险公司、养老金和其他中介机构。这些投资占GDP的比重，美国要低于其他国家（意料之中，美国是基于市场的金融体系）。英国、欧洲和日本的金融机构拥有大量贷款和存款。英国的金融机构持有的股权最多，主要被保险公司和养老金所持有。

我们已经了解了家庭和金融机构。公司存在其他融资来源吗？当然，融资可以来自其他公司。表33-4是非金融公司持有的金融资产。也许最显著的特点是，欧洲的公司持有大量股权。美国就相对较少。我们将会了解，其他非金融公司所持有的股权对公司所有权和公司治理有重要影响。

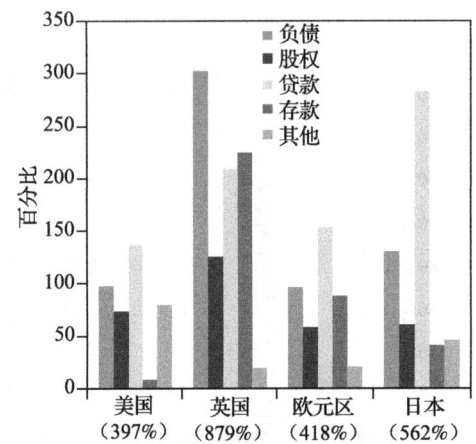

图33-3 1995~2012年金融机构的资产配置（GDP的百分比）

资料来源：Bank of Japan, EUROSTAT, Federal Reserve Board, and the U. K. Office for National Statistics. 我们感谢迈尔克·崔提供的图表。

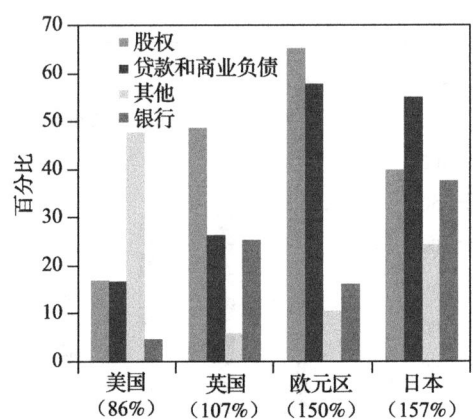

图33-4 1995~2012年非金融公司的资产配置（GDP的百分比）

资料来源：Bank of Japan, EUROSTAT, Federal Reserve Board, and the U. K. Office for National Statistics. 我们感谢迈尔克·崔提供的图表。

图33-4另一个有趣的方面是，在欧洲和日本存在大量公司之间的贷款和贸易信贷。很多日本公司严重依赖贸易信贷融资，也就是对其他公司的应付账款。当然，其他公司处于贸易信贷的相反一方，他们通过应收账款提供了融资。

图33-1到图33-4说明，在基于市场的"盎格鲁—撒克逊"金融体系和基于银行的金融体系之间画一条线，是过于简单了。在比较金融体系的时候，我们需要探索得更深入一些。例如，美国家庭直接持有的股权比英国多，家庭、非金融公司和金融机构的资产配置也有很大的不同。另外，我们注意到欧洲公司之间的大量交叉持股。最后，日本的家庭将更多的储蓄放在银行，而日本公司比其他发达国家的公司更多地利用贸易信贷。

投资者保护和金融市场的发展

为什么在一些国家金融市场很重要，而在其他国家，市场不那么重要而银行和其他

⊖ 但有现在这个星球上还不存在的所有者。例如，教育、慈善和宗教组织的捐赠基金的一部分受托为未来的子孙后代管理。

金融机构更重要？一个答案是投资者保护程度的不同。在投资者保护相当好的地方，股票和债券市场就繁荣。

在一些地方投资者的财产权保护得比其他地方好。拉—波塔、拉—德—西拉内斯、施莱弗和维希尼根据股东和债权人权利和法律实施的质量，开发了投资者保护的定量度量指标。得分低的国家，用总市值与 GDP 之比来衡量，股票市场比较小，相对于总人口，上市公司和 IPO 的数量也较少。对私人公司来说，得分低意味着负债融资少。⊖

容易理解，为什么外部投资者保护不足阻碍金融市场的发展。更难回答的问题是，为什么在一些国家投资者受到好的保护，而在另一些国家投资者保护很差。拉—波塔、拉—德—西拉内斯、施莱弗和维希尼认为是法律体系的起源不同。他们区分了起源于英国的普通法（common law）体系和起源于法国、德国和斯堪的纳维亚国家的大陆法（civil law）体系。英国、法国和德国体系随着征服、帝国主义和模仿传播到世界各地。有人认为，在采用普通法的国家，法律对股东和债权人都有更好的保护。

但是，拉詹和津加莱斯⊜认为，法国、比利时和德国是大陆法国家，在 20 世纪初就建立了完善的金融市场。相对于 GDP 来说，这些国家的金融市场的规模那时与英国差不多，比美国还要大。在 20 世纪下半叶，第二次世界大战之后，尽管现在金融市场扩大了，在欧洲的经济中也发挥着更重要的作用，但这一排序颠倒了。拉詹和津加莱斯认为，发生颠倒的原因是政府政策的政治倾向和变化。例如，他们认为，1929 年股票市场崩盘后对金融市场的抵制，以及大萧条后和二战后政府管制和所有权的扩张，是重要原因。

随着 2007~2009 年的金融危机以及 2010 年开始的欧元区主权债务危机，政治因素如何充分体现出来，还有待继续观察。这些因素已经显现出重要影响，这一趋势似乎还会继续。

33.2 所有权、控制和治理

谁拥有公司？在美国和英国，我们会说是"股东"。通常只存在一类普通股，每股一票。有些股东可能比其他股东更有影响力，但只是因为他们拥有更多的股票。在其他国家，所有权没有这么简单，本节稍后将会谈及。

公司的财务目标是什么？通常我们说"最大化股东价值。"根据美国和英国的公司法，管理者对股东负有信托责任（fiduciary duty），也就是说，他们在法律上要维护股东利益。一个福特公司早期的案例是信托责任的经典例子。亨利·福特曾选择支付特别股利，但后来又食言，说支付股利的现金将用于员工福利。一位股东起诉了，理由是公司为股东的利益而存在，管理层没有权力提高员工的福利而牺牲股东利益。福特败诉。⊜

公司应该为了股东利益而经营的思想因此隐含在美国和英国的公司法中。董事会应该代表股东的利益。但是，在其他国家，法律和传统是不同的。现在我们考察这些不同。首先从日本开始。

⊖ R. La Porta, F. Lopez-de-Silanes, A. Shleifer, and R. Vishny, "Legal Determinants of External Finance," *Journal of Finance* 52（July 1997），pp. 1131-1150, and "Law and Finance," *Journal of Political Economy* 106（December 1998），pp. 1113-1155.

⊜ R. Rajan and L. Zingales, *Saving Capitalism from the Capitalists*（New York：Crown Business，2003）.

⊜ 接下来看起来，亨利·福特对股利的食言是为了在低迷的股价下回购股票！

33.2.1 日本的所有权和控制

传统上，日本公司金融最显著的特点是**财阀**（keiretsu）。财阀是一个公司网络，通常围绕一家大银行组建。日本有**主银行制度**（main bank system），银行和公司至今存在长期关系。财阀中的公司之间也存在长期业务关系。例如，一家制造业公司会从集团的供应商那里购买大部分原材料，将产品出售给集团中的其他公司。

处于财阀中心的银行和其他金融机构拥有集团中的大部分公司的股票（尽管日本的商业银行持有每家公司的股票被限制在5%以内）。这些公司也持有银行的股票或者互相持股。因为交叉持股，外部投资者能够购买的股票数量比总发行的股票数量要少得多。

财阀也用其他方式连接在一起。大部分债务融资来自财阀的主银行或附属金融机构。管理者们是集团中其他公司的董事会成员，大多数重要集团成员公司的CEO组成的"总裁顾问委员会"定期开会。

可以将财阀看作一种公司治理体系，权力在主银行、集团最大的公司和集团整体之间进行分配。这具有财务优势。首先，公司可以利用传统的"内部"融资，"内部"指集团。因此，任何一家公司，资本预算超出了经营现金流，就可以求助于主银行或财阀中的其他公司来融资。这避免了公开出售证券的成本和可能的坏消息信号。其次，财阀中的公司陷入财务困境、没有足够的现金还款或进行必要的资本投资时，通常能够安排解决方案。新管理层可以来自集团内部其他公司，也可以获得融资，同样是"内部的。"

星位、迦叶波和沙尔夫斯坦跟踪了一个大样本日本公司的资本支出，样本公司很多（不是全部）是财阀成员。财阀公司的投资更稳定，受经营现金流的波动或财务困境的情况影响较小。㊀似乎是财阀的财务支持使成员可以不管暂时失败而长期投资。

日本的公司法效仿了美国，但有一些重要差别。例如，在日本，股东提名和选举董事更容易。另外，管理层的薪酬必须经过股东大会同意。㊁但是，普通股东实际上没有太大影响力。日本公司的董事会一般有40或50位成员，只有很少一部分独立于管理层。㊂CEO实际控制着董事会提名。日本公司只要财务状况良好，CEO和高管控制了公司。外部股东几乎没有影响力。

这样的控制加上企业集团内部的交叉持股，日本极少发生敌意并购也就不奇怪了。另外，日本公司在股利方面很吝啬，这可能也反映了外部股东相对缺少影响力。另一方面，日本CEO没有利用他们的权力带来大量个人财富，与大多数其他发达国家的CEO相比，他们的薪酬不高。（再看一下基础篇第12章图12-1日本和其他国家的高管的平均薪酬。）

交叉持股在1990年左右达到顶峰，当时大约50%的公司股权都被其他日本公司和金融机构持有。从20世纪90年代中期开始，日本出现银行业危机，公司卖掉银行的股票，因为银行股票投资不被看好。财务困境中的银行和公司，例如尼桑公司，卖掉其他公司的股票筹集资金。到2004年，交叉持股的水平下降到20%。但是，在之后几年中，随着钢铁和其他行业的公司开始担心敌意并购，交叉持股又上升了，这是50年代和60

㊀ T. Hoshi, A. Kashyap, and D. Scharfstein, "Corporate Structure, Liquidity and Investment: Evidence from Japanese Industrial Groups," *Quarterly Journal of Economics* 106 (February 1991), pp. 33-60, and "The Role of Banks in Reducing the Costs of Financial Distress in Japan," *Journal of Financial Economics* 27 (September 1990), pp. 67-88.

㊁ 这些要求产生了日本公司的一个独特特点——"总会屋（Sokaiya）"，他们以不扰乱股东大会为由向公司索要财物。

㊂ 近年来，有些日本公司，比如索尼，已经改变为美国式的董事会，成员更少，更多独立董事。

年代交叉持股的最初动机。㊀

33.2.2 德国的所有权和控制

传统上，德国的银行在公司治理中起重要作用。这涉及提供贷款、直接拥有大量股权和为客户所持有的股票进行代理投票。随着时间的推移，银行的角色发生了重要变化。德国最大的银行——德意志银行和最大的公司之一的戴姆勒公司的关系，提供了一个很好的例子。

图33-5a是戴姆勒公司1990年的所有权结构，当时它还是戴姆勒-奔驰公司。德意志银行持有28%的股权，梅赛德斯汽车控股持有25%，科威特政府持有14%，其余的32%被大约300 000个个人和机构投资者持有。而这只是最上面一层。梅赛德斯汽车控股公司被简称"Stella"和"Stern"的控股公司持股一半，其余的股份非常分散。Stella公司的股权又分为四部分：两家银行、工业公司罗伯特博世和另一家持股公司"Komet"。Stern的股权又被分为五部分，由于篇幅原因我们就没有显示出来。㊁

图33-5b是2014年的所有权结构，跟之前有很大不同。德意志银行不再拥有股权，科威特政府仍拥有6.8%的股权，但已经比1990年的14%少了很多。另外，雷诺和尼桑各自拥有1.5%的股权。与1990年形成鲜明对比的是，当时有32%的股权是公众持有的，而2014年90%是公众持有。所有权结构经过长期演变，逐渐向美国的所有权模式靠拢，很多大公司的股权完全高度分散。

所有权结构的剧烈变化的一个重要原因是2002年生效的税收变化，从公司税收的角度，持有一年以上的股权的资本利得免税。在这之前，公司资本利得的税率为52%，这使得公司出售股权的成本非常高。

戴姆勒不是唯一一家银行所有权大规模下降的公司。迪特曼、毛格和施耐德发现，银行平均持有股权的比例从1994年的4.1%下降到2005年的0.4%。银行代表所占的董事会席位从9.6%下降到5.6%。迪特曼、毛格和施耐德的证据说明，现在银行主要利用它们所拥有的董事会席位促进它们的借贷和投资银行业务。但是，有银行家作为董事会成员的公司的表现比没有银行家董事的要差。㊂

在欧洲大陆的其他国家，例如法国和意大利，公司的所有权结构也很复杂。这些国家的税收不像德国变化那么大。但是，监管也在发生稳定的变化，使得公司治理的监管框架更接近美国。㊃

33.2.3 欧洲的董事会

德国存在一种共同决策（codetermination）制度。规模大一些的公司（一般超过

㊀ 见 H. Miyajima and F. Kuroki, "The Unwinding of Cross-Shareholding in Japan: Causes, Effects and Implications," in *Corporate Governance in Japan: Institutional Change and Organizational Diversity*, ed. M. Aoki, G. Jackson, and H. Miyajima (Oxford and New York: Oxford University Press, 2007), pp. 79-124, 也见 "Criss-Crossed Capitalism," *The Economist print edition*, November 6, 2008.

㊁ 戴姆勒—奔驰的五层所有权结构，见 S. Prowse, "Corporate Governance in an International Perspective: A Survey of Corporate Control Mechanisms among Large Firms in the U. S., Japan and Germany," *Financial Markets, Institutions, and Instruments* 4 (February 1995), Table 16.

㊂ 见 I. Dittmann, E. Maug, and C. Schneider, "Bankers on the Boards of German Firms: What They Do, What They Are Worth, and Why They Are (Still) There," *Review of Finance*, 14 (2010), pp. 35-71.

㊃ 见 L. Enriques and P. Volpin, "Corporate Governance Reforms in Continental Europe," *Journal of Economic Perspectives* 21 (2007), pp. 117-140.

2 000 名员工的公司）有两个董事会：监事会（supervisory board）和董事会（management board）。监事会的成员一半由员工选举，包括管理层和职员以及工会代表。另一半代表股东，经常包括银行高管。监事会主席由必要时投票具有决定性的股东任命。

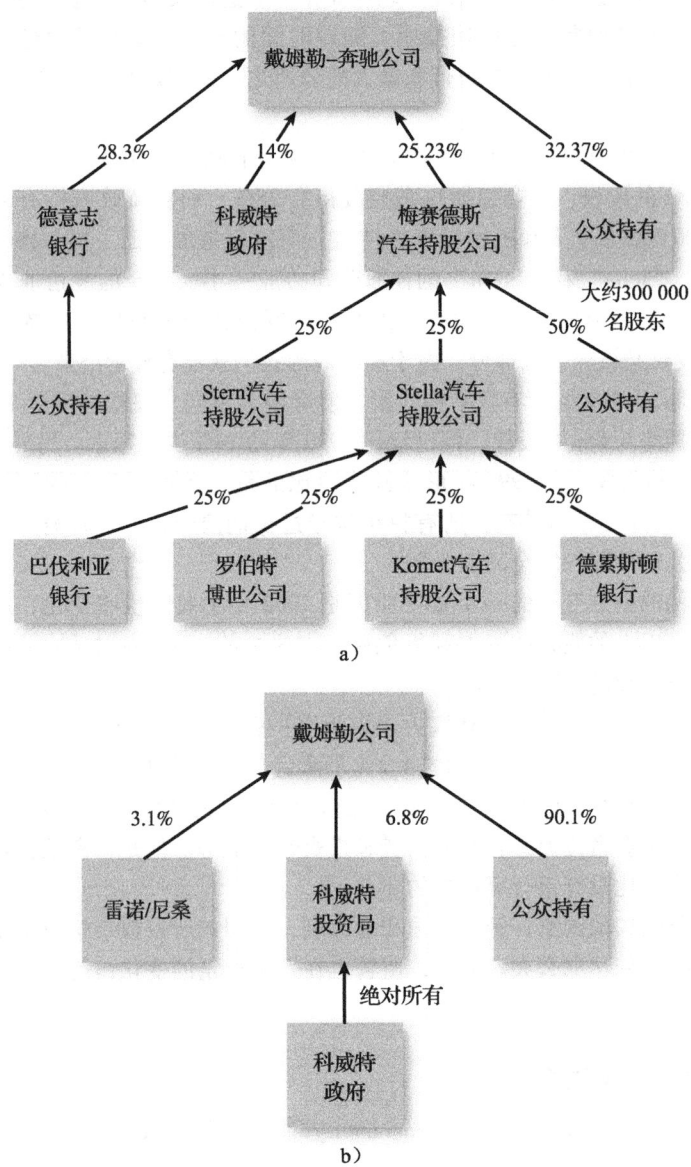

图 33-5　a）戴姆勒—奔驰 1990 年的所有权；b）戴姆勒 2014 年的所有权
资料来源：a) J. Franks and C. Mayer, "The Ownership and Control of German Corporations," Review of Financial Studies 14（Winter 2001）, Figure 1, p. 949. ⓒ 2001 Oxford University Press. b) www.Daimler.com。

　　监事会代表公司整体的利益，不仅仅是员工或股东。它审查公司战略，选举和监督负责公司运行的董事会。监事会通常有 20 名左右的成员，比美国和英国的董事会人数多，但比日本的少。董事会一般有 10 名左右的董事。

　　在法国，公司可以像美国、英国和日本那样只选举一个董事会，也可以像德国那样选举两个董事会。单一董事会更普遍，主要包括外部董事，他们是股东和与公司有关系的金融机构的代表。双层董事会也包括像德国那样的监事会和董事会。就员工的代表性而言，部分私有的公司和员工拥有3%及以上股权的公司，必须有员工选举的董事。

33.2.4 股东和利益相关者

通常认为公司的管理应该代表所有利益相关者（stakeholder），不仅仅是股东。其他利益相关者包括员工、顾客、供应商和公司的工厂和办公室所在的社区。

不同的国家对此有非常不同的观点。在美国、英国和其他"盎格鲁—撒克逊"国家，最大化股东价值的观点被广泛看作是公司的主要财务目标。

在其他国家，更看重工作者的利益。例如，在德国，正如我们之前所讨论的，大公司的员工有权利选举最多半数的公司监事会成员，他们在公司治理中起到重要作用，对股东的关注则较少。⊖在日本，管理者通常将员工和顾客的利益与股东利益同等看待，甚至超过股东利益。

图 33-6 总结了对五个国家的公司高管的访谈结果，日本、德国和法国的高管认为，他们的公司应该为所有利益相关者存在，而美国和英国的高管认为应该首先考虑股东利益。在问及就业保障和股利的权衡时，大部分美国和英国的高管认为应该首先考虑股利，与之相比，几乎所有的日本的高管和大部分德国和法国的高管都认为，首先要保障就业。

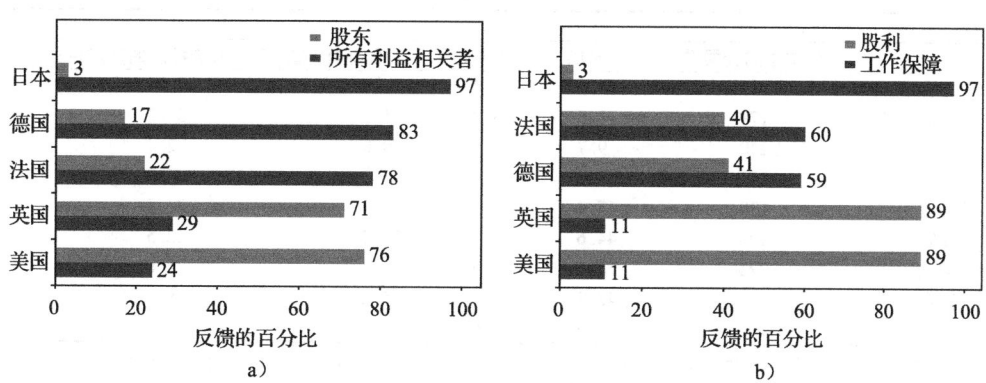

图 33-6　a) 公司是谁的？五个国家 378 位管理者的观点；b) 工作保障和股东股利，哪个更重要？五个国家 399 位管理者的观点

资料来源：M. Yoshimori, "Whose Company is it? The Concept of the Corporation in Japan and the West," Long Range Planning 28 (August 1995), pp. 2-3, 33-44. Copyright © with permission from Elsevier Science。

随着资本市场越来越国际化，所有国家的公司都面临更大的压力，将为股东创造财富作为主要目标。有些德国的公司，包括戴姆勒和德意志银行，宣布它们的主要目标是为股东创造财富。在日本，近年来外国持有的公司股权的比例显著上升，也在向这个方向发展。

⊖ 以下摘自银行家卡尔·弗斯滕伯格（Carl Furstenberg, 1850—1933），是德国经理人看待股东的极端版本："股东很愚蠢和无礼，愚蠢是因为他们把钱给其他人，而他们对这个人做什么没有任何实际控制力，无礼是因为他们要求得到股利，作为自己愚蠢的回报。"引自 M. Hellwig, "On the Economics and Politics of Corporate Finance and Corporate Control," in *Corporate Governance*, ed. X. Vives (Cambridge, U. K.：Cambridge University Press, 2000), p. 109。

也许我们不应该对公司的目标进行太多的区分。竞争的力量使得德国和日本的公司管理非常严格。同样美国的公司关注股东财富，但这并不意味着它们会欺骗顾客或员工。我们在基础篇第 1 章已经讲过，公司通过与所有的利益相关者公平交易和正直诚信而建立良好声誉，从而增加价值。亚历克斯·艾德蒙斯的研究证实了这一点，他发现员工最满意的公司也为股东提供了超额收益。[⊖]

33.2.5 其他国家和地区的所有权和控制

拉—波塔、拉—德—西拉内斯和施莱弗调查了 27 个发达国家的公司所有权，[⊜]他们发现，股票交易活跃和股权分散的公司相对较少，银行和其他金融机构持有大量股权的情况也不常见。相反，公司一般被富有的家族或国家控制。最后的控股股东的投票控制权是有保证的，尽管他们在盈利、股利或资产价值方面没有占多数的利益。

家族控制在欧洲常见，在亚洲也常见。表 33-1 总结了德莱森斯、贾科夫和郎的研究，他们在 1996 年跟踪了一个近 3 000 家亚洲公司所有权的样本。除了日本，很大比例的上市公司由家族控制。因此，富有的家族控制了很多亚洲经济的很大比例。例如，在中国香港，最大的 10 个家族控制了所有上市公司总资产的 32%。在泰国，前 10 大家族控制了总资产的 46%。在印度尼西亚，前 10 大家族控制了近 58% 的总资产。[⊜]

表 33-1　亚洲的家族控制

	样本中的公司数	控制[①]			前 10 大家族控制的资产百分比[②]
		家族	国家/地区	公众持有	
中国香港	330	66.7%	1.4%	7.0%	32.1%
印度尼西亚	178	71.5	8.2	5.1	57.7
日本	1 240	9.7	0.8	79.8	2.4
韩国	345	48.4	1.6	43.2	36.8
马来西亚	238	67.2	13.4	10.3	24.8
菲律宾	120	44.6	2.1	19.2	52.5
新加坡	221	55.4	23.5	5.4	26.6
中国台湾	141	48.2	2.8	26.2	18.4
泰国	167	61.6	8.0	6.6	46.2

① "控制"指至少 20% 的投票权的股票所有权。金融机构或公司控制的股权百分比没有报告。
② 每个国家/地区所有样本公司的总资产的百分比。
资料来源：S. Claessens, S. Djankov, and L. H. Lang, "The Separation of Ownership and Control in East Asian Corporations," *Journal of Financial Economics* 58 (October/November 2000), Table 6, p. 103, and Table 9, p. 108. © 2000, with permission from Elsevier.

家族控制一般不意味着直接拥有上市公司的多数股权。控制通常是通过交叉持股、金字塔结构和双层股票结构来实现的。我们已经讨论过交叉持股。金字塔结构和双层股权结构需要进一步解释。

金字塔结构　金字塔（pyramids）在亚洲国家和地区很常见，在几个欧洲国家也常见。[㉔]

⊖ 见 A. Edmans, "The Link Between Job Satisfaction and Firm Value, With Implications for Corporate Social Responsibilities," *Academy of Management Perspectives* 26 (2012), pp. 1-19.

⊜ R. La Porta, F. Lopez-de-Silanes, and A. Shleifer, "Corporate Ownership around the World," *Journal of Finance* 54 (1999), pp. 471-517.

⊜ 世界上最大的公司——沙特阿拉伯国家石油公司，全部属于沙特阿拉伯皇室。

㉔ L. A. Bebchuk, R. Kraakman, and G. R. Triantis, "Stock Pyramids, Cross-Ownership, and Dual Class Equity," in *Concentrated Corporate Ownership*, ed. R. Morck (Chicago: University of Chicago Press, 2000), pp. 295-318.

在金字塔结构中，控制权通过在公司几个层级上的控制链条来实现。实际运营的公司在金字塔的最底层。上面的公司是第一级控股公司，然后是第二层，然后在金字塔中可能还有更高的层级。[⊖]考虑一个三级金字塔结构和一家实际运营的公司。假设在每个层级实现控制需要51%的投票权。假设第一层控股公司——在金字塔的最高级——持有下一层控股公司51%的股权，下一层控股公司持有运营公司的51%的股权。拥有最高层级控股公司51%的股权实际只有运营公司的26%的股权（0.51 × 0.51 = 0.26，即26%）。这样，最高层控股公司的投资者用26百万美元投资，就可以控制价值100百万美元的运营公司。再加一层的话，需要的投资就减少为0.51 × 26 = 13百万美元。

双层股权结构 保持控制权的另一个方法是持有有额外投票权的股票。额外投票权可以附属在一类特殊的股票上。例如，公司的A级股票有10份投票权，而B级股票只有1份投票权。在很多国家和地区，包括巴西、加拿大、丹麦、芬兰、德国、意大利、墨西哥、挪威、韩国、瑞典和瑞士，双层股权（dual-class equity）都频繁出现。不同投票权的股票也出现在澳大利亚、智利、法国、中国香港、南非、英国和美国。[⊜]例如，福特汽车公司仍在福特家族的控制之下，福特家族持有特殊类型的股票，有40%的投票权。很多新技术公司，例如谷歌、脸谱和领英，都有双层股票，给予创始人相当程度的控制权。

我们在第14章简单讨论过，不同国家和地区的投票权的价值有很大不同。表33-2是塔蒂阿娜·内诺瓦估计的不同国家和地区的控股权的价值，以公司市值的比例来表示。这些数值是根据普通股与有额外投票权的股票的价格差异来计算的，数值的差异非常大。例如，斯堪的纳维亚国家的控制权溢价都比较低，韩国和墨西哥的控制权溢价非常高。

表33-2 控股权的价值与公司价值的比

澳大利亚	0.23	意大利	0.29
巴西	0.23	韩国	0.48
加拿大	0.03	墨西哥	0.36
智利	0.23	挪威	0.06
丹麦	0.01	南非	0.07
芬兰	0.00	瑞典	0.01
法国	0.28	瑞士	0.06
德国	0.09	英国	0.10
中国香港	-0.03	美国	0.02

资料来源：T. Nenova, "The Value of Corporate Voting Rights and Control: A Cross-Country Analysis," *Journal of Financial Economics* 68 (June 2003), Table 4, p.336, ⓒ 2003, with permission form Elsevier。

为什么股东控制权有价值？有两个原因，一个是积极原因，一个是消极原因。控股股东通过监督管理者、确保公司采用最好的经营和投资战略，以此最大化价值。另一方面，控股股东可能会攫取价值，牺牲其他股东的利益来获取私人收益。在这种情况下，控制权溢价实际是其他无控制权的股权的折价，折价反映了这些股东无法得到的价值。

33.2.6 再次考察企业集团

当然也有美国公司的例子，家族或者持有大量股票的投资者控制着公司。但是，这种情况下，控制的是一个公司，而不是一组公司。在世界上其他国家，特别是金融市场

⊖ 控股公司的唯一资产是其他公司大宗控股股票。
⊜ 比利时、中国、日本、新加坡和西班牙禁止双层股权。

不发达的国家,控制权扩大到几个不同行业的一组公司上,这一组公司实际就是企业集团。

例如,在韩国,20个最大的企业集团拥有整个国家的公司总资产的大约40%。这些韩国企业集团(chaebols)也是强大的出口商,像三星和现代这些名字世界知名。企业集团在拉丁美洲也常见,一家比较成功的智利持股公司Quinenco涉足了令人眼花缭乱的多个行业,包括酒店、酿造、移动电话服务、银行和铜电缆制造。广泛多元化的企业集团在印度也常见。印度最大的企业集团塔塔集团,包括不同行业的80个公司,涉及的行业有钢铁、电力、房地产、通讯和金融服务。所有这些公司都是上市公司,但控制权属于集团,最终属于塔塔家族。

60年代和70年代美国经历了企业集团并购浪潮,而长期看多元化没有带来价值,这个时代大部分企业集团后来都瓦解了。而企业集团在发展中国家生存下来并得以成长,为什么?

家族所有权是部分原因。富有的家族保持控制权,将家族生意扩张到新行业,同时能够降低风险。当然,家族购买其他公司的股票也可以多元化,而在金融市场很有限和投资者保护很差的国家,内部多元化可以打败金融多元化。内部多元化意味着运行内部资本市场,而如果一个国家的金融市场和机构不合格,内部资本市场终究不那么糟糕。

"不合格"不仅仅意味着规模小或交易不活跃,还意味着政府管制限制了银行融资或者发行债券和股票之前要得到政府的批准。[一]它意味着信息披露差。如果会计标准宽松并且公司保密,那么外部投资者的监督成本特别高,而且非常困难,代理成本激增。

内部多元化也是增长唯一可行的办法。因为每个行业的公司的规模都受到当地市场的限制,规模小的封闭经济中公司不可能很大并且专业化。如果大一些的公司更容易进入国际金融市场,规模就是优势。在本地金融市场无效的情况下,这很重要。规模也意味着政治权力,这在受管制的经济中或者政府经济政策很难预测的国家中特别重要。

很多广泛多元化的企业集团很有效率,很成功,特别是在像韩国这样快速增长的国家。但是,企业集团也有黑暗的一面。有时候企业集团的成员公司之间转移资源("隧道"效应),会损害外部少数股东的利益。集团中的公司X低利率向Y贷款,高价购买Y的部分产出,或者低价将资产出售给Y,是在将价值转移给Y。伯特兰德、梅塔和穆莱纳森发现,在印度"隧道"效应广泛存在。[二]约翰逊、布恩、布里奇和弗里德曼注意到,在经济衰退或金融危机时期,"挖隧道"的动机更强,他们认为,隧道效应和一般性的公司治理差的问题,导致了1997~1998年的亚洲金融危机。[三]

33.3 这些差异重要吗

好的金融体系看起来会促进经济增长。[四]实际上,至少基本的融资是任何增长所必须

[一] 在美国,SEC没有权力否决股票发行,其管制只是确保投资者得到足够的信息。

[二] M. Betrand, P. Mehta, and S. Mullainathan, "Ferreting out Tunneling: An Application to Indian Business Groups," *Quarterly Journal of Economics* 117 (February 2002), pp. 121-148.

[三] S. Johnson, P. Boone, A. Breach, and E. Friedman, "Corporate Governance in the Asian Financial Crisis," *Journal of Financial Economics* 58 (October/November 2000), pp. 141-186.

[四] R. Levine, "Financial Development and Economic Growth: Views and Agenda," *Journal of Economic Literature* 35 (1997), pp. 688-726; R. Rajan and L. Zingales, "Financial Development and Growth," *American Economic Review* 88 (1998), pp. 559-586.

的。拉古·拉詹和路易吉·津加莱斯给出了一个孟加拉国制作竹凳者的例子，每做一个竹凳，她需要22美分来购买原材料，不幸的是，她没有这22美分，不得不向中间人借，还要被迫将做好的竹凳卖给中间人，来偿还借款，最后只剩下2美分的利润。因为缺少融资，她没办法打破贫穷的恶性循环。作为对比，他们给出了凯文·塔维勒和吉姆·埃利斯的例子，他们是斯坦福大学的MBA，毕业后不久就能够购买自己的公司。他们自己没有足够的资本，但是能够获得种子基金的支持搜寻到合适的公司，然后又得到了额外的资金来完成交易。⊖塔维勒和埃利斯是包括复杂的私募股权市场在内的现代金融体系的受益者。

考虑这样一个非常简单的金融决策，就很容易理解金融和经济发展之间的联系。假设你必须决定是否向一家小公司提供贷款。如果你在美国，你几乎马上就能够通过互联网获得几百万家公司中任何一家的邓白氏报告，这份报告将展示出公司的财务报表、银行账户平均余额以及它是否按时付款。你还可以得到这家公司的信用总分。这些广泛获得的信用信息降低了借贷的成本，提高了信用的可获得性。同时也意味着任何一个贷款人都没有垄断信息的能力，这使得信用提供者之间的竞争增加，降低了借款人的成本。相比之下，在大多数发展中国家，无法得到好的信用信息，向小公司贷款的人很少，小公司贷款成本很高。

金融当然重要。但是，如果一个国家金融体系是先进的，金融体系的性质重要吗？发达国家的金融体系是以市场为基础的还是以银行为基础的，重要吗？两种都有效，每种都有潜在的优势。

33.3.1 风险和短期主义

再回头看一下图33-2，你会发现，在不同的国家，家庭的金融资产组合所承担的风险存在显著的不同。一个极端是日本，家庭的金融资产中一半以上是银行存款，其他的是保险和养老金资产，在日本这些资产主要进行固定支付，与股票市场没有联系。只有小部分家庭资产与股票市场和日本公司的经营风险有联系。欧洲家庭的金融资产，所承担的公司部门的直接风险相对也较少。在另一个极端，美国家庭在股票和共同基金上的投资很多。

当然，必须有人承担商业风险，家庭不直接承担的风险传递给了银行和其他金融机构，最后传递给了政府。在大多数国家，政府对银行存款都有显性或隐性的担保。如果银行遇到麻烦，政府会介入，风险由整个社会来承担。这就是2007～2009年的危机中所发生的事情。⊜

有人认为，在银行为基础的金融体系中，金融机构吸收商业风险，个人很少直接投资股票市场，因此公司可以自由地进行"长期投资"。日本和德国的公司与银行的密切联系应该可以治愈短期主义（short-termism）的顽疾。美国和英国的公司被股东快速回报的要求俘虏，因此不得不牺牲长期竞争优势而换取快速盈利增长。很多人发现，这种

⊖ R. Rajan and L. Zingales, *Saving Capitalism from the Capitalists* (New York: Crown Business, 2003), pp. 4-8.

⊜ 另一种可能性是，银行持长远观点，不参与激烈的竞争，在收益高的时候建立储备，在收益低的时候消耗储备，以此在代际之间平滑风险。金融市场的竞争阻碍这种类型的代际风险分担。收益高的一代想得到全部的收益，不愿意建立储备。见F. Allen and D. Gale, "Financial Markets, Intermediaries, and Intertemporal Smoothing," *Journal of Political Economy* 105 (June 1997), pp. 523-546.

观点在 80 年代末很有说服力，当时日本和德国的公司发展势头强劲。㊀90 年代市场为基础的经济发展迅速，人们的观点也相应发生了变化。如果对市场为基础的经济来说，短期主义是个问题的话，为什么不向股东提供长期持有股票的激励呢？例如，法国已经采取了一个规则，给予长期股东额外的投票权。这么做的危险之处是，被剥夺了权利的新股东会起到保护没有能力的管理者的作用。

33.3.2 成长行业和衰退行业

在发展新兴行业方面，市场为基础的体系似乎特别成功。例如，铁路在 19 世纪的英国刚开始发展时，主要通过伦敦股票交易所融资。在 20 世纪，美国引领了汽车行业的大规模生产，尽管汽车是在德国发明的。商用飞机业也是在美国发展起来的，还有二战后的计算机业，以及最近的生物技术和互联网行业。㊁另一方面，德国和日本，这两个以银行为基础的金融体系，保持了在成熟行业（如汽车业）的竞争优势。

为什么金融市场对培育创新行业更好？㊂新产品或新工艺被发明之后，对于新行业的前景和发展新行业的最好的方式，存在大量不同的观点。金融市场包容这种多样性，使得年轻的野心勃勃的公司能够找到想法类似的投资者支持它们的增长。只有少数几家大银行提供融资时，则不太可能。

在迫使衰退行业的公司缩减规模、释放资本方面，基于市场的金融体系也似乎更有效率。㊃公司的盈利低于资本成本时，扩大规模将损害价值，股价下跌，下跌传递清楚的负面信号。但是，在以银行为基础的金融体系中，不盈利的公司常常被救助。70 年代马自达公司摇摇欲坠时，住友银行对马自达的负债提供担保，并精心安排救助，其中一个举措是劝说集团中的员工购买马自达汽车。住友银行有动力来进行救助，因为它知道如果恢复了就可以保住马自达的业务。90 年代，日本银行继续向"僵尸"公司贷款，即使它们早就清楚这些公司的复原前景渺茫。例如，尽管资不抵债的证据很清楚，一个银行联盟仍保持日本零售商崇光百货不破产长达几年的时间。崇光百货 2000 年终于破产，其债务累计达 1.9 万亿日元。㊄

33.3.3 透明度和治理

尽管以市场为基础的金融体系有很多优势，严重的事故还是会发生。想想 20 世纪 90 年代末期电信和网络股泡沫之后很多突然发生的高成本公司破产。在上一章中，我们注意到世通公司 1 000 亿美元的破产案（世通公司最后重组为 MCI 和威瑞森公司）。但是，最臭名昭著的灾难是安然公司，它在 2001 年末倒闭了。

安然从天然气管道公司开始起步，快速扩张到能源和商品交易领域，在发电、宽

㊀ 见 M. Porter, "Capital Disadvantage: American's Failing Capital Investment System," *Harvard Business Review*, September/October 1992, pp. 65-82.

㊁ 存在一些反例，例如大规模的化学工业是在 19 世纪的德国发展起来的。

㊂ 见 F. Allen and D. Gale, "Diversity of Opinion and the Financing of New Technologies," *Journal of Financial Intermediation* 8（April 1999）, p. 68-89.

㊃ 见 R. Rajan and L. Zingales, "Banks and Markets: The Changing Character of European Finance," in V. Gaspar, P. Hartmann, O. Sleijpen（eds.）, *The Transformation of the European Financial System*, Second ECB Central Banking Conference, October 2002, Frankfurt, Germany（Frankfurt: European Central Bank, 2003）, pp. 123-167.

㊄ T. Hoshi and A. Kashyap, "Japan's Financial Crisis and Economic Stagnation," *Journal of Economic Perspectives* 18（Winter 2004）, pp. 3-26.

带通讯和供水等方面进行了大量投资，到 2000 年末，它的股票总市值大约 600 亿美元。一年以后，它破产了。600 亿美元并不是在安然倒闭时才损失的，因为大部分的价值早就不存在了。到 2001 年末，在很多方面安然都是个空壳了。它的股票价格更多的是被投资者的热心所支持的，而不是公司业务的盈利。公司还累积了大量的隐藏负债。例如，安然通过特殊目的机构（special-purpose entities，SPE）大量负债，而它的资产负债表没有报告 SPE 的负债，甚至很多 SPE 没有满足表外会计的要求。（安然的倒闭还搞垮了它的会计公司安达信。）

坏消息在 2001 年最后几个月开始泄露出来。10 月，安然宣布其供水和宽带业务减记 10 亿美元。11 月，它将 SPE 追溯合并到报表中，结果资产负债表债务增加了 6.58 亿美元，过去的利润减少了 5.91 亿美元。⊖11 月 28 日，它的公共债务被降级为垃圾债券，12 月 2 日，安然申请破产。

安然事件说明了在以市场为基础的金融体系中透明度的重要性。如果对外部投资者来说公司是透明的，也就是投资者能够看到它真实的盈利性和前景，那么问题就会从下跌的股价中立即反映出来。这就会使证券分析师、债券评级机构和投资者更加谨慎。可能也会导致并购。

有了透明度，公司的麻烦一般会得以纠正。但是，有麻烦的不透明公司可能会保持其股票价格，延迟市场纪律发挥作用。市场纪律只在破产前的一两个月才起作用。

在银行为基础的金融体系中，不透明没有这么危险。公司和银行建立长期关系，银行会密切监督公司，督促公司止损或取消风险太高的战略。而没有任何金融体系能够避免偶尔的公司倒闭。

帕马拉特是一家意大利食品公司，似乎是一家稳定盈利、增长前景很好的公司。它在全球进行了扩张，到 2003 年，业务遍及 30 个国家，拥有 36 000 名员工。它报告有 20 亿欧元的负债，但也拥有大量的现金和短期流动性证券。但是对公司财务状况的怀疑开始累积，2003 年 12 月 19 日，帕马拉特报告的 39 亿欧元的银行存款从来没有存在过，消息披露出来，股价在两周内下降了 80%，12 月 24 日由管理部门接管（意大利破产程序）。投资者后来了解到，帕马拉特的实际负债超过了 140 亿欧元，数亿欧元的资产价值早就消失了，销售收入和盈利也被高估了。

想象一个金融体系，投资者受到彻底的保护，不会发生安然和帕马拉特这些丑闻，想想还是挺愉快的。但是，完全的投资者保护是不可能的。事实上，即使可行，完全的保护是不明智和无效的。为什么？因为外部投资者不会知道管理者在做的所有事情，或者他们为什么这样做。法律和监管可以指定管理者不能做什么，但不能告诉他们应该做什么。因此，管理者必须有自由对意外的问题和机会做出反应。

管理者一旦有了自由，除了考虑投资者利益，他们还考虑个人利益。代理问题不可避免。金融体系能做的最好的事情是适当地保护投资者，同时尽力使管理者和股东的利益一致。我们在本书中多次讨论过代理问题，再次重申使代理问题可控的机制不会有什么害处：

- 保护外部投资者防止内部人假公济私的法律和监管；

⊖ 安然面临进一步的财务问题。例如，它告诉投资者它已经对冲了 SPE 交易的商业风险，但是没有说很多 SPE 是用安然的股权作为抵押的。安然股价下跌时，对冲的事被披露出来。见 P. Healy and K. Palepu, "The Fall of Enron," *Journal of Economic Perspectives* 17 (Spring 2003), pp.3-26。

- 保持上市公司合理透明的披露要求和会计准则；
- 银行和其他金融中介的监督；
- 董事会的监督；
- 并购的威胁（尽管并购在一些国家非常少见）；
- 与盈利和股价挂钩的薪酬。

本章中，我们强调了投资者保护对金融市场发展的重要性。但是，不要假设对投资者更多的保护总是好事。公司是外部投资者和运营公司的管理者和员工的一种合伙组织。管理者和员工也是投资者，他们投入的不是金融资本，而是人力资本。成功的公司需要人力资本和金融资本的共同投资。如果给予金融资本太多的权力，人力资本就不会出现，或者即使出现，也不会被适当激励。⊖

本章总结

区分以市场为基础的和以银行为基础的金融体系是一种习惯。美国是以市场为基础的金融体系，因为它的股票市场和债券市场很大。英国也是以市场为基础的金融体系，它的债券市场不那么重要，但股票市场在公司金融和治理中起到关键作用。德国和日本是以银行为基础的金融体系，因为大部分债务融资来自银行，股票市场不太重要。

简单区分银行和市场当然是不全面的。例如：

- 英国的家庭倾向于通过与股权相联系的保险和养老金间接持有股票，与美国相比，直接投资股票很不常见；
- 日本的家庭承担相对较少的股权风险，储蓄的大部分流向银行和保险保单；
- 在欧洲，大量公司股票经常被其他公司持有；
- 在日本，公司严重依赖贸易信贷融资，即对其他公司的应付账款。

在日本和德国，银行的角色不仅仅是贷款。最大的日本银行处于财阀的中心地位，财阀是有合作关系的一大组公司。每个财阀都是通过与主银行的长期关系和集团成员之间的广泛交叉持股而形成的。德国的银行传统上也与它们的公司客户有长期联系。通过代理其他投资者的股票投票权，银行也发挥影响力。

美国和英国的大型上市公司的所有权非常简单，存在一种交易活跃的股票，所有权分散。在日本，一般也只有一种股票，但是大量的股票都被财阀的交叉持股锁定，尽管这一比例从20世纪90年代中期以来下降了。日本股东在公司治理中没什么发言权。欧洲的股东同样也没有发言权，因为公司所有权集中在银行和其他公司手中。

在美国和英国，法律首先考虑股东利益。管理者和董事会对股东负有信托责任。而在德国，董事会经营公司，对监事会负责，后者代表所有员工和投资者。公司作为整体放在首要位置。

⊖ 很难观察到努力程度和人力资本的价值，因此很难设立合适地奖励努力和人力资本的薪酬计划。给管理者留有余地，让他们为自己的利益做事，保留他们的动力，可能更好。股东可以提供这样的余地，放松他们的部分权利和承诺不干预，如果管理者和员工在公司成功的条件下获得私人收益。如何承诺？一种方法是将公司上市。公众股东直接干预公司的运营是很困难的，因而也很少见。见 M. Burkart, D. Gromb, and F. Panunzi, "Large Shareholders, Monitoring and the Value of the Firm," *Quarterly Journal of Economics* 112 (1997), pp. 693-728. S. C. Myers, "Outside Equity," *Journal of Finance* 55 (June 2000), pp. 1005-1037; S. C. Myers, "Financial Architecture," *European Financial Management* 5 (July 1999), pp. 133-142。

在最大的发达经济之外，出现了不同类型的所有权。公司集团被家族控制，有时被国家控制。控制是通过交叉持股、金字塔和向控股股东发行具有额外投票权的股票来实现的。

富有的家族控制了很多发展中国家的大部分公司，这些家族公司作为企业集团在运营。企业集团在美国是正在衰退的"物种"，而对金融市场和机构不发达的发展中经济体来说，企业集团的内部资本市场非常有意义。企业集团的规模和范围也具有政治权力，在政府试图管理经济或法律和监管不稳定的国家，这会增加价值。

如果用来迫使管理者严格管理，集中于价值最大化的投资，集中的家族控制是好事情。而控制权的集中也会为"挖隧道"打开方便之门，公司的资源被输送而损害少数股东的利益。

不同国家的外部投资者保护差别很大。在保护好的国家，市场为基础的金融体系发达。这些体系具有某些优势：它们似乎培养创新，鼓励从衰退行业释放资本。另一方面，市场为基础的金融体系对时髦的创新投资太多，网络股和电信泡沫的破灭说明了这一点。银行为基础的金融体系更适合成熟的行业，也使得个人投资者免于直接承担股票市场风险。

市场为基础的金融体系只有在上市公司对投资者合理透明的时候才有效。上市公司不透明，例如安然，就会不时发生灾难。银行为基础的金融体系在监督和控制不透明公司上有优势。银行与其公司客户存在长期关系，因此比外部投资者了解更多信息。

扩展阅读

以下是关于金融体系的综述或比较：

F. Allen and D. Gale, *Comparing Financial Systems* (Cambridge, MA: MIT Press, 2000).

M. Aoki, G. Jackson, and H. Miyajima, *Corporate Governance in Japan* (Oxford: Oxford University Press, 2007).

J. P. Krahnen and R. H. Schmidt (eds.), *The German Financial System* (Oxford: Oxford University Press, 2004).

R. La Porta, F. Lopez-de-Silanes, and A. Shleifer, "Corporate Ownership around the World," *Journal of Finance* 54 (April 1999), pp. 471-517.

关于公司治理很好的讨论，见：

M. Becht, P. Bolton, and A. Röell, "Corporate Governance and Control" in G. Constantinides, M. Harris, and R. Stulz (eds.), *Handbook of the Economics of Finance* (Amsterdam: North-Holland, 2003), pp. 1-109.

R. Morck and B. Yeung, "Never Waste a Good Crisis: An Historical Perspective on Comparative Corporate Governance," *Annual Review of Financial Economics* 1 (2009), pp. 145-179.

A. Shleifer and R. W. Vishny, "A Survey of Corporate Governance," *Journal of Finance* 52 (June 1997), pp. 737-783.

关于法律、政治和金融的作用的讨论，见：

R. La Porta, F. Lopez-de-Silanes, and A. Shleifer, "The Economic Consequences of Legal Origins," *Journal of Economic Literature* 46 (2008), pp. 285-332.

R. Rajan and L. Zingales, *Saving Capitalism from the Capitalists* (New York: Crown Business, 2003).

关于为什么金融对增长重要的证据，见：

R. Levine, "Financial Development and Economic Growth: Views and Agenda," *Journal of Economic Literatures* 35 (1997), pp. 688-726.

R. Rajan and L. Zingales, "Financial Dependence and Growth," *American Economic Review* 88 (June 1998), pp. 559-586.

最后，如果你想了解有问题的公司治理……：

P. Healy and K. Palepu, "The Fall of Enron," *Journal of Economic Perspectives* 17 (Spring 2003), pp. 3-26.

S. Johnson, R. La Porta, F. Lopez-de-Silanes, and S. Shleifer, "Tunneling," *American Economic Review* 90 (May 2000), pp. 22-27.

练习题

基础题

1. **金融体系结构** 哪个国家具有：
   a. 最大的股票市场？
   b. 最大的债券市场？
   c. 个人投资者直接持有的股票最少？
   d. 个人投资者持有的银行存款最多？
   e. 其他公司持有的股票最多？
   f. 利用贸易信贷融资最多？

   在每种情况下，"最大"和"最小"的定义是相对于GDP而言的总价值。

2. **金融体系结构** 什么是财阀（keiretsu）？进行简要描述。

3. **公司治理** 日本投资者在公司财务政策和治理中起重要作用吗？如果不，他们能吗？

4. **公司治理** 德国的银行经常控制德国公司的大量股东投票权，它们是如何得到投票权的？

5. **公司治理** 德国的共同决策（codetermination）制度是什么意思？

6. **所有权形式** 世界范围内最流行的公司所有权形式是什么？

7. **金字塔结构** 假设一位股东可以用30%的股票实现对公司的有效控制。一位股东通过设立控股公司 X_2，X_2 持有第二层控股公司 X，X 持有公司 Z 的股权，请解释该股东如何控制公司 Z。

8. **金融系统的实际影响** 在支持创新和从衰退行业释放资本方面，为什么基于市场的金融体系更好？

9. **公司治理** 什么是"挖隧道"？为什么"挖隧道"的威胁阻碍金融市场的发展？

进阶题

10. **公司治理** 代理问题是不可避免的。也就是说，我们不能期望管理者100%地考虑股东利益，对自己的利益一点也不考虑。
    a. 为什么不能这样期望？
    b. 列出全世界所采用的使代理问题可控的机制。

11. **中介融资** 银行不是公司获得融资的唯一金融中介。其他中介是什么？在英国、德国和日本，与银行相比，它们提供多少融资？

12. **公司治理** 在市场为基础的金融体系中，为什么透明度很重要？为什么在银行为基础的金融体系中，透明度不那么重要？

13. **公司治理** 双层股权的意思是什么？你认为法律应该允许还是禁止？

14. **金融体系结构** 在市场为基础的金融体系中，你认为哪种行业会繁荣发展？在银行为基础的金融体系呢？

15. **金字塔结构** 为什么金字塔结构在很多国家很常见，而在美国和英国不常见？

16. **金融体系结构** 日本财阀的一些优势和劣势分别是什么？

第十一部分
PART 11

结　论

第 34 章 结论：关于金融我们的已知与未知

本书就要结束了。想一想，关于金融，我们已知和未知的东西吧。

34.1 我们知道的：金融的七个最重要的思想

如果要你说出金融的七个最重要的思想，你会如何回答呢？下面是我们的答案。

1. 净现值

你想知道二手车的价值时，你会看二手车市场中的价格。类似地，你想知道未来现金流的价值时，你看资本市场所报出的价格，未来现金流的索取权在资本市场中交易（记住，那些收入很高的投资银行家只是二手现金流的交易商）。如果你为股东买到的现金流比他们自己在资本市场上支付的价格便宜，你就增加了他们的投资的价值。

这就是净现值（NPV）背后的简单思想。我们计算投资项目的 NPV，就是在问项目的价值是否超过成本。我们估计项目的价值，就是计算项目的现金流价值是多少，如果项目的现金流的索取权单独提供给投资者并在资本市场中交易的话。

这就是为什么我们计算 NPV 时，用资本机会成本来贴现未来的现金流，机会成本是与项目风险相同的证券所提供的预期收益率。在完善的资本市场中，所有风险相同的资产的定价都要提供相同的预期收益率。用资本机会成本来贴现，我们计算的是在项目的投资者所预期获得的收益率下的价格。

跟大多数好的思想一样，净现值法则是"显而易见"的。但要注意，这是个非常重要的思想。NPV 法则使财富多寡不同、对风险的态度迥异的众多股东能够参与同一家公司，将公司的经营委托给职业经理人。他们给管理者一个简单的指令："最大化净现值。"

2. 资本资产定价模型

有人说现代金融学全部是资本资产定价模型。这是胡说八道。如果资本资产定价模型从来都没有被发明出来，我们对财务经理的建议基本上也是同样的。这个模型的魅力是它使我们用一种容易管理的方法来思考风险投资的要求收益率。

它也是一个有吸引力的简单思想。存在两种风险：能够分散掉的风险和不能够分散掉的风险。你可以度量投资的不可分散风险或市场风险，就是度量经济中所有资产的总价值的变化对投资的价值的影响程度。这称作投资的贝塔。人们只关心那些他们不能消除的风险——不可分散风险。这就是为什么资产的要求收益率与其贝塔成正比。

很多人担心资本资产定价模型背后一些相当强的假设，或者关心估计项目贝塔的难度。他们担心这些事情是对的。在 10 年或 20 年的时间里，我们会有比现在更好的理论。[一] 但是，如果未来的理论没有坚持可分散风险和不可分散风险的重要区分，我们会极其惊讶，毕竟这是支撑资本资产定价模型的主要思想。

3. 有效资本市场

第三个基本思想是，证券价格精确反映可获得的信息，一旦新信息可获得，就迅速做出反应。这个有效市场理论有三种形式，分别对应"可获得的信息"的不同定义。弱有效（或随机漫步理论）认为价格反映所有过去价格的信息。半强有效认为价格反映所有可获得的公开信息，强有效认为价格反映所有可获得的信息。

不要误解有效市场的思想。它没有说不存在税或成本，它没有说不存在一些聪明人和一些愚蠢的人。它只是暗示，资本市场的竞争非常激烈，不存在造钱机器或套利机会，证券价格反映资产的真实基本价值。

对有效市场假说的大量实证检验大约从 1970 年开始。到 2015 年，经过 40 多年的工作，检验发现了很多统计上显著的异常现象。抱歉，这些公式没有换成很多容易的赚钱机会。超额收益难以捉摸。例如，只有少数共同基金经理能够连续几年创造超额收益，并且金额也不大。[二] 统计学家能够打败市场，但实际投资者却困难得多。在这个基本问题上，现在形成了广泛共识。[三]

4. 价值的可加性和价值守恒定律

价值的可加性原理是说整体的价值等于部分价值之和，有时也称为**价值守恒定律**（law of the conservation of value）。

我们评价产生连续现金流的项目的价值时，总是假设价值可以相加。也就是说，我们假设：

$$PV(项目) = PV(C_1) + PV(C_2) + \cdots + PV(C_t)$$
$$= \frac{C_1}{1+r} + \frac{C_2}{(1+r)^2} + \cdots + \frac{C_t}{(1+r)^t}$$

类似地，我们假设项目 A 和 B 的现值的总和等于综合在一起的项目 AB 的现值。[四] 而价值的可加性也意味着，将两个公司合在一起不能增加价值，除非因此增加了总现金流。也就是说，只是为了多元化的并购没有好处。

5. 资本结构理论

如果现金流相加，价值守恒定律成立，那么现金流相减也成立。[五] 因此，只是将经营现金流分开的融资决策并不增加公司总价值。莫迪利亚尼和米勒著名的第一命题：在

[一] 我们必须承认，35 年前在本书的第一版中我们就这样预测过。早晚我们会是对的。

[二] 例如，见 R. Kosowski, A. Timmerman, R. Wermers, and H. White, "Can Mutual Fund 'Stars' Really Pick Stocks? New Evidence from a Bootstrap Analysis," *Journal of Finance* 61 (December 2006), pp. 2551-2595。

[三] 几年前，一位年青的有闯劲的移动投资经理向本书的一位作者夸口说，如果他不能够每年超过市场 25%，他就开枪自杀。现在很少有人再直截了当地说这样的话。

[四] 也就是说，如果
$$PV(A) = PV[C_1(A)] + PV[C_2(A)] + \cdots + PV[C_t(A)]$$
$$PV(B) = PV[C_1(B)] + PV[C_2(B)] + \cdots + PV[C_t(B)]$$
以及对每一期 t，都有 $C_t(AB) = C_t(A) + C_t(B)$，那么 PV (AB) = PV (A) + PV (B)

[五] 如果你从 $C_t(AB)$ 开始，把它分成两部分 $C_t(A)$ 和 $C_t(B)$，那么总价值不变。也就是说，$PV[C_t(A)] + PV[C_t(B)] = PV[C_t(AB)]$。见脚注[四]。

完美市场中，资本结构的变化不影响价值，背后的基本思想就是价值守恒定律。只要公司资产所产生的总现金流不因资本结构而变化，价值就与资本结构无关。馅饼的价值与如何分无关。

当然，MM 命题不是标准答案，但却告诉我们如何寻找价值与资本结构有关的原因。税是一个可能性。负债为公司提供利息税盾，税盾可能足以补偿投资者为债务利息额外缴纳的个人所得税。另外，高负债率可能激励管理者工作更努力工作，提高管理效率。但是，负债的缺陷是可能导致高成本的财务困境。

6. 期权理论

在日常交流中，我们经常使用"选择权（option）"这个词来表达"选择"或"替代"，因此我们说某人有"很多选择"。在金融中，期权（option）特别指按照现在确定的条款在未来进行交易的机会。聪明的管理者知道，现在购买在未来购买或出售一项资产的期权经常是值得的。

期权很重要，财务经理要了解如何评估期权的价值。金融专家过去一直知道相关变量——期权的行权价格和行权日期、标的资产的风险和利率。而是布莱克和斯科尔斯最先将这些变量集中于一个有用的公式中。

布莱克—斯科尔斯公式适用的是简单的认购期权，不能直接用于公司金融中经常遇到的更复杂期权。但是，布莱克和斯科尔斯的最基本的思想，例如他们的公式所隐含的风险中性估值方法，在公式不适用的地方是有用的。第 22 章讨论的实物期权估值需要额外的数据处理，而不需要新的概念。

7. 代理理论

现代公司是个团队合作，涉及很多参与者，如管理者、员工、股东和债权人。过去很长一段时间，经济学家常常毫无疑问地假设所有这些参与者都为共同利益行动，而在过去 30 年，他们对可能的利益冲突和公司如何克服这些冲突有了更多认识。这些思想统称为代理理论（agency theory）。

例如，考虑股东和管理者的关系。股东（委托人）想要管理者（代理人）最大化公司价值。在美国，很多大公司的所有权是非常分散的，没有任何一位股东能够检查管理者或者谴责偷懒的管理者。因此，为了鼓励管理者努力做好分内的工作，公司将管理者的薪酬与他们增加的价值挂钩。对那些一直忽略股东利益的管理者，存在公司被接管、他们被赶走的威胁。

有些公司被少数主要股东所有，因此所有权和控制权比较一致。例如，家族、公司和银行是很多德国公司的控股股东，它们作为内部人检查高管的计划和决策。在大多数情况下，必要时它们有权力要求公司进行变革。而在德国，敌意并购很少见。

我们在第 12、第 14、第 32 和第 33 章讨论过管理激励和公司控制问题，这并不是本书中代理问题唯一出现的地方。例如，在第 18 章和第 24 章，我们考察了股东和债权人之间的部分利益冲突，我们描述过贷款合同如何预测并最小化这些冲突。

这七个思想是令人激动的理论还是普通常识？随便你怎么称呼吧，它们对财务经理的工作来说是很基本的。如果阅读本书，你确实理解了这些思想，了解了如何应用这些思想，你就已经学到了很多。

34.2 我们不知道的：金融的 10 个未解决问题

未知世界是无穷尽的，关于金融我们所不知道的东西可以一直列下去。但是，根据布雷利、迈尔斯和艾伦的第三定理（见 29.5 节），我们列出 10 个未解决问题并简单讨论，这些问题已经经过了富有成效的研究，似乎也比较成熟。

1. 项目风险和现值是由什么决定的

好的资本投资具有正的 NPV。我们讲了很多如何计算 NPV，但没有给你关于如何发现正 NPV 项目的任何指导，除了在基础篇第 11 章 11.2 节中谈及，公司能够获得经济租金时，项目具有正 NPV。但是，为什么同一行业中，有的公司获得经济租金而其他公司没有？这些租金是意外的收获，还是能够预测和计划的？它们来源于哪里？在竞争毁掉它们之前能够持续多久？关于这些重要问题，所知甚少。

一个相关问题是，为什么有些实物资产有风险而其他的相对安全？在 9.3 节中，我们提出项目贝塔不同的几个原因，例如经营杠杆的不同，或者项目的现金流对国家经济的表现反应不同。这些是一些有用的线索，但是我们仍然没有估计项目贝塔的一般方法。评估项目风险仍然主要靠直觉或经验，而非科学的方法。

2. 风险和收益——我们漏掉了什么

1848 年，约翰·斯图尔特·穆勒（John Stuart Mill）写道："令人高兴的是，价值规律中没有什么剩下给现在和未来的作者打扫的，理论是完整的。"现在的经济学家对这一点不那么肯定。例如，资本资产定价模型是向着理解风险对资产价值的影响所迈出的一大步，虽然仍存在很多困惑，有些是统计上的，有些是理论上的。

统计问题的产生是因为资本资产定价模型很难最后证明或反驳。似乎是这样的，低贝塔股票的平均收益率太高（即高于资本资产定价模型所预测的），而高贝塔股票的收益率太低了，但这可能是检验方法带来的问题，不是模型自身的问题。⊖我们还描述过法玛和弗兰奇令人困惑的发现，预期收益率似乎与公司的规模和股票的账面价值与市场价值之比有关。没有人理解为什么应该是这样的，也许这些变量都与变量 x 有关系，这个神秘的第二风险变量，投资者也许要理性地将其考虑到股票定价中。⊖

同时，在理论前沿，学者们也做了大量艰苦的工作。我们在 8.4 节讨论过一些他们的工作。而只是为了有趣，这里给出另外一个例子。假设你喜欢上等葡萄酒，购买特级葡萄园酒庄的股票也许有意义，虽然这要用掉你个人财富中的一大部分，使你的资产组合相对没有分散化。但是，你对冲了上等葡萄酒价格上升的风险：你的嗜好让你在葡萄酒牛市的时候成本上升，但你的酒庄股票将使你更富有。因此，你有很好的理由持有相对不分散化的资产组合。我们不期望你承担资产组合的不可分散风险而要求风险溢价。

一般来说，如果两个人有不同的品位，他们持有不同的资产组合的是合理的。你会用葡萄酒酿造的投资来对冲你的消费需求，而其他人投资冰淇淋连锁店可能更好。资本资产定价模型没有足够丰富到处理这样的世界。它假设所有的投资者有相似的品位；对冲动机没有加进来，因此他们持有同样的风险中的问题资产组合。

⊖ 见 R. Roll,"A Critique of Asset Pricing Theory's Tests：Part 1：On Past and Potential Testability of the Theory," *Journal of Financial Economics* 4（March 1977），pp. 129-176；关于批评的批评，见 D. Mayers and E. M. Rice,"Measuring Portfolio Performance and the Empirical Content of Asset Pricing Models," *Journal of Financial Economics* 7（March 1979），pp. 3-28。

⊖ 法玛和弗兰奇认为，小公司和高账面价值市场价值比公司，也是低盈利公司。这样的公司在经济低迷时可能要遭受更多的损失。因此，规模和账面价值市场价值比指标可能是商业周期风险的代理变量。见 E. F. Fama and K. R. French,"Size and Book-to-Market Factors in Earnings and Returns," *Journal of Finance* 50（March 1995），pp. 131-155。

默顿拓展了资本资产定价模型，包含了这个对冲动机。㊀如果足够多的投资者试图对冲同样的事情，模型揭示的风险—收益关系更复杂。但是，尚不清楚的是谁对冲什么，所以模型仍然很难验证。

因此，资本资产定价模型幸存下来，不是因为缺少竞争，而是竞争过度的结果。存在太多似是而非的其他替代性的风险度量指标，如果我们放弃贝塔，到目前为止还不存在其他的共识。

同时，我们必须明确资本资产定价模型是什么：它是一种不完全但有用的方法，将风险和收益联系在一起。也要认识到，模型最基本的思想：可分散风险不重要，几乎被所有人接受了。

3. 有效市场理论的例外有多重要

有效市场理论很强大，但没有理论是完美的，一定存在例外。

有些明显的例外只是一种巧合，因为研究者对股票业绩的研究越多，他们就可能发现更多奇怪的巧合。例如，有证据显示，新月时的日收益率差不多是满月时的日收益率的两倍。㊁除了偶然关系，很难相信这是别的什么，读来有趣，而认真的投资者和财务经理不会关心。但是，不是所有的例外都可以这么容易地不用考虑。我们看到，公司宣布盈利异常高，在公告日之后的几个月，股票一直表现很好。有些学者认为，这可能说明股票市场无效，投资者对盈利公告一直反应迟缓。当然，我们不能期望投资者从不犯错。如果他们过去曾经反应慢，他们也许从这个错误中学习，未来股票定价会更有效。

有些研究者认为，有效市场假说忽略了人类行为的重要方面。例如，心理学家发现，预测未来时，人们容易对近期发生的事情给予更多的重视。如果是这样，我们会发现，投资者容易对新信息反应过度。对行为的观察在多大程度上帮助我们理解明显的异常，了解这些是非常有趣的。

在 20 世纪 90 年代末期的网络股繁荣时期，股价上涨到天文数字。纳斯达克综合指数从 1995 年开始到 2000 年 3 月达到顶峰时上涨了 580%，然后下跌了近 80%。这样的循环往复并不限于美国。例如，德国的新市场（Neuer Markt）在 1997 年建立后的三年中上涨了 1 600%，之后到 2002 年 10 月下降了 95%。

这并不是唯一的场合，资产价格上涨到不可持续的水平。80 年代末期，日本的股价和房地产价格暴涨，1989 年在房地产繁荣达到顶峰时，东京银座地区的地产价格大约每平方英尺 100 万美元。在接下来的 17 年中，日本地产价格下降了 70%。㊂

也许这种极端的价格波动可以用标准的估值技术来解释，而其他人认为，股票价格容易形成投机性泡沫，投资者被卷入愚蠢的非理性繁荣的旋涡。㊃也许现在你的亲戚朋友已经被卷进去了，但是为什么头脑冷静的投资者没有抛售价格被高估的股票呢？也许如果他们的资金处于危险境地，他们就会这样做，而也许存在代理问题，源自他们的业绩被度量和奖励的方式，鼓励他们跟风。㊄（记住花旗集团的 CEO 说的"只要音乐还在

㊀ 见 R. Merton, "An Intertemporal Capital Asset Pricing Model," *Econometrica* 41 (1973), pp. 867-887。

㊁ K. Yuan, L. Zheng, and Q. Zhu, "Are Investors Moonstruck? Lunar Phases and Stock Returns," *Journal of Empirical Finance* 13 (January 2006), pp. 1-23.

㊂ 见 W. Ziemba and S. Schwartz, *Invest Japan* (Chicago, IL: Probus, 1992), p. 109。

㊃ 见 C. Kindleberger, *Mania, Panics, and Crashes: A History of Financial Crises*, 4th ed. (New York: Wiley, 2000); 和 R. Shiller, *Irrational Exuberance* (Princeton, NJ: Princeton University Press, 2000)。

㊄ 投资经理可能是这样想的，如果股票继续表现好，他们将从未来的业务增长中获利，另一方面，如果股票表现很糟糕，损失由客户承担，经理们发生的最坏情况就是重新找工作。见 F. Allen, "Do Financial Institutions Matter?" *Journal of Finance* 56 (August 2001), pp. 1165-1174。

响，你不得不站起来继续跳舞"。)

这些都是重要问题。要完全理解为什么资产价格有时与它们未来收益的贴现值不一致，还需要进行更多的研究。

4. 管理是一项表外负债吗

封闭式基金是唯一的资产为普通股资产组合的公司。人们也许会想，如果了解这些普通股的价值，就可以了解公司的价值。但是，不是这样的。封闭式基金份额的市场价格常常大大低于基金的资产组合的价值。⊖

所有这些可能不那么重要，除非可能只是冰山一角。例如，房地产股票的价格似乎低于公司每股净资产的市场价值。在70年代末和80年代初，很多大型石油公司的市场价值低于它们的石油储备的市场价值。分析师开玩笑说，你在华尔街买石油比在西德克萨斯买要便宜。

所有这些都是特殊情况，比较整个公司的市场价值与单个资产的价值是可能的。但是，也许我们能够观察到其他资产的单独部分的价值，会发现整体的价值低于部分价值之和。

每当公司计算项目的净现值时，它们隐性地假设整个项目的价值等于所有年份的现金流的价值之和。我们之前称为价值守恒定律。如果我们不依赖这个定律，冰山一角就变成了烫手的山芋。

我们不理解为什么封闭式投资公司或者任何其他公司的价格低于它们的资产价值。一种解释是，公司管理增加的价值低于管理的成本。这就是为什么我们说管理可能是表外负债。例如，石油公司股票价格在地下油田价值基础上的折扣，可以解释为，如果投资者预期石油生产的利润被一点点地浪费在NPV为负的投资和臃肿的官僚机构上，增长机会的现值（PVGO）是负值!

我们并不是要将管理者描绘成吸食属于投资者的现金流的"蚂蟥"。管理者投入公司的是人力资本，应该要求这些人力投资的合理的现金回报。如果投资者从公司的现金流中分走的份额太多，人力投资受到打击，就会损害公司的长期健康和成长。

在大多数公司中，管理者和员工和股东、债权人一起投资，内部人投入人力资本，外部投资者投入金融资本。到目前为止，我们对这种共同投资的运作机制所知甚少。

5. 如何解释新证券和新市场的成功

在过去40年中，公司和证券交易所创造了数量庞大的新证券：期权、期货、期货期权；零息票债券、浮动利率债券；具有双限和上限的债券、资产支持债券；巨灾债券……单子可以一直列下去。有些情况下，容易解释新市场或新证券的成功，也许它们使投资者可以保护自己免于新的风险，或者它们是由于税收或监管的变化产生的。有时候，一个市场的发展是由于发行或交易不同证券的成本的变化引起的。但是，有很多成功的创新，无法这么容易解释。为什么投资银行家继续发明、成功出售复杂得超出我们估值能力的新证券？事实是我们不理解为什么市场中的有些创新成功了，而其他的还没有开始发行就夭折了。

也有一些创新证券的确发行了，而后来又失败了，包括很多复杂的评级过高的次级抵押

⊖ 封闭式基金相对较少。大部分共同基金是开放式基金，也就是随时以等于基金每股净资产价值的价格买入或卖出基金份额，因此，开放式基金的价格总是等于净资产价值。

贷款支持的证券。次级抵押贷款当然本质上并不坏，对有些值得拥有房屋所有权的人来说，是获得房屋所有权的唯一途径。但是，房屋价格下跌和失业时，次级贷款也将很多房屋所有者拖入了讨厌的陷阱。基于次级住房抵押贷款的证券导致银行业的巨额损失。在危机中，很多新证券和衍生工具不再受欢迎。看看哪些证券将永远待在垃圾桶里，哪些证券会抹去灰尘恢复用途，将会非常有意思。

6. 如何解决股利争议

我们在第16章都在讨论股利政策，却没能解决股利争议。很多人认为股利是好东西，其他人则认为股利要纳更多的税，因此公司回购股票更好。还有其他人认为，只要公司的投资决策不受影响，股利政策就是无关的。

问题也许是我们问的问题不对。也许不应该问股利好还是不好，应该问何时支付高或低的股利有意义。例如，投资机会较少的成熟公司，投资者欢迎高股利所带来的财务约束。对暂时有多余现金的年轻一些的公司来说，股票回购的税收优势更有影响力。但是，关于不同公司的股利政策的差异如何，我们知道的还不够多。

公司分配现金的方式一直在变化。越来越多的公司不再支付股利，而是大量回购股票。这部分反映了有很多投资机会的高增长小公司的数量在增加，但这似乎不是全部的解释。理解公司股利政策的这些变化也有助于帮助我们理解股利政策如何影响公司价值。

7. 公司应该承担什么风险

财务经理最后要管理风险。例如：

- 公司扩大产能时，财务经理经常要嵌入转变产品结构或卖掉整个项目的期权，以此降低失败的成本；
- 通过减少公司负债，管理者可以在更大的股权基础上分散经营风险；
- 大部分公司针对各种特殊风险购买保险；
- 财务经理经常利用期货或其他衍生工具，保护公司免于商品价格、利率和汇率不利波动的风险；

所有这些举措都是降低风险。但是，并不总是风险越小越好。风险管理的目的不是为了减少风险，而是为了增加价值。关于公司应该下什么赌注，合适的风险水平是什么，我们希望能够给出一般性的指导。

实际上，风险管理决策以复杂的方式互相影响。例如，对商品价格波动进行了对冲的公司，比没有对冲的公司能够负担更多的负债。在对冲成本足够低的情况下，如果对冲使公司更好地利用利息税盾，就是有意义的。

公司如何设计风险管理策略，而这些风险管理策略汇总起来整体上是合理的？

8. 流动性的价值是什么

与国库券不同，现金不付息。另一方面，现金的流动性比国库券好。人们持有现金，一定是认为得到的额外流动性抵消了利息损失。在均衡状态下，额外流动性的边际价值一定等于国库券的利息。

关于公司持有现金，我们怎么认为呢？忽略流动性收益，只认为持有现金的成本是损失的利息，是不对的，这意味着现金总是NPV为负。既然流动性的边际价值等于损失的利息，所以公司持有多少现金也是不重要的，这样的观点也同样愚蠢，这意味着现金总是NPV为零。我们知道，对持有者来说，现金的边际价值随着所持现金量的增加而下降，但我们并不真正理解如何评价现金的流动性价值，因此我们不知道多少现金是足够的，或者公司筹集现金的难度有多大。我们注意到，让事情进一步复杂化的是，现金可以通过借款、发行新证券或者出售资产临时募集。财务经理有1亿美元未使用信贷额度，和拥有1亿美元可交易证券，同样都睡得踏实。在营运资本管理那一章中，我们处理这些问题时，给出的模型实在太简单了，或者确保"足够"的流动性储备的说法很含糊。

流动性的更多知识还能帮助我们更好地理解公司债券的定价。我们已经知道公司债券价格低于国债的部分原因——公司在困境时有放弃负债的选择权。然而公司债券和国债的价格之差太大了，不能只用公司的违约期权来解释。价格差异的部分原因似乎是公司债券的流动性低于国债。而在我们知道如何对流动性差异定价之前，我们实在无法对此发表太多意见。

还有一个问题。你是私募股权公司的合伙人，正在考虑一项重大的新投资。你有未来现金流的预测，还估计了如果是上市公司的话投资者所要求的收益率。但是，股票不能交易，你需要补偿多少额外的收益率呢？贴现率高出1%或2%，所估计的价值会有巨大的差异。

2007～2009年的金融危机再次说明，有时候投资者似乎给流动性更高的价值。尽管中央银行注入了巨额的流动性，很多金融市场实际上还是枯竭了。例如，银行越来越不愿意互相无担保借款，除非得到很高的溢价。在2007年春天，LIBOR与国库券的利差（TED利差）为0.4%，到2008年10月，银行之间的无担保借贷市场几乎消失了，LIBOR比国库券收益率高出4.6%。⊖

金融市场大部分时间运行良好，但是我们不理解为什么有时候市场关闭或堵塞了，面对这种情况财务经理应该如何做，我们几乎给不出什么建议。

9. 如何解释并购浪潮

并购当然有很多似是而非的动机。如果你选出一个特别的并购案，通常有可能想出一个原因来解释为什么并购有意义。这样我们每一个并购都有一个特别的假设，而我们要的是解释并购浪潮的一般假设。例如，1998～2000年，似乎所有人都在并购，2006～2007年再次出现，而在中间的那些年份，并购一点儿也不时尚。

明显的金融时尚还有其他例子。例如，新发行热潮期不时出现，投机性新证券的供给和需求似乎都永不满足。我们不理解为什么头脑冷静的商人们有时似乎表现得像羊群，而下面的故事似乎包含了解释的萌芽。

现在是傍晚时分，乔治在考虑两家餐馆，一家叫"饥饿的马"，另一家叫"金子食槽"，想从中选择一家。两家餐馆都是空的，既然没有什么理由觉得一家比另一家好，乔治掷硬币而选择了"饥饿的马"。过了一会儿，乔治娜站在两家餐馆外面，她有些喜欢"金子食槽"，但看到乔治坐在"饥饿的马"餐馆里，而另一家餐馆是空的，她认为乔治可能知道一些她不知道的信息，因此理性决策是跟乔治一样。弗雷德是第三个到的，他看到乔治和乔治娜都选择了"饥饿的马"，就把自己的判断抛到了一边，决定随大流。后面的就餐的人也是如此，看到一家餐馆的桌子被占满了，而另一家的桌子都空着，很容易就下了结论。每位就餐者在权衡自己的观点和其他就餐者显示出来的偏好时都是完全理性的。而"饥饿的马"受欢迎很大程度上是因为乔治的掷硬币。如果乔治娜

⊖ 见 M. Brunnermeier, "Deciphering the Liquidity and Credit Crunch 2007-2008," *Journal of Economic Perspectives* 23 (Winter 2009), pp. 77-100。

是第一个到的，或者所有的就餐者在决定之前将他们各自的信息集中在一起，"饥饿的马"不一定如此生意兴隆。

经济学家将这种模仿行为称为"雪崩效应（cascade）"。㊀雪崩效应或者一些替代理论在多大程度上能够解释金融时尚，还有待继续观察。

10. 为什么金融体系这么容易发生危机

2007年开始的金融危机，提醒我们金融体系的脆弱性，当然我们不欢迎这样的提醒。这一刻，一切似乎都很正常，下一刻，市场崩溃，银行倒闭，不久之后经济陷入衰退。卡门·莱因哈特和肯尼斯·罗格夫研究了多个国家银行危机的影响，㊁他们发现，发生系统性的银行危机之前，一般会出现信贷扩张和资产价格泡沫。泡沫破灭时，住房价格下跌了平均35%，股价下跌了平均55%。接下来的两年中，产出下降了9%，四年中失业率上升了7%。中央政府债务是危机前的近两倍。

2010年初，希腊和其他一些欧元区外围国家的政府债务增加使得危机演变为主权债务危机。首先是希腊，然后是爱尔兰和葡萄牙，要求IMF和其他欧元区国家的救助。2012年6月，西班牙为其银行寻求救助。写作本书的时候，希腊新一任激进的政府刚与债权人协商进一步的救助，而主权债务危机仍远未结束。政治和经济的相互作用是非常重要的，但还没有被充分理解。

我们对这些金融危机的理解是有限的。我们需要了解是什么引起的、如何防止和发生时如何应对。我们在第14章回顾了最近一次危机的根源，而危机的预防需要结合在其他章节讨论的理论和实践，例如好的治理体系的重要性、精心设计的薪酬计划和有效的风险管理。理解金融危机将花费经济学家和金融监管者未来很多年的时间。㊂我们希望，在下一次危机来临前，他们能够找出最后一次危机的原因。

34.3 结语

我们未解决问题清单到此结束。我们给出了我们认为最主要的10个。如果还有其他你认为更有趣和更有挑战性的问题，当然可以列出你自己的清单，开始思考吧。

需要很多年的时间，才能最终解决我们这10个问题并用新的清单代替。同时，我们邀请你继续进一步研究我们已经了解的关于金融的东西，我们也邀请你应用阅读本书所学到的东西。

现在，这本书就要结束了，我们跟哈克贝利·费恩㊃有同感，在书的最后，他说：

现在再也没有什么可写的了，我倒是觉得很高兴，因为如果我早知道写一本书这么麻烦，我根本就不用动手，以后我也不会再写了。

㊀ 对雪崩效应的介绍，见 S. Bikhchandani, D. Hirshleifer, and I. Welch, "Learning from the Behavior of Others: Conformity, Fads, and Informational Cascades," *Journal of Economic Perspectives* 12（Summer 1998）, pp. 151-170。

㊁ 见 C. Reinhart and K. Rogoff, "The Aftermath of Financial Crises," *American Economic Review* 99（May 2009）, pp. 466-472。

㊂ 对目前金融危机的文献的综述，见 F. Allen, A. Babus, and E. Carletti, "Financial Crises: Theory and Evidence," *Annual Review of Financial Economics* 1（2009）, pp. 97-116。

㊃ 马克·吐温的小说《哈克贝利·费恩历险记》主人公，这是他在书的最后所说的话。——译者注

附录 部分基础题的答案

第20章

1. 认购；行权；认沽；欧式。
3. a. 认沽期权的行权价格；
   b. 股票价格。
5. 买入一份认购期权，借出行权价格的现值。
7. (a) 见图3；(b) 股票价格 − PV(EX) = 100 − 100/1.1 = 9.09 美元。

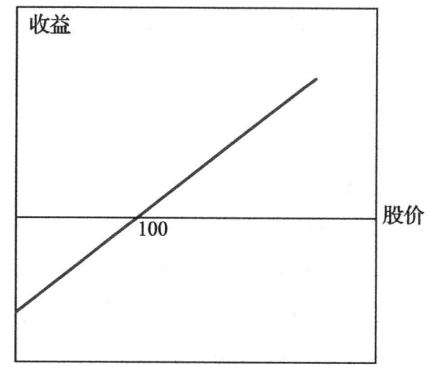

图3 第20章，问题7

9. (a) 零；(b) 股票价格减去行权价格的现值。
11. a. 所有风险厌恶的投资者，都应该对波动性高的股票的期权的估值更高。对埃克森美孚和谷歌来说，如果最后的股价低于行权价格，期权都没有价值，但是谷歌的期权有更大的上升潜力。
    b. 美式期权可以在任何时候行权。但是，我们知道，在没有股利的时候，认购期权的价值随着到期时间而增加。因此，如果你提前行使美式期权，你就不必要地减少了它的价值。投资者出售法瓦农场股票期权，比行权更有利。

第21章

1. a. 利用风险中性方法，$(p \times 20) + (1-p)(-16.7) = 1$，$p = 0.48$；
$$\text{期权价值} = \frac{(0.48 \times 8) + (0.52 \times 0)}{1.01} = 3.8。$$
b. $\delta = \dfrac{\text{期权价差}}{\text{股票价差}} = \dfrac{8}{14.7} = 0.544。$

c.

	当前现金流	可能的未来现金流	
买入认购期权等于	−3.8	0	+8.0
买入0.544股股票	−21.8	+18.2	+26.2
借款18.0	+18.0	−18.2	−18.2
	−3.8	0	−8.0

d. 可能的股价（括号内是期权价格）：

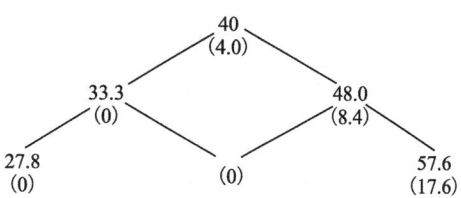

期权价格计算如下：
第1个月：
(i) $\dfrac{(0.48 \times 0) + (0.52 \times 0)}{1.01} = 0$；

(ii) $\dfrac{(0.48 \times 17.6) + (0.52 \times 0)}{1.01} = 8.4$;

第 0 个月：$= \dfrac{(0.48 \times 8.4) + (0.52 \times 0)}{1.01}$

$= 4.0$。

e. $\delta = \dfrac{期权价差}{股票价差} = \dfrac{8.4}{14.7} = 0.571$。

3. 在图 21-3 中，$p = 0.4764$，$1 - p = 0.5236$，利率 $= 0.5\%$（三个月）。第六个月，股价 $= 726.55$ 美元时，认购期权的收益为 276.55 美元，股价 $= 530$ 美元时，收益为 80 美元，股价 $= 386.57$ 美元时，收益为零。

利用风险中性方法，认购期权在第三个月的价值为：

$\dfrac{0.4764 \times 276.55 + 0.5236 \times 80}{1.005} = 172.77$

或

$\dfrac{0.4764 \times 80 + 0.5236 \times 0}{1.005} = 37.9$

开始时期权价值为：

$\dfrac{0.4764 \times 172.77 + 0.5236 \times 37.9}{1.005} = 101.64$

现在采用复制的方法。结果是一致的，但会出现小的四舍五入误差。第三个月期权 δ 为 $\dfrac{275.55 - 80}{726.55 - 530} = 1$ 和

$\dfrac{80 - 0}{530 - 386.57} = 0.558$。

如果股价为 620.59 美元，买入 $\delta = 1$ 股股票、借入行权价格的现值：$620.59 - \dfrac{450}{1.005} = 172.83$。如果股价为 452.64 美元，买入 $\delta = 0.558$ 股股票和借入 215.71 美元的现值：$0.558 \times 452.64 - \dfrac{215.71}{1.005} = 37.9$。开始时的期权 δ 为：

$\delta = \dfrac{172.82 - 37.9}{620.59 - 452.64} = 0.803$

买入 0.803 股股票需要 0.803×530，借入 325.59 美元的现值：$0.803 \times 530 - \dfrac{325.59}{1.005} = 101.62$。六月期认沽期权的价值根据认沽—认购平价关系得到：

$101.62 + \dfrac{450}{(1.005)^2} - 530 = 17.15$。

5. a. $\delta = 100/(200 - 50) = 0.667$。

b.

	当前现金流	可能的未来现金流	
买入认购期权等于	-36.36	0	+100
买入 0.667 股股票	-66.67	+33.33	+133.33
借入 30.30	+30.30	-33.33	-33.33
	-36.36	0	+100

c. $(p \times 100) + (1 - p)(-50) = 10$, $p = 0.4$。

d. 期权价值 $= \dfrac{(0.4 \times 100) + (0.6 \times 0)}{1.10}$

$= 36.36$。

e. 不会。价格上升的真实概率几乎肯定高于风险中性概率，但这对期权估值没有帮助。

7. 正确；随着股价上升，期权风险下降。

第 22 章

1. a. 增加价值；
   b. 增加价值；
   c. 减少价值。

3. 项目的持续期没法提前确定，如果业绩很差，IM&C 公司有在 2 年或 3 年后放弃鸟肥项目的期权。如果业绩很好，放弃期权的行权可以延迟到估计的 7 年以后。

5. 当点火差价很高的时候，燃气轮机可以在很短的时间内启动。燃气轮机的价值来自生产的灵活性。

7. (a) 正确；(b) 正确；(c) 正确；(d) 正确；(e) 正确——一系列小工厂产生实物期权，但大工厂效率更高。

第 23 章

1. 承诺的到期收益率 $= 12.77\%$；预期收益率 $= 9.42\%$。

3. 公司资产的认沽期权，行权价格等于债券的面值。
5. 需要知道资产市场价值的预期增长率、债券的面值和到期时间以及未来资产价值的波动性。（在实践中，需要进行妥协，例如公司发行不同期限的债券的时候。）
7. 两只债券都更有可能评级下降。

第 24 章

1. （a）高等级公用事业债券；（b）工业持股公司；（c）工业债券；（d）铁路公司；（e）资产支持证券。
3. a. 你希望公司发行更多低级债务；
   b. 你希望公司不要这么做（除非也是低级负债）。已有资产可能足以偿还你的负债。
5. a. 大约需要面值的 $99.489 + 8.25/12 = 100.18\%$。
   b. 在 1993 年 2 月 15 日，支付 $0.04125 \times 250 = 10.3$ 百万美元。
   c. 最后到期日为 2022 年 8 月 15 日，在支付了之前的偿债基金后，仍要支付 12.5 百万美元。
   d. 2008 年。
7. a. 错误。违约时担保债券拥有对相关资产的特权。
   b. 正确，但是有些新证券（例如欧洲债券）在最初的发行动机消失后仍继续存在。
   c. 错误。借款人拥有期权。
   d. 正确。但是，在并购中，限制性条款比较弱的债券损失惨重。
   e. 正确。私募债务发行协商起来成本不那么高。

第 25 章

1. A, c；B, d 或 i；C, b 或 e；D, f；E, a；F, h；G, g。
3. a. 出租人收取的租金，必须能够弥补在资产的预期经济寿命内拥有和运营该资产的成本。在竞争性租赁市场中，租金的现值不会超过成本的现值。竞争性租金等于出租人的等价年度成本。
   b. 用户的等价年度成本是用户拥有和运营该资产的年度成本。如果经营性租赁费率低于该成本，用户会租赁。
5. 如果租赁被认可，承租人继续使用所租赁的资产，必须全额支付租金。如果租赁被拒绝，所租赁的资产要还给出租人。如果还回来的资产的价值不足以弥补剩余的租金，出租人的损失成为破产公司的无担保负债。
7. 如果租赁违约，贷款人对出租人没有索取权，这样出租人逃避了债务。但是，贷款人会要求更好的贷款条件，例如更高的利率，作为没有追索权的补偿。

第 26 章

1. a. 立即交割所支付的价格。
   b. 远期合约是在指定的未来日期以指定价格买卖的合约。期货合约与远期合约有两个主要的不同，一是在交易所交易，二是盯市。
   c. 多头指投资者同意买入资产，空头指投资者同意卖出资产。
   d. 因为用来套期保值的资产和被套期保值的资产的价格不完全相关，就产生了基差风险。
   e. 投资的盈亏定期（例如每天）结算。
   f. 拥有商品本身而不是未来交割承诺的好处，减去商品的储藏成本。
3. 她是在要求你付钱，因为你出售的期货产生了损失。
5. 北方炼油公司锁定了将来出售石油所得到的价格（我们忽略基差风险），因为现在它得到了确定的收入，也就放弃了未来有惊喜或损失的可能性。
7. a. 加热油短缺增加了便利收益，降低了期货相对于现货的价格。
   b. 现货价格和期货价格都下降。期货

相对于现货的价格上升，因为便利收益下降，仓储成本上升。

9. a. 盈利。

   b. 如果银行签署新的四年期互换，每年需要多支付 0.25 百万美元。在 6.5% 的新利率下，多支付的资金的现值为 856 499.65 美元，这就是银行应该为终止合约所收取的资金。

11. 卖空 1.2 百万美元的市场组合。实际上不会"出售市场"，而是出售 1.2 百万美元的市场指数期货。

第 27 章

1. a. 117.565；
   b. 117.541；
   c. 日元升水（美元帖水）；
   d. (117.565/116.903) − 1 = 0.005 7，即 0.57%；
   e. $1 + r_{日元}$ = (116.903/117.565)1.015 = 1.009 285，$r_{日元}$ = 0.928 5%；
   f. 117.429；
   g. (1 + 三月期日元通胀率) = (117.429/117.565) × (1 + 三月期美元通胀率) = 0.998 8 × 三月期美元通胀率。

3. a. 2 419 × 1.3/1.02 = R3 083 = 1 美元；
   b. 印尼盾的实际价值下降了 3 083/8 325 − 1 = 0.63，即 63%。

5. b。

7. 该公司可以借入 1 百万欧元的现值，在即期外汇市场上出售欧元，将得到的美元收入投资于八年期美元贷款。

9. a. NPV = 6.61 × 1.2 = 7.94 百万美元；

   b.
年份	0	1	2	3	4	5
远期利率	1.2	1.223	1.246	1.269	1.293	1.318
百万美元	−96	12.23	24.91	29.19	34.92	32.94

   c. 没有影响。公司总是能够对冲欧元汇率下跌的风险。

第 28 章

1.
	千美元	千美元	
现金	25	24	应付账款
应收账款	35	24	总流动负债
存货	30	130	长期负债
总流动资产	90	76	所有者权益
工厂和设备净值	140		
总资产	230	230	总负债和所有者权益

3. 同比资产负债表

	百分比		百分比
现金和可交易证券	17.2	应付账款	20.9
应收账款	8.8	其他流动负债	7.4
存货	10.1	总流动负债	28.3
其他流动资产	2.7	长期负债	19.0
总流动资产	38.8	其他长期债务	3.7
固定资产净值	32.7	总负债	51.0
其他长期资产	28.5	总所有者权益	49.0
总资产	100	总负债和所有者权益	100

同比利润表

销售收入	100%
销货成本	41.7%
销售、一般和管理费用	34.4%
折旧	4.3%
EBIT	19.6%
利息费用	0.4%
应税收入	19.2%
所得税	6.6%
净利润	4.8%
留存收益增加	7.8%

5. 不正确的比率是 a、b、d、e 和 h。正确的定义为：

   负债权益比 =（长期负债 + 租赁的价值）/权益

   股权收益率 = 净利润/年初的股权

   存货周转天数 = 销货成本/(存货/365)

   流动比率 = 流动资产/流动负债

   收入利息倍数 = EBIT/利息支出

7. a. 销售收入 = 3 × 500 000 = 1 500 000；税后利息 + 净利润 = 0.08 × 1 500 000 = 120 000；ROA = 120 000/500 000 = 24%。
   b. 净利润 = 0.08 × 3 × 500 000 − (1 − 0.35) × 30 000 = 100 500，ROE = 净利润/股权 = 100 500/300 000 = 0.34。
9. 0.73；3.65%。
11. 假设新债务是流动负债。
   a. 流动比率从 100/60 = 1.67 变为 120/80 = 1.50；现金比率从 30/60 = 0.5 变为 50/80 = 0.63。
   b. 长期负债比率不变；总负债/总资产从 410/600 = 0.683 3 变为 430/620 = 0.693 5。
13. 82 百万美元。

第 29 章

1. 现金周期 = 96 + 104 − 110 = 90。
3.

	现金	营运资本
1.	减少 2 百万美元	减少 2 百万美元
2.	增加 2 500 美元	不变
3.	减少 50 000 美元	不变
4.	不变	增加 10 百万美元
5.	不变	不变
6.	增加 5 百万美元	不变

5. 第三个月：18 + (0.5 × 90) + (0.3 × 120) + (0.2 × 100) = 119 000 美元。
   第四个月：14 + (0.5 × 70) + (0.3 × 90) + (0.2 × 120) = 100 000 美元。

7. a. 表 29-2：现金 = 40，总流动资产 = 340；银行贷款 = 15；流动负债 = 150；总资产 = 总负债和净值 = 590。
   表 29-3：短期负债增加（减少） = −10；融资活动的净现金流 = −35；现金余额增加 = 20。
   b. 表 29-2：长期负债 = 130；总投资 = 375；固定资产净值 = 275；现金 = 40；流动资产 = 340；总资产 = 总负债和净值 = 615。
   表 29-3：长期负债增加（减少） = 30 + 40 = 70；融资活动的净现金流 = −50 + 40 = −10；固定资产投资 = −(25 + 30) = −55；现金余额增加 = 20。

   c. 表 29-1：经营成本（销货成本 + 其他费用） = (1 644 + 411) × 0.9 = 1 850；税前收入 = 2 200 − 1 850 − 20 − 5 = 325；净利润 = 325 × 0.5 = 162.5；如果股利不变，留存收益为 = 162.5 − 30 = 132.5。
   表 29-2：假设存货不变，现金 = 25 + 132.5 − 30 = 127.5；流动资产 427.5；净值 = 452.5；总资产 = 总负债和净值 = 677.5。
   表 29-3：净利润 = 162.5；经营活动净现金流 = 85 + 102.5 = 187.5；现金余额增加（减少） = 107.5。

   d. 表 29-5 变为：

	Q3	Q4
期初应收账款	181.6	105.2
销售收入	742	836
收款		
当期销售收入	667.8	752.4
上期销售收入	150.6	74.2
总收款额	818.4	826.6
期末应收账款	105.2	114.6

表 29-6 变为：

	Q3	Q4
应收账款的收款	818.4	826.6
来源总计	895.4	826.6
来源减使用	268.4	189.1
期初现金	−188.6	79.8
现金余额的变化	268.4	189.1
期末现金	79.8	268.9
累积融资需求	−54.8	243.9

   e. 表 29-6 变为：

	Q1	Q2	Q3	Q4
劳动力和其他成本	116	116	116	116
来源总计	531	539.4	767	827.8
来源减使用	121	−52.6	140	190.3
短期借款需求：				
期初现金	25	−96	−148.6	−8.6
现金余额的变化	−121	−52.6	140	190.3
期末现金	−96	−148.6	−8.6	181.7
累积融资需求	121	173.6	33.6	−156.7

f. 表29-6变为：

	Q2	Q3	Q4
其他	50	77	
来源总计	569.4	747	807.8
来源减使用	-22.6	120	170.3
短期借款需求：			
期初现金	-116	-138.6	-18.6
现金余额的变化	-22.6	120	170.3
期末现金	-138.6	-18.6	151.7
累积融资需求	163.6	43.6	-126.7

g. 表29-6变为：

	Q1	Q2	Q3	Q4
经营所需现金最低余额	10	10	10	10
累积融资需求	126	198.6	78.6	-91.7

9. (a) 2 900 000美元；(b) 225 000美元；(c) 0.25。

11. (a) 内部增长率 = $(0.5 \times 500)/2\,700 = 0.093$，即9.3%。
    (b) 可持续增长率 = $0.5 \times (500/1\,667) = 0.150$，即15.0%。

第30章

1. 持有大量存货，公司可以避免原材料和产成品用完的风险。公司可以大量订购原材料，安排更长的生产周期。另一方面，库存占用资本，必须要存储和保险，可能还容易损坏。
相似的，持有大量现金减少了现金用尽或不得不在短期内出售证券的风险。公司不需要经常出售证券，因此可以最小化出售证券的固定成本。另一方面，现金库存占用资本。

3. a. 到期延期减少，因此付款延期减少；
   b. 到期延期增加，因此付款延期增加；
   c. 条件延期增加，因此付款延期增加。

5. a. 预期利润 = $p(1\,200 - 1\,050) - 1\,050(1-p) = 0$，$p = 0.875$，因此，如果付款的概率大于87.5%就提供信用。
   b. 销售给付款慢的客户的预期利润： $0.8(150) - 0.2(1\,050) = -90$，信用验证的盈亏平衡点：$(0.05 \times 90 \times 单位数) - 12 = 0$，单位数 = 2.67。

7. (a) 错误；(b) 错误；(c) 错误——应该是收款代理人或律师。

9. 集中银行；联邦资金转账系统；CHIPS；加锁信箱银行业务。

11. (a) 回购协议；(b) 商业票据；(c) 三月期国库券；(d) 国库券；(e) 国库券。

第31章

1. (a) 横向并购；(b) 混合并购；(c) 纵向并购；(d) 混合并购。

3. (a) 5百万美元（我们假设节约的500 000美元成本是税后的）；(b) 4百万美元；(c) 7.5百万美元；(d) 1百万美元；(e) -2.5百万美元。

5. (a) 正确；(b) 错误；(c) 错误；(d) 正确；(e) 错误（并购可能会产生收益，但"大"延伸了并购的收益。）；(f) 错误；(g) 正确。

第32章

1. a. 大部分采用债务融资收购一家公司。公司私有化。管理层获得大量股权。
   b. 管理层进行的LBO。
   c. 母公司用部分资产和业务建立一家新公司。新公司的股票分配给母公司的股东。
   d. 像分拆一样，但新公司的股票出售给投资者。
   e. 出售特定的资产而不是整个公司。
   f. 政府所有的公司出售给私人投资者。
   g. 公司大大提高负债率，额外负债获得的资金分配给股东。

3. 提高效率，扩大所有权的范围，为政府带来收入。

5. 内部资本市场常常配置资本不当。企业集团的各部门的市场价值无法独立观察到，因此很难设定激励和奖励承担风险的行为。

7. 第7章通常的结果是破产，第11章在公司制定重组计划的时候保护公司不受债权人影响。
9. 总是存在可能，公司能够恢复，使债权人得到偿还，为股东留下部分价值。另外，破产法庭可能观察不到绝对优先权，因此在第11章重组中股东可能会得到点"残羹冷炙"。

第33章

1. (a) 美国和英国；(b) 美国和英国；(c) 日本和欧洲；(d) 日本；(e) 欧元区；(f) 日本。（注意：答案中不包括没在图33-1到图33-4中单独列出的国家和地区。）
3. 不。个人投资者直接持有的普通股相对较少。另外，日本公司之间的交叉持股，限制了个人投资者在公司治理中发挥重要作用的机会。
5. 德国公司有两个董事会：监事会和董事会，全部董事中有一半由员工选举。监事会代表公司整体的利益，不仅仅是员工或股东的利益。
7. 股东持有 X_2 的 0.3，X_2 持有 X 的 0.3，X 持有 Z 的 0.3，股东实际值持有 Z 的 0.3^3，即 0.027。
9. 如果公司 Y 拥有 X 的大量股权，可能以低利率从 X 公司借款、以过高的价格向 X 出售原材料，或者以低价购买 X 的产品，以此从 X 转移价值。

术 语 表

注：
1. 楷体的词汇在术语表其他地方可以查到。
2. 很多网站有全面的金融术语表。例如，见 www.duke.edu/~charvey/Classes/wpg/glossary.htm。

A

abnormal return 超额收益率　不是由于市场整体价格波动而产生的收益率的部分。

ABS 资产支持证券。

absolute priority 绝对优先权　破产程序中的规定，高等级债权人获得全部偿还之后，低等级债券人才获得支付。

accelerated depreciation 加速折旧　在项目生命期的早期产生更多折旧的折旧方法。

accounts payable (payables, trade credit) 应付账款、应付款、贸易信贷　欠供应商的资金。

accounts receivable (receivables, trade credit) 应收账款、应收款、贸易信贷　顾客欠的资金。

accrued interest 应计利息　已经获得但还没有得到支付的利息。

ACH 自动清算所。

acid-test ratio 酸性测试比率（速动比率）。

adjusted present value (APV) 调整净现值　全股权融资下的净现值加上所有融资副效应的现值。

ADR 美国存托凭证。

adverse selection 逆向选择　定价策略使不想要的客户来做生意的一种情况，例如，保险单的定价使最有风险的人来购买保险。

affirmative covenant 正面限制条款　贷款合同说明借款人必须采取的行动。

agency cost 代理问题　代理人（如管理者）不仅仅以委托人（如股东）的利益最大而行事时所产生的成本。

agency theory 代理理论　关于委托人（如股东）和委托人的代理人（公司的管理者）之间关系的理论。

aging schedule 账龄分析表　每位顾客的未付应收款的账龄的汇总。

AIBD 国际债券交易商协会

all-or-none underwriting "全或无"承销　一种承销安排，如果承销商不能卖出所有发行的证券，证券发行就取消。

Alpha 阿尔法　调整了市场影响之后的资产组合收益率的度量。

Alt-A mortgage 次优抵押贷款　比次级抵押贷款风险小、比 A 级贷款风险高的住房贷款。

alternative minimum tax (AMT) 替代性最低税负　公司或个人必须缴纳的单独计算的最低金额的税。

American depository receipt (ADR) 美国存托凭证　在美国发行的代表国外公司的股权的凭证。

American option 美式期权　在最后行权日之前的任何时间都可以行权的期权（比较 *Europeran option*）。

amortization 分期摊还　(1) 分期偿还贷款；(2) 折旧。

AMT 替代性最低税负。

angel investor 天使投资　为初创企业提供资本的富有的个人。

annual percentage rate (APR) 年百分比利率　每期（如每月）的利率乘以一年的期数。

annuity 年金　投资产生有限期数的等额现金流。

annuity due 即期年金　支付发生在每期期初的年金。

annuity factor 年金因子　t 期、每期支付 1

美元的现金流的现值。

anticipation 提前付款 一种安排，客户在最后付款日之前付款有权要求扣除正常利息。

appraisal rights 评估权 股东在并购中要求按照独立确定的公允价值购买其股票的权利。

appropriation request 拨款申请书 对资本投资项目所需资金的正式申请书。

APR 年百分比收益率。

APT 套利定价理论。

APV 调整净现值。

Arb "套利者"的简写。

arbitrage 套利 买入一种证券同时卖出另一种而获得无风险利润。一般被随意地用来描述在相关的证券中进行互相抵消的投资，例如在竞购中。

arbitrage pricing theory（APT） 预期收益率与该资产对几个普遍因素的敏感性成正比的模型。

arranger 安排人 银团贷款的主承销商。

articles of incorporation 公司章程 设立一家公司并说明其结构和目的的法律文件。

Asian currency units 亚洲货币单位 新加坡或其他亚洲金融中心的美元存款。

Asian option 亚洲期权 建立在其有效期内资产平均价格基础上的期权。

asked price（offered price） 卖价 交易商愿意卖出的价格（比较 *bid price*）。

asset-backed security（ABS） 资产支持证券 特殊目的的公司所发行的证券，特殊目的的公司所持有的资产组合的现金流足以偿还这些债务。

asset beta 资产贝塔 无财务杠杆时的公司贝塔。

asset stripper 资产拆卖人 收购公司的目的是为了出售公司大部分资产的收购者。

asymmetric information 不对称信息 双方所得到的信息的差异，比如管理者和投资者的信息差异。

at-the-money option 平价期权 行权价格等于目前资产价格的期权（比较 *in-the-money option* 和 *out-of-the-money option*）。

auction market 拍卖市场 证券交易所，价格由拍卖程序决定，例如 NYSE（比较 *dealer market*）。

auction-rate preferred 拍卖利率优先股 浮动利率优先股的变异，股利每 49 天根据拍卖来确定。

authorized share capital 授权总股本 公司章程中规定的公司最多发行的股票数量。

Automated Clearing House（ACH） 自动清算所 银行所运营的私人电子系统，用于大量小金额支付。

automated debit 直接支付。

availability float 可用浮存 公司存入的还未清算的支票。

aval 保兑 银行为债务购买者购买的债务提供担保。

B

BA 银行承兑汇票。

backdating 倒签 不诚信的实践，事后选择在股价（即行权价格）特别低的日期作为平价的高管股票期权的授予日期。

backwardation 期货贴水 商品现货价格高于期货价格的情况（比较 *contango*）。

balloon payment 气球支付 最后的支付额很大（例如分期付款贷款）。

bank discount 银行贴现 从初始贷款额中扣除利息。

banker's acceptance（BA） 银行承兑汇票 银行所接受的、在未来日期支付给定金额的书面承诺（比较 *trade acceptance*）。

barrier option 障碍期权 期权的存在取决于资产价格达到某个特定的障碍（比较 *down-and-out option*, *down-and-in option*）。

Basel Accord 巴塞尔协议 关于大银行为支持风险贷款所保有的资金量的国际协议。

basis point（bp） 基本点 0.01%。

basis risk 基差风险 套期保值的两边变动不完全一致所产生的剩余风险。

bearer security 不记名证券 所有权的基本证据是拥有票据的证券（比较 *registered security*）。

bear market 熊市 证券价格普遍下跌（比较 *bull market*）。

behavioral finance 行为金融 金融的分支，强调投资者的非理性。

benchmark maturity 基准到期时间 新发行的美国国债的到期时间。

benefit-cost ratio 收益—成本比 1 加上盈利能力指数。

Bermuda option 百慕大期权 在到期前的具体时间行权的期权。

best-efforts underwriting 最大努力承销 承销商不承诺护售出所有发行证券，但承诺尽最大努力的安排。

Beta 贝塔 市场风险的度量。

bid price 买价 交易商愿意买入的价格（比较 *asked price*）。

Big Board 主板 纽约证券交易所的口语说法。

bill of exchange 汇票 书面支付命令的一般术语。

bill of lading 提货单 表明运送中的商品所有权的文件。

binomial method 二项式方法 假设任何一期资产价格只有两种可能变化的期权估值方法。

blanket lien 总括留置权 对公司所有资产的一般留置权。

blue-chip company 蓝筹公司 信用好的大公司。

blue-sky law 蓝天法案 涉及证券发行和交易的州法律。

boilerplate 样板文件 标准条款和条件，例如债务合同中的。

bond 债券 长期负债。

bond rating 债券评级 对债券违约可能性的评级。

bookbuilding 簿记 承销商收集对新发行证券的非约束性需求信息的过程。

book entry 记账 不发行股票凭证而记录股票的所有权。

book runner 账簿管理人 新发行的主承销商。账簿管理人维护出售证券的账簿。

bought deal 包销 一家或两家承销商买下所有发行证券的证券发行。

BP 基本点。

bracket 等级 表示在新发行中承销商承诺程度的术语，例如主承销商、副承销商。

break-even analysis 盈亏平衡分析 项目刚好盈亏平衡的销售量分析。

bridge loan 过桥贷款 提供暂时融资的短期贷款，直到获得较为永久性的融资。

bulldog bond 猛犬债券 在伦敦发行的外国债券。

bullet payment 一次性支付 单笔最后支付，例如贷款的最后一笔支付（与分期付款支付进行比较）。

bull market 牛市 证券价格普遍上升（比较 *bear market*）。

butterfly spread 蝴蝶价差 买入行权价格不同的两份认购期权，同时出售以这两个行权价格平均值为行权价格的两份认购期权。赌价格将在比较小的范围内。

bund 德国国债 长期德国政府债券。

buyback 回购协议。

C

"C" corporation C 公司 与所有者分开纳税的任何美国公司。美国的大多数公司都是 C 公司（比较 "S" *Corporation*）。

cable 美元和欧元之间的汇率。

call option 认购期权 在指定的行权日期或之前按照指定的行权价格购买资产的期权（比较 *put option*）。

call premium 赎回溢价、认购期权价格 （1）公司债券的赎回价格与面值之间的差额；（2）认购期权的价格。

call provision 赎回条款 允许发行人以固定价格买回所发行的债券的条款。

cap 上限 浮动利率债券的利率上限。

CAPEX 资本支出。

capital asset pricing model（CAPM） 资本资产定价模型 预期收益率随资产贝塔线性增加的模型。

capital budget 列出计划投资的项目，通常每年准备一次。

capitalization 长期资本 长期负债加优先股加净值。

capital lease 资本租赁 融资租赁。

capital market 资本市场 金融市场（特别

是长期证券市场)。

capital market line　资本市场线　夏普比率最高的资产组合集合的图形,这条线通过无风险利率和风险资产的切点有效组合。

capital rationing　资本约束　资金的缺乏使公司在有价值的项目中做出选择。

capital structure　资本结构　公司发行的不同证券的混合。

CAPM　资本资产定价模型。

Captive finance company　附属金融公司　为从母公司购买商品提供融资的子公司。

Caput option Caput　期权　认沽期权的认购期权。

CAR　累积超额收益率。

CARDs (Certificates for Amortizing Revolving Debt) CARD　(摊销循环负债凭证)信用卡应收款支持的过手证券。

carried interest　附带收益　私募股权合伙人得到的部分利润。

carry trade　利差交易　在利率低的国家借入资金,在利率高的国家借出资金。

CARs (Certificates of Automobile Receivables) CAR　(汽车应收款凭证)汽车应收款支持的过手证券。

carve-out　剥离　公开发行子公司的股票。

cascade　雪崩效应　每个人都推断其他人之前的行为可能基于额外信息的理性羊群效应。

cash and carry　买现卖期交易　买入证券同时卖出期货,余额用贷款或回购融资。

cash budget　现金预算　预测现金的来源和使用。

cash cow　现金牛　产生大量自由现金流的成熟公司。

cash cycle　现金周期　公司从支付原材料的购买到从顾客收到购买产成品付款的时间。

cash-deficiency arrangement　现金不足安排　项目的股东同意提供给营运公司足够的净营运资本的安排。

catastrophe bond (CAT bond)　巨灾债券 (CAT 债券)　收益与巨灾损失(如保险索取权水平)挂钩的债券。

CAT bond　巨灾债券。

CBD　先付款,后交货。

CD　存单。

CDO　抵押债务债券。也称为 CLO (抵押贷款债券) 或 CMO (抵押住房抵押贷款债券)。

CDS　信用违约互换。

CEO　首席执行官。

certainty equivalent　确定性等值　与特定风险现金流的现值相等的确定现金流。

certificate of deposit (CD)　存单　银行定期存款凭证。

CFTC　商品期货交易委员会。

CFO　首席财务官。

Chaebol　韩国企业集团。

Chapter 7　第 7 章　债务人的资产被出售、收入被用来偿还债权人的破产程序。

Chapter 11　第 11 章　重组违约公司使之恢复的破产程序。

check conversion　支票转换　顾客开出支票时,信息自动被获取,银行账户立即减记。

Check 21　支票 21　21 世纪支票清算法案允许银行用电子化的方式处理支票。

CHIPS　银行间清算所支付体系。

chooser option　选择人期权　持有者决定是认购期权还是认沽期权。

classified board　分级董事会　交错董事会。

clean price (flat price)　净价(平价)　不包括应计利息的债券价格(比较 *dirty price*)。

Clearinghouse Interbank Payment System (CHIPS)　银行间清算所支付体系　一组大银行经营的大额资金国际电子转账系统。

closed-end fund　封闭式基金　资产包括很多对工商企业投资的公司。

closed-end mortgage　封闭式抵押贷款　不能再额外发行负债的抵押贷款(比较 *open-end mortgage*)。

CMBS　商业抵押贷款支持的证券。

CMOs　抵押贷款债券。

CoCo　或有可转换债券。

COD　货到付款。

collar　浮动利率债券的利率上限和下限。

collateral　抵押品　作为贷款担保的资产。

collateralized debt obligation (CDO)　抵押债务债券　贷款池支持的、具有不同优先等级的系列债券。

collateralized mortgage obligations (CMO) 抵押贷款债券 抵押贷款过手证券的变形，抵押贷款池的现金流重新打包成几个不同到期时间的系列债券。

collateral trust bonds 抵押信托债券 用借款人所有的普通股或其他证券作为担保的债券。

collateral float 收款浮存 顾客开出的支票还未收到、转存并增加到公司的账户上（比较 *payment float*）。

commercial draft (bill of exchange) 商业汇票 付款命令。

commercial paper 商业票据 公司发行的无担保债券，到期时间在9个月以内。

commitment fee 承诺费 银行对未用信用额度收取的费用。

common-size financial statements 同比财务报表 科目表示为总资产比例的资产负债表，和科目表示为销售收入比例的利润表。

common stock 普通股 代表公司所有权的证券。

company cost of capital 公司资本成本 公司所有证券的资产组合的预期收益率。

compensating balance 补偿性余额 补偿银行的贷款或服务的不付息活期存款。

competitive bidding 竞争性投标 公用事业持股公司必须用这种方式选择承销商（比较 *negotiated underwriting*）。

completion bonding 完工限制 建筑合同成功完成的保险。

composition 和解 减少公司负债的偿还的自愿协议。

compound interest 复利 资金的利息收入再投资产生更多的利息（比较 *simple interest*）。

compound option 复合期权 期权的期权。

concentration banking 集中银行制度 顾客向区域收款中心付款的体系，收款中心将资金支付到区域银行账户上，多余的资金转账到公司的开户银行。

conditional sale 条件销售 全部付款后所有权才转移给买方的销售。

conglomerate merger 混合并购 不相关行业中两家公司的并购（比较 *horizontal merger*, *vertical merger*）。

consol 统一公债 英国政府发行的永续债券的名称。有时作为永续年金的一般术语。

consumer credit 消费者信贷 等待最终顾客向公司付款的账单。

contango 期货升水 商品现货价格低于期货价格（比较 *backwardation*）。

contingent claim 或有索取权 索取权的价值取决于另一项资产的价值。

contingent convertible bond (CoCo) 或有可转换债券 发行人陷入财务困境时一般可以转换为股权的债券。

contingent project 或有项目 项目不能被接受，除非另一个项目也被接受。

continuous compounding 连续复利 利息不是按照固定的期间计算复利，而是连续计算复利。

controller 财务主管 公司中负责预算、会计和审计的管理者（比较 *treasurer*）。

convenience yield 便利收益 公司获得商品现货而不是期货的额外好处。

conversion price 转股价格 可转换债券的面值除以可以转换的股票数。

conversion rate 转换比率 可转换债券可以转换的股票数。

convertible bond 可转换债券 持有者有权利转换为另一种证券的债券。相似地，有可转换优先股。

convexity 凸度 在债券的价格与利率的关系图中，凸度度量曲线的曲度。

corporate venturing 公司创业投资 大的制造商向新公司提供财务支持的实践。

corporation 公司 法律上独立于所有者的企业。

correlation coefficient 相关系数 度量两个变量之间关系的密切程度。

cost company arrangement 成本公司安排 一种安排，项目的所有者免费收到所有产出，但同意支付项目的所有运营和融资费用。

cost of (equity) capital 资本成本 资本的机会成本。

counterparty 交易对手 衍生工具合约的另一方。

coupon 息票 （1）特别地，附加在记名证券凭证上的，收取利息时必须出示；（2）更一般地，指债务的利息。

covariance 协方差 度量两个变量的共同变动。

covenant 合约 贷款合同的条款。

covered option 抛补期权 有标的资产作为抵消头寸的期权头寸。

cramdown 强迫接受 破产法庭执行重组机会的行动。

credit default swap（CDS） 信用违约互换 一方进行固定支付而另一方的支付取决于贷款违约的信用衍生工具。

credit derivative 对冲贷款违约或信用风险变化的合约（例如信用违约互换）。

credit rating 信用评级 评级机构（例如穆迪或标普）所给予的债券评级。

credit scoring 信用评分 根据违约风险对借款人评分的过程。

cross exchange rate 交叉汇率 两种非美国货币之间的汇率。

cross-default clause 交叉违约条款 贷款合同中的条款，说明如果公司没能履行其他负债的还款义务，就是违约。

crowdfunding 众筹 通过互联网向大量个人为创业企业筹集股权资金。

cum dividend 带股利。

cum rights 带权利。

cumulative preferred stock 累积优先股 在股利方面优先于普通股的股票。优先股的所有过去股利都要支付后，才能支付普通股股利。

cumulative voting 累积投票 一种投票体系，一位股东可以将所有的票都投给一位董事候选人（比较 *majority voting*）。

current asset 流动资产 一般在一年内变现的资产。

current liability 流动负债 一般在一年内偿还的负债。

current ratio 流动比率 流动资产除以流动负债，流动性的一个度量指标。

current yield 当前收益率 债券息票除以价格。

D

data mining（data snooping） 数据挖掘 在一堆数据中过度寻找有趣（但可能巧合的）的搜索行为。

DCF 贴现现金流。

DDM 股利贴现模型。

dealer market 交易商市场 证券的交换通过交易商提供买卖来实现，例如纳斯达克（比较 *auction market*）。

dealer paper 交易商票据 通过交易商出售而不是由公司直接出售的商业票据。

death-spiral convertible 死亡漩涡可转换债券 可转换债券转换为指定市场价值的股票。

debenture 信用债券 无担保债券。

debtor-in-possession financing（DIP financing） 破产重整中的债务人融资 处于第11章破产中的公司所发行的债务。

debt overhang 债务悬置 如果额外的现金流主要用来偿还债权人，股东不愿意提供更多资本。

decision tree 决策树 显示出各种替代的连续决策以及这些决策可能结果的方法。

defeasance 废除 借款人将足够偿还负债的现金或债券放在一旁。借款人的负债和用来抵消的现金和债券都从资产负债表中移走。

deferred tax 递延纳税 利润表中所显示的纳税额和实际纳税额的差额，作为资产或负债。

degree of operating leverage（DOL） 经营杠杆 销售收入变动1%带来的利润的百分比变化。

Delta 德尔塔 对冲比率、套期保值比。

depository transfer check（DTC） 存款转账支票 当地银行向特定公司直接开出的支票。

depreciation 折旧 （1）资产的账面价值或市场价值的减少；（2）从应税收入中扣除投资的比例。

depreciation tax shield 折旧税盾 从应税收入中扣除的折旧所带来的额外的税后收入。

derivative 衍生工具 价值取决于其他资产的资产（例如期货或期权）。

designated market maker 指定做市商 NYSE 的会员，负责对指定的证券做市（正式的名称为"专门经纪人"）。

diff 差异互换。

differential swap (diff, quanto swap) 差异互换 两种 LIBOR 利率之间的互换，例如日元 LIBOR 与美元 LIBOR 的互换，用一种货币支付。

digital option 数字期权 资产价格高于行权价格支付固定的金额、否则支付为零的期权。

dilution 稀释 每股所得到的盈利减少。

DIP financing 破产重整中的债务人融资。

direct deposit 直接存款 公司授权银行直接向员工或股东的银行账户中存款。

direct lease 直接租赁 出租人从制造商处购买新设备然后将其出租给承租人的租赁（比较 *sale and lease-back*）。

direct payment (automated debit, direct debit) 直接支付（自动扣款或直接扣款）公司的顾客授权公司从他们的银行账户中减记所欠金额（比较 *direct deposit*）。

direct quote 直接报价 外汇交易中，购买一个单位外币所需要的美元数（比较 *indirect quote*）。

dirty price 全价 债券价格包括应计利息，也就是债券买方所支付的价格（比较 *clean price*）。

discounted bond 贴现债券 低于面值出售的债券。如果贴现债券不支付利息，就称为"纯"贴现债券，或零息票债券。

discount loan 贴现贷款 利息提前扣除的银行贷款。

discounted cash flow (DCF) 贴现现金流 未来现金流乘以贴现因子得到现值。

discount factor 贴现因子 给定未来日期收到 1 美元的现值。

discount rate 贴现率 用来计算未来现金流现值的利率。

discounted payback rule 贴现回收期法则 在给定的期限内现金流的贴现值足以弥补初始投资额的要求。

discriminatory price auction 歧视性价格拍卖 在拍卖中成功的竞标人支付竞标价格（比较 *uniform price auction*）。

disintermediation 脱媒 资金从金融机构中取出而直接投资（比较 *intermediation*）。

dividend 股利 公司向股东的分配。

dividend discount model 股利贴现模型 说明股票价值等于未来股利的贴现值的模型。

dividend reinvestment plan (DRIP) 股利再投资计划 使股东自动再投资股利的计划。

dividend yield 股利收益率 年度股利除以股票价格。

Dodd-Frank Act 多德—弗兰克法案 2010 年修改的金融市场和银行的监管法案。

DOL 经营杠杆。

double-declining-balance depreciation 双倍余额递减折旧 加速折旧方法。

double-tax agreement 双重征税协定 两个国家之间的协定，在国外获得的股利在国外的纳税可以从国内纳税中扣除。

down-and-in option 下降敲入期权 如果资产价格达到障碍，障碍期权就产生。

down-and-out option 下降敲出期权 如果资产价格达到障碍，障碍期权就到期作废。

DRIP 股利再投资计划。

drop lock 下跌锁定 一种安排，浮动利率债券或优先股的利率下降到指定水平，就变为固定利率。

DTC 存款转账支票。

dual-class equity 双层股权 具有不同投票权的股票。

dual-currency bond 双重货币债券 债券的利息用一种货币支付，本金用另一种货币支付。

Du Pont formula 杜邦公式 表示资产收益率、资产周转率、销售利率和财务杠杆之间关系的公式。

duration 久期 资产的贴现现金流的平均年限。

Dutch auction 荷兰式拍卖 在荷兰式拍卖中，投资者提交愿意买入（或卖出）的证券价格，购买价格是使公司出售（购买）指定数量证券的最低价格。

E

EBIT 息税前收入。

EBITDA 息、税、折旧和摊销前收入。

EBPP 电子支票提交和支付。

economic depreciation 经济折旧 资产现值的下降。

economic exposure 经济风险 实际汇率的变动引起的风险（比较 *transaction exposure*, *translation exposure*）。

economic income 经济收入 现金流加上现值的变化。

economic rents 经济租金 超出竞争水平的利润。

economic value added (EVA) 经济增加值 思腾思特咨询公司所采用的度量剩余收入的指标。

efficient frontier 有效边界 不同预期收益率水平下的有效组合的集合。

efficient market 有效市场 证券价格立即反映信息的市场。

efficient portfolio 有效组合 在给定预期收益率下风险（标准差）最小和给定风险预期收益率最高的资产组合。

EFT 电子资金转账。

electronic bill presentment and payment 电子账单提交和支付 公司通过互联网向顾客发出账单和收到付款。

electronic funds transfer (EFT) 电子资金转账 电子化转移资金（例如通过联邦资金转账系统）。

employee stock ownership plan (ESOP) 员工持股计划 公司建立信托基金，以员工的名义购买股票。

empty voting 空投票 投资者在公司中没有经济利益却拥有投票权的情况。

entrenching investment 壁垒性投资 特别利用现任管理层技能的投资。

EPS 每股收益。

equipment trust certificate 设备信托凭证 一般用来为铁路设备融资的担保贷款的形式。托管人保留设备的所有权，直到债务被还清。

equity 股权 （1）普通股和优先股，经常用来专指普通股；（2）净值。

equity-linked bond 权益关联债券 支付与股票市场指数挂钩的债券。

equivalent annual cash flow (or cost) 等价年度现金流（或成本） 现值等于公司计划投资额的年金。

ESOP 员工持股计划。

EFT 交易所交易基金。

Euribor 欧元银行同业拆借利率。

Euro interbank offered rate (Euribor) 欧元银行同业拆借利率 欧洲的主要国际银行互相拆借欧元的利率。

Eurobond 欧洲债券、欧元债券 （1）以一个国家的货币计价而在这个国家之外的国际市场上出售的债券；（2）也指将被所有欧元区国家的政府担保的主权债券。

Eurocurrency 欧洲货币 货币发行国以外的存款（例如，欧洲日元或欧洲美元存款）。

eurodollar deposit 欧洲美元存款 美国以外银行中的美元存款。

European option 欧式期权 只能在最后行权日行权的期权（比较 *American option*）。

EVA 经济增加值。

event risk 事件风险 意外事件（例如接管）导致债务违约的风险。

evergreen credit 永久性信用 没有到期时间的循环信用。

exchange of assets 资产交换 用现金或股票购买另一家公司的资产，从而收购这家公司。

exchange of stock 股票交换 用现金或股票购买另一家公司的股票，从而收购这家公司。

exchange-traded fund (EFT) 交易所交易基金 跟踪股票市场指数的股票。

ex dividend 除股利 购买股票，买方不会得到股利（比较 *with dividend*, *cum dividend*）。

exercise price (strike price) 行权价格 认购权或认沽期权行权的价格。

expectation theory 预期理论 远期利率（远期汇率）等于预期即期利率（汇率）的理论。

expected return 预期收益率 概率加权的可能收益率的平均值。

ex rights 除权 购买股票，买方没有权利在配股中购买股票（比较 *with rights*, *cum rights*, *rights on*）。

extendable bond 可展期债券 投资者（或发行者）有权利延长到期时间的债务。

external finance 外部融资 不是公司产生的融资：新的负债或股票发行（比较 *internal finance*）。

extra dividend 额外股利 可能会也可能不会重复的股利（比较 *regular dividend*）。

F

face value 面值 本金。

factor 因素、保理商 （1）影响证券价格的因素（例如，利率或油价）；（2）提供保理服务的企业。

factoring 保理 金融机构购买公司的应收账款和回收的安排。

fair price provision 公允价格条款 评估权。

fallen angel 堕落天使 曾经为投资级的垃圾债券。

FASB 财务会计标准委员会。

FCIA 外国信贷保险协会。

FDIC 联邦存款保险公司。

fear index 恐惧指数 *VIX*。

federal funds 联邦基金 银行在联储的不生息存款。多余的准备金可以在银行之间拆借。

Fedwire 联邦资金转账系统 联邦储备体系运营的大额支付的电汇系统（比较 *CHIPS*）。

field warehouse 现场仓库 仓库公司应另一家公司的要求租用的仓库（比较 *public warehouse*）。

financial assets 金融资产 对实物资产的索取权。

financial engineering 金融工程 组合和分割已有的工具，创造出新的金融产品。

financial institution 金融机构 银行、保险公司或类似的金融中介。

financial intermediary 金融中介 一种组织，从很多投资者那里筹集资金，向个人、公司和其他组织提供融资。

financial lease (capital lease, full-payout lease) 融资租赁（资本租赁、全额支付租赁） 长期的不可撤销的租赁（比较 *operating lease*）。

financial leverage (gearing) 财务杠杆 利用负债提高股权的预期收益率。财务杠杆用负债与负债和股权之和的比率来度量（比较 *operating leverage*）。

firm commitment 包销承诺 承销商保证出售全部发行的安排。

financial markets 金融市场 证券发行和交易的市场。

fiscal agency agreement 财务代理合约 债券委托书的替代方式，财务代理人不像受托人，作为借款人的代理人。

flat price 平价 净价。

flipping 翻转 在 *IPO* 中购买股票并立即卖出。

float 见 *availability float*, *collection float*, *payment float*。

float lien 浮动留置权 对公司资产或特定等级资产的一般留置权。

floating-price convertible 浮动价格可转换债券 死亡漩涡可转换债券。

floating-rate note (FRN) 浮动利率债券 利息随短期利率而变化的债券。

floating-rate preferred 浮动利率优先股 股利随利率而变化的优先股。

floor planning 底价协议 用来进行存货融资的安排。金融公司购买存货，然后由用户以信托的形式持有。

flow-to-equity method 股权现金流方法 股东现金流流入和流出的贴现值。

foreign bond 在另一个国家的国内资本市场上发行的债券。

forex 外汇。

forfaiter 包买商 债务凭证的购买者（例如进口商发行的汇票或本票）。

forward contract 远期合约 未来按照同意的价格购买或出售资产的合约。

forward cover 远期抛补 购买或出售远期外汇，是为了抵消已知的未来现金流。

forward exchange rate 远期汇率 现在确定

的未来外汇的汇率（比较 spot exchange rate）。

forward interest rate 远期利率 现在确定的未来贷款的利率（比较 spot interest rate）。

forward interest rate agreement（FRA） 远期利率协议（FRA） 现在确定的利率在未来指定日期存款或贷款的协议。

forward price 远期价格 协商好的远期合约的价格。

FRA 远期利率协议。

free cash flow 自由现金流 经营或投资不需要的现金流。

free-rider problem 搭便车问题 对决策的影响很小的时候，不愿意发生参与决策的成本的倾向。

FRN 浮动利率债券。

full-payout lease 全额支付租赁 融资租赁。

full-service lease（rental lease） 全面服务租赁 出租人承诺对设备进行保养和保险的租赁（比较 net lease）。

fundamental analysis 基本面分析 通过分析公司的商业前景发现错误定价证券的证券分析（比较 technical analysis）。

funded debt 长期债务 一年以后到期的负债（比较 unfunded debt）。

futures contract 远期合约 以现在定好的价格在未来买入商品或证券的合约。与远期合约不同，期货合约在有组织的交易所交易，并每日盯市。

futures exchange 期货交易所 期货合约交易的交易所。

G

GAAP 公认会计准则。

Gamma 伽马 度量期权德尔塔随资产价格的变化。

gearing 财务杠杆。

general cash offer 普通现金发行 向所有投资者发行证券（比较 rights issue）。

General Accepted Accounting Principles（GAAP） 公认会计准则 准备财务报表的方法。

gilt 金边债券 英国政府债券。

global bond 全球债券 同时在国内和国际市场上销售的债券。

golden parachute 金降落伞 如果公司的高管因为并购而失去攻速，将得到一大笔钱中止合同。

goodwill 商誉 在并购中购买公司所支付的资金与其账面价值之差。

governance 治理 对公司管理的监督。

gray market 灰色市场 在发行价格确定之前进行的证券买卖。

greeks 希腊字母 描述期权特征的希腊字母，比如德尔塔、伽马。

greenmail 绿票讹诈 这样的一种情况，不友好的公司持有大宗股票，迫使目标公司为了阻止并购以相当高的溢价回购。

greenshoe option 绿鞋期权 使新发行证券的承销商买入并再出售额外股票的期权。

growth stock 成长股 有获得高于资本机会成本的投资机会的公司普通股（比较 income stock）。

H

haircut 折扣 贷款抵押品的额外保证金。

hedge fund 对冲基金 收取管理费和向有限范围的投资者开放的投资基金。经常采用包括卖空在内的复杂交易策略。

hedge ratio（delta, option delta） 对冲比率、套期保值比（德尔塔、期权德尔塔） 为得到安全头寸，对每份出售的期权所买入的股票数量；更一般的情况下，为了对冲一个单位的负债所必须买入的资产的单位数量。

hedging 对冲 买入一只证券同时卖出另一只来降低风险。完全对冲得到无风险资产组合。

hell-or-High-water clause 无免责事由条款 租赁合同的条款，无论出租人或设备发生任何情况，承租人都要支付租金。

highly leveraged transaction（HLT） 高杠杆交易 对高杠杆公司的贷款（以前需要向联储单独报告）。

high-yield bond 高收益债券 垃圾债券。

HLT 高杠杆交易。

holding company 持股公司 公司唯一的功

能是持有公司子公司的股权。

horizontal merger 横向并购 生产类似产品的公司之间的并购（比较 *vertical merger*，*conglomerate merger*）。

horizontal spread 水平价差 同时买入和卖出只有行权日期不同的两种期权（比较 *vertical spread*）。

hurdle rate 门槛利率 项目的最低可接受收益率。

I

IBF 国际银行子公司。

IMM 国际货币市场。

immunization 免疫 构造价值变动完全抵消的资产和负债。

implied volatility 隐含波动率 期权价格所隐含的波动率。

imputation tax system 归原税制 收到股利的投资者同时也得到公司已经缴纳的公司税的抵税额。

income bond 收入债券 只要盈利才支付利息的债券。

income stock 绩优股 股利收益率高、有盈利的投资机会较少的普通股（比价 *growth stock*）。

indenture 债券合约 正式合约，例如说明债券发行条款。

indexed bond 指数债券 债券的支付与一个指数挂钩，例如消费者物价指数（见 TIPS）。

index fund 指数基金 与股票市场指数的收益率匹配的投资基金。

indirect quote 间接报价 外汇交易中，购买1美元所需要的外币数（比较 *direct quote*）。

industrial revenue bond (IRB) 工业收入债券 当地政府机构以公司的名义发行的债券。

initial public offering (IPO) 第一次公开发行 公司第一次公开发行普通股。

inside director 内部董事 董事也是公司的雇员。

in-substance defeasance 视同废除 废除，债务从资产负债表中移走但没有取消（比较 *novation*）。

intangible asset 无形资产 非物质资产，例如技术、商标或专利（比较 *tangible asset*）。

interest cover 利息保障 利息保障倍数。

interest rate parity 利率平价关系 说明远期汇率和即期汇率的差异等于外国和本国利率的差异的理论。

interest tax shield 利益的减税所带来的额外税后收入。

intermediation 媒介化 通过金融机构的投资（比较脱媒）。

internal finance 内部融资 公司内部通过留存收益和折旧所带来的融资（比较 *external finance*）。

internal growth rate 内部增长率 公司不进行外部融资所实现的最高增长率（比较 *sustainable growth rate*）。

internal rate of return (IRR) 内部收益率 投资的 NPV 等于零时的贴现率。

international banking facility (IBF) 国际银行子公司 美国的银行在美国设立的从事欧洲货币业务的分支机构。

international Monetary Market (IMM) 国际货币市场 芝加哥商品交易所中的金融期货市场。

interval measure 时间间隔度量 没有额外现金收入的情况下，公司可以为经营而融资的天数。

in-the-money option 价内期权 立即到期值得行权的期权（比较 *out-of-the-money option*）。

investment-grade bond 投资级债券 穆迪评级至少为 Baa 和标普、惠誉评级至少为 BBB 的债券。

IOSCO 国际证券委员会组织。

IPO 第一次公开发行。

IRB 工业收入债券。

IRR 内部收益率。

IRS 国内收入署。

ISDA 国际互换和衍生品协会。

ISMA 国际证券市场协会。

issued share capital 发行股权 发行总股票数（比较 *outstanding share capital*）。

J

junior debt 低等级债券 次级债券。

junk bond (high-yield bond) 垃圾债券（高收益债券） 评级在投资级债券以下的负债。

just-in-time 即时生产 存货管理提下，要求原材料存货最低、供应商非常频繁地送货。

K

keiretsu 财阀 日本的公司围绕一家大银行组织的网络。

L

law of one price 一价定律 在竞争市场中，两组一致的现金流或商品应该以同样的价格出售。

LBO 杠杆收购。

lease 租赁 长期租借协议。

legal capital 法定资本 公司股票记录在账面上的价值。

legal defeasance 法定废除 债券更新。

lessee 承租人 租赁资产的使用者（比较 *lessor*)。

lessor 出租人 租赁资产的所有者（比较 *lessee*)。

letter of credit 信用证 银行出具的为支持公司所建立的信用证明。

letter stock 存信股票 私募发行的普通股，这么称呼是因为 SEC 要求购买者出具该股票不会再次出售的信件。

leverage 杠杆 见 *financial leverage, operating leverage*。

leveraged buyout (LBO) 杠杆收购 并购，其中：（1）购买价格的大部分是债务融资；（2）股权被一小组投资者私人持有。

leveraged lease 杠杆租赁 租赁，其中出租人通过发行负债为资产提供部分融资，而负债由资产和租金收入担保。

liabilities, total liabilities 负债，总负债 对公司资产的金融索取权的总价值，等于资产减去净值。

LIBOR 伦敦银行同业拆借利率。

lien 留置权 贷款人对指定资产的索取权。

limited liability 有限责任 股东的损失限定在所投金额之内。

limited liability company (LLC) 有限责任公司 所有的合伙人都是有限责任和合伙公司。

limited partnership 有限合伙人 部分合伙人有限责任、一般合伙人承担无限责任的合伙制企业。

limit order 现价订单 在最高（最低）价格以内购买（出售）证券的订单（比较 *market order*)。

linear programming (LP) 线性规划 在给定的线性约束下找到目标函数的最大价值的技术。

line of credit 信用额度 银行同意公司可以任何时候在给定上限内借款。

liquid asset 流动资产 容易以低成本变现的资产，一般包括现金和短期证券。

liquidating dividend 清算股利 代表资本偿还的股利。

liquidator 清算人 在英国未担保债权人指定的、监视破产公司的资产出售和偿还债务的人。

liquidity 流动性 以接近市场价格快速出售一项资产的能力。

liquidity-preference theory 流动性偏好理论 为补偿长期债券的额外风险投资者要求较高收益率的理论。

liquidity premium 流动性溢价 （1）投资不容易变现的证券的额外收益率；（2）远期利率与预期即期利率的利差。

liquidity yield option note (LYON) 流动收益率期权票据 零息票、可赎回、可回售的可转换债券。

LLC 有限责任公司。

loan origination fee 贷款发起手续费 贷款银行所收取的前期费用。

lockbox system 加锁信箱系统 集中银行业务的形式。顾客向邮局信箱付款，本地银行收取和处理支票，将多余的资金转账到公司的开户行。

lockup 锁定 限制公司的老股东在 IPO 之后的某个时期内出售股票。

London interbank offered rate (LIBOR) 伦敦银行同业拆借利率 在伦敦的国际大银行

互相拆借的利率。(LIBID 是伦敦银行同业拆出利率;LIMEAN 是拆入和拆出利率的平均值。)

long hedge 多头对冲 买入对冲工具(例如期货),对冲标的资产空头(比较 *short hedge*)。

longevity bonds 长寿债券 如果寿命超过特定年龄的人口比率高,债券就支付更高的利率。

lookback option 回望期权 期权的收益取决于期权有效期内的最高资产价格。

LP 线性规划。

LYON 流动收益率期权票据。

M

MACRS 修正的加速成本回收系统。

mail float 邮寄浮存 支票在邮寄过程中花的时间。

maintenance margin 维持保证金 期货合约必须维持的最低保证金。

majority voting 多数投票 对每位董事单独投票的投票体系(比较 *cumulative voting*)。

make-whole call provision 提前赎回补偿条款 债券的赎回条款,赎回价格可调整,确保不会对债券持有者不利。

management buyout (MBO) 管理层收购 收购方由公司管理层领导的杠杆收购。

mandatory convertible 强制可转换 自动转换为股票的债券,通常限制股票的价值。

margin 保证金 放在一边的现金或证券,作为投资者履行承诺的证据。

marked to market 盯市 期货合约的盈亏每日结算的安排。

market capitalization 市场资本化 发行在外的股票的市场价值。

market capitalization rate 市场资本化率 证券的预期收益率。

market model 市场模型 股票实际收益率与市场组合的收益率存在线性关系的模型。

market order 市价订单 以当前市场价格买卖证券的订单(比较 *limit order*)。

market risk (systematic risk) 市场风险、系统风险 不能够分散掉的风险。

market-to-book ratio 市场价值—账面价值比 公司股权的市场价值和账面价值的比。

market value added 市场增加值 公司股权的市场价值和账面价值的差。

MBO 管理层收购。

MBS 抵押贷款支持证券。

MDA 多元判别分析。

medium-term note (MTN) 中期票据 公司定期发行的到期时间 1~10 年的债券,发行程序与商业票据相同。

merger 并购 (1) 所有资产和负债都被买方吸收的合并(比较 *exchange of asset*, *exchange of stock*);(2) 更一般地,指两家公司的合并。

MIP (monthly income preferred security) 月收入优先证券 位于避税天堂的子公司所发行的优先股,子公司再将资金借给母公司。

mismatch bond 错配债券 浮动利率债券,其利率重新设定的周期比滚动周期短(例如,利息支付根据一年期利率按季度设定)。

modified accelerated cost recovery system (MACRS) 修正的加速成本回收系统 出于税收目的折旧计划。

modified IRR 修正 IRR 为了使现金流的符号只发生一次变化,首先将以后的现金流贴现到早期,计算出来的内部收益率。

momentum 惯性 股票表现为近期持续高收益率的特征。

money center bank 货币中心银行 从事广泛的银行业务的美国大银行。

money market 货币市场 短期安全投资的市场。

money-market deposit account (MMDA) 货币市场存款账户 支付货币市场利率的银行账户。

money-market fund 货币市场基金 只投资短期安全资产的共同基金。

monoline 单一险种保险公司 对债券持有者提供违约风险保险的保险公司。

Monte Carlo simulation 蒙特卡罗模拟 计算可能结果的概率分布的方法,例如,针对一个项目。

moral hazard 道德风险 合同的存在将改变

合同一方或双方的行为的风险，例如，投保公司会不注意防范火灾。

mortality bonds 死亡债券 死亡率急剧上升的话，债券支付更高的利率。

mortgage-backed security（MBS） 抵押贷款支持证券 抵押贷款池支持的证券。

mortgage bond 抵押贷款债券 用工厂和设备作担保的债券。

MTN 中期票据。

multiple-discriminant analysis（MDA） 多元判别分析 根据所观察到的特征来区别两组样本的统计方法。

mutual fund 共同基金 有管理的投资基金，基金份额出售给投资者。

mutually exclusive project 互斥项目 两个项目不能都接受。

N

naked option 裸期权 单独持有的期权，例如，没有用来对冲所持有的资产或其他期权的期权。

NASD 全国证券交易商协会。

Nasdaq 交易商为高科技股票做市的美国股票交易所。

negative pledge clause 消极保证条款 根据该条款，借款人同意不允许任何资产的排他性留置权。

negotiable certificate of deposit（CD） 可转让存单 到期前可以出售的100万及以上的定期存单。

negotiated underwriting 协议承销 选择承销商的方法。大多数公司通过协商来选择承销商（比较 *competitive bidding*）。

net lease 净租赁 承租人承诺对设备维护和投保的租赁（比较 *full-service lease*）。

net present value（NPV） 净现值 项目对财富的净贡献，等于现值减去初始投资额。

net working capital 净营运资本 流动资产减去流动负债。

net worth 净值 公司普通股、盈余公积加上留存收益的账面价值。

nominal interest rate 名义利率 用货币表示的利率（比较 *real interest rate*）。

nonrefundable debt 不可归还债务 不能够赎回、用另一个利息成本更低的负债来替代的负债。

NOPAT 税后净经营利润。

normal distribution 正态分布 对称的钟形分布，可以用均值和标准差完全定义。

note 票据 最长10年的未担保债务。

novation（legal defeasance） 债券更新 公司负债可以被撤销（比较 *in-substance defeasance*）。

NPV 净现值。

NYSE 纽约证券交易所。

O

OAT（obligation assimilable du trésor） 法国政府债券。

odd lot 散股 少于100股（比较 *round lot*）。

off-balance-sheet financing 表外融资 没有在公司的资产负债表上显示为负债的融资。

offer price 卖价。

OID debt 原始发行贴现债券。

on the run 最新发行 特定到期时间最新发行的（因而一般流动性最好）政府债券。

open account 往来账户 没有正式债务合同的信用销售安排，买方签署收据，卖房在销售账簿中记录销售。

open-end mortgage 开放式抵押贷款 可以以其为抵押继续发行新负债的抵押贷款（比较 *close-end mortgage*）。

open interest 未平仓合约 当前仍有效的期货合约数。

operating lease 经营租赁 短期可撤销的租赁（比较 *financial lease*）。

operating leverage 经营杠杆 固定经营成本，之所以称为杠杆是因为固定成本放大利润的波动（比较 *financial leverage*）。

operating profit margin 经营利润率 税后经营收入占销售收入的百分比。

opportunity cost of capital（hurdle rate, cost of capital） 资本的机会成本（门槛利率、资本成本） 投资该项目而没有投资可比的金融证券所放弃的预期收益率。

option 期权 见 *call option, put option*。

option delta　期权德尔塔　对冲比率、套期保值比。

original issue discount debt (OID debt)　原始发行贴现债券　开始发行时价格低于面值的债券。

OTC　柜台交易。

out-of-the-money option　价外期权　立即到期不值得行权的期权（比较 in-the-money option）。

outstanding share capital　在外股权　发行股权减去公司窖藏的股权面值。

oversubscription privilege　超额认购权　在配股发行中，股东有权力申请任意没有配售的股票。

over-the-counter (OTC)　柜台交易　不涉及证券交易所的非正式市场。

P

partnership　合伙制企业　一般合伙人承担无限责任的联合所有企业。

par value　面值　凭证上标明的证券价值。

pass-through securities　过手证券　一个资产组合支持的债券（例如抵押贷款过手证券、CAR 和 CARD）。

path-dependent option　路径依赖期权　价值由标的资产的一系列价格而不是最后价格所决定的期权。

payables　应付款　应付账款。

payback period　回收期　累积现金流等于初始投资的时间。

payback rule　回收期法则　项目在指定时间内回收初始投资的要求。

pay-in-kind bond (PIK)　实物偿付债券　发行人可以用额外的债券来支付债券利息的债券。

payment float　付款浮存　公司开出的还未清算的支票（比较 availability float）。

payout ratio　股利支付率　股利占每股盈利的比例。

PBGC　养老金福利担保公司。

peer-to-peer lending P2P　借贷　通过特定的网站进行的个人贷款。

pension fund　养老金　雇主与雇员退休设立的投资计划。

P/E ratio　股票价格除以每股盈利。

PERC (Preferred equity redemption cumulative stock)　可赎回累积优先股　在指定日期可自动转换为股权的优先股。投资者收到的股票的价值有上限。

perpetuity　永续年金　提供永续等额现金流的投资（比较 consol）。

PIK　实物偿付债券。

PN　项目债券。

poison pill　毒丸　包括多种并购防御措施，特别是收购方获得了最低数量的股票后，老股东有权利折价购买股票。

poison put　有毒认沽期权　发生敌意并购时，允许债券持有者要求还款的债务合同。

pooling of interest　权益集合法　并购会计方法（在美国不再适用）。并购后公司的合并资产负债表直接将两家独立公司的资产负债表合并（比较 purchase accounting）。

position diagram　头寸图　表明衍生工具投资的收益图。

postaudit　事后审计　投资项目被接受后进行的评价。

praecipium　额外酬金　银行贷款的安排费。

preemptive right　优先认股权　普通股股东有权利获得公司分配的任何价值。

preferred stock　优先股　在股利方面优先于普通股的股票。所有的优先股被分配股利之后才可以支付普通股股利（比较 cumulative preferred stock）。优先股一般在发行时确定股利率。

prenegotiated bankruptcy　预先协商好的破产　在提出破产申请前主要债权人已经就重组计划达成协议的第 11 章破产（比较 prepackaged bankruptcy）。

prepack　预先包装好的破产。

prepackaged bankruptcy (prepack)　预先包装好的破产　旨在确认已经非正式达成的重组计划的破产程序。

present value　现值　未来现金流的贴现价值。

present value of growth opportunities (PVGO)　增长机会的现值　公司预期未来进行的投资的净现值。

primary issue　一级发行　公司发行新证券

（比较 secondary issue）。

prime rate 优惠利率 美国银行设定的基准贷款利率。

principal 本金 债务必需的还款额。

principal-agent problem 委托代理问题 委托人（比如股东）在确保代理人（比如管理者）为他（她）的利益行事时遇到的问题。

private equity 私募股权 非公开交易用于支持初创企业、杠杆收购等的股权。

private placement 私募 与少数投资者私下安排的债券或股票的发行，之后不公开交易。

privatization 私有化 政府所有的公司出售给私人投资者。

privileged subscription issue 优先认股发行 配股。

production payment 生产支付 用未来产品作为提前支付形式的贷款。

profitability index 盈利能力指数 项目的 NPV 与初始投资的比率。

pro forma 预计 计划的。

project finance 项目融资 主要对特定项目的现金流而不是公司整体有索取权的债务。

project note (PN) 项目票据 公共住房或城市更新机构所发行的债券。

promissory note 本票 支付承诺。

prospect theory 前景理论 行为心理学家提出的资产定价理论，认为投资者特别厌恶哪怕是很小的损失。

prospectus 招股说明书 注册申请书的概括，提供证券发行信息。

protective put 保护性认沽期权 与所持有的标的资产结合在一起的认沽期权。

proxy vote 代理投票权 一个人代表另一人投票。

public warehouse (terminal warehouse) 公共仓库 独立仓库公司管理为自己管理的仓库（比较 field warehouse）。

purchase accounting 购买会计 并购会计方法。被收购方的资产按照市场价值显示在收购方的资产负债表中（比较 pooling of interest）。

purchase fund 购买基金 类似偿债基金，除了资金只能用于低于面值时购买债券。

put-call parity 认沽期权—认购期权平价关系 欧式认沽期权和认购期权的价格之间的关系。

put option 认沽期权 在指定的行权日期或之前按照指定的行权价格出售资产的期权（比较 call option）。

PVGO 增长机会的现值。

pyramid 金字塔 组建控股公司控制第二层控股公司的股权，第二层控股公司再控制经营公司的股权。

Q

q 资产的市场价值与重置成本之比。

QIB 合格机构买方。

quadratic programming 二次规划 线性规划的变异，等式不是线性的，而是二次的。

qualified institutional buyers (QIB) 合格机构买方 允许互相交易非注册股票的机构。

quanto swap 双币互换 差异互换。

quick ratio (acid-test ratio) 速动比率 度量流动性的比率：（现金＋可交易证券＋应收账款）除以流动负债。

R

range forward 区间远期 远期汇率合约，对外汇的成本设置了上限和下限。

ratchet bonds 棘轮债券 息票利率只向下重新设定的浮动利率债券。

rate of return 收益率 每期每一美元投资的总收入和资本增值。

rate-sensitive bonds 利率敏感性债券 息票利率随发行人信用评级而变化的债券。

real assets 实物资产 用来进行经营的有形资产和无形资产（比较 financial assets）。

real estate investment trust (REIT) 房地产信托 组建的投资房地产的信托公司。

real interest rate 实际利率 用实物商品表示的利率，即对通胀进行了调整的名义利率。

real option 实物期权 修正、延迟、扩张或放弃一个项目的灵活性。

receivables 应收款 应收账款。

receiver 接收者 在英国，担保债权人指定的破产工作者，来监督债务的偿还。

record date 登记日 董事会设定的支付股利

的日期，在登记日注册的股东将得到股利。

recourse 追索权 描述一种贷款的术语。如果贷款有追索权，如果抵押品不足以偿还贷款，贷款人拥有对母公司的一般索取权。

red herring 红鲱鱼 预备版招股说明书。

refunding 再筹资 用新发行的负债代替已有负债。

registered security 记名证券 所有权被公司的注册公司登记的证券（比较 *bearer security*）。

registrar 注册公司 指定记录公司证券发行和所有权的金融机构。

registration 注册 公开发行证券过程中获得 SEC 批准的程序。

registration statement 注册说明书 向证券交易委员会提交的具体文件，说明公司计划的融资、公司的历史、现有业务和未来计划等信息。

regression analysis 回归分析 统计学中找到最优拟合线的技术。

regular dividend 定期股利 公司预期未来要保持的股利。

regulation A issue A 条例发行 小规模的证券发行部分免除 SEC 注册要求。

REIT 房地产信托。

rental lease 租赁 全面服务租赁。

replicating portfolio 复制资产组合 资产组合刚好复制期权的收益。

repo 回购协议。

repurchase agreement (RP, repo, buyback) 回购协议 从证券交易商处购买国债，同意交易商按照指定价格买回。

residual income 剩余收入 税后利润减去业务所需的资本的机会成本（也见 *Economic Value Added*）。

residual risk 剩余风险 特殊风险。

retained earnings 留存收益 没有作为股利支付的利润。

return on assets (ROA) 资产收益率 税后经营利润占总资产的百分比。

return on capital (ROC) 资本收益率 税后经营利润占长期资本的百分比。

return on equity (ROE) 股权收益率 一般为股权盈利与股权账面价值的比率。

return on investment (ROI) 投资收益率 一般为账面收入与净账面价值的比率。

revenue bond 收入债券 用特定项目的收入来偿还的市政债券。

reverse FRN (yield curve note) 反向浮动利率债券（收益率曲线债券） 随着利率的一般水平的上升（下降）利息支付下降（上升）的浮动利率债券。

reverse split 反向股票分割 公司减少发行在外的股票数，用一股价值更高的股票代替原来的两股或更多股股票。

revolving credit 循环信贷 法律上银行提供的信用额度。

rights issue (privileged subscription issue) 配股（优先认股发行） 向现有股东发行证券（比较 *general cash offer*）。

rights on 带权利。

risk-neutral probability 风险中性概率 未来结果的概率使得与证券对风险中性投资者的价值一致。

risk premium 风险溢价 进行有风险的投资而不是安全投资额外预期得到的额外收益率。

ROA 资产收益率。

road show 路演 公司决定新发行的条件时安排一系列与潜在投资者的会议。

ROE 股权收益率。

ROI 投资收益率。

roll-over CD 滚动 CD 连续发行的存单。

round lot 整手 100 股（比较 *odd lot*）。

RP 回购协议。

R squared (R^2) R 平方 相关系数的平方，一个或多个其他数列能够解释一个数列的变动的比例。

rule 144a 规则 144a 允许合格机构买方和交易的非注册证券的 SEC 规则。

S

"S" Corporation S 公司 收入不用纳税的美国公司，股东（人数有限制）按照个人所得税对收入纳税（比较 *"C" Corporation*）。

sale and lease-back 售后回租 将现有资产出售给金融机构再租回来使用（比较 *direct*

lease)。

salvage value 残值 工厂和设备的废弃或出售价值。

samurai bond 武士债 非日本借款人在东京发行的日元债券（比较 *bulldog bond*, *Yankee bond*）。

Sarbanes-Oxley Act (SOX) 萨班斯—奥克斯利法案 2002年通过的保护股东免于误导会计和欺诈行为的法案。

SBIC 小企业投资公司。

scenario analysis 情境分析 在各种经济情境下对项目盈利性的分析。

season datings 对在淡季订货的顾客给予延长信用。

seasoned issue 增发 发行已经在交易的证券（比较 *unseasoned issue*）。

SEC 证券和交易委员会。

secondary issue 二级发行 （1）出售增发股票的过程；（2）更一般地，出售已经发行的股票。

secondary market 二级市场 可以买卖增发证券的市场。

secured debt 担保债务 在违约时对指定资产由第一索取权的债务。

securities 证券 对实物资产的索取权。

securitization 证券化 用可交易证券代替私下协商的工具。

security market line (SML) 证券市场线 代表预期收益率和市场风险的关系的直线。

self-liquidating loan 自偿性贷款 为流动资产提供融资的贷款。出售流动资产提供贷款偿还的现金。

self-selection 自选择 导致只有一个小组（例如低风险个人）参与的合同的结果。

semistrong-form efficient market 半强有效市场 证券价格反映所有公开信息的市场（比较 *weak-form efficient* 和 *strong-form efficient market*）。

senior debt 高等级负债 在破产时在偿还次级债务前必须偿还的负债。

sensitivity analysis 敏感性分析 销售收入、成本等的可能变化对项目盈利性影响的分析。

serial bonds 连续债券 一组债券，在连续的年份到期。

series bond 系列债券 同一个债券合约中分几个系列发行的债券。

shark repellant 拒鲨条款 修改公司章程，旨在保护公司不受并购的威胁。

Sharpe ratio 夏普比率 资产组合风险溢价与风险（标准差）的比。

shelf registration 暂搁注册 允许公司报送一份注册说明书而分几次发行同一只证券。

shogun bond 将军债券 非本地公司在日本发行的非日元债券。

short hedge 空头对冲 卖出对冲工具（例如期货），对冲标的资产多头（比较 *long hedge*）。

short sale 卖空 投资者卖出不拥有的证券。

sight draft 即期汇票 立即要求支付的汇票（比较 *time draft*）。

signal 信号 显示个人无法观察到的特征的行为（因为没有这些特征的人这么做成本太高）。

simple interest 单利 只计算初始投资的利息（比较 *compound interest*）。

simulation 模拟 蒙特卡洛模拟。

sinker 偿债基金。

sinking fund (sinker) 偿债基金 公司设立在到期前收回债务的基金。

SIV (structured investment vehicle) 结构化投资工具 一种基金，一般投资抵押贷款支持的证券，通过发行资产支持商业票据的高等级和次级债券以及期限稍长的债券来融资。

skewed distribution 偏态分布 在均值上下的观察值数量不相等的概率分布。

SML 证券市场线。

SOX 萨班斯—奥克斯利法案。

SPE 特殊目的主体。

special dividend (extra dividend) 特别股利（额外股利） 不太可能重复的股利。

specialist 专门经纪人 指定做市商。

special-purpose entity 特殊目的主体 公司所设立的专门持有特定和获取融资的合伙制企业，可用来为母公司获得表外负债融资。

specific risk (residual risk, unique risk, unsystematic risk) 特殊风险（剩余风险、

独特风险、非系统风险） 通过分散化可以消除的风险。

spinning 抽丝 IPO 承销商不合规范地将部分证券配置给客户公司的高管。

spin-off 分拆 将子公司的股票分配给公司的股东，这样他们就单独持有两家公司的股票。

spot exchange rate 即期汇率 立即交割货币的汇率（比较 *forward exchange rate*）。

spot price 现货价格 立即交割资产的价格（与远期或期货价格进行比较）。

spot rate 即期利率 现在确定的现在贷款的利率（比较 *forward interest rate*）。

spread 价差 承销商从公司购买证券的价格和再出售给公众的价格的差异。

staggered board 交错董事会 董事会的董事定期选取，而不是一次选取。

standard deviation 标准差 方差的平方根，度量波动性的指标。

standard error 标准误差 在统计学中，估计值的可能误差的度量。

standby agreement 备用协定 在配股中，承销商购买投资者没有购买的股票的协议。

step-up bond 递增债券 息票随时间增加的债券（也称为 step-down bond）。

stock dividend 股票股利 以股票而不是现金形式支付的股利。

stock split 股票分割 向老股东"免费"发行股票。

stop-out price（yield） 截止价格（收益率） 在拍卖中出售的国库券的最高价（最低收益率）。

straddle 跨式期权 行权价格相同的认沽期权和认购期权的组合。

straight-line depreciation 直线折旧 每一期的折旧金额都相等。

strike price 行权价格 期权的行权价格。

stripped bond (strip) 剥息债券 被分拆为一系列零息票债券的债券。

strong-form efficient market 强有效市场 证券价格立刻反映投资者所获得的所有信息的市场（比较 *weak-from efficient market* 和 *semistrong-form efficient market*）。

structured debt 结构化负债 为购买者量身定做的负债，一般结合特殊期权。

subordinated debt (junior debt) 次级债务 高等级债务对其有优先权的债务。破产时，只有在高等级债务得到全额偿还后，次级债权人才能收到还款。

subprime loans 次级贷款 风险最高的一类贷款。

sum-of-the-years'-digits depreciation 年度总和法折旧 加速折旧方法。

sunk costs 沉没成本 已经发生的不可逆的成本。

supermajority 绝对多数票 公司章程要求需要大多数股东（比如 80%）同意的某些变动，比如并购。

sushi bond 寿司债券 日本公司发行欧洲债券。

sustainable growth rate 可持续增长率 公司不增加财务杠杆而实现的最高增长率（比较 *internal growth rate*）。

swap 互换 两家公司签署协议按照不同的条件互相借贷，比如，不同的货币或一方固定利率另一方浮动利率。

swaption 互换期权 互换的期权。

sweep program 扫除计划 银行每天结束时将公司的可用现金投资的安排。

swingline facility 自组合贷款 提供短期融资的银行贷款，比如公司用欧洲商业票据代替美国商业票据。

syndicated loan 银团贷款 一组银行提供的大额贷款。

systematic risk 系统风险 市场风险。

T

take-or-pay 提货与否均需付款 在项目融资中，母公司同意及时选择不提货也要对支付项目的产出。

take-up fee 认购费用 对任何有义务购买的股票，支付给增发的承销商的费用。

tangent efficient portfolio 切线有效组合 有风险资产的资产组合，其单位风险（标准差）的风险溢价最高。

tangible asset 有形资产 实物资产，比如厂房、设备和办公室（比较 intangible asset)。

tax-anticipation bill 抵税国库券 美国财政部发行的短期债券，可以用面值缴税。

Tax inversion 税务倒置 公司驻地换到更低税率的国家。

t-bill 国库券。

technical analysis 技术分析 追求发现和解释过去证券价格的模式的证券分析（比较 *fundamental analysis*）。

TED spread TED 利差 LIBOR 和美国国库券收益率的差。

tender offer 要约收购 直接向公司的股东发出的购买股票的一般要约。

10-K 向 SEC 报告的年度财务报表。

10-Q 向 SEC 报告的季度财务报表。

tenor 期限 贷款期限。

terminal warehouse 最终仓库 公共仓库。

term loan 定期贷款 中期私募贷款，一般由银行发放。

term structure of interest rates 利率期限结构 不同期限的贷款利率的关系（比较 *yield curve*）。

Theta 西塔 期权价值一天之内的下降幅度。

throughput arrangement 输送量安排 管道公司的股东同意充分利用管道使管道公司能够偿还负债的安排。

tick 最小价位 证券价格的最小变动量。

time draft 定期汇票 未来指定日期付款的付款要求（比较 *sight draft*）。

time-interest-earned (interest cover) 收入利息倍数 利税前收入除以利息支付。

TIPS (Treasury Inflation Protected Securities) 通货膨胀保护国债 美国国债，息票和本金支付与消费者物价指数挂钩。

toehold 立足股票 公司对潜在并购目标股票的小额投资。

tolling contract 收费合同 在项目融资中，母公司承诺向项目提供材料、加工后再买回来。

tombstone 墓碑 列出证券发行承销商的广告。

trade acceptance 商业承兑汇票 工业公司承兑的未来日期支付固定金额的书面承诺（比较 *banker's acceptance*）。

trade credit 贸易信贷 应收账款。

trade debt 贸易负债 应付账款。

tranche 系列 不同时间点或不同的条款下的部分新证券发行。

transaction exposure 交易风险 公司已知的未来外币现金流，由于可能的汇率变化引起的风险（比较 *economic exposure*, *translation exposure*）。

transfer agent 过户代理人 公司指定的负责证券过户的个人或机构。

translation exposure 外币折算风险 汇率变化引起的、对公司的财务报表的不利影响的风险（比较 *economic exposure*, *transaction exposure*）。

treasurer 财务总监 主要的财务经理（比较 *controller*）。

treasury bill (T-bill) 国库券 美国政府定期发行的期限不超过一年的短期贴现债券。

treasury stock 窖藏股、库存股 公司回购并持有的普通股。

trust deed 信托书 受托人和借款人就债券条款的协议。

trust receipt 信托收据 为贷款人代管持有的商品的收据。

tunneling 挖隧道、掏空 控股股东从公司转移财务的行为（比如以高价提供材料。）

U

underpricing 价格低估 证券发行价格低于市场价格。

underwriter 承销商 从发行公司购买所发行的证券、再出售给投资者的公司。

unfunded debt 短期债务 到期时间在一年以内的负债（比较 *funded debt*）。

uniform price auction 单一价格拍卖 所有成功的竞标人支付同样的价格的拍卖（比较 *discriminatory price auction*）。

unique risk 独特风险 特殊风险。

unseasoned issue 非多次发行 当前没有市场的证券发行（比较 *seasoned issue*）。

unsystematic risk 非系统风险 特殊风险。

V

value additivity 价值可加性 整体的价值一定等于各部分价值总和的法则。

value at risk (VAR) 风险价值 资产组合的损失超过某个特定比例的概率。

value stock 价值股 预期提供稳定的收入、但增长率比较低的股票（一般指市场价值—账面价值比较低的股票）。

vanilla issue 普通发行 没有特别特点的发行。

VAR 风险价值。

variable-rate demand bond (VRDB) 可变利率活期债券 可以定期卖回给发行人的浮动利率债券。

variance 方差 对预期值的均方偏离，度量波动性。

variation margin 变动保证金 投资者的期货合约保证金账户的每日盈亏。

Vega 度量期权价格随资产波动性的变化而变化的程度。

venture capital 风险资本、风险投资 为新公司融资的资本。

vertical merger 纵向并购 供应商及其客户之间的并购（比较 *horizontal spread*）。

vertical spread 垂直价差 同时买入和卖出只有行权价格不同的两只期权（比较 *horizontal spread*）。

VIX (Fear index) VIX（恐惧指数） S&P 500 指数中的股票的隐含波动率的度量。

VRDB 可变利率活期债券。

W

WACC 加权平均资本成本。

warehouse receipt 仓库收据 证明公司拥有储存在仓库中商品的证据。

warrant 认股权证 公司发行的长期认购期权。

weak-form efficient market 弱有效市场 证券价格立刻历史价格信息的市场，在弱有效市场中，证券价格服从随机漫步（比较 *semistrong-form efficient market* 和 *strong-form efficient market*）。

weighted-average cost of capital (WACC) 加权平均资本成本 公司所有证券资产组合的预期收益率。用作资本投资的门槛利率。

white knight 白衣骑士 在不那么受欢迎的收购者的威胁下，目标公司找到的友好的潜在收购者。

Wi. 发行时。

winner's curse 赢家的诅咒 不知情的竞购者面临的问题。例如，在 IPO 中，不知情的参与者可能收到更多的股票，而知情的参与者知道价格被高估。

with dividend (cum dividend) 带股利 购买股票，买方有权利得到即将支付的股利（比较 *ex dividend*）。

withholding tax 预扣所得税 国外支付的股利的纳税。

with rights (cum rights, rights on) 带权利 购买股票，买方有权利在配股中购买股票（比较 *ex right*）。

working capital 营运资本 流动资产减去流动负债。这个术语应用时通常与净营运资本同义。

workout 和解 借款人和债权人之间的非正式安排。

writer 期权卖方。

X

xd 除股利。

xr 除权。

Y

Yankee bond 扬基债券 非美国借款人在美国发行的美元债券（比较 *bulldog bond*, *Samurai bond*）。

yield curve 收益率曲线 利率期限结构。

yield curve note 收益率债券 反向浮动利率债券。

yield to call 赎回收益率 假设债券被赎回的收益率。

yield to maturity 到期收益率 债券的内部收益率。

Z

zero-coupon bond 零息票债券 不支付息票的贴现债券。

z-score Z 分数 度量破产可能性的指标。

推荐阅读

书名	作者	ISBN	价格
货币金融学（商学院版，第4版）	弗雷德里克 S. 米什金（Frederic S. Mishkin）哥伦比亚大学	978-7-111-54654-2	79.00
《货币金融学》学习指导及习题集	弗雷德里克 S. 米什金（Frederic S. Mishkin）哥伦比亚大学	978-7-111-44311-7	45.00
投资学（第10版）	滋维·博迪（Zvi Bodie）波士顿大学	978-7-111-56823-0	129.00
投资学（第10版·英文版）	滋维·博迪（Zvi Bodie）波士顿大学	978-7-111-39142-5	128.00
投资学习题集	滋维·博迪（Zvi Bodie）波士顿大学	978-7-111-42662-2	49.00
公司理财（第9版）	斯蒂芬 A. 罗斯（Stephen A.Ross）MIT斯隆管理学院	978-7-111-36751-2	88.00
期权、期货及其他衍生产品（第9版）	约翰.赫尔（John C. Hull）多伦多大学	978-7-111-48437-0	109.00
《期权、期货及其他衍生产品》习题集	约翰.赫尔（John C. Hull）多伦多大学	978-7-111-54143-1	49.00
债券市场：分析与策略（第8版）	弗兰克 法博齐（Frank J. Fabozzi）耶鲁大学	978-7-111-55502-5	129.00
金融市场与金融机构（第7版）	弗雷德里克 S. 米什金（Frederic S. Mishkin）哥伦比亚大学	978-7-111-43694-2	99.00
现代投资组合理论与投资分析（第9版）	埃德温 J. 埃尔顿（Edwin J. Elton）纽约大学	978-7-111-56612-0	129.00
投资银行、对冲基金和私募股权投资	戴维·斯托厄尔（David P.Stowell）西北大学凯洛格商学院	978-7-111-41476-6	99.00
收购、兼并和重组：过程、工具、案例与解决方案（第7版）	唐纳德·德帕姆菲利斯（Donald M.DePamphilis）洛杉矶洛约拉马蒙特大学	978-7-111-50771-0	99.00